Tradition und Innovation des Fiqh im Denken von Hayreddin Karaman

Reihe für Osnabrücker Islamstudien

Herausgegeben von
Bülent Ucar und Rauf Ceylan

Band 20

PETER LANG
EDITION

Murat Bagriacik

Tradition und Innovation des Fiqh im Denken von Hayreddin Karaman

PETER LANG
EDITION

Bibliografische Information der Deutschen Nationalbibliothek
Die Deutsche Nationalbibliothek verzeichnet diese Publikation in der DeutschenNationalbibliografie; detaillierte bibliografische Daten sind im Internet über http://dnb.d-nb.de abrufbar.

Zugl: Osnabrück, Univ., Diss., 2015

Gefördert durch:

Niedersächsisches Ministerium für Wissenschaft und Kultur

Umschlagabbildung:
© Murat Bagriacik

D 700
ISSN 2190-3395
ISBN 978-3-631-67356-0 (Print)
E-ISBN 978-3-653-06630-2 (E-Book)
DOI 10.3726/978-3-653-06630-2

Peter Lang Edition ist ein Imprint der Peter Lang GmbH.
Peter Lang – Frankfurt am Main · Bern · Bruxelles · New York · Oxford · Warszawa · Wien

Diese Publikation wurde begutachtet.

www.peterlang.com

Zu Ehren meiner lieben Eltern Alaaddin und Emine Bagriacik

بِسْمِ اللهِ الرَّحْمنِ الرَّحِيمِ

الْحَمْدُ لِلَّهِ رَبِّ الْعَالَمِينَ

الرَّحْمَنِ الرَّحِيمِ

مَالِكِ يَوْمِ الدِّينِ

إِيَّاكَ نَعْبُدُ وَإِيَّاكَ نَسْتَعِينُ

اهْدِنَا الصِّرَاطَ الْمُسْتَقِيمَ

صِرَاطَ الَّذِينَ أَنْعَمْتَ عَلَيْهِمْ غَيْرِ الْمَغْضُوبِ عَلَيْهِمْ وَلَا الضَّالِّينَ

Im Namen Gottes (Allāhs), des Allerbarmers, des Barmherzigen.
„Lob sei Gott, dem Herrn der Menschen in aller Welt,
dem Barmherzigen und Gnädigen,
der am Tage des Gerichts regiert!
Nur Dir dienen wir und nur Dich bitten wir um Hilfe.
Führe uns den geraden Weg,
den Weg derer, denen Du Gnade erwiesen hast, nicht den Weg derer,
die Deinen Zorn verfallen sind und irregehen.“[1]

بِسْمِ اللهِ الرَّحْمنِ الرَّحِيمِ

إِنَّا فَتَحْنَا لَكَ فَتْحاً مُبِيناً

لِيَغْفِرَ لَكَ اللَّهُ مَا تَقَدَّمَ مِن ذَنبِكَ وَمَا تَأَخَّرَ وَيُتِمَّ نِعْمَتَهُ عَلَيْكَ وَيَهْدِيَكَ صِرَاطاً مُّسْتَقِيماً

وَيَنصُرَكَ اللَّهُ نَصْراً عَزِيزاً

Im Namen Gottes (Allāhs), des Allerbarmers, des Barmherzigen.
„Wir haben dir einen offenkundigen Sieg verliehen!
Gott wollte dir deine frühere und spätere Schuld vergeben, seine Gnade an dir vollenden
und dich einen geraden Weg führen.
Und Gott wollte dir zu einem gewaltigen Sieg verhelfen.“[2]

1 KORAN, 1:1–7.
2 KORAN, 48:1–3.

Inhaltsverzeichnis

Vorwort

Das vorliegende Buch ist die erste umfassende Forschung zu Prof. Dr. Hayreddin Karaman, einem berühmten islamischen Rechtsgelehrten in der Türkei, im nichtmuslimischen deutschsprachigen Raum, welche sich aus der Innenperspektive mit der Quellen- und Methodenlehre des islamischen Rechts (uṣūl al-fiqh) beschäftigt und die nichtmuslimische Außenperspektive vergleichend mit einbezieht. In der Forschung werden die chronologischen Entwicklungen der islamischen Jurisprudenz (fiqh) seit dem Beginn in der Prophetenperiode und die wissenschaftlichen Weiterentwicklungen in der Nachfolgezeit bis in die säkulare Post-Moderne hineinanalysiert. Anhand der diachronischen Forschungsmethode wird die Fiqh-Anwendung bei Karaman untersucht und seine Methode aufgezeigt. Es geht hierbei um die Anknüpfung an die Tradition und die daraus gewonnene Innovation in ihrer argumentativen Debatte. Auf kritischer Basis werden die Herausforderungen auf dem Weg zum innovativen Aufschwung in der säkularen Post-Moderne beleuchtet.

Der Fokus liegt hier darauf, die normative Systematik und die Eigenschaften der islamischen Primärquellen aufzuzeigen, den universalen und den überzeitlichen Geltungsanspruch ihrer Prinzipien und Werte systematisch herauszuarbeiten und den zeitgenössischen kontextuellen Bedingungen der säkularen Post-Moderne Rechnung zu tragen. Auf diese Weise können die Primärquellen im Verständnis von Hayreddin Karaman wissenschaftlich näher untersucht und seine angewandte Methode aufgezeigt werden. Die Relevanz seiner Gedanken im Fiqh wurde in der nichtmuslimischen Islamforschung jahrelang nicht rezipiert, sodass eine systematisch-normative bekenntnisgebundene Forschung zum islamischen Recht (fiqh) bisher fehlte.

In der Forschung geht es daher darum, die grundsätzliche Integrität der vollendeten Religion und ihrer reinen monotheistischen Glaubenstradition (tauḥīd) zu bewahren, ihre normativen universellen Prinzipien und ihren überzeitlichen Geltungsanspruch aufzuzeigen. So werden die Überlegungen Karamans, hinsichtlich der Herausforderungen an das islamische Recht (fiqh), unter den gegenwärtigen säkularen Bedingungen der Post-Moderne dargestellt. Die analytische Argumentation richtet sich weitgehend am wissenschaftlichen Diskurs in der Türkei aus und bezieht den internationalen wissenschaftlichen Diskurs in der nichtmuslimischen Islamforschung mit ein. Eine derartige wissenschaftliche Forschung bedeutet aber auch, dass eben nicht von vornerein die auf-oktroyierten Forschungsmethoden der nichtmuslimischen Islamforscher im

Vordergrund stehen, sondern die normativen Quellenmethoden und Erkenntnisinteressen der Muslime beachtet und eingehalten werden.

Die in dieser Forschung über Karaman aufgezeigte innerislamische Perspektive wird für viele westliche nichtmuslimische Islamforscher gewöhnungsbedürftig sein, welches insbesondere die muslimische Wahrnehmung der islamischen Wissenschaftstradition und den universellen und überzeitlichen Geltungsanspruch der normativen Prinzipien und Werte der Primärquellen betrifft. Daher darf der wissenschaftliche Methodenansatz von Karaman eben nicht mit einer historischen Herangehensweise an die Primärquellen verwechselt werden. In der Forschung über Karaman geht es um die Veranschaulichung von innovativen islamischen Vorstellungen, welche die Entstehungszeit und die mehr als fünfzehn Jahrhunderte andauernde Entwicklung und Systematisierung der islamischen Wissenschaftstradition berücksichtigt. Die Verdienste von Karaman auf dem Fachgebiet der islamischen Rechtswissenschaften (fiqh) können im Mainstream als wichtige innovative Gedanken zur Erkundung der Herausforderungen an das islamische Recht unter den säkularen Bedingungen verstanden werden, zu welchem zum Beispiel die Beteiligungsdemokratie und die Beteiligungsbanken gehören.

Im Forschungsfokus standen seine persönlichen Lebenserfahrungen und sein Gedankengut, die er in der türkischen Republikgeschichte unter den säkularlaizistischen Lebensumständen erlebte, neu erkundete und diese in seiner Autobiographie unter *Bir Varmış Bir Yokmuş* (dt. Es war einmal…) ausführlich beschrieb. Seine Forschungen konzentrierten sich verstärkt auf die kontextuellen Bedingungen in der säkularen Post-Moderne der Türkei und bezogen seine Orientierung innerhalb des sunnitischen Mainstreams (ahl as-sunna) in Hinblick auf den zivilisatorischen Aufschwung mit ein. Unter diesen Umständen werden *die Demokratie* und *die Menschenrechte* respektvoll vorausgesetzt und erkundet.

Hier werden die radikalen Lehren der Extremisten, welche die Menschenrechte missachten, nur zur Widerlegung genannt. Aber auch die Modernisten, welche sich für die Abschaffung der normativen Quellen- und Methodenlehre des islamischen Rechts aussprechen, sich von außerislamischen Methoden inspirieren lassen und versuchen durch Transformationsprozesse eine unislamische Glaubenstradition zu kreieren, werden nur erwähnt, um sie zu widerlegen. Auch wenn durch die Einflüsse der Moderne verschiedene Reformbewegungen hervortraten, orientiert sich der grundsätzliche wissenschaftliche Methodenansatz (uṣūl) Karamans an der bekenntnisgebundenen Glaubenstradition (tauḥīd) und der daraus gewonnen Innovation in ihrem wissenschaftlich-argumentativem Diskurs. Die unterschiedlichen Reformbewegungen im zwanzigsten Jahrhundert werden, im Vergleich zu Karaman, nur am Rande erwähnt und stehen daher nicht im intensiven Forschungsfokus.

Karaman geht es darum, die normative Eigenständigkeit des islamischen Rechts (fiqh) aus der Selbstreflexion heraus den muslimischen und den nichtmuslimischen Lesern zugänglich zu machen und die innovativen Anpassungsmöglichkeiten der islamischen Religion (dīn) als „universelle und überzeitliche Wertereligion" innerhalb säkularer Verhältnisse aufzuzeigen.

Die vorliegende Arbeit wurde vom Fachbereich Erziehungs- und Kulturwissenschaften der Universität Osnabrück im Oktober 2014 angenommen und im Juni 2015 verteidigt.

Auf diesem Weg möchte ich mich bei meinem Doktorvater Herr Prof. Dr. Bülent Ucar ganz herzlich bedanken, der mir durch seine große Gesprächsbereitschaft und seine umfassende Kenntnisse in der islamischen Theologie sehr nützliche Empfehlungen und Ratschläge gab. Ich danke ihm außerdem für die großzügige Förderung in der Druckverlegung und die Aufnahme in die „Reihe für Osnabrücker Islamstudien" im Peter Lang Verlag.

Weiterhin danke ich herzlich meinem Zweitgutachter Herr Prof. Dr. Nimetullah Akın von der Universität Çanakkale (türk. Çanakkale 18 Mart Üniversitesi), der mir mit seiner Vertrautheit in den Ḥadīṯwissenschaften eine sehr wichtige beratende Stütze wurde.

Meinen tiefempfundenen Dank möchte ich auch gegenüber Herrn Prof. Dr.Hayrettin Karaman ausdrücken. Ich hatte die Ehre, ihn persönlich kennenzulernen, und mich mehrmals mit ihm zu unterhalten. Ich danke ihm besonders dafür, dass er mir den Großteil seiner Publikationen zur Verfügung stellte, mir während der intensiven Forschungsphase in jeglicher Hinsicht eine grundlegende beratende Unterstützung wurde und mich stets motivierte.

Außerdem möchte ich mich bei Herr Prof. Dr. Tahsin Görgün von der 29 Mayıs Universität Istanbul (türk. İstanbul 29 Mayıs Üniversitesi), bei Herr Prof. Dr. Murteza Bedir (Dekan) und Herr Assistent Professor Dr. Abdülhalim Koçkuzu, beide sind an der theologischen Fakultät der Universität Istanbul tätig (türk. İstanbul Üniversitesi İlahiyat Fakültesi), bedanken. Ich konnte sehr von ihren Anregungen und Empfehlungen profitieren.

Zudem möchte ich mich auch insbesondere bei Herr Prof. Dr. Hüseyin İlker Çınar, Herr Prof. Dr. Abdurrahim Kozalı, Herr Prof. Dr. Merdan Güneş, Herr Dr. Hakkı Arslan, bei Herr Dr. Ibrahim Salama, Herr Fatih Mert und Herr Murat Karacan bedanken, welche mich in jeglicher Hinsicht (jeder auf seine Art) solidarisch begleitete.

Zum Abschluss danke ich meinen Eltern Alaaddin und Emine Bagriacik ganz herzlich für ihre sehr großzügige Unterstützung und Geduld, welche sie mir während der langen intensiven Forschungsphase im alltäglichen Leben entgegenbrachten.

Alles Lob gehört Allāh, dem Herrn der Welten. Friede u. Segen auf d. Propheten Muḥammad.

Ludwigshafen am Rhein, im Dezember 2015 Murat Bagriacik

Einführung

Erkenntnisinteresse

Einleitung und Hintergrund

Das islamische Recht (fiqh) ist eine private Angelegenheit der Muslime, in der sich die islamische Religion als Fortführung der übrigen abrahamitischen Religionen Judentum und Christentum (mit denen sie viele Gemeinsamkeiten besitzt) dynamisch dem jeweiligen Lebenskontext von Muslimen anpassen kann. Gemäß dieser Tatsache ist es wichtig, dass selbst sogar das islamische Recht (fiqh) nicht auf einmal entstanden ist. Im Gegenteil, es entwickelte sich Stück für Stück erst nach dem jeweiligen Entstehungskontext.

In vorislamischer Zeit waren in den umliegenden Regionen Arabiens bereits unterschiedliche Rechtssysteme wie zum Beispiel das römische Recht in Syrien, das persische Recht im Iran, das jüdische Recht in Medina und das vorislamisch-arabische Recht der Ǧāhilīya vorhanden. An dieser Stelle führt Hayreddin Karaman (geb. 1934) seine These an, dass eine Form des Gewohnheitsrechts (ʿurf), welches dem geistigen Verständnis und den unabdingbaren Normen der islamischen Religion nicht widersprechen, im Fiqh bzw. von den Gelehrten akzeptiert werden kann.[3] Sowie das islamische Recht (wenn auch nur in geringem Maße) von den erwähnten vorislamischen Rechtssystemen beeinflusst wurde, hatte es eine entsprechende rechtliche Wirkung auf sie.

Leitfrage

Ausgehend von den hier dargestellten Rahmenbedingungen soll in dieser Arbeit die Leitfrage beantwortet werden, welche Entwicklungsphasen das islamische Recht (fiqh) mit Beginn der Entstehung durchlaufen hat und über welche wichtigen innovativen Anwendungsdynamiken es im Denken von Hayreddin Karaman in wandelnden Kontexten verfügt. Dabei macht die Arbeit den Versuch, seine sehr wichtigen Gedanken und Leitthesen zu analysieren.

Wie wurde das islamische Recht in den jeweiligen Kulturepochen der Muslime angewandt? Auf welche Art und in welchem Ausmaß besitzt das islamische Recht, unter Berücksichtigung der Tradition, rechtliche Innovation? Durch die Beantwortung dieser Fragestellungen wird das anstehende Forschungsvorhaben

3 Vgl. KARAMAN: İslâm Hukuk Tarihi (2001), S. 48–51.

nicht nur mögliche wissenschaftliche Entwicklungen der islamischen Rechtswissenschaften (fiqh) aufzeigen, sondern auch einen Beitrag zur wissenschaftlichen Islamforschung leisten können.

Die Klassifizierung des islamischen Rechts (fiqh)

Die grundlegenden vier Quellen im islamischen Recht (fiqh), über welche Einigkeit besteht (al-adilla al-arbaʿa al-muttafaq ʿalayhā), werden grundsätzlich folgendermaßen eingeteilt:[4]

1. **Der Koran**
2. **Die Sunna des Propheten Muḥammad**
3. **Der Konsensus (iǧmāʿ)**
4. **Der Analogieschluss (qiyās)**

Diese Einteilung (taqsīm) gliedert das islamische Recht danach, ob die Entscheidungsgrundlagen auf Basis dieser Quellen erschlossen werden. Zu diesen Rechtsfindungsmittel gehören auch die zu späteren Zeiten systematisch-ausgebauten Prinzipien „maṣlaḥa" und „istiḥsān", welche je nach Bedarf herangezogen werden.[5]

In der laizistischen Türkei ist der Theologe Hayreddin Karaman im Bereich des Fiqh sehr bekannt und gilt als einer der führenden Denker seines Fachgebiets. In seinen Werken erläutert und kommentiert er die reichhaltigen Möglichkeiten, Ziele, Absichten und Prinzipien des Fiqh. Zu diesen gehört die Stärkung der Bemühungen um Rechtsfindungen (iǧtihād) im zeitgenössischen Kontext, die Solidarität der muslimischen Zivilgesellschaft bei heutigen Herausforderungen und die Weiterentwicklung (taṭawwur) der islamischen Rechtswissenschaften (fiqh) in wandelnden Kontexten.

Theoretischer Rahmen

Die wissenschaftlichen Prognosen zur Umsetzbarkeit des islamischen Rechts (fiqh) in der Gegenwart erhalten mehr und mehr Aktualität. So finden sich in der heutigen muslimischen Islamforschung optimistische Einschätzungen, die davon ausgehen, dass das islamische Recht sich in einer Entwicklungsphase befindet, welche die disziplinübergreifende Zusammenarbeit der Wissenschaften voraussetzt. Folglich würde diese wissenschaftliche kooperative Befruchtung

4 Vgl. KRAWIETZ: Hierarchie der Rechtsquellen im tradierten sunnitischen Islam (2002), S. 2, 326.

5 Vgl. KARAMAN: İslâm Hukuk Tarihi (2001), S. 57–69.

das islamische Recht (fiqh) auch zu einer Weiterentwicklung führen. Die dynamischen Leitideen von Hayreddin Karaman spielen aus diesem Grund eine sehr wichtige Rolle. Vor diesem Hintergrund ist die Förderung der wissenschaftlichen Forschung im Fachgebiet des islamischen Rechts (fiqh) für die Zukunft der Muslime von großer Bedeutung.

Die offene Frage lautet, in welcher Intensität eine solche Innovationsdynamik in wandelnden Kontexten entsteht. Um eine realistische Einschätzung abzugeben, muss analysiert werden, ob im Zuge neuer wissenschaftlicher Herausforderungen und gesellschaftlicher Sachlagen die Muslime vor bestimmten Problemen stehen. In diesem Rahmen wird die Arbeit auch untersuchen, welche Rechtsprinzipien gegenwärtig abgeleitet und entwickelt werden können, um die zunehmenden Herausforderungen an die islamische Rechtswissenschaften (fiqh) beurteilen zu können. Diese Untersuchung ist von großer Bedeutung, um folglich eine gelungene wissenschaftliche Entwicklung der islamischen Rechtswissenschaften (fiqh) voranzutreiben. Das Fehlen oder die Stagnation der islamrechtlichen Forschung würde die Muslime vor viele Probleme stellen, die aus Sicht der Religion Antworten verlangen. Die Folge wäre eine zurückhaltende Position der Muslime vor vielen wissenschaftlichen und gesellschaftlichen Sachlagen. Die Dynamik des islamischen Rechts (fiqh) zeigt die Bandbreite der unbegrenzten rechtlichen Entwicklungen des Fiqh.

Forschungsstand

Die überwiegende Zahl der nichtmuslimischen Islamforscher untersucht die Angelegenheiten des islamischen Rechts aus der glaubensbedingten Außensicht. Dabei geht es überwiegend darum, aus dieser objektiven Erkenntnis heraus die unterschiedlichen Themenfelder des Fiqh zu analysieren und aufzuzeigen.[6] Wichtige Protagonisten, insbesondere aus dem türkischen Kontext, sind in der aktuellen westlichen Islamforschung besonders unterrepräsentiert. Dies zeigt sich dadurch, dass in diesem Gebiet keine Forschungspublikationen über den berühmten islamischen Rechtsgelehrten (faqīh) Hayreddin Karaman existieren. Um dieses Forschungsdesiderat zu lösen, soll in dieser Arbeit sein substantielles Denken über die Anwendungsdynamik des islamischen Rechts (fiqh) in wandelnden Kontexten untersucht werden.

6 Vgl. SCHÖLLER: Methode und Wahrheit in der Islamwissenschaft (2000), S. 102–104.

In diesem Forschungsvorhaben soll der Versuch unternommen werden, dieses islamische Gedankengut aus der Innensicht heraus zu erforschen, zu verstehen und normativ zu erörtern.

Besonders der diachronische Methodenansatz zur Untersuchung des Verhaltens des islamischen Rechts (fiqh) in unterschiedlichen kulturellen Perioden wird im Vordergrund stehen.

Angewandte Methodik

Ich werde in dieser Arbeit anhand der Darstellungen und Gedankengängen von Hayreddin Karaman diachronisch die Anwendungsdynamik des islamischen Rechts (fiqh) in unterschiedlichen Kontexten analysieren. Dabei untersuche ich die chronologische Entwicklung des Fiqh mit Beginn der Entstehung in der Prophetenperiode und die Entwicklungen in der Nachfolgezeit der Prophetengefährten (ṣaḥāba), der Umayyaden, der Abbasiden, der Seldschuken bis zur mongolischen Invasion, der Osmanen bis über die säkulare Post-Moderne. Besonders der Entstehungskontext des Fiqh zu Lebzeiten des Propheten Muḥammad und die Nachfolgezeit seiner Gefährten (ṣaḥāba) sind von großer Bedeutung, weil sie für Muslime normativ als vorbildhaft gelten und aus islamischer Sicht unabdingbar sind. Diese methodische Analyse ist wichtig, um die Innovationsdynamik des Fiqh unter Berücksichtigung der traditionellen wissenschaftlichen Rechtsentwicklungen in wandelnden Kontexten beleuchten zu können.

Anhand dieser Analyse wird sein substantielles Denken und seine Verortung zum innovativen Raissonieren untersucht. In diesem Kontext sollen besonders seine Rechtsphilosophie, sein Verständnis von islamischen Grundbegrifflichkeiten und seine Rechtsmethode untersucht werden. Von welchen muslimischen Rechtsgelehrten (fuqahāʾ) wurde er beeinflusst? Ist seine Rechtsmethode einheitlich? Wie stellt er die erschlossenen Iǧtihād-Theorien der Gelehrten in unterschiedlichen historischen Epochen dar? Wie verhält sich das islamische Recht (fiqh) in wandelnden Kontexten? Dies sind nur einige Fragestellungen, die es zu untersuchen gilt.

In diesem Kontext soll insbesondere aber auch komparativ die Jurisprudenz aus Sicht der nichtmuslimischen deutschsprachigen Islamforschung mit ihren Vertretern, wie etwa Gotthelf Bergsträsser, Ignaz Goldziher, Joseph Schacht, Mathias Rohe, Birgit Krawietz, Gudrun Krämer aufgearbeitet werden, indem die von ihnen eingenommenen Thesen mit einbezogen und komparativ zur Innenperspektive gegenübergestellt werden. Diese Analyse ist von Bedeutung, um die gemeinsamen und die unterschiedlichen Erkenntnisse in der Forschung des islamischen Rechts (fiqh) mehrdimensional reflektieren zu können. Schließlich soll im letzten Schritt der Diskurs über die Rezeptionen von Hayreddin Karaman analysiert werden, indem die Gegenthesen seiner Kritiker vorgestellt werden, um so die innerislamischen Auseinandersetzungen im Fiqh aufzuzeigen und den wissenschaftlichen Diskurs fruchtbarer zu machen.

Abkürzungen

TDV İA	Türkiye Diyanet Vakfı İslam Ansiklopedisi
MÜİFD	Marmara Üniversitesi İlahiyat Fakültesi Dergisi
İÜİFD	İstanbul Üniversitesi İlahiyat Fakültesi Dergisi
UÜİFD	Bursa Uludağ Üniversitesi İlahiyat Fakültesi Dergisi
SÜİFD	Konya Selçuk Üniversitesi İlahiyat Fakültesi Dergisi
AÜİFD	Ankara Üniversitesi İlahiyat Fakültesi Dergisi
DEÜİFD	İzmir Dokuz Eylül Üniversitesi İlahiyat Fakültesi Dergisi
İHAD	İslam Hukuku Araştırmaları Dergisi
İAD	İslam Araştırmaları Dergisi
TİAAD	Tasavvuf. İlmi ve Akademik Araştırma Dergisi
DİD	Diyanet İlmi Dergi (Diyanet Dergisi)
MND	Milel ve Nihal Dergisi
GAS	Geschichte des arabischen Schrifttums
EI^2	Encyclopedia of Islam. Second Edition.
EI^3	Encyclopedia of Islam. Third Edition Online.
TC	Türkiye Cumhuriyeti **(Republik Türkei)**
TCCB	Türkiye Cumhuriyeti Cumhurbaşkanı **(Staatspräsident)**
TCBB	Türkiye Cumhuriyeti Başbakanı **(Ministerpräsident)**
GN.KUR.BŞK	Genelkurmay Başkanı **(Generalstabchef)**
TBMM	Türkiye Büyük Millet Meclisi **(Nationalversammlung)**
MGK	Milli Güvenlik Kurulu **(Nationaler Sicherheitsrat)**
TSK	Türk Silahlı Kuvvetleri **(Türkische Streitkräfte)**
MİT	Milli İstihbarat Teşkilatı **(Nationaler Nachrichtendienst)**
TCMB	Türkiye Cumhuriyeti Merkez Bankası **(Zentralbank)**
İMKB	İstanbul Menkul Kıymetler Borsası **(Wertpapierbörse)**
YÖK	Yüksek Öğretim Kurumu **(Kontrollgremium d. Hochschulen)**
MEB	Milli Eğitim Bakanlığı **(Nationales Bildungsministerium)**
TKBB	Türkiye Katılım Bankaları Birliği **(Verbund der Beteiligungsbanken)**
TDV İSAM	Türkiye Diyanet Vakfı İslam Araştırmaları Merkezi **(Zentrum für Islamstudien der Diyanet-Stiftung)**
osman.	Osmanisch
türk.	Türkisch
arab.	Arabisch
n.d.H.	nach der Hiğra
n.Chr.	nach Christus

1. Säkulare Postmoderne: Leben von Hayreddin Karaman

1.1 Biographie und Denken von Hayreddin Karaman

1.1.1 Allgemeiner Lebenslauf

1.1.1.1 Geburt und Bildung

Hayreddin Karaman wurde am 24.Februar 1934 in der türkischen Stadt Çorum als Sohn von Nureddin und Mehpare Karaman geboren (beide ursprünglich aus Erzurum).[7] Nachdem er dort die Grundschule beendete, erhielt er gesonderten Religionsunterricht, in welchem er seine Lesekompetenzen des Korans erweiterte. Dadurch entstand in ihm die Neugier, den Koran auch in Originalarabisch zu verstehen. Den Anreiz hierzu erhielt er durch sein großes Interesse, seinen Wissenshorizont zu erweitern. Dieses Interesse führte dazu, dass er für ein Jahr das Gymnasium (türk. lise) verließ. In dieser Zeit bemerkte er, dass der damalige gymnasiale Lehrstoff seinen Erwartungen nicht gerecht wurde. Bevor er seine Schullaufbahn fortsetzte, besuchte er weitere Islamkurse, in denen er bei seinen damaligen Lehrern Arif Etik und Fahreddin Kulu fundierte Sprachkenntnisse des Persischen und islamtheologisches Wissen über die Werke der islamischen Gelehrten wie Muḥyī ad-Dīn ibn ʿArabī (gest. 1240) und Muḥammad ʿAbduh (gest. 1905) erlangte.

Im Jahr 1959 beendete er im zweiten Abgängerjahrgang die erstmals gegründete Imāmschule in Konya (türk. Konya İmam Hatip Okulu) und heiratete in dieser Schulzeit seine Ehefrau Emine Ayfer.[8] Aus dieser Ehe gingen die Kinder Latife (geb. 1957), Muhammed Lütfullah (geb. 1958) und Muhammed İhsan (geb. 1961) hervor. In dieser Zeit besuchte er den privaten Islamunterricht seines Lehrers Mustafa Efendi, der ihm in mentaler und finanzieller Hinsicht sehr großen Beistand leistete. Zudem lernte er auch den damaligen Obermuftī von Konya namens Arif Kılıç kennen.[9]

Nach erfolgreichem Bestehen der universitären Vorprüfung studierte er an der erstmals in Istanbul gegründeten islamisch-theologischen Hochschule (türk. İstanbul Yüksek İslam Enstitüsü) und war 1963 einer der ersten Absolventen. In

7 Vgl. KARAMAN: Bir Varmış Bir Yokmuş (2009), Bd. 1, S. 13–14.
8 Vgl. KILAVUZ: Prof. Dr. Hayrettin Karaman, in: İHAD, 3 (2004), S. 9–13.
9 Vgl. KARAMAN: Bir Varmış Bir Yokmuş (2009), Bd. 1, S. 124–125.

dieser erfolgreichen Studienzeit nahm er an den außeruniversitären Lehrveranstaltungen seines Professors Ahmed Dâvudoğlu teil, in welchen sie die klassische Exegese (tafsīr) des islamischen Rechtsgelehrten Qāḍī al-Baiḍāwī (gest. 1290) studierten. Seine Arabisch- und Persischkenntnisse erweiterte er in dieser Zeit durch den Kursbesuch seines Sprachlehrers Yusuf Cemil Ararat.

1.1.1.2 Berufliche und wissenschaftliche Tätigkeiten

Seit der Schulzeit in Konya übte Hayreddin Karaman verschiedene Berufe aus. Dazu zählten 1953 und 1954 die beiden Anstellungen als Imām in den lokalansässigen Moscheen, die er 1957 aus unterschiedlichen Gründen aufgab.[10] Während seiner Studienzeit an der islamisch-theologischen Hochschule übte er im Muftī-Amt des Istanbuler Stadtteils „Kadıköy" eine Predigerstelle aus. Da er eine akademische Karriere anvisierte, war es damals notwendig, eine zweijährige Referendariatszeit zu durchlaufen, die er 1963 am Istanbuler Imām-Gymnasium (türk. İstanbul İmam Hatip Okulu) mit sehr großem Erfolg absolvierte. Nach erfolgreichem Bestehen der Aufnahmeprüfung wurde er im Jahr 1965 an die obere theologische Hochschule in Istanbul (türk. İstanbul Yüksek İslam Enstitüsü) zum Assistenten für islamisches Recht berufen. Zwischen 1966 und 1968 absolvierte er den Wehrdienst im Marinekorp der türkischen Streitkräfte. Mit seiner Doktorarbeit unter dem Titel „Vom Anfang des Islam bis ins vierte Jahrhundert die Rechtsfindung im islamischen Recht" (türk. Başlangıçtan Dördüncü Asra Kadar İslam Hukukunda İçtihad) wurde er 1971 unter der Betreuung seines Professors Muhammed Tanci Lehrbeauftragter.[11] Im gleichen Jahr wurde er in Izmir an die theologische Fakultät der Dokuz Eylül Universität berufen. 1975 kehrte er nach eigenem Wunsch an die Hochschule nach İstanbul zurück.[12] Nach der Umwandlung der oberen theologischen Hochschulen in theologische Fakultäten (türk. İlahiyat Fakülteleri) erhielt er der Reihe nach die Doktorwürde (1984), den Dozententitel (1986) und die Professorenwürde (1991).

Von 1976 bis 1980 war er Mitveröffentlicher der Zeitschrift „Nesil". Trotz des ehrenvollen Angebots, die Präsidentenstelle der Religionsbehörde (türk. Diyanet İşleri Başkanı) anzutreten, lehnte er diese ab.[13] In seiner Laufbahn übte er verschiedene Tätigkeiten wie die Lehrstuhlinhaberschaft im Fiqh und die Mitgliedschaft im Dekanatskollegium der theologischen Fakultät der Marmara

10 Vgl. KARAMAN: Bir Varmış Bir Yokmuş (2009), Bd. 1, S. 134–135.
11 Vgl. KILAVUZ: Prof. Dr. Hayreddin Karaman, in: İHAD, 3 (2004), S. 9–13.
12 Vgl. http://www.hayrettinkaraman.net/kimdir.htm (Einsicht: 13.09.2012).
13 Vgl. KARAMAN: Bir Varmış Bir Yokmuş (2009), Bd. 1, S. 257–258.

Universität aus. Seit 1991 hatte er dort in der Rechtsvergleichung eine Professorentätigkeit inne. 1993 wurde er Mitglied in der Stiftung der Religionsbehörde (türk. Türkiye Diyanet Vakfı Genel Kurul Üyesi). Zwischen 1994 und 1997 führte er an der Marmara Universität seinen Lehrstuhl weiter. In seiner mehr als fünzigjährigen akademischen Laufbahn nahm er an vielen internationalen Tagungen teil. Er bildete tausende Studenten aus, zu denen bekannte Wissenschaftler gehören. 2001 widersetzte er sich dem militärischen Druck auf staatliche Universitäten und trennte sich von der Marmara Universität. Als Gastdozent an den islamischen Hochschulen in Holland übte er von 2001 bis 2002 Lehrtätigkeiten aus.[14]

1.1.2 Besondere Lebensphasen

1.1.2.1 Lebenswandel in Konya

Ein einschneidender Lebensabschnitt von Hayreddin Karaman begann mit seiner Schulzeit in Konya, welche er selbst als „große Veränderung und Rückkehr zur Religiösität" (türk. büyük değişim ve dindarlığa dönüş) bezeichnet.[15] In dieser nahezu achtjährigen Residenz lernt er viele Imāme kennen, die später dann seine Lehrer wurden. Einer davon ist „Hacıuveyiszâde Mustafa Efendi" mit welchem er nach dem Kollektivgebet in erster Begegnung eine schöne Erinnerung hatte. In seiner Schulzeit war der fürsorgliche finanzielle Beistand seines Vaters sehr wichtig, der ihn trotz aller knappen Lebensumstände zu jeder Zeit unterstützte.

Davon emotional sehr berührt, begab sich Hayreddin Karaman auf Jobsuche. Der damals amtierende Muftī in Konya war ein hilfsbereiter Mann, der ihn in die berufliche Imāmprüfung aufnahm und 1953 an der Musallâ-Moschee in Konya zum stellvertretenden Imām in Teilzeit einberief. Nach mehreren Imāmfortbildungen bekam er kurz außerhalb von Konya schließlich in der „Hoca Fakıh-Moschee" eine volle Imāmstelle. Von 1954 bis 1956 lebte er mit seinen Freunden in der Umgebung von Konya in ärmlichen Verhältnissen. In dieser Zeit wurden sie in jeglicher Hinsicht von sehr hilfsbereiten Muslimen unterstützt. Während seiner Schulzeit besuchte er die gymnasiale Imāmschule in Konya (türk. Konya İmam Hatip Okulu), bekam nebenher eine sehr gute Theologie-Bildung, erteilte Islamunterricht und besuchte bei seinem Sprachlehrer Ali Nihat Tarlan einen perischen Sprachkurs. Nach dreijähriger Imāmtätigkeit

14 Vgl. KARAMAN: Bir Varmış Bir Yokmuş (2009), Bd. 2, S. 413–414.
15 Vgl. KARAMAN: Bir Varmış Bir Yokmuş (2009), Bd. 1, S. 75f.

erklärte er aus verschiedenen persönlichen Gründen am 6.Mai 1957 seinen Rücktritt.

Durch die finanziellen Förderungen der islamischen Religionspädagogik und der islamischen Theologie an den staatlichen Schulen unter der Regierungsführung der Demokratischen Partei (türk.Demokrat Parti) wurden in Konya auch zunehmend die Studien über den berühmten islamischen Mystiker „Maulānā" Ǧalāl ad-Dīn ar-Rūmī (gest. 1273) gefördert.

Durch die Vortragsreden von Ali Nihat Tarlan und des ehemaligen Bürgermeisters von Konya Muhlis Koner über die Weisheiten (ḥikam) von ar-Rūmī wurde Hayreddin Karaman in einer Veranstaltung über die islamische Mystik (taṣawwuf) so beeindruckt, dass er sich der Erlernung des Persischen widmete. Sein Persischlehrer Arif Etik (gest. 1992) unterrichtete ihn in der persischen Grammatik und im Lesen von Taṣawwuf-Quellen wie zum Beispiel den ausgewählten Erzählungen des Werks „Maṯnawī" (türk. Muntahabât-ı Mesnevi) von ar-Rūmī. Im Laufe der Zeit entstand zwischen ihnen ein herzliches Lehrer-Schüler-Verhältnis, wobei ihm sein Lehrer beim Erwerb von Büchern erhebliche finanzielle Unterstützung leistete.

Mit der Einführung des Persichunterrichts an den gymnasialen Imāmschulen (türk. İmam Hatip Okulları) vermittelte Hayreddin Karaman seinen Sprachlehrer an diese Schulen weiter.

In späterer Zeit verhalf er ihm auch zum Stellenerwerb an die damals gegründete islamisch-theologische Hochschule (türk.Yüksek İslam Enstitüsü). Durch seine Bekanntschaften und Beziehungen erlangte Hayreddin Karaman die Möglichkeiten, sehr einflussreiche Menschen kennenzulernen und an tiefgreifenden Gesprächskreisen teilzunehmen. Noch heute berichtet er, dass die Grundlagen seiner Persischkenntnisse auf die besonderen Lehrverdienste von Arif Etik zurückgehen, auch wenn er später in Istanbul Erweiterungskurse besuchte.

Ein besonderes Ereignis in seiner Konya-Zeit war der Gewinn des Essay-Wettwerbes über ar-Rūmī, welches in der lokalen Umgebung großes Ansehen genoss. Beim Schreiben des Essays bediente er sich dabei des Originaltextes des „Maṯnawī", dessen Erörterung von İsmail Ankarāwī (Fīhi mā Fīhi) und der in osmanischer Sprache dargestellten Biographie von ar-Rūmī (Mecâlis-i Seb'a).[16] Bei der öffentlichen Siegerehrung lernte er Wissenschaftler wie seinen späteren Hochschullehrer Halil Can (gest. 1973) kennen, sodass diese Veranstaltung für seine weitere beruflich-akademische Laufbahn prägend war.

---

16 Vgl. KARAMAN: Bir Varmış Bir Yokmuş (2009), Bd. 1, S. 147.

Während seiner Lebenszeit in Konya heiratete er kurzzeitig in Çorum seine derzeitige Ehefrau Emine Ayfer, mit der er nach Konya zurückkehrte. In ihrem neuen Wohnviertel lernten sie ihre langjährigen Nachbarn und Familienfreunde Koçkuzu kennen, welche ihnen in allerlei Hinsicht eine bedeutende Lebensstütze wurden und bis heute zu den engsten Freunden gehören. Mit Ali Osman Koçkuzu (inzwischen emeritierter Ḥadīṯprofessor an der Universität Konya) pflegte Hayreddin Karaman eine mehr als fünfzigjährige Freundschaft.

Als schöne Lebenserfahrung bezeichneten beide die damaligen Besuche der Verwandten des Islamgelehrten Fahreddin Kulu, welcher zugleich auch der Lehrmeister von Hacıuveyiszâde Mustafa Efendi war. Inhalt dieser Gespräche waren die Gedanken und die Weisheiten des islamischen Mystikers (mutaṣawwuf) Muḥyī ad-Dīn ibn ʿArabī (gest. 1240), der Gelehrten Muḥammad ʿAbduh (gest. 1905), Rašīd Riḍā (gest. 1935) und des türkischen Dichters und Schriftstellers Necip Fazıl Kısakürek.[17] In seiner weiteren Fortbildung besuchte Karaman den Sprachunterricht bei Ahmed Talat Aksoy (gest. 1956). In langem Selbststudium bildete er sich in der Logik (manṭiq) weiter, indem er die Erörterungen von Šamsīya und Isagoci las.[18] Auf Empfehlung seines Lehrers wandte er sich in Konya dem islamischen Mystiker (mutaṣawwuf) Muhammed İhsan Oğuz zu, welcher ihn im bedeutenden Werk „Talḫīṣ al-Miftāḥ" von al-Ġazwīnī (gest. 1338) unterrichtete.

Seine ersten Lehrer an der Imāmschule waren Tahir Elliki (gest. 1955), Abdülmecid Ünlükul (gest. 1957) und Hacıuveyiszâde Mustafa Efendi (gest. 1960).

Folgende Bücher gehörten zu seinem Studium: der Korankommentar (tafsīr) von (Elmalılı) Muhammed Hamdi Yazır (gest.1942), die sechsbändige Fiqh-Reihe von Ömer Nasuhi Bilmen (gest. 1971) namens „Hukûk-ı İslâmiyye ve Istılahat-ı Fıkhıyye Kâmusu", eine Buchübersetzung „Asrı Saadet" von Ömer Rıza sowie das von Ahmed H. Akseki (gest.1951) übersetzte Werk von Rašīd Riḍā unter „Mezahibin Telfiki ve İslam'ın Bir Noktaya Cem'i". Dieses Buch öffnete den Bildungshorizont von Hayreddin Karaman im Hinblick auf die Möglichkeit der Iǧtihād-Praxis und des Taqlīd im innerislamischen pluralistischen Rechtsschulenverständnis. Trotz der theologischen Bildungsöffnung unter der damaligen Regierung der Demokratischen Partei (türk. Demokrat Parti) wurde die Publikationsreihe von Said Nursi (gest. 1960) mit dem Titel „Risâle-i Nur" zur damaligen Zeit auf Druck der islamfeindlichen Kreise verboten. Ungeachtet dieser Hindernisse studierte Hayreddin Karaman auch viele dieser Schriftenreihe,

17 Vgl. ebd., S. 174.
18 Vgl. ebd., S. 185.

ehe er dann in Isparta den außergewöhnlichsten Gelehrten des zwanzigsten Jahrhunderts (Bediüzzaman), Said Nursi, persönlich besuchte, ihm sehr großen Respekt erwies und sein Bittgebet einholte. In Erinnerung von Hayreddin Karaman sprach Said Nursi zu ihm:

> *„Du wolltest mich schon vor längerer Zeit besuchen, jetzt ist es vollbracht. In den Dämmerungsmomenten am Morgen bete ich, in dem ich auch die Namen meiner Lehrschüler erwähne. Deinen Namen habe ich dazugenommen. Für deine erfolgreiche Bildung und Dienstleistung werde ich beten."*[19]

In seinen zahlreichen Schulausflügen nach Bursa, Istanbul und Gaziantep predigte Hayreddin Karaman an den dort ansässigen und zugeteilten Moscheen und leitete zugleich auch das obligatorische Tagesgebet.[20]

Eines Tages beschloss er mit seinem engen Freund Ali Osman Koçkuzu, die ostanatolischen Sufiorden zu besuchen, um von ihnen spirituelle Erziehungserkenntnisse in der islamischen Mystik (taṣawwuf) zu erwerben. So begaben sie sich gemeinsam nach Tarsus bei Mersin und in weitere mittel- und ostanatolische Städte wie Diyarbakır, Sivas, Tokat und Çorum, wo sie die jeweiligen Sehenswürdigkeiten besichtigten, die städtischen Muftīs besuchten und von ihnen bedeutsame Ratschläge erhielten.[21]

In seinem letzten Schuljahr in Konya entstand die Debatte um die berufliche Laufbahn der Imāmschulen-Absolventen, weil die damalige einzige theologische Fakultät der Universität Ankara (türk. Ankara Üniversitesi İlahiyat Fakültesi) von den Imāmschulen (türk. İmam Hatip Okulları) keine Absolventen aufnahm. Die direkte Zulassungsmöglichkeit zum Studium bestand nur in der erfolgreichen Beendigung der allgemeinen Gymnasien (türk. düz lise).

Die Imāmschulen-Absolventen hatten zur Aufnahme des Theologiestudiums zwei Möglichkeiten. Erstens war es ihnen möglich das allgemeine Gymnasium zu absolvieren. Zweitens eröffnete eine Imāmtätigkeit als anerkannte Mitarbeit bei der Religionsbehörde „Diyanet" den Weg zum Theologiestudium. Aufgrund der unrechtmäßigen Benachteiligungen zum Studium forderten die Imāmschulen-Absolventen direkte Hochschulzulassung. Nach mehreren Auseinandersetzungen versprach der damalige türkische Ministerpräsident (türk. Türkiye Cumhuriyeti Başbakanı) Adnan Menderes (gest. 1961) in einer seiner

19 Vgl. KARAMAN: Bir Varmış Bir Yokmuş (2009), Bd. 1, S. 205–206.
20 Vgl. ebd., S. 213–215.
21 Vgl. ebd., S. 220–229.

wichtigen Vortragsreden in Istanbul die Angleichung der geforderten Bedürfnisse.[22]

In seiner Zeit in Konya lernte Hayreddin Karaman bei einem Aufenthalt in Istanbul den Mystiker Muhammed İhsan Oğuz (gest. 1991) kennen, dessen Sufiorden über Sayyid Aḥmad ʿAlī as-Sabtī, Ḫālid al-Baġdādī, Imām Rabbānī, Abū Bakr bis zum Propheten Muḥammad reicht.[23] In seinem Leben widmete sich Muhammed İhsan Oğuz der islamisch-mystischen Religionsunterweisung und beleuchtete mit seinem Wissen und seiner Erkenntnis viele theologische Fälle und Unklarheiten. Für Hayreddin Karaman hatte die Begegung mit ihm und die Teilnahme an seinen Gesprächen eine unvergessliche Bedeutung. Denn durch die theologischen Gedanken und Erkenntnisse von Muhammed İhsan Oğuz vereinheitlichen sich seine bisherigen Wissenserfahrungen in der islamischen Theologie (ʿulūm al-islāmīyya) mit der islamischen Mystik (taṣawwuf) im harmonischen Kollektiv.

Hayreddin Karaman erhielt seine Grundlagenbildung in der islamischen Theologie (ʿulūm al-islamīyya) und in der islamischen Mystik (taṣawwuf), lernte die kulturellen Differenzen in den anatolischen Provinzen kennen und wurde Zeuge von Menschen, die sowohl zur Zeit der Osmanen als auch in der Folgezeit der Republik Türkei ihre Erfahrungen mit ihm teilten.

Nach achtjährigem Aufenthalt in Konya kehrte er mit seiner Familie zunächst wieder nach Çorum zurück. Aus dieser Zeit in Konya gingen ihre gemeinsamen Kinder Latife (geb. 1957) und Muhammed Lütfullah (geb. 1958) hervor. Noch heute trifft sich Hayreddin Karaman jedes Jahr mit seinen ehemaligen Schulfreunden aus Konya, in welchen Treffen sie die gemeinsamen Erinnerungen aus der Imāmschulenzeit austauschen.[24]

1.1.2.2 Studienzeit in Istanbul

Unter der Regierungsführung der Demokratischen Partei (türk. Demokrat Parti) trat am 10.Juni 1959 mit dem Gesetz „7344" die direkte Zulassung der Imāmschule-Absolventen zum Theologiestudium in Kraft.[25] Das erste theologische Institut in Istanbul (türk. İstanbul Yüksek İslam Enstitüsü) nahm den Lehrbetrieb nach vorheriger Aufnahmeprüfung am 19.November 1959 mit

22 Vgl. KARAMAN: Bir Varmış Bir Yokmuş (2009), Bd. 1, S. 231.
23 Vgl. ebd., S. 235.
24 Persönliches Gespräch mit Ass. Prof. Dr. Abdülhalim Koçkuzu vom 18.03.2013 in Istanbul.
25 Vgl. KARAMAN: Bir Varmış Bir Yokmuş (2009), Bd. 1, S. 241f.

fünfundsiebzig Studenten auf. Die Prüfung setzte sich aus drei Teilprüfungen zusammen: Eine Arabisch-, eine Koran- und eine theologische Fachprüfung.

Nach erfolgreichem Bestehen der Examensprüfung immatrikulierte Hayreddin Karaman gemeinsam mit einigen Schulfreunden aus Konya zum Theologiestudium. In dieser Zeit lernte er seinen Kollegen Saim Yeprem kennen, der zu Studienbeginn als Studentensprecher eine Rede hielt. Dabei begegnete Karaman zum ersten Mal seinem langjährigen Hochschullehrer Ahmed Dâvudoğlu, mit dem er zunächst ein freundschaftliches Lehrer-Schüler-Verhältnis führte. Während der Studienzeit besuchte er mit Freude auch dessen privaten Islamkurs, in welchem sie die berühmte Koranexegese (tafsīr) des Qāḍī ʿAbd Allāh bin ʿUmar al-Baiḍāwī (gest. 1292) lasen. Die ersten Hochschullehrer des erstmals gegründeten Theologie-Instituts in Istanbul waren Ömer Nasuhi Bilmen, Mahmud Celaleddin Ökten, Nihad Sami Banarlı, Sadettin Evrin, Şerif Ahmed Hazim, Ali Üsküdarlı, Halil Can, Zekai Konrapa, ¡ahap Simay, Şayeste Erman, Ahmed Dâvudoğlu und Rahmi ¡enses.

Die Putschisten vom 27.Mai 1960 wollten auf Anordnung des neu eingesetzten Staatspräsidenten Cemal Gürsel (gest. 1966) auch das theologische Institut schließen. Nach vielen Verhandlungen wurde es durch die großen Bemühungen des Schulfreundes von Cemal Gürsel namens Vehbi Bilimer dennoch nicht geschlossen. Mit sehr großer Erleichterung wurde der theologische Hochschulbetrieb in Forschung und Lehre fortgeführt.

Während seiner sehr erfolgreichen Studienzeit bildete sich Hayreddin Karaman durch das Selbststudium der wissenschaftlichen Werke von Fuat Sezgin, Muḥammad Ḥamīdullāh und Ali Nihat Tarlan weiter.[26] Zudem besuchte er im Istanbuler Stadtteil „Cağaloğlu“ einen Sprachkurs des Persischen, um seine Sprachkenntnisse zu erweitern.

26 In dieser Zeit stellte sich HAYREDDİN KARAMAN einen theologischen Bildungsplan zusammen. In diesen gehören die Werke „Tafsīr al-Manār“ von Rašid Riḍā, „Fatḥ al-Qādir“ von aš-Šauqānī und „Madāriq“ von Abū al-Baraqāt an-Nasafī. In den Ḥadīṯwissenschaften: „Nail al-Awtār von aš-Šauqānī. Im Fiqh: „Iġāṣāt al-Lahfān“ von Ibn Qaiyim al-Ǧauzīyya und „al-Hidāya“ von al-Marǧinānī. Im Uṣūl: „Al-Muwāfaqāt“ von aš-Šāṭibī, „ar-Risāla“ von Muḥammad aš-Šāfiʿī. In der Religionsgeschichte: „Qiṣaṣ al-Anbiyāʾ“ von Aḥmad an-Naǧǧār, „Tāriḫ-i Edyān“ von Şemsettin Günaltay und „Mirāṯ-ı Edyān“. In der islamischen Mystik: „Al-Munqiḍ min aḍ-Ḍalāl“ von Abū Ḥāmid Muḥammad al-Ġazālī, „Faṣl al-Maqāl“ und „Al-Kašf al-Manāhiǧ al-Adillat“ von Muḥammad ibn Rušd, „Maṭālib“ und „Maḏāhib“ von Elmalılı Muhammed Hamdi Yazır. Im Bereich der Häresiographie: „Milal wa Nihal“ von aš-Šahristānī und weitere andere Bücher.

Trotz mehrerer unrechtmäßiger Provokationen (die darauf abzielten das theologische Institut zu schließen und die verheirateten Studenten zu exmatrikulieren) blieben Hayreddin Karaman und seine Freunde im Vertrauen auf Gott zurückhaltend. Der damalige Generaldirektor der Religionspädagogik in Ankara namens Edip Kürkçüoğlu (der über die Unrechtmäßigkeiten informiert war) intervenierte und schützte die Theologiestudenten.

Mit den Unterstützungen seines Hochschullehrers Sadettin Evrin, der nach dem Militärputsch von 1960 in der Religionsbehörde „Diyanet" zum Assistenten des Religionspräsidenten (türk. Diyanet İşleri Başkan Yardımcısı) berufen wurde, erhielt Hayreddin Karaman in der Kadıköy-Moschee eine volle Predigerstelle (türk. vaizlik).[27] Durch diese Einberufung bekam er die finanzielle Möglichkeit, seine Familie von †orum nach Istanbul zu holen, womit für ihn ein neuer Lebensabschnitt begann. Am 10.September 1962 bekam die Familie Karaman ihr letztes Kind, einen Sohn namens Muhammed İhsan.

Durch seine sehr enge Freundschaft zu Süleyman Süleymangil (dessen Familie zu dieser Zeit Inhaber einer Maisölfabrik war) lernte Hayreddin Karaman seinen zukünftigen Lehrer Yusuf Cemil Ararat kennen (der Freund des türkischen Nationaldichters Mehmed Akif Ersoy ist). Süleyman Süleymangil war in psychologischer Behandlung, hatte wenig Kontakt mit der Außenwelt und freute sich mit Hayreddin Karaman nette Unterhaltungen zu führen. Durch seine sehr großzügigen Spenden in Form der Übergabe seiner Erbanteile und einem Aufruf an seine Geschwister zum wohltätigen Verkauf ihrer Villa am Bosporus ging dieser Grundbesitz an die Stiftung „İlim Yayma Vakfı" über.[28] Auch wenn aus diesen Mitteln keine gymnasiale Imāmschule gegründet werden konnte, bot die Stiftung zur wissenschaftlichen Förderung der islamischen Theologie eine finanzielle Stütze. In dieser Zeit war Hayreddin Karaman eingeschriebener Student der islamischen Theologie, Familienvater, Imām, Prediger und besuchte zusätzlich private Islamkurse. In seiner zweijährigen Tätigkeit als Prediger in der Kadıköy-Moschee begann ein Lesekreis des Korans.

Die sozialen und die religiösen Spaltungen unter den muslimischen Gemeinschaften waren damals besorgniserregend, sodass Hayreddin Karaman aus seiner Perspektive das kollektive Einheitsbewusstsein vorrangig betrachtete. Seiner Meinung nach müssen sich die islamischen Rechtsschulen (maḏāhib al-islāmī) gegenseitig akzeptieren, ohne sich dabei den Glauben (īmān) abzusprechen. Diese religionsmoralische Haltung fördere seiner Ansicht nach die

27 Vgl. KARAMAN: Bir Varmış Bir Yokmuş (2009), Bd. 1, S. 258–259.
28 Vgl. ebd., S. 264.

Geschwisterlichkeit der Muslime, die dem geistigen Verständnis der islamischen Religion (dīn) entspricht.

Eine exklusive Orientierung unter Muslimen führe zu uneffektiven Dienstleistungen. Daher tritt Hayreddin Karaman stets dafür ein, dass die muslimischen Gemeinschaften sich trotz der vorliegenden Meinungsunterschiede zu ihrem Eigenwohl annähern.

Hetzerische, von den religionsfeindlichen Gruppen getätigte Äußerungen führten zur innermuslimische Gegenüberstellung der gymnasialen Imāmschulen (türk. İmam Hatip Liseleri) mit den privaten Korankursen, dessen sich beide Seiten erst im Nachhinein bewusst wurden.

Während seiner Studienzeit lernte Hayreddin Karaman seinen langjährigen engen Freund namens Bekir Topaloğlu kennen, mit welchem er in späterer Zeit auch einige Publikationen veröffentlichte. Stets distanzierte er sich mit seinen Freunden von der Politisierung der Religion und setzte sich für ein zeitgemäßes Religionsverständnis im säkularen Kontext der Türkei ein. In diesen fürsorglichen Bestrebungen setzte er sich zur Förderung der islamischen Religionspädagogik ein, die durch die Religions- und Glaubensfreiheit, der Menschenrechte, gegeben ist. Unter diesen Bedingungen verfolgte er mit seinen Freunden das Ziel, dass die nachfolgenden Generationen sowohl in den Imāmschulen (türk. İmam Hatip Liseleri) als auch an den theologischen Fakultäten (türk. İlahiyat Fakülteleri) trotz aller Hindernisse eine hochwertige theologische Bildung erhalten. Diese Aufgabe verstehen sie als eine obligatorische Diensterweisung im Islam. Zur Realisierung ihrer Ziele visierten sie zunächst aber eine akademische Karriere an, dessen Voraussetzung zur damaligen Zeit neben einem abgeschlossenen Theologiestudium auch eine zweijährige berufliche Lehrtätigkeit an der Imāmschule war. Schließlich wurden Hayreddin Karaman und sein Freund Bekir Topaloğlu am 27.März 1963 als Lehrkraft an die Istanbuler Imāmschule (türk. İstanbul İmam Hatip Okulu) berufen.

In dieser Referendariatszeit verfasste er seine bekannten Schriften „Fıkıh Usûlü“ (Islamische Rechtsmethode) und „Hadis Usûlü“ (Ḥadīṯ-Methode). Außerdem publizierten er gemeinsam mit Bekir Topaloğlu die beiden arabischen Grammatikbücher „Arapça Sarf ve Nahiv“ und „Arapça Okuma ve Eski Metinler“, die dreibändige linguistische Arabischreihe „Arapça Dilbilgisi“ und ein Arabischwörterbuch mit dem Titel „Arapça Yeni Kâmus“.[29]

Während dieser Zeit legte er seine Schwerpunkte in die akademische Eigenbildung, in die Nachwuchsförderung, in die Unterstützung privater Korankurse

29 Vgl. KARAMAN: Bir Varmış Bir Yokmuş (2009), Bd. 2, S. 16.

und in die Publikationen seiner eigenen theologischen Schriften. Dabei versuchte er durch periodische Privatkurse seinen eigenen Personenkreis zu erweitern und die Bildungsqualität zu erhöhen, weil das Niveau an den Imāmschulen zu damaligen Zeiten nicht ausreichend war.

Die hier ausgebildeten Absolventen sollten unter den säkular-laizistischen Bedingungen der Türkei zum „gesunden Religionsverständnis" im breiten türkischen Volk beitragen.

Heute gehören zu den damals herangebildeten Studenten bekannte türkische Pädagogen und Theologen, welche durch ihre Werke und ihre Tätigkeiten im akademischen Lehrbetrieb entscheidend zur Förderung der islamischen Religionspädagogik und der Theologie beitragen.

Die Grundlage der islamischen Religionspädagogik in der Türkei bilden nach Hayreddin Karaman die Imāmschulen (türk. İmam Hatip Liseleri), welche in ihrem Kerncurriculum im Vergleich zur Hochschultheologie alle übrigen allgemeinen Schulfächer beinhaltet. Durch die Lehrerausbildung für den bekenntnisgebundenen islamischen Religionsunterricht und der Imāmausbildung für die Moscheepädagogik ist die Sicherung der Bildungsqualität gegeben. Hayreddin Karaman und seine Freunde verstehen unter dieser wichtigen Diensterweisung eine besondere Form der Lehre, in der das Theologiewissen als eine wichtige erworbene Gottesgabe an die Verwandten, Bekannten und Folgegenerationen weitergegeben wird.

Zur Realisierung dieser Ziele bedarf es ihre Sicht nach der Bewahrung der Glaubenspfeiler (maḥfūẓ al-īmān), dem intensivem Erwerb von Wissen (ʿilm), der Bescheidenheit (aḫlāq) und einer disziplinierten und beständigen Arbeitshaltung. Diese Diensterweisung erfüllt ihren geistigen Wert ohne dabei finanzielle Gegenleistungen entgegenzunehmen. Zu seinen engen Freunden gehören Tayyar Altıkulaç (geb. 1938), Yaşar Kandemir (geb. 1939), Ali Osman Koçkuzu (geb. 1936), Saim Yeprem (geb. 1941), Ahmet Kahraman, Muhammed Eroğlu, Selahaddin Parladır (geb. 1939), Avni İlhan, Mevlüt Ferligül, Mustafa Uzunpostalcı (geb. 1939) und weitere, die sich dieser Erziehungsvision annahmen.

Seine Dienstzeit an der Imāmschule in Istanbul (türk. İstanbul İmam Hatip Okulu) endete am 15.Dezember 1965, woraufhin er an der Alma Mater (İstanbul Yüksek İslam Enstitüsü) eine Assistententätigkeit begann.[30] Trotz aller

30 Seine ehemaligen Hochschullehrer an dieser Einrichtung waren folgende: Ömer Nasuhi Bilmen (gest. 1971), Celaleddin Ökten (gest. 1961), Ali Üsküdarlı (gest. 1976), Mahir İz (gest. 1974), Kemal Edip Kürkçüoğlu (gest. 1978), Abdülkadir Keçeoğlu (gest. 1962), Sadettin Evrin, Zekai Konrapa, Ali Nihat Tarlan, Nihat Sami Banarlı (gest. 1974), Halil Can (gest. 1973), Mithat Bahari, Ömer Kirazoğlu, Celal Saraç, Ahmed Dâvudoğlu

Erschwernisse in der finanziellen Bereitstellung von akademischen Mitarbeiterstellen erhielten Hayreddin Karaman (fiqh), Bekir Topaloğlu (ʿilm al-kalām), Tayyar Altıkulaç (Koranwissen), Selahaddin Parladır (Religionspsychologie) und Muhammed Eroğlu (tafsīr) nach der erfolgreichen Aufnahmeprüfung eine wissenschaftliche Mitarbeiterstelle.[31] Seine Abschlussarbeit wurde später unter dem Arbeitstitel „Başlangıçtan Dördüncü Asra Kadar İslâm Hukûkunda İctihad ve Taklid" (Vom Anfang des Islam bis ins vierte Jahrhundert. Iǧtihād und Taqlīd im islamischen Recht) durch seinen Doktorvater Ömer Nasuhi Bilmen mit sehr großem Erfolg anerkannt. Diese Qualifikationsschrift gibt einen sehr guten Einblick in die frühislamischen Rechtsentwicklungen bis ins vierte Jahrhundert n.d.H.

Parallel zu dieser Beschäftigung führte er mit seinen Freunden die privaten Bildungs- und Erziehungsdienste weiter. Nach der Ausübung des obligatorischen Militärdienstes in der Armee wurden ihm vor der Wiederaufnahme der wissenschaftlichen Assistentenstelle am theologischen Institut auf unrechtmäßige Art mehrere Steine in den Weg gelegt, jedoch mit den sehr freundlichen Unterstützungen seines Hochschullehrers Muhammed T. Tanci wurde er am 18.Februar 1969 doch erneut zum wissenschaftlichen Assistenten berufen.

In dieser Zeit erteilte er zugleich an drei weiteren Schulen Ethikunterricht und freiwilligen Religionsunterricht. Dazu gehören in Istanbul die französische Modeschule „Saint Joseph", die Krankenpflegerschule „Validebağı" und eine berufsorientierte Modeschule für Mädchen.[32]

Das berufliche Ziel von Hayreddin Karaman war nun die feste Stelle eines Lehrbeauftragten im Fachgebiet des islamischen Rechts (fiqh). Nach vielen Rücksprachen mit dem damaligen Bildungsminister in Ankara (Orhan Oğuz) bezüglich der Berufung zu diesem Posten, führte die Putschisten am 12.März 1971 unter der Leitung des damaligen Generalstabführers Memduh Tağmaç im politischen Gesamtkontext der Republik Türkei einen Militär-Putsch durch, sodass der damalige türkische Staatspräsident (türk. Türkiye Cumhuriyeti Cumhurbaşkanı) Cevdet Sunay (gest. 1982) gezwungen wurde am 28.März 1973 abzutreten.

Aufgrund dieser gesamtpolitischen Ereignisse (welche zur Stagnation der Türkei führte) musste Hayreddin Karaman seine akademische Berufung als Lehrbeauftragter im Fachbgebiet des islamischen Rechts in die spätere Zeit verschieben. Die Entscheidung für den Verbleib in Istanbul lag aus seiner Sicht in

(gest. 1981), Muhammed T. Tanci (gest. 1974), Muḥammad Ḥamīdullāh (gest. 2002), M.Tayyip Okiç (gest. 1977), Mustafa Ateş, Şerif Hazim, Safvet Efendi, Hasan Basri Çantay (gest. 1964), Salih Tuğ und Ali Özek.

31 Vgl. KARAMAN: Bir Varmış Bir Yokmuş (2009), Bd. 2, S. 66.

32 Ebd., S. 77–79.

der freiwilligen Dienstannahme, die theologische Bildung und Erziehung zu fördern, wobei er in dieser Erziehungsvision unter seinen Freunden eine anerkannte Führungsposition einnahm. Trotz aller Bestrebungen für den Verbleib in Istanbul wurde er als Lehrkraft an die theologische Hochschule nach Izmir (türk. İzmir Yüksek İslam Enstitüsü) berufen.[33] Seine Freunde Tayyar Altıkulaç und Yaşar Kandemir wurden an das gleiche theologische Institut nach Kayseri (türk. Kayseri Yüksek İslam Enstitüsü) versetzt.[34]

Mit der akademischen Tätigkeit in Izmir begann für Hayreddin Karaman ein kurzzeitiger Lebensabschnitt, wo er einige seiner Schulfreunde aus der Schulzeit in Konya wiedertraf und viele neue Freunde dazugewann. Das Schicksal verschlug ihn wieder nach Istanbul an die theologische Fakultät der Marmara Universität (türk.Marmara Üniversitesi İlahiyat Fakültesi), wo für ihn ein langer und erfolgreicher Lebensabschnitt begann und er viele neue Freunde dazugewann.

1.1.2.3 Zeit in Izmir

Die Berufung als Lehrbeauftragter an die theologische Hochschule nach Izmir fiel Hayreddin Karaman anfänglich schwer, weil seine Familie noch in Istanbul residierte und er dort einen großen Bekanntschaftskreis besaß.[35] An der neuen Arbeitstelle in Izmir traf er seine alten Schulfreunde wieder, die sich der gleichen religionspädagogischen Berufung annahmen. Zu ihnen gehören Mevlüt Ferligül, Mustafa Çetin, Selahaddin Parladır, Avni İlhan und Ali Sarı. Mit der akademischen Lehrplanaufnahme erkannte Hayreddin Karaman relativ früh, dass die erteilten Lehrinhalte im Fachgebiet des islamischen Rechts nicht ausreichend waren. Daher entschloss er sich, die Werke „Mukayeseli İslâm Hukuku" (Islamische Rechtsvergleichung), „İslâm Hukuk Tarihi" (Islamische Rechtsgeschichte) und das Buch „Helâller ve Haramlar" (Erlaubtes und Verwehrtes) zu schreiben. Paralell dazu erteilte er ehrenamtlichen freiwilligen Arabischunterricht und lehrte an der Imāmschule „Ḥadīṯwissen".

In dieser Zeit entstanden unter den Studentengruppen einige Kreise, die stark ideologisch ausgerichtet waren. Dazu zählten beispielweise ultranationale und kommunistische Studenten, die feindlich gegenüberstanden. Zum besseren

33 In der Mitte der Siebzieger realisiert Hayreddin Karaman bereits die Existenz von differentiellen studentischen Gruppierungen wie die Nationalisten, die Linken, die Nurculuk-Bewegung und weitere andere, welche in dieser Zeit zunächst noch nicht feindschaftlich gegenüberstanden (dies änderte sich noch vor Beginn der Achtziger).

34 Vgl. KARAMAN: Bir Varmış Bir Yokmuş (2009), Bd. 2, S. 91.

35 Ebd., S. 115–116.

Miteinander führte Hayreddin Karaman gesonderte Gesprächsrunden durch, in der er auf die Geschwisterlichkeit in der islamischen Religion aufmerksam machte, die verbindende religiöse Identität hervorhob und die Studenten von der politischen Einflussnahme abhielt.

Bis heute blickt er auf eine unvergessliche Lehrzeit in Izmir zurück. Seine beiden Söhne Lütfullah und Muhammed İhsan besuchten dort die Imāmschule und seine Tochter Latife die berufliche Hauswirtschaftsschule, ehe sie ihren heutigen Ehemann Ahmet Kılavuz heiratete. Während seiner fünfjährigen Lebenszeit lernte er viele Freunde und Lehrschüler kennen, mit denen er bis heute beruflicherseits und privat in Kontakt steht. Dazu gehören Ahmet Özcan Usan, Ali Riza Güven, Nuri und Haydar Sever, Süleyman Karagülle, Ahmet Satoğlu, Nazif Satoğlu, Ahmed Bülbül, İbrahim Kafi Dönmez und İbrahim Edhem Sunar.[36]

Eine besondere Bekanntschaft war Fethullah Gülen, an dessen Predigten er selten teilnahm. In dieser Lehrzeit schrieb er mit kommentierenden Ergänzungen die Übersetzungen (tarğamāt) „İslâm'da Banka ve Sigorta" (Bank und Versicherung im Islam) von Aḥmad an-Naǧǧār und „Mezâhibin Telfiki" (Zusammentragung der Rechtsschulenmeinungen).[37]

Schließlich kehrte er wieder nach Istanbul zurück und führte seine Berufung weiter.

1.1.2.4 Rückkehr nach Istanbul

Nach fünfjähriger akademischer Lehrzeit in Izmir wurde Hayreddin Karaman mit der sehr freundlichen Unterstützung von Şevki Özkan (ehemalige religionspädagogische Direktion in Ankara) 1976 zurück an die theologische Hochschule nach Istanbul (türk. İstanbul Yüksek İslam Enstitüsü) berufen.[38] Nach der Rückkehr gründete er gemeinsam mit seinen Freunden die Zeitschrift „Nesil Dergisi",

---

36 Vgl. ebd., S. 120–121.

37 Im Original beruht es auf dem Werk von Rašid Riḍā mit dem Titel „Muḥāwarātu'l-Musliḥ wa'l-Muqallid", welche vom türkischen Gelehrten Ahmed Hamdi Akseki unter „Mezâhibin Telfiki ve İslâm'ın Bir Noktaya Cem'i" ins Türkische übersetzt und von Hayreddin Karaman unter „İslâm'da Birlik ve Fıkıh Mezhepleri" in die moderntürkische Sprache vereinfacht wurde. Gegenwärtig trägt diese den Titel „Gerçek İslam'da Birlik". Zudem wurden zahlreiche Artikel von Hayreddin Karaman in der Diyanet-Zeitschrift (türk. Diyanet Dergisi) publiziert.

38 Trotz der vielen Anwerbeversuche der „Nationalen Heilspartei" (türk. Milli Selamet Partisi) unter der Führung von Necmeddin Erbakan und seinen Angehörigen zur Partei-Teilnahme blieb Hayreddin Karaman in dieser Zeit stets von der aktiven Politik fern und lehnte die Amtsangebote des Parlamentsabgeordneten (türk.Milletvekilliği)

welche die Eigenmeinungen nach außen verteidigen, die alltäglichen Probleme der Muslime behandeln und die islamischen Wissenschaften zeitgemäß wiederbeleben sollte.[39] In keinerlei Hinsicht hatte sie nach Karaman eine Verbindung zu den radikalen Wahhabiten oder zu den hyperliberalen Religionsreformern. Ihre Orientierung zog sie aus den grundlegenden Überzeugungen und Stützen der islamischen Religion und lehnte die Rechtsschulenlosigkeit (türk. mezhebsizlik) strikt ab. In besonderer Hinsicht legte sie einen Wert auf die konstruktive Kritik, in der sie die Fälle in Religionsangelegenheiten diskutierten und Empfehlungen anboten. Ihre Erstausgabe erschien am 1.Oktober 1976. Nach vierjähriger Publikationszeit wurde sie unter den Einflüssen der damaligen Geldentwertung in der Türkei (die die Kaufkraft stark beeinflusste) und durch Oppositionskampagnen eingestellt.

Bevor die theologischen Hochschulen (türk. Yüksek İslam Enstitüleri) in der Türkei eröffnet wurden, war damals nur die im Jahr 1949 gegründete theologische Fakultät der Universität Ankara (türk. Ankara Üniversitesi İlahiyat Fakültesi) in dauerhaftem Lehrbetrieb.

Die grundlegende Eröffnungsabsicht dieser hochschulischen Einrichtung war die Reformation der islamischen Religion, was zu dieser Zeit als Fortschritt im Sinne einer Modernisierung angesehen wurde. Die Imāmschule-Absolventen wurden in den Augen der Ankaraner Theologen als Barrieren in der hochschulischen Reformtheologie erachtet und auf unrechtmäßige Art des Rückschritt (türk. gericilik) beschuldigt. Deswegen wollten sie ihnen an der Universität Ankara auch die Aufnahme des Theologiestudiums verweigern. Dennoch waren sie auf Druck gezwungen hochschultheologische Einrichtungen bereitszustellen. Die akademischen Personalstellen wurden bewusst gering gehalten, um die institutionelle Etablierung einer oppositionellen islamischen Theologie zu kontrollieren.

Durch die Berufung von Tayyar Altıkulaç zum Direktor der Religionspädagogik (türk. Din Eğitimi Genel Müdürü) in Ankara am 07.September 1976 wurden hundert wissenschaftliche Mitarbeiterstellen für die hochschultheologischen Institute zur Verfügung gestellt.[40]

Nach mehreren Vorprüfungen unter Aufsicht einer akademischen Jury (in der auch Hayreddin Karaman vertreten war) wurden für die theologischen Hochschulen in Istanbul, Bursa und Samsun die akademischen Mitarbeiterstellen an

und die von Erbakan angebotene Präsidentschaft der Religionbehörde (türk. Diyanet İşleri Başkanlığı) ab.

39 Vgl. KARAMAN: Bir Varmış Bir Yokmuş (2009), Bd. 2, S. 152–153.

40 Vgl. ebd., S. 187.

die Besten vergeben. Nach diesem Verfahren wurde die gleiche Prozedur in Izmir, Konya, Kayseri und Erzurum vorgenommen.

Mit einer am 29.März 1977 beginnenden feindlichen Intrige, in der Hayreddin Karaman und seinen Freunden in den Stellenberufungen eigene Vorteilsnahme vorgeworfen wurde, ereignete sich bei der Aufnahmeprüfung gewaltsame Boykott-Kampagnen.[41] Diese Aufstände wurden von oppositionellen Dritten der Politik und den damit verbundenen Gruppen angezettelt, um die gymnasialen Imāmschulen (türk. İmam Hatip Okulları) und die hochschultheologischen Institute (türk. Yüksek İslam Enstitüleri) durch Propagandaverbreitung nach eigenem Bekunden zu kontrollieren und zu politisieren. Hayreddin Karaman und seine Freunde verfolgten eine Depolitisierung der Hochschulen sowie eine würdige theologische Bildung und Erziehung der Studenten ab. Das Wahhabitentum und die Reformation der islamischen Theologie im Sinne einer Religionsmutation lehnten sie ebenfalls scharf ab.[42]

Trotz dieser guten Absichten war die feindliche Opposition gewaltsam vorgegangen, sodass der Lehrbetrieb, das Privatleben und die studentischen Beziehungen von lebensbedrohlichen Gewaltausschreitungen begleitet wurden. Nach langen Debatten stellte sich heraus, dass die Jugend in ihrer theologischen Unkenntnis von Dritten (insbesondere durch die provakative Schrift von Durmuş Ali Kayapınar) gegen Karaman und seine Freunden aufgehetzt wurde.[43]

Trotz aller Angebote, eine politische Karriere einzuschlagen, ist Hayreddin Karaman stets der Politik ferngeblieben. In seinen ehrenvollen Bemühungen konzentrierte er sich mit seinen Freunden auf die wissenschaftliche Islamforschung, seine religionspädagogischen Aufgaben und der Gründung der Imāmschulen (türk. İmam Hatip Okulları) sowie der Etablierung der islamischen Theologie (ʿulūm al-islāmīyya) an den staatlichen Universitäten.[44]

Der türkische Koranwissenschaftler Tayyar Altıkulaç war vom 15.Juli 1971 bis 7.September 1976 Asisstent des Präsidenten der Religionsbehörde (türk. Diyanet İşleri Başkan Yardımcısı) und vom 9.Februar 1978 bis 10.November 1986

41 Vgl. KARAMAN: Bir Varmış Bir Yokmuş (2009), Bd. 2, S. 211f.

42 Vgl. ebd., S. 227f.

43 Nach HAYREDDIN KARAMAN diente diese von Durmuş Ali Kayapınar erörterte Übersetzung als Anklage-Verleumdungsschrift gegen KARAMAN und seine Freunde. Vgl. ebd., S. 232.

44 Das grundlegende Ziel der Dienstgeneration (türk. hizmet nesli) in der Federführung von Hayreddin Karaman und seiner Freunde ist die Vermittlung eines „gesunden Religionsverständnisses" und die Erziehung der Schüler über die Imāmschulen, sodass diese das rechte Religionsverständnis an das türkische Volk weitervemitteln.

höchstpersönlich im Präsidentenamt (türk. Diyanet İşleri Başkanı). Durch seine Berufung wurde die Unterstützung zur Bereitstellung von wissenschaftlichen Mitarbeiterstellen in der islamischen Theologie (ʿulūm al-islāmīyya) besser und die religionspädagogische Bildung und Forschung gefördert.

Mit der Umwandlung der hochschultheologischen Institute (türk. Yüksek İslam Enstitüleri) in hochschultheologische Fakultäten (türk. İlahiyat Fakülteleri) führten Hayreddin Karaman und seine Freunde wichtige institutionelle Schritte durch. Diese sind die Kategorisierung der Theologiestudenten in drei Themengruppen. Erstens, die Gruppe Koranexegese (tafsīr) und Ḥadīṯwissenschaften; Zweitens, die Gruppe islamisches Recht (fiqh) und systematische Theologie (ʿilm al-kalām); Drittens, die Glaubensgrundlagen der islamischen Religion. Diese Unterteilung war dringend notwendig, da die Theologiestudenten aufgrund ihrer Begabungen und ihrer Schwerpunktbildungen nicht gleichgesinnt waren. Durch diese Spezialisierungen wurde die theologische Bildungsqualität angehoben, wobei die Absolventen zunächst nicht als Lehrkraft an die Imāmschulen berufen werden konnten. Der zweite Schritt war die Bereitstellung und Berufung der einhundert Mitarbeiterstellen an die theologischen Institute.[45]

Nach dem Militärputsch vom 12.September 1980 (türk. 12 Eylül Askeri Darbe) wurden auf Anordnung des hochschulischen Kontrollgremiums „YÖK" (türk. Yüksek Öğretim Kurumu) die hochschultheologischen Institute (türk. Yüksek İslam Enstitüleri) in hochschultheologische Fakultäten (türk. İlahiyat Fakülteleri) umgewandelt.[46] Das hochschulische Kontrollgremium „YÖK" entstand mit dem Gesetzesentwurf Nummer 2547 des Nationalen Sicherheitsrats (türk. Milli Güvenlik Konseyi) am 06.November 1981, dass alle hochschulischen Direktionen und die damit verbundenen Einrichtungen an diese zentrale Hochschuldirektion gebunden wurden. Da die fortwährenden universitären Tätigkeiten, bedingt durch die Entscheidung dieses Kontrollgremiums, ein Promotionsstudium erforderte, entschied sich Karaman für eine akademische Karriere. Während der Amtszeit des ehemaligen Staatspräsidenten Kenan Evren erhielt er noch vor dem Militär-Putsch vom 12.September 1980 das Angebot, die Stelle des Präsidenten der türkischen Religionsbehörde „Diyanet" (türk. Diyanet İşleri

45 Trotz der Berufung von Bekir Karlığa, Mustafa Çağrıcı, Saim Yeprem, Yunus Vehbi Yavuz, Ahmet Ağırakça, Ali Bardakoğlu, Mehmet Bakırcı, Yusuf Işıcık, İrfan Gündüz, Yaşar Nuri Öztürk (die methodisch verschieden gesinnt waren) wurde die Berufung der akademischen Mitarbeiterstellen, in welchem Verfahren HAYREDDIN KARAMAN und seinen Freunden eigene Nutzabsichten vorgeworfen wurden, zu Unrecht boykottiert.

46 Vgl. KARAMAN: Bir Varmış Bir Yokmuş (2009), Bd. 2, S. 262.

Başkanı) zu übernehmen. Diese Offerte lehnte er ab, weil er keine aktive politische Karriere anstrebte.[47]

Mit der am 28.März 1983 anerkannten Gesetzesnummer „2809“ zur „Institutionalisierung der hochschulischen Einrichtungen“ (türk. Yüksek Öğretim Kurumları Teşkilatı Kanunu) wurden die hochschultheologischen Institute (türk.Yüksek İslam Enstitüleri) in Istanbul, Izmir, Bursa, Konya, Kayseri und Samsun in hochschultheologische Fakultäten (türk. İlahiyat Fakülteleri) umgewandelt und an die staatlichen Universitäten gebunden. Das gesetzliche Inkraftreten wurde am 30.März 1983 im offiziellen Amtsblatt (türk. Resmi Gazete) der Türkei verkündet.

1.1.2.5 Militär-Putsch vom 12.September 1980 und akademische Karriere

Noch vor den historischen Ereignissen des 12.Septembers 1980 in der Türkei stagnierten die religionspädagogischen Dienste von Hayreddin Karaman und seinen Freunden.[48] Die Motive für diese nachhaltigen Entwicklungen liegen nach Karaman selbst in zwei Punkten begründet. Erstens in den zahlreichen Bedrohungen und Auseinandersetzungen zwischen den radikal-ideologischen Kreisen und der Freunde von Hayreddin Karaman (die durch parteipolitische Intrigen herbeigeführt wurden). Zweitens waren die finanziellen Möglichkeiten zu dieser Zeit knapp, wodurch kurzfristig keine Dienstaktivitäten organisiert werden konnten.

Ihre Absichten waren eine gute religionspädagogische Erziehung an Schulen, die Förderung der Imāmschulen (die Lehrplanqualität, die Berufung von qualifizierten Lehrkräften und die Möglichkeit einer Theologiebildung). Dennoch waren die Realisierungsmöglichkeiten für Hayreddin Karaman und seine Freunde nur bedingt gegeben, weil die dafür notwendigen sozialen Institutionen fehlten.

Die ultranationalen, linksliberalen und islamistischen Kreise standen sich zu diesen Zeiten feindlich gegenüber, in der jede Gruppe bei jeder sich bietenden Gelegenheit versuchte, die jeweils Oppositionelle zu schwächen. Das Ziel dieser drei radikalen Kreise war die Durchsetzung der eigenen Ideologie. Die drei Militärputsche haben zum Umdenken innerhalb der drei radikalen Gruppen geführt.[49] Sowohl die Rechten als auch die Linken schwächten sich in ihrer Einflusswirkung ab, weil sie Opfer der gewaltsamen Militärputsche wurden und ihre

---

47 Vgl. ebd., S. 257.

48 Vgl. KARAMAN: Bir Varmış Bir Yokmuş (2009), Bd. 2, S. 241.

49 Vgl. ebd., S. 243.

extremen Denkformen infolge der Globalisierungsprozesse untergingen. Die islamistischen Kreise mussten ihre strenge Haltung ändern, was zum Umdenken führte.

Um eine selbsteingeleitete Anarchie in der Türkei zu verhindern, die nationale Sicherheit, die Einheit und die Wirtschaftsstabilität zu bewahren führte die damalige Putsch-Gesinnung unter der Direktion des damaligen Generalstabschefs (türk. GN.KUR.BŞK.=Genelkurmay Başkanı) Kenan Evren nach zahlreichen Warnungen an die Parteiführungen und der unveränderten Gesamtlage der innerstaatlichen Kritikzustände am 12.September 1980 eigenmächtig einen Militärputsch durch, wodurch das Militär die Regierung stürzte, in die Politik eingriff und im Nationalen Sicherheitsrat (türk. MGK=Milli Güvenlik Konseyi) die Staatsführung übernahm. Diese inneren Krisenzustände wurden nach Hayreddin Karaman von der Putsch-Gesinnung zur Putsch-Legitimation selbst eingeleitet. Alle drei Militärputsche in der Geschichte der Türkei hatten sehr große Auswirkungen auf alle Lebensbereiche der Menschen und führten das Land in allen Bereichen zur Rückentwicklung und zur inneren Instabilität.

Insbesondere können die negativen Folgen auf das Bildungswesen genannt werden, da viele Akademiker ihre berufliche Stelle verloren, die wissenschaftliche Bildungsqualität sich im Generellen stark zurückentwickelte und zur Überwachung der staatlichen Universitäten eine hochschulische Kontrollaufsicht (türk.YÖK=Yüksek Öğretim Kurulu) eingeführt wurde.

Am 12.Dezember 1982 verbot dieses Hochschulgremium das Kopftuch an den hochschulischen Einrichtungen.[50] Trotz der Anfechtung lehnte der türkische Staatsrat (türk. Danıştay) am 23.Februar 1983 die Aufhebung des Verbots ab. Nach langanhaltenden Protesten und Widerständen im gesamten Volk wurde am 10.Mai 1984 eine Erlaubnisrichtlinie verkündet. Am 8.Januar 1987 wurde zusätzlich das Tragen einer zeitgemäßen Kleidung erlaubt. Dennoch wurden zahlreiche Familien nach dem gewaltsamen Militärputsch vom 12.September 1980 Opfer des strikten Kopftuchverbots.

Die damalige Militärgesinnung befürwortete überraschenderweise dennoch die Förderung der Imāmschulen und die hochschulische Theologie mit der Absicht, dadurch dem Kommunismus entgegenzuwirken und nicht in erster Linie die Religiösität zu fördern. Deswegen wurde eine Synthese zwischen der kemalistischen Ideologie von Mustafa Kemal Atatürk (gest. 1938) und der

50 Vgl. KARAMAN: Bir Varmış Bir Yokmuş (2009), Bd. 2, S. 256.

islamisch-religiösen Bildung angestrebt.[51]Die religionspädagogische Erziehung unterstand nicht der Diyanet, sondern dem Nationalen Bildungsministerium (türk. MEB=Milli Eğitim Bakanlığı), somit der direkten Staatskontrolle. Zur Vorbeugung gegen die kommunistischen Gefahren wurde ein staatlich-kontrollierter obligatorischer Schulunterricht für Religionskultur und Ethikwissen (türk. Zorunlu Din Kültürü ve Ahlak Bilgisi Dersi) festgesetzt.[52]

Trotz all dieser strikten Kontrollen und Ereignissen sind die positiven Entwicklungen in den Imāmschulen nach Hayreddin Karaman den Verdiensten des ehemaligen türkischen Staats- und Ministerpräsidenten (türk. Türkiye Cumhuriyeti Başbakanı ve Cumhurbaşkanı) Turgut Özal (gest. 1993) zuzurechnen. Nach dem Militär-Putsch von 1970 wurde am 4.August 1971 durch eine Gesetzesverlautbarung die Mittelstufe der gymnasialen Imāmschulen geschlossen (türk. İmam Hatiplerin Orta Kısmının Kapatılması), die Schulzeit auf vier Jahre erhöht und berufsorientiert konzipiert. Infolge der Demokratisierungsprozesse in den Siebzigern wurde 1973 durch einen Gesetzesentwurf des nationalen Bildungsministeriums die Bezeichnung der Imāmschulen durch eine „gymnasiale Nennung" (türk. İmam Hatip Liseleri) ergänzt und die Zugangsqualifikation zum theologischen Hochschulstudium gewährt. Mit der Reform vom 16.Juni 1983 wurden die erwähnten Rechte gesetzlich geschützt.

1983 wurde die Abschlussarbeit von Hayreddin Karaman am sozialwissenschaftlichen Institut der Marmara Universität (türk.Marmara Üniversitesi Sosyal Bilimler Fakültesi) als Promotion anerkannt. Mit der Verlautbarung des Dekans Erol Zeytinoğlu vom 19.Januar 1984 erhielt er die Doktorwürde. Seine Freunde (die zeitgleich ihr Promotionsstudium beendeten) waren Tayyar Altıkulaç, Selçuk Eraydın, Hüsrev Subaşı, Hasan Aksoy, İsmail Karaçam, Emin Işık, Celal Erbay, Mustafa Uzun, Mustafa Göl, Muhammed Eroğlu, Ali Osman Yüksel und Ali Turgut.[53] Nach der Sprachprüfung begann Karaman im Anschluss an seine Promotion am 18.April 1984 mit der Habilitation. Nach erfolgreichem Bestehen der Vorprüfungen unter dem Beisitz der Ankaraner Professoren İsmail Cerrahoğlu, Mehmet Said Hatipoğlu und Ali Sevim wurde Karaman am 13. November 1986 Dozent.[54]

---

51 Dennoch hielt der damalige Generalstabchef (türk. Genelkurmay Başkanı) Kenan Evren die Religionsaktivitäten in seiner unzutreffenden Annahme einer Rückschrittsgefahr (türk. irtica tehlikesi) aktuell.

52 Vgl. KARAMAN: Din Kültürü ve Ahlak Bilgisi. In: Yeni Şafak 13.12.2012.

53 Vgl. KARAMAN: Bir Varmış Bir Yokmuş (2009), Bd. 2, S. 263.

54 Vgl. ebd., S. 264.

1986 bekam er über die Vermittlung des damaligen Governeurs von Istanbul Nevzat Ayaz das Angebot, das Präsidialamt der Religionsbehörde zu übernehmen, das er jedoch ablehnte.[55] Bis zum Erhalt einer vollen Professorenstelle am 30.Januar 1991 führte er seine akademischen Tätigkeiten als Lehrbeauftragter fort. 1988 reiste er mit seiner Familie und seinen Freunden nach Mekka und Medina, um die obligatorische Pilgerfahrt durchzuführen.

Mit der Präsidiumserklärung der Marmara Universität vom 5.Dezember 1991 wurde er an den Lehrstuhl für islamisches Recht und Jurisprudenz (fiqh) und systematische Theologie (ʿilm al-kalām) berufen, in der er jahrelang in akademischer Forschung und Lehre wesentlich zur theologischen Bildung von Studenten und zur innovativen Entwicklung der theologischen Disziplinen entscheidende Beiträge leistete. Dies zeigte sich dadurch, dass seine universitären Lehrveranstaltungen mit sehr großer freiwilliger Teilnahme besucht wurden und der Andrang selbst nach Veranstaltungsende andauerte. Zur positiven Entwicklung der theologischen Fakultäten (türk. İlahiyat Fakülteleri) bedurfte es nach Karaman einer akademischen Leitung, wissenschaftlichen Mitarbeitern, Bildungsvisionen und leistungsstarken Studenten. Hierbei waren die beiden Rektoren Orhan Oğuz und Ömer Faruk Batırel sowie sein Kollege Saim Yeprem aufgrund ihrer freundlichen Unterstützung eine grundlegende Stütze.

Während seiner Karriere übte Hayreddin Karaman verschiedene berufliche Tätigkeiten aus, nämlich die dreijährige Lehrstuhlinhaberschaft in der islamischen Rechtsvergleichung, die Mitgliedschaft im theologischen Fakultätsrat der Marmara Universität, die Vorstandsmitgliedschaft in der Stiftung der Religionsbehörde (türk. Türkiye Diyanet Vakfı Genel Kurul Üyesi), die Fortführung des Lehrstuhls in der Rechtsvergleichung ab Oktober 1994 und die erneute Mitgliedschaft im theologischen Fakultätsrat an der Marmara Universität.

1.1.2.6 Zeit nach dem 28.Februar 1997 und Emeritierung

Unter den Vorgängen des 28.Februars 1997 werden in der Türkei bestimmte Veränderungen in gesellschaftlichen, rechtlichen, wirtschaftlichen, politischen Angelegenheiten verstanden, welche aus den Resolutionen des Nationalen Sicherheitsrats (türk. Milli Güvenlik Kurulu) hervorgehen und für viele ein Wendepunkt in der türkischen Politikgeschichte darstellen. Nach gesunder demokratischer Gesinnung ist eine politische Intervention der Militärdirektion ein schwerwiegender Verstoß gegen die Demokratie, wonach die damalige demokratisch-legitimierte Regierungskoalition „Refah-Yol“ auf Druck der

55 Vgl. ebd., S. 257–258.

Putschisten gestürzt wurde. Deswegen wird dieses Vorgehen auch als „postmoderner Putsch" (türk. Post-Modern Darbe) gegen die türkische Bevölkerung verstanden. Am 28.Februar 1997 wurde dem Nationalen Sicherheitsrat ein Protokoll des türkischen Geheimdienstes „MİT" (türk. Milli İstihbarat Teşkılatı) auf die Agenda gelegt, welche über „radikal-islamistische Tätigkeiten" berichtete. Unter diesem Vorwand trafen die damaligen Putschisten bestimmte antidemokratische Entscheidungen, in der bewusst auch die religiöse Bildung und Erziehung eingedämmt wurde.[56]

---

56 1.Alljenen Personen dürfen keine Zugeständnisse eingeräumt werden, die der demokratisch-laizistischen, sozialen und rechtstaatlichen Republik in Opposition stehen. 2.Die Staatsanwaltschaften müssen gegen das Verhalten illegaler Reformbestrebungen vorgehen, welche die bereits revolutionierten Reformen zu ändern versuchen. Alle Religionshäuser (türk. dergah) mit Verstoß gegen die Gesetzmäßigkeiten müssen geschlossen werden. 3.Der Anreiz zur Kleidung mit Gebetsrobe (türk. cübbe) und (männliche) Bedeckung (türk. sarık) wurde festgestellt. Jene dieser Verlautbarung verstoßenden Personen dürfen nicht geehrt werden. 4.Aufgrund der Aufhebung des 163. Paragraphen im Grundgesetz (türk. Anayasa) und der damit einhergehenden Entstehung von Rechtslücken führte diese Sachlage zum Erstarken der religionsmotivierten Rückständigkeitströmungen (türk. irtica) und der anti-laizistischen Gruppierungen. Zur Lückenschließung müssen die dafür notwendigen Gesetzmäßigkeiten erarbeitet und eingeführt werden. 5.In der Bildungspolitik muss im geistigen Sinne erneut die einheitliche Bildungslinie des „Tevhid-i Tedrisât" angenommen werden. 6.Die Mindestschulzeit muss auf acht Jahre erhöht werden. 7.Die Imâmschulen wurden im Interesse der Gesellschaft zur Bedürfnisdeckung eingeführt. Alljegliche Imâmschulen, die über den Bedürfnishorizont hinausgehen, müssen in Berufschulen umgewandelt werden. Außerdem müssen alle Korankurse geschlossen werden, die unter der Kontrolle von Rückständischen (türk.irtica) stehen. Der Lehrbetrieb von Korankursen muss an staatlichen Schulen durchgeführt werden, welche ans Bildungsministerium gebunden sind. 8.In den staatlichen Institutionen und Gemeindeverwaltungen sind von Grund auf religiöse Belegschaften zu kennzeichnen. Die Regierung muss sich gegen diese Besatzungen stellen. §9.Alljegliche Verhaltensweisen zu politischen Interessenszwecken müssen schnellstmöglich beendet werden, in welchen religiöse Angelegenheiten wie Moscheebau etc. missbraucht werden. 10.Alle Pumpguns müssen unter Kontrolle genommen und bei Bedarf ein Verkaufsverbot erteilt werden. 11.Alle Aufwände des Irans müssen verfolgt werden, welche die Instabilität des Regimes gefährden. Zur Verhinderung der politischen Einflüsse der islamischen Republik Iran in die Innenpolitik der Türkei müssen entgegenwirkende Politikmechanismen geführt werden. 12.Zur effektiveren Funktionalität der Gerichtsmechanismen und der Sicherstellung der Unabhängigkeit der Gerichtsbarkeiten müssen seitens der Regierung schnellstmöglich die notwendigen Vorkehrungen getroffen werden. 13. In letzter Zeit ist ein überdimensionaler Anstieg in der Provokation von Militärpersonalien zu erkennen. Diese führen

Im Nachhinein stellte sich durch die Aufklärungen der türkischen Parlamentsabgeordneten (türk.Milletvekilleri) heraus, dass der Geheimdienstbericht auf Grundlage des Buchs von Faik Bulut aufgearbeitet wurde und den tatsächlichen Gegebenheiten nicht entsprach.[57] Trotzdem hatten die Vereinbarungen im Nationalen Sicherheitsrat (türk. Milli Güvenlik Kurulu) große Auswirkungen auf die Politik, auf die Denkweise der Bevölkerung und auf die Erziehung.

In den Folgemonaten des 28.Februars wurde die Regierungskoalition „Refahl-Yol" aufgelöst und unter dem neuen Regierungschef Mesut Yılmaz am 12.Juni 1997 neu gebildet.[58]

Mit der Gesetzesfestlegung vom 14.August 1997 wurde die Mindestschulzeit auf acht Jahre erhöht und die Mittelstufen der Imām- und Berufsschulen geschlossen.

Der ehemalige türkische Ministerpräsident Necmettin Erbakan (gest. 2011) und sechs weitere Mitglieder der Partei erhielten durch einen Gerichtsentscheid politische Sperren. Ihre Partei, die Refah Partisi (RP), wurde am 17.Januar 1998 durch das Verfassungsgericht (türk.Anayasa Mahkemesi) verboten. Die zu dieser Zeit einflussreichsten staatlichen Direktionsorgane wie das Militär, die Justiz und die politischen Oppositionsparteien vermuteten in psychologischer Hinsicht eine Gefahr für den kemalistischen Laizismus durch die Politisierung der Religion, wobei sie alle unter dem Vorwand von Rückschritt (türk. irtica) eine islamfeindliche Linie verfolgten.[59] Das Opfer dieser Annahmen wurde das Volk

innerhalb der türkischen Streitkräfte „TSK" (türk. Türk Silahlı Kuvvetleri) zu Unbehaglichkeiten. 14. Die Aufnahme der Gemeindetätigkeit des ehemaligen Militärpersonals muss verhindert werden, die auch in Rückständigkeiten (türk.irtica) involviert waren und deswegen entlassen wurden. 15.Alle Reden und Verhalten der parteigebundenen Bürgermeister und städtischen (provinzialen) Parteidirektionen müssen in die Satzung der „Politischen Parteien" eingenommen werden. 16.Alle finanziellen Einrichtungen und Stiftungen in der Aufsicht von Religionsgemeinschaften müssen nach ihrer Wirtschaftsstärke achtsam verfolgt werden. 17. Alle Fernseh- und Radiosender mit antilaizistischer Haltung müssen in ihren Verlautbarungen mit großer Aufmerksamkeit verfolgt und dem Grundgesetz konform gemacht werden. 18.Der illegale Geldtransfer der Stiftung „Milli Görüş Vakfi" an einige Gemeinden muss unabdingbar gestoppt werden. Vgl. KARAMAN: Bir Varmış Bir Yokmuş (2009), Bd. 2, S. 357–358; KARAMAN: 28 Şubat Darbesi. In: Yeni Şafak 02.03.2007.

57 Vgl. KARAMAN: 28 Şubat Darbesi. In: Yeni Şafak 02.03.2007.

58 Zusammensetzung: ANAP (Anavatan Partisi), DSP (Demokrat Sol Parti), DTP (Demokratik Toplum Partisi).

59 Vgl. KARAMAN: Hayatımızdaki İslam (2003), Bd. 1, S. 319.

(demos), welches aufgrund der antidemokratischen Interventionen der demokratischen Legitimation beraubt wurde.

Die Absicht mittels islamfeindlicher Vorkehrungen, führte schließlich zur inneren Instabilität. Das wiederum führte zur Missachtung der Demokratie, der Gewissens- und Religionsfreiheit und der Religionspädagogik, kurz der Menschenrechte.

Nach Hayreddin Karaman war das Hauptziel der islamfeindlichen Akteure der Stopp der Religionserziehung in Korankursen, der Zivilgemeinschaften und der Religionsbefürworter. Durch die Erhöhung der Mindestschulzeit auf acht Schuljahre wurde eine Verhinderung der Religiösität angestrebt.[60] Zudem blockierten die islamfeindlichen Akteure und ihre Helfer die Zugangsberechtigung der Berufsschulabsolventen (türk. meslek lisesi mezunları) an die Hochschulen, um eine berufliche Karriere in einflussreichen Positionen zu verhindern.[61] Die einzige Möglichkeit bestand in der Aufnahme des Theologiestudiums. Für die Teilnahme an den Korankursen musste die Grundschulzeit beendet werden, um bewusst altersbedingtspäte religionspädagogische Lernentwicklungen einzuleiten. Diese historischen Vorkommnisse verdeutlichen, dass die religionspädagogische Bildung und Erziehung eingedämmt wurde.

Zur Verhinderung der Religiösität wurden antidemokratische und menschenrechtsverachtende Bestimmungen wie das Kopftuchverbot (türk. başörtüsü yasağı) an den staatlichen Schulen, Einrichtungen und Hochschulen verhängt und somit der volle Anspruch auf Religions- und Glaubensfreiheit eingeschränkt. Danach wandten sich die Putsch-Akteure der Umsetzung des gleichen Kopftuchverbots an den Imāmschulen und an den theologischen Fakultäten zu. Die militärische Gewalt wurde in der Folgezeit des 28.Februars 1997 (türk. 28 Şubat Süreci) in der Türkei in psychologischer Hinsicht zur Druckausübung auf alle gesellschaftlichen Teile der türkischen Bevölkerung angewandt, um der Religiösität ein endgültiges Ende zu bereiten.

Einige türkische Hochschulpersonalien verstanden sich in ihrer Aufgabengesinnung sogar als dienstleistende Angehörige des Militärs, in der sie die Reformen wie das Kopftuchverbot an den staatlichen Universitäten mit allen Mitteln und trotz aller studentischen Proteste einführen wollten.[62] Zur Verhinderung dieser Unrechtmäßigkeit widersetzte sich Hayreddin Karaman aktiv, indem er

---

60 Vgl. KARAMAN: 28 Şubat'ın Devamı. In: Yeni Şafak 04.03.2007.

61 Vgl. KARAMAN: Bir Varmış Bir Yokmuş (2009), Bd. 2, S. 382.

62 Zur Umsetzung des Kopftuchverbots an der theologischen Fakultät der Marmara Universität wurde der mit seinen Ansichten hochumstrittene türkisch-islamische Theologe Zekeriya Beyaz als Dekan einberufen.

an allen organisierten Protestbewegungen und Boykott-Konferenzen teilnahm, Vorträge hielt und Zeitungsartikel publizierte. Trotz mehrerer Untersuchungsverfahren gegen ihn wurden diese eingestellt. Da die islamfeindlichen Oppositionellen das Kopftuchverbot auch an der theologischen Fakultät der Marmara Universität durchsetzen wollten, kündigten die ehemaligen Dekane der theologischen Fakultät namens Mustafa Fayda und Saim Yeprem aus Protest ihre Stelle. Nach unüberbrückbaren Differenzen kündigte Hayreddin Karaman 2001 seine Stelle im Fachgebiet der islamischen Rechtswissenschaften (fiqh).[63] Als Grund führte er die unrechtmäßige Einschränkung der Religions- und Gewissensfreiheit an, welche durch das Kopftuchverbot einhergeht.[64] Die Trennung von der theologischen Fakultät der Marmara Universität erregte die Aufmerksamkeit der breiten Bevölkerung, da Hayreddin Karaman bei vielen sehr beliebt war. Beruflich unabhängig, nahm er nach seiner Emeritierung an friedlichen Kundgebungen gegen das Kopftuchverbot teil und untersütze daher die zahlreichen Studentenbewegungen, welche gegen das Kopftuchverbot streikten.

Viele namhafte türkische Schriftsteller und Autoren wie Fehmi Koru, Ali Bulaç, Nazlı Ilıcak, Ahmet Taşgetiren, Mustafa İslamoğlu, Akif Emre, Beşir Ayvazoğlu, Fatma Barbarosoğlu, Hüseyin Gülerce und viele andere verfassten über die Trennung von Hayreddin Karaman von der theologischen Fakultät der Marmara Universität (türk. Marmara Üniversitesi Ilahiyat Fakültesi) viele Zeitungsartikel, in der sie auf seine Autorität in der Bevölkerung hinwiesen.

In seiner 2009 erschienenen Autobiographie veröffentlichte Karaman diese Schriften.[65]

1.1.2.7 Ruhestand

In seiner Ruhestandszeit führte Hayreddin Karaman in der Tageszeitung „Yeni Safak" seine Schriftstellertätigkeiten weiter, in der er wöchentlich circa zwei bis drei Zeitungsartikel publizierte. Weiterhin unterstützte er das Forschungszentrum für islamische Studien der Diyanet Stiftung „TDV İSAM" (türk. Türkiye Diyanet Vakfı İslam Araştırmaları Merkezi) in Istanbul und trug mit seinen Artikeln zur Enzyklopädiereihe „İslam Ansiklopedisi" bei.

Zudem wurde ihm eine offizielle Website „www.hayreddinkaraman.net" erstellt, in der die überwiegende Mehrheit seiner Artikel, seine Antworten auf gestellte Fragen und seine Bücher einsehbar waren. Er nahm an zahlreichen

63 Vgl. UCAR: Recht als Mittel zur Reform von Religion und Gesellschaft (2005), S. 182.
64 Vgl. KARAMAN: Bir Varmış Bir Yokmuş (2009), Bd. 2, S. 383–387.
65 Vgl. ebd., Bd. 3, S. 357–516.

nationalen und internationalen Versammlungen, Tagungen und Diskussionen teil und untersützte die türkische Stiftung „Ensar Vakfı", welche landesweit ihre Zweigstellen hatte. Er trat zu Religionsfragen in türkischen Fernsehsendern auf und teilte der Öffentlichkeit seine Ansichten und seine Empfehlungen mit.

In seiner Freizeit war er stets damit beschäftigt, Bücher zu verfassen und diese zu publizieren. Ein besonderes Beispiel ist die Erarbeitung einer exegetischen Reihe des Korans gemeinsam mit seinen Freunden Mustafa Çağrıcı, İbrahim Kafi Dönmez und Sadrettin Gümüş unter dem Originaltitel „Kur'an Yolu. Türkçe Meal ve Tefsir" (Der Weg des Korans. Kommentierung und Exegese auf Türkisch).

Kurzzeitig nahm er an der „Islamitischen Universiteit" in den Niederlanden Lehraufträge wahr. In Rotterdam entstand eine weitere islamische Hochschule, die „Islamic University of Europe". Aufgrund des Beschlusses dieser hochschulischen Direktion vom 31.August 2001 wurde Hayreddin Karaman an den Lehrstuhl für islamische Jurisprudenz berufen.[66]

Aus gesundheitlichen und privaten Gründen verließ er diese nach zwei Jahren und kehrte nach Istanbul zurück. Nach seiner Rückkehr widmete er sich am bekannten Forschungszentrum TDV İSAM der Ausbildung von Nachwuchstheologen und trug mit seinen Vorträgen bis heute wesentlich zum islamtheologischen Diskurs der Türkei bei.[67] Seine ehrenamtlichen Aufgaben im Forschungszentrum İSAM führte er durch seine gelegentlichen Teilnahmen in den dortigen Direktionsgremien fort. Als Mitbegründer dieses wichtigen Forschungsinstituts hat er durch seine großen Verdienste einen entscheidenden Anteil in der Planung, Errichtung und personellen Besetzung des Instituts, welches gegenwärtig sogar eine Universität mit einschließt, die Istanbul 29 Mayıs Universität (türk. İstanbul 29 Mayıs Üniversitesi).

66 Vgl. KARAMAN: Bir Varmış Bir Yokmuş (2009), Bd. 2, S. 413.

67 Während seiner Amtszeit als Präsident der türkischen Religionsbehörde (türk.Diyanet İşleri Başkanı) berief Ali Bardakoğlu den heutigen Wissenschaftler Mehmed Akif Aydın zum Direktor dieses Forschungsinstituts. Tayyar Altıkulaç kehrte nach kurzzeitiger politischer Karriere als Parlamentsabgeordneter (türk.Milletvekili) an dieses Forschungszentrum zurück, in der er nach intensiven Forschungen gegenwärtig ein wertvolles frühislamisches Koranexemplar in der Zuschreibung zum dritten Kalifen ʿUṯmān bin ʿAffān (gest.656) publizierte.
Siehe hierzu auch: KARAMAN: Bir Varmış Bir Yokmuş (2009), Bd. 2, S. 419.

1.1.3 Ehrenamtliche Tätigkeiten

1.1.3.1 Freiwillige Erteilung von Islamkursen

Neben seiner akademischen Karriere engagierte sich Hayreddin Karaman in ehrenamtlichen Projekten. Er nahm private Lehraufträge wahr, die das würdevolle Lesen und Verstehen des Korans betrafen. Als studentischer Vater trug er in seinem Lebensumfeld stets zur Förderung der privaten religiösen Bildung bei. In diesen Bemühungen beteiligte er sich an der qualitativen Bildungsförderung an den Imāmschulen (türk. İmam Hatip Okulları).[68]

Einen besonderen Stellenwert legte er in die aufrichtige Bildung seiner Studenten. Dank dieser Bildung und Erziehung sollten alle Lehrschüler ein gesundes Religionsverständnis, ein gemeinschaftliches Bewusstsein und sehr wichtige Werte wie Barmherzigkeit, Nächstenliebe, Nachgiebigkeit und Bescheidenheit erwerben. Seiner Meinung nach charaktersiert sich die muslimische Mentalität als eine zivilisierte Mentalität der Liebe, der Solidarität und der Fürsorge, die durch die islamisch-religiöse Bildung realisiert werden kann.

Seit 1978 bemüht sich Hayreddin Karaman mit seinen Freunden um die Förderung der religiösen Bildung in der Türkei und setzte sich hier zur Schaffung bestmöglicher institutioneller und inhalticher Bedingungen. Das Ziel dieser Anstrengungen ist die Imāmausbildung und die religionspädagogische Bildung der islamischen Religionslehrer für die gymnasialen Imāmschulen (türk. İmam Hatip Liseleri). Die Intention dieser religionspädagogischen Bildungseinrichtung liegt im geistigen Verständnis von Hayreddin Karaman nicht nur im schulischen Durchlaufen einer curricularen Berufsausbildung, in der ein Berufbefähigungszeugnis ausgestellt wird, sondern in einer ehrenvollen Dienstgesinnung die Muslime nach dem rechten Religionsverständnis (türk. sahih din anlayışı) zu erziehen.[69] Daher kann sich ihr jede Person zugehörig fühlen, die sich dieser Dienstaufgabe aktiv annimmt.[70] Nach Karaman vermitteln die Imāmschulen das rechte Religionsverständnis über die vier Rechtsschulen (maḏāhib).[71]

Ein religionspädagogisch-sozialisierter Muslim lernt im Denken von Hayreddin Karaman eine geregelte religiöse Lebensweise (dīn) zu führen, wonach er

---

68 Vgl. KARAMAN: Bir Varmış Bir Yokmuş (2009), Bd. 1, S. 287–289.

69 Vgl. KARAMAN: İmam Hatiplerin Yoldaş, Kardeş ve Hizmet Anlayışı. In: Yeni Şafak 19.01.2014.

70 Vgl. HOMEPAGE DER STIFTUNG „ENSAR VAKFI". In: http:www.ensar.org (Einsicht: 24.10.2012).

71 Vgl. KARAMAN: Sivil İslam, Resmi İslam. In: Yeni Şafak 16.02.2014.

die religiösen Werte achtet, einen vernünftigen Charakter (aḫlāq) vorlebt und mit den Andersgläubigen in Frieden, Solidarität, Fürsorge und Toleranz zusammenlebt. Die religionspädagogische Erziehung fängt seiner Meinung nach in der Familie an und wird im schulischen Religionsunterricht weitergeführt. Insbesondere ist hierbei die religiopädagogische Erziehung ab dem Grundschulalter wichtig, weil die Kinder in der Frühphase ihrer Erziehung viel aufnehmen und sehr schnell lernen.

1.1.3.2 Ehrenvorstand in der Stiftung „Ensar Vakfı"

Die direkten Beziehungen von Hayreddin Karaman zur Stiftung „Ensar Vakfı" begann durch den Kontakt mit seinem ehemaligen Schüler Ali Osman Emirosmanoğlu, der als Gründungsmitglied zu ihm kam und über die kritische Situation der Stiftung trotz der möglichen Erfolgspotentiale berichtete.[72] Nach Rücksprache mit Bekir Topaloğlu und Tayyar Altıkulaç beschlossen sie zunächst die Aufnahme von Hayreddin Karaman, der die Eröffnungsveranstaltung zum Ausbau der Stiftung im Jahr 1992 in Samsun abhielt. Später beschlossen sie, für die Stiftung eine Zeitung zu kaufen. Zu dieser Zeit musste eine finanziell-angeschlagene Zeitung verkauft werden, woraufhin die Stiftung „Ensar" diese kaufte und in „Yeni Şafak" umbenannte. Die Zeitung sollte zur religionspädagogischen Erziehung Medialbeiträge leisten und die Meinungen der Stiftung verbreiten. Die Stiftung „Ensar" als Träger dieser Zeitung verstand sich als Wohlfahrtsorganisation zur Förderung der religionspädagogischen Bildung und Erziehung in der Türkei.[73]

Bis zum 28.Februar 1997 führte Hayreddin Karaman seine Funktion als Ehrendirektor fort, in der er sich für die Imāmausbildung und für die Religionspädagogik in der Türkei einsetzte und entscheidende Beiträge leistete.

---

72 Vgl. KARAMAN: Bir Varmış Bir Yokmuş (2009), Bd. 2, S. 289.

73 Daher bedarf es der Imāmausbildung und der Heranbildung von Religionslehrern, der Bedürfnisdeckung im Nachgehen religiöser Pflichten (Beispiel: Gebetsraum), der Gründung von Stiftungen und privaten Schulen, der Abbau von Vorurteilen gegenüber den Imāmschulen, der Förderung der akademischen Karriere von Studenten, der Errichtung von Studentenwohnheimen und Kindertagesstätten, die Hilfe bei Religionsfällen bedingt durch Unrecht, die Armutsbekämpfung, der Hilfeleistung bei Einsamkeit/Notlagen, der Einsatzbereitschaft für soziale Gerechtigkeit, der Hilfestellung für Arbeitslose, der Behandlung von familiären Problemen zur Stärkung der Familienstrukturen, der Problemannahme von Jugendlichen und effektive Freizeitgestaltung, der Förderung von Kunst und Handwerk, das Abwenden der Verschwendung, der Anreiz zu guten Taten und das Abraten von den Schädlichen, der Aufbau von gesundheitlichen, sozialen, bildungsorientierten Institutionen.

In diesen Bemühungen reiste er in viele anatolische Städte, wo er zahlreiche Vorträge hielt. Seine Reden wurden von der Stiftung „Ensar" in Buchform gedruckt und publiziert. Diese sind „İslâm'da İnsan Hakları" (Die Menschenrechte im Islam) und „İmam Hatiplik Şuuru" (Die Gesinnung der Imāmschulen).

Als ehrenamtlicher Vorstand dieser Stiftung trug Karaman bis 1997 aktiv dazu bei, dass die Imāmausbildung mit säkular-laizistischen Vorsätzen durchgeführt wurde.[74] Infolge der anti-demokratischen Putsch-Ereignisse und Umwälzungen in der Folgezeit des 28.Februars 1997 (türk. 28 Şubat Süreci) wurde versucht, die religionspädagogische Bildung und Erziehung einzudämmen. Aufgrund dieses Geschehens mit Wirkungen gegen die Demokratie und der Menschenrechte wurden auf die Stiftung „Ensar Vakfı" und weiteren Wohlfahrtsinstitutionen psychologische Repressionen ausgeübt. Das Ziel der islamfeindlichen Akteure war der Stopp aller institutionellen Faktoren, welche zur religionspädagogischen Bildung und Erziehung in der Türkei beitrugen.

1.1.3.3 Schriftsteller in der Zeitung „Yeni Şafak" und Preisverleihungen

Die Vorgängerzeitung der Yeni Şafak wurde 1994 durch eine Stiftung gegründet und am 23.Januar 1995 aufgrund sehr großer finanzieller Probleme an die Stiftung „Ensar" verkauft.[75] Durch den Kauf wurde sie in „Yeni Safak" umbenannt, in welcher Zeitung Hayreddin Karaman seine Schriftstellertätigkeiten seit dem Kauf bis heute fortführt und zu aktuellen Themen wöchentliche Zeitungsartikel veröffentlicht.

Durch die freundliche Unterstützung der türkischen Familie Kış erhielt die Zeitung eine grundlegende finanzielle Stütze. Dennoch reichten die finanziellen Möglichkeiten nicht aus, sodass sich weitere Investoren beteiligten. Schließlich ging sie in die finanzielle Trägerschaft der Familie Albayrak über, welche durch ihre finanzielle Hilfe wesentlich zur dauerhaften finanziellen Existenz der Zeitung beitrug. Bis heute waren bei ihr bekannte Schriftsteller wie Fehmi Koru, Abdülkadir Selvi, Nazlı Ilıcak, Mehmet Barlas, İsmet Özel, Mehmet Akif Aydın, Ahmet Taşgetiren, Yusuf Kaplan, Cengiz Candar und Kürşat Bumin angestellt.[76]

Die Herausgeber gründeten noch vor Aufnahme der redaktionellen Tätigkeit zunächst das Verlagshaus „İz Yayıncılık" und veröffentlichten eine monatliche, später wöchentlich-erscheinende Zeitschrift mit dem Titel „İzlenim Dergisi". 1994 führte Hayreddin Karaman in dieser auch eine vorsitzende Lektorentätigkeit

74 Vgl. KARAMAN: Bir Varmış Bir Yokmuş (2009), Bd. 2, S. 287–297.

75 Ebd., S. 309.

76 Vgl. ebd., S. 310.

aus. Mit Beginn der Veröffentlichung von Yeni Şafak wurden die Tätigkeiten von İzlenim Dergisi eingestellt. 1995 erfolgte der Arbeitsbeginn von Hayreddin Karaman in der Yeni Şafak, wo er seither bis heute tätig ist.

Weiterhin war er durch ehrenamtliche Publikationen aktiv. So gründete er 1976 gemeinsam mit seinen engen Freunden die Zeitschrift „Nesil" (türk.Nesil Dergisi). In dieser verfolgten sie die beiden Hauptziele, ihre Meinungen in der Öffentlichkeit zu verteidigen und den Anschuldigungen entgegenzuwirken. Hayreddin Karaman selbst publizierte seine Artikel auch in den Zeitschriften „İzlenim Dergisi", „Gerçek Hayat Dergisi" und „Eğitim-Bilim Dergisi".[77]

Mit seinem Buch „İslâm'ın Işığında Günün Meseleleri" (Die alltäglichen Fälle im Lichte des Islam) erhielt er den großen Kulturpreis der türkischen Nationalstiftung (türk. Türkiye Milli Kültür Vakfı Ödülü). Ebenso wurde ihm der Kulturpreis der türkischen Schriftsteller-Stiftung (türk. Türkiye Yazarlar Vakfı Ödülü) zuteil. Für seine großen Verdienste in der zinslosen Bankwirtschaft (türk. faizsiz bankacılık) wurde ihm der große Preis der „Vereinigung der zinslosen Bankwirtschaftler" verliehen. Derzeit ist er Mitglied im oberen Beratungsgremium (türk. Yüksek İstişare Kurulu Üyesi) des Arbeitgeberverbandes unabhängiger Industrieller und Unternehmer (türk. MÜSİAD=Müstakil Sanayici ve İşadamları Derneği).

1.1.3.4 Projekte: Islamische Enzyklopädie und islamisches Forschungszentrum „İSAM"

Auf Vorschlag der türkischen Wissenschaftler Ergun Göze und Ahmet Uzunoğlu wurde 1983 in Ankara eine von der Religionsbehörde (türk. Türkiye Diyanet Vakfı) gestiftete Auflage einer islamischen Enzyklopädiereihe (türk. İslam Ansiklopedisi) vereinbart.

Zu Beginn bestand das wissenschaftliche Kuratorium aus einigen islamischen Theologen, die in Istanbul ihre Vorbereitungen aufnahmen. Auf Bitte der Ankaraner Theologen und der Kriterien (welche Hayreddin Karaman und seine Freunde vor der Beteiligung stellten) nahm die Bearbeitungsgruppe ihre Tätigkeiten auf.[78]

In der theologischen Fakultät der Marmara Universität Istanbul wurde ein parlamentarisches Entscheidungsgremium aus allen beteiligten Akademikern gebildet, welche sich auch an eine Beratungskommission wandte. Schließlich

77 Vgl. KILAVUZ: Prof. Dr. Hayrettin Karaman, in: İHAD, 3 (2004), S. 9–13.
78 Vgl. KARAMAN: Bir Varmış Bir Yokmuş (2009), Bd. 2, S. 274f.

wurde 1983 die Vorstandschaft der islamischen Enzyklopädie (türk. TDV İslam Ansiklopedisi Genel Müdürlüğü) gegründet.

Nach einigen Personaländerungen setzten sich die Vorstandsmitglieder schließlich aus den türkischen Theologen wie Tayyar Altıkulaç, Bekir Topaloğlu und İsmail Erünsal zusammen. Halis Ayhan war Vorstandsvorsitzender. Im Beratungsgremium waren Hayreddin Karaman, Yaşar Kandemir, Ahmed Özel, Ahmed Topaloğlu und Saim Yeprem vertreten.[79] Nach einer langen Vorbereitungs- und Bearbeitungszeit wurde 1988 der erste Band veröffentlicht. Bis Oktober 2006 leistete Hayreddin Karaman mit seinen Enzyklopädieartikeln seine Beiträge. Zu dieser Zeit wurde der zweinunddreißigste Band publiziert. Im Dezember 2013 wurde die Enzyklopdiereihe mit dem vierundvierzigsten Band beendet und durch die Preisverleihung am 25.Januar 2014 durch den türkischen Minister- und später Staatspräsidenten (türk. Türkiye Cumhuriyeti Başbakanı ve Cumhurbaşkanı) Recep Tayyip Erdoğan offiziell abgeschlossen.

Da die Gründung des Forschungszentrums „TDV İSAM" (Türkiye Diyanet Vakfı İslam Araştırmaları Merkezi) auf der Agenda stand, verließ er das Beratungsgremium und widmete sich verstärkt der institutionellen Errichtung von TDV İSAM. Die personelle Grundlage in der Besetzung der akademischen Mitarbeiterstellen im Forschungszentrum bildeten Forscher, die in der Vorbereitungsphase der Enzyklopädie nach dem Beschluss der Religionsbehörden-Stiftung vom 15.Oktober 1983 zur Erweiterung ihrer Erfahrungen, Wissenskenntnisse und zur Promotion an europäische und an amerikanische Universitäten gesandt wurden.[80] Gemeinsam mit seinen Freunden widmete sich Hayreddin Karaman der Bildung des Nachwuchses, wobei sie qualifizierten Bachelorabsolventen zur Fortführung des Studiums anreizten und förderten.

Von 1989 bis 2006 wurden viele promovierte und habilitierte Akademiker an das islamische Forschungszentrum TDV İSAM und in freie wissenschaftliche Mitarbeiterstellen der theologischen Fakultäten berufen.[81] TDV İSAM entstand

---

79 Vgl. ebd., S. 275.

80 Zu diesen gehören: Tufan Bozpınar, İsmail Hakkı Gürsoy Göksoy, Şaban Sitembölükbaşı, Tahsin und Hilal Görgün, Azmi Özcan, Adnan Aslan, Ahmet Kavas, Talip Küçükcan, Nuri Tınaz, Ali Köse, Ali Murat Yel. Siehe hierzu: KARAMAN: Bir Varmış Bir Yokmuş (2009), Bd. 2, S. 277.

81 Dazu gehören Mustafa Sinanoğlu, Sait Özervarlı, Şükrü Özen, Recep Şentürk, Kamil Yaşaroğlu, Ferhat Koca, Reşat Öngören, Hızır Köse, İlyas Üzüm, Bülent Şenay, Seyfi Kenan, Sedat Şensoy, Aydın Topaloğlu, Casim Avcı, İbrahim Hatiboğlu, Mazlum Uyar, Salim Aydüz, Abdülhamit Birışık, Müjdat Uluçam, Mustafa Yayla, Yavuz Yıldırım, Adem Yerinde, Harun Anay, Tahsin Özcan, Ömer Alper, İbrahim Kalın, Cemil Aydın, Vildan

1988 aus dem Budget der islamischen Enzyklopädie (türk. İslam Ansiklopedisi) und stellte eine eigene parlamentarische Direktion. 1993 wurden beiden Projekte unter „Türkiye Diyanet Vakfı İslam Araştırmaları Merkezi" vereint.[82] Als Mitbegründer dieses wichtigen Forschungsinstituts trug Hayreddin Karaman zur Errichtung bei und versteht dies gemeinsam mit den islamischen Theologen İsmail Erünsal, Tayyar Altıkulaç, Mehmet Kervancı, Kemal Güran und Niyazi Baloğlu als sein größtes Lebenswerk.[83] Von 2006 bis 2014 stand dieses weltweit bekannte Forschungsinstitut unter der Leitung von Mehmet Akif Aydın.[84] Seit 2014 ist Raşit Küçük Institutleiter.

Zahlreiche Akademiker (welche an diesem Zentrum tätig sind) zählen zu den Schülern von Hayreddin Karaman. Er selbst war jahrelang in der Mitgliederversammlung (türk. Meclis Kurulu Üyesi) und als hochrangiger Berater (türk. danışman) von TDV İSAM aktiv. Neben dem Orient-Institut-Istanbul bildet TDV İSAM im Istanbuler Stadtteil Üsküdar/Bağlarbaşı gegenwärtig für viele nichtmuslimische Islamforscher eine erste Anlaufstelle in der Türkei.

Außerdem trägt es die İstanbul 29 Mayıs Universität, an dessen offizieller Eröffnungsfeier am 7.Oktober 2010 der türkische Staatspräsident (türk. Türkiye Cumhuriyeti Cumhurbaşkanı) Abdullah Gül anwesend war und die Eröffnungsrede hielt.

Durch die Vergabe von Stipendien bietet sie einheimischen und internationalen Studenten ansprechende Studienangebote in den Fächern Philosophie, Geschichts-, Sprach- und Literaturwissenschaften und in islamischer Theologie an.[85] Ab dem Wintersemester 2013/2014 können außerdem die Fächer Betriebswirtschafts- und Volkswirtschaftslehre, internationale Beziehungen und Politikwissenschaften studiert werden. Zudem wurde im universitären Rahmen ein Forschungszentrum für Koranwissenschaften (türk. Kurân-ı Kerim Araştırmaları Merkezi) gegründet. Als international kooperierende Universität legt die İstanbul 29 Mayıs Universität ihrem Leitprinzip auf die kritische Wissenschaftsforschung einen besonderen Stellenwert, um die Entwicklungen in

---

Serdaroğlu, Hayrettin Yücesoy, Mustafa Ertürk, Salime Leyla Gürkan, Eyyüp Sait Kaya, Semih Ceyhan, Ömer Türker und Enes Kabakcı. Siehe: KARAMAN: Bir Varmış Bir Yokmuş (2009), Bd. 2, S. 279–280.

82 OFFIZIELLE HOMEPAGE VON TDV İSAM im WORLD WIDE WEB: http://www.isam.org.tr/

83 Vgl. KARAMAN: Bir Varmış Bir Yokmuş (2009), Bd. 2., S. 282–283.

84 Vgl. ebd., S. 419.

85 OFFIZIELLE HOMEPAGE der İSTANBUL 29 MAYIS UNIVERSITÄT: http://www.29mayıs.edu.tr.

allen Wissenschaftsdisziplinen zum fruchtbaren wissenschaftlichen Diskurs zu fördern.

1.1.4 Pluralistisches Denken von Hayreddin Karaman

1.1.4.1 Einflussreiche Wissenschaftler

1.1.4.1.1 Ǧamāl ad-Dīn al-Afġānī (gest. 1897)

Zum richtigen Verständnis der Gedankengänge von Hayreddin Karaman wird es erforderlich sein, die Ansichten von Ǧamāl ad-Dīn al-Afġānī (gest. 1897) zu erhellen. Zur Beschreibung der Meinungen von al-Afġānī sind seine sozialen Lebensbedingungen von Bedeutung, denn er erlebte das allmähliche Ende der Osmanen, die Stagnation in den technologischen und wirtschaftlichen Verhältnissen, die Besetzung der Lebensräume, die externe Kontrolle und die Zeugenschaft von innerislamischen modernen Erneuerungsbewegungen, die die Muslime von ihrer Identität zu entfernen versuchten.[86] Im Generellen hatte er die grundlegende Zielsetzung, die Genese der Muslime voranzutreiben, sie vor kultureller Verfremdung zu schützen und somit innovative Zivilisationsprozesse einzuleiten.[87]

Hayreddin Karaman wies darauf hin, dass nach al-Afġānī die Primärquellen (šarīʿa) Koran und Sunna die Muslime nicht zur Stagnation führten, die Ursachen dafür letztendlich in der Umwandlung des Kalifats in die Dynastie, der Entfernung einiger osmanischen Sultane von der Religion und ihrer Weisheiten, das Rühmen der Sultane in populistischen Zeremonien, der mangelnden Brüderlichkeit unter Muslimen, verbunden mit sozialen Spaltungen, externen Einflüssen, sowie der Benutzung gefälschter Aḥādīṯ und jüdischen Erzählungen (isrāʾīliyyāt) begründet liegt. Al-Afġānī war gegen Materialismus,[88] denn seiner Ansicht nach führte dieser jederzeit zu schädlichen Entwicklungen. Die Glaubenswelt und damit die Identität von gläubigen Menschen würden geschädigt, was zur Mentalverarmung führte. Unabhängig, wie gesund oder ungesund die Quellenbasis der verschiedenen Religionen sei, erachtete al-Afġānī die generelle Religionsorientierung als besser als die Hingabe zum Materialismus.

---

86 Über die Identität, Persönlichkeit und Denkweisen von al-Afġānī wurden zahlreiche pro und contra Debatten geführt, dessen Ursachen in den vielen Reisen und den geführten Diskussionen von al-Afġānī liegen können. Vgl. KARAMAN: Art. „Efgânî, Cemâleddin", in: TDV İA, Bd. 10, S. 456, 457, 464, 465.

87 Vgl. KESKİOĞLU: Cemâleddin Efgâni, in: AÜİFD, 10 (1982), S. 91.

88 Vgl. KARAMAN: Gerçek İslam'da Birlik (2012), S. 35.

Denn die Offenbarungseligionen würden dem Menschen drei geistige Bereicherungen wie die schöpfungsbedingte Überlegenheit auf Erden (ʿard) über die übrigen Geschöpfe, die mentale Überlegenheit der Gläubigen über die Materialisten und die Möglichkeit, humane Attribute zu erreichen. Die Vorteile der abrahamitischen Offenbarungsreligionen auf die Geistseele (rūḥ) seien Schamgefühl, Zuverlässigkeit, Vertrauen und Genauigkeit,[89] die durch eine aufrichtige religionspädagogische Bildung und Erziehung vermittelt werden können. Der Mensch (insān) ist verpflichtet diese wichtigen zwischenmenschlichen Werte zu achten und zu schützen.

Im Besitz dieser Eigenschaften unterscheide sich der Mensch von den Tieren. Nach al-Afġānī wolle der Materialismus in seiner Feindschaft zur Religion gerade diese Entwicklung zum humanen Wohlergehen verhindern.[90] Zur mentalen Bewahrung der Menschenrechte in der Gesinnung eines jeden Einzelnen und der Realisierung der sozialen Gerechtigkeit müssten in theoretischer Hinsicht die notwendigen Vorkehrungen in der religionspädagogischen Bildung getroffen werden. Da der Mensch nur auf Profit ausgerichtet sei, seien religionsfeindliche Haltungen für ihn und für die Realisierung der sozialen Gerechtigkeit schädlich. Zur Entwicklung sozialer Gerechtigkeit müssten verborgene Ungerechtigkeiten aufgedeckt werden.

Der Glaube an die Einheit und Existenz Gottes (tauḥīd) und das Jüngste Gericht seien dabei die Grundfaktoren, welche zur Realisierung der sozialen Gerechtigkeit mittels der religiösen Erziehung führen könne. Ǧamāl ad-Dīn al-Afġānī vertrat die Meinung, dass der Mensch in seiner Wissenschaftsorientierung, Charakterbildung und Zivilisation zu einer hohen kulturellen und geistigen Stufe gelangen könne. Zur Realisierung dieser müssten bestimmte Kriterien erfüllt werden, wie der Schutz vor Dekadenz, denn ohne diesen Schutz könne die Vernunft (ʿaql) ihren rechtmäßigen Zweck zum Guten nicht vollziehen.[91]

Der reine Monotheismus (tauḥīd) in der islamischen Religion diene ihr als spiritueller Schutz vor Polytheismus, Atheismus, Hurufismus und Materialismus.[92] Die Gemeinschaft benötige ein Bewusstsein für die schöpfungsbedingte

---

89 Vgl. ESEN: Siyasal-Sosyal Görüşleri ve Dini Yönüyle Afgani, in: İslâmî İlimler Dergisi, 3 (2008), S. 273.

90 Zur Materialismus-Kritik verfasste al-Afġānī das von ʿAbduh übersetzte Werk „Ar-Raddu ʿal'd-Daḥriyyīn".

91 Vgl. ESEN: Afganî. Kelâmî ve Felsefî Görüşleri (2006), S. 49.

92 AL-AFĠĀNĪ ist der Meinung, dass das geistliche Erwachen, die soziokulturelle Innovation, die Glückseligkeit der Menschen durch die Rückbesinnung auf die universellen islamischen Religionswerte und die Bewahrung der Vernunft vor Erneuerungen (bidʿa)

Gleichheit aller Menschen, die Zielorientierung Gutes zu vollbringen, um eine bestmögliche humane Mentalstufe zu erreichen.[93]

Die islamische Religion verkünde in diesen Punkten, dass alle Menschen ihrer Gattung nach gleich seien, die Überlegenheiten im Erreichen einer speziellen humanen Vernunft-, Geistes- und Wissensstufe, Tugendhaftigkeit, Gottesfurcht (taqwā) lägen.[94] Außerdem müsse sich der Glauben auf feste Belege stützen.[95] Hier verstehe sich die islamische Religion als einzige Religion, die zum Vernunftgebrauch anreizt, den Glauben (īmān) auf feste Belege (al-adillat al-qaṭʿiyya) stellt und sich vor blinden Glaubensannahmen abhält. Die übrigen Religionen seien der Meinung, dass „Religionsfälle" mit der Vernunft nicht vereinbar seien und die Religion mit ihr nicht hinterfragt oder aber auch verstanden werden könne. Der Islam wolle nicht, dass Unvernunft anerkannt werde, jedoch sei die Vernunfterkenntnis über bestimmte Instanzen und ihrer vorliegenden Werke (dessen Attribute sie nicht begreifen kann) anders.

Denn hier erkenne die Vernunft (ʿaql), dass vernunftgemäß Unmögliches eben in der Realität existiere. Im Übrigen müsse der Mensch in den Bildungsinstitutionen erzogen werden. Falls die islamische Religionspädagogik nicht ausreichend gefördert werde, könne eine alleinige Wahrheitsfindung und tugendhafte Lebensart nicht realisiert werden. Daher bedürfe es der islamischen Gelehrtenbildung, welches die islamische Religion zur Pflicht (farḍ) erhebt:

وَلْتَكُنْ مِنْكُمْ أُمَّةٌ يَدْعُونَ إِلَى الْخَيْرِ وَيَأْمُرُونَ بِالْمَعْرُوفِ وَيَنْهَوْنَ عَنِ الْمُنْكَرِ وَأُولَئِكَ هُمُ الْمُفْلِحُونَ

„Aus euch soll eine Gemeinschaft (von Leuten) werden, die zum Guten aufrufen, gebieten, was recht ist, und verbieten was verwerflich ist. Denen wird es wohl ergehen."[96]

„Und die Gläubigen können unmöglich geschlossen zur Belehrung über religiöse Angelegenheiten ausrücken. Warum rückt dann (aber) nicht von jeder Ableitung von ihnen (wenigstens) eine Gruppe aus, damit sie (d.h.die Leute dieser Gruppe) sich in der Religion (des Islam) unterweisen lassen und ihre Leute (vor der Strafe Gottes) warnen, wenn sie zu ihnen zurückkommen. Vielleicht werden sie sich (dann) in acht nehmen (und Buße tun)."[97]

---

und Hurufismus realisiert wird. Vgl. AFGÂNİ/İNCE (ÜBERS.): Dehriyyun'a Reddiye: Naturalizm Eleştirisi (1997), S. 91–102.

93 Vgl. KARAMAN: Gerçek İslâm'da Birlik (2012), S. 36.

94 Siehe auch KORAN: 49:13.

95 Vgl. KARAMAN: Gerçek İslâm'da Birlik (2012), S. 37.

96 KORAN, 3:104.

97 KORAN, 9:122.

Al-Afǧānī war der Ansicht, dass das Tor (bāb) des Iǧtihad geöffnet sei[98] und jeder Muslim mit festem Glauben (īmān) und im Besitz der nötigen Kompetenzen und Arabischkenntnissen Iǧtihād durchführen könne.[99] Mit großer Anerkennung würdigte er die Fuqahā', die damals die notwendigen Rechtsentwicklungen im Fiqh einleiteten. Mit Blick auf die Blütezeiten der muslimischen Zivilisation stellte er fest, dass die Rückständigkeiten in den Wissenschaften nicht in der Religion begründet sei. Die letzten Sultane wären zu sehr auf weltlichen Ruhm fixiert gewesen, wodurch sie den Iǧtihād und die Fortschritte nicht genügend beachtet hätten. Das habe dazu geführt, dass die Muslime allmählich anderen Personen folgten. Auch wenn die Religion und die Ethnie die entscheidenden Grundfaktoren des Zusammenhalts wären, schwächte sich die Religiösität in der Endphase der Osmanen ab. Zur Verbreitung des Unfriedens (fitna) wurden viele erfundene Textbelege (nuṣūṣ mawḍūʿa) und jüdische Erzählungen (isrāʾīliyyāt) verwendet. Die Gegenmaßnahmen waren nicht effektiv genug. Das Entfernen vom Wissenserwerb, der Religionspraxis, des Gelehrtenaustausches und der Brüderlichkeit führten zu Abspaltungen, zu geistigen Krankheiten und zur Identitätserosion.[100]

1.1.4.1.2 Muḥammad ʿAbduh (gest. 1905)

Muḥammad ʿAbduh lernte seinen Lehrmeister al-Afǧānī erstmals im Jahr 1872 an der Al-Azhar-Universität in Kairo (Ägypten) kennen. Durch seine Vorträge erhielt er das nötige Theologiewissen[101]und erwarb hierdurch die tiefgründigen Erkenntnisse in der Moderne.[102]

Gemäß den ontologischen Gedanken von Muḥammad ʿAbduh (die auf die Wahrheiten der islamischen Religion gründen) sei die Einheit und die Existenz von Gott eine zwingende Notwendigkeit (ḍarūra), wobei die Existenz der Geschöpfe möglich (mumkin) sei.[103]

In seiner Wesenshaftigkeit und vollkommenen Eigenschaften sei Gott einzigartig, wobei Ihm kein anderes Wesen gleiche. Die sichtbaren Geschöpfe und die Schöpfung seien rationale Belege für die Existenz des Schöpfers. Manche seiner

98 Vgl. AMĪN: Zuʿamāu'l-Islām (1979), S. 121.

99 Vgl. KARAMAN: Gerçek İslâm'da Birlik (2012), S. 38.

100 Durch die religionspädagogische Erziehung und der Aufopferungsbereitschaft erkennen die Gläubigen, dass sie eine Familie bilden (welche aus vielen Ethnien besteht), die Religion und die Pilgerstätten sie alle verbindet.

101 Vgl. KESKİOĞLU: Muhammed Abduh, in: AÜİFD, 18 (1970), S. 112.

102 Vgl. İŞCAN: Muhammed Abduh'un Dinî ve Siyasî Görüşleri (1998), S. 24–25.

103 Vgl. KARAMAN: Gerçek İslâm'da Birlik (2012), S. 98–99.

Attribute (welche auf seine Existenz hinweisen) könnten durch die geistige Gottesandacht (tafakkur) wahrgenommen werden. Jedoch sei die Vernunft (ʿaql) in ihrer Begrenztheit nicht in der Lage, sich das Gotteswesen vorzustellen. Die Offenbarung des Korans richte deswegen den Fokus auf die Schöpfung, sodass die Gläubigen hierdurch die Existenz und die vollkommenen Attribute von Gott wahrnehmen können. Dadurch könnten sie erkennen, dass die Schöpfung die Existenz des Schöpfers zwingend erfordert (wāǧib al-wuǧūd).

Der islamische Glaube verlange von den Gläubigen, an die Einheit und Existenz Gottes, dessen Unähnlichkeit mit anderen Geschöpfen, an Gottes Erstsein ohne Anfang (al-ʿAwwal) und sein Letztsein ohne Ende (al-ʿĀḫir), seine Lebenseingebungen, seine Vollkommenheit in seinen einzigartigen Attributen fest überzeugt zu glauben. In seiner Offenbarungslehre (waḥy) teile er den Menschen diese mit. Jegliche Unstimmigkeiten (iḫtilāf) und Diskussionen über die Trennung des Gotteswesens mit seinen Attributen seien in der islamischen Religion nicht erlaubt. Zu einigen klassischen Philosophen und Rechtsschulen (maḏāhib) sei zu sagen, dass sie infolge ihrer philosophischen Euphorie mittels ihrer begrenzten Vernunft sich dennoch wagten unaufhörliche Diskussionen über die Trennung der göttlichen Attribute von seinem Wesen zu führen. Die endlosen philosophischen Kontroversen führten zur Dichotomie. Nach al-Afġānī könne der Mensch in seiner Unvollkommenheit nicht an das vollkommene Wissen (ʿilm al-kāmil) Gottes gelangen, wonach er selbst verpflichtet sei Maß zu halten. Annemarie Schimmel weist hierzu auf einen nicht-authentischen Ḥadīṯ hin, auf die sich Muḥyī ad-Dīn ibn ʿArabī (gest. 1240) und Ǧalāl ad-Dīn ar-Rūmī (gest. 1273) beziehen:

„Wer sich selbst kennt, kennt seinen Herrn." (man ʿarafa nafsahū faqad ʿarafa rabbahū). [104]

Muḥammad ʿAbduh stellte zu Recht fest, dass die islamische Religion der Vernunft einen besonderen Stellenwert einräumt. In spiritueller Hinsicht könne sie Mittel dazu werden, dass der Mensch an die Einheit und Existenz Gottes glaubt. In diesem Glauben (īmān) könne er erkennen, dass die Offenbarung (waḥy) und die Vernunft (ʿaql) nicht im Widerspruch stände, sondern sich ergänzen. Die Vernunft gehorche der Offenbarung, ohne dass sie ihren eigenen Stellenwert verliert. Ihre erkenntnismäßige Befugnis besitze sie nur im Feld ihrer natürlichen Wahrnehmungsmöglichkeiten. Außerhalb dieser sei sie auf die göttliche Offenbarung (waḥy) angewiesen. In spezieller Hinsicht stütze sie sich auf Belegführungen, wodurch sie die Offenbarung bestätige. Die Offenbarung führe keine

---

104 Vgl. SCHIMMEL: Die Zeichen Gottes (2002), S. 224–225.

Botschaften und keine Normen ein, die der Vernunft (ʿaql) entgegenstehen. Falls der äußere Sinn eines Verses oder eines Ḥadīṯ eine Vernunftwidrigkeit erkennen lasse, so stehe die Vernunft vor zwei Möglichkeiten:[105]

1. Möglichkeit:
Das Kollektiv der Offenbarungsverse (āyāt) und der Aḥādīṯ zum gleichen Themeninhalt wird vor Augen geführt und daraus eine Kommentierung abgegeben.

2. Möglichkeit:
Das wahre Wissen wird Gott überlassen.
Mit Blick auf die historischen Tatsachen ist zu sagen, dass die islamische Religion die Vernunft (ʿaql) vor den aufdringlichen Bestrebungen einiger Geisteswissenschaftler rettet, sie als Basis für den Glauben (īmān) sieht, ihr im Feld ihrer Möglichkeiten freien Raum lässt.[106]

Nachdem die besonderen Beziehungen von Offenbarung und Vernunft im bei Muḥammad ʿAbduh behandelt wurden, werden im nächsten Schritt seine Positionen im Uṣūl al-Fiqh analysiert. Welche Positionen nimmt er im innerislamischen Rechtsschulenpluralismus ein? Worin liegen die Uneinigkeiten (iḫtilāf) der islamischen Rechtsschulen (maḏāhib) begründet? Diese Fragen sind von sehr großer Bedeutung und sollen näher untersucht werden. Nach Muḥammad ʿAbduh sollte der Glauben durch absolute Belegführungen (al-adillat al-qaṭʿiyya) der Vernunft (ʿaql) und der Überlieferung (naql) begründet werden. Die rechtspraktischen Normen moralischen Charakters sollten sich auf Koran und Sunna und auf die Ausführungen der rechtgeleiteten Altvorderen (salaf aṣ-ṣāliḥ) stützen.

Der Taqlīd sollte bestmöglich verlassen werden. Die Muslime seien im Kollektiv verpflichtet (farḍ al-kifāya), sich aus den Primärquellen Wissen anzueignen. Die unwissenden Muslime müssten sich an die Rechtsgelehrten (fuqahāʾ) wenden, die den soziokulturellen Kontext der vorislamischen Araber, die Offenbarungsänlasse (asbāb an-nuzūl) und die Abrogationsfälle (nasḫ, mansūḫ) kennen. In der Zeit vor der Entstehung der Rechtsschulen (maḏāhib) lägen die Uneinigkeiten (iḫtilāf) etwa bei Gutachten (fatāwā) in den verständnisbedingten

105 Vgl. KARAMAN: Gerçek İslâm'da Birlik (2012), S. 100.

106 Viele westliche Historiker mit aufrichtigem Menschengewissen sind der Meinung, dass die Denkfreiheiten im Verständnis der islamische Religion (šarīʿa) über den Weg der muslimischen Wissenschaftler von Andalusien in die westliche Welt übergekommen ist, dieses Gedankengut der Vorreiter der abendländischen Reformepoche (Reformation) wurde. Es lässt erkennen, dass der Orient direkt/indirekt auf den Okzident große Einflüsse hat.

Differenzen der Gelehrten begründet, wobei sich alle auf die Primärquellen (šarīʿa) bezögen.

Es gab damals keine Rechtsschulen, keinen Fanatismus und keine großen Spaltungen.[107] Falls ein Muǧtahid die Rechtserkenntnisse eines anderen Muǧtahid nachvollziehen konnte, nahm er die Meinung anerkennend an. Nach der Entstehung der Rechtsschulen erkannten die Muslime die Rechtsschulenzugehörigkeit der Familie als rechtmäßig, sodass eine andere Orientierung verboten wurde. Alle Rechtsschulen bezogen sich ihrer Meinung nach auf an die Aussagen (aḥādīṯ) von Muḥammad, wobei sie jedoch untereinander Auseinandersetzungen führten. Dies führte schließlich dazu, dass sie ihren eigenen Glaubensbrüdern der anderen Rechtsschulen den Glauben absprachen. Dieser Umstand steht in Differenz zur frühislamischen Epoche, in der die Moschee und die Vorbeterschaft von allen Muslimen einheitlich waren.

Schließlich war es der innermuslimische Rechtsschulenfanatismus (türk. mezheb taassubu) unter den Rechtsschulenangehörigen, welcher zu innerislamischen Konfrontationen führte. Anstelle aus den Primärquellen (šarīʿa) heraus die islamische Religion zu verstehen, gab es zu dieser Zeit viele Gelehrte, die ein würdiges Religionsverständnis nicht darlegen konnten. Diejenigen, die dennoch dazu fähig waren, konnten den kontextuellen Bedürfnissen keine nachvollziehbaren Lösungen anbieten. Die Nachfrage der Muslime war groß, die dargelegten Angebote wurden den Erfordernissen aber nicht gerecht.[108] Mathias Rohe weist hier auf die wichtige Wiederbelebung der Iǧtihād-Ausführungen im Denken von Muḥammad ʿAbduh hin, welcher sich zu Lebzeiten aktiv dafür einsetzte.[109] Daraus folgt, dass die seit Jahrhunderten angeführte Meinung der Geschlossenheit des Iǧtihād-Tors (bāb) falsch ist, auch wenn sich die Anzahl der Rechtsgelehrten (fuqahāʾ) in bestimmten historischen Phasen der Jurisprudenz verringerte. Denn die Geschlossenheit würde Muslime an einem zivilisatorischen Punkt zum Stillstand bringen, was den historischen Tatsachen der Geschichte nicht entspricht.

---

107 Vgl. KARAMAN: Gerçek İslâm'da Birlik (2012), S. 109.

108 Dies lag auch darin, dass die Gelehrten sich zu sehr am Wortlaut (lafẓ) der Rechtsquellen orientierten und sich das geistige Religionsverständnis abschwächte. Die Folge war die Herausbildung zunehmender unprüfender Rechtsmentalitäten (türk. taklid ruhu), in der nicht die Primärquellen herangezogen wurden, sondern die Fiqh-Werke der Muǧtahids. Anstelle die Weisheiten (ḥikam) und die Intentionen (maqāṣid) in der Kommentierung von Texbelegen (nuṣūṣ) vor Augen zu führen, wurde der verstärkt der Wortlaut (lafẓ) in Betracht gezogen.

109 Vgl. ROHE: Das islamische Recht. Geschichte und Gegenwart (2011), S. 191.

Somit kann aus islamrechtlicher Perspektive die Offenheit des Iğtihād-Tors verteidigt werden.

1.1.4.1.3 Rašīd Riḍā (gest. 1935)

Viele muslimische Denker wurden von den Gedanken von Muḥammad ʿAbduh beeinflusst, zu denen auch Rašīd Riḍā gehört.[110] Hayreddin Karaman stelle fest, dass nach Riḍā das Tor des Iğtihād (bāb al-iğtihād) nicht geschlossen worden sei, sodass jeder aufrichtige Muslim mit entsprechendem Charakter, im Besitz der erforderlichen Rechtskompetenzen und mit Iğtihād-Befugnis diese durchführen könne.[111] Taqlīd sei nach Rašīd Riḍā im Generellen nicht erlaubt. Selbst ein Muslim mit geringem theologischem Bildungsniveau müsse sich wegen einer Auskunft an einen würdigen Gelehrten wenden und dabei die Belegführungen (adilla) in Religionsangelegenheiten erfragen. Riḍā klassifizierte dieses Rechtsgebiet in drei unterschiedliche Gruppen: Zum einen die gottesdienstlichen Handlungen (ʿibādāt), zum anderen die zwischenmenschlichen Beziehungen (muʿāmalāt), sowie Erlaubtes (ḥalāl) und Verwehrtes (ḥarām).

In den gottesdienstlichen Handlungen war nach Riḍā der Taqlīd nicht erlaubt. Die Hauptquellen hierbei seien der Koran und die Sunna. Jene Personen, die über geringe Wissens- und Lesekenntnisse der Religion verfügten, müssten sich an die islamischen Gelehrten (ʿulamāʾ) wenden, welche ihnen die Weisheiten (ḥikam) und die Belegführungen der obligatorischen Religionspraktiken mitteilen würden. Eine Iğtihād- oder Taqlīd-Durchführung sei in diesem Fall nicht erlaubt. Die Verantwortungen und Mitteilungen eines Muğtahid verstünden sich im Sinne einer notwendigen theologischen Aufklärung. Kein einziger islamischer Rechtsgelehrter (faqīh) besitze die Befugnis die gottesdienstlichen Taten zu erweitern oder zu reduzieren.

Jene Dinge und Verhalten (die ḥalāl oder ḥarām sind) wurden von Gott in der Offenbarung (waḥy) herabgesandt und durch die Verkündungen des Propheten Muḥammad erörtert.

Nach islamischem Verständnis obliegt es keinen anderen Instanzen ein absolutes Ḥalāl oder Ḥarām auszusprechen. Die offenkundigen Ḥarām-Dinge wie Alkohol und Zinsen sind bereits erkennbar. Die Verborgenen können von den islamischen Gelehrten (ʿulamāʾ) aufgedeckt werden. Daher werden Verwerflichkeiten (ḥarām) im Fiqh grob in zwei Formen eingeteilt:

---

110 Vgl. HOURANİ: Çağdaş Arap Düşüncesi (1994), S. 164.

111 Vgl. KARAMAN: Gerçek İslâm'da Birlik (2012), S. 200.

1. Offenkundige Verwerflichkeit (ḥarām) **2. Verborgene Verwerflichkeit (ḥarām)**

Zur Feststellung der Verborgenen Verwerflichkeiten legt die Religion ein besonderes Maß an, in der alle schönen, nützlichen und vorteilhaften Dinge für den Menschen als „erlaubt" (ḥalāl) und die Schlechten, Schädigenden und Nachteilhaften als „verwerflich" (ḥarām) dargestellt werden. Hieraus ist zu folgern, dass die Gelehrten eine Aufklärungsverantwortung haben.

Durch die Feststellung der Rechtsmotive (ʿilal) können mittels des Analogieschlusses (qiyās) identische oder ähnliche Motive (ʿilal) zueinander in Relation gesetzt werden. Dadurch kann die Tendenz zu einer Erlaubnis (ḥalāl) oder Verwerflichkeit (ḥarām) abgeschätzt werden.

Erlaubtes und Verwehrtes ist nur durch Gott (Allāh) bestimmbar, worauf Hayreddin Karaman ausdrücklich hinweist.[112] Der Prophet Muḥammad erhält hierbei die Aufgabe (waẓīfa), die göttlichen Offenbarungen (waḥy) zu verkünden. Die gottesdienstlichen Handlungen (ʿibādāt), die Ḥalāl- und die Ḥarām-Angelegenheiten stellen die Basis der islamischen Religion dar.

Mit ihren spirituellen Vorteilen haben sie eine mystische Annäherungsfunktion zum Schöpfer.

In die Drittkategorie fallen die Normen im zwischenmenschlichen Bereich (muʿāmalāt), die nicht jedermann betreffen. Karaman weist auf Rašīd Riḍā, nach welchem sich diese Normen mit den zeitlich-kontextuellen Änderungen der Bedingungen auch dynamisch ändern können.

In den wandelnden Umständen stecken unter dieser Möglichkeit die Weisheiten (ḥikam) des Iǧtihād. Daher müssen sich die Muslime in unklaren Religionsfällen den Gelehrten (ʿulamāʾ) zuwenden, die aufgrund ihrer Iǧtihād-Erlaubnis Lösungen anbieten. Die Auskunftfragenden richten sich in ihrer Handlung nach diesen Empfehlungen.

Nach Rašīd Riḍā ist eine Bindung an eine bestimmte sunnitische Rechtsschule keine religiöse Pflicht.[113] Die Rechtsschulenangehörigen können sich bei Bedarf an den übrigen sunnitischen Rechtsschulenmeinungen (aḥkām al-maḏāhib) orientieren und nach diesen handeln, was kontextuell-bedingte Vereinfachungen mit sich bringen kann. Hierbei sind ein aufrichtiger Wille und die Lösung von schwierigen, zwischenmenschlichen Entscheidungen von entscheidender Bedeutung, in welcher die Gläubigen im mentalen Sinne die Zufriedenheit Gottes erstreben. Welche muslimischen Rechtsschulen unterscheidet Rašīd Riḍā

112 Vgl. KARAMAN: Günlük Hayatımızda Helâller ve Haramlar (2001), S. 22.
113 Vgl. KARAMAN: Gerçek İslâm'da Birlik (2012), S. 201.

voneinander? Worin liegen ihre Unterschiede begründet? Ist ein Miteinander der Rechtsschulen möglich? Welcher Weg muss im innerislamischen Rechtsschulenpluralismus (maḏāhib) eingeschlagen werden? Diese zentralen Fragestellungen sind für Hayreddin Karaman von sehr großer Bedeutung. Die Differenzen unter den Rechtsschulen liegen nach Rašīd Riḍā in den Glaubensprinzipien und in der Religionspraxis begründet. Die Uneinigkeiten in Glaubensangelegenheiten liegen überwiegend in deren politischer Natur. Der rechte Glaubenspfad ist derjenige der rechtgeleiteten Altvorderen (salaf aṣ-ṣāliḥ), welcher auf den Primärquellen (šarīʿa) basiert.

Diejenigen Rechtsschulen verstehen sich als Abgekommene (maḏāhib ahl al-bidʿa), die diesen Weg nicht einschlagen. Da die Muslime sich aber im geschwisterlichen Miteinander vereinen müssen, bedarf es der gegenseitigen Annäherung und der respektvollen Achtung.

Dieses Entgegenkommen der Rechtsschulen (maḏāhib) zueinander charakterisiert sich in dem gegenseitigen Rückhalt in gemeinsamen Übereinkünften (ittifāq al-maḏāhib), der toleranten Nachsichtigkeit bei Differenzen und der Solidarität zueinander. Die Unterschiede in der Religionspraxis, (welche durch unterschiedliche Iǧtihād-Ergebnisse bedingt sind) stellen für das Miteinander der Rechtsschulen (maḏāhib) trotz der phänomenologischen Unterschiede kein Hindernis dar.[114] Dies liegt darin begründet, dass alle Rechtsschulenangehörigen an die Religion überzeugt glauben und die gottesdienstlichen Handlungen (ʿibādāt) verrichten. Daher sollen die Muslime keine Uneinigkeiten heraufbeschwören, sondern sich mit Rücksicht auf die Primärquellen (šarīʿa) geschwisterlich vereinen. Diese Perspektive auf die Vielfalt der Rechtsschulen bildet das theoretische Miteinander. Wie sieht es nun aber in der Praxis aus?

In der Praxis schadet der Rechtsschulfanatismus dem Miteinander, welches durch die Ausführungsdifferenzen in der Beweismethode (uṣūl) und im Fallrecht (furūʿ) bedingt ist. Daher müssen die Rechtsschulenangehörigen Auseinandersetzungen und Konflikten vermeiden. Die grundlegende Verantwortung für die Genese eines Miteinanders tragen nach Rašīd Riḍā die muslimischen Gelehrten (ʿulamāʾ).[115] Die Uneinigkeiten (iḫtilāf) untereinander dürfen nicht

114 ǦAMĀL AD-DĪN AL-AFĠĀNĪ (gest. 1897) ist der Ansicht, dass jeder Muslim im Glauben an Gott (Allāh) und seines Gesandten Muḥammad trotz der Differenzen einer Rechtsschule angehören, der islamischen Rechtsschule (maḏhab al-islāmī). Vgl. AMMĀRA: Ǧamāl ad-Dīn al-Afġānī (1984), S. 39.

115 In dieser müssen die Gelehrten in einem kommissarischen Beratungsgremium den Koran und die gesicherten Aḥādīṯ über den Propheten Muḥammad (sunna al-mutawātira) als Schiedsmaß heranziehen und die vorliegenden Uneinigkeiten unter

zum Rechtsschulenfanatismus verleiten, die aufgrund verschiedener Iǧtihād-Ausführungen, der Exegese (tafsīr) und der Wissensgrundlagen bedingt entstanden sind.

Die Glaubensangelegenheiten unterteilen sich grob in zwei Bereiche:

1. **Kategorie: Glaubenspfeiler in Offenheit**[116]
2. **Kategorie: Glaubenspfeiler in Verborgenheit**[117]

In diesen Glaubensangelegenheiten besteht das Erfordernis, sich auf die offenkundigen Verse (āyāt) und der gesicherte Sunna (sunna al-mutawātira) zu stützen. Zu Detailinformationen werden im Rechtsdenken von Hayreddin Karaman die gesunden Einzelüberlieferungen (ḫabar al-wāḥid aṣ-ṣaḥīḥ) herangezogen.

Die einzigen Generationen, welche das rechte islamische Glaubensverständnis im geschwisterlichen Miteinander überlieferten, sind die ersten drei frühen Generationen der Gefährten (ṣaḥāba), der Zweit- (tābiʿūn) und der Drittgeneration (tābiʿū t-tābiʿīn). Bei glaubensspezifischen Uneinigkeiten (iḫtilāf) müssen die in der Mehrheit (ǧumhūr) der Muslime anerkannten Standpunkte herangezogen werden.

Das rechtmäßige Verständnis in der Debatte über die vollkommenen Attribute Gottes ergibt sich im Verbindungspunkt zwischen der Vernunft (ʿaql) und der Überlieferung (naql). Auf der Grundlage von Vernunftbelegen und Überlieferungsbelegen folgt daraus das Verständnis, dass kein Geschöpf (maḫlūq) Gott gleicht oder ähnlich ist, entsprechend die vollkommenen Eigenschaften notwendigerweise beim Schöpfer liegen, überlieferungsgemäß die verkündete göttlichen Offenbarungen (waḥy) durch die Propheten auf die Allwissenheit, Allmächtigkeit, Allbarmherzigkeit und allumfassende Liebe Gottes über der Schöpfung liegt (ʿuluww) und steht (ʿarš al-istiwāʾ), Gott über das Universum herrscht und regiert. Unter dem Kriterium der Ungleichheit und der Unähnlichkeit des

den islamischen Rechtsschulen (maḏāhib) ausräumen können. Inbesonderes bestehen dabei die Dringlichkeiten darin, sich im Bereich des Fallrechts (furūʿ) schwerpunktmäßig in Meinungsübereinkünften zu vereinen und in Unstimmigkeitspunkten auf der Grundlage von Einzelüberlieferungen (ḫabar al-wāḥid) neue Gutachten (fatāwā) zu erarbeiten. Falls Uneinigkeiten (iḫtilāf) vorliegen sollten, wären diese für ein Miteinander der islamischen Rechtsschulen (maḏāhib) keine Hindernisse.

116 Beispiel: Einheit/Existenz/Vollkommenheit Gottes und die Sendung von Propheten. Gemäß Koran gründen diese auf absolut-offenkundige Belege (al-adillat al-qaṭʿiyya). Hier ist der Iǧtihād oder der Taqlīd nicht möglich.

117 Beispiel: Glaube an die Existenz von Engeln, die kollektive Auferstehung der Verstorbenen, die jenseitige Rechenschaft am Tag des Jüngsten Gerichts und das jenseitige Leben und so weiter.

Schöpfers (al-Ḫāliq) mit der Schöpfung (maḫlūqāt) werden die vollkommenen Attribute im rechtmäßigen Verständnis verinnerlicht.

Dieses Verständnis kennzeichnet sich insbesondere dadurch aus, dass Gott im Hören über eine unähnliche Aufnahmefähigkeit, im Sehen über eine unähnliche Sehfähigkeit, im Wissen über unähnliches Wissen, in seiner Allbarmherzigkeit über eine unähnliche Barmherzigkeit, in seiner Liebe über eine unähnliche Liebe, in seiner Thronbesteigung (arš al-istiwāʾ) über eine unähnliche Thronfolge zu den Menschenherrschern, in seiner Allmächtigkeit und seiner Führung über eine unähnliche Verwaltung zu den Geschöpfen und der Schöpfung (maḫlūqāt) verfügt.[118] Dieses Religionsverständnis des sunnitischen Mainstreams (ahl as-sunna) ist das rechtmäßige Glaubensverständnis der ersten drei frühmuslimischen Generationen der Ṣaḥāba, der Tābiʿūn und der Tābiʿū t-Tābiʿīn. Manchmal sind einige Attribute von Gott metaphorisch zu verstehen. Falls Sprachregeln und die Ausdruckstile eine Erklärung erforderlich machen, werden diese kommentiert. Ein solches Vorgehen verleitet nach Hayreddin Karaman keinen Sunniten aus dem Mainstream, auch wenn die rechtgeleiteten Altvorderen (salaf aṣ-ṣāliḥ) dies nicht getan haben.[119] Es lässt erkennen, dass Hayreddin Karaman das Glaubensverständnis des sunnitischen Mainstreams in dogmatischer Hinsicht schützt und sehr sensibel analysiert.

Dies ist dadurch ersichtlich, dass er die Relation von Offenbarung und Vernunft offen darlegt.

1.1.4.1.4 Aš-Šāṭibī (gest. 1388), as-Suyūṭī (gest. 1505), ad-Diḥlawī (gest. 1762) und Co.

Das islamische Rechtsdenken von Hayreddin Karaman charaktersiert sich durch die Einflüsse von mehreren Rechtsgelehrten (fuqahāʾ). Nach ausgiebiger Forschung seiner Rechtsgedanken ist festzustellen, dass er sich auf die bedeutenden Gelehrtenmeinungen von Ǧalāl ad-Dīn as-Suyūṭī (gest. 1505) und Zainuʾd-Dīn ibn Nuǧaim (gest. 1563) bezieht, welche die Bedürfnisse (ḥāǧāt)

---

118 Vgl. KARAMAN: Gerçek İslâm'da Birlik (2012), S. 191.

119 Als Fachdisziplin in den historischen islamischen Wissenschaften entstand die systematische Theologie (ʿilm al-kalām) aufgrund der notbedingten Bewahrung der rechtmäßigen Glaubensinhalte, da einige abgekommene Rechtsschulen (maḏāhib ahl al-bidʿa) in Zweifel und in fehlerhafte Glaubensrichtungen gerieten. Innerhalb des sunnitischen Mainstreams (ahl as-sunna) entwickelten sich daher zwei anerkannte dogmatische Rechtsschulen heraus. Diese sind die Ašʿarīten (ašʿarīyya) und die Matūridīten (matūridīya).

mit Notsituationen (ḍarūra) gleichstellen.[120] Hierbei weist Hayreddin Karaman auch auf die **32.Mağalla-Regel** hin, welche das gleiche Rechtsprinzip beinhaltet:

> „Generelle oder spezielle Bedürfnisse sind als Notlagen zu zählen."
> **(osman. Hâcet umûmi olsun husûsi olsun zarûret menzilesine tenzīl olunur.)**
> **(arab. Al-ḥağa tanzil manzilat aḍ-ḍarūra ʿāmmatan aw ḫāṣṣatan.)**

In den Beziehungen der Gewohnheitstradition (ʿurf) zu den Belegführungen (adilla) wendet er sich den Rechtsmeinungen von Ibn ʿÀbidīn (gest. 1842) und dem Innovationsverständnis von Belegen (adilla) Mustafa Şelebi (gest. 1657) zu. Von Walī Allāh ad-Diḫlawī (gest. 1762) lassen sich seine Rechtsgedanken über die Iğtihād-Strukturierung und die Relationen der Rechtsschulenverbundenheit ableiten. In der Zusammenführung von Rechtsschulennormen (talfīq) gehen seine Gedanken auch auf Letzteren zurück. In Hinblick auf das Notverständnis (ḍarūra) bezieht er sich auf den tunesischen Rechtsgelehrten Ṭāhir bin ʿĀšūr (gest. 1973).[121]

In den Debatten über die Offenheit des Iğtihād-Tors (bāb al-iğtihād) richtet er sich nach den Ansichten von Abū Isḥāq aš-Šāṭibī (gest. 1388). Seine Kriterien zur Iğtihād-Durchführung gehen auf Ibn Ḥazm (gest. 1062), Muḥammad aš-Šauqānī (gest. 1834), Muḥammad ʿAbduh (gest. 1905) und Rašīd Riḍā (gest. 1935) zurück. Die Orientierung nach einer Rechtsschule (maḏhab) wird als Möglichkeit angesehen und nicht als absolute Notwendigkeit, wobei diese Rechtsgedanken auf Taqīyuʾd-Dīn ibn Taimīyya (gest. 1328) und Ibn Qayyim al-Ğauzīyya (gest. 1350) zurückgehen. Karaman erkennt, dass sich die primäre Rechtsfindung (iğtihād al-muṭlaq) im vierten Jahrhundert n.d.H. in einer Stagnationphase befindet, obwohl keine Gutachten (fatāwā) und keine Konsensbildungen (iğmāʿ) existieren. Diese Gegebenheit dauerte seiner Ansicht nach bis ins neunzehnte Jahrhundert an, wobei in der dazwischen liegenden Zeit das Iğtihād-Tor durch die Verdienste der Fuqahāʾ geöffnet blieb. Die Fuqahāʾ sind als Pioniere in der Erwachungsphase des Fiqh anzusehen, weil sie durch ihre Forschungen die innovative Entwicklungsbasis der islamischen Rechtswissenschaften (fiqh) einleiteten.

1.1.4.2 Rechtsschulzugehörigkeit von Hayreddin Karaman

Hayreddin Karaman fühlt sich in der glaubensdogmatischen Rechtsschule dem Verständnis von Abū al-Mansūr al-Māturīdī (gest. 941) und in seiner Religionspraxis dem sunnitischḥanafitischem Rechtsschulenverständnis verbunden.

---

120 Vgl. KARAMAN: İslâm'ın Işığında Günün Meseleleri (2010), S. 405–406.
121 Vgl. ebd.

Mit dieser Offenheit antwortet er auf seine zahlreichen Kritiker, welche ihm eine Form von Rechtsschulenlosigkeit vorwerfen.[122]

Falls ein normaler Muslim in bestimmten Religionsfällen überzeugt auf bestimmte Rechtsschulenmeinungen (aḥkām al-maḏāhib) beharrt, so ist er verpflichtet, seine Handlungen auch nach diesen zu richten. In diesem Fall darf er sich nicht an den übrigen Rechtsschulen (maḏāḥib) orientieren, weil er aus tiefer Überzeugung die Unzutreffendheit dieser vertritt.[123]

Ein solcher Muslim muss nach Hayreddin Karaman seine starre Haltung ändern, indem er ein pluralistisches Rechtsschulenverständnis vertritt. Hierbei erkennt der Betroffene, dass die Handlungsorientierung auch nach allen anderen sunnitischen Rechtsschulennormen (aḥkām al-maḏāhib ahl as-sunna) möglich ist. Hinzu kommt auch, dass der Prophet Muḥammad die Uneinigkeiten seiner Gemeinschaft als Barmherzigkeit versteht (innā iḫtilāfa ummati raḥma).

Da die Rechtsschulzugehörigkeit je nach Familien- oder Lebensumfeld erworben wird, sind die Muslime darauf angewiesen, sich auch an der vorherrschenden Rechtsmeinung (ḥukm) zu orientieren. Falls im gleichen Lebensumfeld die betroffene Person zu einer Frage von einem anderen Rechtsgelehrten (faqīh) eine anderweitige Empfehlung (fatwā) erhält, besitzt er die freie Entscheidung, sich nach einer der Rechtsschulenpositionen zu richten. Diese spezielle Wahlfreiheit liegt nach Hayreddin Karaman im Spezialfall des Vorhandenseins von mehreren Gelehrtenmeinungen (fatāwā) begründet.

Das islamische Rechtsdenken von Hayreddin Karaman charaktersiert sich dadurch, dass er auf alle Rechtsmeinungen der sunnitischen Rechtsgelehrten (fuqahā' ahl as-sunna) großen Wert legt, unabhängig welcher sunnitischen Rechtsschule sie auch angehören. Karaman führt den Einwand an, dass ausschließlich eine einzige Rechtsschulenposition eingenommen wird und die übrigen Rechtsschulenmeinungen missachtet werden. Die Auflösung der islamischen Rechtsschulen lehnt er ab, begrüßt auch die Orientierung an einer Rechtsschule (maḏhab).[124] Diese Erkenntnis zeigt sich in seinem islamischen Rechtsdenken besonders dadurch, dass er in den unterschiedlichen Religionsfällen die unterschiedlichen Positionen der Rechtsschulen (aḥkām al-maḏāhib) erforscht, seinem Ermessen nach die Geeignete auswählt (tarğīḥ) und unter den säkularlaizistischen Bedingungen der Türkei innovative zeitgemäße Empfehlungen (fatāwā) anbietet.

---

122 Vgl. KARAMAN: Bir Varmış Bir Yokmuş (2009), Bd. 3, S. 143.

123 Vgl. KARAMAN: Hayatımızdaki İslâm (2006), Bd. 2, S. 393.

124 Vgl. ebd.

1.1.4.3 Islamrechtliche Ansätze bei Hayreddin Karaman

Ausgehend vom seinem pluralistischem Denken, welches durch die Einflüsse von mehreren Rechtsgelehrten wie Abū Isḥāq aš-Šāṭibī (gest. 1388), Ǧalāl ad-Dīn as-Suyūṭī (gest. 1505), Zainu'd-Dīn ibn Nuǧaim (gest. 1563) gekennzeichnet ist, weist Hayreddin Karaman auf die Dynamik des islamischen Rechts (fiqh) hin, in dem Beständigkeit (ʿazīma) und besondere Ausnahmegenehmigungen (ruḫaṣ) existieren.[125] In Dauernotlagen können Letztere auch mit Beständigkeit verbunden sein. Das bedeutend, dass Normen in Not (ḍarūra) provisorische Ausnahmegenehmigungen (ruḫaṣ) einräumen. Mit Blick auf den islamischen Rechtsgelehrten Ibn ʿĀbidīn (gest. 1842) können sich Iǧtihād-Normen fortwährend verändern, welche auf die gegenwärtigen Gewohnheitstraditionen (ʿurf) oder auf das Wohlbefinden (maṣlaḥa) gründen. Nach Hayreddin Karaman folgt daraus, dass sich Iǧtihād-Normen auch ändern können. Dadurch ist die Möglichkeit für eine innovative Entwicklung des islamischen Rechts gegeben, ohne die offenbarte und vollendete islamische Religion zu verändern. Karaman kritisiert die verschiedenen Reformerneuerungen des Modernismus scharf. Sein Denken zielt daher auf die gerechten Wissenschaftsentwicklungen in den theologischen Disziplinen ab, ohne dabei die Religion zu verändern. Die Modernisten gehen in ihrem Methodenansatz fälschlicherweise davon aus, dass der Koran überwiegend in den Offenbarungskontext angesiedelt werden muss, sodass sie ihn in die Frühzeit einsperren.

Nach Hayreddin Karaman haben die Rechtsgelehrten (fuqahā') die obligatorische Aufgabe die Bedürfnisse (ḥāǧāt) von Muslimen zu regeln und die Religion im zeitgemäßen Verständnis auszulegen. Diese Sicht eröffnet den Weg für die innovativen Entwicklungen der Theologie im zeitgemäßen Religionsverständnis und verhindert eine interpretative Traditionalisierung. In diesem Kontext lehnt Karaman den Gebrauch der theologischen Reformation ab und steht für eine gerechte Problemlösung für Muslimen ein, indem er auf die Rechtsprinzipien des Wohlergehens (maṣlaḥa) und der Notlagen (ḍarūrā) hinweist. Seiner Ansicht nach richten sich die gläubigen Muslime in ihren Religionsangelegenheiten nach den theologischen Vorgaben, die ihnen durch die Religions- und Glaubensfreiheit ermöglicht wird.

In bestimmten Zeiten können ungewollte Verwerflichkeiten (ḥarām) entstehen, sodass Religionsverbindlichkeiten nicht eingehalten werden können. Dies ist zum Beispiel dann der Fall, wenn Muslime in unterschiedlicher Hinsicht

125 Vgl. KARAMAN: İslam'ın Isığında Gunun Meseleleri (2010), S. 786f.

unterdrückt werden und notgedrungen (ḍarūra) eine verwerfliche Sache (ḥarām) durchführen. Die **21.Mağalla-Regel** hierzu:

„Notlagen erlauben die verbotenen Dinge." (arab. aḍ-darūrāt tubīḥ al-maḥẓūrāt)

1.1.5 Islamische Mystik (taṣawwuf)

1.1.5.1 Kernessenz der islamischen Religion

Seit der Schulzeit von Hayreddin Karaman in Konya erhält die islamische Mystik (taṣawwuf) in seinem Religionsverständnis eine besondere Bedeutung. Als Schüler an der Imāmschule erlebte er dort seinen Lebenswandel, entdeckte die spirituelle Welt der Mystik und gewann einen Essay-Wettbewerb über ar-Rūmī. In Anlehnung an ihn versteht er die islamische Mystik als Kernessenz der islamischen Religion (türk. tasavvuf dinin özüdür), wobei sie von ihr nicht unabhängig verstanden werden darf.[126] Das bedeutet, dass er die Mystik (taṣawwuf) aus den Primärquellen (šarīʿa), daher aus der Erkenntnis- und Wissenswelt (maʿrifa) des Propheten Muḥammad versteht.[127] Hier erhalten die Erkenntnisse der Ṣaḥāba eine wichtige Bedeutung, weil sie die islamische Religion und ihre Mystik durch den Propheten Muḥammad vermittelt bekamen und von ihm höchstpersönlich gelehrt wurden. Ein islamischer Mystiker versteht sich als ein aufrichtiger gläubiger Muslim, der die Triebseele (nafs) in einem asketischen Reifeprozess durch verschiedene Stadien (maqāmāt) zur körperlich-geistigen Glückseligkeit und zur moralischen Vollendung (nafs al-kāmīl) führt. Das Ziel dieser geistigen Reifung ist die Zufriedenheit Gottes durch die Lebensrichtung in voller Liebe und Vertrauen zu Ihm.[128]

Zu diesen Erkenntnissen gelangte Hayreddin Karaman aufgrund seiner Unterweisung in die mystische Lehre von Ǧalāl ad-Dīn al-Rūmī (gest. 1273) und durch seine zahlreichen Reisen nach Ostanatolien, in welchen er die Kurse der anatolisch-islamischen Mystiker besuchte. Einer davon ist Muhammed İhsan

126 Vgl. KARAMAN: Laik Düzende Dini Yaşamak (2006), Bd. 2, S. 80.

127 HAYREDDIN KARAMAN führt als Beispiel das Pflichtgebet (ṣalāt) an, welches aus einer Form und einer Essenz besteht. Alle körperlichen Gebetspraktiken betreffen die Form und alle Geistigen wie der innere Frieden, die Ehrfurcht und die Güte (iḫlāṣ) und die Bewilligung (iḥsān) die Essenz, die mit dem Körperlichen eine Einheit bilden. Karaman bezieht sich hier auf die wichtigen islamischen Gelehrten wie Kušairī (gest. 1072) und Imām Rabbānī (gest. 1624), welche die Intentionen der Mystik (taṣawwuf) gerade aus der islamischen Religion (šarīʿa) verstehen. Vgl. KARAMAN: Laik Düzende Dini Yaşamak (2006), Bd. 2, S. 80.

128 Vgl. SCHIMMEL: Die Religion des Islam (2006), S. 92–93.

Oğuz, zu dem er ein besonderes Lehrer-Schüler-Verhältnis hatte.[129] Durch seine Unterweisung erhielt er das spirituelle Wissen in der Mystik (taṣawwuf).

In dieser mystischen Wissenserkenntnis (maʿrifa) weist Karaman darauf hin, dass das Wissen, das Handeln, das Verstehen und die Lebenspraxis des Menschen nicht ein und dasselbe ist.[130] Folglich muss der Mensch (insān) nach islamischem Antrophologieverständnis eine mystische Erziehung durchlaufen. Diese liegt in der Schöpfung des Menschen als Einheit von Körper (ǧaṣad) und Geistseele (rūḥ) begründet. Die Triebseele (nafs) als eine Art „Bindeglied" dieser beiden Komponenten muss diese spirituelle Erziehung durchlaufen, um die mentale humane Vervollkommnung des menschlichen Charakters (aḫlāq) bestmöglich zu erreichen.

Das Hauptziel des Taṣawwuf ist die mentale Reinigung des Menschen vor schlechten Gewohnheiten, die Erziehung zur Bescheidenheit (aḫlāq) und die Gotteserkenntnis[131] durch die Achtung der religiösen Gebote und Verbote, durch die Bewahrung der Glaubenstradition des Einheitsglaubens (tauḥīd),[132] der aufrichtigen Befolgung der Sunna, das Fernbleiben von böswilligen Erneuerungen (bidʿa), der Realisierung der gottesdienstlichen Praktiken (ʿibādāt) und der Respekt gegenüber allen Menschen unabhängig von ihrer Rasse, Geschlechts, Ethnie oder Religionszugehörigkeit. Daher ist die islamische Religion (šarīʿa) eine Religion der Liebe, der Fürsorge, der Solidarität und der Barmherzigkeit. Die Muslime sind verpflichtet, sich an dem Vorbild des Propheten Muḥammad zu orientieren (die aus der Prophetensīra und den Ḥadīṯen hervorgeht) und ihre Gottesdienste (ʿibādāt) weiterzuführen.

Die Primärquellen (šarīʿa) lassen sich in ihren Grundforderungen an die Muslime grob in drei Inhaltsgruppen unterteilen. Nach Hayreddin Karaman sind dies die Wissensaneignung (ʿilm), die Handlungsumsetzung (ʿamal) und die Ehrfurcht vor dem Schöpfer (iḫlāṣ).[133]

Sofern diese drei wichtigen Punkte nicht beachtet werden, wird die Religionsumsetzung im wahrsten Sinne nicht realisiert. Falls diese verwirklicht werden, erlangen die Gläubigen die Zufriedenheit des Schöpfers als höchste Tugend der Glückseligkeit. Deswegen umfassen die Primärquellen sowohl die diesseitige als auch die jenseitige Glückseligkeit eines Menschen. Der mystische Pfad (tarīqa) und die Wahrheit (ḥaqīqa) dienen der Vollendung der Ehrfurcht (iḫlāṣ). Alle

---

129 Vgl. KARAMAN: Bir Varmış Bir Yokmuş (2009), Bd. 1, S. 232–235.
130 Vgl. KARAMAN: Herşeye Rağmen (2001), S. 310.
131 Vgl. CEYHAN: İsmail el-Ankaravî ve Mesnevî Şerhi (2005), S. 317.
132 Vgl. KARAMAN: Laik Düzende Dini Yaşamak (2005), Bd. 1, S. 251–252.
133 Vgl. KARAMAN: Laik Düzende Dini Yaşamak (2006), Bd. 2, S. 80.

Zustände, Erkenntnisse und Situationen während der Tarīqa sind nicht Zweck des Taṣawwuf, sondern verstehen sich als „Traum- und Inspirationszustände“ in der islamischen Mystikererziehung. Daher liegt das Ziel nicht im Verharren in diesen Situationen, sondern vielmehr im Erreichen der Zufriedenheit des Schöpfers als höchste humane Tugend.

Hayreddin Karaman stellt fest, dass in der Historie verständnis- und ausführungsbedingt zwei Mystikerbewegungen hervorgetreten sind.[134] Die Erste bezieht und entwickelt sich auf der Basis der Primärquellen und damit auf der Vorbildhaftigkeit des Propheten Muḥammad. In dieser wird die islamische Mystik als Kernessenz der islamischen Religion verstanden.

Die Zweite lässt sich als unislamisch beschreiben, sie ist durch religionswidrige Erneuerungen (bidʿa) und Abtrünnigkeiten gekennzeichnet. Ein aufrichtiggläubiger Muslim ist verpflichtet, sich religiöses Wissen anzueignen und dies in die Praxis (ʿamal) umzusetzen, wodurch sich Wissen (ʿilm), Glaubensgrad (īmān), Charakter (aḫlāq) und Ehrfurcht (iḫlāṣ) entwickeln.[135]

Um die Tradition und Innovation in der islamischen Mystik (taṣawwuf) zu verstehen ist es nach Süleyman Uludağ wichtig, sich ihren Gegenstand, ihre Zielabsichten und das Erreichen dieser Intentionen zu veranschaulichen. Hierbei weist er auf die zweiteilige Dimension der Religion hin, welche sich durch eine Äußere (ẓāhir) und eine Innere (bāṭin) kennzeichnet.[136]

Das Thema des Taṣawwuf liegt verstärkt in der Religionspraxis, Perzeption und Inspiration. Die Vernunft (ʿaql) und die Textbelege (nuṣūṣ) sind daher zweitrangig. Daher wäre eine rein rationale und dogmatische Annäherung an die Mystik nicht fruchtbar. Dies liegt auch darin begründet, dass die durch die Mystiker erreichten spirituellen Geistesstufen (maqāmāt) und ihre Zustände nicht richtig verstanden werden können. Im Durchlaufen dieser können sie bedingt durch die Rauschzustände den Blick auf die weltlichen und religiösen Dinge im Vergleich zu den übrigen Gelehrten anders kommentieren, sodass oft zwei gegensätzliche Kommentierungen dargelegt werden. Auch wenn die Mystiker in ihren Erkenntnissen mit ihrer Tradition verbunden sind, ist ihre Zielorientierung für Innovationserkenntnisse offen.

In geistigem Einbezug des Kosmos beeinflussen sie im Innovationsverständnis ihr Umfeld, in dem sie ihre spirituellen Erkenntnisse verkünden. Die

---

134 Vgl. KARAMAN: İtikadi Meseleler (2010), S. 106–107.

135 Vgl. KARAMAN: Hayatımızdaki İslâm (2003), Bd. 1, S. 183.

136 Vgl. ULUDAĞ: Tasavvuf Açısından Gelenek ve Yenileşme. In: 1.Uluslararası Kutlu Doğum İlmi Toplantısı. (1.International Kutlu Doğum Symposium „Islam, Tradition and Change“, İstanbul 2006, S. 67f.

religionsphilosophische Dimension des Taṣawwuf ist wichtig, die sich durch traditionelle Begriffe wie Richtung, Vorbildhaftigkeit und Sittlichkeit definiert. Hier zeichnet sich die Taṣawwuf-Tradition durch das Prinzip der Verbundenheit und der vorbildhaften Orientierung am Vorbild des Lehrmeisters (šayḫ) aus. Zudem werden die wegweisenden Prinzipien aus der Tradition eingehalten. Sittlichkeit, geregeltes Benehmen und methodisches Vorgehen sind grundlegende Mystiker-Prinzipien. Eine Widrigkeit wird als Erneuerung (bidʿa) erachtet. Daher achten die Mystiker auf das moralische Einhalten der Šarīʿa-Normen, sodass wohlwollende Verhaltensrichtungen (hawā) in der Mystik (taṣawwuf) nicht möglich sind. Die Mystiker legen einen besonderen Wert auf die Bewahrung (maḥfūẓa) ihrer Tradition. Taṣawwuf ist lebendig und trotz der Bewahrung ihrer Tradition Neuerungen ausgesetzt. Sie versteht sich als spirituelle Annäherung des Menschen zu Gott, welches geistige Bestreben nach der Wahrheit (ḥaqīqa) die Geistseele (rūḥ) horizontal vorwärts richtet.[137] Diese Erkenntnisse sind zum würdigen Verständnis des Taṣawwuf grundlegend.

1.1.5.2 Spirituelle Stellung des Propheten Muḥammad

Der Prophet Muḥammad versteht sich in der islamischen Religion als letzter Gottesgesandte, somit als „Siegel der Prophetenreihe" (ḫatam al-anbiyāʾ). Er ist das einzige Geschöpf Gottes (maḫlūq) auf der geistigen Stufe der humanen Vollkommenheit (insān al-kāmil).[138] Unter den Mystikströmungen besteht die Übereinkunft (ittifāq), dass er der Edelste in der Schöpfung ist, in seiner schönen Vorbildfunktion (al-uswa al-ḥasana) einen wegweisenden Charakter für die Gläubigen hat, die Spiritualquelle in der Eingebung der göttlichen Segensgaben

137 Auch wenn die Mystiker-Bewegungen ins zweite Jahrhundert n.d.Ḥ zurückgeführt werden, zeichnen sich die frühislamischen Mystiker durch ihre Verbundenheit an die Religionstradition ihrer Vorgenerationen aus. In der Folgezeit des Propheten Muḥammad stufen sie in ihrer Erkenntnis alle Neuerungen als Erneuerungen (bidʿa) ein und verstehen diese als religionsentfremdende Faktoren. Die Mystiker wie Muḥyī ad-Dīn ibn Arabī (gest. 1240) und Imām Rabbānī (gest. 1624) leisten ihre innovativen Erkenntnisse zur Mystik durch neue Perzeptionen, Erkenntnisse und Mystik-Theorien. Diese Erkenntnisse erlangen sie durch die Heranziehung der Textbelege (nuṣūṣ), der Vernunft und durch spirituelle Inspirationen. Letztere wird vom Schöpfer ermöglicht, wonach der Mystiker durch dessen Willen Erkenntnisse (maʿrifa) und verborgenes Wissen (ʿilm al-ladun) erlangt.

138 Vgl. SCHIMMEL: Die Zeichen Gottes (2002), S. 226.

ist. Alle Mystikströmungen münden beim Propheten Muḥammed, welcher das Anfangsglied bildet.[139]

Alldiejenigen Personen sind mit Blindheit geschlagen, welche aus einer Außenperspektive an die islamische Mystik (taṣawwuf) herangehen und dabei fälschlicherweise Ǧalāl ad-Dīn ar-Rūmī (gest. 1273) in eine überhöhte Dimension über den Propheten Muḥammad erheben. Ar-Rūmī orientierte sich in seinen Erkenntnissen am Vorbild des Propheten Muḥammad, welches Vorgehen im Koran und in der Sunna begründet liegt. Durch diese spirituelle Lebensrichtung erreichte er eine hohe Wissens-, Charakter- und Glaubensstufe. Unter diesen Bedingungen kommentierte er sämtliche Koranverse und Prophetensprüche (aḥādīṯ) in voller Gottesliebe und Zuneigung zum Propheten Muḥammad. Der Koran und die Aḥādīṯ (šarīʿa) trennen nach islamischen Glaubensverständnis die tatsächliche Wahrheit (ḥaqīqa) von Unwahrheiten.

Die Erfahrungen und die Erkenntnisse der islamischen Mystiker bezeugen, dass die Herzensbindung an den Propheten Muḥammad zu spirituellen Erleuchtungen führen kann. Der Koran versteht sich nach islamischer Überzeugung als das unveränderte Wort Gottes (kalām Allāh), das der Prophet Muḥammad mittels Offenbarung (waḥy) verkündet hat. Muḥammad ist „das" geliebte Geschöpf Gottes, wonach Gott die Schöpfung aus Liebe zu ihm erschuf. Er ist in seiner humanen Vollkommenheit geistig und materiell der Urgrund aller Gefälligkeiten und Gaben Gottes an die Menschheit. Der Orientierungseffekt nach seiner Vorbildhaftigkeit besitzt in der islamischen Mystik eine diesseitige und eine jenseitige Schutz- und Heilfunktion für die Gläubigen. Daher wird er unter den Muslimen auch als das Licht der Rechtleitung (nūr al-hudā)[140] bezeichnet, der von Gott aus Barmherzigkeit für alle Welten (raḥmatan lilʾālamīn) gesandt wurde.[141] Er ist als Freund und Geliebter Gottes (ḫalīl Allāh, ḥabīb Allāh)[142] bereits zu Lebzeiten der Vorderste aller Verstorbenen, der als diesseitiger Reisender mit einer endlichen Existenz in die Endlose an erster Stelle aller Geschöpfe (maḫlūqāt) folgt. Das ist das elementare Verständnis der islamischen Mystik (taṣawwuf) mit Blick auf den Propheten.

---

139 Vgl. KARAMAN: İslâm'ın Işığında Günün Meseleleri (2010), S. 658–659.

140 Vgl. SCHIMMEL: Muhammad (2002), S. 58–59.

141 Siehe: KORAN, 21:107.

142 Vgl. KARAMAN: Peygamberimiz Halîl ve Habîb'dir. In: Yeni Şafak 06.05.2012.

1.1.5.3 Ǧalāl ad-Dīn ar-Rūmī „Maulānā" (gest. 1273)

Ǧalāl ad-Dīn ar-Rūmī (gest. 1273) wurde am 30.Spetember 1207 in der afghanischen Stadt Balch geboren.[143] Er charakterisiert sich als ein außergewöhnlicher islamischer Mystiker, der sich zu Lebzeiten den Mittelweg des islamischen Religionsverständnisses aneignete, sich den Umständen entsprechend an den Primärquellen ausrichtete, sein inneres und äußeres Leben in voller Gottesliebe (maḥabba) verbrachte, in bestem Gottesdienst die mentale Annäherung zur humanen Vollkommenheit erreichte und viele Schüler heranbildete. Daher wird er „Maulānā" (unser Herr) im Sinne eines Lehrmeisters bezeichnet.[144] Er erhielt seine religiöse Bildung und Erziehung in einer Mystikerschule, in der er in die mystische Religionslehre unterwiesen wurde. Als Sufi eignete er sich das sunnitisch-islamische Religionsverständnis (ahl as-sunna) an. Hayreddin Karaman nennt ihn einen „Gläubigen in Gottesdienerschaft und Lehrling des Propheten Muḥammad" (türk. Mevlânâ bir Allah kuludur ve Hz. Muhammed'in çırağıdır).[145]

Zum rechten Verständnis und zur Kommentierung der Gedankenwelt von ar-Rūmī bedarf es der gerechten Verinnerlichung der islamischen Religion (šarīʿa) und der Werke von ar-Rūmī. Anderweitige Herangehensweisen, etwa mit der Heranziehung anderer Quellen, einer starren Voreingenommenheit oder fehlender geistiger Kompetenzen kann die mystische Erkenntnis- und Gedankenwelt von ar-Rūmī nicht begriffen werden.

Es gab zu jeder Zeit Menschen, welche ar-Rūmī falsch verstanden oder zur Legitimierung der persönlich gewählten Lebensweise missbraucht haben. Die Ursachen für ein Fehlverständnis können auch in nichtsunnitischer

143 Vgl. KARAİSMAİLOĞLU: Mesnevî Mevlânâ (2008), S. 21–22.

144 Vgl. SCHIMMEL: Sufismus (2008), S. 62.

145 Auch wenn nach dem Verscheiden von ar-Rūmī eine organisierte Mystikschule entstand, ist sein Lebensweg als mystischer Pfad (ṭarīqa) anerkannt. Wie auch in der Mehrheit der übrigen islamischen Mystikströmungen bildet der Prophet Muḥammad das Anfangsglied. Daher ist er als Lehrmeister von ar-Rūmī anzuerkennen, nach dessen schönem Vorbild er sich richtete. Vgl. KARAMAN: İslâm'ın Işığında Günün Meseleleri (2010), S. 667–674. KARAMAN zählt zusätzlich die islamischen Mystiker wie Ahmed Yasawī (gest. 1166) und Yunus Emre (gest. 1321) als „Lehrlinge des Propheten Muḥammad", welche sich nach seinem Vorbild orientierten und sein Lebensweg befolgten. Die berühmte Aussage von ar-Rūmī „Komm, wer auch immer Du bist!" versteht sich als Einladung zur islamischen Religion und nicht zur Fortführung des eigenen Unglaubens (kufr), nicht zur Weiterführung der unislamischen Lebensweise. Vgl. KARAMAN: Laik Düzende Dini Yaşamak (2005), Bd. 1, S. 74.

Religionsorientierung begründet liegen. Weitere Motive sind die partiellen Lesarten seiner Aussagen, in der nicht das Kollektiv angenommen wird. Selbst ein islamischer Mystiker (der sich am Vorbild von ar-Rūmī orientiert) kann in Rauschzuständen einige Aussagen falsch kommentieren. Jemand, der die spirituellen Zustände und Erfahrungen der Mystiker wie das Einheitsverständnis des Seins (waḥdat al-wuǧūd) und die gottesdienstlichen Ziele mangelhaft versteht, kann zu gefährlichen Erkenntnissen kommen. Die Gläubigen werden den Einklang der Mystik (taṣawwuf) als Kernessenz der islamischen Religion begreifen, die auf die Glaubenstradition des Einheitsglaubens (tauḥīd) gründet.[146]

Als bedeutender islamischer Mystiker (mutaṣawwuf) und Poet war ar-Rūmī zugleich ein führender Denker seiner Lebenszeit, der aus seiner mentalen Welt heraus viele Gedichte und Erzählungen über die Liebe (maḥabba) zu Gott und zum Propheten Muḥammad verfasste und dabei den Menschen in den Mittelpunkt stellte. Im geistigen Bestreben nach der humanen Vollkommenheit (insān al-kāmil) berichtet er in seinen Erzählungen über die Fähigkeiten des Menschen, einen moralischen Charakter zu erwerben, sowie ehrlich, diszipliniert, nachgiebig, barmherzig, respektvoll und tolerant zu sein. Hierbei geht er von den vorzuziehenden Werten am Prophetenvorbild des Gottesgesandten Muḥammad aus, der als einziger Mensch auf der geistigen Stufe der humanen Vollkommenheit (insān al-kāmil) steht.

Auf der mystischen Ebene befindet sich ar-Rūmī im Bestreben nach der Gotteserkenntnis dabei in spirituellen Relationen mit seiner Außenwelt und dem Schöpfer. Durch seine große Liebe zu Ihm und zum Gottesgesandten Muḥammad greift diese tiefe Liebe auf die ganze Schöpfung (Kosmos) über, sodass er alle Geschöpfe liebt. Seinen spirituellen Ansatz stützt er hier auf die islamischen Religionsquellen Koran und Prophetensunna, wonach er den schönen Charakter des Propheten Muḥammad (aḫlāq an-nabī) sich zum Vorbild nimmt. Denn die islamische Religion ist für Muslime die letztoffenbarte Religion Gottes an die Menschen und der Prophet Muḥammad bildet das Siegel der Prophetenreihe (ḫatam al-anbiyāʾ).[147] Mittels dieser mystischen religiösen Orientierung gilt seine Liebe der Schöpfung und allen Menschen, unabhängig welcher Ethnie, Rasse, Religion, Hautfarbe und Herkunft sie angehören.

Zweifelsohne liegt der Ursprung der Liebe in der wahren Liebe (ʿišq-i ḥaqīqī) zum Schöpfer begründet, welche sich in der geistigen Lebenswelt von ar-Rūmī auf die Schöpfung ausbreitet und die Menschen allesamt liebt. Durch die große

146 Vgl. KARAMAN: Laik Düzende Dini Yaşamak (2005), Bd. 1, S. 251–252.
147 Vgl. KORAN: 33:40.

Liebe zum Schöpfer versteht die islamische Mystik (taṣawwuf) die Todesnacht von ar-Rūmī als Hochzeitsnacht (šab-i ʿarūs) mit dem geliebten Schöpfer, in der er Ihn, so Gott will, erreicht. Hierbei steht der von Annemarie Schimmel (gest. 2003) angeführte Spruch von Ǧalāl ad-Dīn ar-Rūmī (gest. 1273):

> *„Wenn sie am Tage des Todes in die Erde mich senken,*
> *dass mein Herz dann noch auf Erden weile, darfst du nicht denken!...*
> *Siehst meine Bahre du ziehen, lass das Wort -Trennung- nicht hören,*
> *weil mir dann ewig ersehntes Treffen und Finden gehören.*
> *Klage nicht: -Abschied, ach Abschied!-, wenn man ins Grab mich geleitet,*
> *ist mir doch selige Ankunft hinter dem Vorhang bereitet!"*[148]

1.1.5.4 *Aḥmad as-Sirhindī „Imām Rabbānī" (gest. 1624)*

Aḥmad al-Farūq as-Sirhindī (Imām Rabbānī)[149] erfüllte als bedeutender islamischer Mystiker (mutaṣawwuf) zu Lebzeiten im indischen Subkontinent zwei wichtige Aufgaben: erstens, die erfolgreichen Auseinandersetzungen gegen einen Tyrannen (der die islamische Religion nach Eigenvorstellungen verändern wollte) und zweitens, die religiöse Einweisung der Muslime im theologischen Mittelweg, der sich durch das Einheitsverständnis der islamischen Religion (šarīʿa) und der islamischen Mystik (taṣawwuf) versteht. In dieser Hinsicht nahm er in den Auseinandersetzungen zwischen den Pseudo-Religionsvertetern und den selbsternannten Mystikern eine widersprüchliche Stellung ein.[150] Diese

---

148 SCHIMMEL: Weisheit im Islam (2009), S. 222.

149 KURZBIOGRAPHIE: AḤMAD AL-FĀRŪQ AS-SIRHINDĪ (IMĀM RABBĀNĪ) wurde am 27. Mai 1564 in Sirhind in Indien geboren. Seine Genealogie reicht über ʿAbdallāh ibn ʿUmar bis ʿUmar ibn al-Ḫaṭṭāb. Als Kind wurde er von seinem Vater namens ʿAbd al-ʿAḥād in der Spracherlernung des Arabischen unterrichtet und lernte zu dieser Zeit den kompletten Koran auswendig. Danach kam er nach Siyalkut, wo er von Kamāl ad-Dīn Kašmīrī in den rationalen Wissenschaften unterrichtet wurde. In Delhi lernte er den führenden Mystiker des Naqšbandi Sufiordens Šayḫ Bakiballāh (gest. 1603) kennen, von welchem er in die mystische Lehre des Islams belehrt wurde und eine Lehrautorisation (iǧāza) bekam. Nach dieser Lebensphase gelangt er nach Mekka und Medina, wo er von den Ḥadīṯgelehrten wie Ibn Ḥaǧar und ʿAbd ar-Raḥmān al-Makkī und anderen unterrichtet wurde. Als Innovationsgelehrter (muǧaddid) hatte er einen sehr großen Anteil, dass die Muslime im indischen Subkontinent nicht verfremdet wurden und ein gesundes Religionsverständnis erlangten. Am 10.Dezember 1624 starb er in Sirhind. Vgl. KARAMAN: İmâm-ı Rabbânî ve İslâm Tasavvufu (2003), S. 19–23; CEBECİOĞLU: Klasiklerimi/VIII „el-Mektûbât" (İmam-ı Rabbâni Ahmed-i Faruk-i es-Serhendi), in: TİAAD, 3 (2002), S. 370.

150 Vgl. ALGAR: Art. „İmam Rabbânî", in: TDV İA, Bd. 22, S. 196.

Auseinandersetzungen waren gegen den König namens Akbar Šāh (gest. 1605) gerichtet,[151] der aus Islam, Christentum, Hinduismus, Zoroastrismus und Buddhismus eine Art „Mischreligion" gründen wollte.[152]

Die islamische Religion zielt im Taṣawwuf-Denken von Imām Rabbānī darauf ab, dass der Einzelne seine Triebseele (nafs) und seinen Willen kontrollieren lernt, als Geschöpf Gottes (maḫlūq) eine hohe charakterliche Stufe erreicht, seine Persönlichkeit weiterentwickelt, den humanen Schwächen bestmöglichst ausweicht und auf eine hohe moralische Stufe gelangt. Ein Mittel zum Erreichen dieser Ziele ist die Realisierung der Religionspflichten wie die obligatorischen und die freiwilligen Gottesdienste. Zu Ersteren zählen die Verrichtung der fünfmaligen Tagesgebete, das Fasten, die Almosengabe, das Aussprechen des Glaubensbekenntnisses und die große Pilgerfahrt (ḥaǧǧ). Zu den Freiwilligen gehören die freiwillige Gebetsverrichtung, das Fasten an bestimmten Tagen, die kleine Pilgerfahrt (ʿumra) und die freiwilligen Wohltätigkeitsspenden (ṣadaqa). Die spirituelle Annäherung an Gott erfordern die Einhaltung der vollen Gottesliebe und das Sichfernhalten von Verwerflichkeiten (ḥarām). Hier ist wichtig, dass die Mystik als Kernessenz der islamischen Religion zu verstehen ist, von ihr nicht unabhängig verstanden werden darf und mit ihr in keinen Widersprüchen steht.

Hayreddin Karaman stellt fest, dass das Mystikverständnis von Imām Rabbānī in Einklang mit der Šarīʿa steht und zu Lebzeiten für die religionssoziologische Genese der Abtrünnigen sorgte. Er beschreibt ihn als einen wichtigen Mystiker (mutaṣawwuf), der durch seine großen Verdienste in der islamischen Mystik (taṣawwuf) mittels der Ausbildung von Lehrschülern und seinen ehrenvollen Auseinandersetzungen gegen die unislamischen Volksgewohnheiten zur Aufklärungsgenese der Muslime verhilft und sich auf das islamische Mystikverständnis von Muḥammad, seiner Gefährten (aṣḥāb) und dessen zwei Folgegenerationen bezieht.[153]

Als wichtiger Jahrhundertgelehrter (muǧaddid) gibt Rabbānī in seinen Schriften (maktūbāt) kritische Kommentare zum Mystikverständnis von Muḥyī ad-Dīn ibn ʿArabī ab, die zentral von der Einheit des Seins (waḥdat al-wuǧūd) ausgeht. Hierdurch entwickelt er seine Theorie der Einheit des Bezeugens

---

151 Vgl. KARADAŞ: İmam Rabbânî ve İtikâdi Görüşleri, in: UÜİFD, 9 (2000), S. 341.

152 Vgl. REIS: XVI–XVII. Yüzyıllarda Hindistan'da Din-i İlâhî Tartışmaları ve İmâm-ı Rabbânî, in: TİAAD, 16 (2006), S. 213–214; CEBECİOĞLU: İmâm-ı Rabbânî Hareketi ve Tesirleri (1999), S. 45; ÇELİK: İmam Rabbânî Perspektifinden İbnül-Arabî'ye Tenkidî Bir Yaklaşım, in: TİAAD, 23 (2009), S. 153.

153 Vgl. KARAMAN: İmâm-ı Rabbânî ve İslâm Tasavvufu (2003), S. 11, 15.

(waḥdat aš-šuḥūd),[154] denn die Waḥdat al-Wuǧūd-Theorie (die von der Einheit der Existenz ausgeht) steht seiner Meinung nach mit der Vernunft und der Šarīʿa im Widerspruch.[155] Falls die Schöpfung als Einheit verstanden wird, besteht die offene Frage, wie die mögliche Schöpfungsexistenz (mumkin al-wuǧūd) mit der Notwendigkeit der Schöpferexistenz (wāǧib al-wuǧūd) gleichgesetzt werden kann. Nach Imām Rabbānī wird die Existenz (Sein) während der mystischen Reise eines islamischen Mystikers auf verschiedene Arten wahrgenommen, welche in zwei Existenztheorien hervorgehen:

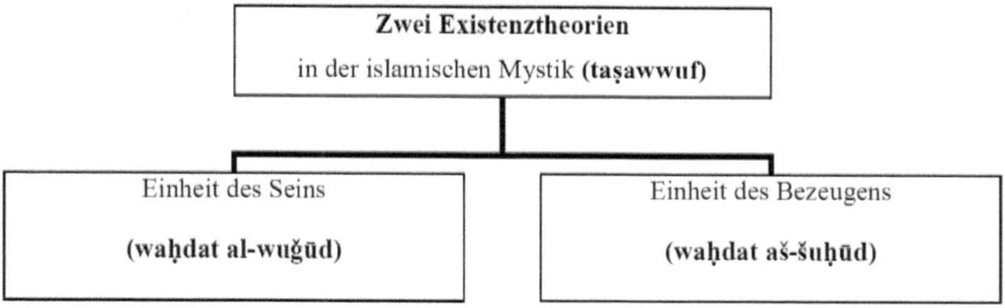

Ein islamischer Mystiker begreift die Schöpfung als Einheit, wenn er die Stufe des Waḥdat al-Wuǧūd erreicht. Nach diesem Verständnis existiert außer dem Schöpfer keine andere Instanz, die Schöpfung wird als Schattenreflektionen der Namen und der Eigenschaften des Schöpfers als Traum gedeutet.[156] Diese Traumdeutung zeichnet einen mystischen Rauschzustand des Mystikers während seiner mystischen Reise aus, welchen es zu überwinden gilt.[157] Diese Aufgabe muss der Mystiker meistern, um auf eine höhe geistige Stufe (maqām) zu gelangen.

Ein islamischer Mystiker auf der Stufe des Waḥdat aš-Šuḥūd sieht das Gesehene als Einheit.

Auf dieser Stufe sieht er die Gottesexistenz, lehnt die Geschöpfe (maḫlūqāt) nicht ab und sieht die Schöpfung als Schatten der Namen und Eigenschaften des

154 Vgl. ŞİMŞEK (ÜBERS.): Ahmed Fârûkî Sirihndî'nin Tevhid Anlayışı, in: Ekev Akad. Dergi, 3 (1998), S. 182.

155 Vgl. ÇELİK: İmam Rabbânî Perspektifinden İbnül-Arabî'ye Tenkidî Yaklaşım, in: TİAAD, 23 (2009), S. 150.

156 Vgl. KARTAL: İmâm Rabbânî'nin Vahdet-i Vücûd Eleştirisi Tarihsel Arkaplanı, in:UÜİFD, 14 (2005), S. 63.

157 Vgl. SUNAR: İmâm Rabbâni'nin Tevhit Görüşüne Genel Bir Bakış, in: AÜİFD, 5 (1956), S. 136.

Schöpfers (ayān aṯ-ṯābita). Das bedeutet, nicht alle Schöpfung „ist" der Schöpfer, sondern alle Schöpfung ist „vom" Schöpfer. Zum besseren Verständnis der Waḥdat aš-Šuḥūd-Theorie von Imām Rabbānī wird eines seiner bekannten Beispiele angeführt.

Wenn die Sonne aufgegangen ist, können die Sterne am Himmel nicht mehr gesehen werden. Falls nun eine Person spricht, dass am Himmel keine Sterne vorhanden sind, sondern nur die Sonne, die Sterne als Traum deutet, und von der Sonne nicht differenziert, dann blickt er auf die Existenz aus der „Einheit des Seins" (waḥdat al-wuǧūd). Seine Wissensstufe ist die Wissensgewissheit (ʿilm al-yaqīn).[158] Unter „Waḥdat al-Wuǧūd" wird die wahrhafte Einheitsexistenz von Gott verstanden, wonach Gott alleine hat, die sichtbaren und die unsichtbaren Geschöpfe im Kollektiv Zeichen und Offenbarung Gottes sind. Alle Geschöpfe (die aus sich selbst heraus nichts innehaben) existieren im Kollektiv nur aufgrund der notwendigen Existenz Gottes (wāǧib al-wuǧūd), wobei die Existenz der Geschöpfe möglich (mumkin al-wuǧūd) ist. An diesem Punkt greift die Kritik von Imām Rabbānī ein, indem er die Einheit des Seins (waḥdat al-wuǧūd) als Wahrnehmungssirrung beschreibt.

Nach diesem Verständnis bedeutet die Unsichtbarkeit der Sterne bei Tageslicht nicht, dass die Sterne nicht existieren. Es bedeutet vielmehr, dass die Sterne existieren, aber durch die hellen Sonnenstrahlen (UV-Strahlen) verdeckt und somit für den Menschen unsichtbar sind.[159] In mentaler Hinsicht gründet dieser spirituelle Blickwinkel auf die Existenz aus der Einheit des Bezeugens (waḥdat aš-šuḥūd), in der der Mystiker auf der Wissensstufe der reinen Gewissheit (ʿain al-yaqīn) steht.[160] Falls sich der Mystikerblick intensiviert, in dem er die Sonne getrennt von den Sternen betrachtet, so befindet er sich auf der höchsten Stufe der wahren Gewissheit (ḥaqq al-yaqīn), in welcher er seine wahrhafte Dienerschaft (ʿabdīyya) realisiert. Nach Imām Rabbānī ist Waḥdat aš-Šuḥūd eine notwendige Stufe, die es auf der mystischen Reise des Mystikers zu erreichen gilt. Sofern diese nicht erreicht wird, ist die Heilserrettung durch die bloße Herzensbindung an die Masiwā nicht möglich. Waḥdat al-Wuǧūd und Waḥdat al-Šuḥūd müssen überwunden werden, sodass der Mystiker auf der ʿAbdīyya-Stufe den Schöpfer

158 Vgl. TOSUN: İmâm-ı Rabbânî'ye Göre Vahdet-i Vücûd ve Vahdet-i Şuhûd, in: TİAAD, 23 (2009). S. 188.

159 Vgl. SUNAR: İmâm Rabbâni'nin Tevhit Görüşüne Genel Bir Bakış, in: AÜİFD, 5 (1956), S. 138.

160 Vgl. KARTAL: İmâm Rabbânî'nin Vahdet-i Vücûd Eleştirisi Tarihsel Arkaplanı, in:UÜİFD, 14 (2005), S. 65.

(Gott) und die Schöpfung als getrennte unähnliche Instanzen bezeugt.[161] Diese wichtige Erkenntnis bestätigt für Muslime das Attribut der Unähnlichkeit des Schöpfers mit der Schöpfung.

Die Unterschiede zwischen Waḥdat al-Wuǧūd und Waḥdat aš-Šuḥūd sind folgend:

	Waḥdat al-Wuǧūd	**Waḥdat aš-Šuḥūd**
Prinzip	**Einheits- und Gleichheitsprinzip** Schöpfer/Geschöpf	**Andersheitsprinzip** Schöpfer/Geschöpf
Gleichung	**Einheitsgleichung** Ursprung/Schatten Schöpfer/Schöpfung	**Differenzgleichung** Ursprung/Schatten Schöpfer/Schöpfung
Wahrheit der Materie	**Namensattribute von Gott** (ayān aṯ-ṯābita)	**Eingebung begrenzter Attribute** im Vergleich zu Namensattributen
Perzeption der Existenz	Wahrnehmung der Existenz als „Eins" (Monismus)	Waḥdat aš-Šuḥūd bildet nicht den Endpunkt der Existenz
Stufengrad in Mystik (taṣawwuf)	**Vorübergehender Rauschzustand** auf der mystischen Reise	**Dienerschaftsstufe (ʿabdiyya)**: Instanzentrennung von Schöpfer und Schöpfung ist Höchststufe

Waḥdat al-Wuǧūd gründet auf das „Einheits- und Gleichheitsprinzip" des Schöpfers mit der Schöpfung. Ursprung (Schöpfer)/Schatten (Schöpfung) sind Perzeption der Einheitsgleichung. Im Waḥdat aš-Šuḥūd wird Schatten vom Ursprung differenziert (Andersheitsprinzip).

Im Waḥdat al-Wuǧūd liegt die Wahrheit der Materie in den Namensattributen (ayān aṯ-ṯābita) und im Waḥdat aš-Šuḥūd in der Eingebung von begrenzten Attributen im Vergleich zu den Namenseigenschaften von Gott.[162] Der Schatten der vollkommenen Attribute reflektiert auf den adamischen Spiegel, wodurch die unvollkommene Schöpfung (maḫlūqāt) entsteht. Im Waḥdat al-Wuǧūd wird die Existenzwahrnehmung als Eins verstanden. Im Waḥdat aš-Šuḥūd steht diese Stufe auf höherer Stufe, wobei diese nicht den Endpunkt bildet. Die trennende Sicht von Schöpfer und Geschöpf ist die höchste Stufe der Dienerschaft (ʿabdīyya).[163] Auf dieser werden die Sterne von der Sonne tagsüber getrennt betrachtet. Analog werden auf

161 Vgl. ŞİMŞEK (ÜBERS.): Ahmed Fârûkî Sirihndî'nin Tevhid Anlayışı, in: Ekev Akad. Dergi, 1 (1998), S. 188.

162 Vgl. ALGAR: Art. „İmam Rabbânî", in: TDV İA, Bd. 22, S. 196.

163 Vgl. TOSUN: İmâm-ı Rabbânî'ye Göre Vahdet-i Vücûd ve Vahdet-i Şuhûd, in: TİAAD, 23 (2009), S. 189.

dieser geistig-spirituellen Stufe der Schöpfer (Gott) und die Schöpfung als getrennte Instanzen gesehen.[164] Die wahre Gewissheitsstufe ist erreicht (ḥaqq al-yaqīn).[165]

In seinen zahlreichen Briefen (maktūbāt) an seine Lehrschüler berichtet Rabbānī davon, dass der Prophet Muḥammad die edelsten Eigenschaften der Gesandtenreihe (sifat al-anbiyāʾ) trägt und die Offenbarung (waḥy) den Kern aller bisherigen Gottesreligionen darstellt. Die im Islam vorkommenden gottesdienstlichen Handlungen (ʿibādāt) und Taten (aʿmāl) tauchen in den vorislamischen Gottesreligionen und nach islamischem Verständnis auch in der Praxis der Engel auf.[166] Die Muslime bewahren die islamische Glaubenstradition des Einheitsglaubens (tauḥīd) und setzen die religiösen Pflichten um, wodurch sie unter allen Religionen als die edelste Gemeinschaft hervortreten. Falls dies im Alltagsleben nicht geschieht, bedeutet dies die Ablehnung der vorigen Gottesreligionen, die Ablehnung des Propheten Muḥammad und seiner Botschaften. Imām Rabbānī stellt offen klar, dass die diesseitige und die jenseitige Glückseligkeit in der Befolgung (ittibāʿ) des Prophetenvorbilds von Muḥammad und seiner Religionslebensweise erreicht werden. Darunter werden nach islamischem Verständnis die Verinnerlichung, die Aufgaben- und Pflichtenumsetzung der Religion, ihre Weiterempfehlung im Umfeld und die Abwendung vom Unglauben verstanden.[167] Das Gegenteil der islamischen Religion ist der Unglaube, der in verschiedenen Formen hervortreten kann.

Nach islamischem Verständnis ist Gott die Instanz, die den Menschen Leben, Wissen, Stärke, Macht, Wahrnehmung und Kommunikation ermöglicht, sie versorgt, ihre Beschwerden und ihre Probleme aufhebt, selbst den Sündern und den Ungläubigen ihre Bedürfnisse (ḥāǧāt) ermöglicht, ihre Sünden verheimlicht, diese seinem Willen nach vergibt oder bestraft, allen Menschen (ob Gläubiger oder Ungläubiger) seine vollkommene Güte (iḥsān) schenkt, seinem vollkommenen Willen nach die religiöse Rechtleitung (hudā) ermöglicht.

---

164 Vgl. ÇELİK: İmam Rabbânî Perspektifinden İbnülArabîye Tenkidî Bir Yaklaşım, in: TİAAD, 23 (2009), S. 152.

165 Vgl. AKDAĞ: İmam Rabbânî'nin Tasavvufî Tecrübesi-nin Ehl-i Sünnet Anlayışı Açısından Tahlîli (1998), S. 13.

166 Denn nach letzterem Punkt befinden sich bestimmte Engel im dauerhaften Gebetszustand der Beugung (rukū), der Niederwerfung (ṣağda) und im Stehen (qiyām). Die Gebetspraxis der islamischen Religion setzt sich aus der vereinten Verrichtungspraxis der Engel zusammen. Die aufrichtige Glaubensannahme der Gottergebenheit (islām) bedeutet schließlich auch die Annahme der vorislamischen unveränderten Offenbarungsreligionen Gottes.

167 Vgl. KARTAL: İmâm Rabbânî'nin Vahdet-i Vücûd Eleştirisi Tarihsel Arkaplanı, in:UÜİFD, 14 (2005), S. 75.

Die Zuteilwerdung des jenseitigen Lebens in Glückseligkeit (welche im Gotteswillen liegt) verläuft für Muslime über die Glaubenstradition des Einheitsglaubens (tauḥīd) und somit über die Anerkennung und der Auslebung der Gottergebenheit (islām). Imām Rabbānī weist darauf hin, dass die Religion sich inhaltsgemäß in die zwei Hauptbereiche der Dogmatik (īmān) und der Praxis (ʿamal) aufteilt und spirituell auf den Charakter (aḫlāq) des Gläubigen reflektiert.[168] Zu Lebzeiten setzte er sich gegen böswillige Erneuerungen (bidʿa) durch.[169]

Aus islamischer Perspektive trägt der Schöpfer dem Menschen in der Befolgung der Gebote und der Verbote seiner Religion keine übermenschlichen Lasten aufträgt (sodass der Mensch diese in die Tat umsetzen kann). Die Gottesgesandten hatten als Vermittlungsinstanzen die Pflichtaufgabe zur wahren Religionsausübung einzuladen und die Menschen vor Irrglauben zu warnen. Auch wenn die Vernunft (ʿaql) als Belegführung dient, sind ihre Möglichkeiten begrenzt. Daher reicht sie zur Wahrheitserkenntnis nicht aus, sodass sie auf die Offenbarung (waḥy) angewiesen ist. Für Muslime sind die Gottesgesandten von Adam bis zum Abschluss der Gesandtenreihe durch den Propheten Muḥammad (Siegel der Propheten, ḫatam al-anbiyāʾ) als Barmherzigkeit zu verstehen, weil Gott mittels seiner Gesandten die begrenzte Erkenntnis- und Wissensmöglichkeiten der Menschen durch seine Offenbarung (waḥy) erleuchtet, indem er den Menschen seine vollkommenen Attribute (sifat) mitteilt, seinen Willen in bestimmten Handlungen (aʿmāl) festsetzt, davon die „Schändlichen" abgrenzt, für den Menschen die vorteilhaften Taten für das Diesseits und Jenseits von den Nachteiligen eindeutig trennt. Falls die Gottesgesandten in ihrer Vermittlerrolle diese nicht verkündet hätten, wäre den Menschen, aufgrund derer begrenzter Vernunft, die vollkommenen Attribute Gottes unbekannt.[170] Dazu gehören auch die Jenseitszustände wie das Jüngste Gericht, die Belohnung und Bestrafung, das Paradies und das Höllenfeuer, welche über den Tod hinausgehen und in der Offenbarung (waḥy) näher beschrieben werden. Als diese an die Menschen verkündet wurde, erkannten sie nach islamischen Selbstverständnis die Wahrheit, sodass alle nichtigen Glaubenstraditionen widerlegt und abgeschafft wurden,

168 Die Dogmatik (iʿtiqād) stellt die Glaubensbasis (īmān) dar, zu welchen die sechs Glaubenspfeiler wie der Glaube (īmān) an die Existenz von Gott, Engel, Sendung von Gottesgesandten, Offenbarungsschriften, Jüngste Gericht und die Vorherbestimmung (qadar) gehören. Unter Aʿmāl fallen beispielweise die obligatorischen Taten der fünf Religionssäulen wie das Pflichtgebet, Fasten, Almosengabe, Pilgerfahrt, Glaubensbekenntnis (šahāda).

169 Vgl. CEBECİOĞLU: İmâm-ı Rabbânî ve Mektubâtı, in: AÜİFD, 35 (1996), S. 241.

170 Vgl. KARAMAN: İmâm-ı Rabbânî ve İslâm Tasavvufu (2009), S. 143–144.

die Ungläubigen ihren Irrglauben erkannten und die Existenz Gottes bestätigen mussten. Alljene Dinge werden durch die Offenbarung (waḥy) kenntlich, die vorher nur mit bloßer Vernunft unkenntlich waren. Wenn zum Wissenserwerb nur die humane Vernunft (ʿaql) als Wissensquelle anerkannt wird, dann wird die Offenbarung abgelehnt und die offene Wahrheit (ḥaqīqa) negiert.

Die Vorbildfunktion der Gottesgesandten aus der Reihe der Menschen spielt aus islamischer Sicht für die rechtmäßige Religionspraxis eine zentrale Rolle, weil sie diese ihren Zeitzeugen sichtbar vorlebten, sie belehrten und detaillierte Offenbarungserörterungen abgaben (welche in ihre Sunna fällt). Beispielweise werden die in der Offenbarung des Korans vorkommenden fünf Säulen der islamische Religion, wie die Verrichtung des Tagesgebets, die Almosengabe, die Pilgerfahrt, das Fasten und der Ausspruch des Glaubensbekenntnisses in Art, Höhe und Form durch die Prophetensunna näher beschrieben und endgültig festgesetzt. Die Muslime sind glaubensbedingt verpflichtet, diese bekenntnisgebundene religiöse Lebensart einzuhalten so gut wie möglich fortzuführen.

Die Offenbarung setzt das Folgen von Muḥammad mit dem Gehorchen Gottes gleich:

مَنْ يُطِعِ الرَّسُولَ فَقَدْ أَطَاعَ اللَّهَ وَمَنْ تَوَلَّى فَمَا أَرْسَلْنَاكَ عَلَيْهِمْ حَفِيظًا

„Wenn einer dem Gesandten (d.h.Muḥammad) gehorcht, gehorcht er (damit) Gott. Und wenn einer sich abwendet (und kein Gehorsam leistet, ist das seine Sache). Wir haben dich nicht als Hüter über sie gesandt.“[171]

Nach islamischem Glaubensverständnis nähern sich die Gläubigen durch die gottesdienstliche Verrichtungspraxis (ʿibādāt) im spirituellen Sinne dem Schöpfer. Diese geistliche Annäherung verleitet die Gläubigen zum Fernverbleib von Verwerflichkeiten (ḥarām) im Lebensalltag, welche Erkenntnis die Offenbarung (waḥy) am Beispiel des Pflichtgebets (ṣalāt) bestätigt:

اتْلُ مَا أُوحِيَ إِلَيْكَ مِنَ الْكِتَابِ وَأَقِمِ الصَّلَاةَ إِنَّ الصَّلَاةَ تَنْهَى عَنِ الْفَحْشَاءِ وَالْمُنْكَرِ وَلَذِكْرُ اللَّهِ أَكْبَرُ وَاللَّهُ يَعْلَمُ مَا تَصْنَعُونَ

„Verlies, was dir von der Schrift (als Offenbarung) eingegeben worden ist! Und verrichte das Gebet! Das Gebet verbietet (zu tun), was abscheulich und verwerflich ist. Aber Gottes zu gedenken bedeutet (noch) mehr. Und Gott weiß, was ihr tut.“[172]

171 KORAN, 4:80.
172 KORAN, 29:45.

Die Offenbarungsquellen Koran und Prophetensunna bilden die islamische Religion, die für Muslime unveränderlich ist. Hierbei ist die gesicherte Sunna (sunna al-mutawātira) wichtig, weil die detaillierten vollendeten Religionsinhalte hierdurch tradiert werden. Darunter wird eine gesicherte Überlieferungseigenschaft verstanden, welche von einer übergroßen Mehrheit an Personen aufgenommen und weitertradiert wird, sodass eine Irrung ausgeschlossen werden kann.[173] Die Verständnisse der Rechtsgelehrten des sunnitischen Mainstreams (fuqahā᾿ ahl as-sunna) sind sehr wichtig, weil sie das rechtmäßige islamische Religionsverständnis von Muḥammad, der Ṣaḥāba, der Tābiʿūn und der Tābiuʿt Tābiʿīn entnehmen.

In der Vermittlung des zeitgenössischen Religionsverständnisses erhalten die aufrichtigen Gelehrtenbemühungen in Anlehnung an die ersten drei Generationen stets eine sehr wichtige Bedeutung, welche ihnen (so Gott will) großen jenseitigen Lohn beschert. In der Bewahrung (maḥfūẓa) der islamischen Religion, der Glaubenspfeiler, der damit verbundenen Identität und Religionpraxis setzte sich Rabbānī für die soziokulturelle Innovation (taǧdīd) ein.
Die islamische Religion (šarīʿa) unterteilt sich in drei große Abschnitte:[174]

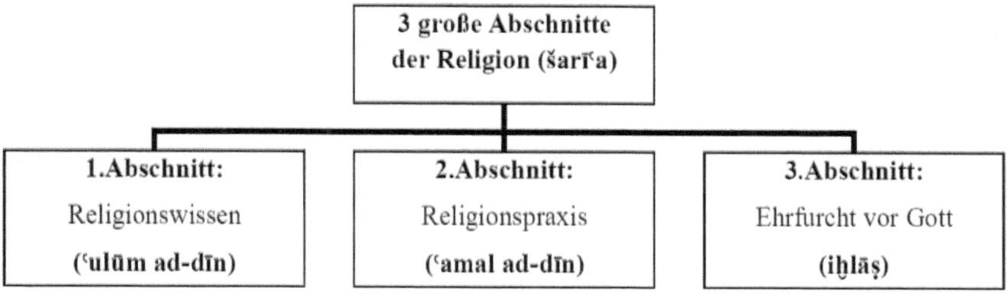

Sofern diese drei Punkte nicht realisiert werden, wird der Weg der religiösen Lebensart (dīn) nicht eingeschlagen. Falls alle aufrichtig erfüllt werden, erlangt der Betroffene die diesseitige und jenseitige Glückseligkeit und die Zufriedenheit des Schöpfers. Die von den islamischen Mystikern dargelegten Begriffe wie Wahrheit (ḥaqīqa) und mystischer Weg (tarīqa) dienen der Ehrfurcht vor Gott (iḫlāṣ) als Hilfsmittel. Für einen Mystiker (mutaṣawwuf) ergeben sich zur spirituellen Erkundung der Gotteserkenntnis drei wichtige Stufen:

173 Vgl. KRAWIETZ: Hierarchie der Rechtsquellen im tradierten sunnitischen Islam (2002), S. 135–136.

174 Vgl. KARTAL: İmâm Rabbânî'nin Vahdet-i Vücûd Eleştirisi Tarihsel Arkaplanı, in:UÜİFD, 14 (2005), S. 76; ALGAR: Art. „İmam Rabbânî", in: TDV İA, Bd. 22, S. 196.

1. **Stufe: Mystischer Weg (tarīqa)**
2. **Stufe: Erkenntnis (maʿrifa)**
3. **Stufe: Islamische Religion (šarīʿa) = Wahrheit (ḥaqīqa)**

Im Verständnis von Imām Rabbānī erhält Šarīʿa und Ḥaqīqa die gleiche Bedeutung, weil die Verinnerlichung des Wissens und der Bestimmungen (welche aus der Šarīʿa hervorgehen) in einer mystischen Lebensreife münden (ḥaqq al-yaqīn) und dadurch die Schwierigkeiten in der Bewältigung der weltlichen Angelegenheiten (dunyawiyyāt) ausgeräumt werden können.

Das Erreichen dieser Stufe ist durch den harmonischen Einklang des Religionswissens (ʿulūm ad-dīn) und der Erkenntnisse (maʿrifa) des Mutaṣawwuf mit der Religion (šarīʿa) erkennbar.[175]

Falls ein Mystiker die höchstrangige ʿAbdīyya-Stufe (Dienerschaftsstufe) erreicht, erkennt er, dass die Religion (šarīʿa) und die Wahrheit (ḥaqīqa) ein und dasselbe sind, die Schöpfung als „Einheit des Bezeugens" (waḥdat aš-šuḥūd) zu verstehen ist, die Gottesexistenz die ganze Schöpfung umfasst und durchdringt, die Schöpfung und der Schöpfer aber zwei getrennte voneinander unähnliche Instanzen sind.[176] Der Mutaṣawwuf ist sich klar, dass alle Schöpfung unvollkommen und endlich ist, wohingegen der Schöpfer vollkommen und ewig ist. Der unverhinderbare Todesgenuss am Lebensende des Menschen bestätigt dies auch.

Unter „tarīqa" werden die spirituellen Wege verstanden, in welchen der Mutaṣawwuf seine befehlende Triebseele (nafs al-ʿammāra) in diszipliniertem Bestreben nach der menschlichen Vollkommenheit (nafs al-kāmil) zu beherrschen lernt, sich vom unrechtmäßigen Glauben entfernt und nach der Zufriedenheit Gottes strebt. Sein Vorbild ist der Prophet Muḥammad als vollkommener Mensch (insān al-kāmil), auch wenn er seine Prophetenstufe niemals erreichen wird. Diese Prophetenstufe unter „al-Ḥaqīqa al-Muḥammadiyya" charakterisiert sich durch die ursprüngliche Basis der Geschöpfe, wonach der Schöpfer den Propheten Muḥammad aus seinem Lichte (nūr Allāh) erschafft und die Gläubigen aus dessen Licht (nūr al-muḥammad) schöpft. Diese Erkenntnis verdeutlicht die spritiuelle Stellung des Propheten Muḥammad.

Hayreddin Karaman erwähnt Walī Allāh ad-Diḥlawī (gest. 1762), welcher das Verständnis von Muḥyī ad-Dīn ibn ʿArabī (gest. 1240), der von Waḥdat

---

175 Alle mit der Religion (šarīʿa) inkonformen Verhalten und Aussagen der Mystiker auf dem mystischen Pfad (tarīqa) lassen sich auf ihre mentalen Rauschzustände zurückführen, welche nur auf einer mystischen Reise vorkommen kann. Dieser Zustand kennzeichnet aber die Nicht-Zuteilwerdung der Wahrheit (ḥaqīqa).

176 Vgl. KARAMAN: İmâm-ı Rabbânî ve İslâm Tasavvufu (2009), S. 187.

al-Wuǧūd ausgeht, und von Imām Rabbānī, der von Waḥdat aš-Šuḥūd ausgeht, miteinander in Einklang zu bringen versucht.

Nach intensiver Analyse beider Existenzverständnisse sind nach ad-Diḥlawī die Absichten, die mögliche Schöpfung (maḫlūqāt al-mumkina), die Wahrheit (ḥaqīqa), die verschiedenen Stufen des mystischen Pfads (tāriqāt) demnach von der Einheit des Seins (waḥdat al-wuǧūd) und der Einheit des Bezeugens (waḥdat al-šuḥūd) aus zu gehen.[177]

Im Waḥdat al-Wuǧūd-Verständnis fehlt das nötige Eigenbewusstsein, dass die Existenz als Einheit wahrgenommen wird und die Differenzen nicht unterschieden werden können. Zum Erreichen der vollkommenen Stufe (nafs al-kāmil) muss diese Zwischenstufe notwendigerweise durchlaufen werden, sodass der Mystiker auf die Stufe des Waḥdat aš-Šuḥūd gelangt.

In dieser sieht er die Schöpfung von einer Seite als Einheit und von der anderen als vielfältig, dessen er sich bewusst wird. Die Differenzen des Waḥdat al-Wuǧūd von Waḥdat aš-Šuḥūd bezüglich der Absichten und der Wahrheit des Seins ist das mögliche Existenzverständnis (wuǧūd al-mumkina), denn beide Mystiker schreiben der möglichen Existenz verschiedene Bedeutungen zu und die gleiche Wahrheit (ḥaqīqa) wird ihrerseits durch unterschiedliche Beschreibungen dargelegt.[178] Letztendlich bildet die Stufe der Dienerschaft (ʿabdīyya) die Höchststufe,[179] in welcher der Mystiker (mutaṣawwuf) den Schöpfer und die Schöpfung als getrennte unähnliche Instanzen erkennt (Differenzgleichung).[180]

---

177 Vgl. KARAMAN: İmâm-ı Rabbânî ve İslâm Tasavvufu (2009), S. 269.

178 Aufgrundessen führte dies bei einigen Muslimen zur Annahme, dass zwischen den Verständnissen von Ibn ʿArabī und Imām Rabbānī Glaubens- und Verständnisdifferenzen vorliegen. Hayreddin Karaman weist darauf hin, dass Ibn ʿArabī auch von Waḥdat al-Šuḥūd gesprochen hat, welche Beschreibungen von Imām Rabbānī aber als unzureichend einstuft und er seinerseits eine Verteidigung darlegte, obwohl er selbst durchaus auch von Waḥdat al-Wuǧūd gesprochen hat. Die Differenz zu Ibn ʿArabī liegt nach Imām Rabbānī darin, dass dieser vor Abschluss des letzten Reifeprozesses unzureichendes falsches Wissen erhält (mit diesem Falschaussagen trifft).

179 Vgl. ALGAR: Art. „İmam Rabbânî", in: TDV İA, Bd. 22, S. 196.

180 Vgl. TOSUN: İmâm-ı Rabbânî'ye Göre Vahdet-i Vücûd ve Vahdet-i Şuhûd, in: TİAAD, 23 (2009), S. 189.

1.1.6 Tradition und Innovation in den Primärquellen (šarīʿa) nach Hayreddin Karaman

1.1.6.1 Koran

1.1.6.1.1 Einteilung von Tradition und Innovation

In den Forschungen von Hayreddin Karaman erhalten die wechselseitigen Beziehungen der Begriffe „Tradition", „Innovation" und „fiqh" einen sehr wichtigen Stellenwert, welche ihre Einteilung (taqsīm) erforderlicht macht. Unter „fiqh" beschreibt Karaman das islamische Recht, das mittels Iǧtihād aus den Primärquellen verständnisbedingtes Wissen analysiert.

Unter „iǧtihād" versteht er ein Rechtsfindungsverfahren, in welchem er die Belegführungen (adilla) von Normen erforscht und kommentiert. In dieser verständnisbedingten Rechtspraxis wird der Umfang von „dalīl" festgestellt, um innovatives Rechtswissen zu produzieren.[181]

Unter „taḫrīǧ" versteht er die gleiche Prozedur, in der die fallrechtlich-produktiven Analysen der islamischen Rechtsgelehrten (fuqahāʾ) analysiert werden, um die Rechtslücken zu vervollständigen. In der Lebensperiode des Propheten Muḥammad und in der Folgezeit der Gefährten (ṣaḥāba) wurden die Offenbarung (waḥy) und das Verständnis (fahm) getrennt. Unter „fiqh" wurde die Gesamtheit des Islamwissens verstanden, das durch Verständnisdenken gewonnen wurde. Der Begriff „Tradition" erhält in diesem Zusammenhang den Zweck, die aus der Vergangenheit einherkommenden Denkarten zu verstehen. Unter Berücksichtigung dieser Rechtsausführungen unterteilt Karaman die Tradition generell in zwei Arten:[182]

1. **Gesunde Tradition** (im großen Umfang die Prophetensunna)
2. **Fehlgegangene Tradition** (verändernde Religionserneuerungen „bidʿa")

Die lebendige Prophetensunna in der Trägerschaft der Umma kann nach Hayreddin Karaman in zweierlei Hinsicht wahrgenommen werden. Zum einen kann man die gelebte Sunna im Alltagsleben der Gläubigen in der „gesunden Tradition" (sunna aṣ-ṣaḥīḥ) erkennen.[183] Zum anderen können mit der Zeit innerhalb der gelebten Sunna in der Verständnisbildung und in der Lebenspraxis Erneuerungen (bidʿa) aufgetreten sein, die auf fehlgegangene Traditionen

181 Vgl. KARAMAN: İslâm'ın Işığında Günün Meseleleri (2010), S. 647.
182 Vgl. KARAMAN: Fıkıh Usûlü (2010), S. 288.
183 Vgl. KARAMAN: Hayatımızdaki İslâm (2011), Bd. 3, S. 284.

gründen.[184] Diese Trennung wird durch die klassischen Überlieferungen (aḥādīṯ) bestätigt. In einem Ḥadīṯ berichtet Muḥammad, dass die Befolgung seiner Sunna (Brauch) und die Lebensorientierung mit Hilfe der Gläubigen den rechten Religionsweg des Islams kennzeichnet. Weiterhin befiehlt er den Gläubigen, sich von böswilligen Erneuerungen (bidʿa) zu entfernen.

Die Sunna wird im Alltag von Muḥammad und der Ṣaḥāba als Reflektion der Offenbarung (waḥy) in die Lebenspraxis verstanden. Wenn diese Erkenntnis aus islamischer Sicht beachtet wird, sind entgegengesetzen Verständnisse als fehlgegangene Traditionen (bidʿa) zu deuten.

Die Taǧdīd-Bewegung ist nach Hayreddin Karaman als Weiterführung in den islamischen Wissenschaften zu verstehen, welche den Religionserneuerungen (bidʿa) entgegensteht.[185]

In dieser nimmt die Sunna zur zeitgemäßen Verständnisbildung der islamischen Religion eine soziale Neuorientierung ein.[186] Ein traditionsbegründetes Innovationsverständnis ist mit Veränderungen verbunden. Jede Veränderung ist eine Neuorientierung, wobei nicht jede Veränderung auf die Sunna gründet.[187] Jede absichtliche Missachtung der Prophetensunna ist im Denken von Hayreddin Karaman böswillig und wirkt auf das Religionsverständnis schädlich.

Wie kennzeichnet sich das Innovationsverständnis der Rechtsgelehrten (fuqahāʾ)?

Die Ṣaḥāba und die darauffolgenden islamischen Rechtsgelehrten-Generationen haben sich in ihrer Verständnisbildung an die Ausdrucksarten und an die Intentionen der Primärquellen (maqāṣid aš-šarīʿa) orientiert. Bei Bedarf haben sie nach vorherigem Vergleich bestimmte Normen abgeleitet und zur Ausführung gebracht. Bei der Lösung der gegebenen Themen im Fallrecht (furūʿ) richteten sie sich in dieser Iǧtihād-Praxis nach vorliegenden Rechtsmotiven (ʿilal), wobei sie im Iǧtihād-Verfahren ähnliche Motive (ʿilal) berücksichtigten.[188]

184 Vgl. KARAMAN: Fıkıhta Gelenek ve Yenileşme. In: 1.Uluslararası Kutlu Doğum İlmî Toplantısı „İslam Gelenek ve Yenileşme“ (1.International Kutlu Doğum Symposium „Islam, Tradition and Change“), 1996, S. 29–30.

185 Vgl. KARAMAN: Fıkıh Usûlü (2010), S. 288.

186 Vgl. KARAMAN: Hayatımızdaki İslâm (2006), Bd. 2, S. 444.

187 Vgl. KARAMAN: Fıkıhta Gelenek ve Yenileşme. In: 1.Uluslararası Kutlu Doğum İlmî Toplantısı „İslam Gelenek ve Yenileşme“ (1.International Kutlu Doğum Symposium „Islam, Tradition and Change“), 1996, S. 30.

188 In Spezialfällen führten sie einen neuen Iǧtihād durch, falls aus der Šarīʿa auch keine offenkundigen Lösungen hervorgingen. Das Resultat dieser Anstregungen wurde in

Iǧtihād-Normen zeichnen sich in ihrer Formulierung (uslūb) dadurch aus, dass sie nach verschiedenen Empfehlungen im Rechtsermessen des Rechtsgelehrten (faqīh) stehen. Diese sensible Formulierung eines empfehlenden Gutachtens (fatwā) ist in der Verlautbarung erkennbar. Die relativen Rechtsempfehlungen der Rechtsgelehrten sind auch dadurch zu begründen, dass die Festlegung von Ḥarām- und Ḥalāl-Taten und ihrer Motive (ʿilal) nur Gott obliegt. Nach islamischem Verständnis haben Menschen nicht das Recht, ihre Handlungen als ḥarām oder ḥalāl festzulegen.

Die Determinierung eines ḥarām und ḥalāl liegt nur in den Primärquellen (šarīʿa) begründet. Falls die gleichen oder die ähnlichen Rechtsmotive (ʿilal) einer bestimmten Norm festgestellt werden, wird der rechtliche Analogieschluss (qiyās) gezogen und die Norm verkündet. Die Verwerflichkeit (ḥarām) von Wein (ḫamr) erweitert sich hier zum Beispiel auf alle Alkohole.

Der gemeinsame Grund der Verwerflichkeit aller alkoholischen Genussmittel ist die schädliche Wirkung auf die Vernunft (ʿaql) eines Menschen.

1.1.6.1.2 Rechtmäßige und fehlgegangene Glaubenstradition

Für Muslime wird die unveränderliche Glaubenstradition des Einheitsglaubens (tauḥīd) im Koran als „Gottergebenheit" (islām) und als diejenige der Prophetenreihe von Adam, über Abraham bis Muḥammad bezeichnet, die in fester Überzeugung (īmān) fortzuführen ist:[189]

---

der Ausdrucksform nicht absolut verstanden. Das bedeutet, dass eine Lösung nicht absolut verwerflich (ḥarām), erlaubt (ḥalāl) verbindlich (farḍ) eingestuft wurde.

189 Für Muslime verkündet der Prophet Muḥammad die Abschaffung der vorislamischen Gewohnheitstraditionen wie die Blutrache und den Zins (ribāʾ), die fehlgeleitete Glaubenstradition der Gottesbeigesellung (širk), damit verbunden die Anthropomorphisierung Gottes und den arabischen Götzenkult, die unislamischen Götzenrituale aus der Zeit der Unwissenheit (ǧāhilīya). Mit der Offenbarung und der Verlautbarung der islamischen Religion verkündete er die rechte Glaubenstradition des Einheitsglaubens (tauḥīd), die Gottesdienste (ʿibādāt) und legt eine religiöse Charakterbildung (aḫlāq) dar. Fehlgeleitete Glaubens- und Gewohnheitstraditionen der Menschheit wurden nach islamischen Verständnis dadurch abgeschafft und durch die Verkündung des Islams die rechte Glaubenstradition der Gottesgesandten (anbiyāʾ) im Glauben an einen einzigen Gott (tauḥīd) wieder hergestellt. Die Stellung Muḥammads als Siegel der Gesandtenreihe (ḫatam al-anbiyāʾ) und die Abrogationsfunktion (nasḫ) der Verse stehen für Muslime in diesem Zusammenhang. Vgl. FAYDA: Asr-ı Saâdet Döneminde Gelenek ve Yenileşme. In: 1.Uluslararası „Kutlu Doğum" İlmî Toplantısı „İslâm, Gelenek ve Yenileşme" (1996), S. 18–21.

أُولَئِكَ الَّذِينَ هَدَى اللَّهُ فَبِهُدَاهُمُ اقْتَدِهِ قُلْ لَا أَسْأَلُكُمْ عَلَيْهِ أَجْرًا إِنْ هُوَ إِلَّا ذِكْرَى لِلْعَالَمِينَ

„Das sind diejenigen, die Gott rechtgeleitet hat. Nimm ihre Rechtleitung zum Vorbild! Sag: Ich verlange von euch keinen Lohn dafür, dass ich euch die Offenbarung verkünde. Es ist vielmehr eine Mahnung für die Menschen in aller Welt.“[190]

Neben dieser rechtmäßigen Glaubenstradition wird eine nichtige Unislamische genannt:

وَإِذَا قِيلَ لَهُمُ اتَّبِعُوا مَا أَنْزَلَ اللَّهُ قَالُوا بَلْ نَتَّبِعُ مَا أَلْفَيْنَا عَلَيْهِ ءَابَاءَنَا أَوَلَوْ كَانَ ءَابَاؤُهُمْ لَا يَعْقِلُونَ شَيْئًا وَلَا يَهْتَدُونَ

„Und wenn man zu ihnen (d.h.den Ungläubigen) sagt, sie sollen dem folgen, was Gott (als Offenbarung) herabgesandt hat, sagen sie: „Nein, wir folgen dem, was wir als Glauben und Brauch unserer Väter übernommen haben.“ Wenn nun aber ihre Väter nichts verstanden haben und nicht rechtgeleitet waren?“[191]

وَإِذَا قِيلَ لَهُمْ تَعَالَوْا إِلَى مَا أَنْزَلَ اللَّهُ وَإِلَى الرَّسُولِ قَالُوا حَسْبُنَا مَا وَجَدْنَا عَلَيْهِ ءَابَاءَنَا أَوَلَوْ كَانَ ءَابَاؤُهُمْ لَا يَعْلَمُونَ شَيْئًا وَلَا يَهْتَدُونَ

„Wenn man zu ihnen sagt: Kommt her zu dem, was Gott als Offenbarung herabgesandt hat, und zum Gesandten, sagen sie: >Uns genügt das, was wir als Brauch unserer Väter vorgefunden haben.< Aber angenommen, ihre Väter wussten nichts und waren nicht rechtgeleitet?“[192]

Für Muslime bedeutet dies, dass der Koran das Verlassen der nichtigen Glaubenstradition der Gottesbeigesellung (širk) und die Annahme eines reinen monotheistischen Glaubens (tauḥīd) verbindlich verlangt.[193] Der Tauḥīd-Glaube ist für Muslime die rechte Glaubenstradition, die in fortwährender fester Glaubensübzeugung zu schützen ist.[194] Der Tauḥīd versteht sich für Muslime als der rechte Glaubensweg der Prophetenreihe von Adam über Abraham, Moses, Jesus bis Muḥammad als reiner Monotheismus im Glauben an einen Gott, der durch

190 KORAN, 6:90.

191 KORAN, 2:170.

192 KORAN, 5:104.

193 Vgl. KARAMAN: Fıkıhta Gelenek ve Yenileşme. In: 1.Uluslararası Kutlu Doğum İlmî Toplantısı „İslâm Gelenek ve Yenileşme“ (1.International Kutlu Doğum Symposium „Islam, Tradition and Change“), 1996, S. 30.

194 Vgl. KILAVUZ: Kelâma Giriş (2010), S. 12.

Glaubensnormen (aḥkām iʿtiqādiyya) festgelegt ist.[195] In der Prophetenzeit bis 632 n.Chr. führte die Glaubenstradition des Tauḥīd ihren Streit gegen ihr entgegengesetze Glaubensformen wie der Gottesbeigesellung (širk) durch, um diese im Volk bestmöglich auszuräumen.[196]

Der Koran besitzt fast fünfhundert Verse, die allgemein „Recht" betreffen. Die meisten von ihnen haben einen generellen Charakter (qawāʿid) und verlautbaren Allgemeinempfehlungen. Letztere können sich den gegenwärtigen Bedingungen unterschiedlich anpassen. Wenn ihre Ausführungsmöglichkeiten zu verschiedenen Umständen berücksichtigt werden, können die betroffenen Verse mit Allgemeincharakter als Mittel zur Veränderung angesehen werden. Diese wurden zur Prophetenzeit mit Rücksicht auf die wandelnden sozialen Umstände zur zeitübergreifenden Anpassung des Fiqh an die zeitlich-örtlichen Bedingungen offenbart.

Falls jedoch die religiösen Speisegebote und ihre detaillierten Erklärungen näher untersucht werden, ist erkennbar, dass die dazugehörigen Normen unverändert fortzuführen sind und zu allen Zeiten und Örtlichkeiten angemessene Lösungen anbieten.

Daneben finden sich im Koran Normen, welche die Gewonheitstraditionen (ʿurf) betreffen. Wenn sich die Gewohnheitstradition wandelt (die ursprünglich die Ursache für die Normeinführung wurde), können sich auch die dazugehörigen Normen ändern. Diese Tatsache verdeutlicht, dass der Koran für die sich wandelnden kontextuellen Lebensbedingungen offen ist. Hinzu kommt, dass die Offenbarung (waḥy) die Rechtsfelder betreffend zu vielen Themen keine Normen einführt und bewusst Lücken lässt.[197] Diese offenen Möglichkeiten erlauben den islamischen Rechtsgelehrten (fuqahāʾ) unter Berücksichtigung der Lebensumstände von Muslimen mittels Iǧtihād entsprechende Normen zu erkunden, die das islamische Recht an die alltäglichen Lebensabläufe anpassen. Diese dynamischen Möglichkeiten werden mit Blick auf die wandelnden Lebensumstände als Vorkehrung verstanden und ermöglichen die innovative Anpassung des Fiqh an die jeweiligen Lebensbedingungen.

---

195 Vgl. KARAMAN: Laik Düzende Dini Yaşamak (2006), Bd. 2, S. 258–259.

196 Vgl. AYBAKAN: Kur'ân (Vahy) Monolog mudur Dialog mudur? In: Kur'ân ve Tefsir Araştırmaları-3. Tartışmalı İlmî Toplantî 14.-15.10. 2000 (2002), S. 301.

197 Vgl. KARAMAN: İslâm'ın Işığında Günün Meseleleri (2010), S. 647.

1.1.6.1.3 Kategorisierung der Normen (tasnīf al-aḥkām)

Unter Berücksichtigung der klassischen Diskurse unterteilt Hayreddin Karaman die Normen des Korans (aḥkām al-qur'ān) in drei Arten,[198] sodass die von Gudrun Krämer angedeuteten Spannungen zwischen Überzeitlichkeit und wandelnden Umständen beantwortet werden.[199]

1. Normen unabhängig von Ort, Zeit und Situationsbedingungen
In diese fallen Normen, die in der Majorität vorliegen und ort- zeit- und situationsunabhängig für Muslime fortwährend verbindlich sind (Ausnahme: Notlagen). Dazu gehören das Gebet, die Almosengabe, der Vertragsabschluss ohne Zinsen, die Alkohl- und Zinsverwerflichkeit.

2. Dynamische Normen
Diese vereinzelt aufzufindenden Normen liegen in der Minorität vor und gründen auf das Gewohnheitsrecht (ʿurf) und auf das Nutzwohl (maṣāliḥ). Falls sich diese beiden Maßstäbe ändern, können sich diesbezüglich auch die Normen anpassen. Besondere Beispiele sind die Vermittlungs- und Transportinstanzen zur Pilgerfahrt, die Zielpersonen der Almosengabe.

3. Normen mit generellem Charakter
Diese Normen verfolgen die Sicherung der Vorteilsinteressen (maṣāliḥ). Falls keine Bedürfnisse (ḥāǧāt) vorliegen, haben diese einen zweckmäßigen Charakter. Dazu gehören die Werte wie das Festhalten an sozialer Gerechtigkeit, die aufrichtige Frömmigkeit, der Frieden, Gutes zu vollbringen und Schlechtes zu vermeiden (al-ʿamr bi'l-maʿrūf wa an-naḥy an al-munkar), die freien Willensäußerungen bei Verträgen, die Verwerflichkeit von Verschwendung, das Wohlwollen Gottes in der Einräumung von Leichtigkeiten wie in Notlagen (ḍarūra).

Diese Normeneinteilung im islamischen Rechtsdenken von Hayreddin Karaman verdeutlicht, dass eine genaue Normenanalyse erforderlich ist. Daher kann es unter allem bedingt durch Verständnisdenken vorkommen, dass zwischen den Rechtsgelehrten (fuqahā') Kontroversen entstehen. Die sunnitischen Mainstreamgelehrten sind der Übereinkunft (ittifāq al-fuqahā'), dass viele Koranverse imperative Ziele verfolgen (wie Alkohol- und Zinsverwerflichkeit). Da die Verszahl

---

198 Vgl. KARAMAN: Fıkıhta Gelenek ve Yenileşme. In: 1.Uluslararası Kutlu Doğum İlmî Toplantısı „İslâm Gelenek ve Yenileşme" (1.International Kutlu Doğum Symposium „Islam, Tradition and Change"), 1996, S. 31.

199 Vgl. KRÄMER: Demokratie im Islam (2011), S. 30–31.

mit Bezug auf das islamische Recht unterschiedlich gedeutet wurde, liegt die Ursache im unterschiedlichen Begriffsverständnis von Fiqh begründet.[200]

1.1.6.1.4 Ausdrucksarten der Normen (uslūb al-aḥkām)

Die Ausdrucksarten der koranischen Normen (uslūb al-aḥkām al-qurʾān) unterscheiden sich voneinander, woraus unterschiedliche Verbindlichkeitsgruppen resultieren. Die sunnitischen Rechtsschulen sind der Übereinkunft (ittifāq al-maḏāhib ahl as-sunna), dass der Koran in vielerlei Hinsicht imperative Anweisungen für die Belange eines Menschen verkündet.

Ein bestimmter Teil verkündet generelle Botschaften und der andere Teil der Verse behandelt themenspezifische Inhalte. Unter den Rechtsgelehrten besteht der Konsens (ittifāq al-fuqahāʾ), dass der Koran eine Rechtleitungsfunktion für das diesseitige und jenseitige Wohl besitzt. Zugleich umfasst dieser Konsens die normativen Aspekte der Imperativausdrücke (uslūb al-ʿamr) der Normen des Korans (aḥkām al-qurʾān). Diese im Imperativ verkündeten Normen (aḥkām) sind aus islamischer Perspektive für Muslime absolut verbindlich (farḍ), weil viele Koranverse (āyāt) und Prophetenaussagen (aḥādīṯ) diese Erkenntnis bestätigen.

Das Diskussionsthema klassischer Gelehrtendisputationen bestand vielmehr in der Frage nach den Differenzen im Verbindlichkeitscharakter von Koranversen. Die Gelehrten gelangen zur einstimmigen Erkenntnis, dass die imperativen Ausdrücke der Kategorie der absolut verbindlichen Normen (farḍ) zuzuordnen sind. Dazu zählen die Alkohol- und die Zinsverwerflichkeit in der islamischen Religion, die im Koran und der Sunna verankert sind. Demgegenüber wurden die empfehlenden Verse des Schächtens (108:2), das Aufschreiben von Schulden (2:282), die Scheidung unter Zeugenschaft (65:2) zum Diskussionsthema, weil die Gelehrten sich nicht festlegen konnten, ob diese Verse einen imperativen oder einen empfehlenden Ausdrucksstil vorweisen. Der Koran und die Sunna sind nach islamischem Verständnis keine humanen Werke, sondern Offenbarungsprodukte (waḥy). Im Koran sind die notwendigen Botschaften in einfacher und verständlicher Art und Weise ausgedrückt. Der Ausdruck ist für das mehrmalige Lesen eingestellt, sodass der Leser die Inhalte und Ausdrücke verinnerlichen kann.[201] Daher werden die Šarīʿa-Normen in unterschiedlicher Wort- und Satzwahl ausgedrückt.[202] Zu diesen wird die Sunna als Komplemetärquelle

200 Vgl. KARAMAN: İslâm Hukuk Tarihi (2001), S. 57.
201 Vgl. KARAMAN: Hadise Dair İlimler ve Hadis Usûlü (2010), S. 49–50.
202 Vgl. ZUḤAILĪ: Fıkıh Usûlü (2010), S. 29.

herangezogen. Sowohl die Ṣaḥāba als auch die Fuqahāʾ der Folgegenerationen gewöhnten sich sprachlich an diese Ausdrücke (uslūb), verstanden die Ziele (maqāṣid), Weisheiten (ḥikam) und erörterten diese. Bei Bedarf wurden darauf aufbauend Iǧtihād-Normen erschlossen und im Fallrecht (furūʾ) angewandt.

Gewiss mussten sie auch die Mehrdeutigkeit der Ausdrücke (alfāẓ) berücksichtigen und von den wortwörtlichen Bedeutungen Abstand nehmen. Auf diese Art analysierten die Fuqahāʾ die vorliegenden gelösten Fälle, dessen Belege (adilla) sie untersuchten.

1.1.6.1.5 Universalität und Überzeitlichkeit

Die Koranverse (āyāt) und die daraus ableitbaren Prinzipien (qawāʿid) haben für die Muslime universellen und überzeitlichen Charakter.[203] Da im Offenbarungskontext die Sprechkultur des Prosareims verbreitet war, zeugen die Verse im Kollektiv von der überwältigen Macht, Vollkommenheit, Weisheit und Einheit Gottes. Der Universalitätsanspruch der Religion wird durch Koranverse bestätigt, die den Propheten Muḥammad mit Eigenheiten determinieren:

1. **Eigenschaft: Abschluss/Siegel der Prophetenreihe (ḫatam al-anbiyāʾ)**

مَّا كَانَ مُحَمَّدٌ أَبَا أَحَدٍ مِّن رِّجَالِكُمْ وَلَٰكِن رَّسُولَ اللَّهِ وَخَاتَمَ النَّبِيِّينَ وَكَانَ اللَّهُ بِكُلِّ شَيْءٍ عَلِيمًا

„Muḥammad ist nicht der Vater von irgendeinem eurer Männer. Er ist der Gesandte Gottes und das Siegel der Propheten (der Letzte der Propheten). Gott weis über alles Bescheid.“[204]

2. **Eigenschaft: Gesandter als Barmherzigkeit für alle Welten (raḥmatan lilʿālamīn)**

وَمَا أَرْسَلْنَاكَ إِلَّا رَحْمَةً لِّلْعَالَمِينَ

„Und wir haben dich nur deshalb (mit der Offenbarung) gesandt, um den Menschen in aller Welt Barmherzigkeit zu erweisen.“[205]

---

203 Aufgrund der Universalität und Überzeitlichkeit muss der Koran und die Sunna in harmonischem Einklang mit den neuzeitlichen Wissenschaften verstanden werden, sodass zwischen den Wissenschaftserkenntnissen und der islamischen Religion keine Widersprüche vorliegen. Falls in der Wahrheitserkundung Gegensätze vermutet werden, liegen diese im großen Fehlverständnis der Primärquellen (šarīʿa) begründet, sodass ein allegorisches Verständnis dringlich ist.

204 KORAN, 33:40.

205 KORAN, 21:107

3. Eigenschaft: Gesandter für alle Menschen

وَمَا أَرْسَلْنَاكَ إِلَّا كَافَّةً لِّلنَّاسِ بَشِيراً وَنَذِيراً وَلَكِنَّ أَكْثَرَ النَّاسِ لَا يَعْلَمُونَ

„Und wir haben dich (mit der Offenbarung) gesandt, damit du den Menschen allesamt ein Verkünder froher Botschaft und ein Verkünder von Warnungen seiest. Aber die meisten Menschen wissen nicht Bescheid.“[206]

Die Verkündung der islamischen Religion war nicht auf Arabien beschränkt, weil der Prophet Muḥammad den damaligen Herrschern aus Persien, Ägypten, Byzanz und Äthiopien Boten sandte, die die Ethnien und Völker zur reinen monotheistischen Religion einluden.[207]

Aber auch nach dem Tod des Propheten Muḥammad (gest. 632) verteilten sich seine Ṣaḥāba über einen sehr großen territorialen Raum, um zur letzten Religion Gottes einzuladen. Zu allen Personen, welche die historischen Tatsachen ablehnen, ist nach Karaman zu sagen, dass sie einem großen Irrtum erliegen. Die Offenbarung (waḥy) weist hier darauf hin, dass der Prophet Muḥammad nur als Warner zur tatsächlichen Wahrheit (ḥaqīqa) agiert und zu jedem Volk ein wegweisender Gottesgesandter geschickt wurde. Der Koran hierzu:

وَيَقُولُ الَّذِينَ كَفَرُواْ لَوْلاَ أُنزِلَ عَلَيْهِ آيَةٌ مِّن رَّبِّهِ إِنَّمَا أَنتَ مُنذِرٌ وَلِكُلِّ قَوْمٍ هَادٍ

„Und diejenigen, die ungläubig sind, sagen: 'Warum ist (denn) auf ihn (zur Bestätigung seiner Sendung) kein Zeichen von seinem Herrn herabgesandt worden?' Du bist (aber) nur ein Warner. Und jedes Volk hat einen (solchen, von Gott gesandten) Führer.“[208]

Dieser Vers (āya) wurde dem Propheten Muḥammad die Ungläubigen betreffend offenbart, welche zur Glaubwürdigkeit seiner Prophetie (nubuwwa) Wunder (muʿǧiza) einforderten. Nach Hayreddin Karaman bedeutet die Versbotschaft (maʿnā), dass der Prophet Muḥammad die Bekehrung der Ungläubigen selbst nicht herbeiführen kann und seine Aufgabe nur in der Verkündung (tablīġ) der Religion und in der Warnung der Ungläubigen liegt.

Die Menschen haben unter der Voraussetzung eines freien Willens die Möglichkeit, sich nach den Offenbarungsbotschaften zu orientieren, den wahren Religionsweg zu wählen, oder weiterhin in unbewusstem Unglauben zu verharren. Der Prophet Muḥammad wird daher als „Licht und Wegweiser der Rechtleitung“ (nūr al-hudā) verstanden, wobei die Zuteilwerdung nur durch Gott realisiert werden kann. Auch wenn die Erstadressaten der islamischen

---

206 KORAN, 34:28.

207 Vgl. KARAMAN: Laik Düzende Dini Yaşamak (2006), Bd. 2, S. 16.

208 KORAN, 13:7.

Religion die Araber waren, beginnt die Universalität 610, als Muḥammad die ersten Offenbarungsverse des Korans bekam.[209] Aufgrund des endgütligen Abschlusses der Gesandtenreihe durch ihn wird „kein“ Gesandter mehr kommen, welche Erkenntnis die Universalität der islamischen Religion bestätigt. Der Prophet Muḥammad bestätigt durch die Religionsverkündung im Kern die göttlich-offenbarte und unverfälschte Religionsform von Adam über Abraham bis Jesus. Die Muslime bilden trotz der Rechtsschulendifferenzen eine Einheitsfamilie (umma),[210] in welche Hinsicht sie sich im reinen monotheistischen Glauben (tauḥīd) verbinden.

1.1.6.1.6 Historizitäts-Kritik

Die Mehrheit der nichtmuslimischen Islamforscher, aber auch einige muslimische Theologen (die von der Historizität der Heiligen Schrift im Islam ausgehen) vertreten die Ansicht, dass der Koran zu einer bestimmten Zeit und zu bestimmten Gegebenheiten offenbart wurde, wonach sie dessen Beachtung in den darauffolgenden Kontexten für unzutreffend erachten. Ihrer Meinung nach ist der Koran (wie alle anderen Texte auch) in seiner Bedeutung nur in den Entstehungs- und Offenbarungskontext zu begrenzen. Zudem liegen ihrer Meinung nach zeitlichverschiedene Differenzen vor. Ausgehend davon kommen sie zur Schlussfolgerung, dass die Intentionen der Offenbarungsnormen zu berücksichtigen ist. Daher sollte ihrer Meinung nach eine ausdrucksorientierte (lafẓ) Annäherung an den Koran vernachlässigt und die Intentionen beachtet werden.

Auch wenn der Offenbarungskontext und die Intentionen der islamischen Religionsquellen Koran und Sunna wichtig sind und es diese zu berücksichtigen gilt, ist der in der modernen Koranhermeneutik angenommene Methodenansatz der Historizität (türk. tarihselcilik) „nicht haltbar“, weil der Koran, die gesichert-tradierte Sunna (sunna al-mutawātira, sunna aṣ-ṣaḥīḥ) und somit die „gesicherte Vollendung“ der islamischen Religion nicht das gleiche Quellenschicksal

209 Vgl. KARAMAN: Laik Düzende Dini Yaşamak (2006), Bd. 2, S. 17.

210 Alle Muslime besitzen unabhängig der Hautfarbe, Muttersprache, Staatsangehörigkeit, Kultur, Wohnresidenz und Sozialklasse eine gemeinsame Identität. Der Zusammenhalt gründet auf Begriffe wie Geschwisterlichkeit, Fürsorge, Solidarität und Schutz. Die Muslime sind zu ihrem Eigenwohl verpflichtet diese Werte zu achten und zu bewahren, die zum sozialen Aufschwung führt. Weitere Verbindungspunkte sind Symbole und Zeichen wie die Basmala, die islamische Begrüßung, die religiösen Feste/Feiertage, der Gebetsruf, die Gebetsrichtung (qibla), das Kollektiv- und Freitagsgebet, die Moschee, der Koran, die Pilgerfahrt und die Prophetensunna.

erlebte wie die vorislamischen Schriftquellen. Die in der vorislamischen Geschichte offenbar gewordene Veränderungsproblematik des Urtextes im Sinne einer Urtext-Mutation haben die Muslime nicht. Zur Prophetenperiode wurde der Koran niedergeschrieben, von vielen Muslimen komplett auswendig gelernt, bewahrt, durch den Propheten Muḥammad zu Lebzeiten höchstpersönlich fixiert und in die Folgezeit gesichert übertragen (tawātur).

In der Wissenschaftsgeschichte wurden viele dem Propheten Muḥammad zugeschriebene, erfundene Aḥādīṯ dargelegt, um das rechte Religionsverständnis der Muslime mit böswilligen Intentionen zu schädigen. Auch haben einige islamische Gelehrte unabsichtlich erfundene Ḥadīṯe in ihre Werke aufgenommen, wobei denn ihre Gelehrsamkeit nicht in Frage gestellt werden darf. An dieser Stelle ist nach Karaman darauf hinzuweisen, dass zur Vollendung der islamischen Religion die dafür notwendigen Aḥādīṯ gesichert tradiert werden (tawātur), diese als Bestandteile der gesunden Prophetentradition (sunna aṣ-ṣaḥīḥ) in der Trägerschaft und in der gelebten Praxis der Gemeinschaft (umma) auch gesichert tradiert (tawātur) werden.[211]

Daher ist der Charakter der Primärquellen (šarīʿa) nach Karaman zeit- und ortsübergreifend. Hierbei können die daraus ableitbaren universellen humanen Werte zur Existenzsicherung wie der Schutz von Leben, Besitz, Vernunft, Religion und Nachkommenschaft genannt werden.

Mit Blick auf die fünf Säulen der islamischen Religion und ihrer detaillierten Praxis ist beispielweise im Pflichtgebet (ṣalāt) erkennbar, dass der Quellcharakter der islamischen Religion überzeitlich und nicht historisch ist. Diese Erkenntnis ist ein gewichtiges Argument dafür, dass die „Historizitäts-These" im methodischen Herangehen an die Religionsquellen nicht haltbar ist. Denn die fünf Säulen (arkān) werden im Koran zur Pflicht determiniert und durch die Prophetensunna in der detaillierten Religionspraxis beschrieben. Nach diesem Verständnis orientierten sich die Gefährten (ṣaḥāba) am sichtbaren Vorbild des Propheten Muḥammad, dessen Religionsverständnis und -praxis sie bezeugten. Seit der Prophetenperiode wird die Glaubenstradition des Einheitsglaubens (tauḥīd), das rechtmäßige Religionsverständnis und ihre korrekte Religionspraxis von den Muslimen ausgelebt und in die Folgezeiten gesichert übertragen (tawātur). Der Historizitäts-Ansatz der modernen Koranhermeneutik ist daher

---

211 Außerdem haben die islamischen Gelehrten (ʿulamāʾ) die Disziplin der islamischen Ḥadīṯkritik entwickelt, in der sie den Charakter der Ḥadīṯüberlieferer, die Überlieferkette (isnād) und den Text (matn) der Aḥādīṯ sensibel untersuchen, ohne dabei böswillige Zielabsichten zur Theologie- und Religionsentstellung zu hegen.

ein grober Irrweg.[212] Auch wenn der Offenbarungskontext des Korans berücksichtigt werden muss, ist die Koran-Begrenzung durch die Historizität nicht möglich.[213]

Hayreddin Karaman behandelt die Historizität des Korans in Hinblick auf seine Kritik an Roger Garaudy (gest. 2012).[214] Dabei stellt er fest, dass dessen Verständnisannäherungen an die Religionsquellen viele Irrtümer beinhalten, die auf verschiedene Motive zurückzuführen sind. So verwendet Garaudy unzutreffende Begriffe wie die Differenzierung zwischen einem zeitgenössischen Fiqh und einer altmodischen, in der er Letztere als Entwicklungshinderung anerkennt. Auch wenn er die Bedeutung der Sunna an den Koran hervorhebt,[215] verharren nach Garaudy die muslimischen Integristen an der Sunna.[216] Karaman entgegnet hier damit, dass die nutzorientierten Funktionen des Fiqh auf die Vernunft (ʿaql), der Belege (adilla) und auf das Bewusstsein zurückzuführen ist. Wenn das humane Verständnis dem gesunden Religionsverständnis und ihrer anerkannten Belege (adilla) entspricht, so ist der Iǧtihād auch als zutreffend anzuerkennen. Falls diese nicht erfüllt sind, wurde ein fehlgeleitetes Religions- und Theologieverständnis gebildet.

Eine solche Theologie kann nicht als zeitgemäßes Religionsverständnis bezeichnet werden. Die gesunde Verständnisbildung verlangt daher die Vernunft

212 Die Annahme der Historizität würde bedeuten, dass die Muslime in ihrer über eintausendvierhundertjährigen Geschichte den Islam nicht verstanden haben und in ihm allesmögliche erlaubt (ḥalāl) wäre, was der Historie und der gegeben Realität nicht entspricht und auf eine mangelhafte Beziehungsrelation zum Koran zurückgeführt werden kann. Vgl. GÖRGÜN: Kur'ân ve Tarih. In: Kur'an ve Tefsir Araştırmaları 1 (2000), S. 132.

213 Die Historizität hat im Abendland Nutzen gebracht, in dem sie das Christentum überwiegend verweltlichte und von der vormundschaftlichen Obrigkeit der Kirche befreite. Auf diese Art wurde die Epoche der Aufklärung eingeleitet. Das gleiche Schicksal kann auf den Islam nicht angewandt werden, weil der Islam keine Kirche kennt, die Muslime vereinzelt zur Vernunftausführung anregt und vor blinden Glaubens- und Kulturübernahmen abhält, den Glauben an einen Gott (tauḥīd) auf Vernunftbelege (al-adillat al-ʿaqliyya) stellt, ihre Botschaften mit Weisheit (ḥikma) verkündet, eine unveränderte, überzeitliche und universelle Religionskern mit vollkommenen Werten stellt, die seit der Offenbarungsperiode bis heute gesichert tradiert wird (tawātur). Daher bringt die Historizität auf den Islam angewandt keine Nutzen, sondern nur Schäden.

214 Vgl. KARAMAN: Laik Düzende Dini Yaşamak (2005), Bd. 1, S. 69.

215 Vgl. GARAUDY / AYDIN (ÜBERS.): İslâm ve İnsanlığın Geleceği (1995), S. 78.

216 Vgl. GARAUDY / BİLGİN-ÇİLECÖP (ÜBERS.): Entegrizm. Kültürel İntihar (1992), S. 9, 87.

Gutes zu tun und ein gesundes Glaubensbewusstsein, in der ein Muslim das rechte Religionsverständnis verinnerlicht, den Koran und die Prophetensunna in gerechter Weise als Existenzquellen (türk. varlık kaynağı) mit existentiellen humanen Werten in Relation zur Schöpfung (maḫlūqāt) versteht und nicht als Problemquelle.[217] Dabei ist Wissenserwerb nicht ausreichend, vielmehr muss ein Muslim religionspädagogisch erzogen werden. Durch diese ist die Bewahrung vor fremden Kulturübernahmen möglich. Je mehr sie sich von islaminkonformen Kulturen entfernen, desto mehr nähern sie sich dem gesunden Religionsverständnis. Dieser Schritt ist nach Karaman der entscheidende Punkt in der zeitgemäßen Verständnisbildung des Islam. Die Eindämmung des Uṣūl al-Fiqh und die damit verbundene methodische Neudefinition ist unzutreffend, welches neue Methodenvorgehen zu Verwirrungen unter Muslimen führt. Der islamische Theologe Tahsin Görgün ist der Meinung, dass Uṣūl al-Fiqh als Verständnismethode der Grundquellen (al-adillat al-aṣliyya) Koran, Sunna, Iǧmāʿ, Qiyās für die humane Existenz wichtig ist.[218]

Die Unveränderlichkeit der islamischen Religion kann durch den Iǧtihād festgestellt werden. Die veränderbaren Bereiche können den zeitgenössischen Umständen entsprechend verändert werden. Die Reduzierung der Unveränderlichkeiten auf Prinzipien, soziale und charakterliche Absichten ist eine subjektive Fehlleitung, die auf keine legitimen Belege (adilla) gründet.

Von den sechs Glaubenspfeilern bis zu den fünf Grundsäulen verkündet die islamische Religion glaubens- und lebenspraktische Normen wie den Monotheismus (tauḥīd), die Art und Weise der Gebetsverrichtung, die Verwerflichkeit (ḥarām) von Zinsen (ribāʾ) und andere. Ein Verharren in unislamischen Lebensformen entspricht der Verständnisorientierung nach den Textbelegen (nuṣūṣ) und dem geistigen Religionsverständnis nicht. Systematische Reformen der Theologie durch systemphilosophische Neucodierung schaden der islamischen Theologie, was zur neuen Religionsbildung führt. Die Quelle dieser neuen Theologie ist nicht die Offenbarung (waḥy), sondern die absolute selbstherrliche Vernunft (ʿaql al-muṭlaq). Es kann für Hayreddin Karaman nicht ausgeschlossen

217 Die Existenz ist nicht auf die Materie zu begrenzen (wovon die Materialisten und die Positivisten ausgehen). Zum Beispiel bilden auch die immateriellen Empfindungen und Taten des Menschen ein Existenzfeld. Vgl. GÖRGÜN: Varlık ve Bilgi Cihetinden Kur'an. In: Tarihten Günümüze Kur'an'a Yaklaşımlar (2010), S. 1316.

218 Vgl. GÖRGÜN: Klasik Anlama Yöntemlerinin (Fıkıh ve Tefsir Usûlü) İmkan ve Sınırları. In: Güncel Dinî Meseleler İhtisas Toplantısı. Ankara: 02.-06.10.2002 (2004), S. 310.

werden, dass die Offenbarung (waḥy) die arabische Kultur der Erstadressaten berücksichtigte und solche Ausdrücke (uslūb) und Normen (aḥkām) verkündet.[219]

In den Primärquellen ist aber nicht die Historizität grundlegend, sondern die überzeitliche Universalität.[220] Die klassisch-islamischen Rechtsfindungen (iǧtihād) der Gelehrten zeigen, dass die Zielabsichten (maqāṣid) und die damit verbundenen universellen Werte entscheidend sind und nicht die Historizität. Die Maßbildung geht aus den universellen Botschaften hervor.

Eine Historisierung der Ausdrücke (alfāẓ) und der Bedeutungen (maʿnā) des Korans bedeutet ihre Ablehnung. Der Modernismus zielt in seiner großen Unwissenheit auf eine theologische Neumethode (uṣūl) und Interpretation ab, was von der Religion abbringt und den Religionspfeilern (arkān) wie dem Pflichtgebet (ṣalāt) nicht gerecht wird. Der Korantext darf sich nach Gudrun Krämer zu Recht nicht ändern, wohl aber das kontextuelle Verständnis,[221] das unter der Schutzbewahrung (maḥfūẓa) des rechten Religionsverständnisses erfolgen muss.

Mathias Rohe erkennt, dass die verfassten Korankommentare der klassischen Exegeten nicht die Abschlussauslegung des Korans sind, denn dadurch wäre die Exegese (tafsīr) in eine Zeit eingesperrt, was zur Stagnation in der zeitgemäßen Verständnisbildung der Religion führt.[222] Daher muss die Koranexegese (tafsīr) traditionsbegründet weiterentwickelt werden, womit der Universalcharakter der islamischen Religion kontextuell erleuchtet.

Der Begriff „fiqh" bedeutet im Deutschen „verstehen", was nicht als Heilige Schrift sondern als verständnisbedingte Gelehrtenkommentierung zu verstehen ist. Alle Kommentierungen sind letztendlich unter den kontextuellen Bedingungen entstandene Verständnisprodukte der Gelehrten (ʿulamāʾ).[223] Das bedeutet auch, dass Iǧtihād-Änderungen den heutigen Umständen geschuldet sind und

219 Innerhalb des Offenbarungskontextes hat die islamische Religion einige Prinzipien der vorislamischen Araber gebilligt, einige verändert und übernommen, manche aufgehoben und neue eingeführt (nasḫ, mansūḫ).

220 Vgl. KARAMAN: Laik Düzende Dini Yaşamak (2005), Bd. 1, S. 72.

221 Vgl. KRÄMER: Demokratie im Islam (2011), S. 184.

222 Vgl. ROHE: Das islamische Recht. Geschichte und Gegenwart (2011), S. 176f.

223 Die Interpretationen unterliegen den zeitlichen Einflüssen der Historizität, nicht der Koran. Auch wenn der Koran in seinen Offenbarungsanlässen (asbāb an-nuzūl), seiner Wort- und Ausdruckswahl (lafẓ) die Ṣaḥāba als erstadressierte Gruppe und ihre Umstände berücksichtigte, müssen aus den Koran-Erzählungen im Vergleich zu den gegenwärtigen ähnlichen Geschehen wichtige Lehren gezogen werden, worauf KORAN 59:2 hinweist. Die Ursachen-Folge-Relationen der historischen Ereignisse muss mit der heutigen Ähnlichkeit begutachtet werden.

nicht geleugnet werden können. Daher können die Iǧtihād-Normen weder als unveränderbare Normen noch als die islamische Religion an sich gelten.

Eines der Stagnationsmotive des Fiqh in der Moderne beruht schließlich in der irreführenden These, die Iǧtihād-Normen (aḥkām iǧtihādī) als unantastbar einzustufen. Dies anzunehmen führt zur zivilisatorischen Stagnation. Daher setzten sich Ǧamāl ad-Dīn al-Afġānī (gest.1897), Muḥammad ʿAbduh (gest. 1905) und Rašīd Riḍā (gest. 1935) das Ziel eine innovative Iǧtihād-Bewegung einzuleiten, die Religion kontextuell auszulegen,[224] sie unter der Bewahrung der statischen Religionsthemen im Zeitgeist wiederzubeleben. Dabei beachteten sie die Umstände und die Entwicklungen der Moderne, begutachten diese und boten Lösungen an.

Daher verteidigten alle drei Gelehrten die Offenheit des Iǧtihād-Tors und setzten sich für die Bewahrung (maḥfūẓa) der statischen Religionsangelegenheiten ein, im welchem Methodenansatz der Taqlīd weitestgehend verlassen wird. Die Iǧtihād-Praxis der islamischen Gelehrten erhalten daher wichtige zivilisatorische Funktionen, die die kontextuellen Neubedingungen und die damit verbundenen wissenschaftlichen Entwicklungen und Errungenschaften berücksichtigt. Unter diesen Lebensumständen können sich die Iǧtihād-Normen nach vorheriger zeitgemäßer Relevanzprüfung ändern, welches auf die **39.Maǧalla-Regel** zurückgeführt wird:

> „Zeitliche Veränderungen und Normveränderungen dürfen nicht geleugnet werden."
> **(osman. Ezmânın tegayyürü ile ahkāmın tegayyürü inkār olunamaz.)**
> **(arab. Lā yunkaru-t-taġaiyuru'l-aḥkām bi-t-taġaiyuri'l-azmān.)**

Diese Möglichkeit zur Normänderung ist auch auf Vernunftbelege zurückzuführen. Falls sich Iǧtihād-Normen nicht ändern könnten, würde es zum zivilisatorischen Stopp kommen, was nicht die Zielabsicht (maqāṣid) der islamischen Religion sein kann. Die Iǧtihād-Erkenntnisse des Faqīh haben für die soziokulturelle Innovation (taǧdīd) der Muslime wichtige Bedeutung. Die Iǧtihād-Praktiken des Rechtsgelehrten (faqīh) Muḥammad aš-Šāfiʿī (gest. 820) sind dafür beispielhaft. Zudem können auch die humanen Wissenschaften wie die Naturwissenschaften als Hilfwissenschaften angerufen werden, um die vorliegenden Herausforderungen an das islamische Recht (fiqh) begutachtend zu lösen. Diese speziellen Relationen des islamischen Rechts mit den humanen Wissenschaften wurden von einigen Gelehrten nicht erkannt, sodass sie zum Beispiel die

224 GUDRUN KRÄMER bestätigt die kontextuelle Exegese (tafsīr) Dringlichkeit der islamischen Religionsquellen (šarīʿa). Vgl. KRÄMER: Islam, Menschenrechte und Demokratie (2003), S. 20.

Beseelung des Menschen betreffend von der Rechtsmeinung bis zum hundertzwanzigsten Tag der Schwangerschaft ausgehen.[225]

Diese humanen Kommentierungen sind fehlbar und auch änderbar. Unter Berücksichtigung der medizinwissenschaftlichen Erkenntnisse ist von der Beseelung bis zum vierzigsten Tag auszugehen. Daher kann es durchaus vorkommen, dass einige Empfehlungsgutachten (fatāwā) der Fuqahāʾ unter den damaligen wissenschaftlichen Erkenntnissen ausgearbeitet wurden, den heutigen Bedingungen nicht unbedingt entsprechen, aber zu damaligen Zeiten bestmöglich ausgearbeitet wurden. Nach Karaman sind die klassischen Gelehrten zu respektieren und zu achten, auch wenn ihre Erkenntnisse bei mancher Thematik falsch liegen. Ihre Gelehrsamkeit darf nicht in Frage gestellt werden. Ihre Iğtihād-Ergebnisse sind mit Rücksicht auf ihre kontextuellen Lebensbedingungen hin zu verstehen und auf die gegenwärtige Relevanz zu prüfen, welche die teilhistorische Überprüfungsanalyse der Iğtihād-Normen dringlich macht.

1.1.6.2 Sunna

1.1.6.2.1 Verbindlichkeit in Religionsangelegenheiten

Die sunnitischen Gelehrten (ʿulamāʾ ahl as-sunna) sind der Übereinkunft (ittifāq), dass die Befolgung der sicher überlieferten Sunna (sunna aṣ-ṣaḥīḥ) in Religionsthemen verpflichtend ist. Besonders in den ersten drei Generationen erhält die Sunna eine normative Bedeutung und wird seit je her als Grundlage der religiösen Lebensweise (dīn) in die Folgezeiten gesichert tradiert (tawātur). Ohne den Propheten Muḥammad kann die islamische Religion nicht richtig verstanden und nicht richtig in die Lebenspraxis umgesetzt werden. Dies liegt auch darin begründet, dass die Gefährten (ṣaḥāba) sich zur detaillierten Religionspraxis an den Propheten Muḥammad wandten. Besondere Beispiele sind das Pflichtgebet (ṣalāt) und die Almosengabe (zakāt). Auch zahlreiche Koranverse (āyāt) lassen deutlichen erkennen, dass die Befolgung des Propheten Muḥammad in Religionsangelegenheiten verbindlich (farḍ) ist:

مَنْ يُطِعِ الرَّسُولَ فَقَدْ أَطَاعَ اللَّهَ وَمَنْ تَوَلَّى فَمَا أَرْسَلْنَاكَ عَلَيْهِمْ حَفِيظًا

„*Wenn einer dem Gesandten gehorcht, gehorcht er damit Gott. Und wenn einer sich abwendet (und keinen Gehorsam leistet, ist das seine Sache). Wir haben dich nicht als Hüter für sie gesandt.*“[226]

225 Vgl. BEŞER: Bir Bilgi Türü Olarak Fıkıh ve Diğer Disiplinlerle İlişkisi, in: Usûl, 5 (2006), S. 58.
226 KORAN, 4:80.

وَأَطِيعُوا اللَّهَ وَأَطِيعُوا الرَّسُولَ وَاحْذَرُوا فَإِنْ تَوَلَّيْتُمْ فَاعْلَمُوا أَنَّمَا عَلَى رَسُولِنَا الْبَلَاغُ الْمُبِينُ

„Gehorcht Gott und dem Gesandten und nehmt euch in Acht! Wenn ihr euch abwendet (und der Aufforderung keine Folge leistet), müsst ihr wissen, dass unser Gesandter nur die Botschaft deutlich auszurichten hat.“[227]

Anhand dieser Koranstellen ist klar erkennbar, dass die Befolgung des Propheten Muḥammad als Grundlage der religiösen Lebensweise auch die Befolgung Gottes bedeutet. Daher haben die Ṣaḥāba die Religionsbotschaften und ihre Praxis als existenzielle Basis der islamischen Religion verstanden. Deshalb wird der Prophet Muḥammad nach islamischem Verständnis als das „Licht der Rechtleitung“ verstanden (nūr al-hudā).[228] Diese Lichtsymbolik bekräftigt die Verbindlichkeit der Sunna in den Religionsthemen, in denen er unfehlbar ist (ʿiṣma ʿan al-ḫaṭaʾ).[229] Tahsin Görgün stellt hierzu die wichtigen Relationen des Propheten Muḥammad mit dem Koran fest, wonach zwischen beiden eine unzertrennliche feste Verbindung besteht.[230]

1.1.6.2.2 Differenzierung in weltlichen Angelegenheiten

Mit Rücksicht auf die Besonderheiten des Propheten Muḥammad, die aus den Primärquellen resultieren, werden die weltlichen Themen (dunyawiyyāt) in zwei Abschnitte eingeteilt:[231]

1. Angelegenheiten im geselligem Miteinander

In diese Kategorie fallen die Gesellschaftsthemen wie wirtschaftliche, politische, soziale und rechtliche Themen, in der sich der Einzelne oder das Kollektiv befindet. Zum Beispiel darf ein Muslim keine Zinsen (ribāʾ) verlangen/zahlen, da diese absolut verwehrt (ḥarām) werden. Dieser Abschnitt der weltlichen Angelegenheiten ist nach Hayreddin Karaman in der Religion inbegriffen, somit verbindlich.[232] Der Grund liegt darin, dass sich diese direkt oder indirekt durch Rechtsfindungen auf die Offenbarung (waḥy) gründen.

---

227 KORAN, 5:92.

228 Vgl. SCHIMMEL: Muhammad (2002), S. 58.

229 Vgl. ÇAKAN: Hadîs Usûlü (2006), S. 37–38.

230 Vgl. GÖRGÜN: Fıkıh Usûlü İlmi ve Tarihselcilik Üzerine Birkaç Not. In: Dini Hükümlerin Kaynağı ve Dini Metinlerin Anlaşılması Konusundaki Çağdas Yaklaşımlar Çalıştayı 18–19.12.2009, S. 398.

231 Vgl. KARAMAN: İslâm'ın Işığında Günün Meseleleri (2010), S. 525.

232 Vgl. ebd., S. 526; KARAMAN: Din ve Siyaset. In: Yeni Şafak 18.07.2013.

2. Humanen Wissenschaften

Nach islamischem Verständnis ist die Eingebung von Wissen eine besondere göttliche Gabe an die Menschen. Hierzu zählen die wissenschaftlichen Entwicklungen und Errungenschaften.

Die verschiedenen Disziplinen der humanen Wissenschaften wie die technischen Fortschritte sind beispielhaft. Unter der Berücksichtigung des damaligen Wissenstandes von Muḥammad ist dieser Bereich (welcher auf sein weltliches Wissen gründet) nicht verbindlich. Er war zum Beispiel kein Fahrzeug- oder Flugzeugingenieur. Diese nicht-verbindliche Kategorie darf im Erkenntnisprozess der Wissenschaft nicht unabhängig von der Religion betrachtet werden.[233] Alle wissenschaftlichen Erfindungen zeugen nach islamischem Verständnis von der Größe, der Allmacht und der Allwissenheit Gottes, wodurch der Glaube (īmān) der Muslime gestärkt wird. Die Offenbarung (waḥy) erhält in den Wissenschaften eine Begleit- und Aufklärungsfunktion an dem Punkt, an dem die Wissenschaften und die Vernunft unzureichend sind.[234]

233 Vgl. KARAMAN: Laik Düzende Dini Yaşamak (2005), Bd. 1, S. 201–203.

234 Die Wissensaneignung oder die Wahrheitserkundung geschieht nicht nur mit den Wissenschaften (die auf empirische Erfahrungen und Versuche gründen). Alle Wahrheitsthemen (die nicht in diese Felder fallen) stehen den Wissenschaften außen vor. Einige dieser außenstehenden Themen können teilweise durch die Vernunft (ʿaql) erkannt werden, wobei der andere Teil mit der Vernunft nicht erfassbar ist. Hier greift nach Hayreddin Karaman die Offenbarung (waḥy) als Wissensquelle ein. Alle Menschen erhalten keine Offenbarung (waḥy), die keine Gottesgesandten sind. Die Mehrheit der Menschen kann mittels der Vernunft auf zwei Wegen zur Richtigkeit des Offenbarungswissens gelangen. Erstens, sie studieren das Leben und die Persönlichkeit der Gottesgesandten ein und erkennen die verlautbarte Offenbarungswahrheit. Zweitens, sie erkennen die Konformität der Religion mit der humanen Vernunft und den Wissenschaften, wonach die Offenbarungsbotschaften mit diesen nicht im Widerspruch stehen, in sich standhaft sind, auf vernunftgemäß-unerklärbare Themen befriedigende Antworten geben. Das Feld der humanen Wissenschaften ist begrenzt, die der Vernunft zwar größer, wobei sie allein zu unerklärlichen Dingen auch unzureichend ist. Die Religion erhält im Feld der Wissenschaften und der Vernunft eine Begleit- und Beglaubigungsfunktion. In unzureichenden Feldern erhält sie eine Aufklärungsfunktion und führt zum humanen Wohlergehen (maṣāliḥ) moralische Regeln ein, die mit den Wissenschaften/Vernunft nicht im Widerspruch stehen. Vgl. KARAMAN: Hayatımızdaki İslâm (2006), Bd. 2, S. 51.

1.1.6.2.3 Reduzierung des Islam auf den Koran?

Die Reduzierung der islamischen Religion auf den Koran mit der Absicht einer gegenwärtigen Reinterpretation der Religion und ihrer Theologie ist nach Hayreddin Karaman nicht möglich, weil der Islam ohne den Propheten Muḥammad nicht verstanden werden kann.[235] Die absichtliche Missachtung der Sunna mit eigennützigen Zielen ist ein schwerwiegendes Fehlverständnis des Islam. Das Muslimsein ohne Sunna ist nach Karaman nicht möglich und die Ablehnung einer gesicherten Prophetenaussage (ḥadīṯ al-mutawātira), somit der gesicherten Sunna (sunna al-mutawātira) bedeutet die Ablehnung des Propheten Muḥammad.[236]

Die besonderen Eigenschaften des Propheten Muḥammad liegen darin, dass er durch Offenbarungen (waḥy) zu gegebenen Anlässen (asbāb an-nuzūl) belehrt wurde und als vorbildhafter Mensch weiterlehrte. Diese Besonderheit zeichnet seine Eigenart in der Prophetie (nubuwwa), seiner Verkündung (tablīġ) und seiner Rechtleitung aus.[237] In diesem Zusammenhang sind seine verbindlichen Handlungen und Aussagen einzuordnen, die er mit großer Mühe und mit besonderem Nachdruck unbedingt wollte, dass sie in Taten (aʿmāl) umgesetzt werden.[238]

Die Besonderheit der offenbarten Sunna im Fiqh liegt darin, dass sie die Normen des Korans (aḥkām al-qurʾān) bestätigt, erörtert, determiniert und offene Fragen vervollständigt (tašrīʿ).[239] Hier sind Beispiele aus dem Koran zu nennen, die durch die detaillierten Erklärungen der Sunna beschrieben werden. Dazu zählen die Verrichtung des Pflichtgebets, das Fasten, die Pilgerfahrt und die Almosengabe.[240] Die Eigenschaften der Prophetie, der Vorbildhaftigkeit, die Sendung und die imperativen Anordnungen des Korans zur Befolgung von Muḥammad bestätigen die Sunna-Stütze auf den Koran. Sie lässt sich in grob drei Formen einteilen.[241]

---

235 Vgl. KARAMAN: Kur'ân'daki Peygamber (2011), S. 29.

236 Vgl. ÇAKAN: Hadîs Usûlü (2006), S. 43, 107; KARAMAN: Kur'ân'daki Peygamber (2011), S. 15.

237 Vgl. KARAMAN: İslâm'ın Işığında Günün Meseleleri (2010), S. 538.

238 Vgl. KARAMAN: Hayatımızdaki İslâm (2006), Bd. 2, S. 448.

239 Vgl. KARAMAN: Hayatımızdaki İslâm (2003), Bd. 1, S. 521.

240 Vgl. BEDİR: Art. „Sünnet", in: TDV İA, Bd. 38, S. 151. Beispiele: sind das Nachtgebet, die Spendengabe (ṣadaqa), die Strafe des Ehebruchs, die durch die Vervollständigungsfunktion der Sunna ausgeführt werden.

241 Mit Rücksicht auf die Erkenntnisse der Ḥadīṯgelehrten besteht innerhalb der sunnitischen Rechtschulen die Übereinkunft (ittifāq al-maḏāhib ahl as-sunna), dass diese

Die islamische Religion verlangt das zweifellose Glaubensbekenntnis zur Einheit Gottes, der Gesandtschaft von Muḥammad (tauḥīd) und die religiöse Praxis (aʿmāl) in aufrichtiger Güte, Demut und Ehrfurcht (iḫlāṣ) vor dem Schöpfer (al-Ḫāliq). Nach islamischem Glaubensverständnis verlangt der Glaube bestimmte Pflichttaten, welche als Lebensprüfung zu verstehen ist und die diesseitige und jenseitige Glückseligkeit des Menschen bezweckt. Die Sunna des Propheten Muḥammad nimmt für die diesseitige und jenseitige Glückseligkeit der Menschen einen besonderen Wert ein.

Der Grund liegt darin, dass der Prophet als einziger Mensch die Höchststufe der geistigen Vollkommenheit (insān al-kāmīl) erreicht hat und somit den Menschen als schönes Vorbild dient. In dieser Hinsicht werden im spirituellen Sinne die nachfolgenden Menschengenerationen in ihren alltäglichen gottesdienstlichen und sozialen Handlungen daran gemessen, inwiefern sie sich an der Prophetensunna orientieren. Für einen nichtmuslimischen Leser mag diese dem ersten Anschein nach komplex vorkommen, aber die Orientierung nach der Sunna besitzt für das mentale und soziale Wohl und für die humane Existenz spirituelle Vorteile, die auf Anhieb nicht begeiflich sind.[242]

---

drei Sunna-Formen als Normenquelle dienen können. Die Ḥadīṯ-Verwendung als Beleg (dalīl) ist ausreichend, um eine überzeugende Rechtserzeugung auszuführen.

242 Soziale Vorteile: 1.Eine verinnerlichte praktizierte Sunna ermöglicht die Selbstbeherrschung der Gläubigen, wodurch sie ihre Triebseele (nafs) zu kontrollieren lernen. In diesem Kontext steht auch die Aussage des zweiten Kalifen ʿUmār bin al-Ḫaṭṭāb: „Bevor ihr zur Rechenschaft gezogen werdet, zieht euch selbst zur Rechenschaft." Das Ziel dieser sittlichen Lebensform ist die Zusammenführung der geistigen und der finanziellen Zustände. Die Beherrschung der eigenen Triebseele ist hierbei der erste Schritt. Die Weisheit dieses Verhaltens liegt darin, dass der Mensch sein Verhalten steuern lernt. Für eine solche Steuerung ist die Umsetzung der Sunna im Sozialleben der Gläubigen von großer Bedeutung. Besonders sind hierbei die Prophetengefährten (ṣaḥāba) zu nennen, die ihr Leben in sozialer Hinsicht nach der vorbildhaften Lebensweise des Propheten richteten. Die zweite (tābiʿūn) und die dritte Generation (tābiuʿ t-tābiʿīn) folgte dieser sozialen Lebensform. In dieser versuchten sie ihr körperlich-geistiges Leben nach dem Offenbarungsverständnis und dessen vorbildhafte Auslebung durch den Propheten Muḥammad zu führen. Gegenwärtig haben viele Muslime soziale Probleme, welche durch die Missachtung der Sunna entstehen. 2.Die sozialen Probleme von Menschen entstehen durch Missverständnisse, welche mit ihren Neigungen zusammenhängen. Dadurch entstehen in den alltäglichen Lebensabläufen besondere Gewohnheiten, welche in moralischer Hinsicht zwischen Einzelpersonen zu sozialen Grenzhürden werden. Falls sich nun aber humane Neigungen in der Sunna vereinen, ist vom Gegenteil auszugehen. In der Zeitfolge entwickelt sich eine besondere Form der Liebe, der Fürsorge, der Solidarität und der Barmherzigkeit durch die ein einheitliches Verständnis entsteht. In

Die Sunna kategorisiert sich daher grob in fünf Bereiche:

1. **Bereich:** Differenzierung der verbindlichen Aussagen von den Nicht-Verbindlichen.
2. **Bereich:** Besonderer Stellenwert im islamischen Recht (fiqh).
3. **Bereich:** Ausdruckstile (uslūb) bei Normen (aḥkām).
4. **Bereich:** Stellung im Traditionsverständnis.
5. **Bereich:** Innovative traditionsbegründete Entwicklungsmöglichkeiten.

Hayreddin Karaman weist insbesondere auf die Autorität des Propheten Muḥammad im Koran hin, sodass ein Religionsverständnis ohne Sunna gerade nicht möglich ist. Daher besteht zwischen dem Koran und dem Propheten eine feste unzertrennnliche Verbindung. Er ist es, der die göttliche Offenbarung des Korans und die offenbarte Sunna (waḥy) erhält, verkündet, erörtert, im Koran selbst mit besonderen Aufgaben betraut und durch Gott überwacht wird.

1.1.6.2.4 Autorität des Propheten Muḥammad im Koran

Um die Autorität des Propheten Muḥammad im Koran darlegen zu können ist es notwendig diese zu untersuchen. Was wird über ihn im Koran explizit ausgesagt? Und welche Aufgaben und Attribute werden über ihn mitgeteilt? Hayreddin Karaman weist beispielweise auf die Verkündungsaufgabe des Propheten Muḥammad hin:[243]

---

dieser Verhältnismäßigkeit spielt die Sunna im komplementären Einheitsverständnis mit dem Koran zur Stablisierung und Stärkung der Sozialstruktur von Menschen eine wichtige Rolle. Beispielsweise verhindert sie im Verständnis der Gläubigen soziale Probleme wie Uneinigkeiten und Feindschaften. Durch die Einhaltung der Sunna erlebt der Einzelne soziale Erfolgserlebnisse. 3.Die Taten werden zum Handlungsprinzip im Alltag der Gläubigen. Nach diesem Prinzip werden diese in moralischer Hinsicht mit der Sunna gemessen. Dieses Vorgehen ist die emotionale notwendige Basis der muslimischen Mentalität als Form der Sittlichkeit. Diese wird im Verständnis der Gläubigen nicht unabhängig von der Religion definiert, sondern gerade aus dieser als „Sittlichkeit" verstanden, wodurch der Mensch sein Menschsein realisiert. Durch diese unterscheidet er sich von den Tieren, die instiktiv nach ihren Trieben leben.

243 Vgl. KARAMAN: Kur'an'daki Peygamber (2011), S. 28.

فَإِن تَوَلَّوْا فَإِنَّمَا عَلَيْكَ الْبَلَاغُ الْمُبِينُ

„Wenn sie (d.h.die Menschen) sich nun abwenden, so hast du nur die (Offenbarungs-) Botschaft deutlich auszurichten (und bist für ihren Unglauben nicht verantwortlich).“[244]

Dieser Verkündungsauftrag des Propheten Muḥammad wird von allen Muslimen bestätigt. Einige nichtmuslimische und muslimische Wissenschaftlerkreise vernachlässigen jedoch all seine anderen Eigenschaften und heben ausschließlich nur dessen Verkündungspflicht (tablīġ) hervor. Ihrer Meinung nach ist nur die Besinnung auf den Koran ausreichend um, ein Religionsverständnis zu bilden, wodurch ihrerseits eine Art „koranischer Islam“ vertreten wird. Weiterhin sind sie der Meinung, dass religiöse Themen zu verwerfen sind, welche im Koran explizit nicht auftauchen, sodass sie diese auch nicht in der islamischen Religion inbegriffen verstehen. Oftmals führen sie das Ziel an, den Koran und den Islam neu verstehen zu wollen, wobei sie ihrerseits gute Absichten verfolgen. Zudem sind sie der Sicht, dass das bisherige Gelehrtenverständnis über den Koran, den Islam und den Propheten Muḥammad nicht richtig ist, weil es ihrem gegenwärtigen Denken nicht entspricht. Schließlich kommen sie zu der Schlussfolgerung, dass das bisherige Religionsverständnis der islamischen Religion hinter sich gelassen werden muss, um die Religion im neuen Verständnis neu zu definieren. Oftmals beanspruchen sie für sich selbst ein Definitionsrecht des Islam.[245]

Diese voreilige Methode (uṣūl) zum Verständnis eines zeitgemäßen Religionsdenkens ist nach Hayreddin Karaman nicht haltbar. Er nennt wichtige Gründe, wonach ein „koranischer Islam“ gerade nicht möglich ist. Erstens: Die islamische Religion könne nicht rechtmäßig verstanden und die vorgegebene Religionspraxis nicht gerecht umgesetzt werden, wenn der Prophet Muḥammad und seine Sunna ausgenommen werden.[246] Zweitens: Der Prophet Muḥammad sei ein Mensch und werde im Koran mit besonderen Eigenschaften beschrieben, welche ihn von allen anderen Menschen unterscheidet.

Diese Prophetenattribute betrauen ihn mit Spezialaufgaben und Charakteristika, welche die übrigen Menschen nicht besitzen. Dies führt zu der Frage, welche obligatorischen Aufgaben Muḥammad zusätzlich zu seinem Verkündungsauftrag besaß. Um dies zu beantworten, wird die Autorität des Propheten im Koran

---

244 KORAN, 16:82.

245 Vgl. MERTOĞLU: „Direkt vom Koran inspiriert“: Von der „Rückkehr zum Koran“ zu dem „Diskurs des koranischen Islam.“ Aus dem Türkischen übersetzt von Fatih Ermiş, in: Hikma, April (2014), S. 9–37.

246 Vgl. KARAMAN: Kur'an'a göre Hz.Muhammed. In: Hz. Muhammed ve Evrensel Mesajı Sempozyumu 20–22 Nisan 2007, S. 16.

untersucht. In diesem wird er als Prophet der Liebe, als Mensch, als Barmherzigkeit für alle Welten, als erleuchtender Weg religiöser Rechtleitung, als Richtungsinstanz mit besonderer Neigung zur Gemeinschaft, als gutes Vorbild (uswa) aus der Reihe der Analphabeten beschrieben, dessen Ansprache nicht nach eigenem Wohlwollen (hawā) und durch den Erhalt der Segenssprüche von Gott und den Engeln besteht:

A. Prophet Muḥammad als Prophet der Liebe

قُلْ إِنْ كُنْتُمْ تُحِبُّونَ اللهَ فَاتَّبِعُونِي يُحْبِبْكُمُ اللهُ وَيَغْفِرْ لَكُمْ ذُنُوبَكُمْ وَاللهُ غَفُورٌ رَحِيمٌ

„Sag: Wenn ihr Gott liebt, dann folgt mir, damit (auch) Gott euch liebt und euch eure Schuld vergibt! Gott ist barmherzig und bereit zu vergeben.“[247]

Anhand dieses Verses (āya) ist erkennbar, dass die Gottesliebe über die Orientierung am Prophetenvorbild (an seiner Sunna) verstanden wird, wodurch sich Gott als „barmherzig“ erweist.[248] Gemäß Koran ist dies der rechte Religionsweg, welcher dem Menschen in seiner Natürlichkeit und Existenz durch den Schöpfer mitgegeben wird.

Hayreddin Karaman weist darauf hin, dass Muḥammad kein Bote war, der einfach nur eine Botschaft übermittelte.[249] Ein Bote stellt seinen Aufgaben zufolge nur die Mitteilung zu und geht, ohne Barmherzigkeitsfunktionen einzunehmen. Die Aufgabe von Muḥammad bestand nicht nur darin, den Koran als göttliche Offenbarung (waḥy) an die Menschen zu verkünden. Als sichtbares Vorbild hatte er die Pflicht, die islamische Religion (dīn) in Glaube (īmān) und Taten (aʿmāl) sichtbar vorzuleben. Ein Beispiel ist die Art und Weise der Gebetsverrichtung, die im Koran verankert ist und durch die sichtbare Sunna in die detaillierte Religionspraxis näher beschrieben wird. Dazu gehören die Neigung/die Niederwerfung während des Gebets.

Die Art, Gott als unendlichen und vollkommenen Schöpfer zu lieben, kann der sterbliche und begrenzte Mensch durch die religiöse Lebensorientierung nach dem Propheten Muḥammad erreichen, welcher als edelstes Geschöpf auch von Gott geliebt wird. Deswegen wird er auch als Gottgeliebter (ḥabīb Allāh) bezeichnet, der zugleich Freund Gottes ist (ḥalīl Allāh).[250]

---

247 KORAN, 3:31.

248 Vgl. KARAMAN: Kur'an'a göre Hz.Muhammed. In: Hz. Muhammed ve Evrensel Mesajı Sempozyumu 20–22 Nisan 2007, S. 20.

249 Vgl. KARAMAN: Kur'an'daki Peygamber (2011), S. 42.

250 Vgl. KARAMAN: Peygamberimiz hem Halîl, hem Habîb'dir. In: Yeni Şafak 06.05.2012.

B. Prophet Muḥammad als Mensch

قُلْ إِنَّمَا أَنَا بَشَرٌ مِّثْلُكُمْ يُوحَى إِلَيَّ أَنَّمَا إِلَهُكُمْ إِلَهٌ وَاحِدٌ فَمَن كَانَ يَرْجُو لِقَاء رَبِّهِ فَلْيَعْمَلْ عَمَلاً صَالِحاً وَلَا
يُشْرِكْ بِعِبَادَةِ رَبِّهِ أَحَداً

„*Sag: Ich bin nur ein Mensch wie ihr,* (einer) dem (als Offenbarung) eingegeben wird, dass euer Gott ein einziger Gott ist…………..“[251]

Der Prophet Muḥammad ist für Muslime die Idealperson, nach der sich die Menschen richten sollen. Für Muslime ist Muḥammad wie Jesus und Moses ein Mensch, wobei er die edelsten Attribute trägt und der Schöpfer (Gott) ihn mit der Prophetie (nubuwwa) auszeichnet.[252]

C. Prophet Muḥammad als Barmherzigkeit für alle Welten

وَمَا أَرْسَلْنَاكَ إِلَّا رَحْمَةً لِّلْعَالَمِينَ

„Und wir haben dich nur deshalb (mit der Offenbarung) gesandt, um den Menschen in aller Welt Barmherzigkeit zu erweisen.“[253]

Dies ist für Muslime ein Beleg dafür, dass der Islam einen Universalitätsanspruch stellt. Die Beschreibung als Barmherzigkeit für alle Welten kann mehrere Bedeutungen haben. Die Bekannteste ist die Sendung für alle Menschen, wobei die Botschaft des Korans sowohl die Welt der Materie (alle Menschen, Tiere, Natur) als auch die Welt der Immaterie (Engel, Ğinn, Verstorbene) umfasst.[254] Diese Erkenntnis ist für Muslime ein Beleg dafür, dass Gott seinen Gesandten Muḥammad nicht nur den damaligen Arabern sandte, sondern der materiellen und immateriellen Schöpfung. Muḥammad erhielt die Pflicht, die göttliche Offenbarung (waḥy) zu verkünden. Die Zuteilwerdung der Rechtleitung wird nach islamischem Glaubensverständnis nur durch Gott ermöglicht, der den Menschen die Willensfreiheit (ʿirāda) gibt. Der Glaube und die gottesdienstliche Handlungen (ʿibādāt) setzen die Willens- und Entscheidungsfreiheit voraus. Muḥammad hatte die Pflicht, die Religion (dīn) der Gottergebenheit zu verkünden, die Einheit

251 KORAN, 18:110.

252 Vgl. SCHIMMEL: Muhammad (2002), S. 21.

253 KORAN, 21:107.

254 Vgl. KARAMAN: Kur'an'a göre Hz. Muhammed. In: Hz. Muhammed ve Evrensel Mesajı Sempozyumu 20–22 Nisan 2007, S. 19.

Gottes (tauḥīd) zu verlautbaren, sowie auf seine Prophetie (nubuwwa) und auf die einzigartigen Attribute des Korans hinzuweisen.[255]

D. Prophet Muḥammad als erleuchtender Weg der Rechtleitung (nūr al-hudā)

يَا أَيُّهَا النَّبِيُّ إِنَّا أَرْسَلْنَاكَ شَاهِداً وَمُبَشِّراً وَنَذِيراً

„Prophet! Wir haben dich gesandt, damit du (dereinst) Zeuge seiest (wir haben dich als Zeugen gesandt), und (wir haben dich) als Verkünder froher Botschaft und als Warner (gesandt).“[256]

وَدَاعِياً إِلَى اللَّهِ بِإِذْنِهِ وَسِرَاجاً مُّنِيراً

„Und damit du (die Menschen) zu Gott rufest - mit seiner Erlaubnis - und (ihnen) eine helle Leuchte seiest.“[257]

Für Muslime sind der Koran und die Sunna des Propheten Muḥammad im spirituellen Sinne als das Licht der Rechtleitung (nūr al-hudā) zu verstehen.[258] Hayreddin Karaman geht hier von zwei Bedeutungen aus. Erstens: Das Zeugnis von Muḥammad bezieht sich auf die göttliche Herabsendung der Offenbarung, ihre inhaltliche Essenz und die Differenzierung von religionskonformen und -inkonformen Angelegenheiten. Die Art und Weise der gottesdienstlichen Praktiken in der Ausführung durch den Propheten Muḥammad (die in seine Sunna fallen) treten vor die sichtbaren Augen seiner Gefährten (ṣaḥāba).[259]

Zweitens: Das Zeugnis des Propheten Muḥammad reicht nach Karaman auch ins Jenseits bis zum Tag des Jüngsten Gerichts, in der die Menschen allesamt für

---

255 Der Mensch ist verpflichtet über die Schöpfung nachzudenken und den rechten Glauben (īmān) zu erwählen. Mit der Gotteserkenntnis realisiert er sein Menschsein und erkennt Gott als die „wahre Quelle der Liebe“ (ʿišq-i ḥaqīqi). Menschen neigen dazu sich der geliebten Instanz zu nähern. Nach islamischem Verständnis nähern sich die Muslime mittels aufrichtigem Glauben, der Koranlesung, der Gottesandachten, der Gebetsverrichtung Gott. Siehe hierzu auch: SCHIMMEL: Die Zeichen Gottes. Die religiöse Welt des Islam (2002), S. 143.

256 KORAN, 33:45.

257 KORAN, 33:46.

258 TAHSİN GÖRGÜN weist darauf hin, dass die Rechtleitung (hudā) sowohl die Glaubensgrundlagen (īmān) als auch die Religionspraxis und das Verhalten (aʿmāl) des Menschen betrifft. Vgl. GÖRGÜN: Kur'ân Kıssaları'nın Neliği (Mahiyeti) Üzerine. In: 4.Kur'an Haftası. Kur'an Sempozyumu 17.-18.01.1998 (1998), S. 27–28.

259 Vgl. KARAMAN: Kur'an'daki Peygamber (2011), S. 56.

all ihre irdischen Taten (jeder trägt die Sündenlast für sich allein) zur Rechenschaft gezogen werden.[260] In dieser Rechenschaft werden Rechtmäßigkeit und Unglaube klar aufgezeigt, deren Zeuge der Prophet Muḥammad ist und angerufen wird. Die Einladung zur Religion muss sich für Muslime auf das rechte Religionswissen beziehen, um zur wahren Religion einzuladen. Nach islamischem Glaubensverständnis versteht sich die Offenbarung (waḥy) als Pflicht (farḍ) die Menschen zur wahren Religion einzuladen. Annemarie Schimmel weist in diesem Zusammenhang auf die Lichtsymbolik (nūr al-hudā) des Propheten Muḥammad hin und stellt hierzu die spirituellen Rezeptionen in der islamischen Mystik (taṣawwuf) vor.[261] Als spirituelles Anfangsglied der islamischen Mystikerbewegungen erhält Muḥammad somit eine vorbildhafte Stellung.[262]

E. Prophet Muḥammad als obligatorische Richtungsinstanz für Muslime

يَا أَيُّهَا الَّذِينَ آمَنُواْ أَطِيعُواْ اللّهَ وَأَطِيعُواْ الرَّسُولَ وَأُوْلِي الأَمْرِ مِنكُمْ فَإِن تَنَازَعْتُمْ فِي شَيْءٍ فَرُدُّوهُ إِلَى اللّهِ
وَالرَّسُولِ إِن كُنتُمْ تُؤْمِنُونَ بِاللّهِ وَالْيَوْمِ الآخِرِ ذَلِكَ خَيْرٌ وَأَحْسَنُ تَأْوِيلاً

„Ihr Gläubigen! Gehorchet Gott und dem Gesandten und denen unter euch, die zu befehlen haben (oder: zuständig sind)!............"[263]

قُلْ أَطِيعُوا اللّهَ وَالرَّسُولَ فَإِنْ تَوَلَّوْا فَإِنَّ اللّهَ لَا يُحِبُّ الْكَافِرِينَ

„Sag: Gehorchet Gott und dem Gesandten (d.h.Muhammad)! Wenn ihr euch abwendet (seid ihr eben ungläubig). Gott liebt die Ungläubigen nicht."[264]

وَأَطِيعُوا اللّهَ وَالرَّسُولَ لَعَلَّكُمْ تُرْحَمُونَ

„Und gehorcht Gott und dem Gesandten! Vielleicht werdet ihr (dann) Erbarmen finden."[265]

Das islamische Religionsverständnis darf nicht auf den Koran reduziert werden. Denn falls der Prophet Muḥammad (sunna, aḥādīṯ, sīra) ausgenommen wird,

260 Vgl. KARAMAN: Kur'an'a göre Hz.Muhammed. In: Hz. Muhammed ve Evrensel Mesajı (2007), S. 22–23.
261 Vgl. SCHIMMEL: Muhammad (2002), S. 58–61.
262 Vgl. SCHIMMEL: Mystische Dimensionen des Islam (1995), S. 330–331.
263 KORAN, 4:59.
264 KORAN, 3:32.
265 KORAN, 3:132.

kann das rechte Verständnis der islamischen Religion und ihrer Forderungen nicht verstanden werden.[266]

F. Prophet Muḥammad mit besonderer Neigung zur Eigengemeinschaft

مُّحَمَّدٌ رَّسُولُ اللهِ وَالَّذِينَ مَعَهُ أَشِدَّاء عَلَى الْكُفَّارِ رُحَمَاء بَيْنَهُمْ تَرَاهُمْ رُكَّعاً سُجَّداً يَبْتَغُونَ فَضْلاً مِّنَ اللهِ
وَرِضْوَاناً سِيمَاهُمْ فِي وُجُوهِهِم مِّنْ أَثَرِ السُّجُودِ ذَلِكَ مَثَلُهُمْ فِي التَّوْرَاةِ وَمَثَلُهُمْ فِي الْإِنجِيلِ كَزَرْعٍ أَخْرَجَ
شَطْأَهُ فَآزَرَهُ فَاسْتَغْلَظَ فَاسْتَوَى عَلَى سُوقِهِ يُعْجِبُ الزُّرَّاعَ لِيَغِيظَ بِهِمُ الْكُفَّارَ وَعَدَ اللهُ الَّذِينَ آمَنُوا وَعَمِلُوا
الصَّالِحَاتِ مِنْهُم مَّغْفِرَةً وَأَجْراً عَظِيماً

„Muḥammad ist der Gesandte Gottes. Und diejenigen, die mit ihm (gläubig) sind, sind den Ungläubigen gegenüber streng, unter sich aber mitfühlend. Du siehst, dass sie sich verneigen und niederwerfen im Verlangen danach, dass Gott ihnen Gunst erweise und Wohlgefallen (an ihnen) haben möge. Es steht ihnen auf der Stirn geschrieben, dass sie sich (im Gebet oft) niederwerfen (ihr Zeichen ist in ihrem Gesicht als Folge der Niederwerfung).“[267]

G. Prophet Muḥammad als schönes Vorbild

Der Koran berichtet darüber, dass der Prophet Muḥammad eine Vorbildfunktion einnimmt. Diese Besonderheit als schönes Vorbild (uswa al-ḥasana) ist eine Bezeichnung, welche nach islamischem Verständnis keinem anderen Menschen zuteil wurde/wird.[268] Der Koran hierzu:

لَقَدْ كَانَ لَكُمْ فِي رَسُولِ اللهِ أُسْوَةٌ حَسَنَةٌ لِّمَن كَانَ يَرْجُو اللَّهَ وَالْيَوْمَ الْآخِرَ وَذَكَرَ اللَّهَ كَثِيراً

„Im Gesandten Gottes habt ihr doch ein schönes Beispiel (alle haben in ihm ein schönes Beispiel), die auf Gott hoffen und sich auf den jüngsten Tag gefasst machen und Gott ohne Unterlass (viel) gedenken.“[269]

---

266 Vgl. KARAMAN: Kur'an'daki Peygamber (2011), S. 59.

267 KORAN, 48:29. Unter den Personenkreis, die gemäß Vers mit ihm (Propheten Muḥammad) gläubig sind, gehören sowohl die Ṣaḥāba als auch die nachfolgenden Generationen der Gläubigen, die seiner religiösen Lebensweise folgen, die Religion ausleben (aʿmāl) und verkünden (tablīġ), die Zufriedenheit Gottes erstreben und trotz aller Umstände gegen die Ungläubigen standhaft sind. Weiterhin müssen die im Vers (āya) angegeben Kriterien in der aufrichtigung Beugung und Niederwerfung während der obligatorischen Gebete erfüllt werden. Vgl. hierzu auch: KARAMAN: Kur'an'daki Peygamber (2011), S. 60–61.

268 Vgl. SCHIMMEL: Muhammad (2002), S. 22.

269 KORAN, 33:21.

H. Prophet Muḥammad aus der Reihe der Analphabeten

Der Prophet Muḥammad konnte weder lesen noch schreiben (ummī). Der Koran weist auf diese Eigenschaft (wasf) hin, betont dessen Verkündungsaufgabe, die Unterweisung und die Sozialisation der Gemeinschaft (umma), in dem er ihnen dabei die Weisheit (ḥikma) lehrt:

هُوَ الَّذِي بَعَثَ فِي الْأُمِّيِّينَ رَسُولاً مِّنْهُمْ يَتْلُو عَلَيْهِمْ آيَاتِهِ وَيُزَكِّيهِمْ وَيُعَلِّمُهُمُ الْكِتَابَ وَالْحِكْمَةَ وَإِن كَانُوا مِن قَبْلُ لَفِي ضَلَالٍ مُّبِينٍ

وَآخَرِينَ مِنْهُمْ لَمَّا يَلْحَقُوا بِهِمْ وَهُوَ الْعَزِيزُ الْحَكِيمُ

„Er ist es, der unter den Heiden einen Gesandten aus ihren eigenen Reihen hat auftreten lassen, der ihnen seine (d.h.Gottes) Verse (Zeichen) verliest, sie (von der Unreinheit des Heidentums) läutert und sie die Schrift und die Weisheit lehrt. Früher befanden sie sich offensichtlich im Irrtum. (Einen Gesandten, der die zeitgenössischen Heiden läutert und sie die Schrift und die Weisheit lehrt) und andere von ihren Landsleuten (von ihnen), die (hinter ihnen nachkommen und) sie noch nicht eingeholt haben. Er ist der Mächtige und Weise.“[270]

Nach Hayreddin Karaman weist diese Stelle auf drei Aufgaben des Propheten Muḥammad hin. Erstens: Er besitzt eine Art „Behütungsfunktion“, in dem er als religionspädagogischer Wegweiser seine Gemeinschaft (umma) zur humanen Vollkommenheit (insān al-kāmil) belehrt. Zweitens: Seine Aufgaben beziehen sich auch auf die folgenden Generationen. Drittens: Er belehrt seine Gefährten (ṣaḥāba) mit spirituellen religiösen Weisheiten (ḥikam), welche in die Sunna fallen.[271] Diese sind im Interesse und für die Glückseligkeit der Menschen zu verstehen.

I. Prophet Muḥammad spricht nicht nach eigenem Wohlwollen (hawā)

وَمَا يَنطِقُ عَنِ الْهَوَى إِنْ هُوَ إِلَّا وَحْيٌ يُوحَى عَلَّمَهُ شَدِيدُ الْقُوَى

„Und er spricht nicht aus (persönlicher) Neigung. Es (d.h. der Koran) ist nichts anderes als eine inspirierte Offenbarung. Gelehrt hat es ihn einer, der über große Kräfte verfügt (d.h.Gott).“[272]

Nach Hayreddin Karaman ist dies eine Anspielung darauf, dass die islamische Religion die Religion Gottes ist. Ihre Verlautbarung und ihre Normen sind durch den Koran nicht begrenzt, denn der Prophet Muḥammad erhält die Aufgabe,

---

270 KORAN, 62:2–3.

271 Vgl. KARAMAN: Kur'an'daki Peygamber (2011), S. 67–68.

272 KORAN, 53:3–5.

religionskonforme Normen einzuführen, die Vollendungsfunktionen (tašrīʿ) besitzen und in die Sunna fallen (wie Art der Gebetspraxis).[273]

J. Prophet Muḥammad erhält Segenssprüche von Gott und dessen Engeln

Als einziger Gesandter Gottes und Mensch erhält Muḥammad von Gott und dessen Engeln Segenssprüche, wonach kein anderes Geschöpf dieser Segenserweisung zuteil wird.

Die Offenbarung des Korans berichtet über dieses Geschehen:

إِنَّ اللّه وَمَلَائِكَتَهُ يُصَلُّونَ عَلَى النَّبِيِّ يَا أَيُّهَا الَّذِينَ آمَنُوا صَلُّوا عَلَيْهِ وَسَلِّمُوا تَسْلِيمًا

„Gott und seine Engel sprechen den Segen über den Propheten (d.h.Muḥammad). Ihr Gläubigen! Sprecht (auch ihr) den Segen über ihn und grüßt (ihn), wie es sich gehört!“[274]

Hayreddin Karaman versteht diese Offenbarungsstelle in Berücksichtigung des arabischen Wortes „tawağğuh“ (zielorientiertes Richten), das im etymologischen Wortverständnis für „ṣallī“ (Segenssprechung) steht.[275] Nach islamischem Glaubensverständnis sprechen Gott und die Engel im spirituellen Sinne Segensprüche auf den Propheten Muḥammad, wodurch Gott in seiner Segenserweisung seinem Gesandten erscheint (tawağğuh). Dieses Verständnis geht aus dem etymologischen Begriffsverständnis hervor. Hayreddin Karaman weist darauf hin, dass außer dem Prophetem Muḥammad kein anderes Geschöpf von Gott und den Engel diese Segenssprüche erhalten.[276] Gemäß der angeführten Versstelle (āya) sind alle Muslime dazu verpflichtet (farḍ) bestimmte Segenssprüche auf den Propheten Muḥammad auszusprechen.

1.1.6.2.5 Tradition und Innovation

Unter „Sunna“ werden nach islamischem Verständnis die Aussagen, das Verhalten und die stillen Billigungen des Propheten Muḥammad verstanden. Gemeinsam mit dem Koran bildet sie die unveränderte Šarīʿa, den unveränderlichen Kern des islamischen Rechts (fiqh).[277] In ihr gibt es viele Normen, die einen vollendenden Charakter haben, wobei einige Sunna-Bräuche zeit- und ortsbedingt

273 Vgl. BEDİR: Sünnet. Hz. Peygamber'in Evrensel Mesajı (2007), S. 49–50.
274 KORAN, 33:56.
275 Vgl. KARAMAN: Kur'an'daki Peygamber (2011), S. 34–35.
276 Vgl. KARAMAN: Kur'an'a göre Hz.Muhammed. In: Hz.Muhammed ve Evrensel Mesajı Sempozyumu 20–22 Nisan 2007, S. 17.
277 Vgl. BEDİR: Art. „Sünnet“, in: TDV İA, Bd. 38, S. 150–151.

nur die Offenbarungsperiode betreffen.[278] Davon zu unterscheiden ist die universelle Prophetensunna, die zeit- und ortsübergreifend gilt. Diese stellt eine generelle Quelle dar, die sich unter dem Vorbehalt der unveränderlichen Beibehaltung der islamischen Religionsessenz an die wandelnden Umstände der Menschen anpassen kann.

Nachdem die dynamischen Anpassungsmöglichkeiten der Religionsquellen dargelegt wurden, werden im nächsten Schritt die daraus abgeleiteten Prinzipien untersucht. Die Rechtsgelehrten (fuqahāʾ) erkannten früh, dass die begrenzt vorhandenen Textbelege (nuṣūṣ) nicht zu neuen Falllösungen ausreichten. Daher legten sie in ihren Forschungsarbeiten den Schwerpunkt auf die Kommentierung (tafsīr) der Primärquellen (šarīʿa) und leiteten bei Bedarf im geistigen Einklang mit der Religion neue Normen ab. Auf diese Art und Weise lösten sie die Fälle der Muslime in den sich wandelnden Lebensumständen.

Zur flexiblen Anpassung des islamischen Rechts (fiqh) an die neuen Umstände entwickelten sie auf der Grundlage der Primärquellen (šarīʿa) und der frühislamischen Rechtsausführungen weitere systematische Rechtsprinzipien, zu denen beispielweise Istiḥsān, Maṣāliḥ al-Mursala, das Gewohnheitsrecht (ʿurf) und weitere Sekundärprinzipien (al-adillat al-farʿiyya) gehören.

Hayreddin Karaman stellt fest, dass die Ḥadīṯgelehrten in der Anschlussfolge an Ḫātib al-Baġdādī (gest. 1071), die arabischen Begriffe „ḥadīṯ" (Mitteilung, Botschaft) und „sunna" (Weg, Verhalten, Brauch) in gleicher Bedeutung verstanden haben.[279] Seiner Ansicht nach bestehen bei der begriffsgeschichtlichen Untersuchung mit Bezug auf KORAN 52:34 und 39:23 im lexikalischen Verständnis Differenzen, sodass die angeführten Wortbedeutungen hervortreten. Unter „sunna" wird der eingeschlagene Lebensweg des Propheten Muḥammad verstanden, der sich aus seinen Worten und seinem Verhalten in Form von Aḥādīṯ und der Prophetenbiographie (sīra) feststellen lässt. Hier ist die gesichert übertragene Prophetensunna (sunna aṣ-ṣaḥīḥ, sunna al-mutawātira) sehr wichtig, insbesondere in der mentalen und lebenspraktischen Trägerschaft der Gemeinschaft (umma). Die Umma erhält daher eine wichtige Übertragungsfunktion der gesicherten Sunna in die muslimischen Folgegenerationen.

Eine böswillige Bidʿa ist ein Mutations- oder Modifikationsverständnis der Prophetensunna, weil jede Veränderung der gesunden Prophetentradition (sunna aṣ-ṣaḥīḥ) zugleich auch eine genetische Religionsmutation mit sich bringt.

---

278 Vgl. KARAMAN: Fıkıhta Gelenek ve Yenileşme. In: 1.Uluslararası Kutlu Doğum İlmî Toplantısı „İslam Gelenek ve Yenileşme" (1.International Kutlu Doğum Symposium „Islam, Tradition and Change"), 1996, S. 31.

279 Vgl. KARAMAN: Hadise Dair İlimler ve Hadis Usûlü (2010), S. 15–16.

Eine solche Erneuerung bedeutet keine Sunna-Richtung. Die religionsgenetische Transformierung der gesunden Prophetentradition (sunna aṣ-ṣaḥīḥ) ist für Muslime eine böse Veränderung der islamischen Religion und Theologie.

Alljene Verständnisse sind fehlgegangene Traditionsformen einer böswilligen Erneuerung, die der gesunden Tradition (sunna aṣ-saḥīḥ) entgegenstehen.[280] Die Sunna versteht sich als die rechtmäßige Umsetzung der Offenbarung im Sinne einer „Richtschnur“[281] im Verständnis der Ṣaḥāba, die sich am sichtbaren Prophetenvorbild orientieren (die in seine Sunna fällt). Ohne diese Orientierung wären den Ṣaḥāba und den Folgegenerationen die Art der Gebets-, Fasten-, Pilgerfahrt- und Almosengabeverrichtung unbekannt gewesen. Die Sunna-Traditionalisierung war dem Propheten Muḥammad im Vorfeld bekannt. Daher hat er für innovative Sunna-Entwicklungen bestimmte Maßnahmen getroffen, um Stagnationen (ǧumūd) zu verhindern.[282] Erstens: Er forderte seine Ṣaḥāba auf, zu Normen keine Detailfragen zu stellen. Nach seinem Ermessen hat er diese nicht erörtert, womit er dem Iǧtihād einen breiten Raum einräumte.[283]

Zweitens: Zur Unterscheidung der verbindlichen Fälle von den unverbindlichen hat er Andeutungen gemacht. Drittens: Das Iǧtihād-Verfahren ist eine Erlaubnis (iḏn) des Propheten, die er den Ṣaḥāba lehrte. Viertens: Der Prophet Muḥammad hat Kommissionsberatungen (istišāra) durchführen lassen und im Endresultat des Iǧtihād sogar Fehlentscheide eingeräumt.

Um die verbindliche Tradition von der Unverbindlichen zu differenzieren, haben die Iǧtihād-Formen bereits in der Periode der vier rechtgeleiteten Kalifen angefangen (632–661 n. Chr.). Dieses Vorgehen wurde weitertradiert und systematisiert. Warum ist dies wichtig?

Erstens: Die unveränderliche Tradition sollte von der entwickelbaren differenziert werden. Zweitens: Die Methode hat einen wichtigen innovativen

---

280 Unter dem Begriff „Tradition“ werden die Denkarten, die Mentalitäten und die Einstellungen verstanden, die in den Gewohnheitstradtionen der verschiedenen Völkergemeinschaften verankert sind. Daher besteht die große Wahrscheinlichkeit, dass innerhalb der Umma sowohl die gesunde Prophetentradition (sunna aṣ-ṣaḥīḥ) als auch Erneuerungen (bidʿa) vorhanden sind. In dieser Hinsicht kann nach Karaman davon ausgegangen werden, dass in der frühislamischen Zeit wenige Bidʿa verbreitet waren, welche Lage sich in den Folgegenerationen vermehrte. Vgl. KARAMAN: İslâm'ın Işığında Günün Meseleleri (2010), S. 647–648.

281 Vgl. SCHIMMEL: Muhammad (2002), S. 22.

282 Vgl. KARAMAN: İslâm'ın Işığında Günün Meseleleri (2010), S. 649f.

283 Vgl. KARAMAN: Fıkıhta Gelenek ve Yenileşme. In: 1.Uluslararası Kutlu Doğum İlmî Toplantısı „İslam Gelenek ve Yenileşme“(1.International Kutlu Doğum Symposium „Islam, Tradition and Change“), 1996, S. 31.

Konfliktlösungscharakter.[284] Diese Ausführungen vereutlichen, dass der Prophet Muḥammad schon bereits zu Lebzeiten spezielle Pioniermaßnahmen getroffen hat, um die strikte Traditionalisierung der Sunna zu verhindern. Mit diesem Verhalten bereitete er ihre innovativen Entwicklungsmöglichkeit den Boden.

1.1.6.2.6 Gesicherte Übertragung (tawātur) der vollendeten Religion (dīn at-tašrīʿ)

Menschen mit fehlender Tradition können auf Dauer nicht fortbestehen. Falls die Tradition abgelehnt wird, besteht für die Betroffenen daher eine existentielle Gefahr. Die gesichert-überlieferte (tawātur) Tradition der Muslime ist die islamische Religion,[285] sodass die meisten Gewohnheitstraditionen, Sitten, Bräuche (ʿurf, ʿāda) und Kulturen von Muslimen auf dieser Basis beruhen. Für Muslime versteht sich der Islam als die letzte Offenbarungsreligion an die Menschen, in welcher Hinsicht sie der Verbindungspunkt einer gemeinsamen Religion und Zivilisation stellt. Zweifelsohne ist die erste Hauptquelle der Koran. Die Sunna folgt ihr als komplementäre zweite Hauptquelle. Darunter werden die Aussagen, Empfehlungen und stillen Billigungen des Propheten Muḥammad verstanden, wodurch die Offenbarung ihre erörternde Vollendung findet.[286] Diese ursprünglich mündlichen Quellen werden in die muslimischen Folgegenerationen gesichert tradiert (tawātur).[287] Die Tradierung und ihr Verständnis kann nicht verändert werden.[288] Der Islam ist eine göttlich-vollendete Offenbarungsreligion (dīn ar-rabbānī lil-tašrīʿ).[289] Die Koranverse (āyāt) und die Prophetensprüche (aḥādīṯ) sind in ihrer Botschaft offenkundig oder nicht offenkundig. Der Prophet Muḥammad bewahrte den Koran mit sehr großer Sensibilität auf (maḥfūẓa) und fixierte ihn. Die Ṣaḥāba trugen die mündlichen und die schriftlichen Koranfragmente sehr sensibel zur Bucheinheit zusammen. Außerdem wurde der Koran von vielen Muslimen auswendig gelernt (mündlich gesichert).

Von frühislamischer Zeit bis in die Gegenwart wird er seit je her in gesicherter Übertragung (tawātur) an die Folgegenerationen der Muslime weitertradiert,

---

284 Vgl. KARAMAN: Fıkıh Usûlü (2010), S. 290f.

285 Vgl. GÖRGÜN: Fıkıh Usûlü İlmi ve Tarihselcilik Üzerine Birkaç Not. In: Dini Hükümlerin Kaynağı ve Dini Metinlerin Anlaşılması Konusundaki Çağdas Yaklaşımlar Çalıştayı (18–19.12.2009), İstanbul 2010, S. 398.

286 Vgl. KARAMAN: Hadise Dair İlimler ve Hadis Usûlü (2010), S. 47.

287 Vgl. BEDİR: Art. „Sünnet", in: TDV İA, Bd. 38, S. 152.

288 Vgl. GÖRGÜN: "Yeni" Anlama ve Yorumlama Yöntemlerinin Fıkıh Usûlüne Göre Durumu. In: İslâmî İlimler'de Metodoloji / Usûl Mes'elesi, Vol. I, İstanbul 2005, S. 697.

289 Vgl. KARAMAN: İslâm Bir Tanedir. In: Yeni Şafak 27.02.2014.

vervielfältigt, gelesen, gelehrt und auswendig gelernt. Da die Aḥādīṯ in umfangreicher Quantität übermittelt wurden, konnte das Kollektiv nicht bewahrt werden. Aber zur Vollendung der Religion wurden in der Prophetenperiode zur Sicherheit die dafür notwendigen Aḥādīṯ niedergeschrieben, auswendig gelernt und tradiert. Zur rechten Verständnisbildung und Auslebung der islamischen Religion wurden die dafür notwendigen Aḥādīṯ bewahrt (maḥfūẓa) und überliefert.[290] Beispiele hierfür sind die fünf Säulen der islamischen Religion wie das fünfmalige Tagesgebet, das Fasten, die Almosengabe, die Pilgerfahrt und das Aussprechen des Glaubensbekenntnisses, welche durch die Vollendungsfunktion der Sunna in die religiöse Praxis näher beschrieben werden. Nach diesen Vorgaben richten sich die gläubigen Muslime und verinnerlichten dieses Verständnis.

1.1.6.2.7 Umgang mit Ḥadīṯfälschungen (aḥādīṯ mawḍūʿa)

Die Ursachen für Ḥadīṯfälschungen liegen in der Verteidigung der eigenen Gruppenmeinung, der Islamfeindlichkeit und im persönlichen Nutzen begründet. Bereits in der Nachfolgezeit des Propheten Muḥammad mussten sich einige muslimische Gruppen unter den damaligen Umständen bedingt durch innermuslimisch-politische Spaltungen, damit bedingt auch durch dogmatische Spaltungen zur Legitimierung der eigenen Meinung auf Belege (adilla) stützen. Unter diesen Umständen lagen die Aḥādīṯ größtenteils nicht schriftlich vor, sondern mündlich. Aufgrunddessen bestand die Gefahr, dass Ḥadīṯfälschungen vorgenommen und zu Unrecht dem Muḥammad zugesprochen wurden. Diese historischen Tatsachen bestätigen, dass einige Gruppen zum Vorteil ihrer eigenen Führungsautorität, zu Oppositionswiderlegungen und für weltlichen Nutzen viele Aḥādīṯ erfunden haben. Besonders infolge der Auseinandersetzungen einiger Šīʿa-Kreise mit den Anhängern von Muʿāwiya bin Abī Sufyān (gest. 680) wurden von beiden Seiten Aḥādīṯ erfunden. Diese Streitigkeiten dauerten von der Umayyaden-Dynastie bis hin zur abbasidischen Periode an.[291] Das führte in der Umma dazu, dass der Rechtsschulfanatismus und die Feindseligkeit von ihnen über das Glaubensbewusstsein gehoben wurden.

Nach Hayreddin Karaman versuchten auch einige islamfeindliche und abtrünnige Personen in der Folgezeit des Propheten Muḥammad, durch Ḥadīṯfälschungen die kollektive Einheit, die Standhaftigkeit und das rechte Glaubensverständnis der gläubigen Muslime zu schwächen. Daher erwählten sie ihrerseits diese Methode, um die islamische Religion zu schädigen. Da sie den

290 Vgl. KARAMAN: Hadise Dair İlimler ve Hadis Usûlü (2010), S. 53.
291 Vgl. ÇAKAN: Hadîs Usûlü (2006), S. 154.

Koran nicht fälschen konnten, wandten sie sich den Aḥādīṯ zu (um von der Politik bestimmte weltliche Nutzen zu erhalten). Deswegen setzten sie ihrer Wohlgefallen entsprechende Ḥadīṯfälschungen (aḥādīṯ mawḍūʿa) in die Welt, wobei sie die tradierten Botschaften (maʿnā) und die Überliefererketten (asānīd) bewusst veränderten. Bedingt durch diese negative Beinflussung der Ḥadīṯliteratur entstand aus der Notwendigkeit heraus die Fachdisziplin der Ḥadīṯkritik (ǧarḥ waʾl-taʿdīl), die den Charakter des Überlieferers (rāwī) untersuchte.[292]

Um die islamische Religion nach eigenen Vorstellungen neu zu definieren und die Muslime nach eigenen Interessen zu beeinflussen, versuchen auch einige Modernisten die Aḥādīṯ überwiegend abzulehnen und somit außer Kraft zu setzen.[293] Daher lehnten sie die überwiegenden Aḥādīṯ in den sechs kanonischen Ḥadīṯsammlungen ab (kutub aṣ-ṣiṭṭa). Dieser modernistische Methodenansatz zur Ausgrenzung der Sunna ist jedoch nicht möglich.[294]

Um ihre Ziele zu erreichen, versuchten sie, Muslime einzuschüchtern, in dem sie die Ḥadīṯliteratur und die Prophetenbiographie (sīra) zweifelhaft darstellten.[295] Oftmals stützten sie sich dabei auf zwei Argumente: Erstens, wurden die Aḥādīṯ als Sunna-Bestandteil ihrer Ansicht nach sehr viele Jahre später verschriftlicht, sodass erfundene Aḥādīṯ (aḥādīṯ mawḍūʿa) in die Ḥadīṯliteratur übernommen wurden. Zweitens, waren nach ihrer Meinung die Aḥādīṯ keine verbindlichen Religionsregeln und ausschließlich der Prophetenperiode zuzuordnen, in der sie damals Lösungen anboten. Deswegen wollten sie die rechte Verständnisbildung der islamischen Religion verhindern, die religiöse Erosion fördern, die Spaltung (fitna) der Muslime ankurbeln und sie von ihrer wahren Religion entfernen.[296]

Nach Hayreddin Karaman beruhen die Fehlerkenntnisse einiger Forscher mit Hinweis auf die Werke von Fuad Sezgin auf der Verwechslung (iḫtilāṭ) der Ḥadīṯzusammetragungen (tadwīn) mit der themengeordneten Kategorisierung (tasnīf), dem Nichtberücksichtigen des Niederschriftsverbots durch den Propheten Muḥammad und die spätere Niederschriftserlaubnis (iḏn) als wichtige

292 Vgl. KRAWIETZ: Hierarchie der Rechtsquellen im tradierten sunnitischen Islam (2002), S. 50, 134, 363; KARAMAN: Hadise Dair İlimler ve Hadis Usûlü (2010), S. 103–120.

293 Vgl. KARAMAN: Sünnet ve Hadisler. In: Yeni Şafak 27.06.2010.

294 Vgl. BEDİR: Art. „Sünnet“, in: TDV İA, Bd. 38, S. 151–152.

295 Vgl. KARAMAN: Hadise Dair İlimler ve Hadis Usûlü (2010), S. 46.

296 Vgl. ÇAKAN: Hadîs Usûlü (2006), S. 160–161.

Vorbeugung vor möglichen Vermischungsgefahren (iltibās) mit dem Koran und die ausschließlichen Annahmen von mündlichen Ḥadīṯtradierungen.[297]

Die Prophetensunna nahm ein breites Feld im Alltagsleben der Gläubigen ein und bildete die komplementäre Religionsquelle zum Koran. Da die Aḥādīṯ von den Ṣaḥāba überwiegend ihrer Bedeutung (maʿnā) nach weitertradiert wurden, besaßen sie in der Frühzeit zumeist nur einen Überlieferer (ḫabar al-wāḥid).[298] An dieser Stelle ist wichtig, dass mit den sensiblen Analysekriterien der klassischen Ḥadīṯgelehrten (muḥaddiṯūn) die Aḥādīṯ in Übereinkunft mit den sunnitischen Rechtsschulen (ittifāq al-maḏāhib ahl as-sunna) als Normenquelle dienten, unabhängig ob sie nur einen Einzelüberlieferer (ḫabar al-wāḥid) hatten oder gesichert tradiert wurden (tawātur).[299] Aus islamischer Sicht ist darauf hin zu weisen, dass zur Normenerschließung mittels Iǧtihād die überzeugende Ḥadīṯannahme (fī ġālib aẓ-ẓann) ausreicht.

Sowohl die Heuchler (munāfiqūn) als auch einige Rechtsschulfanatiker (welche ihr eigenes Rechtsschulenverständnis auf die Stufe der Religion erheben) hatten nach Karaman in der Zeitfolge bestimmte Aḥādīṯ erfunden und versucht, diese in die Islamforschung einzubringen Diese Gefahr für die Religion wurde von Muḥammad erkannt. Um seine wahrhaften Sprüche von den Gefälschten abzugrenzen, verkündete er die für die Unterscheidung notwendigen Maßstäbe. Zur Unterscheidung sind das Geständnis, die Persönlichkeit, die eindeutige Tat und die Forschungen des Fälschers zu analysieren.

Dadurch ist es aufrichtigen Ḥadīṯforschern möglich, wahrhafte Aḥādīṯ von gefälschten (aḥādīṯ mawḍūʿa) zu unterscheiden. Trotz all dieser Vorsichtsmaßnahmen wurden Ḥadīṯfälschungen „unabsichtlich" als wahrhaft (ṣaḥīḥ) eingestuft und verkündet. Deswegen darf aber nicht die Mehrheit der Aḥādīṯ als Entstellungen abgestempelt werden. Diese sind und bleiben die elementare Grundlage der Prophetensunna, welche als Nachrichtenquelle zum rechten Religionsverständnis der Muslime gerade das entscheidende Kriterium bildet.

Auch wenn ein klassisches Ḥadīṯwerk unabsichtlich erfundene Aḥādīṯ beinhalten sollte, darf die Lernfähigkeit des muslimischen Gelehrten (ʿalim) nicht in Frage gestellt werden.[300] In den Analysen der Ḥadīṯgelehrten ist zu erkennen,

---

297 Vgl. KARAMAN: Hadise Dair İlimler ve Hadis Usûlü (2010), S. 32–33.

298 Vgl. KOÇYİĞİT: Hadîs Usûlü (2004), S. 21–23.

299 Vgl. KARAMAN: Kur'an'daki Peygamber (2011), S. 74.

300 Viele muslimische Gelehrten haben in den Werken von Buḫārī und Muslim manche Ḥadīṯe trotz gesunder Überlieferketten (sanad aṣ-ṣaḥīḥ) nicht zur Ausführung gebracht. Der Grund liegt in vielen Motiven, wobei Hayreddin Karaman auf das Hauptaugenmerk der Textkritik (tanqīd al-matn) aufmerksam macht. Seiner An-

dass sie die richtigen Überlieferungen (aḥādīṯ aṣ-ṣaḥīḥ) von den gefälschten trennen und veröffentlichen. Auch wenn die Gelehrten sich irren können, besteht die Pflicht, diese um Auskunft zu bitten. Diese Notwendigkeit gleicht der Situation von Ärzten, welche sich in der Diagnose der Krankheit und der Behandlungstherapie irren können. Da die Menschen krankheitsbedingt auf ihre medizinischen Hilfen angewiesen sind, wenden sie sich ihnen notwendigerweise zu. Auch wenn in den klassischen Ḥadīṯwerken gefälschte Aḥādīṯ vorliegen, besteht zur Erlernung und zur Kommentierung des Korans die Dringlichkeit, sich nach der wahrhaften Sunna (sunna aṣ-ṣaḥīḥ) zu richten. Im Denken von Hayreddin Karaman liegen auf der überzeugenden Rechtsannahme auch Aḥādīṯ, die einen stabilen Gesundheitsgrad (ṣiḥḥat) besitzen. Eine Religion ohne Prophetensunna ist vergleichbar mit einer Religion ohne einen Propheten, was in der islamischen Religion nicht möglich ist.[301] Um das Vorbild des Propheten Muḥammad zeitgemäß zu verstehen, sind Ḥadīṯkenntnisse und umfangreiches Wissen in der Prophetenbiographie (sīra) erforderlich. Um dies in die religiöse Praxis (aʿmāl) zu überführen, ist zu beachten, dass wissenschaftliche Kenntnisse über die Fehlerlosigkeit in der Isnādkette (sanad), im Ḥadīṯtext (matn), und die Übereinstimmung der Botschaft mit dem Prophetenvorbild gegeben sein müssen.[302]

---

sicht nach wird selbst auch dann von Textkritik gesprochen, falls die Überliefererkette (sanad) zwar gesund (ṣaḥīḥ) aber die Überlieferungsbotschaft (matn) der Vernunft (ʿaql), der Wissenschaft (ʿulum), den Textbelegen (nuṣūṣ), den Prinzipien (qawāʿid) entgegenstehen. Viele Theologen haben in Glaubensangelegenheiten (īmān) daher alle Ḥadīṯe mit fehlender Mutawātira-Eigenschaft nicht absolut verstanden, daher nicht zur Ausführung gebracht. Denn ein Ḥadīṯ mit fehlender Mutawātira-Eigenschaft drückt trotz gesunder Überlieferketten und gesundem Text kein gesichertes Wissen, sondern eine Vermutung (ẓann) aus. Auch wenn eine solche im Fiqh etwa bei Ḥadīṯen ausreicht, ist jene in Glaubensthemen (īmān) nicht ausreichend. Daher müssen verbindliche und unverbindliche Prophetensprüche berücksichtigt werden. Nach diesem Methodenansatz wird nach Karaman ersichtlich, dass Muḥammad in seinen Aufgaben als Verkünder, Erzieher, Schiedsrichter, Vorsitzender, in seiner Eigenart der Prophetie (nubuwwa) und sein Menschsein agiert. Seine Sprüche und Verhalten in diesen Rollen sind nicht auf der gleichen Verbindlichkeitsstufe. Das bedeutet, dass einige seiner Verhaltensarten und Sprüche verbindlich, einige andere nicht verbindlich sind. Vgl. KARAMAN: Hadise Dair İlimler ve Hadis Usûlü (2010), S. 46.

301 Vgl. KARAMAN: Peygambersiz Din Olmaz. In: Yeni Şafak 28.10.2012.

302 Vgl. KARAMAN: Kur'an'daki Peygamber (2011), S. 78–80.

1.1.6.2.8 Innovation in der Traditionsbegründung

Auch wenn die Orientierung an einer Rechtsschule (maḏhab) erforderlich erscheint, hat die Tatsache, sich ausschließlich nach einer einzigen zu richten, auf Dauer dazu geführt, dass der als Barmherzigkeit verstandene Rechtsschulenpluralismus verengt wurde und schließlich zum Fanatismus führte. Die Entwicklungsmotive hiefür lagen in der unterschiedlichen Auslegung der Primärquellen, den zeitlichen Differenzen und in den regionalen Unterschieden begründet.

Daher kam es vor, dass die klassischen Rechtsgelehrten einen ihren lokalen Gegebenheiten entsprechenden Iǧtihād durchführten und sich dabei auf die lokale Tradition (ʿurf) bezogen. Hier weist Sherman Jackson darauf hin, dass die reine Tradition zur verstärkten Orientierung am Textwortlaut (lafẓ) führt,[303] wobei der traditionsbegründeten Interpretation (legal interpretation) der Religionsquellen nach dem Kontext ein sehr hoher Wert beizumessen ist.[304] Das zeitgemäße Innovationsverständnis der islamischen Religion (dīn) liegt daher in der Tradition begründet, aus welchem sie die Innovation (taǧdīd) ableitet.[305] Daher darf diese kein Muslim im Kollektiv ablehnen oder sich ihr widersetzen.

So wie die zeitgemäße Medizin ihre Innovationserkenntnisse aus dem medizinischen Wissen heraus gewinnt, so leitet das islamische Recht sein Innovationsverständnis aus seiner eigenen Tradition ab. Mit unislamischer Orientierung kann die islamische Religion nicht erlernt und ihre Ziele (maqāṣid) nicht richtig verstanden werden. Wie kein Mediziner (ṭabīb) eine neue Medizin (ṭibb) erfinden und alle bisherigen medizinischen Entwicklungen nicht unberücksichtigt lassen kann, so ist die Ablehnung der Tradition (islamische Religion) und ihrer Theologie nicht möglich. Keine Instanz (marǧaʿ) erhält das Recht, die islamischen Religion (šarīʿa) und ihre systematische Theologie (ʿilm al-kalām) neu zu definieren. In diesem Rahmen kritisiert Hayreddin Karaman alle Modernisten wie den türkisch-islamischen Theologen Hüseyin Atay scharf, der auf eine neue Definition der islamischen Religion bedacht ist und eine mehr als eintausendvierhundertjährige Theologie-Entwicklung ablehnt. Diese *Mutationstheologen* wie Hüseyin Atay verstehen die islamische Religion (šarīʿa) ohne Gott, ohne

---

303 Vgl. JACKSON: Literalism, Empiricism and Induction: Apprehending and Concretizing Maqāṣid al-Sharīʿah in the Modern World. In: Michigan State Law Review, 2006, S. 1469–1486.

304 Vgl. JACKSON: Fiction and Formalism: Towards a Functional Analysis of Uṣūl al-Fiqh (2002), S. 192–193.

305 Vgl. KARAMAN: Fıkıhta Gelenek ve Yenileşme. In: 1.Uluslararası Kutlu Doğum İlmî Toplantısı „İslam Gelenek ve Yenileşme" (1.International Kutlu Doğum Symposium „Islam, Tradition and Change"), 1996, S. 38.

Propheten, ohne Glaubenspfeiler und lehnen die Tradition (islām) vollständig ab.[306] Mit der Absicht, den Islam neu reformieren zu wollen, beanspruchen sie für sich selbst zu Unrecht ein Definitionsrecht. Die Definition der islamischen Religion obliegt nach islamischem Verständnis aber nur Gott allein.

Zudem verweigern sie die Verdienste der klassischen Lehrschulen (madāris), bezeichnen diese als „unislamisch" und lehnen die gesicherttradierte, vollendete Religion als „Religion der Altvorderen" ab. Die verschiedenen Thesen der Traditionsgegner wie Atay werden jedoch mit den gewichtigen Argumenten von Hayreddin Karaman widerlegt. Die mehr als eintausendvierhundertjährige islamische Wissenschaftstradition gründet in ihren Quellbezügen auf die Offenbarungsquellen (maṣādir al-waḥy) Koran und Sunna, die sich in der Gedankenwelt der Gelehrten (ʿulamāʾ) niederschlägt. Dieser wissenschaftliche Vorgang wird durch die Vernunft ausgeführt. Die Behauptung von Hüseyin Atay, die islamische Religion sei eine „Religion der Altvorderen", ist nach Hayreddin Karaman ein Vorurteil und eine Irreführung.[307] Der Grund liegt seiner Meinung nach darin, dass die zentrale Autorität einer „Religion der Altvorderen" die Altvorderen selbst sind. In der islamischen Religion ist Gott die zentrale Autorität. Sie (die Religion) versteht sich nach islamischem Verständnis als die Verlautbarungen Gottes an die Menschen, die durch den Propheten Muḥammad verkündet wurden.

Die klassischen Rechtsgelehrten (fuqahāʾ) verstehen sich in ihrer Meinungsbildung und in den Kommentierungen dieser Verlautbarungen als Mittel. Ihre Ansichten entstehen durch ihre wissenschaftliche und geistige Bindung zur Offenbarungslehre (waḥy) und durch ihre daraus erworbenen Kenntnisse. Diese Erkenntnisse vollziehen sich durch den Gebrauch der Vernunft in natürlichen Grenzen. Die Iğtihād-Bewegungen gelangten nach Karaman in der klassischen Rechtsepoche in eine Stagnationsphase, in der sich die Muslime notgedrungen den Gelehrten zuwenden mussten, um die Religionsverlautbarungen richtig zu verstehen. Trotzdem war es ihnen erlaubt, sich an das systematische Theologieverständnis von Abū Mansūr al-Maturīdī (gest. 941) und Abū Ḥasan al-Ašʿarī (gest. 935) und sich innerhalb der Jurisprudenz an den Gelehrten wie Nuʿmān bin Ṯābit (gest. 767), Mālik bin Anas (gest. 795), Muḥammad aš-Šāfiʿī (gest. 820) und Aḥmad bin Ḥanbal (gest. 855) zu orientieren. Eine solche „Orientierung an Gelehrten" von Muslimen darf nicht als Religion der Altvorderen bezeichnet werden.

---

306 Vgl. KARAMAN: Laik Düzende Dini Yaşamak (2006), Bd. 2, S. 285.
307 Vgl. ebd., S. 286f.

Ein eintausendvierhundertjähriger wissenschaftlicher Entwicklungsstopp in der islamischen Wissenschaftsgeschichte und der islamischen Welt sei daher unzutreffend. Mit Blick auf die historischen Entwicklungen ist daher von wissenschaftlichen Stagnationsphasen (ǧumūd) auszugehen, die in der Verminderung der ideengeschichtlichen Erkenntnisvielfalt und in der Abschwächung des Iǧtihād begründet liegen. Weiterhin müssen die historischen innermuslimischen Ereignisse berücksichtigt werden. Im Denken von Hayreddin Karaman muss die islamische Zivilisationsgeschichte daher unabdingbar richtig einstudiert werden.[308]

Nach Hayreddin Karaman begehen die Traditionsgegner in ihrem unrechtmäßigen Anspruch auf ein Definitionsrecht schwerwiegende Methodenfehler in der systematischen Theologie (ʿilm al-kalām) wie die Vorziehung der Vernunft (ʿaql) vor der Offenbarung (waḥy) und der damit verbundene theologische Absolutheitsanspruch (ʿaql al-muṭlaq).[309] Dieses theologische Vorgehen (die von theologischen Rationalisten und Philosophen vertreten wird) ist mit dem Koran *nicht konform*. Der Koran räumt der humanen Vernunft (ʿaql) zwar eine besondere Bedeutung ein, erkennt ihre Stellung aufgrund ihrer Unvollkommenheit nur im begrenzten natürlichen Rahmen an. Daher ist die Vernunft (ʿaql) in vielerlei Hinsicht auf die Offenbarung (waḥy) angewiesen.[310] Die Anerkennung einer absoluten humanen Vernunft (ʿaql al-muṭlaq) ist ein grober Fehler, der anhand des folgenden Koranverses begriffen werden kann:

كَلَّا إِنَّ الْإِنسَانَ لَيَطْغَى * أَن رَّآهُ اسْتَغْنَى

„Nein! Der Mensch ist wirklich aufsässig, weil er sich für selbstherrlich hält.“[311]

Die Vernunft besitzt nur begrenzte Wissens- und Erkenntnismöglichkeiten, deshalb kann der Mensch als begrenztes Geschöpf (maḫlūq) nicht das Beste für sich erkennen, sondern der Schöpfer,[312] der ihn erschaffen hat, seine Anatomie und seine Triebe kennt. Der Koran hier:

308 Vgl. ebd., S. 288.

309 Vgl. KARAMAN: Laik Düzende Dini Yaşamak (2006), Bd. 2, S. 287–288.

310 Vgl. KARAMAN: Hadise Dair İlimler ve Hadis Usûlü (2010), S. 53.

311 KORAN, 96:6–7.

312 Vgl.GÖRGÜN: Art. „Ibn Haldûn“, in: TDV İA, Bd. 19, S. 552–553.

كُتِبَ عَلَيْكُمُ الْقِتَالُ وَهُوَ كُرْهٌ لَكُمْ وَعَسَى أَنْ تَكْرَهُوا شَيْئًا وَهُوَ خَيْرٌ لَكُمْ وَعَسَى أَنْ تُحِبُّوا شَيْئًا وَهُوَ شَرٌّ لَكُمْ
وَاللَّهُ يَعْلَمُ وَأَنْتُمْ لَا تَعْلَمُونَ

„Euch ist vorgeschrieben, (gegen die Ungläubigen) zu kämpfen, obwohl es euch zuwider ist. Aber vielleicht ist euch etwas zuwider, während es gut für euch ist, und vielleicht liebt ihr etwas, während es schlecht für euch ist. Gott weiß Bescheid, ihr aber nicht.“[313]

وَمَا قَدَرُوا اللَّهَ حَقَّ قَدْرِهِ إِذْ قَالُوا مَا أَنْزَلَ اللَّهُ عَلَى بَشَرٍ مِنْ شَيْءٍ قُلْ مَنْ أَنْزَلَ الْكِتَابَ الَّذِي جَاءَ بِهِ مُوسَى
نُورًا وَهُدًى لِلنَّاسِ تَجْعَلُونَهُ قَرَاطِيسَ تُبْدُونَهَا وَتُخْفُونَ كَثِيرًا وَعُلِّمْتُمْ مَا لَمْ تَعْلَمُوا أَنْتُمْ وَلَا آبَاؤُكُمْ قُلِ اللَّهُ ثُمَّ
ذَرْهُمْ فِي خَوْضِهِمْ يَلْعَبُونَ

„Und sie (d.h. Ungläubigen) haben Gott nicht richtig eingeschätzt. (Damals) als sie sagten: ‚Gott hat nichts (als Offenbarung) auf einen Menschen herabgesandt. Sag: Wer hat (denn) die Schrift herabgesandt, die seinerzeit Mose als Licht und Rechtleitung für die Menschen gebracht hat? Ihr macht sie zu Papyrusblättern, die ihr der Öffentlichkeit zugänglich macht (kundtut), während ihr (gleichzeitig) vieles von der Offenbarung geheimhaltet. Ihr wurdet ja durch die Offenbarung manches gelehrt, was vorher weder ihr noch Väter wussten (Wer hat euch das alles zukommen lassen?). Sag: Gott. Aber lass sie nun (weiter) in ihrem Geplauder (mit der Wahrheit) ihr Spiel treiben! (Sie mögen darin verharren, bis sie dereinst eines Besseren belehrt werden.)[314]

Die islamische Religion spiegelt sich nach islamischem Verständnis im Glauben (īmān), in der religiösen Praxis (aʿmāl) und in der Charakterbildung (aḫlāq) der Gläubigen wieder. Ein Muslim ohne religiöse Praxis und ohne religiöse Moral versteht sich als sündhafter Muslim (fāsiq).[315] Ein solches lückenhaftes Religionsverständnis ist mangelhaft. Ein Mensch ohne Glauben (īmān) und ohne religiöse Praxis (ʿamal) kann nach islamischem Verständis zwar im Diesseits profitieren, aber nicht im Jenseits. Eine solche Person darf nach Hayreddin Karaman logischerweise gerade nicht Muslim, sondern muss als Atheisten bezeichnet werden. Die Traditionsgegner gehen zu Unrecht davon aus, dass eine Person ohne Gottglauben und ohne den Glauben an den Propheten Muhammad als mittelmäßiger Muslim anerkennt werden kann. Der Koran widerlegt dieses systemphilosophische Vorgehen:

313 KORAN, 2:216.

314 KORAN, 6:91.

315 Vgl. KARAMAN: Laik Düzende Dini Yaşamak (2006), Bd. 2, S. 287.

اَلْيَوْمَ أُحِلَّ لَكُمُ الطَّيِّبَاتُ وَطَعَامُ الَّذِينَ أُوتُوا الْكِتَابَ حِلٌّ لَكُمْ وَطَعَامُكُمْ حِلٌّ لَهُمْ وَالْمُحْصَنَاتُ مِنَ الْمُؤْمِنَاتِ
وَالْمُحْصَنَاتُ مِنَ الَّذِينَ أُوتُوا الْكِتَابَ مِنْ قَبْلِكُمْ اِذَا اٰتَيْتُمُوهُنَّ أُجُورَهُنَّ مُحْصِنِينَ غَيْرَ مُسَافِحِينَ وَلَا مُتَّخِذِي
اَخْدَانٍ وَمَنْ يَكْفُرْ بِالْاِيمَانِ فَقَدْ حَبِطَ عَمَلُهُ وَهُوَ فِي الْاٰخِرَةِ مِنَ الْخَاسِرِينَ

„.....Und wer den rechten Glauben (īmān) leugnet, dessen Werk ist hinfällig. Und im Jenseits gehört er zu denen, die letzten Endes den Schaden haben.“[316]

اُولٰئِكَ الَّذِينَ كَفَرُوا بِاٰيَاتِ رَبِّهِمْ وَلِقَائِهِ فَحَبِطَتْ اَعْمَالُهُمْ فَلَا نُقِيمُ لَهُمْ يَوْمَ الْقِيٰمَةِ وَزْنًا

„Das sind diejenigen, die an die Zeichen ihres Herrn und die Tatsache, dass sie (dereinst beim Gericht) ihm begegnen werden, nicht glauben. Ihre Werke sind daher hinfällig.“[317]

1.1.6.3 Tradition und Innovation in übrigen Rechtsquellen nach Hayreddin Karaman

1.1.6.3.1 Konsensus (iğmāʿ)

Eine der wichtigsten Quellen, auf die sich die gesunde Tradition stützt, ist der Konsensus (iğmāʿ). Generell besteht im sunnitischen Mainstream (ahl as-sunna) die Übereinkunft (ittifāq), dass sie eine verbindliche Belegführung (dalīl) ist. Jedoch liegen in der Beschreibung und in der Veränderlichkeit differentielle Ansichten vor. Hayreddin Karaman führt diese auf:

1. Position:
Diese Gelehrtengruppe befürwortet die Iğmāʿ-Bildung zu allen Zeiten, wonach eine Stillschweigende (iğmāʿ as-sukūti) wie eine Mündliche anerkannt und unveränderlich sind.[318]

2. Position:
Dieser Gelehrtenkreis vertritt die Ansicht, dass eine Iğmāʿ-Bildung ausschließlich nur in der Ṣaḥāba-Periode möglich war.[319] Außerdem begrenzen sie diese nur auf theologische Themen der Dogmatik (iʿtiqād), der gottesdienstlichen Taten (ʿibādāt), der verwerflichen (ḥarām) und erlaubten (ḥalāl) Taten. Zudem

---

316 KORAN: 5:5.

317 KORAN: 18:105.

318 Vgl. KARAMAN: Fıkıh Usûlü (2010), S. 290.

319 Vgl. KARAMAN: Fıkıhta Gelenek ve Yenileşme. In: 1.Uluslararası Kutlu Doğum İlmî Toplantısı „İslam Gelenek ve Yenileşme“ (International Kutlu Doğum Symposium „Islam, Tradition and Change“) 1996, S. 31–32.

sind sie der Meinung, dass alle späteren Übereinkünfte nicht als Iǧmāʿ bezeichnet oder akzeptiert werden können. Dazu gehört ihrer Sicht nach auch der stillschweigende Konsensus (iǧmāʿ as-sukūti). Als Beleg für ihre dargelegten Thesen führen sie die Wahrscheinlichkeit eines oppositionellen Gelehrten-Iǧtihād an, dessen Ergebnisse die in der Iǧmāʿ-Bildung beteiligten Gelehrten nicht erreicht haben kann.

Welche Position vertritt Hayreddin Karaman?
Hayreddin Karaman ist der Ansicht, dass eine Norm letztendlich auf die Offenbarung (waḥy) gründen muss.[320] Jene Normen können nicht als legitim anerkannt werden, die nicht direkt oder durch Herleitung (istidlāl) auf die Offenbarung (waḥy) gründen. Falls der Iǧmāʿ unter diesen Bedingungen angenommen wird, stützt er sich notwendigerweise entweder auf Textbelege (nuṣūṣ) oder auf das Gemeinwohl (maṣlaḥa). Schließlich ist zu schlusszufolgern, dass sie Normänderungen ermöglicht und durch historische Beispiele belegt werden kann.[321]

1.1.6.3.2 Analogieschluss (qiyās)

Unter „taḫrīǧ al-manāṭ" wird ein spezielles Festellungsverfahren verstanden, in welchem den Text- (nuṣūṣ) und Konsensnormen (aḥkām al-iǧmāʿ) geeignete Normeigenschaften (wasf al-munāsib) zugeordnet werden.[322] Danach wird darauf aufbauend eine analogieschlussbasierende Rechtsfindung (iǧtihād biʾl-qiyās) durchgeführt. Da das Rechtsmotiv (ʿilla) der Norm (ḥukm) oder ihr ähnelnde Motive (ʿilal) die Basis des Qiyās darstellen und durch den Iǧtihād feststellbar sind, sind innovative Änderungen unauschweichlich.[323] Daher sorgten die Quellen des Qiyās und die daraus resultierenden Normen (aḥkām) in der historischen Jurisprudenz für viele Uneinigkeiten (iḫtilāf). Zur Ermittlung der zutreffenden Normenmotive (ʿilal) werden in den islamischen Rechtswissenschaften (fiqh) zwei weitere Feststellungsverfahren, nämlich „tanqīḥ al-manāṭ" und „taḥqīq al-manāṭ" angewandt.

---

320 Vgl. KARAMAN: İslâm'ın Işığında Günün Meseleleri (2010), S. 650.

321 Beispiel: In den Amtszeiten der Kalifen ʿUṯmān bin ʿAffān und ʿAlī bin Abī Ṭālib wurden jenen Räubern keine Strafe angewandt, die nicht auf frischer Tat eingefangen wurden, diese im Nachhinein aufrichtige Reue (tawba) erwiesen und dann erst geschnappt wurden. Dazu wurde auch ein Konsens (iǧmāʿ) erreicht, wobei ʿUrwa bin Zubair zur Sicherheit der Ordnung und zum Schutz des Besitzes die Strafausführung dennoch einforderte. Siehe: http://www.hayrettinkaraman.net/kitap/meseleler/0477.htm (Einsicht: 30.12.2012).

322 Vgl. ẒUḤAILĪ: Fıkıh Usûlü (2010), S. 91.

323 Vgl. KARAMAN: Fıkıh Usûlü (2010), S. 292.

Unter „tanqīḥ al-manāṭ“ wird unter Berücksichtigung der Beschreibungen in Textbelegen (nuṣūṣ) ein Ermittlungsverfahren verstanden, in dem zur rechten Motivfeststellung (ʿilla) alle übrigen Rechtsgründe (ʿilal) nacheinander aussortiert werden.

Unter „taḫqīq al-manāṭ“ wird ein komparativer Festellungsvorgang von Normmotiven (ʿilal) verstanden, die aus Texbelegen (nuṣūṣ), dem Iğmāʿ oder anderweitig vorliegen und ihre Stellungen in den übrigen Religionsangelegenheiten überprüft wird. Als Beispiel kann die Verwerflichkeit von Alkohol genannt werden, in der alle alkoholischen Genussmittel, da sie die gleichen Eigenschaften wie Wein (ḫamr) aufweisen, verworfen (ḥarām) werden.

Der gleiche gemeinsame Rechtsgrund ist der Bewusstseinsverlust, der Rauschzustand und die schädlichen Auswirkungen auf die humane Vernunft (ʿaql). Daher kann die Verwerflichkeit von Alkohol nicht nur auf Wein reduziert werden. Für ein gutes Religionsverständnis sind die Intentionen der islamischen Religion (maqāṣid aš-šarīʿa) zu verinnerlichen und die Normen (aḥkām) auf ihre Weisheiten (ḥikam) hin zu verstehen.

Der Analogieschluss (qiyās) ist als grundlegende Quelle (maṣdar al-aṣliyya) und als Iğtihād-Methode anerkannt. Diese kann sich in ihrem Motiv (ʿilla) entweder auf die Ursprungsquelle (aṣl) von Normen stützen, oder auf spezielle Maßstäbe von ähnelnden Normeigenschaften (wasf), welche vom Ursprung (aṣl) oder analog abgeleitet werden (qiyās al-aṣl).[324] Da das Rechtsmotiv (ʿilla) mit Verweis auf den Ursprung (aṣl) mit Iğmāʿ und mit den Textbelegen (nuṣūṣ) eher selten erörtert wird, führen die Rechtsgelehrten den „taḫrīğ al-manāṭ“ aus.[325]

Dieser versteht sich als Feststellungverfahren des Rechtsgrunds (ʿilla).

1.1.6.3.3 Billigkeit (istiḥsān)

Um die rechtlichen Möglichkeiten zu entwickeln, unterscheidet Hayreddin Karaman zwei Arten von Istiḥsān: Zum einen die veränderliche, zum anderen die unveränderliche Form.

Ein Beispiel für die veränderliche Form des Istiḥsān ist das Abhalten zur Durchführung der kleinen Pilgerfahrt (ʿumra) aufgrund geringer Ersparnisse, welches Verhalten mit den Zielen der islamischen Religion (maqāṣid aš-šarīʿa) wie der Schutz des Besitzes begründet wird und sie als freiwillige gottesdienstliche

324 Vgl. KARAMAN: Fıkıhta Gelenek ve Yenileşme. In: 1.Uluslararası Kutlu Doğum İlmî Toplantısı „İslam Gelenek ve Yenileşme“ (1.International Kutlu Doğum Symposium „Islam, Tradition and Change“), 1996, S. 33.

325 Vgl. KARAMAN: İslâm'ın Işığında Günün Meseleleri (2010), S. 650.

Tat anerkannt ist. Da aber die einmalige Durchführung der kleinen Pilgerfahrt (ʿumra) im Leben eines gläubigen Muslims auch als verpflichtend (wāǧib) gilt, wird nach Hayreddin Karaman die Erlaubnis zur Durchführung der ʿUmra trotz knapper finanzieller Ressourcen gegeben.[326] In der veränderlichen Form von Istiḥsān sind die Belege (adilla) durch zeitbedingte und entwicklungsoffene Bedingungen wie Notlagen (ḍarūra), Gewohnheitstraditionen (ʿurf) und dem Wohlergehen (maṣlaḥa) gekennzeichnet.[327] Daher kann es unter den sich wandelnden zeitlichen Gegebenheiten vorkommen, dass eine Abkehr von den generellen Prinzipien (qawāʿid) erforderlich ist. So sind Iǧtihād-Normen (aḥkām iǧtihādī) für Rechtsentwicklungen (taṭawwur) offen und können sich demnach verändern.

Unter der unveränderlichen Form wird ein Istiḥsān-Verfahren verstanden, welches durch die Textbelege (nuṣūṣ) und der Iǧmāʿ-Bildung ausgeführt wird.[328] Als Beispiel hierzu kann nach Hayreddin Karaman der Vorverkauf von noch nicht vorliegenden Waren verstanden werden (was ḥarām ist), die erst nach vertraglich vereinbarter Barzahlung (dadurch wird das Kaufgeschäft islamisch genehmigt) in der Warenproduktion hergestellt werden.

Diese Einteilung von „Istiḥsān" in eine veränderliche und unveränderliche Form verdeutlicht, dass zur Fallbeurteilung auf dieser Rechtsgrundlage verschiedene islamrechtliche Analysen erforderlich sind. Wie eine zeitgemäße Billigkeit (istiḥsān) einzustufen ist, liegt im Ermessen eines islamischen Rechtsgelehrten (muǧtahid). Dieser muss die vorliegende Rechtssituation des Betroffenen unter den jeweiligen Umständen juristisch beurteilen können. Mit Rückblick auf die historische Jurisprudenz wird „Istiḥsān" den Ḥanafīten zugeschrieben, welche das Prinzip in ihren Rechtsausführungen verwendeten. Muḥammad bin Idrīs aš-Šāfiʿī (gest. 820) versteht darunter einen Vorgang, welcher auf der Einschätzung des Gelehrten beruht und lehnt dies daher mit der Begründung einer Einführung von neuen Regeln scharf ab.[329] Diese Kontroversen verdeutlichen, dass die Anwendung der Rechtsprinzipien auch im Ermessen des Gelehrten liegt und es unter ihnen in der Beweismethode (uṣūl) zu Unterschieden kommt.

---

326 Vgl. KARAMAN: Fıkıhta Gelenek ve Yenileşme. In: 1.Uluslararası Kutlu Doğum İlmî Toplantısı „İslam Gelenek ve Yenileşme" (1.International Kutlu Doğum Symposium „Islam, Tradition and Change"), 1996, S. 34.

327 Vgl. KARAMAN: Fıkıh Usûlü (2010), S. 292.

328 Vgl. KARAMAN: İslam'ın Isığında Gunun Meseleleri (2010), S. 652.

329 Vgl. AŠ-ŠĀFIʿĪ: Ar-Riṣāla (1979), S. 504–508.

1.1.6.3.4 Wohlergehen (maṣlaḥa)

Im islamischen Recht (fiqh) erhält „maṣlaḥa" die Bedeutung eines Zustands, der im Interesse oder in der Schadensabwendung eines Menschen (maṣlaḥa al-fardī) oder der Mehrheit (maṣlaḥa al-ʿāmma) steht. Auch wenn die Offenbarungsquellen (maṣādir al-waḥy) Koran und Prophetensunna als vollendete Religionsquellen (maṣādir ad-dīn liʾl-tašrīʿ) im humanen Interesse (maṣlaḥa) bestimmte Zustände in Schutz nehmen, gibt es auch jene Interessen (ḥāǧāt), die durch die Primärquellen (šarīʿa) nicht geschützt sind (maṣlaḥa al-mursala). Hier greift im Denken von Hayreddin Karaman die Vernunft (ʿaql) der Gelehrten (ʿulamāʾ) ein, in dem sie die šarīʿarechtlich-ungeschützten Interessen (maṣlaḥa al-mursala) untersucht.

Karaman bezieht sich in diesem Zusammenhang auf die wichtigen Gedanken von Abū Isḥāq aš-Šaṭibī (gest. 1388).[330] Nach dessen Meinung kann durch den Qiyās die durch die Textbelege und Iǧmāʿ unbestimmten Interessen (maṣāliḥ al-mursala) und ihre Rechtsgründe (ʿilal) festgestellt werden.[331] Das Prinzip „maṣlaḥa" zielt im Denken von Hayreddin Karaman daher auf die Deckung zeit- und umgebungsbedingter Bedürfnisse der Menschen ab.[332]

In Fällen, in denen Normen auf maṣlaḥa gründen, ist zu überprüfen, ob diese durch Textbelege (nuṣūṣ) und Intentionen der Religion (maqāṣid aš-šarīʿa) annehmbar sind. Diese Erkenntnis liegt in den generellen Bestimmungen der Religion begründet. Dabei werden die normbildenden Grundsätze des Korans und der Aḥādīṯ als Leitprinzipien herangezogen. Hier spielt das göttliche Wohlwollen für das Wohlbefinden (maṣlaḥa) des Menschen eine wichtige Rolle.[333] Dieser Rahmen regelt die Bedürfnisse (ḥāǧāt) der Menschen, in der sie das Wohlwollen Gottes erstreben müssen. Falls ein Maṣlaḥa-Zustand dem Anschein nach einem Vers (āya) oder Ḥadīṯ entgegengesetzt erscheint, aber für die Mehrheit anderer Verse oder Aḥādīṯ angemessen ist, so ist dieser für Karaman vertrauensvoll

330 Vgl. KARAMAN: Fıkıhta Gelenek ve Yenileşme. In: 1.Uluslararası Kutlu Doğum İlmî Toplantısı „İslâm Gelenek ve Yenileşme" (1.International Kutlu Doğum Symposium „Islam, Tradition and Change"), 1996, S. 34.

331 Eine dadurch erschlossene Norm (ḥukm) erhält ihre Legitimation als Normstütze. Zudem gibt es ungeschützte Vorteilsinteressen (maṣāliḥ al-mursala), dessen religiöse Konformität oder Inkonformität durch Naṣṣ, Iǧmāʿ oder Munāsaba nicht hervorgeht. Vgl. KARAMAN: İslâm'ın Işığında Günün Meseleleri (2010), S. 653.

332 Vgl. KARAMAN: Fıkıh Usûlü (2010), S. 294.

333 In der Fiqh-Literatur wird unter „Maṣlaḥa" das körperliche oder geistige, einzelne oder gesellschaftliche, diesseitige oder jenseitige Wohlbefinden verstanden. Vgl. DÖNMEZ: Art. „Maslahat", in: TDV İA, Bd. 28, S. 79.

annehmbar. Der Grund für dieses vorsichtige Vorgehen liegt darin begründet, dass die Kernprinzipien der islamischen Religion (dīn) nicht geschädigt werden dürfen. Zur Lösung von unrechtmäßigem Verhalten, welches zum Ḥarām führen würde, sind wichtige Prinzipien wie Rechtsblockaden (sadd aḏ-ḏarāʾiʿ) entwickelt worden.[334] Umgekehrt wird die Öffnung zum Guten „fatḥ aḏ-ḏarāʾiʿ" genannt.

1.1.7 Dynamik im islamischen Recht (fiqh)

1.1.7.1 Kriterien im wandelbaren Bereich

1.1.7.1.1 Offenes Veränderungsfeld

Das islamische Recht (fiqh) beinhaltet einige unveränderliche Normen. Das bedeutet aber nicht, dass es den wandelnden zeitlichen und örtlichen Gegebenheiten nicht gerecht wird. Seine Absicht besteht nicht darin, dass Lebensabläufe stagnieren, es soll vielmehr eine Anpassung an die sich ständig verändernden Lebensumstände und Deckungen sozialer Bedürfnisse des Menschen erfolgen (unter der Bedingung eines statischen und wandelbaren Bereiches). Schließlich charaktersiert sich Fiqh durch einen Kern göttlicher Herkunft und einen humanen Teil. Diese zweiteilige Gliederung des Fiqh versteht sich als vollendender Quellcharakter.

Der Kernbereich der Religion ist unveränderlich geschützt, der menschliche Teil kann sich den neuen Umständen anpassen. Somit werden nach Hayreddin Karaman die Kriterien des Universalcharakters und die Entwicklungsmöglichkeiten des islamischen Rechts (fiqh) erfüllt. An dieser Stelle ist sehr wichtig, dass die Šarīʿa trotz ihrer göttlichen Herkunft bewusst offene Felder lässt und damit das islamische Recht (fiqh) anpassungsfähig macht.

Als Beispiel können alldiejenigen Ausdrucksarten der Textbelege (uslūb an-nuṣūṣ) genannt werden, die keinen Imperativ oder keine Forderungen beinhalten. Den Bedürfnissen (ḥāǧāt) entsprechend können sich diese in ihrem Verständnis ändern, der Text an sich aber nicht.

Ein Faqīh besitzt die obligatorische Aufgabe, mit Rücksicht auf die humanen Bedürfnisse neue Erkenntnisse und Lösungen (ḥukm) anzubieten. Dabei

334 In sensiblen Fällen ist es zur Vorsicht ausreichend eine kommissarische Rechtserschließung (iǧtihād bi-l-šūra) durchzuführen, in der die Normen analysiert, begutachtet und erörtert werden. Dieses wichtige Vorgehen fördert in der Verständnisbildung die Abkehr von Gefahren und bringt den Nutzen zum Vorschein. Zur ausführlichen Beschreibung von „sadd aḏ-ḏarāʾiʿ" siehe: DÖNMEZ: Art. „Sedd-i Zerâi", in: TDV İA, Bd. 36, S. 277–282.

müssen sich seine Erörterungen auf die Textbelege (nuṣūṣ) stützen und dürfen mit diesen nicht kollidieren (taʿāruḏ).

Sofern mit den offenkundigen authentischen Textbelegen (nuṣūṣ al-qaṭʿiyya) keine Konflikte entstehen, können traditionsbegründete Veränderungen im Sinne innovativer Erkenntnisse angenommen werden. Bei Notlagen (ḍarūra) ermöglichen auch einige Normen der Religion (aḥkām aš-šarʿiyya) deren Behebung durch Ausnahmegenehmigungen (ruḫaṣ).

Das islamiche Recht (fiqh) besitzt daher wichtige Mittel zur Veränderung wie die Sicherung sozialer Gerechtigkeit (ʿadāla al-iğtimāʿiyya)[335], das Unterdrückungsverbot[336], die Sicherung von Interessen (maṣāliḥ)[337], die Vereinfachung (taḫfīf) von humanen Handlungen[338], die Beschwerdenbehebung[339], Notlagen (ḍarūra),[340] die im Kern der Religion geschützt sind.

Diese Intentionen (maqāṣid) sind unveränderlich. Unter diesen sich wandelnden zeitlich- und örtlichen Bedingungen sind die vorliegenden Mittel zum Erreichen dieser Intentionen offen. Beispielweise sind die Sicherung der sozialen Gerechtigkeit und die Abwendung von Unterdrückung unveränderliche Werte, wobei die Art und Weise zur Sicherung derselben den vorliegenden Möglichkeiten überlassen ist. Besonders die Aufgabe, soziale Ungerechtigkeiten zwischen Menschen zu erkennen, ist als religionsmoralische Angelegenheit zu verstehen.

Weiterhin ist das Gemeinwohl (maṣlaḥa) zu berücksichtigen, welches in Art und Form verschiedenen Veränderungen ausgesetzt ist und sich dem heutigen Wohlbefinden (maṣāliḥ) öffnen kann. Die Sicherstellung des Wohlbefindens ist nach islamischem Recht (fiqh) sehr wichtig, denn unter den sich wandelnden Umständen können hinsichtlich der Bedürfnisse überlebensnotwendige Themen betroffen sein. Die Erkennung von sozialer Ungerechtigkeit und die Realisierung der sozialen Gerechtigkeit (ʿadāla al-iğtimāʿiyya) sind dem Ermessen des Menschen überlassen.[341]

---

335 Vgl. KORAN, 16:90, 5:8. Dies ist nach Karaman das breite Gerechtigkeitsverständnis, wovon er die charakterliche Gerechtigkeit (65:2) unterscheidet. Vgl. KARAMAN: Art. „Adâlet“, in: TDV İA, Bd. 1, S. 343.

336 Vgl. KORAN, 76:31, 40:18.

337 Vgl. KORAN, 33:43, 4:114, 5:32.

338 Vgl. KORAN, 18:88, 2:185.

339 Vgl. KORAN, 22:78, 5:6.

340 Vgl. KORAN, 6:145, 2:173.

341 Vgl. KARAMAN: İslâm'ın Işığında Günün Meseleleri (2010), S. 501–502.

1.1.7.1.2 Umgebungs- und Zeitkriterium

Für den islamischen Theologen Tahsin Görgün, einem Karaman nahestehenden Theologen, sind die heutigen zeitlichen und örtlichen Differenzen im Vergleich zu den Beziehungen des Propheten Muḥammad mit seiner Gemeinschaft als *kontextuelle Differenzen* zu verstehen.[342]

Die Notwendigkeit für kontextuell bedingte Normveränderungen im islamischen Recht (fiqh) ist für den islamischen Theologen Mehmet Erdoğan auf ihre Absichten (maqāṣid) und auf Vernunftkriterien (aš-šurūṭ al-ʿaqliyya) zurückzuführen.[343] So zielt Fiqh seiner Ansicht nach in spezieller Hinsicht auf die kontextuelle Anpassung der Muslime ab, in der sie im Alltag der Gläubigen einen richtungsgebenden Charakter erhält. Hier regelt sie die spirituellen Relationen zwischen Schöpfer (Gott) und Geschöpf (Mensch), Mensch und Mensch und Mensch-Natur. Es gilt zu beachten, dass die Erstarrung von Lebensablaufprozessen nicht das Ziel des islamischen Rechts sein kann. Der richtungsweisende Charakter regelt die kontextuellen Bedürfnisse (ḥāǧāt) von Muslimen ohne dabei den islamische Religionskern zu verändern. Somit rückt die Möglichkeit der Wandelbarkeit der islamischen Rechtsprinzipien (qawāʿid) in den Vordergrund. Dabei spielt das Umgebungs- und Zeitkriterium eine wichtige Rolle. Ersteres betrifft die Umgebungsbedingungen von Muslimen wie die Gewohnheitstraditionen (ʿurf), welche auf die Identitäts- und Charakterbildung entscheidende Einflüsse ausüben. Dies muss aus islamischer Perspektive beachtet werden.

In genereller Hinsicht ist es natürlich, dass in der Menschheitsgeschichte die unterschiedlichen Gewohnheitstraditionen, Sitten, Bräuche und Kulturen der verschiedenen Völker, Ethnien und Religionen in pluralistischen Gesellschaften zusammenleben, welches gegenwärtig durch die Globalisierung stärker gefördert wird. Deshalb kommt es sehr oft vor, dass Muslime aus unterschiedlichen Gründen ihren ständigen Wohnsitz wechseln. Diese wandelnden Bedingungen im Alltag bilden den Verbindungspunkt zum Zeitkriterium, welche die Rechtsgelehrten (fuqahā) dazu verleitet, bestehende Rechtsmeinungen oder eigene Lösungen mittels Iǧtihād auf die umgebungs- und zeitbedingte Relevanz hin zu überprüfen und zu überarbeiten, kurz Iǧtihād durchzuführen. Diese Erkenntnis ist ein sehr gewichtiges Motiv, warum das Tor der Rechtsfindung (bāb al-iǧtihād) nicht geschlossen ist.

---

342 Vgl. GÖRGÜN: Fıkıh Usûlü İlmi ve Tarihselcilik Üzerine Birkaç Not. In: Dini Hükümlerin Kaynağı ve Dini Metinlerin Anlaşılması Konusundaki Çağdas Yaklaşımlar Çalıştayı (18–19.12.2009), İstanbul 2010, S. 400.

343 Vgl. ERDOĞAN: İslâm Hukukunda Ahkâmın Değişmesi (1990), S. 15f.

Aus islamischer Sicht greift das Zeitkriterium nur auf die Schöpfung (maḫlūqāt) zurück, die unausweichlichen Veränderungen unterworfen ist. Daher ist dieser zeitbedingte Veränderungsprozess als *Werden* zu bezeichnen, wohingegen die zeitlose Dimension des Schöpfers ein *unveränderliches und unendliches Sein* ist. Die Schöpfung (dessen Teil die Geschöpfe sind) wird unausweichlich der Unvollkommenheit und dem Tod ausgesetzt. Welche Einflüsse hat nun das Zeitkriterium auf das islamische Recht? Diese Frage ist wichtig, um die offenen Wandelbarkeitsfelder aufzuzeigen. In der Beantwortung ist von vorneherein klarzustellen, dass das Zeitkriterium den Status Quo der Gegenwart, somit die veränderbaren Normen (aḥkām) und das zeitbedingte Verständnis bei Quelleninterpretationen verändert.[344] Diesbezüglich weisen Hayreddin Karaman und Mathias Rohe auf die **39.Maǧalla-Regel** hin:[345]

> „Zeitliche Veränderungen und damit Normänderungen können nicht geleugnet werden."
> **(arab. taǧaiyur al-aḥkām bi-taǧaiyur al-azmina wa'l-amkina.)**

Wie lassen sich diese Veränderungen beschreiben und welcher Bereich ist statisch?[346]

Diese Fragen sind wichtig, um die Entwicklungsmöglichkeiten der islamischen Rechtswissenschaften aufzuzeigen und dabei die möglichen Gefahren zu veranschaulichen. Ohne eine solche Untersuchung könnte es zu gravierenden Missverständnissen kommen.

1.1.7.2 Innovative Wandelbarkeit vs. Rückentwicklung

Hayreddin Karaman akzeptiert das Umgebungskriterium in Relation mit dem Zeitkriterium. Für eine fruchtbare Fortentwicklung besteht allerdings seiner Meinung nach die Bedingung, dass nicht jede Veränderung zugleich auch eine

---

344 Vgl. ERDOĞAN: İslâm Hukukunda Ahkâmın Değişmesi (1990), S. 15–16.

345 Vgl. KARAMAN: Laik Düzende Dini Yasamak (2006), Bd. 2, S. 255–256; ROHE: Das islamische Recht. Geschichte und Gegenwart (2011), S. 192.

346 Mit Rückblick auf die klassisch-islamische Jurisprudenz (fiqh) ist festzustellen, dass infolge der zeitbedingten Bedürfnisse in den islamischen Wissenschaften wichtige Systematisierungsprozesse einsetzen, wobei zeitbedingte Verständnisbildungen und Rechtsausführungen schon bereits zur Prophetenperiode mit dem Propheten Muḥammad und seiner Belehrung begann. Schließlich kennzeichnen die bisherigen Entwicklungen im Uṣūl al-Fiqh mit Beginn in der Prophetenzeit (610 n. Chr.) bis heute den gegenwärtigerreichten Punkt der islamischen Wissenschaften. Eine (un)absichtliche Missachtung dieser traditionellen Entwicklungen mündet in der Leugnung einer tatsächlich eingetroffenen Wahrheit, was aus der Perspektive der islamischen Theologie inakzeptabel ist.

Innovation auszeichnet.[347] In ihrer Natur sind Veränderungen dadurch zu charaktersieren, dass sie eine reife Eigenschaft (wasf) erhalten. Im Umkehrfall sind Veränderungen keine Fortentwicklungen, sondern Rückentwicklungen.[348] Daher vertritt Hayreddin Karaman die Position, dass die islamische Rechtswissenschaft (fiqh) sich unter der Bewahrung (maḥfūẓa) von zwei Prinzipien innovativ entwickeln kann:

1. **Prinzip: Beachtung des statischen und des wandelbaren Bereichs**
2. **Prinzip: Beachtung der Rechtsevolution, ein Fehlverständnis ist eine Rückentwicklung**

Die statischen und unveränderlichen Religionsangelegenheiten sind die Glaubensgrundlagen (īmān), ebenso die gottesdienstlichen Handlungen (ʿibādāt), die religiöse Lebensweise (dīn) und der vollendete Religionskern (dīn, šarīʿa), welche in die Folgenerationen gesichert tradiert wird (tawātur). Die Glaubenstradition des Einheitsglaubens (tauḥīd) ist statisch und unveränderlich, wonach sie im philosophischen Formierungsprozess der systematischen Theologie (ʿilm al-kalām) nicht verändert werden darf. Eine bewusste oder unbewusste Missachtung der statischen Religionsangelegenheiten der islamischen Religion (dīn, šarīʿa) würde zur neuen Religionsbildung führen, was aus der Perspektive der islamischen Theologie nicht erlaubt ist. Die Vernunft (ʿaql) hat über der islamischen Religion keinen Absolutheitsanspruch, sodass ein Definitionsrecht der Religion durch die absolute humane Vernunft (ʿaql al-muṭlaq) falsch ist.

Die These einer ungerechten Bedarfsdeckung in der Moderne liegt im Denken von Hayreddin Karaman nicht im Fiqh selbst begründet, sondern in der Stagnation der Iǧtihād-Bewegungen und in der Geschlossenhaltung des Iǧtihād-Tors (bāb al-iǧtihād).[349] Dies würde bedeuten, dass die Muslime an einem zivilisatorischen Punkt zum Stillstand kämen und soziokulturelle Entwicklungen in allen Lebensbereichen ausblieben, was nicht das Ziel der islamischen Religion sein kann. Unter Berücksichtigung der kontextuellen Bedürfnisse (ḥāǧāt) können sich die Muslime durch die sehr wichtigen Iǧtihād-Ausführungen an die gegenwärtigen zeitlichen und lokalen Umstände anpassen. In der Entstehungsphase und in den Entwicklungsperioden des islamischen Rechts wurden daher im Rechtswesen fallrechtliche Analysen eingeschlagen, deren Methodenanalyse

347 Vgl. KARAMAN: İslâm'ın Işığında Günün Meseleleri (2010), S. 648f.

348 Vgl. ebd., S. 512.

349 Vgl. KARAMAN: Yeni Gelişmeler Karşısında İslâm Hukuku (2004), S. 93–96.

zivilisatorisch sehr fruchtbar war. Denn die Fallanalyse verhindert eine starre Regelung und Entwicklung in den islamischen Rechtswissenschaften (fiqh).

1.1.7.3 Pluralistisiches Rechtsschulenverständnis

Bevor das Verständnis von Hayreddin Karaman im innerislamischen Rechtsschulpluralismus untersucht wird, ist die Bedeutung des arabischen Begriffs für Rechtsschule „maḏhab" zu analysieren. Darunter wird eine „Wissensquelle" verstanden, die aus den religionspraktischen Bedürfnissen und der Verantwortung der Muslime hervorgeht, daher auch nicht außerhalb der Religion betrachtet werden darf.[350] Aber auch die islamische Religion (dīn) ist nicht auf eine Rechtsschule (maḏhab) reduzierbar. Der Islam ist eine Offenbarungsreligion, welche von Gott kommend per Vermittlung des Propheten Muḥammad an die Menschen verkündet wurde.

Die Rechtsschule (maḏhab) beinhaltet die Form der humanen Verständnisse, Interpretationen und lebenspraktischen Ausführungen. Die Rechtsschulenangehörigen richten sich nach den Rechtsfindungen (iǧtihād) und den Gutachten (fatāwā) des jeweiligen Rechtsschulengelehrten (muǧtahid fiʾl-maḏhab). Falls ein Muslim sich fortwährend nur nach den Positionen eines Rechtsschulengelehrten orientiert, dann wird über dessen Rechtschulenbindung gesprochen. Nach Hayreddin Karaman besteht für „Muslime ohne entsprechende Iǧtihād-Befugnis" aber keine Dringlichkeit, sich ausschließlich nur nach einer Muǧtahid-Lösung (fatwā) zu richten. Daher erfüllt ein Sunnit seine Pflicht auch dann, wenn er von anderen sunnitischen Gelehrtenlösungen (fatāwā ahl as-sunna) profitiert und sich von Pseudo-Gelehrten distanziert.[351]

Karaman ist der Ansicht, dass die Rechtsschule (maḏhab) verständlicherweise wichtig ist. Jedoch versteht er den innermuslimischen Rechtsschulfanatismus (türk. mezhep taassubu) als ein „unnatürliches Phänomen", welche das friedliche Miteinander der Muslime stört. Daher ist die Differenzierung der Rechtsschulen (maḏāhib) in zwei übergeordnete Kategorien dringlich. Die dogmatischen und die religionspraktischen Rechtsschulen.[352] Erstere unterteilt sich in die Mehrheit des sunntischen Mainstreams (maḏāhib ahl as-sunna) und in die Minderheit der häretischen Rechtsschulen (maḏāhib ahl al-bidʿa). Bis auf wenige Gruppen sieht sich die Šīʿa innerhalb der islamischen Religion (dīn), sodass sie den Sunniten den Glauben nicht absprechen. Die Sunniten und die Šīʿa sind für Hayreddin

350 Vgl. KARAMAN: Mezheb, Mezhebçilik ve Birlik. In: Yeni ¡afak 29.11.2012.
351 Vgl. KARAMAN: Hayatımızdaki İslâm (2006), Bd. 2, S. 361.
352 Vgl. KARAMAN: Hayatımızdaki İslâm (2003), Bd. 1, S. 418.

Karaman Glaubensgeschwister, auch wenn zu einigen Religionsangelegenheiten Meinungsdifferenzen vorliegen.

Zur Realisierung eines friedlichen Familienmiteinanders stellt der Rechtsschulfanatismus ein Hindernis dar. Daher dürfen beide Strömungen im Eigeninteresse sich gegenseitig „nicht" ausgrenzen, womit trotz der Differenzen ein pluralistisches Rechtsschulenverständnis nötig ist. Diese kennzeichnet sich durch ein Umma-Bewusstsein in respektvoller Anerkennung der Rechtsschuldifferenzen aus, die von allen Muslimen moralisch eingehalten werden.

Alle Muslime bilden trotz ihrer Rechtsschuldifferenzen eine Gemeinschaftsfamilie, sodass dieses Miteinander die solidarische Begegnung fördert und die gemeinsamen Probleme angehen lässt. Die jeweilige ethnische Herkunft und Rechtsschule (maḏhab) und der Nutzen der Rechtsschulen (maḏāhib) darf das friedliche Miteinander der muslimischen Familie nicht stören. In sehr respektvoller Anerkennung der Rechtsschulendifferenzen ist ein pluralistisches Rechtsschulenverständnis in Toleranz und Achtung von großen Nöten.[353]

Schließlich müssen sich die Muslime trotz ihrer angehörigen Rechtsschule (maḏhab) in der Glaubenstradition des Einheitsglaubens (tauḥīd) und der Geschwisterlichkeit vereinen, welche das Familienbewusstsein aller Muslime erfordert und durch die Erziehung gefördert wird.

Die islamische Religion und das familiäre Miteinander der Muslime darf für materielle oder immaterielle Zwecke nicht missbraucht werden. Das Ziel ist die Förderung eines besonderen Familienbewusstseins, welches im Alltag den friedlichen Umgang unter den Rechtsschulen (maḏāhib al-islāmī) fördert. Hierbei sind gemeinsame Veranstaltungen, Vereinbarungen und Aktivitäten von sehr großer Bedeutung, damit die Muslime untereinander zusammenwachsen, auch wenn sie Rechtsschulendifferenzen aufweisen.[354] Dadurch erkennen sie, dass sie trotz ihrer Differenzen Glaubensgeschwister sind, die sich im Miteinander achten, respektieren, ihre gemeinsamen Probleme angehen, sich vor böswilligen Einflüssen schützen, den Glauben (īmān) und das geschwisterliche Familienbewusstsein vor Gefahren bewahren (maḥfūẓa). Daher darf die eigene Rechtsschule nicht auf die Stufe der Religion ideologisiert werden. Die Probleme werden durch Spaltungen und Rechtsschulfanatismus (taʿaṣṣub) nicht gelöst, wonach es der familiären Identität bedarf (die nach Gleichberechtigung und Freiheit

353 Vgl. KARAMAN: Ümmet İçinde Farklılık ve Çözüm. In: Yeni Şafak 02.05.2013.
354 Vgl. KARAMAN: Birleştirmek Farz, Bölmek Haramdır. In: Yeni Şafak 17.05.2013.

strebt). Dieses Verständnis ist nach Karaman die Gesinnung der Imāmschulen in der Türkei.[355]

Er weist darauf hin, dass die Verantwortung eines jedes Einzelnen zum Zusammenwachsen der inneren Beziehungen führen muss. Alle Faktoren zur Spaltung und zur feindschaftlichen Gegenüberstellung der islamischen Rechtsschulen (maḏāhib) müssen ausgeschaltet werden.[356] Die islamischen Gelehrten (ʿulamāʾ) erhalten in diesem Rahmen die Aufgabe, sich für das familiäre Miteinander der Muslime einzusetzen, in dem sie die dafür nötigen Schritte für die Friedenssicherung der Rechtsschulen (maḏāhib) und für den respektvollen Umgang in den zwischenmenschlichen Beziehungen einleiten. Nach Hayreddin Karaman müssen sie dafür zusammenkommen und über die gemeinsamen Probleme beraten. Diese Begegnung ist zur Erzielung einstimmiger Meinungen wichtig, das durch Iğmāʿ-Bildungen zustande kommt.

1.1.7.4 Lösungsansätze gegen eine Jurisprudenz-Stagnation

Hayreddin Karaman stellt in seinen Forschungen über die klassisch-islamische Jurisprudenz fest, dass die islamischen Rechtsgelehrten wie Ibn Taimīyya (gest. 1328) und Ibn Qayyim al-Ğauzīyya (gest. 1350) die Geschlossenheit des Iğtihād-Tors nicht akzeptieren und somit sein Offensein verteidigen.[357] Diese Position wird mit Hinweis von Karaman auch von aš-Šauqānī (gest. 1834), al-Afġānī (gest. 1897) und Muḥammad ʿAbduh (gest. 1905) vertreten.[358]

Die Geschlossenheit des Iğtihād-Tors bedeutet, dass entgegen der Textbelege (nuṣūṣ) und ihres Verständnisses Opposition geführt wird, die Muslime an einem zivilisatorischen Punkt stehenbleiben, Innovationsentwicklungen im islamischen Recht (fiqh) ausbleiben und sich die islamische Jurisprudenz (fiqh) in die Richtung von vergangenen Epochen zurückentwickelt. Da diese Entwicklung nicht das Ziel des Fiqh sein kann, bedarf es dem notwendigen Studium der islamischen Wissenschaften und der dringlichen Ausführung des Iğtihād für alle würdigen Fuqahāʾ. Selbst alle anderen Muslime sind verpflichtet (farḍ al-ʿain), aus den Religionsquellen Wissen (ʿilm) zu erwerben und sich an die Gelehrten (ʿulamāʾ) zu wenden.

---

355 Vgl. KARAMAN: İmam Hatiplerin Yoldaş, Kardeş ve Hizmet Anlayışı. In: Yeni Şafak 19.01.2014.

356 Vgl. KARAMAN: Bölünmeye Giden Yol Kapatılmalıdır. In: Yeni Şafak 19.04.2012.

357 Vgl. KARAMAN: Yeni Gelişmeler Karşısında İslâm Hukuku (2004), S. 94–95.

358 Vgl. http://www.hayrettinkaraman.net/kitap/gelismeler/0103.htm (Einsicht: 25.01.2013).

Hayreddin Karaman erwähnt die Gelehrten Ibn Taimīyya (gest.1328) und Muḥammad ʿAbduh (gest. 1905), welche die Aḥādīṯ nach verschiedenen Kriterien begutachteten und dabei einige aussortierten. Dabei wurden sogar einige Aḥādīṯ in den kanonischen Sammlungen (maǧmūʿa) von Buḫārī und Muslim in die Kritik genommen. Aufgrund dieser Gegebenheiten können in den Werken der islamischen Gelehrten unabsichtliche oder durch Intrigen eingebrachte, aber in Wahrheit gefälschte oder erfundene Aḥādīṯ eingeführt worden sein, die als Faktor in der Moderne die Muslime rückständig beeinflusste.[359] Zur bestmöglichen Differenzierung der erfundenen Aḥādīṯ (aḥādīṯ mawḍūʿa) von den Echten bedarf es nach Karaman ihrer genauen Begutachtung, wobei als Untersuchungsmaßstab die Vernunft (ʿaql) herangezogen werden muss. Unter diesem Maßstab werden nicht die Vorstellungen und Annahmen einer Person verstanden, sondern die einstimmige Meinung aller islamischen Gelehrten (ittifāq al-ʿulamāʾ) bezeichnet. Zur Klärung von Detailfragen sind nach Karaman die Vernunft (ʿaql) und die Heranziehung der Wissenschaften der zutreffende Forschungsweg. Dabei sind insbesondere die Faktoren „Zeit“ und „Fortschritte in den humanen Wissenschaften“ wichtig, welche für die Glückseligkeit und Existenzdauer der Menschen von sehr großer Bedeutung ist.

Daher ist es nach Karaman unnütz, wenn die islamischen Rechtsgelehrten (trotz ihrer guten Absichten) ihre meiste Zeit mit unnötigen Detailfragen verschwenden. Schließlich kommt er zum Schluss, dass gerade die mehr als erforderlichen Zuwendungen zu Detailthemen die Gedanken- und Ideenwelt der Jurisprudenz nachhaltig beeinflussten. Als Vorkehrmaßnahme sei es ausreichend, die Textbelege (nuṣūṣ) und die Prinzipien (qawāʿid) zu berücksichtigen und sich von wohlwollenden Fatwās (hawā) zu entfernen (die die Besinnung zu Textbelegen verhindern). Hierzu muss der undurchschaubare Iǧtihād durch „nachvollziehbarere“ ersetzt werden, sodass der zeitgemäße zivilisatorische Aufschwung realisiert wird. Zur Behebung des innerislamischen Rechtsschulfanatismus besteht nach Hayreddin Karaman das Erfordernis, die Herzen

359 Im generellen können Ḥadīṯerfinder in drei Gruppen eingeteilt werden. Erstens: Islamfeindliche Personen, die aus Eigennützen das rechte Islamverständnis stören und den Propheten Muḥammad schlecht darstellen wollen. Zweitens: Politischmotivierte Personen, die zur Legitimierung der eigenen Rechtsschule (maḏhab) Ḥadīṯe erfinden. Drittens: Unwissende Personen, die die Religion und ihre damit verbundenen lebenspraktischen Handlungen nach ihren Vorstellungen verstehen und auf diese Art und Weise ein falsches Religionsverständnis verbreiten. Vgl. SERDAROĞLU: Uydurma Hadislere Dair, in: Diyanet İlmî Dergi 6, 12 (1967), S. 317.

(ṣudūr) geschwisterlich zu vereinen.[360] Darunter wird eine Rückbesinnung auf die Primärquellen verstanden, die das Einhalten von bestimmten Bedingungen erfordert. Erstens: Der Koran wird herangezogen und mit Rücksicht auf die Verständnisse der Exegeten und der Uṣūl-Gelehrten verbindliche und empfehlende Normen (aḥkām) berücksichtigt. Dabei werden die Normenattribute (wasf) im Koran berücksichtigt. Zweitens: Alle verbindlichen Normen müssen sich auf die Sunna stützen. Hier wird die Sunna in gemeinsamer Anerkennung der sunnitischen Rechtsschulen (maḏāhib ahl as-sunna) und „ohne" Widersprüchlichkeit (taʿāruḍ) zur Offenbarungslehre (waḥy) angenommen.

Drittens: Eine gesunde Übertragung (naql aṣ-ṣaḥīḥ) ist mit dem gesunden Verstand konform. Eine solche klassische Überlieferung (ḥadīṯ) ist richtungsweisend, die zugleich auch von den Rechtsgelehrten (fuqahāʾ) anerkannt wird. Falls unter den sunnitischen Rechtsschulenimāmen im Gesundheitsgrad eines Ḥadīṯ Uneinigkeiten vorliegen (iḫtilāf fiʾṣ-ṣiḥḥaṭ al-ḥadīṯ) sind diese als Richtquelle anzunehmen. Viertens: Der Iǧtihād derjenigen Rechtsgelehrten ist zu erwählen, der den zeitgemäßen Umständen und Bedürfnissen der Muslime gerecht wird und zur sozialen Gerechtigkeit dient. Diese Verbindungspunkte stellen die Basis eines Miteinanders der islamischen Rechtsschulen (maḏāhib al-islāmī) dar. Sofern sich die Bedürfnisse (ḥāǧāt) und die Interessen (maṣāliḥ) ändern, können sich die erschlossenen Iǧtihād-Normen ändern. Diese Flexibilität (murūna) verhindert eine Stagnation (ǧumūd) in der Jurisprudenz und ebnet den Weg für wichtige Innovationsentwicklungen in der islamischen Jurisprudenz ein. Falls sich die Gewohnheitstraditionen (ʿurf), die Bedürfnisse (ḥāǧāt), die zeitlichen und die lokalen Bedingungen ändern, die Normenaufarbeitungen (tādīlāt) jedoch ausbleiben, kann es in allen zivilisatorischen Feldern zur Stagnation (ǧumūd) kommen.[361]

Hier weist Hayreddin Karaman auf den Gelehrten Ibn Ḫaldūn (gest. 1406) hin, welcher die wandelbaren Rechtsprinzipien unter den kontextuell veränderten Bedingungen hervorhebt. Zur Behebung dieser Umstände ist es nach Karaman erforderlich, dass die Muslime das geistige Religionsverständnis verinnerlichen, sowie die Normen, ihre Motive (ʿilal) und ihre Bedingungen zeitgemäß umsetzen. Falls die Wahrheiten des Islams berücksichtigt werden, ist erkennbar, dass diejenigen Anweisungen des Propheten Muḥammad für Muslime verbindlich sind, welche die Religions- und Charakterangelegenheiten betreffen oder daraus entstanden sind. Wenn jedoch die vereinzelten weltlichen Angelegenheiten betrachtet werden (welche auf die persönlichen Erkenntnisse und Erfahrungen von Muḥammad

360 Vgl. KARAMAN: Yeni Gelişmeler Karşısında İslâm Hukuku (2004), S. 107.
361 Vgl. ebd., S. 110.

gründen), so sind diese für Muslime nicht verbindlich. Hier betont der Prophet Muḥammad, dass seine Ṣaḥāba die weltlichen Angelegenheiten besser kenne als er. Falls diese mit dem wesentichen Kern der Religion nicht in Relation stehen, betreffen diese den Islam nicht. Unter der „islamischen Religionsbasis" werden nach Karaman alle Glaubenspfeiler (īmān), Gottesdienste (ʿibādāt), charakterliche (aḫlāq) und zwischenmenschliche (muʿāmalāt) Normen (aḥkām) verstanden.

In allen übrigen weltlichen Angelegenheiten gibt die islamischen Religion Freiheiten, die den prüfenden gesunden Menschenverstand durchläuft. Denn mit den wandelnden Kontexten und den damit einhergehenden Bedürfnissen (ḥāǧāt) und ungeschützten Interessen (maṣāliḥ al-mursala) von Muslimen können sich zu ihrem Wohl (maṣlaḥa) die Iǧtihād-Normen ändern.[362] Daher besteht die Pflicht, sich dessen bewusst zu werden und die Religionsnormen von den unverbindlichen weltlichen Fällen zu trennen. Letztere werden unter den wissenschaftlichen und zivilisatorischen Umständen, dem geistigen Religionsverständnis und dem Wohlbefinden (maṣlaḥa) entsprechend begutachtet. Hierbei muss am sicheren und zutreffenden Wissen und an den islamischen Glaubensgrundlagen (īmān) festgehalten werden, um den zivilisatorischen Aufschwung voranzutreiben.[363]

---

362 Die Koranverse (āyāt) und die Prophetensunna als Quellen der vollendeten Religion sind universell, sofern sie keine zeit-, orts- und personenspezifischen Belege aufweisen. Auch wenn sie in der Menschheitsgeschichte zu bestimmten Zeiten verkündet wurden, sind sie durch ihre formellen und inhaltlichen Eigenschaften und Botschaften zu allen zeitübergreifenden Fällen fähig als „erhellende Quellenbelege" zu dienen. Die geringe Anzahl der normeinführenden Textbelege (nuṣūṣ) ist ein Hinweis dafür, dass das Anwendungsfeld des Iǧtihād breit angelegt ist. Die Rechtsprinzipien wie die Sicherung von Interessen (maṣāliḥ) und das Notfallprinzip (ḍarūra) ermöglichen zu zeit- und ortsübergreifenden Lebenskontexten von Muslimen ihre Probleme zu lösen und ihre Bedürfnisse zu decken. Die Probleme um das Verständnis der universellen Primärquellen in der Moderne liegen nach Hayreddin Karaman nicht in der oft angeführten These einer Unfähigkeit des Uṣūl al-Fiqh, sondern in der bewussten und unbewussten Geschlossenhaltung des Iǧtihād-Tors (bāb al-iǧtihād) begründet. Daher wurden die vorliegenden Iǧtihād-Lösungen der Fuqahāʾ, welche auf vergangene Gewohnheitstraditionen (ʿurf), Interessen (maṣāliḥ) und Vernunftausführungen beruhen zu neuen Fällen nicht auf die zeitgemäße Relevanz geprüft.
Die islamischen Rechtsgelehrten (fuqahāʾ) haben die Pflicht (farḍ) gerade zu neuen Fällen Iǧtihād durchzuführen und die zeitgemäßen Interessen (maṣāliḥ) und Bedürfnisse (ḥāǧāt) der Muslime zu begutachten.
Vgl. KARAMAN: Modernist Proje ve İctihad. In: İslâm ve Modernizm. Fazlurrahman Tecrübesi (1997), S. 163.

363 Vgl. KARAMAN: Yeni Gelişmeler Karşısında İslâm Hukuku (2004), S. 116.

2. Rezeption der Prophetenzeit von Hayreddin Karaman

2.1 Kontextuelles Verständnis

2.1.1 Lebenszeit von Muḥammad in Mekka und Medina

Wenn die geographische Lage im Entstehungskontext der islamischen Religion vor Augen geführt wird, können die verschiedenen Kulturen, Religionen und Zivilisationen wie die der Römer, der Altperser, der Griechen und der Inder genannt werden. In kultureller Hinsicht stand der Entstehungsraum der islamischen Religion in besonderer Distanz zu diesen Völkern, in welche sie in ihrem Aufgehen auf diese besondere kulturelle Wirkungen ausüben sollte.

Die Lebensperiode des Propheten Muḥammad ist nach Hayreddin Karaman die wichtigste Zeit des Fiqh, weil das Vorgehen des Propheten (welches sich auf die Offenbarung stützt) seine Vollendung (tašrīʿ) gefunden hat. Zugleich bildet sie die Grundlage der nachfolgenden Entwicklungsperioden in den islamischen Rechtswissenschaften (fiqh). Die Lebensphase des Propheten unterteilt sich wiederum in die mekkanische und medinensische Periode. Diese Einteilung ist von großer Bedeutung, weil sich die Regelungen mit der Auswanderung von Mekka nach Medina ändern (hiǧra).[364] Der Prophet erhielt die Offenbarung (waḥy) erstmals 610 n. Chr., als ihm in der Höhle Ḥirāʾ in Mekka die Anfänge der sechsundneunzigsten Sure offenbart wurde. In einer Zeitspanne von zwölf Jahren der Offenbarung wohnte er in Mekka, wo ihm weniger als ein Drittel des Korans offenbart wurde. Hier wandte er sich verstärkt den dogmatischen Glaubensgrundlagen (iʿtiqād) und der religiösen Sozialisation (iršād) zu, was die mekkanischen Verse (āyāt) bestätigen.[365] Aufgrund der zunehmenden Repressionen durch die Polytheisten (mušriqūn) wanderte der Prophet Muḥammad mit seinem Freund Abū Bakr mit göttlicher Erlaubnis von Mekka nach Medina aus.

Die medinensischen Gefährten nahmen ihn und seine mekkanischen Freunde mit Herzlichkeit auf, was als häusliche und geschwisterliche Vereinbarung charaktersiert werden kann. In Medina rückte der Prophet ins Zentrum des

364 Vgl. KRAWIETZ: Hierarchie der Rechtsquellen im tradierten sunnitischen Islam (2002), S. 17–18.

365 Vgl. ÇINAR: Die islamische Überlieferungsliteratur zur Rechtslage im Frühislam (2003), S. 92.

Gemeindelebens, in der er mit Juden, Christen und Polytheisten einen Friedensvertrag schloss. In diesem kleinen Gemeindeleben entstand für Muslime das Bedürfnis nach Regelungen in den Gottesdiensten (ʿibādāt), im Familien- und Erbrecht (mirāṯ) und in den zwischenmenschlichen Beziehungen (muʿāmalāt),[366] welche das soziomoralische Leben der Muslime regelte. Hinzu kamen die Regelungen im Umgang mit Nichtmuslimen, die mit den Muslimen eine Solidargemeinschaft (umma) bildeten.[367]

2.1.2 Charakteristika der frühislamischen Bereiche

Die Etablierung der frühislamischen Bereiche ist von zwei speziellen Charakteristika geprägt, welche den historischen Kontext der Prophetenperiode kennzeichnet:[368]

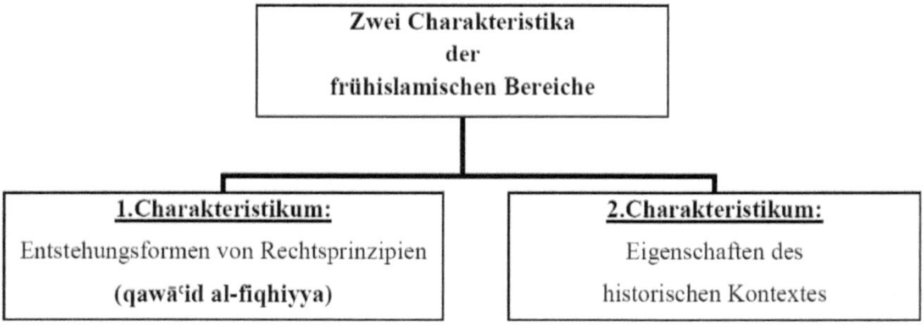

1. Charakteristikum: „Entstehungsformen von Rechtsprinzipien (qawāʿid al-fiqhiyya)“

Es gibt Fälle (waqāʾiʿ), die einen Entscheid erfordern. Als Beispiel können Unklarheiten unter den Prophetengefährten (iḫtilāf aṣ-ṣaḥāba) genannt werden, bei denen sich an den Propheten Muḥammad wandten und diesen um Auskunft baten. Aus islamrechtlicher Sicht wurde in solchen Fällen entweder ein Vers (āya) offenbart oder ein Beschluss des Propheten Muḥammad (ḥukm an-nabī) verkündet.[369]

---

366 Vgl. KARAMAN: İslâm Hukuk Tarihi (2001), S. 53–54.

367 Vgl. KRÄMER: Geschichte des Islam (2005), S. 22; ÇINAR: Die Genese des islamischen Rechts zur Zeit des Propheten, in: Journal of Religious Culture 115 (2008), S. 4.

368 Vgl. KARAMAN: İslâm Hukuk Tarihi (2001), S. 54–56.

369 Vgl. KARAMAN: Art. „Fıkıh“, in: TDV İA, Bd. 13, S. 3–4.

Dies belegt, dass er selbst Entscheidungen bekanntgab, die in die Sunna einzuordnen sind. Manchmal wurden Normen (aḥkām) durch den Iǧtihād des Propheten verfasst, worüber die Offenbarungsanlässe (asbāb an-nuzūl) berichten. Auch wenn keine Fälle eintraten, wurden Normen verkündet, die im Gotteswillen und im Ermessen des Propheten lagen. Diese bestimmen die Falllösung, die Not (ḍarūra), die Bedürfnisse (ḥāǧāt) und die Beratungen (istišāra).[370]

2. Charakteristikum: „Eigenschaften des historischen Kontextes"
Zu den Eigenschaften der Periode sind die Normen (aḥkām) und die Prinzipien (qawāʿid) im zwischenmenschlichen Bereich (muʿāmalāt) zu nennen, welche das Wohlergehen (maṣlaḥa) in der Sicherstellung von Vorteilen und der Abwendung von Nachteilen beabsehen.[371]

2.1.3 Verständnisbildung bei Normen

Der Koran wurde dem Propheten Muḥammad stückweise offenbart und die Sunna als die Primärquelle der Koranexegese in der Prophetenzeit vollendet. Diese Step-by-Step-Regelung als „mündliche Intervention" in die Lebenswelt der Gefährten (ṣaḥāba) umfasste eine Zeitspanne von dreiundzwanzig Jahren.[372] Das ermöglichte ihnen ein einfaches Verständnis zur Umsetzung der Normen in die Lebenspraxis. Hier ist wichtig, dass sie als Erstadressaten wenig Lese- und Schreibfertigkeiten besaßen. Vielmehr zeichneten sie sich durch ein starkes Erinnerungsvermögen aus. Die Anweisungen des Propheten Muḥammad ermöglichte ihnen das rechte Religionsverständnis, weshalb sie danach strebten, seine Befehle in die Lebensabläufe umzusetzen (was der Koran explizit verlangt).

In unklaren Fällen kam es durchaus vor, dass sie den Propheten auch konkret fragten, ob seine Anweisungen und Empfehlungen eine konkrete Offenbarung

---

370 Vgl. KARAMAN: Anahatlarıyla İslam Hukuku (2006), S. 46.

371 In vielen Offenbarungsversen (āyāt) wird ausdrücklich hingewiesen, dass der Schöpfer die Schöpfung auf Grundlage einer Weisheit (ḥikma) mit bestimmten Intentionen und zur Sicherung ihrer Vorteile schafft. Vgl. IBN ʿĀŠŪR: Maqāṣid aš-Šarīʿa al-Islāmīyya (1947), S. 65; İBN ÂŞÛR / AKYÜZ-ERDOĞAN (ÜBERS.): İslâm Hukuk Felsefesi (1999), S. 27–29. Der Schöpfer hat die Menschen in verschiedenen Ethnien geschaffen, sodass sie einander kennenlernen und austauschen (KORAN, 49:13), dem Schöpfer dienen (KORAN, 51:56) und in ihrer kurzen Lebenszeit in ihren Handlungstaten zum Guten und Vernünftigen geprüft werden (KORAN, 62:2).

372 Vgl. GÖRGÜN: Dil, Kavrayış ve Davranış. Kur'an'ın Vahyedilmesi ve İslam Toplumun Ortaya Çıkışı Arasındaki Alâkanın Tahliline Mukaddime. In: 3.Kur'an Haftası Sempozyumu 13.-19.01.1997 (1998), S. 138.

(waḥy) sei oder aus persönlicher Sicht stamme.[373] In besonderen Ausnahmesituationen kam es auch vor, dass ein Ṣaḥāba sich dem Propheten konstruktiv widersetzte und die darauffolgende Offenbarung (waḥy) ihn bestätigte.[374] Die Prophetenanweisungen wurden von den Gefährten (ṣaḥāba) unterschiedlich kommentiert und praktiziert. In besonderen Situationen opferten sie zum Schutz des Propheten Muḥammad und für das Fortbestehen der islamischen Religion ihr Leben.

Es kam auch vor, dass sie seine Anweisungen als Anreiz oder Empfehlung verstanden und dementsprechend handelten. Diese Verständnisform und Orientierung der Ṣaḥāba gelangte in die Nachfolgegenerationen. Über die Anfänge der islamischen Jurisprudenz erwähnt Harald Motzki in seiner Forschung den Islamforscher Eduard Sachau (gest. 1930), welcher in seinen intensiven Islamforschungen über die Entstehung des islamischen Rechts (fiqh) explizit auf den Koran und auf die Sunna hinweist.[375] Nach dem Tod des Propheten Muḥammad 632 n. Chr. orientierten sich die Ṣaḥāba an diesen beiden Offenbarungsquellen (maṣādir al-waḥy), wobei auch der Konsensus (iǧmāʿ) und der Analogieschluss (qiyās) zur Ausführung kam.[376]

Diese historischen Tatsachen sind aus islamrechtlicher Sicht von großer Bedeutung, welche es in den Forschungen über die Enstehungsphase des Fiqh zu berücksichtigen gilt.

---

373 Beispiel:Eine ehemalige Sklavin wollte sich von ihren Ehemann (der ein Sklave war) trennen. Er liebte sie woraufhin der Prophet der Frau empfahl, zu ihm zurückzukehren. Sie fragte, ob er ihr das befiehlt, worauf der Prophet seine versöhnenden Absichten näherbrachte. Aufgrund dieser Antwort kehrte sie nicht mehr zu ihrem Ehemann zurück. Dieses Vorgehen der Frau wurde von den anderen nicht missbilligt. ABŪ DĀWŪD: Ṭalāq, 19.

374 Beispiel:Als Muḥammad das Totengebet eines Hauptheuchlers (munāfiq) verrichten wollte, widersetzte sich ʿUmār bin al-Ḫaṭṭāb diesem Vorhaben. Die darauffolgende Offenbarung (waḥy) bestätigte die Haltung ʿUmars. Vgl. KARAMAN: İslâm'ın Işığında Günün Meseleleri (2010), S. 528.

375 Vgl. MOTZKI: Die Anfänge der islamischen Jurisprudenz (1991), S. 8.

376 Unter den Ṣaḥāba kann beispielweise ʿAbdallāh ibn Masʿūd genannt werden, der als Lehrmeister die Muslime im Fiqh unterrichtete. Vgl. CERRAHOĞLU: Art. „Abdullah bin Mesud", in: TDV İA, Bd. 1, S. 114–117.

2.1.4 Periodische und gewöhnungsbedingte Normenumsetzung

A. Periodische Umsetzung

Das Kollektiv der Offenbarungsnormen (aḥkām) wurde nicht auf einmal, sondern in einer Zeit von dreinundzwanzig Jahren durch die Anweisungen des Propheten Muḥammad umgesetzt.[377] In diesem Kontext muss erwähnt werden, dass auch der Koran stückweise offenbart wurde, weshalb die Ṣaḥāba sich am lebenden und sichtbaren Vorbild des Propheten Muḥammad orientierten. Dies lag auch daran, dass die Umsetzung der obligatorischen gottesdienstlichen Handlungen (ʿibādāt) wie die Almosengabe (zakāt) durch die Zuwendung zum Propheten Muḥammad erfragt werden musste.[378] Daraufhin klärte dieser über die rechte Religionpraxis auf und belehrte sie mit den damit zusammenhängenden Weisheiten (ḥikam). Diese Form der Normenumsetzung ermöglichte ihnen das rechtmäßige Religionsverständnis und die korrekte Praxis der Offenbarung (waḥy). So wurden die soziokulturellen Bedürfnisse gedeckt, die zivilisatorische Entwicklungen realisiert und die universellen Werte eingeführt.[379]

B. Gewöhnungsbedingte Umsetzung (tadarruğ)

Da einige Normen und die damit verbundenen Pflichten (farāʾiḍ) nicht auf einmal, sondern nach und nach eingeführt wurden,[380] wurde gemeinschaftliche Zustimmung (intibāq) und Anerkennung (istidāt) erreicht. Diese wurden durch weitere Normen vollendet und vermehrt. Beispiele dieser gewöhnungsbedingten Umsetzungen sind die Erhöhungen der Tageszeiten des Gebets, die Höhe der Almosengabe und das Alkoholverbot. Das Plichtgebet war am Anfang nur in der Morgens- und Abendszeit verbindlich. Später wurde es endgültig und unveränderlich für fünf Tageszeiten festgesetzt. Die Almosenhöhe wurde zunächst unter der Berücksichtigung der Willens- und Finanzkraft begrenzt. Erst nach und nach wurde der prozentuale Betrag endgültig festgesetzt. Das absolute Alkoholverbot wurde nicht auf einmal auferlegt. Zunächst wurden die Schäden verkündet,[381] dann das Beten unter Alkoholeinfluss und danach der Konsum präventiv verboten.[382] Die Prophetenperiode sticht durch die Leichtigkeit (tahfif) in der

377 Vgl. KARAMAN: İslâm Hukuk Tarihi (2001), S. 55f.

378 Vgl. SİBÂİ / KENDİR (ÜBERS.): İslâm Hukuku'nda Sünnetin Yeri (2009), S. 75–78.

379 Vgl. KARAMAN: Yeni Gelişmeler Karşısında İslâm Hukuku (2004), S. 50–51.

380 Vgl. KARAMAN: Art. „Fıkıh", in: TDV İA, Bd. 13, S. 4.

381 Vgl. KORAN: 16:67.

382 Vgl. KORAN: 2:219, 4:42, 5:90.

Normenumsetzung hervor.[383] Der Koran berichtet hier, dass Gott dem Menschen über dessen Natur (ṭabīʿa) hinaus keine Mühen auferlegt.[384]

2.1.5 Zwei Hauptbereiche des Fiqh (uṣūl, furūʿ)

Die zwei Hauptbereiche des Fiqh „uṣūl", „furūʿ" gehen auf die frühislamische Zeit zurück:[385]

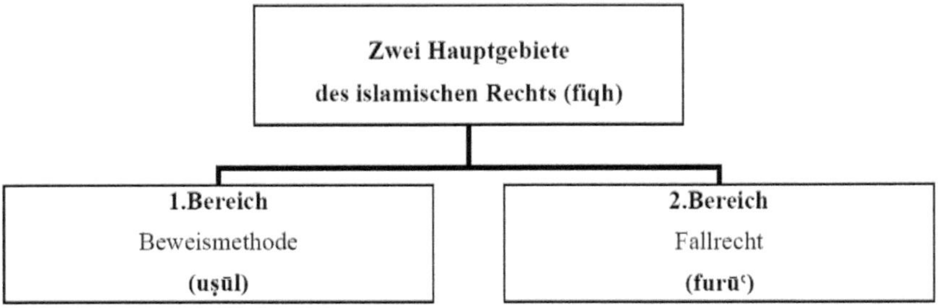

1. Beweismethode (uṣūl)

Die Beweismethode beschäftigt sich mit den grundlegenden Ursprungsquellen (al-adillat al-aṣliyya) und den daraus abgeleiteten Belegen (adilla) und Normen (aḥkām). Das islamische Recht (fiqh) gliedert sich der Hierarchie nach in den Koran, die Prophetensunna, Iǧmāʿ und Qiyās. In der Prophetenperiode sind die Primärquellen vollendet worden. Der Koran wurde von den Muslimen vollständig auswendig gelernt und in die Folgegeneration gesichert übertragen (tawātur). Die Offenbarungsverse und später die Aḥādīṯ wurden niedergschrieben.

2. Fallrecht (furūʿ)

Das Fallrecht beschäftigt sich mit den fallspezifischen Normen (furūʿ), die durch bestimmte Methodenansätze aus den Quellen gewonnen werden.[386] Das

---

383 Ein Ḥadīṯ besagt: „Vereinfacht! Erschwert nicht. Lasset erfreuen und nicht verabscheuen!" Der Prophet Muḥammad hat in einigen Religionsfällen aus Erschwernis für die Menschen einige Dinge nicht befohlen. Diese erweitern sich auf Krankheiten, Reisen, Vergesslichkeiten, Irritationen und Täuschungen.

384 Vgl. KARAMAN: İslâm Hukuk Tarihi (2001), S. 54–55. Siehe hierzu auch: KORAN, 2:185, 3:159.

385 Vgl. KARAMAN: İslâm Hukuk Tarihi (2001), S. 56–57; KARAMAN: Anahatlarıyla İslâm Hukuku (2006), S. 36–37; ÇINAR: Die islamische Überlieferungsliteratur zur Rechtslage im Frühislam (2003), S. 98–99.

386 Vgl. AYBAKAN: Fürû' Fıkıh Sistematiği Üzerine, in: MÜİFD, 31 (2006), S. 20.

Vorgehen in der Beweismethode (uṣūl) und im Fallrecht (furūʿ) ist in der Prophetenperiode verankert, wobei beide Gebiete erst zu einer späteren Zeit systematisch ausgearbeitet wurden.[387] Das Fallrecht umfasst gottesdienstliche, religionssoziologische und weitere andere Felder.

In die mekkanische Zeit des Propheten Muḥammad gehören im gottesdienstlichen Bereich des Furūʿ das Freitagsgebet, die Ganzkörperwaschung, die rituelle Gebetswaschung und das Pflichtgebet. In die Medinensische sind die Freitagspredigt, der Gebetsruf, die Eheschließung, das Fasten, die Festgebete, die Almosengabe, das Opferschächten, die Gebetrichtungsänderung, die Erb- und Scheidungsregelungen, das Kopftuch und die Pilgerfahrt einzuordnen.[388]

2.2 Grundlegende Quellen (al-adillat al-aṣliyya)

2.2.1 Koran

2.2.1.1 Muslimisches Verständnis

Der etymologischen Bedeutung nach wird das Wort „Koran" auf verschiedene Bedeutungen zurückgeführt.[389] Unter den klassischen Gelehrten entstanden daher verschiedene Meinungen, die sich auf den Wortursprung beziehen.[390] Nach islamischem Verständnis stellt der Koran das von Gott offenbarte, durch den Erzengel Gabriel (Ǧabrāʾīl) an den Propheten Muḥammad vermittelte, in Fragmenten aufgezeichnete, in die Folgegenerationen gesichert übertragene (tawātur), zur gottesdienstlichen Gebets- und Lesepraxis herangezogene, unnachahmliche Gotteswort und die erste Quelle des islamischen Rechts (fiqh) dar.[391] Alle muslimischen Gelehrten (ʿulamāʾ) sind sich darin einig, dass der Koran ein Primärbeleg (dalīl aš-šarʿī) ist.

387 Vgl. KARAMAN: Art. „Fıkıh", in: TDV İA, Bd. 13, S. 3–4; İslâm Hukuk Tarihi (2001), S. 73–80.

388 Vgl. KARAMAN: Yeni Gelişmeler Karşısında İslam Hukuku (2004), S. 52.

389 Vgl. CERRAHOĞLU: Tefsir Usûlü (2006), S. 31–33.

390 Beispielhaft können die Gelehrten wie AL-FARRĀʾ, AŠ-ŠAFIʿĪ, Al-AŠʿARĪ, AZ-ZAĞĞĀĞ genannt werden, die orthographisch entweder ohne oder mit einer Hamza-Schreibweise ausgehen. Nach al-Farrāʾ geht „Koran" auf „qarīna" zurück, wobei für aš-Šāfiʿī „Koran" ein Eigenname ist. Al-Ašʿarī führt es auf „qarana" (annähern) und az-Zağğağ auf „al-qarn" (sammeln) zurück. Vgl. ÇINAR: Quellen des islamischen Rechts, in: Journal of Religious Culture, 113 (2008), S. 1–2. Zur näheren Information über die verschiedenen Beschreibungen siehe: BİRIŞIK: Art. „Kur'an: Tarifi, Tarihi, Tertibi", in: TDV İA, Bd. 26., S. 383.

391 Vgl. KARAMAN: Fıkıh Usûlü (2010), S. 94.

In der gegenwärtigen Koranforschung ist bekannt, dass zum gesicherten Text vereinzelt auch die ungesund-tradierten Lesarten übergekommen sind. Dies zeigt sich durch einzelne oder mehrere Wörter aus, die im heutigen Koranexemplar nicht auftauchen.[392] Es wird überliefert, dass diese Wörter in einigen Fragmenten der Ṣaḥāba vorkommen. Unter den Fuqahā᾽ bestehen unterschiedliche Ansichten, ob diese ungesunden Überlieferungen als Normenquelle dienen oder nicht.[393] Nach Hayreddin Karaman ist der Koran kein Gesetzbuch, sondern eine wegweisende Verhaltensregel für die Gläubigen.[394] Gudrun Krämer weist ebenso darauf hin, dass der Koran auf das Verhalten der Muslime abzielt und kein Gesetzbuch ist.[395]

2.2.1.2 Eigenschaften

2.2.1.2.1 Stückweise Offenbarung im Arabischen

Der Koran besitzt einzigartige sprachliche Eigenschaften, welche ihn auch von den übrigen Schriftquellen unterscheidet. Gemäß der vollkommenen Weisheit Gottes (ḥikmatullāh) traten die Gesandten Gottes aus Völkergruppen hervor,

---

392 Beispiel: Überlieferung in den Fragmenten von ʿAbdallāh ibn Masʿūd über die Sühne eines unrechtmäßigen Schwurs durch aufeinanderfolgenden Fastens. Im heutigen Koranexemplar wird die Aufeinanderfolgende nicht vorgeschrieben. Der betroffene Koranvers (āya) ist 5:89.

393 Die ḥanafītische Tradition vertritt die Sicht, dass sie in der Normenableitung berücksichtigt werden. Daraus folgt, dass die Sühne eines unrechtmäßigen Schwurs durch Sühnfasten in aufeinaderfolgenden Tagen erfolgen muss. Als Begründung führen sie die These an, dass die Gefährten (ṣaḥāba) die ungesunde Lesart vom Propheten gehört oder infolge ihrem Iǧtihād in ihre Fragmente aufgenommen haben, wobei ersteres Argument gewichtiger ist als das Zweite. In diesem Fall hat die Lesart eine exegetische Funktion durch den Propheten, womit sie in seiner Sunna als Normenquelle dient. Daher können nach ḥanafītischer Meinung die Handlungen (aʿmāl) auch nach dieser erfolgen. Nach ḥanbalitischer, šāfiʿītischer und mālikitischer Tradition dürfen diese sich nicht danach richten. Das Sühnfasten kann daher an beliebigen Tagen erfolgen. Als Begründung führen sie das Argument an, dass die ungesunde Lesart in Gelehrtenübereinkunft „nicht als Koran" bezeichnet werden darf. Diese ist auch nicht als Sunna zu zählen, weil der Überlieferer (rāwī) diese auch nicht als Sunna übermittelt. Diese Lesarten (die weder als Koran noch als Sunna bezeichnet werden) können nicht als Quelle zur Normableitung (istinbāṭ al-ḥukm) dienen. Demnach ist eine Handlung danach untersagt. Vgl. KAHRAMAN: Fıkıh Usûlü (2010), S. 57–59.

394 Vgl. KARAMAN: İlahi Sistem ve Beşeri Sistem. In: Yeni Şafak 02.10.2011.

395 Vgl. KRÄMER: Demokratie im Islam (2011), S. 128.

dessen Sprache sie auch sprechen konnten und nach dessen Medium ihnen auch die göttliche Offenbarung übermittelt wurde:

وَمَا أَرْسَلْنَا مِن رَّسُولٍ إِلاَّ بِلِسَانِ قَوْمِهِ لِيُبَيِّنَ لَهُمْ فَيُضِلُّ اللهُ مَن يَشَاءُ وَيَهْدِي مَن يَشَاءُ وَهُوَ الْعَزِيزُ الْحَكِيمُ

„Und wir haben keinen Gesandten (zu irgendeinem Volk) geschickt, außer (mit einer Verkündigung) in der Sprache seines Volks, damit er ihnen (d.h seinen Volksgenossen) Klarheit gibt. Gott führt nun irre, wen er will, und leitet recht, wen er will. Er ist der Mächtige und Weise.“[396]

Der Koran wurde dem Propheten Muḥammad erstmals im Alter von vierzig Jahren in der Nacht der Bestimmung (laylatu l-qadr) im Ramaḍān in arabischer Sprache offenbart, weil die Araber die Erstsadressaten waren. Der Koran bestätigt die teilweise Überbringung:

وَقُرْآناً فَرَقْنَاهُ لِتَقْرَأَهُ عَلَى النَّاسِ عَلَى مُكْثٍ وَنَزَّلْنَاهُ تَنزِيلاً

„Es ist der Koran, den wir abgeteilt haben, damit du ihn den Menschen in aller Ruhe vortragen kannst. Und wir haben ihn wirklich (als Offenbarung auf dich) hinabgesandt.“[397]

Die Weisheit dieser partiellen Eingebung liegt in der Festigung idealer Lebenseinstellungen, die verinnerlicht an die weiterführenden Generationen vermittelt werden.[398] Die muslimische Koranforschung differenziert unterschiedliche Formen der Offenbarungseingebung (waḥy). Diese sind traumatische Zustände während des Schlafs, Überführung in das Prophetenherz, Übergabe durch den Offenbarungsengel Gabriel in Menschengestalt, in seiner Eigengestalt, durch schellendes Klingeln und durch die Ansprache des Propheten mit dem Schöpfer.[399]

Hayreddin Karaman erkennt, dass die Ṣaḥāba die göttliche Herkunft der Koranoffenbarungen bemerkten. Denn die Offenbarungsausdrücke (alfāẓ al-waḥy) unterscheiden sich entscheidend von den Ausdrücken des Propheten (alfāẓ annabī), die sie seit über vierzig Jahre kannten.[400]

396 KORAN, 14:4.

397 KORAN, 17:106.

398 Vgl. BEDİR: Sünnet. Hz.Peygamber'in Evrensel Mesajı (2007), S. 17; GÖRGÜN: Dil, Kavrayış ve Davranış. Kur'an'ın Vahyedilmesi ve İslam Toplumun Ortaya Çıkışı Arasındaki Alâkanın Tahliline Mukaddime. In: III. Kur'an Haftası Sempozyumu 13.-19.01.1997 (1998), S. 143; ÇINAR: Die islamische Überlieferungsliteratur zur Rechtslage im Frühislam (2003), S. 95.

399 Vgl. CERRAHOĞLU: Tefsir Usûlü (2006), S. 48–50.

400 Vgl. KARAMAN: İtikadi Meseleler (2010), S. 24.

Die Wort-/Satzwahl und die Ausdrucksarten der verschiedenen Themen des Korans sind nach den unterschiedlichen weitverbreiteten Sprachformen des Arabischen eine ihm eigene Eigenschaft. Seine Themen wie die Glaubensdogmen (iʿtiqād), die vollendeten Normen (aḥkām at-tašrīʿ) und die Geschichten der vergangenen Völker und Propheten (qiṣaṣ al-anbiyāʾ) werden nach den verschiedenen Ausdrucksformen dargestellt.[401] Da der Koran in arabischer Sprache offenbart wurde, können Übersetzungen (tarǧamāt) in andere Sprachen auch nicht als Koran bezeichnet werden.[402] Auch können aus diesen keine Normen abgeleitet werden, weil die ursprüngliche Wortwahl in nichtarabische Übersetzungen viele Bedeutungen (maʿnā) annimmt. Diejenigen Wissenschaftler, welche den Koran in eine nichtarabische Sprache übersetzen, selektieren zumeist aus mehreren Wortbedeutungen ein oder zwei heraus. Zudem muss erwähnt werden, dass zum Herausfinden seiner Botschaft die Kommentare (tafsīr) der Verse (āyāt) oft mit Fehlern verbunden sind. Selbst wenn alle Literaten zusammenkommen würden, könnten sie nicht eine dem Koran vergleichbare Schrift hervorbringen. Dieses Wunder ist eines der größten Herausforderungen, die der Koran bis heute an die Menschheit stellt:

قُل لَّئِنِ اجْتَمَعَتِ الإِنسُ وَالْجِنُّ عَلَى أَن يَأْتُواْ بِمِثْلِ هَـذَا الْقُرْآنِ لاَ يَأْتُونَ بِمِثْلِهِ وَلَوْ كَانَ بَعْضُهُمْ لِبَعْضٍ ظَهِيراً

„Sag: Gesetzt den Fall, die Menschen und die Dschinn tun sich (alle) zusammen, um etwas beizubringen, was diesem Koran gleich(wertig) ist, so werden sie das nicht können. Auch (nicht), wenn sie sich gegenseitig (dabei) helfen würden.“[403]

Wenn der Koran den frühen Muslimen auf einmal in seiner Gesamtheit offenbart worden wäre, wären zwei Probleme aufgetreten. Das Erlernen, das Verstehen und die Bewahrung (maḥfūẓa) hätten eine zu große Mühe erfordert.[404] Die

401 Vgl. AYBAKAN: Kur'ân (Vahy) Monolog mudur Dialog mudur? In: Kur'ân ve Tefsir Araştırmaları-III. Tartışmalı İlmî Toplantı 14.-15.10. 2000 (2002), S. 305–306.

402 Vgl. KARAMAN: Laik Düzende Dini Yaşamak (2006), Bd. 2, S. 10–11. Hayreddin Karaman erinnert daran, dass in der Frühphase der Türkei versucht wurde die Gottesdienste (ʿibādāt) auf Türkisch abzuhalten, wobei die Bestrebungen vor der Umsetzung beendet wurden. Alle Zwänge der Laizisten zur Türkisierung der Gebetspraxis sind menschenrechtswidrig. Ein weiteres Beispiel betrifft den Gebetsruf, der von 1932 bis 1950 unter Zwang auf Türkisch ausgerufen wurde. In der islamischen Religion sind diese unveränderlich in Arabisch abzuhalten.

403 KORAN, 17:88.

404 Vgl. KARAMAN: İslâm Hukuk Tarihi (2001), S. 58.

Muslime hätten sich ausschließlich dem Auswendiglernen zugewandt und hätten dadurch weniger über die Bedeutung nachgedacht. Die stückweise offenbarten Verse und Versgruppen hatten für die erste Generation eine verständnis- und identitätsbildende Funktion. Dies ermöglichte den Gefährten (ṣaḥāba) das rechte Religionsverständnis und die leichtere Umsetzung in die Lebenspraxis.

Diese Erkenntnis bestätigt die Botschaft, dass der Koran für die Gläubigen als „wegweisende Richtschnur Gottes" herabgesandt wurde.[405] Zu den vorliegenden Religionsangelegeheiten antwortete der Prophet Muḥammad mit Offenbarungen (waḥy) oder er wartete gegenfalls auf neue Offenbarungsabschnitte des Korans ab.[406] Die sichtbare Vorbildhaftigkeit des Propheten Muḥammad in der lebenspraktischen Normenumsetzung spielt dabei eine sehr wichtige Rolle. Dies ist für das rechte Religionsverständnis der Muslime wichtig.[407]

Deswegen wurden die Koranverse bei besonderen Offenbarungsanlässen (asbāb an-nuzūl) herabgesandt. Die Besonderheit dabei ist, dass die Offenbarungen unter dem Gotteswillen stehen. Das bedeutet, dass die Herabsendung von Versen und Versgruppen gottgewollt und zeitlich punktuell zu verstehen ist. Dadurch erhält der Prophet Muḥammad als lebendes Vorbild die obligatorische Aufgabe, die entstanden Probleme im Sinne eines „lehrenden Vermittlers" zu lösen.[408] Ein weiterer Grund, warum der Koran nicht auf einmal, sondern stückweise herabgesandt wurde, berichtet der Koran selbst. Der Grund hierfür ist ein Protest der polytheistischen Mekkaner (mušriqūn), die sich vehement gegen den Propheten Muḥammad wandten und Einspruch einlegten, warum der Koran nicht als Ganzes offenbart wurde. Der darauffolgend offenbarte Koranvers (āya) antwortet darauf:

وَقَالَ الَّذِينَ كَفَرُوا لَوْلَا نُزِّلَ عَلَيْهِ الْقُرْآنُ جُمْلَةً وَاحِدَةً كَذَٰلِكَ لِنُثَبِّتَ بِهِ فُؤَادَكَ وَرَتَّلْنَاهُ تَرْتِيلًا

„Und diejenigen, die ungläubig sind, sagen: Warum ist (denn) der Koran nicht in einem Zuge auf ihn herabgesandt worden? Wir haben ihn aber eben so herabgesandt, Stück um Stück, um dir damit das Herz zu festigen. Und wir haben ihn dir regelrecht vorgetragen."[409]

Dies belegt nach Hayreddin Karaman, dass der Koran stückweise durch den Gotteswillen herabgesandt wurde.[410] Dies ist für die kollektive Bewahrung (maḥfūẓa)

405 Siehe: KORAN, 3:103.
406 Vgl. DEMİRCİ: Vahiy Gerçeği (1996), S. 96–97.
407 Vgl. KARAMAN: Sahih İslâm (Ehl-i Sünnet İslâmı). In: Yeni Şafak 06.04.2014.
408 Vgl. BİRIŞIK: Art. „Kur'an: Tarifi, Tarihi, Tertibi", in: TDV İA, Bd. 26., S. 384.
409 KORAN, 25:32. Siehe auch: KORAN, 17:106.
410 Vgl. KARAMAN: İslâm Hukuk Tarihi (2001), S. 58.

des Korans wichtig, dessen humaner Träger der Prophet Muḥammad ist. Denn aufgrund der geistigen Stärkung des Prophetenherzens durch Gott wurde der Koran in offenbartem Kollektiv beibehalten. Diese Erkenntnis ist für Muslime ein Zeichen dafür, dass er unter göttlichem Schutz steht. Die vollständige Herabsendung der Offenbarung von Koran und Sunna wurde beendet und durch den Propheten Muḥammad verkündet (vollendete Religion), was der Koran bestätigt.[411]

2.2.1.2.2 Offenbarung: Ausdrücke (alfāẓ) und Bedeutungen (maʿnā)

Der islamische Theologe Tahsin Görgün weist darauf hin, dass der Koran aus Ausdrücken (alfāẓ) und Bedeutungen (maʿnā) besteht, die dem Propheten Muḥammad durch Gott offenbart wurden und die Menschen selbst nicht auf dieses Sprachniveau kommen können.[412] Das ist für Muslime eines der Wunderbelege und Herausforderungen des Korans als Gotteswort (kalām Allāh) an die Menschen.[413] Falls die Rede vom Koran ist, dann sind die beiden Komponenten (Ausdrücke und Bedeutungen) als Bucheinheit gemeint. In dieser Hinsicht unterscheidet sich der Koran von den Aḥādīṯ, weil die Sunna ihrer Bedeutung (maʿnā) nach von Gott eingegeben wurde, aber dem Ausdruck (lafẓ) nach Prophetensprüchen enthalten.[414] Daher sind das Lesen der Bedeutung und die Lesung nach geänderten Ausdrucksstilen trotz gleicher Bedeutung nicht erlaubt.[415] Dies liegt daran, dass der Erzengel Gabriel (Ǧabrāʿīl) die Offenbarung (waḥy) dem Propheten Muḥammad in wortgetreuen Ausdrucksstilen (alfāẓ) und in seiner Bedeutung (maʿnā) übermittelt. Der Prophet Muḥammad erhält die Aufgabe, die mündlichen Offenbarungsbotschaften zu verkünden und zu erörtern. Diese Offenbarungsverse des Korans (āyāt) stehen unter unendlichem göttlichem Schutz:

إِنَّا نَحْنُ نَزَّلْنَا الذِّكْرَ وَإِنَّا لَهُ لَحَافِظُونَ

„Wir haben die Mahnung (d.h. den Koran) hinabgesandt. Und wir geben auf sie acht.“[416]

411 KORAN, 5:3: „Heute habe ich euch -eure Religion- vervollständigt (sodass nichts mehr daran fehlt) und meine Gnade an euch vollendet, und ich bin damit zufrieden, dass ihr den -Islam als Religion- habt.“

412 Vgl. GÖRGÜN: Fakihlerin Kur'an'ı Anlama Usûlü. In: 2.Kur'an Haftası Kur'an Sempozyumu (1996), S. 110.

413 Vgl. ẒUḤAILĪ: Fıkıh Usûlü (2010), S. 24.

414 Vgl. KARAMAN: Hadise Dair İlimler ve Hadis Usûlü (2010), S. 25–26.

415 Vgl. KARAMAN: Laik Düzende Dini Yaşamak (2006), Bd. 2, S. 10.

416 KORAN, 15:9.

An diesem Punkt ist nach islamischem Verständnis der göttliche Schutz der Heiligen Schrift wichtig. Der islamischen Überzeugung nach stellt der Koran die letzte Offenbarungsschrift dar. Dass dieser unter göttlichem Schutz steht, erfahren wir ebenfalls durch ihn. Gewiss muss dieser gegeben sein, denn falls diese letztoffenbarte Schrift verfälscht (taḥrīf) oder vertauscht (tabdīl) worden wäre, wären die Menschen von der Rechtleitung ausgeschlossen.[417] Daher berichtet der folgende Vers über die Lichtfunktion des Korans im Sinne der Rechtleitung:

ذَلِكَ الْكِتَابُ لَا رَيْبَ فِيهِ هُدًى لِلْمُتَّقِينَ

„Dies ist die Schrift (d.h. der Koran), an der nicht zu zweifeln ist, (geoffenbart) als Rechtleitung für die Gottesfürchtigen.“[418]

Der göttliche Schutz des Korans ist eine Notwendigkeit, die mit der Barmherzigkeit und mit der Allmacht Gottes verbunden ist.[419] Dies ist von der muslimischen Islamforschung in der Türkei bewiesen worden.[420] Das Letztsein als Offenbarung (waḥy) ist im Koran belegbar:

إِنَّ الَّذِينَ كَفَرُوا بِالذِّكْرِ لَمَّا جَاءَهُمْ وَإِنَّهُ لَكِتَابٌ عَزِيزٌ

لَا يَأْتِيهِ الْبَاطِلُ مِن بَيْنِ يَدَيْهِ وَلَا مِنْ خَلْفِهِ تَنزِيلٌ مِّنْ حَكِيمٍ حَمِيدٍ

„Gewiss diejenigen, die an die Mahnung (an die Offenbarung des Korans), nachdem diese zu ihnen gekommen ist, nicht glauben (sind mit Blindheit geschlagen). Es ist doch eine gewaltige, unnahbare Schrift,.....an die weder vorne noch von hinten herankommt, was unwahr und was nicht nichtig ist, als Offenbarung herabgesandt von einem, der weise und des Lobes würdig ist.“[421]

Mit dem Schutz des Korans steht auch der Prophet Muḥammad als Träger unter Schutz:

---

417 Vgl. M. ABDULLAH DRAZ: En Mühim Mesaj Kur'ân (1994), S. 4.

418 KORAN, 2:2.

419 In KORAN 10:64 wird explizit berichtet: „*...Die Worte Gottes (d.h den Koran) kann man nicht abändern...*“

420 TAYYAR ALTIKULAÇ am Forschungszentrum TDV İSAM in İstanbul verglich Buchstabe für Buchstabe den redaktionell-aufgezeichneten dem dritten Kalifen ʿUṯmān bin ʿAffān zugeschriebenen Koran in kufischarabischer Schrift mit der gegenwärtigen Version des Korans. Sein Ergebnis: Buchstabengetreue Bewahrung.

421 KORAN, 41:41–42.

سَنُقْرِئُكَ فَلَا تَنسَى

„Wir werden dich Offenbarungstexte (d.h. die Koranverse) vortragen lassen, und du wirst nichts davon vergessen,....“[422]

إِلَّا مَا شَاءَ اللَّهُ إِنَّهُ يَعْلَمُ الْجَهْرَ وَمَا يَخْفَى

„..außer was Gott will! Er weiß, was verlautbart, und was geheim gehalten wird (d.h. verborgen ist).“[423]

وَقَالَ الَّذِينَ كَفَرُوا لَوْلَا نُزِّلَ عَلَيْهِ الْقُرْآنُ جُمْلَةً وَاحِدَةً كَذَلِكَ لِنُثَبِّتَ بِهِ فُؤَادَكَ وَرَتَّلْنَاهُ تَرْتِيلًا

„Und diejenigen, die ungläubig sind, sagen: Warum ist denn der Koran nicht in einem Zuge auf ihn (d.h. auf Muḥammad) herabgesandt worden? Wir haben ihn aber so herabgesandt, Stück um Stück, um dir damit das Herz zu festigen. Und wir haben ihn dir regelrecht (d.h. Abschnitt für Abschnitt) vorgetragen.“[424]

2.2.1.2.3 Sichere Übertragung (tawātur) und Inlibration

Eines der einzigartigen Eigenschaften (sifat) des Korans ist die gesicherte, unveränderte und vertrauensvolle Übertragung (tawātur) bis in die Gegenwart, woraufhin auch Birgit Krawietz hinweist.[425] Damit ist eine spezielle Eigenschaft (wasf) gemeint, die durch die Übereinkunft (iğmāʿ) der muslimischen Gemeinschaft (umma) zustandekommt,[426] die nicht die Unwahrheit verkündet und die Botschaften in die Folgegenerationen gesichert überträgt.[427]

Mit der Inlibration des Korans wurde die Erstquelle des islamischen Rechts (fiqh) zu Papier gebracht. Der Prophet Muḥammad hat die zunächst mündliche

422 KORAN, 87:6.
423 KORAN, 87:7.
424 KORAN, 25:32.
425 Vgl. KRAWIETZ: Hierarchie der Rechtsquellen im tradierten sunnitischen Islam (2002), S. 34, 95, 96.
426 Vgl. GÖRGÜN:Varlık ve Bilgi Cihetinden Kur'an. In: Tarihten Günümüze Kur'an'a Yaklaşımlar (2010), S. 16; ŞA'BÂN / DÖNMEZ (ÜBERS.): İslâm Hukuk İlminin Esasları (2011), S. 53–54.
427 Vgl. TAŞKÖPRÜZÂDE: Mevzuʾatuʾl-ʿUlūm (1313), S. 743–745; ẒUḤAILĪ: Fıkıh Usûlü (2010), S. 23–24.

Offenbarung (waḥy) vorlesen, auswendiglernen und aufzeichnen lassen,[428] welche durch den Erzengel Gabriel (Ǧabrāʿīl) als Einzelvers, in Versgruppen und in Suren übermittelt wurde.[429] Die einzelnen Offenbarungsfragmente wurden auf Anordnung des Propheten Muḥammad zur Kontrolle vorgelesen. An dieser Stelle ist zu betonen, dass sich die Ṣaḥāba in Bezug auf den Koran durch einen reinen Glauben (īmān) charakterisieren. Daher ist es in der muslimischen Islamforschung unmöglich, dass sie eine böswillige Absicht zur Koranänderung auch nur gewagt hätten. Eine solche tiefe Glaubenskrise und böse Absicht auf die Glaubenswelt der Ṣaḥāba ist unvorstellbar. Außerdem wurden zur Lebzeiten des Propheten Muḥammad und in den Folgegenerationen einzelne Verse, Suren und der komplette Koran von den Muslimen vollständig auswendig gelernt.[430]

Gemäß einer gesunden klassischen Überlieferung (ḥadīṯ aṣ-ṣaḥīḥ) kam jedes Jahr im Ramaḍān der Offenbarungsengel Gabriel (Ǧabrāʿīl) zum Propheten Muḥammad, woraufhin dieser ihm die vorhandenen Koranverse vorlas. Auf diese Art und Weise wurde die wichtige Kontrolle zum Schutz des Korans durchgeführt. Im Todesjahr des Propheten Muḥammad verlangte der Offenbarungsengel Gabriel vom Propheten das komplette zweimalige Lesen des Korans.[431] Bei diesem Ereignis war einem Ḥadīṯ zufolge der berühmte Offenbarungsschreiber (kuttāb al-waḥy) Zaid bin Ṯābit anwesend,[432]der später auch die Federführung in der Kommission zur Sammlung und zur Zusammentragung der einzelnen Koranfragmente (muṣḥaf) übernahm.[433]

Als der Prophet Muḥammad starb, war der Koran in Fragmenten niedergeschrieben und von vielen Ṣaḥāba auswendig gelernt worden. Insbesondere wurde der Koran mit Hinweis von Hayreddin Karaman von den Ṣaḥāba nach

---

428 Einen Hinweis für die frühe Verschriftlichung der mekkanischen Offenbarungverse gibt KORAN 80:11–16.

429 Vgl. BEDİR: Sünnet. Hz. Peygamber'in Evrensel Mesajı (2007), S. 20.
Zu den Offenbarungsschreibern gehören beispielsweise die Ṣaḥāba Zaid bin Ṯābit, die vier rechtgeleiteten Kalifen Abū Bakr, ʿUmar bin al-Ḫaṭṭāb, ʿUṯmān bin ʿAffān, ʿAlī bin Abī Ṭālib, ʿAbdallāh bin Masʿūd, Zubair bin al-ʿAuwām, ʿUbay bin Kaʿāb, Muʿāwiya bin Abī Sufyān, ʿAbdallāh bin Rawāḥa und ʿAbdallāh bin Ṣaʿād bin ʿAbī Šarḫ. Da zu dieser Periode kein Papier vorhanden war, wurden alljegliche Schreibutensilien herangezogen. Dazu zählen Lederhäute und Kernstiele von Dattelzweigen. Vgl. CERRAHOĞLU: Tefsir Usûlü (2006), S. 53–54.

430 Vgl. RAMADAN: Das islamische Recht. Theorie und Praxis (1996), S. 42.

431 Vgl. KARAMAN: İslâm Hukuk Tarihi (2001), S. 59.

432 Vgl. BİRIŞIK: Art. „Kur'an: Tarifi, Tarihi, Tertibi", in: TDV İA, Bd. 26, S. 385.

433 Vgl. KARAMAN: İslâm Hukuk Tarihi (2001), S. 133–134.

fünfmaligen Gebetszeiten stückweise gelesen und auswendig gelernt.[434] Die Reihenfolge der Verse/Suren wurde durch Muḥammad höchstpersönlich festgelegt. Zudem besaßen die Ṣaḥāba als erstadressiertes Volk der Offenbarung die Möglichkeit zur Kontrolle der schriftlich vervielfältigten Koranexemplare (maṣāḥif).

Es existieren bis in die Gegenwart keine Überlieferungen, die davon berichten, dass in Bezug auf den Koran, sei es bei schriftlichen Aufzeichnungen oder mündlichen Memoiren irgendwelche Uneinigkeiten auftraten. Auch in den kanonisierten Ḥadīṯsammlungen gibt es hierzu keine Hinweise. Selbst nur die geringste Annahme einer Umänderung ist nicht erkennbar. Es darf nicht vergessen werden, dass alle Forschungsarbeiten in Zusammenhang mit dem Koran für Muslime unter dem Überwachungsschutz Gottes stehen. Nachdem Abū Bakr zum ersten Kalifen gewählt wurde, traten zu seiner Amtszeit unwahre Propheten auf. Diese bekämpfte er im Krieg von Yamāma, wobei in der Schlacht viele Muslime starben, die den Koran komplett auswendig konnten.[435] Daraufhin wurde auf Empfehlung von ʿUmar bin al-Ḫaṭṭāb unter der Leitung von Zaid bin Ṯābit eine Kommission gegründet, um die Koranfragmente zu sammeln und genau miteinander zu vergleichen. Nach dieser sorgfältigen Kontrollarbeit wurden alle Fragmente der Ehefrau des Propheten Muḥammad namens Ḥafṣa übergeben und aufbewahrt (maḥfūẓ).[436] Somit wurde der Koran nach der Verheißung Gottes abgeschlossen.

Wie Wael Hallaq erkennt, ist die Vollendung der Inlibration der Koranfragmente eines der großen Verdienste des dritten Kalifen ʿUṯmān bin ʿAffān (gest. 656),[437] der diese schriftlich vervielfältigen ließ und jeweils ein Exemplar (muṣḥaf) nach Mekka, Damaskus, Kufa, Basra, Jemen und Bahrain sandte.[438] Annemarie Schimmel (gest. 2003) erkennt die Unterschiede im Offenbarungsverständnis zwischen Christentum und Islam und weist hier darauf hin, dass für Muslime das Gotteswort (logos) im Koran Buch geworden sei (Inlibration), was sich sehr vom christlichen Offenbarungsverständnis der Fleischwerdung Jesus unterscheidet.[439] Die Schrift ist nach islamischem Verständnis der Träger der

---

434 Vgl. KARAMAN: İslâm Hukuk Tarihi (2001), S. 59.

435 Aus existenziellen Gründen der Heiligen Schrift (Koransicherung) im Interesse (maṣlaḥa) der Muslime begann die Sammlung (ǧamʿ) des Korans. Vgl. DÖNMEZ: Art. "Maslahat", in: TDV İA, Bd. 28, S. 80.

436 Vgl. CERRAHOĞLU: Tefsir Usûlü (2006), S. 71; KRAWIETZ: Hierarchie der Rechtsquellen (2002), S. 102.

437 Vgl. HALLAQ: The Origins and Evolution of Islamic Law (2004), S. 33.

438 Vgl. BİRIŞIK: Art. „Kur'an: Tarifi, Tarihi, Tertibi", in: TDV İA, Bd. 26., S. 386.

439 Vgl. SCHIMMEL: Das Buch der Welt. Wirklichkeit und Metapher im Islam (1996), S. 5.

herabgesandten mündlichen Ausdrücke (alfāẓ) und Bedeutungen (maʿnā) der Gottesworte, wonach der Koran für Muslime das schriftgewordene Gotteswort (kalām Allāh) ist.[440]

2.2.1.2.4 Beweiskraft (ḥuǧǧiyya)

Für Muslime besitzt der Koran im islamischen Recht (fiqh) eine verbindliche Beweiskraft (ḥuǧǧiyya), an welchem sie sich für ihr diesseitiges und jenseitiges Eigenwohl orientieren.

Ein offener Beleg als Gotteswort (kalām Allāh) ist die Unnachahmlichkeit (iʿǧāz al-qurʾān), womit er der Menschheit vor eine große Herausforderung stellt. Dadurch wird eine besondere Eigenschaft des Korans verstanden, welche die gesamte Menschheit herausfordert, ähnlich reimende Suren darzulegen. Selbst zur Prophetenperiode gab es Personen, die zu Muḥammad kamen und den Koran als Menschenwort verurteilten, wodurch der Koran und der Prophet Muḥammad als Träger und Verkünder dieser Botschaft die Menschheit im Kollektiv bis heute herausfordern, eine vergleichbare Schrift vorzulegen. Da die Redekunst des Prosareims in der vorislamischen Zeit die Sprachkultur prägte, zeugte die Unnachahmlichkeit des Korans (iʿǧāz al-qurʾān) von der Allmacht Gottes und bestätigte die Gesandtschaft von Muḥammad:[441]

وَإِنْ كُنْتُمْ فِي رَيْبٍ مِمَّا نَزَّلْنَا عَلَى عَبْدِنَا فَأْتُوا بِسُورَةٍ مِنْ مِثْلِهِ وَادْعُوا شُهَدَاءَكُمْ مِنْ دُونِ اللهِ إِنْ كُنْتُمْ صَادِقِينَ

„Und wenn ihr hinsichtlich dessen, was wir auf unseren Diener (als Offenbarung) herabgesandt haben, im Zweifel seid, dann bringt doch eine Sure gleicher Art bei und ruft, wenn (anders) ihr die Wahrheit sagt, an Gott Statt eure (angeblichen) Zeugen an!“[442]

أَمْ يَقُولُونَ افْتَرَاهُ قُلْ فَأْتُوا بِعَشْرِ سُوَرٍ مِثْلِهِ مُفْتَرَيَاتٍ وَادْعُوا مَنِ اسْتَطَعْتُمْ مِنْ دُونِ اللهِ إِنْ كُنْتُمْ صَادِقِينَ

„Oder sie (d.h. die Ungläubigen) sagen: Er hat ihn (d.h.den Koran) seinerseits ausgeheckt. Sag: Dann bringt doch zehn Suren bei, die ihm gleich wären, und die (von euch) ausgeheckt

440 Vgl. KARAMAN: Fıkıh Usûlü (2010), S. 93–98.

441 Da die Araber aufgrund ihrer Sprach- (balāġa) und Redegewandtheit (faṣāḥa) sich gegenüber anderen Völkern rühmten, wurden sie durch die überwältigende Sprache (balāġa) und Prosareims (iʿǧāz) nun herausgefordert.

442 KORAN, 2:23.

sind, und ruft, wenn (anders) ihr die Wahrheit sagt, wen ihr an Gottes statt (Zeugen für die Wahrheit eurer Aussagen aufzutreiben) vermögt!“[443]

قُل لَّئِنِ اجْتَمَعَتِ الإِنسُ وَالْجِنُّ عَلَى أَن يَأْتُواْ بِمِثْلِ هَـذَا الْقُرْآنِ لاَ يَأْتُونَ بِمِثْلِهِ وَلَوْ كَانَ بَعْضُهُمْ لِبَعْضٍ ظَهِيراً

„Sag: Gesetzt den Fall, die Menschen und die Dschinn tun sich alle zusammen, um etwas beizubringen, was diesem Koran gleich(wertig) ist, so werden sie das nicht können. Auch (nicht), wenn sie sich gegenseitig (dabei) helfen würden.“[444]

قُلْ فَأْتُوا بِكِتَابٍ مِّنْ عِندِ اللَّهِ هُوَ أَهْدَى مِنْهُمَا أَتَّبِعْهُ إِن كُنتُمْ صَادِقِينَ

„Sag: Dann bringt doch eine Schrift von Gott bei, die eher rechtleitet als die beiden, damit ich ihr meinerseits folge! (Tut das) wenn (anders) ihr die Wahrheit sagt!“[445]

Diese herausfordernden Worte des Korans zeugen für Muslime die Prophetie (nubuwwa) Muḥammads und bestätigen die Gottesworte in der Offenbarung (waḥy). Die Gesamtheit der Gelehrten stimmt überein, dass der Koran als Beleg und Richtlinie für die Gläubigen dient, was im zeitgenössischen Verständnis gesehen traditionsbegründet ausgelegt werden muss. Explizite Koranstellen weisen hierzu ausdrücklich darauf hin:

وَاعْتَصِمُوا بِحَبْلِ اللَّهِ جَمِيعًا وَلَا تَفَرَّقُوا وَاذْكُرُوا نِعْمَةَ اللَّهِ عَلَيْكُمْ إِذْ كُنتُمْ أَعْدَاءً فَأَلَّفَ بَيْنَ قُلُوبِكُمْ فَأَصْبَحْتُم بِنِعْمَتِهِ إِخْوَانًا وَكُنتُمْ عَلَىٰ شَفَا حُفْرَةٍ مِّنَ النَّارِ فَأَنقَذَكُم مِّنْ

„Und haltet allesamt fest an der Verbindung mit Gott und teilt euch nicht in verschiedene Gruppen!……“[446]

إِنَّ هَـذَا الْقُرْآنَ يِهْدِي لِلَّتِي هِيَ أَقْوَمُ وَيُبَشِّرُ الْمُؤْمِنِينَ الَّذِينَ يَعْمَلُونَ الصَّالِحَاتِ أَنَّ لَهُمْ أَجْراً كَبِيراً

„Dieser Koran leitet zu dem , was wirklich richtig ist und verkündet den Gläubigen, die tun was recht ist, dass ihnen (dereinst) ein hoher Lohn zuteil wird.“[447]

Aber auch die Aḥādīṯ weisen auf den Koran hin:

443 KORAN, 11:13.
444 KORAN, 17:88.
445 KORAN, 28:49.
446 KORAN, 3:103.
447 KORAN, 17:9.

„Erlaubt (ḥalāl) ist dasjenige, welches Gott in Seinem Buch als erlaubt (ḥalāl) anerkennt. Verwerflich (ḥarām) ist dasjenige, welches Gott in seinem Buch als verwerflich (ḥarām) anerkennt.“[448]

„Ich überlasse euch zwei anvertraute Gaben. Solange ihr euch nach diesen richtet, werdet ihr vom rechten Weg nicht abkommen. Das ist das Buch Gottes (der Koran) und meine Sunna (auch: meine ahl al-bait).“[449]

Noel Coulson ist der Ansicht, dass „sunna“ zum ersten Mal im zweiten Jahrhundert n.d.H. in einer Rechtsschule dargelegt und weiterentwickelt wurde und zur Festigung die Vorgenerationen bis zu Muḥammad angerufen wurden,[450]was allerdings der Realität nicht entspricht.

2.2.2 Sunna

2.2.2.1 Muslimisches Verständnis

In der arabischen Linguistik bedeutet Sunna „eingeschlagener Weg, Sitte, Brauch, Verhalten“. Als Fachbegriff im islamischen Recht (fiqh) werden unter „sunna“ die vorbildhaften Sprüche, Taten, Verhalten und stillen Billigungen des Propheten Muḥammad verstanden,[451] wobei drei Sunna-Formen zu unterscheiden sind:[452]

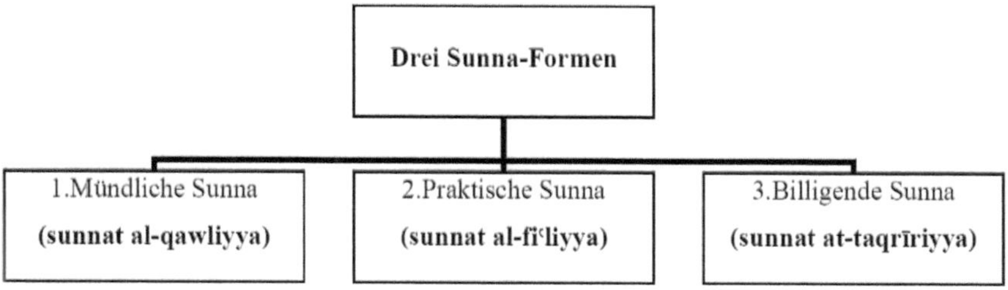

448 TIRMIḎĪ: LIBĀS, 6.

449 MĀLIK BIN ANAS: AL-MUWAṬṬAʾ, Qadar 3.

450 Vor diesem Hintergrund weist COULSON auf die Rolle von Muḥammad aš-Šafiʿī hin, der seiner Ansicht nach die Sunna als Quelle ins Rechtsdenken aufnahm. Vgl. COULSON: A History of Islamic Law (1978), S. 39–41.

451 Vgl. BEDİR: Art. “Sünnet”, in: TDV İA, Bd. 38, S. 150, 151; SİBÂİ/KENDİR (ÜBERS.): İslâm Hukuku’nda Sünnetin Yeri (2009), S. 73–75; KRAWIETZ: Hierarchie des Rechtsquellen (2002), S. 115–117, 134–137.

452 Vgl. GÖRGÜN: İslâm Kültür Birliği ve Sünnet. In: İslâm’ın Anlaşılmasında Sünnetin Yeri ve Değeri. Kutlu Doğum Sempozyumu 2001 (2003), S. 42; AZAMI: Studies in Hadith Methodology and Literature (2002), S. 6.

Die mündliche Sunna (sunnat al-qawliyya) betrifft die Prophetensprüche zu Religionsthemen, die Praktische (sunnat al-fiʿliyya) zum Beispiel die Art der gottesdienstlichen Handlungen. Die billigende Sunna (sunnat at-taqrīriyya) kennzeichnet sich durch offenkundige oder durch stillschweigende Billigungen und Andeutungen des Propheten Muḥammad.

Die Einhaltung der Sunna ersteht sich als das rechte Verständnis der Offenbarung (waḥy), welches in der Lebensweise von gläubigen Muslimen ausgelebt wird.[453] Dies ist für das rechte Koranverständnis von existentieller Bedeutung, weil die Heranziehung und die Einhaltung der Sunna dem Koran gegenüber zur Gewissensfrage werden.

Die Aufgabe dieses Vorgehens liegt darin, das Wohlergehen der körperlich-geistigen und sozialen Zustände durch das islamische Recht (fiqh) zu regeln. Die Prophetensunna versteht sich als eine in der gottesdienstlichen, sozialen und mentalen Lebenswelt gelebte charakterliche Bescheidenheit der Anleitung.[454] Daher wird der Prophet Muḥammad bei Muslimen als das „Licht der Rechtleitung" (nūr al-hudā) bezeichnet.[455] Für eine gute Entwicklung in der Theologie sind die Heranziehung und der sensible Umgang mit der Sunna unausweichlich.

Ihre Missachtung würde das Zusammenbrechen des rechten Religionsverständnisses bedeuten. Moral und Sittlichkeit sind wichtige Eigenschaften der Sunna, die den Charakter (aḫlāq) und somit die Basis von guten Handlungen (aʿmāl aṣ-ṣāliḥ) kennzeichnen.

Im Alltag nimmt die Sunna ein weites Feld ein, wozu die gottesdienstlichen Handlungen (ʿibādāt) und die zwischenmenschliche Beziehungen (muʿāmalāt) zählen.

Die Notwendigkeit, der Sunna zu folgen, entsteht aus dem Bedürfnis, dass die Gläubigen ein sichtbares Prophetenvorbild (imitatio Muḥammadī) benötigen, welches ihnen das rechtmäßige Verständnis und die Umsetzung für Normen (Beispiel: Gebetspraxis) detailliert erklärt und zum wahrhaften Offenbarungsverständnis führt.[456] Auf diese Vorbildfunktion Muḥammads deutet auch Gudrun Krämer,[457] welche die gesunde Sunna (sunna aṣ-ṣaḥīḥ) auszeichnet.[458]

---

453 Vgl. KARAMAN: Zaman ve Mekanın Değişmesinde Sünnetin Geçerliliği. In: Sünnetin Dindeki Yeri, S. 41.

454 Vgl. BEDİR:Sünnet. Hz. Peygamber'in Evrensel Mesajı (2007), S. 9, 16, 24.

455 Vgl. SCHIMMEL: Muhammad (2002), S. 58.

456 Vgl. GÖRGÜN: İslâm Kültür Birliği ve Sünnet. In: İslâm'ın Anlaşılmasında Sünnetin Yeri ve Değeri. Kutlu Doğum Sempozyumu 2001 (2003), S. 44.

457 Vgl. KRÄMER: Demokratie im Islam (2011), S. 26.

458 Vgl. KARAMAN: Kur'an'daki Peygamber (2011), S. 15.

Im Verständnis des sunnitischen Mainstreams (ahl as-sunna) besteht die Notwendigkeit, ihr in gottesdienstlicher, körperlich-geistiger und sozialer Hinsicht zu folgen, denn ohne ein solches Verhalten könnte die Offenbarung (waḥy) nach dem Verständnis des Propheten Muḥammad nicht verinnerlicht werden. Das islamische Verständnis aus Sicht von Muḥammad zeichnet sich dadurch aus, dass er die wirtschaftlichen und sozialen Umstände in frühislamischer Zeit gut kannte. Seine Anweisungen zielen daher auf das geistige, soziale und finanzielle Wohl (maṣāliḥ) des Menschen ab.[459] Daher erachten es die Muslime als richtig, zum diesseitigen und jenseitigen Wohl (maṣāliḥ) sich danach zu richten. Für Muslime dürfen seine Befehle in Religionsthemen daher nicht missachtet werden. Im Koran wird hierzu gesagt:

وَمَا يَنطِقُ عَنِ الْهَوَى

„Und er (d.h.Muḥammad) spricht nicht aus persönlicher Neigung."[460]

Das bedeutet, dass der Prophet Muḥammad nichts verkündet außer wenn eine Notwendigkeit oder ein Gottesbefehl vorliegt. Daher ist die Einhaltung der Sunna für Muslime verbindlich. Die Verinnerlichung leitet die Gläubigen zu spirituellen Wohlzuständen, wodurch die sozialen und finanziellen Moralstrukturen gestärkt werden. Deswegen wird die islamische Religion als Religion der Liebe, der Fürsorge, der Solidarität und des Mitgefühls verstanden. Auch wenn die Sunna zunächst überwiegend nicht schriftlich vorlag, wurde sie in der Trägerschaft und in der Lebenspraxis der Ṣaḥāba verinnerlicht und weitertradiert.[461]

Joseph Schacht (gest. 1969) geht von einer lebenden Tradition (living tradition) aus, die sich in ihrem Kern nicht durch die Aḥādīṯ kennzeichnet, sondern aus den vorislamischen Gewohnheitstraditionen (precedent custom) hervorgeht.[462]

2.2.2.2 Beweiskraft (ḥuǧǧiyya)

Die Aḥādīṯ mit all ihren spirituellen Weisheiten (ḥikam), welche auf das diesseitige und jenseitige Wohlbefinden (maṣāliḥ) der Menschen abzielen, wurden von den Ṣaḥāba gehorsam (ṭāʿa) umgesetzt. Dieses Verständnis wurde als Ausdruck des göttlichen Willens verstanden, welches im Koran in imperativer Anrede (uslūb al-ʿamr) verankert ist:

---

459 Vgl. KARAMAN: İslâm'ın Işığında Günün Meseleleri (2010), S. 427f.

460 KORAN, 53:3.

461 Vgl. BEDİR: Sünnet. Hz.Peygamber'in Evrensel Mesajı (2007), S. 24–25.

462 Vgl. SCHACHT: An Introduction to Islamic Law (1982), S. 17.

وَأَطِيعُوا اللهَ وَالرَّسُولَ لَعَلَّكُمْ تُرْحَمُونَ

„Und gehorcht Gott und seinem Gesandten! Vielleicht werdet ihr (dann) erbarmen finden.“[463]

مَّا أَفَاء اللَّهُ عَلَى رَسُولِهِ مِنْ أَهْلِ الْقُرَى فَلِلَّهِ وَلِلرَّسُولِ وَلِذِي الْقُرْبَى وَالْيَتَامَى وَالْمَسَاكِينِ وَابْنِ السَّبِيلِ كَيْ لَا يَكُونَ دُولَةً بَيْنَ الْأَغْنِيَاء مِنكُمْ وَمَا آتَاكُمُ الرَّسُولُ فَخُذُوهُ وَمَا نَهَاكُمْ عَنْهُ فَانتَهُوا وَاتَّقُوا اللَّهَ إِنَّ اللَّهَ شَدِيدُ الْعِقَابِ

„Was der Gesandte (d.h.Muḥammad) euch nun gibt, das nehmt an! Aber verzichtet auf das, was er euch verwehrt!“[464]

Diese Aufforderung wird von den nachfolgenden Koranstellen bestätigt:

قُلْ إِنْ كُنْتُمْ تُحِبُّونَ اللهَ فَاتَّبِعُونِي يُحْبِبْكُمُ اللهُ وَيَغْفِرْ لَكُمْ ذُنُوبَكُمْ وَاللهُ غَفُورٌ رَحِيمٌ

„Sag: Wenn ihr Gott liebt, dann folgt mir, damit auch Gott euch liebt und euch eure Schuld vergibt! Gott ist barmherzig und bereit zu vergeben.“[465]

قُلْ أَطِيعُوا اللهَ وَالرَّسُولَ فَإِنْ تَوَلَّوْا فَإِنَّ اللهَ لَا يُحِبُّ الْكَافِرِينَ

„Sag: Gehorcht Gott und dem Gesandten! Wenn ihr euch abwendet (seid ihr eben ungläubig). Gott liebt die Ungläubigen nicht.“[466]

Anhand dieser imperativen Anredestile der Verse (āyāt) wird deutlich, dass die Sunna in der Hierarchie der islamischen Rechtsquellen dem Koran verbindlich folgt und daraus abgeleitet wird (mutafarriʿa min al-qurʾān).[467] Dies wird für Muslime auch dadurch erschlossen, dass die Gottesliebe eines Menschen über den Gehorsam (ṭāʿa) zu den Primärquellen verläuft.[468]

Für die Gläubigen ist die Sunna (aḥādīṯ als ihre Essenz) die Primärquelle der Koranexegese, wonach die Botschaft des Korans sinngemäß ausgelegt und verstanden wird. Dieses Selbstverständnis verleitet die Gläubigen dazu, ihr Leben mit all den sozialen Bereichen mit der religiösen Praxis zu vereinen. Deswegen

463 KORAN, 3:132.
464 KORAN, 59:7.
465 KORAN, 3:31.
466 KORAN, 3:32.
467 Vgl. KRAWIETZ: Hierarchie der Rechtsquellen im tradierten sunnitischen Islam (2002), S. 122–123.
468 Vgl. KARAMAN: Kurân'daki Peygamber (2011), S. 59–60.

ist diese Lebensweise nach Hayreddin Karaman das spirituelle Mittel zum Erreichen der wahren Ziele der Religion (maqāṣid ad-dīn).[469]

In anderweitigen Positionen, etwa bei absichtlichen/unabsichtlichen Zielen zur genetischen Reformation der Sunna, besteht die Gefahr, dass die wahrheitsgemäße Geschichte in Frage gestellt oder im schlimmsten Fall abgelehnt wird. Dies könnte die Prophetensunna schädigen und die prophetische Koranexegese (tafsīr an-nabī) zerstören. Solch ein Unterfangen würde die Wesensmerkmale und somit das rechte Verständnis der islamischen Religion schädigen.[470] Das Vernunftskriterium verlangt die Orientierung nach den Prophetenbefehlen, welche in den den Sendungsgründen des Propheten Muḥammad begründet liegt. In dieser erhält dieser nach islamischem Verständnis die Aufgabe, den Menschen das Gute, das Vernünftige und den rechten Glauben mitzuteilen, wonach sie sich richten sollen. Die Verinnerlichung dieser Werte schützt die Gläubigen vor Irrung, Unglaube und Unvernunft. Daher berichtet die Offenbarung (waḥy), dass der Prophet in Religionsangelenheiten nicht nach eigenem Wohlwollen (hawā) spricht. Die Gläubigen sind verpflichtet, der Sunna in Religionsthemen zu folgen.

Die muslimischen Gelehrten sind sich im Konsens darin einig, dass die Zuwendung zur Sunna eine religiöse Notwendigkeit (ḍarūra) darstellt. Dieser Iǧmaʿ bestärkt ihre Verbindlichkeit.

In den Rechtsfindungen der Gefährten (iǧtihād aṣ-ṣaḥāba) ist dieses methodische Vorgehen erkennbar, nämlich dass die Prophetensunna dem Koran folgt. Hier wandten sich die islamischen Rechtsgelehrten (fuqahāʾ) zunächst dem Koran und auch der Sunna zu. Sofern daraus keine Lösungen hervorgingen, führten sie ihre selbstständige Rechtsfindung (raʾy) durch.

Mathias Rohe und Birgit Krawietz führen hier das berühmte Beispiel über die Sendung des Gefährten (ṣaḥāba) Muʿāḏ bin Ǧabal nach Jemen an, welcher vor Reiseantritt vom Propheten Muḥammad nach den Richtquellen befragt wurde und den Koran, die Sunna und dann die selbstständige Rechtsfindung (raʾy) angab.[471] Der Prophet Muḥammad billigte daraufhin sein Rechtsvorgehen. Falls das individuelle Rechtsresultat der Ṣaḥāba einer Überlieferung (ḥadīṯ) entgegenstand, zogen sie den Ḥadīṯ vor. Hier ist wichtig, dass die Aḥādīṯ und die

469 Vgl. ESED/KARAMAN (ÜBERS.): Yolların Ayrılış Noktasında İslâm (2001), S. 79f.; KARAMAN: İslâm'ın Işığında Günün Meseleleri (2010), S. 642f; KARAMAN: Laik Düzende Dini Yaşamak (2005), Bd. 1, S. 41–47.

470 Vgl. ÇAKAN: Hadîs Usûlü (2006), S. 161.

471 Vgl. ROHE: Das islamische Recht. Geschichte und Gegenwart (2011), S. 44; KRAWIETZ: Hierarchie der Rechtsquellen im tradierten sunnitischen Islam (2002), S. 128

Koranverse (āyāt) nicht immer offenkundig sind und kontextueller Interpretationen (tafsīr) bedürfen.[472]

2.2.2.3 *Entstehung der Ḥadīṯliteratur als Sunna-Bestand*

Wie wurden die Aḥādīṯ niedergeschrieben und wie sind sie bis heute überliefert? Wurden sie verändert? Diese Fragen spielen in den Forschungen von Hayreddin Karaman eine wichtige Rolle. Die bis in die Gegenwart erhaltene Ḥadīṯliteratur wurde ursprünglich von den Ṣaḥāba in die Folgegenerationen mündlich und schriftlich tradiert. Die Aḥādīṯ charakterisieren sich oft dadurch, dass sie über Überlieferungsketten (asānīd) mittels mündlicher Übertragung und überwiegend nach ihrer Botschaft (maʿnā) tradiert wurden (auch schriftlich).[473] Die intensive Isnād-Kettenanalyse ist eine ḥadīṯwissenschaftliche Untersuchung, um eine in der islamischen Religion nicht vorhandene Botschaft mittels der Prüfung der Tradenten auszuräumen.[474]

In den frühislamischen Generationen wurden die Aḥadīṯ oft von Einzelüberlieferern (ḫabar al-wāḥid) tradiert.[475] Infolge der Entwicklungen in den islamischen Wissenschaften überprüften die wichtigen Ḥadīṯgelehrten wie Buḫārī und Muslim die Gesundheitsgrade der Aḥādīṯ (ṣiḥḥat al-aḥādīṯ) auf ihre zwei Kriterien (ḥabar, naql) hin, die sie mittels Forschungsreisen in ihren Werken vollendeten. Das Ergebnis war die Entstehung der Ḥadīṯwissenschaften (ʿulūm al-ḥadīṯ). Zugleich entstanden die wichtigen Kriterien (šurūṭ) des Überlieferers (rāwī) und die subjektiven Untersuchungskriterien, die im Ermessen des Ḥadīṯgelehrten stehen. Das Leben und der Charakter der Ḥadīṯgelehrten (muḥaddiṯūn) werden in der muslimischen Islamforschung auf genaue Art und Weise analysiert. Ihre Methoden (uṣūl) und ihre Kriterien in der Ḥadīṯanalyse wurde durch den Iǧmāʿ als vertauenswürdig akzeptiert, da die Aḥādīṯ zur damaligen Zeit mit größtmöglicher Sorgfalt analysiert wurden. Für die Ḥadīṯforschung bedeutet dies, dass die kanonisierte Ḥadīṯliteratur als Sunna-Bestandteil genauer zu untersuchen ist.

472 Vgl. KARAMAN: Anahatlarıyla İslam Hukuku (2005), S. 98.

473 Vgl. SEZGIN:Buhârî'nin Kaynakları (2000), S. 44; KARAMAN:Hadise Dair İlimler ve Usûlü (2010), S. 11.

474 Vgl. ÇAKAN: Hadîs Usûlü (2006), S. 34.

475 FUAT SEZGIN stellt fest, dass in der Periode der Gefährten (ṣaḥāba) die Aḥādīṯ in vereinzelten Heftseiten (ṣaḥīfa) niedergeschrieben wurden. Zudem zeigt er die drei ḥadīṯwissenschaftlichen Entwicklungsphasen auf: 1.Ihre Aufzeichnung (kitābāt al-ḥadīṯ), 2.Ihre Zusammenstellung (tadwīn al-ḥadīṯ), 3.Ihre Anordnung (taṣnīf al-ḥadīṯ). Vgl. SEZGIN: Geschichte des arabischen Schrifttums (1967), Bd. 1, S. 55.

Bei einer Absicht, die Sunna grundsätzlich in Frage zu stellen, besteht die Gefahr, dass die islamischen Glaubensgrundlagen in Frage gestellt oder im schlimmsten Fall abgelehnt werden, besonders in Hinblick auf die Authentizität.

Als ein wichtiger Vertreter westlicher Islamforschung geht Joseph Schacht davon aus, dass die durch Ḥadīṯgelehrten (muḥaddiṯūn), aufgrund von generellen Ängsten und Besorgnissen, aufgesetzten Aḥādīṯ (traditions) zu religionsrechtlichem Inhalt nicht authentisch sind.[476]

Viele nichtmuslimische Islamforscher, deren Sichtweise auf einige Muslime übergegangen ist, stellen sich ihrerseits die Frage, wie der Umfang der tradierten Aḥādīṯ im Gedächtnis bewahrt werden kann oder zum Teil verändert bis heute übertragen wurde.

Nach Hayreddin Karaman übersehen sie zwei grundlegende Punkte. Erstens: Die Erstquelle der Aḥādīṯ ist der Prophet Muḥammad als Vorbildperson (uswa). Daher haben die Ṣaḥāba die Aḥādīṯ, welche sie von ihm übernahmen, als existentielle Botschaft der islamischen Identität verinnerlicht und bewahrt. Zweitens, wurden die Aḥādīṯ durch Auswendiglernen tradiert und schriftlich übertragen. Die themengeordnete Niederschrift (tasnīf) wurde im zweiten Jahrhundert n.d.H. vorgenommen, wobei ihre Sammlungen und Texte bis in die Prophetenperiode reichen. Muḥammad Ḥamīdullāh erwähnt die Aufzeichnungen von Anas bin Mālik (gest.712), der in Anwesenheit des Propheten Muḥammad schrieb.[477]

Der Prophet Muḥammad erteilte zunächst aber ein Niederschriftsverbot seiner Aussagen[478] (vertrauensvolle Einzelpersonen durften dennoch aufzeichnen), damit sie mit der Offenbarung des Korans nicht vermischt wurden. Nachdem diese Gefahr ausgeräumt wurde, erteilte er eine generelle Niederschriftserlaubnis. Mit Blick auf die Ḥadīṯwerke von Buḫārī und Muslim geht im Abschnitt „ʿUlūm" gegen Ende der Lebenszeit von Muḥammad eine Genehmigung zur Ḥadīṯverschriftlichung hervor.[479] Diese Niederschriften gehen auch mit Blick

476 Vgl. SCHACHT: An Introduction to Islamic Law (1982), S. 34. Hier JOSEPH SCHACHT: "Hardly any of these traditions (gemeint aḥādīṯ), as far as matters of religious law are concerned, can be considered authentic." Demgegenüber vertritt HARALD MOTZKI die Meinung, dass die mündlich- und schriftlich-tradierten Überlieferungen (aḥādīṯ) über die Ṣaḥāba-Generation als Bindeglied zum Propheten Muḥammad vertrauenswürdig und authentisch sind. Vgl. MOTZKI: Die Anfänge der islamischen Jurisprudenz (1991), S. 4, 11.

477 Vgl. HAMIDULLAH: Early History of the Compilation of the Hadīth, in: Islamic Literature, 12 (1966), S. 6.

478 MUSLIM: ZUHD, 72.

479 Vgl. KARAMAN: Hadise Dair İlimler ve Hadis Usûlü (2010), S. 48–49.

auf die Forschungen von Fuad Sezgin, Muḥammad Ḥamīdullāh, Sulaimān an-Nadwī hervor.[480] Hierzu können auch die wichtigen paleologischen Arbeiten von Nabia Abbott (gest. 1981) genannt werden.[481] Nach Hayreddin Karaman stützen sich die beiden Ḥadīṯwerke „Ǧāmiʿu'ṣ-Ṣaḥīḥ" von Muḥammad bin Ismāʿīl al-Buḫārī (gest. 810) und „Muwaṭṭaʾ" von Mālik bin Anas (gest. 795) neben mündlichen auch auf schriftliche Tradierungen.[482]

Die themengeordnete Kategorisierung (tasnīf) der Aḥādīṯ erfolgte im zweiten Jahrhundert n.d.H, in welchen Systematisierungsentwicklungen die Ḥadīṯgelehrten von den Fiqh-Werken teilweise abhängig waren, denn die Rechtsgelehrten waren im Iǧtihād, ausgehend von der Prophetenperiode, auf die mündlichen und auf die schriftlichen Aḥādīṯ angewiesen, was für die Systematisierung der islamischen Rechtslehre von sehr großer Bedeutung ist.

2.2.2.4 „Siegel der Prophetenreihe" (ḫatam al-anbiyāʾ)

Der Prophet Muḥammad gilt in der islamischen Religion als „Siegel der Propheten" (ḫatam al-anbiyāʾ), was auch auf den Koran zurückzuführen ist:[483]

مَا كَانَ مُحَمَّدٌ أَبَا أَحَدٍ مِّن رِّجَالِكُمْ وَلَٰكِن رَّسُولَ اللَّهِ وَخَاتَمَ النَّبِيِّينَ وَكَانَ اللَّهُ بِكُلِّ شَيْءٍ عَلِيمًا

„Muḥammad ist nicht der Vater von irgendeinem eurer Männer. Er ist vielmehr der Gesandte Gottes und das Siegel der Prophetenreihe (der Letzte der Gesandtenreihe - ḫatam al-anbiyāʾ). Gott weiß über alles Bescheid."[484]

Die terminologische Zusammenführung „ḫatam al-anbiyāʾ" setzt sich aus den Begriffen „ḫatam" (endgültiger Siegel, Abschluss) und „al-anbiyāʾ" (Prophetenreihe) zusammen. Dadurch erhält der Prophet Muḥammad die nur für ihn

480 Vgl. KARAMAN: Sünnetin Yazılması ve Toplanması. In: Yeni Şafak 01.07.2010.

481 Vgl. ABBOTT: Studies in Arabic Literary Papyri 2. Qurʾanic Commentary and Tradition, Vol.76 (1967), S. 5–33; SEZGIN: Geschichte des arabischen Schrifttums (1967), Bd. 1, S. 55.

482 Vgl. KARAMAN: Kur'an'daki Peygamber (2011), S. 77. Somit werden die Zweifel des Islamwissenschaftlers Gregor Schoeler zu frühen islamischen Schrifttradierungen der Aḥādīṯ weitestgehend ausgeräumt. Vgl. hierzu: SCHOELER: Die Frage der schriftlichen oder der mündlichen Überlieferung der Wissenschaften im frühen Islam, in: Der Islam, 62 (1985), S. 201–230; Character und Authentie der muslimischen Überlieferung über das Leben Muhammeds (1996), S. 166–171.

483 Vgl. SCHIMMEL: Die Religion des Islam (2006), S. 20; KRÄMER: Demokratie im Islam (2011), S. 27, 128; ROHE: Das islamische Recht. Geschichte und Gegenwart (2011), S. 53; HOFMANN: Koran (2002), S. 22; Der Islam als Alternative (1999), S. 30.

484 KORAN, 33:40.

geltende Eigenschaft, der letzte Gesandte Gottes in der Prophetenreihe zu sein, der nach islamischem Verständnis an die Menschheit gesandt wurde. Nach islamischem Glaubensverständnis sandte Gott allen Völkern, die sich von der wahren Religion Gottes lösten, auserwählte Gesandte.[485] Diese besaßen die Aufgabe, die Menschen auf den rechten Gottespfad im Glauben an die Einheit und Existenz Gottes (tauḥīd) zur Gottergebenheit (islām) zu führen und von fehlgegangenen Glaubenstraditionen zu bekehren. Die Besonderheit dieser Gesandten lag darin, dass sie die Menschen ermahnten, nur Gott ergeben zu sein, nur ihm zu dienen und nur ihn anzubeten. Diese Tatsache wird in der Offenbarung (waḥy) ganz offen dargelegt:

وَلَقَدْ بَعَثْنَا فِي كُلِّ أُمَّةٍ رَّسُولاً أَنِ اعْبُدُواْ اللّهَ وَاجْتَنِبُواْ الطَّاغُوتَ فَمِنْهُم مَّنْ هَدَى اللّهُ وَمِنْهُم مَّنْ حَقَّتْ عَلَيْهِ
الضَّلالَةُ فَسِيرُواْ فِي الأَرْضِ فَانظُرُواْ كَيْفَ كَانَ عَاقِبَةُ الْمُكَذِّبِينَ

> *„Und wir haben doch in jeder Gemeinschaft einen Gesandten auftreten lassen, mit der Aufforderung, Dienet Gott und meidet die Götzen! Und die einen von ihnen leitete Gott recht, während an den anderen der Irrtum in Erfüllung ging. Zieht doch im Land umher und schaut, wie das Ende derer war, die unseren Gesandten für Lügner erklärt haben."*[486]

Die Anzahl der von Gott an die Menschheit gesandten Propheten, welche die rechte Religion verkündeten, liegt für Muslime nur im Kenntnisbereich Gottes. Der Prophet Muḥammad bildete für sie den endgültigen Abschluss der Gesandtenreihe, sodass nach ihm kein weiterer mehr kam und die Religionsvollendung abgeschlossen wurde. Daher stellen die Primärquellen einen Universalitätsanspruch, Überzeitlichkeitscharakter und die Offenbarung Gottes dar. Selbst die Aḥādīṯ in den sechs kanonisierten Ḥadīṯsammlungen (kutub aṣ-ṣiṭṭa) berichten, dass der Prophet Muḥammad das Siegel der Prophetenreihe (ḫatam al-anbiyāʾ) ist:

> *„Abū Ḥuraira berichtet, der Prophet Muḥammad habe gesagt: „Ich wurde allen Menschen gesandt und die Prophetenfolge hat sich mit mir endgültig abgeschlossen."*[487]

> *„Der Prophet Muḥammad: Die (Propheten-)Sendung wurde endgültig abgeschlossen, die Prophetie (nubuwwa) endgültig beendet. Nach mir wird kein weiterer Prophet mehr gesandt."*[488]

---

485 Vgl. KRÄMER: Demokratie im Islam (2011), S. 128.
486 KORAN, 16:36.
487 Vgl. TIRMIḎĪ: AS-SĪRA, 5.
488 Vgl. TIRMIḎĪ: MANĀQIB, 8.

Abū Ḥuraira berichtet, der Prophet Muḥammad habe gesagt: „Am Tage des Jüngsten Gerichts werden die Menschen angefangen von Adam die Prophetenreihe um Fürsprache bitten, wobei keiner von ihnen eine solche Befugnis erhält. Schließlich kommen sie zu mir und sagen: Oh Muḥammad! Du bist der Gesandte Gottes und das (endgültige) Siegel der (Gesandten-)Prophetenreihe (ḫatam al-anbiyā'). Gott hat deine bisherigen Sünden vergeben, bitte lege deine Fürsprache für uns vor Gott ein."[489]

Hayreddin Karaman weist auf diese Spezialeigenschaft des Propheten Muḥammad als Siegel der Gottesgesandten (ḫatam al-anbiyā') hin und betont, dass zwar die Erstadressaten der Religionsverkündung die vorislamischen Araber waren, aber die Religionsbotschaften nicht auf die arabische Halbinsel und diese nicht auf den damaligen Kontext beschränkt sei.[490] So sandte der Prophet Muḥammad den damaligen byzantinischen, persischen, ägyptischen und äthiopischen Herrschern seine Boten, um ihre Völker zur rechten Religion des Schöpfers einzuladen. Aber auch die Ṣaḥāba zerstreuten sich nach dem Tod des Propheten in der Welt, um die islamische Religion zu verkünden. Das zeichnet nach Hayreddin Karaman die Universalität der islamischen Religon an die Menschheit ab dem Jahr 610 n. Chr. aus.[491]

2.2.2.5 Normativität der tradierten Sunna

Die weitertradierte Sunna ist als Zweitquelle des islamischen Rechts (fiqh) verbindlich. Unter den sunnitischen Rechtsschulen besteht das feste Bündnis (ittifāq al-maḏāhib ahl as-sunna), dass die Aḥādīṯ als „elementare Sunna-Essenz" eine verbindliche Normenquelle (al-adillat al-aḥkām) bilden, unabhängig davon, wie es um ihren Gesundheitsgrad steht. Dieses Bündnis umfasst alle Aḥādīṯ, die von den Ḥadīṯgelehrten nach den Analysen, Klassifizierungen und der thematischen Kategorisierung übernommen wurden. Dazu zählen Einzelüberlieferungen (ḫabar al-wāḥid), bekannte Übertragungen (mašhūra), gesicherte Tradierungen (mutawātira).

Unter „Mutawātira" wird ein Attribut bezeichnet, das durch die Überlieferung einer großen Mehrheit an Menschen vollzogen wird, sodass eine Fehlbotschaft ausgeschlossen wird.[492] Diese kann den Überlieferungsausdruck (lafẓ) und die Bedeutung (ma'nā) betreffen.[493] Besonders im Uṣūl al-Fiqh sind bei klassischen

---

489 Vgl. SCHIMMEL: Muhammad (2002), S. 39; MUSLIM: ĪMĀN, 327.

490 Vgl. KARAMAN: Laik Düzende Dini Yaşamak (2006), Bd. 2, S. 16–17.

491 Vgl. ebd.

492 Vgl. HALLAQ: The Authenticity of Prophetic Ḥadith: A Pseudo-Problem, in: Studia Islamica (1999), S. 79.

493 Vgl. ÇAKAN: Hadîs Usûlü (2006), S. 106–107.

Überlieferungen (aḥādīṯ) neben gesichertem Wissen auch überzeugende Vermutungen (ġālib aẓ-ẓann) ausreichend, um eine Norm durch Iǧtihād zu bilden.[494] Auf diese Merkmale stützen sich die Belege als natürliche Normenquelle.

Die Prophetensunna führt in der Exegese (tafsīr) die notwendigen Erläuterungen aus und füllt die Verständnislücken auf. Zudem stellt sie in ihrer Vollendungsfunktion (tašrīʿ) Normen auf, die im Koran nicht auftauchen. Ihre Normativität geht aus dem Koran eindeutig hervor:

مَّا أَفَاءَ اللَّهُ عَلَىٰ رَسُولِهِ مِنْ أَهْلِ الْقُرَىٰ فَلِلَّهِ وَلِلرَّسُولِ وَلِذِي الْقُرْبَىٰ وَالْيَتَامَىٰ وَالْمَسَاكِينِ وَابْنِ السَّبِيلِ كَيْ لَا يَكُونَ دُولَةً بَيْنَ الْأَغْنِيَاءِ مِنكُمْ وَمَا آتَاكُمُ الرَّسُولُ فَخُذُوهُ وَمَا نَهَاكُمْ عَنْهُ فَانتَهُوا وَاتَّقُوا اللَّهَ إِنَّ اللَّهَ شَدِيدُ الْعِقَابِ

„.....Was der Gesandte (d.h. Muḥammad) euch nun aus diesem seinem Verfügungsfonds gibt, das nehmt an! Aber verzichtet auf das, was er euch verwehrt! Und fürchtet Gott! Er verhängt schwere Strafen.“[495]

قُلْ أَطِيعُوا اللَّهَ وَالرَّسُولَ فَإِن تَوَلَّوْا فَإِنَّ اللَّهَ لَا يُحِبُّ الْكَافِرِينَ

„Sag: Gehorcht Gott und dem Gesandten! Wenn ihr euch abwendet (seid ihr eben ungläubig). Gott liebt die Ungläubigen nicht.“[496]

2.2.2.6 *Abrogationsverhältnisse (nasḫ, mansūḫ)*

Der lexikalischen Bedeutung nach wird unter dem arabischen Begriff „nasḫ" „aufheben, ersetzen, abwandeln, beseitigen" verstanden. Als Fachausdruck im Uṣūl al-Fiqh bedeutet Abrogation (nasḫ, mansūḫ), dass vorliegende Šarīʿa-Belege durch andere Šarīʿa-Belege ersetzt werden.[497] Diese spezielle Normenwandlung betrifft nur die Prophetenperiode, für welchen Spezialfall als Abrogationsbeleg die folgende Koranstelle angeführt wird:

„Wenn wir einen Vers (aus dem Wortlaut der Offenbarung) tilgen oder in Vergessenheit geraten lassen, bringen wir (dafür) einen besseren oder einen, der ihm gleich ist. Weißt du denn nicht, dass Gott zu allem die Macht hat?“[498]

494 Vgl. KARAMAN: Hadise Dair İlimler ve Hadis Usûlü (2010), S. 46.

495 KORAN, 59:7.

496 KORAN, 3:32.

497 Vgl. KARAMAN: Fıkıh Usûlü (2010), S. 225; KRAWIETZ: Hierarchie der Rechtsquellen im tradierten sunnitischen Islam (2002), S. 160; ẒUḤAILĪ: Fıkıh Usûlü (2010), S. 259–265.

498 KORAN, 2:106. Siehe außerdem auch KORAN, 16:101; 13:39 und 10:105.

Was ist der Sinn der Abrogation? An diesem Punkt spielt die Weisheit Gottes (ḥikmatullāh) eine wichtige Rolle. Diese besteht im präventiven Sinne darin, die ersten Muslime nach und nach zu belehren und sie zu sozialisieren (iršād).[499] Die verständnisbedingte Umsetzung war die obligatorische Aufgabe des Propheten Muḥammad, der als Vermittler vor den sichtbaren Augen seiner Ṣaḥāba eine besondere Vorbildfunktion einnahm. Das „Prinzip der Leichtigkeit" und „die Notwendigkeit der Abrogation (nasḫ)" ermöglichte den Muslimen die Abkehr vom Wertezerfall zur Verwirklichung von vollkommenen sozialen Werten, dessen Charakteristika die Sicherstellung der existenziellen Menschenwerte (ḍarūriyyāt) wie Leben (nafs), Eigentum (māl), Religion (dīn), Vernunft (ʿaql) und Nachkommenschaft (nasl) ist. Als „schlechte Gewohnheiten" können etwa die Alkoholabhängigkeit und die Unzucht genannt werden, die in der Zeitfolge durch die Abrogationsfunktionalität der Šarīʿa-Belege verwehrt (ḥarām) wurde. Das Abrogationsverhältnis unter den Šarīʿa-Belegen ist folgend:[500]

Aufhebung eines Koranverses (āya) durch einen anderen Koranvers (āya)
Aufhebung einer normativen Prophetennorm durch eine andere Prophetennorm
Aufhebung eines Koranverses (āya) durch eine Prophetennorm
Aufhebung einer Prophetennorm durch einen Koranvers (āya)

Diese Verhältnisse wurden unter den Rechtsgelehrten diskutiert und im generellen anerkannt. Mathias Rohe stellt in seiner Forschung die Meinungsdivergenzen vor.[501] Die Abrogation ist für die gerechte Auslegung des Korans und der Sunna unabdingbar zu verinnerlichen.[502]

2.2.3 Konsensus (iǧmāʿ)

2.2.3.1 Muslimisches Verständnis

Die Drittquelle des islamischen Rechts ist Iǧmāʿ, was ins Deutsche mit „Entschlusskraft im Eingehen eines Bündnisses" übersetzt wird. Im Uṣūl al-Fiqh wird unter Iǧmāʿ die Meinungsübereinkunft aller islamischen Rechtsgelehrten (fuqahāʾ) verstanden, die bei Šarīʿa-Normen eine Meinungsallianz (Bündnis)

499 Vgl. ERDOĞAN: İslam Hukukunda Ahkâmın Değişmesi (1990), S. 146.

500 Vgl. KARAMAN: Hadise Dair İlimler ve Hadis Usûlü (2010), S. 48, 233–235.

501 Vgl. ROHE: Das islamische Recht. Geschichte und Gegenwart (2011), S. 56–57.

502 Vgl. KARAMAN: Fıkıh Usûlü (2010), S. 226–232; CERRAHOĞLU: Tefsir Usûlü (2006), S. 127.

eingehen.[503] Dieser Konsensus stützt sich zeitunabhängig nach Gelehrtenübereinkunft (ittifāq) auf den Koran und auf die Prophetensunna. Er verlangt ein oder mehrere verbindliche Šarīʿa-Belege (al-adillat aš-šarʿiyya).[504]

2.2.3.2 Beweiskraft (ḥuǧǧiyya)

Die fortwährende selbstständige Iǧtihād-Praxis war zu Lebzeiten des Propheten Muḥammad ohne seine Erlaubnis nicht möglich, denn gerade ohne seine determinierende Beglaubigung durften die Belege (adilla) nicht als Normenquelle dienen. In seiner Abwesenheit (ġayba) waren die Rechtsfindungen der Prophetengefährten (iǧtihād aṣ-ṣaḥāba) provisorisch relevant. Als sie zum Anwesen des Propheten traten, waren nur die Prophetenbelege (al-adillat an-nabī) gültig. Daraus folgt, dass zur Prophetenzeit nur durch die Erlaubnis (iḏn) von Muḥammad die Belege (adilla), die Analogieschlüsse (qiyās), somit der Ṣaḥāba-Iǧtihād in die Sunna fallen.

Das besondere am Iǧmāʿ ist, dass der Prophet Muḥammad seine Gemeinschaft zur Allianz (ittifāq al-umma) anregte und sie zum Iǧmāʿ heranbildete.[505] Diese Erkenntnis wird dadurch gestützt, dass er den unschätzbaren Iǧmāʿ-Wert seiner Gemeinschaft (umma) hervorhob und dessen Unfehlbarkeit betonte, was Birgit Krawietz bestätigt.[506] Auch Wael Hallaq weist auf die unfehlbare Gemeinschaftsübereinkunft (infallibity of the Muslim Community) hin, die mit Stütze auf die Offenbarung (waḥy) normativ ist.[507]

Joseph Schacht erkennt die Unfehlbarkeit der Umma in der Religionsauslegung an,[508] vertritt aber fälschlicherweise die These, dass zwischen der lebenden Tradition (living tradition) auf Basis der Gewohnheitstradition (ʿurf) und dem Gelehrten-Iǧmāʿ enge Beziehungen bestehen, wohingehend er die Doktrinbasis der Rechtsschulen (maḏāhib) nicht in den tradierten Aḥādīṯ sieht, sondern in der Tradition des Gelehrtenkonsensus (iǧmāʿ al-ʿulamāʾ).[509]

---

503 Vgl. KARAMAN: Anahatlarıyla İslam Hukuku (2006), S. 98–99.

504 Vgl. KARAMAN: Fıkıh Usûlü (2010), S. 105; DÖNMEZ: Art. „İcma“, in: TDV İA, Bd. 21, S. 417–438.

505 Vgl. DÖNMEZ: Art. „İcma“, in: TDV İA, Bd. 21, S. 417–438.

506 Vgl. KRAWIETZ: Hierarchie der Rechtsquellen im tradierten sunnitischen Islam (2002), S. 184.

507 Vgl. HALLAQ: On the Authoritativeness of Sunni Consensus, in: International Journal of Middle East Studies, 18 (1986), S. 429.

508 Vgl. SCHACHT: G. Bergsträsser`s Grundzüge des islamischen Rechts (1935), S. 14.

509 Vgl. SCHACHT: The Origins of Muhammadan Jurisprudence (1959), S. 88.

2.2.3.3 Bedingungen

Die gültige Iǧmāʿ-Bildung ist nach Hayreddin Karaman an bestimmte Kriterien gebunden:[510]

1. Bedingung:
Die Norm (ḥukm) muss sich auf die Šarīʿa stützen. In anderen Fällen sind gemeinschaftliche Meinungsübereinkünfte nicht als Iǧmāʿ anerkannt.

2. Bedingung:
Wenn in besonderen fallrechtlichen Angelegenheiten ein Iǧmāʿ existiert, dann sind keine anderen Belege (adilla) zu suchen. In diesem Fall wird der Iǧmāʿ dem Qiyās vorgezogen.

3. Bedingung:
Die Iǧmāʿ-Bildung darf den Textbelegen (nuṣūṣ) nicht widersprechen.

4. Bedingung:
Diejenigen Gelehrten, die sich an der Iǧmāʿ-Bildung beteiligen, müssen Muslime sein und die Stufe eines Muǧtahid erreicht haben. Meinungsübereinkünfte jener Wissenschaftler, die in Wirklichkeit kein Muǧtahid sind, können nicht als Iǧmāʿ akzeptiert werden.

Ein Muǧtahid ist ein würdiger Rechtsgelehrter, der aus den Šarīʿa-Belegen die Šarīʿa-Normen ableiten kann, die erforderliche Erlaubnis zur Iǧtihad-Praxis besitzt, sich für die Bewahrung der islamischen Theologieinhalte einsetzt und sich von einer Erneuerung der Theologie abwendet. Die Mehrheit der Gelehrten ist der Meinung, dass wenn in einem Jahrhundert keine ebenbürtigen Muǧtahids vorhanden sind, auch der Iǧmaʿ nicht zustande kommen kann.[511] Eine geringe Beteiligung dieser Form von Gelehrten schadet der Iǧmāʿ-Bildung nicht. Zur Gültigkeit wird verlangt, dass zur Iǧmāʿ-Bildung alle Gelehrten beteiligt sind.[512] Falls die Mehrheit eine Übereinkunft bildet und die Minorität eine oppositionelle Sicht einnimmt, dann kommt der Iǧmaʿ nicht zustande. Der Grund liegt

---

510 Vgl. KARAMAN: Fıkıh Usûlü (2010), S. 105–106.

511 Vgl. DÖNMEZ: Art. „İcma“, in: TDV İA, Bd. 21, S. 423.

512 Im Zustandekommen des Iǧmāʿ lässt sich bei aš-Šāfiʿī (gest. 820) die Tendenz einer Differenzierung zwischen der Ṣaḥāba-Periode und der Folgezeit erkennen. Auch wenn er die Gelehrtenübereinkünfte (ittifāq al-ʿulamāʾ) einer bestimmten Region anerkennt, ist das Zustandekommen des Iǧmāʿ in der Beteiligung von allen Gelehrten in die Ṣaḥāba-Periode zu ordnen. Vgl. AYBAKAN: Fıkıh İlminin Oluşum Sürecinde İcma (2003), S. 127.

darin, dass die Majorität der Beteiligten eine unzutreffende Meinung haben und sich somit irren kann. Die in diesem Rahmen vorliegenden Unklarheiten bei Mathias Rohe[513] wären vor diesem Hintergrund geklärt.

2.2.3.4 Unterschiedliche Formen

Hayreddin Karaman unterteilt Iǧmāʿ generell in zwei Formen:

1. Iǧmāʿ aṣ-Ṣarīḥ:
Unter dieser Iǧmāʿ-Form wird ein Konsens bezeichnet, der in einem beliebigen Jahrhundert durch die Übereinkunft (ittifāq) aller islamischen Gelehrten (ʿulamāʾ) in einer bestimmten Religionsangelegenheit zustandekommt.[514] Zu der Iǧmāʿ-Bildung trägt jeder Muǧtahid seine Meinung bei. Diese Form der Konsensbildung kann auf verschiedene Arten geschehen.

Zum Beispiel kommen alle muslimischen Gelehrten mit entsprechender Erlaubnis zusammen, jeder Einzelne teilt offen und frei seine Ansichten mit, die Übereinkunft (ittifāq) wird durch die Untersuchung aller Meinungen gebildet. Falls die Gesamtheit der Gelehrten zu einem bestimmten Fall nicht zusammenfinden kann, jeder Einzelne aber seine Meinung offen darlegt und sich alle Positionen einstimmig verbünden, dann ist Iǧmāʿ aṣ-Ṣarīḥ realisiert.[515]

Wenn einige islamische Rechtsgelehrte zu einer bestimmten Angelegenheit eine gemeinsame Ansicht vertreten, die gleiche Meinung auch von den übrigen Rechtsgelehrten bestätigt wird, dann kommt Iǧmāʿ aṣ-Ṣarīḥ auch zustande. Auf diese Art wird Iǧmāʿ gebildet und erhält daher den Charakter einer verbindlichen Beweisführung (dalīl al-qaṭʿī). Eine Opposition oder eine Unterbindung des Iǧmāʿ ist nicht möglich. Die Muslime sind verpflichtet sich nach ihr zu richten. Ein durch Iǧmāʿ aṣ-Ṣarīḥ getroffene Norm erhält den Charakter einer verbindlichen Norm (ḥukm al-qaṭʿī).[516] Deswegen werden Uneinigkeiten (iḫtilāf) und oppositioneller Iǧtihād zum Iǧmāʿ in späteren Zeiten ausgeschlossen.

Die Mehrheit der Rechtsgelehrten (fuqahāʾ), die Iǧmāʿ als Quelle (maṣdar) anerkennen, führt unterschiedliche Belege (adilla) an. Ein Hinweis befindet sich an folgender Stelle im Koran:

---

513 Vgl. ROHE: Das islamische Recht. Geschichte und Gegenwart (2011), S. 59.

514 Vgl. KARAMAN: Fıkıh Usûlü (2010), S. 105–106; DÖNMEZ: Art. "İcma", in: TDV İA, Bd. 21, S. 425.

515 Vgl. KRAWIETZ: Hierarchie der Rechtsquellen im tradierten sunnitischen Islam (2002), S. 199.

516 Vgl. KAMALI: Principles of Islamic Jurisprudence (2003), S. 228–232.

وَمَنْ يُشَاقِقِ الرَّسُولَ مِنْ بَعْدِ مَا تَبَيَّنَ لَهُ الْهُدَى وَيَتَّبِعْ غَيْرَ سَبِيلِ الْمُؤْمِنِينَ نُوَلِّهِ مَا تَوَلَّى وَنُصْلِهِ جَهَنَّمَ
وَسَاءَتْ مَصِيرًا

„Wenn aber einer gegen den Gesandten Opposition betreibt, nachdem ihm die Rechtleitung (durch den Islām) klar geworden ist, und einem anderen Weg folgt als dem der Gläubigen, geben wir ihm da Anschluss, wo er Anschluss gesucht hat und lassen ihn in der Hölle schmoren – ein schlimmes Ende!"[517]

Nach dieser koranischen Botschaft ist der einzige rechte Pfad „der Weg der Gläubigen". Dieser charakterisiert sich beispielsweise durch die konsensorientierte Meinungsbildung der würdigen Rechtsgelehrten. Daher ist die Befolgung des Gelehrtenkonsenses für alle Muslime bindend, ein Unterlassen nicht erlaubt. Alle übrigen Orientierungen sind irreführend.

Die islamischen Gelehrten überliefern einen vertrauensvollen Ḥadīṯ (ḥadīṯ al-mutawātira), wonach der Prophet Muḥammad berichtet, dass sich seine Gemeinschaft (umma) nicht in Irrung verbündet (lā taǧtamiᶜ ummatī ᶜalā ḫaṭaʾ). Auch wenn dieser Ḥadīṯ nicht wortwörtlich überliefert wurde, ist seine Bedeutung (maᶜnā) eine gesicherte Übertragung (tawātur). Auch wenn Gelehrtenkontroversen (iḫtilāf) auftreten, wird es im Denken von Hayreddin Karaman der Vernunft nach immer jene mit dem rechtmäßigen Verständnis geben.[518]

2. Iǧmāᶜ as-Sukūtī

In Iǧmāᶜ as-Sukūtī treten alle islamische Gelehrten zusammen, um bei einer bestimmten Religionsangelegenheit ihre Meinungen darzulegen. Einige teilen offen ihre Meinung mit, wobei der andere Teil ohne irgendwelche ablehnenden Einwände oder Behinderungen einfach nur schweigt.[519] Für Hayreddin Karaman ist die schweigende Konsensbildung (iǧmāᶜ as-sukūtī) der Ṣaḥāba möglich, aber im Nachhinein auch kontrovers zu hinterfragen.[520] Ein historisches Fallbeispiel aus der Ṣaḥāba-Periode im Zustandekommen des Iǧmāᶜ as-Sukūtī ist der Verkauf eines in Basra stehenden Grundstücks von ᶜUṯmān bin ᶜAffān an Ṭalha bin

517 KORAN, 4:115.

518 Es darf nach HAYREDDİN KARAMAN nicht vergessen werden, dass sich die Iǧmāᶜ-Bildung auf Textbelege (nuṣūṣ) stützen muss. Daher muss sie mit der Šarīᶜa in Einklang stehen. Die Iǧmāᶜ-Bildung der Ṣaḥāba erhält aus islamischer Sicht eine sehr große Bedeutung für den Iǧmāᶜ-Wert. Vgl. KARAMAN: Fıkıh Usûlü (2010), S. 105.

519 Vgl. KARAMAN: Fıkıh Usûlü (2010), S. 106.

520 Vgl. http://www.hayrettinkaraman.net/makale/0652.htm (Einsicht: 22.09.2012).

ʿUbaidallāh, das sie beide vor dem Verkauf nicht sahen, im Anschluss Uneinigkeiten (iḫtilāf) entstanden und ein Iǧmāʿ as-Sukūtī gebildet wurde.[521]

Muḥammad aš-Šāfiʿī (gest. 820) erkennt diese Iǧmāʿ-Form bedingt durch das Vorliegen von Uneinigkeiten (iḫtilāf) und den möglichen Raʾy-Einflüssen auf den Iǧtihād nicht als Quelle an.[522] Nach aš-Šāfiʿī kann diese auch nicht einmal als Iǧmāʿ bezeichnet werden.[523] Falls das Gelehrtenschweigen (sukūt) sich nicht auf ihren Willen zurückführt oder mögliche Aussagebehinderungen nicht ausgeräumt werden können, dann kommt Iǧmaʿ nicht zustande.[524]

2.2.4 Analogieschluss (qiyās)

2.2.4.1 Muslimisches Verständnis

In der arabischen Linguistik wird unter „qiyās“ das „Messen“ verstanden. Da der Begriff zwischen „dem Messen“ und „dem zu Messenden“ eine gleichwertige Bedeutung einnimmt, kann eine analoge Bedeutung der Gleichheit verstanden werden.[525]

Als Fachausdruck im Uṣūl al-Fiqh wird unter „qiyās“ die Analyse von ähnlichen Normen verstanden, die durch ihren ähnlichen Rechtsgrund (ʿilla) vergleichbar sind.[526] Die Šarīʿa-Normen können auf diese Motive (ʿilal) und ihre Attribute (wasf) zurückgeführt und bei Bedarf durch Iǧtihād herausgefunden werden. Falls zur Norm, die eine begründete ʿilla besitzt, die gleiche Norm verkündet wird, dann wurde der Iǧtihād durch den Qiyās ausgeführt.[527]

---

521 Vgl. ŞA'BÂN/DÖNMEZ (ÜBERS.): İslâm Hukuk İlminin Esasları (2011), S. 107.

522 Vgl. AYBAKAN: Fıkıh İlminin Oluşum Sürecinde İcmâ (2003), S. 119.

523 Vgl. DÖNMEZ: Art. „İcma“, in: TDV İA, Bd. 21, S.425.

524 Einige šāfiʿītische Rechtsgelehrte erkennen Iǧmāʿ as-Sukūtī zwar nicht als Iǧmāʿ an, wobei sie die Eigenschaft eines vermutbaren Belegs (dalīl aẓ-ẓannī) akzeptieren. Hingegen sind die Mehrheit der ḥanafitischen und das Kollektiv der ḥanbalitischen Gelehrten der Sicht, dass Iǧmāʿ as-Sukūtī ein absoluter Beleg (dalīl) darstellt und Oppositionen auszuschließen sind. Vgl. KARAMAN: Fıkıh Usûlü (2010), S. 106; KRAWIETZ: Hierarchie der Rechtsquellen im tradierten sunnitischen Islam (2002), S. 200. In der Gewichtung ist Iǧmāʿ as-Sukūtī schwächer einzustufen als Iǧmāʿ aṣ-Ṣarīḥ.

525 Vgl. KARAMAN: Fıkıh Usûlü (2010), S. 109.

526 Vgl. ŞA'BAN / DÖNMEZ (ÜBERS.): İslâm Hukuk İlminin Esasları (2011), S. 126.

527 HAYREDDİN KARAMAN führt als Qiyās-Beispiel das Alkohlverbot im Islam an, in der alle Alkohole mit gleichen Attributen wie Wein (ḫamr) verwerflich (ḥarām) sind. Das Motiv (ʿilla) für die analoge Norm (ḥukm) ist der Bewusstseinseinsverlust und die Schädigung der Vernunft. Vgl. KARAMAN: Fıkıh Usûlü (2010), S. 110.

2.2.4.2 Beweiskraft (ḥuǧǧiyya) und Ausführung

Der Prophet Muḥammad genehmigte das Rechtsvorgehen zur Normenerkundung mit gleicher ʿilla durch seine vorherigen Belehrungen. Ein Muǧtahid wird bei Neufällen mit kontextuellen Problemen konfrontiert, für welche aus den Religionsquellen keine offenen Šarīʿa-Normen hervorgehen und ein Konsensentscheid (iǧmāʿ) nicht vorhanden ist. Hier ist zur Lösung die analogieschlussbasierende Rechtsfindung (qiyās) anzuführen. Dieser Vernunftsprozess erfolgt nach Noel Coulson zur Realisierung und zur Weiterentwicklung der Primärquellen (šarīʿa), wonach Qiyās nicht unabhängig von der Offenbarung (waḥy) ausgeführt wird.[528]

Methodisch werden die Šarīʿa und dann die vorliegenden Iǧmāʿ-Bildungen intensiv überprüft, ob ähnliche Fälle oder Normen vorliegen. Falls solche nach der Analyse gegeben sind, wird Qiyās ausgeführt und dazu die analoge Norm verkündet. Zur Normenerkundung erkennt die Mehrheit der Rechtsgelehrten den Qiyās als Methodenverfahren (uṣūl) an.[529] Die überprüfte Norm durch Qiyās kann sich in ihrem Motiv (ʿilla) auf den Ursprung (aṣl) der Norm (ḥukm), oder auf ähnliche Normattribute (wasf) stützen, die vom Ursprung (aṣl) oder analog abgeleitet werden (qiyās al-aṣl). Da die ʿilla mit Ursprungsstütze (aṣl) durch Textbelege (nuṣūṣ) und Iǧmāʿ selten erörtert wird, ist zur Feststellung eine gesonderte Rechtsfindung durchzuführen (taḫrīǧ al-manāṭ). Nach der ʿilla-Ermittlung wird der Qiyās (iǧtihād biʾl-qiyās) ausgeführt.[530]

2.3 Fiqh

2.3.1 Verständnis von „dīn", „šarīʿa" und „fiqh"

Für ein gerechtes Verständnis des islamischen Rechts (fiqh) wird es notwendig sein, die oft auftauchenden Begriffe „dīn", „šarīʿa" und „fiqh" näher zu untersuchen. Generell wird der Begriff „Religion" unter der Berücksichtigung von allen Kulturen und Religionen mit „Weg, Glauben, Dienerschaft und Gewohnheit" übersetzt, sodass kultur- und religionsbedingt verschiedene Beschreibungen auftreten können.[531]

528 Vgl. COULSON: Conflicts and Tensions in Islamic Jurisprudence (1969), S. 6.

529 Vgl. DÖNMEZ: Fıkıh Usûlünün İşlevi ve İctihad Yöntemleri Hakkında Genel Bir Değerlendirme. In: İslâmî İlimlerde Metodoloji/Usûl Mes'elelesi I., İstanbul 2005, S. 666.

530 Vgl. KARAMAN: İslâmın Işığında Günün Meseleleri (2010), S. 651.

531 Vgl. TÜMER: Art. „Din", in: TDV İA, Bd. 9, S. 312.

In der islamischen Religion wird unter „dīn“ die Gesamtheit der von Gott an den Propheten Muḥammad übermittelten Religionsbotschaften verstanden, welche der Mensch mittels freier Selbstentscheidung zum diesseitigen und jenseitigen Eigenwohl erwählt. Da die islamische Religion maßgebliche Einflüsse auf das Alltagsleben der Muslime hat, wird der Begriff „dīn“ im Synonym auch mit „Lebensweise“ übersetzt. Dieses Verständnis setzt die Willens- und Entscheidungsfreiheit voraus, welche dem Menschen in der Schöpfung gegeben ist. Der unveränderte und unverfälschte islamische Religionskern wird über den Koran und der authentischen Prophetensunna (sunna aṣ-ṣaḥīḥ) gesichert übertragen (tawātur).

Talip Türcan weist zu Recht darauf hin, dass der Begriff „šarīʿa“ oft falsch verstanden wird, denn das Wort bedeutet im lexikalischen Verständnis ins Deutsche übersetzt „der Weg zur Tränke, Wasserquelle“.[532] Im breiten Volksverständnis, aber auch im Fehlverständnis vieler Wissenschaftler wird Šarīʿa fälschlicherweise oftmals mit Gesetz (qānūn) verwechselt.

Zur Aufklärung: Nach Hayreddin Karaman erhält „šarīʿa“ das gleiche Verständnis wie „dīn“, womit der unveränderte und unverfälschte Religionskern des Islams verstanden wird.[533] Für Muslime versteht sich die islamische Religion (šarīʿa) als religiöser Lebensweg, welche sie in der monotheistischen Glaubenstradition (tauḥīd) mittels bekenntnisgebundener Lebensweise (dīn) durchlaufen. Die Glaubensbasis (īmān) umfasst ihre Normen (aḥkām iʿtiqādiyya) und die religionspraktischen Bestimmungen (aḥkām ʿamaliyya). Die Šarīʿa ist somit eine komplementäre Quelleneinheit aus Koran und Sunna,[534] welche in die Folgenerationen gesichert tradiert wird (tawātur). Daraus folgt, dass der Genotyp der islamischen Religion geschützt ist. Wenn im Verständnis von „šarīʿa“ unterschiedliche Ansichten vorliegen, sind religionsphänomenologisch gesehen verschiedene Typen von Muslimen ersichtlich.

---

532 Vgl. TÜRCAN: Art. “Şeriat”, in: TDV İA, Bd. 38, S. 571.

533 Vgl. KARAMAN: Laik Düzende Dini Yaşamak (2006), Bd. 2, S. 208; İslâm’da İnsan Hakları (2004), S. 177.

534 Der unveränderte Religionskern des Islams hat einige Normen der vorigen Offenbarungsreligionen abrogiert, einige behalten und verändert. Zum Beispiel können die Veränderungen in den gottesdienstlichen Handlungen (ʿibādāt), im zwischenmenschlichen Bereich (muʿāmalāt), in der Dogma-Wandlung von der Gottesbeigesellung (širk) zum reinen Einheitsglauben (tauḥīd) genannt werden. Vgl. ATAR: Fıkıh Usûlü (1988), S. 97–98.
Die dogmatische Anthropomorphisierung von Gott wird endgültig abgeschafft (KORAN, 112: 1–4).

Der Koran berichtet in 42:13 davon, dass Noah, Abraham, Moses und Jesus auch eine göttlich-offenbarte Religion (šarīʿa) erhalten haben, wobei diese entweder göttlich abrogiert (nasḫ) oder die ursprüngliche Religion menschlich veränderte wurde. Dieses Authentizitätsproblem der Heiligen Schrift (Urtext) kennt die islamische Religion (šarīʿa) nicht, weil die vollendete Religion über den Koran und der authentischen Sunna (sunna aṣ-ṣaḥīḥ) gesichert tradiert wird (tawātur), womit der unveränderte Kern des Islam gegeben ist.

Das Wort „fiqh" stammt von der arabischen Begriffswurzel „fa-qi-ha" ab, was „verstehen, begreifen" bedeutet.[535] In der arabischen Linguistik bedeutet es das „tiefgründige Verstehen". Aus demselben Wortstamm stammt auch die Bezeichnung eines islamischen Rechtsgelehrten (faqīh) ab, der gottesfürchtig und geduldig ist, die Ruhe bewahrt und nicht rein weltlich ist.[536]

Unter „fiqh" wird die Verständnislehre des islamischen Rechts verstanden, welche aus den Primärquellen (šarīʿa) methodisch mittels Iǧtihād und Taḫrīǧ Quellwissen wie Belege (adilla) analysiert und Erkenntnisse liefert.[537] Nach Hayreddin Karaman wird Fiqh hiernach in zwei Formen beschrieben. Die ḥanafītische und die šāfiʿītische Beschreibung.[538] Für die Ḥanafīten wird darunter die gerechte Normenkenntnis verstanden, welche die Handlungen (aʿmāl) in Religionsthemen betrifft. Hiervon umfasst wird die Kenntnis aller Normen, der Belegführungen (adilla) und der Rechtsmotive (ʿilal). Nur diejenige Rechtsgelehrsamkeit wird als „faqīh" bezeichnet, die über die erforderlichen Rechtskompetenzen verfügt.

Nach ḥanafītischer Beschreibung wird „Fiqh" als Bezeichnung für die Wissenschaft über die Religionsnormen (ʿulūm al-aḥkām aš-šarʿiyya) verstanden. Šarīʿa ist eine Bezeichnung für Erkenntnisnormen, die offenkundig oder durch Herleitung (istidlāl) aus den herabgesandten Offenbarungsprodukten Koran und Sunna herausgezogen werden. Diese sind verbindliche Maßstäbe, die das religiöse Leben regeln. Der türkische Religionssoziologe Recep Şentürk weist vor diesem Hintergrund aus seiner Sicht auf die Eigenschaft des Fiqh als Gesellschaftswissenschaft (türk. toplumbilim) hin.[539] Für die Šāfiʿīten werden unter „Fiqh" die Normenkenntnisse verstanden, die die Handlungen (aʿmāl) der Muslime

535 Vgl. EL-SHAMSY: Art. „Fiqh, faqīh, fuqahāʾ", in: EI³ Brill. Fleet/Krämer/Matringe/Nawas/Rowson (Ed.) http://referenceworks.brillonline.com/entries/encyclopaedia-of-islam-3/fiqh-faqih-fuqaha (Einsicht: 11.05.2015).

536 Vgl. KARAMAN: Art. „Fakih", in: TDV İA, Bd. 12, S. 126.

537 Vgl. KARAMAN: Art. „Fıkıh", in: TDV İA, Bd. 13, S. 1.

538 Vgl. KARAMAN: Fıkıh Usûlü (2010), S. 19–20.

539 Vgl. ŞENTÜRK: İslâm Dünyasında Modernleşme ve Toplumbilim (1996), S. 30–33.

regeln. Daher kann gefolgert werden, dass das islamische Recht (fiqh) die Relationen zwischen Schöpfer und Schöpfung betrifft und die Primärquellen (šarīʿa), bestehend aus Koran und Sunna, für die diesseitige und jenseitige Glückseligkeit als Existenzquellen und als Wertereligion verstanden werden.[540]

2.3.2 Historische Bedeutungserweiterungen

Das Wort „fiqh" hat von der frühislamischen Periode bis in die Gegenwart den begrifflichen Bedeutungsumfang erweitert, wodurch unter den muslimischen Gelehrten auch verschiedene Beschreibungen dargelegt wurden. Zu Lebenszeiten des Propheten Muḥammad und in der Folgezeit der Ṣaḥāba wurde unter Fiqh keine systematisch-erarbeitete Wissenschaftsdisziplin verstanden. In diesen beiden Epochen wurden unter Fiqh alle Religionsfälle in der Dogmatik (iʿtiqād), der Religionspraxis (aʿmāl) und in der Bildung eines religiösen Charakters (aḫlāq) verstanden, die aus den Primärquellen (šarīʿa) heraus verstanden wurde.[541] Der Begriff „ʿilm" (Wissen) erhält in dieser Zeit daher die gleiche Bedeutung, denn alle verständnisbedingten Wissensangelegenheiten mit Stütze (ʿumda) auf die Offenbarung (waḥy) fallen vor der Systematisierung des Fiqh in den inhaltlichen Wortgehalt.[542] Mit den wissenschaftlichen Bereicherungen in der Dogmatik (iʿtiqād), in der Charakterbildung (aḫlāq), in den zwischenmenschlichen Beziehungen (muʿāmalāt) und in den Handlungen (aʿmāl) hat das islamische Recht (fiqh) diese in die etymologische Bedeutung mit einbezogen. Fiqh wird in der **1. Mağalla-Regel** daher wie folgt beschrieben:

> "Die Wissenschaft des Fiqh ist die Kenntnis der religionspraktischen Themen."
> **(osman. „İlm-i fıkıh, mesâil-i şer'iyye-i ameliyyeyi bilmektir.")**

Im heutigen Verständnis wird unter Fiqh die Gesamtheit der praktischen Handlungsnormen verstanden, die aus den Erkenntnisquellen der Offenbarung

540 GUDRUN KRÄMER weist auf den ethischen Rechtleitungscharakter der Šarīʿa hin und unterscheidet diese von der fallorientierten Verständnisausführung (fiqh). Vgl. KRÄMER: Gottes Staat als Republik (1999), S. 51.

541 Vgl. KARAMAN: Fıkıh Usûlü (2010), S. 24; In der Propheten- und Ṣaḥāba-Zeit fanden die Begriffe „qaḍāʾ" und „raʾy" im Vergleich zu Fiqh größere Anwendung. Vgl. KARAMAN: Art. „Fıkıh", in: TDV İA, Bd. 13, S. 1.

542 Vgl. KARAMAN: İslâm Hukuk Tarihi (2001), S.23; ÇINAR: Der Begriff "Fiqh" von seinen Anfängen bis zur heutigen Zeit. In: Im Dialog bleiben. Sprache und Denken in den Kulturen des vorderen Orients (2011), S.52-64.

(al-adillat aš-šarʿiyya) mittels des Iğtihāds gewonnenen werden.[543] Die glaubensdogmatischen Normen (aḥkām iʿtiqādiyya) gehören ebenfalls zur Šarīʿa und bilden den theoretischen Teil der Glaubensinhalte.

Das entwicklungsoffene Gebiet des Fiqh umfasst die verständnisbedingten Textbelege (nuṣūṣ) und darauf sich stützend den Innovations-Iğtihād der Rechtsgelehrten (fuqahāʾ).[544] Daraus folgt, dass Fiqh sich auf die Textbelege und darauf aufbauend auf den Gelehrten-Iğtihād bezieht. Daher besitzt es einen göttlichen und einen humanen Part, was im entwicklungsoffenen Bereich begründet liegt und die umgebungsbedingten Entwicklungen berücksichtigt.

Diese Einflussfaktoren auf das islamische Recht erfordern die kontextuelle Dringlichkeit einer Interpretation der Religionsquellen (maṣādir al-waḥy) durch die Gelehrten (ʿulamāʾ). Dieser Iğtihād zur Normenerkundung kann zutreffend oder unzutreffend sein und hat daher keinen Verbindlichkeitscharakter, wobei die Šarīʿa-Normen in verschiedenen Verbindlichkeitsmaßstäben vorgegeben sind und kontextuelle Freiheiten ermöglichen. Die offenbarte Vollendung der islamischen Religion unter der Šarīʿā bildet den unveränderlichen Religionskern, welche zu unterschiedlichen sozialen Umständen die gerechte Interpretation (iğtihād) erfordert.

Alle unveränderlichen Šarīʿa-Normen bilden die Šarīʿa, welche sich auf die Offenbarungen (waḥy) stützen und zugleich für die Religionsvollendung erforderlich sind. Alle Erkenntnisse auf Basis der Šarīʿa-Belege sind als „fiqh" zu bezeichnen, welche verständnisbedingt mittels Herleitungen (istidlāl) gewonnen werden. Der islamische Theologe Faruk Beşer erkennt, dass Fiqh eine aus dem bedürfnisbedingten Šarīʿa-Verständnis hervorgehende Disziplin ist.[545]

Der Unterschied zwischen Šarīʿa und Fiqh liegt darin, dass Fiqh aufgrund der Iğtihād-Praxis einen größeren und ständig ausweitenden Umfang einnimmt, wobei die eingegebene Šarīʿa als Kern der islamischen Religion unveränderlich

---

543 Der islamische Theologe YUNUS VEHBİ YAVUZ unterscheidet das Verständnis im Fiqh in zwei Arten:
Erstens: Das Wissensverständnis in den Fiqh-Büchern. Zweitens: Das Fiqh-Verständnis an sich. Erstere darf mit Zweiteren nicht verwechselt werden, weil Erstere das Wissen des Fiqh-Verständnisses der vorigen Gelehrtengenerationen betrifft. Vgl. YAVUZ: Maksadi Yorum, in: İHAD, 8 (2006), S. 43–44.

544 Vgl. KRAWIETZ: Gerechtigkeit als Leitidee islamischen Rechts. In: Islam und Rechtstaat. Zwischen Scharia und Säkularisierung. Hrsg. BIRGIT KRAWIETZ [u.a.] (2008), S. 40.

545 Vgl. BEŞER: Bir Bilgi Türü Olarak Fıkıh ve Diğer Disiplinlerle İlişkisi, in: Usûl, 5 (2006), S. 53.

gleich bleibt. Ein weiterer Unterschied liegt in der Unfehlbarkeit der Šarīʿa, wobei die Rechtsfindung (iǧtihād) der Fuqahāʾ auf Basis ihrer überzeugten Rechtsvermutung (ẓann) zutreffend oder unzutreffend sein kann. Daher haben Iǧtihād-Normen (aḥkām iǧtihādī) keinen verbindlichen, sondern einen empfehlenden Charakter. Die Šarīʿa-Normen sind verbindlich, überzeitlich und universell. Hierzu gehören die Glaubensnormen, die gottesdienstlichen und die auf den humanen Charakter (aḫlāq) bezogenen Normenbestimmungen (aḥkām). Im islamischen Recht (fiqh) werden die Normen in folgende Abschnitte eingeteilt:[546]

1. Gottesdienstliche Handlungen (ʿibādāt)
2. Personenstandsbereich (aḥwāl aš-šaḫsiyya)
3. Zwischenmenschlicher Bereich (muʿāmalāt)
4. Gemeindevorsitz (imāmāt)
5. Strafrecht (ʿuqūbāt)
6. Angelegenheiten mit externen Gemeinschaften (siyār)
7. Charakterbildung (adab)

2.3.3 Regelung und Belegführungen (adilla)

Fiqh wird als die Verständnislehre des islamischen Rechts verstanden, welche die Muslime miteinander verbindet und allumfassend die Lebensbereiche der Muslime regelt.[547]

Hier reguliert sie zum Beispiel die gottesdienstlichen Handlungen (ʿibādāt) und die zwischenmenschlichen Beziehungen (muʿāmalāt) der Muslime, die im spirituellen Sinne in Relation zum Schöpfer stehen (türk. Allah ile kul arasında olan ilişki).[548] Daher erhält sie eine wichtige existenzielle Bedeutung für die Muslime, denn ohne ihre Ausführungen und Entwicklungen können die Gläubigen ihre religiöse Lebensweise (dīn) nicht fortsetzen. Mit ihren speziellen Eigenschaften stützt sie sich auf die göttliche Offenbarungseingebung (waḥy) und dem darauf aufbauenden Iǧtihād. Dieses Wissen (ʿilm), von der Offenbarung (waḥy) gestützt, beeinflusst das Alltagsleben der Gläubigen. Noel Coulson weist

546 Vgl. KARAMAN: Fıkıh Usûlü (2010), S. 20; AYBAKAN: Art. „Muâmelât“, in: TDV İA, Bd. 30, S. 318. Das islamische Recht (fiqh) kommt heutzutage nur in den ersten drei Punkten zur Anwendung.

547 Die Gesellschafts- und Wirtschaftswissenschaften sind in den islamischen Rechtswissenschaften inbegriffen. Vgl. KARAMAN: Art. „Fıkıh“, in: TDV İA, Bd. 13, S. 1.

548 Vgl. KARAMAN: Art. „Fıkıh“, in: TDV İA, Bd. 13, S. 2; Anahatlarıyla İslâm Hukuku (2006), S. 32.

auf diese Beziehung hin, wobei für ihn das Zwischenmenschliche nicht relevant ist.[549]

Fiqh regelt die Beziehungen der Muslime gemäß den vorliegenden Kontextbedingungen und Bedürfnissen, welche auch die islamischen Rechtswissenschaften (fiqh) entwickelt. Falls die besonderen Angelegenheiten des Fiqh beachtet werden, nimmt sie ein sehr umfangreiches und sich ständig ausweitendes Bild ein, in der sie die speziellen Relationen der Gläubigen mit Gott regelt.[550] Diese Regelungen betreffen die Beziehungen des Menschen mit Gott, der Natur und der Menschen untereinander.[551] Die Rechtsfähigkeit beginnt mit der Befruchtung der menschlichen Keimzellen, betroffen sind die Lebensphasen mit Geburtsbeginn, Pubertät, Erwachsenenalter, in der Eheschließung, die Beziehungen der Kinder zu ihren Eltern und Verwandten, Berufsangelegenheiten, Sterbefälle, die daraus resultierenden Fälle im Erb- und Testamentenrecht und die soziofinanziellen Situationen der zurückgebliebenen Verwandten. Somit vereint sie durch ihren richtungsgebenden Charakter alle Lebensbereiche zu Lebzeiten als auch nach dem Tod. Außerdem regelt sie die elementaren Lebensangelegenheiten wie die Nahrungszufuhr, indem sie über essbare und verbotene Speisen aufklärt.

Weiterhin rät sie im moralischen Sinne von Unmoral wie Unzucht, Lästerungen und unwahrer Zeugenaussagen ab, um soziale Ungerechtigkeiten zu verhindern. Zur Schutz der sozialen Gerechtigkeit regelt sie die Almosengabe, das Opferschächten und die Spendengaben (ṣadaqa) an Bedürftige. Zur Förderung der Brüderlichkeit, der Fürsorge, des Mitgefühls, der Solidarität regelt sie die Festtage, indem alle Muslime zusammenkommen, beten und beraten.

Beispiele hierfür sind die Versammlung zum Freitagsgebet, die Pilgerfahrt und die religiösen Festtage wie zum Beispiel im Ramaḍān. Zur Sicherung der Familienbildung und des Nachwuchses regelt sie die vertraglichen Ehe- und Scheidungsfälle und die Rechte und Pflichten der Ehepaare. Da der Mensch als Geschöpf Gottes (maḫlūq) von Natur (fiṭra) aus ein Gemeinschaftswesen ist, regelt Fiqh auch die Beziehungen zum Schutz eines Menschen beim Einkaufen von Waren und bei Kredit- und Vertragsangelegenheiten (Kaufverträgen), indem es vor Täuschungen, Betrug und unwillentlichen Vereinbarungen zu Schutzmaßnahmen rät.[552]

549 Vgl. COULSON: A History of Islamic Law (1978), S. 11–13.

550 Vgl. KOCA: İslam Hukukunda Ahkamın Değişmesi Üzerine Bazı Dünceler, in: İHAD, 1 (2003), S. 57.

551 Religionsangelegenheiten: das Gebet, das Fasten, die Almosengabe, die Pilgerfahrt, die Reinheit der Muslime.

552 Vgl. KARAMAN: İslâm Hukuk Tarihi (2001), S. 24–25.

In Hinblick auf die historische Jurisprudenz weist Hayreddin Karaman darauf hin, dass die vorbildhafte soziale Gerechtigkeitsregelung zum Wohlergehen (maṣāliḥ) der Menschen durch die funktionale Aufgabe des Fiqh realisiert wurde. Die Besonderheit der ersten Primärquelle (Koran) liegt darin, dass es dem Propheten Muḥammad in einer sehr kurzen Zeitspanne von dreiundzwanzig Jahren offenbart und vollendet wurde. Diese Perspektive ist wichtig, weil der Prophet seiner Gemeinschaft eine abgeschlossene und vollkommene Quelle hinterlässt, in der die Sunna als ihre Erörertung eine wichtige Vollendungsfunktion (tašrīᶜ) besitzt.[553] Durch den Iǧtihād der Fuqahāʾ kann sich das islamische Recht (fiqh) auch an die wandelnden Umstände anpassen, wozu der Prophet Muḥammad höchstpersönlich anregt und seine Ṣaḥāba belehrt. Hierzu trifft er Pioniermaßnahmen, um eine strikte Traditionalisierung zu verhindern.

Der in der islamischen Geschichte von Muḥammad bin Idrīs aš-Šāfiᶜī (gest. 820) eingeleitete Systematisierungsprozess in der Rechtstheorie ist für das Verständnis der Prophetenperiode (auf die er sich stützt) wichtig, weil Uṣūl al-Fiqh eine von Muslimen systematisch-ausgearbeitete originelle Diszplin ist. Aš-Šāfiᶜī ist der Begründer der Rechtstheorie (wāḍiᶜ ᶜilm al-uṣūl).

Joseph Schacht ist der Ansicht, dass zum Verständnis des islamischen Rechts die historischen Fortschreibungen in der Rechtstheorie und in der Gelehrtenparaxis zu berücksichtigen sind,[554] wobei er die Entstehungsthesen des Fiqh von Ignaz Goldziher weiterentwickelt. Die intensive nichtmuslimische Forschung mit dem islamischen Recht begann nach Stephen Humphreys in der Kolonialzeit, in der die Kolonialherren die Religionsangelegenheiten der Muslime begutachten und lösen wollten und damit verbunden auch Islamforscher beauftragten.[555]

---

553 TAHSİN GÖRGÜN weist mit Hinweis auf die Gelehrten ABŪ ZAHRA, HAYREDDİN KARAMAN, ᶜABD AL-WAHHĀB ḪALLĀF darauf hin, dass die Beziehung von KORAN und FIQH bereits zu frühislamischen Zeiten besteht, in der im UṢŪL AL-FIQH zu dieser Zeit auch die Grundquellen Koran, Sunna, Iǧmāᶜ und Qiyās vorhanden sind. Die von I.GOLDZIHER und J.SCHACHT vertretene Meinung, dass die Beziehung des FIQH unabhängig vom KORAN entstanden ist und die SUNNA-Relation zum KORAN später erfolgte stimmt mit den historischen Tatsachen nicht überein. Zwischen dem KORAN und der PROPHETENSUNNA bestehe eine feste Verbindung. Vgl. GÖRGÜN: Kur'ân ve Fıkıh. In: Kur'ân ve Tefsir Araştırmaları II (2001), S. 107–108.

554 Vgl. SCHACHT: Pre-Islamic Background and Eary Developement of Jurisprudence. In: Law in the Middle East (1955), S. 28–29.

555 Vgl. HUMPHREYS: Islamic History. A Framework for Inquiry (1995), S. 209–210. Die Frühorientalisten sind IGNAZ GOLDZIHER, CHRISTIAAN SNOUCK HURGRONJE, G. BERGSTRÄSSER, JOSEPH SCHACHT.

Die begutachtende Rechtsanalyse von Fall zu Fall gründet auf den Belegführungen (adilla).

Der arabische Begriff „dalīl" bedeutet im lexikalischen Verständnis im Deutschen „hindeuten, hinweisen". Als Fachbegriff im Uṣūl al-Fiqh wird unter „dalīl" eine erreichbare Botschaft verstanden, welche mittels der rechten Gedankenbildung einhergeht. Im islamischen Recht (fiqh) besitzen alle Normen (aḥkām) mindestens ein oder mehrere Belegführungen (adilla), wonach eine Normbildung nach eigenem Wohlwollen (hawā) nicht zulässig ist.

Daraus folgt, dass keine Instanz im Namen der islamischen Religion außerhalb der legitimen Belegführungen (adilla) in der Lage ist, nach persönlichen Vorstellungen Aussagen zu treffen, sodass jeder islamischer Theologe ein notwendiges theologisches Bildungsniveau verfügen muss, um seine Aussagen zu belegen. Als Fachbegriff wird „dalīl" als offenkundige (dalīl al-qaṭʿī) oder als vermutbarer Beleg (dalīl aẓ-ẓannī) verstanden, die aus der Šarīʿa erschlossen werden. Unter den Fuqahāʾ besteht der Konsens (iǧmāʿ), dass die Quellen der Hierarchie nach der Koran, die Sunna, der Iǧmāʿ und der Qiyās sind. Der Reihenfolge nach sind alle Normen mit Stütze auf diese Quellen (maṣādir) verbindlich.[556] Die Belege in Uneinigkeiten (iḫtilāf) sind die Sekundärquellen (al-adillat al-farʿiyya) wie Istiḥsān, Maṣāliḥ al-Mursala, Istiṣlāḥ, Istiṣḥāb, ʿUrf / ʿĀda, Qaul aṣ-Ṣaḥābī, Sadd aḏ-Ḏarāʾiʿ und Šarʿ man Qablanā. Mit der Beglaubigung des Raʾy-Verfahrens durch den Propheten Muḥammad ist diese Methode mit Stütze auf die Šarīʿa anerkannt.[557] Der Koran und die Sunna sind grundlegende (aṣl), textbelegende (naṣṣ), übertragene (naql) Belegführungen (adilla). Diese Primärquellen (šarīʿa) stellen die Stütze der übrigen Belegführungen dar. Da die grundlegenden Belegführungen (al-adillat al-aṣliyya) nur aus Überlieferungen (naql) tradiert werden, werden sie als Überlieferungsbelege (al-adillat an-naqliyya) bezeichnet. Durch die Verschriftlichung der Šarīʿa werden sie Textbelege (nuṣūṣ) genannt, das auf Muḥammad aš-Šaibānī (gest. 805) zurückgeht.[558]

---

556 Vgl. ŞA'BAN/DÖNMEZ (ÜBERS.): İslâm Hukuk İlminin Esasları (2011), S. 45.

557 Vgl. APAYDIN: Nasları Anlamada Yetki ve Yöntem Sorunu, in: Marife Dergisi, 2 (2002), S. 10.

558 Vgl. DÖNMEZ: Fıkıh Usûlünün İşlevi ve İctihad Yöntemleri Hakkında Genel Bir Değerlendirme. In: İslâmî İlimlerde Metodoloji/Usûl Mes'elelesi I., İstanbul 2005, S. 665.

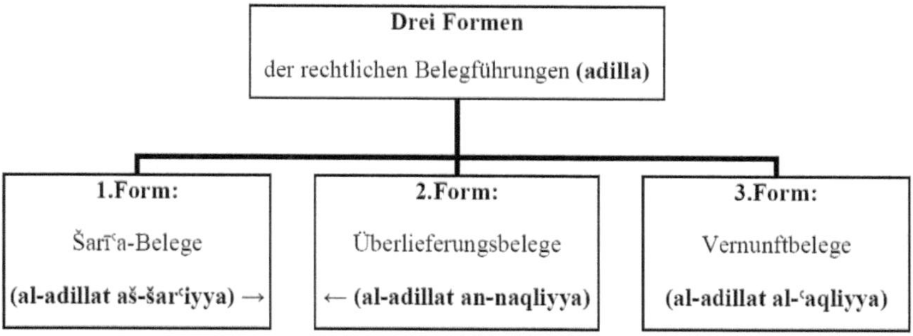

Zur Kenntnis der tradierten Belegführungen (al-adillat an-naqliyya) wird der Wissenserwerb der Überlieferungsquellen (maṣādir an-naqliyya) vorausgesetzt. Dies liegt auch darin begründet, dass die überlieferten Belege (al-adillat an-naqliyya) auf den Šarīʿa-Belegen (al-adillat aš-šarʿiyya) gründen. Zur Entstehung der Šarīʿa-Belege trägt ein Muǧtahid nichts bei, weil der Koran und die Sunna als Produkte der Offenbarung (waḥy) vollendet wurden.

Die Šarīʿa-Normen bezwecken die Sicherstellung von bestimmten Intentionen (maqāṣid).[559] Die Vernunftbelege (al-adillat al-ʿaqliyya) wie Qiyās, Maṣāliḥ al-Mursala, Istiḥsān, Istiṣḥāb und Blockaden (sadd aḏ-ḏarāʾiʿ) sind mit den Überlieferungsbelegen (al-adillat an-naqliyya) verbunden, sodass die vernunftorientierte Erarbeitung eines Gutachtens (fatwā) durch die Interpretation des Rechtsgelehrten (muǧtahid) erfolgt. Beispielhafte Rechtsprozeduren hierfür sind Qiyās, Maṣlaḥa al-Mursala und Istiḥsān. Diese Vernunftbelege (al-adillat al-ʿaqliyya) müssen sich unabdingbar auf die Überlieferten (al-adillat an-naqliyya) stützen, weil die Vernunft allein keine Normen (aḥkām) einführen darf. Die Šarīʿa-Belege dürfen dem gesunden Menschenverstand nicht widersprechen,[560] wonach zwischen beiden eine Harmonie besteht.

---

559 Ihrem Verständnis nach zielen die Šarīʿa-Nomen auf bestimmte Intentionen (maqāṣid) ab, welche durch die Textbelege (nuṣūṣ) erkennbar wird. Zum Beispiel liegt das Wohlwollen Gottes in der Vereinfachung (taḫfīf) für die Menschen und nicht in Erschwernissen (KORAN, 2:185), der Befehl Gottes zum Schutz der Gerechtigkeit, der Vernunft, der Solidarität mit den Verwandten (KORAN, 16:90), das Fernverbleiben von allen Schäden und die damit verbundenen Vergeltungstaten. Auch die Ḥadīṯnormen zielen auf diese bestimmten Intentionen ab. Vgl. BOYNUKALIN: İslâm Hukukunda Gaye Problemi (1998), S. 15.

560 Falls zwischen Normen und Belegen Widersprüche vorliegen, sind entweder die Letzteren ungesund oder die Normenabsichten (maqāṣid) wurden nicht richtig verinnerlicht. Vgl. KARAMAN: Fıkıh Usûlü (2010), S. 91.

Nach Hayreddin Karaman gründen die Vernunftbelege hierbei auf die mentale Abwägung der inneren und der äußeren Sinneswahrnehmungen und dem humanen Verstand (Intelligenz).[561]

Auf ihrer Grundlage können im geistigen Einklang mit den Primärquellen (šarīʿa) beispielsweise neue wissenschaftliche Herausforderungen an das islamische Recht (fiqh) beguachtet werden, welche aus der Šarīʿa auch nicht offenkundig herausgehen.

Die Fuqahāʾ können in der Untersuchung von Normstützen sowohl Übereinkünfte (ittifāq) als auch Uneinigkeiten (iḫtilāf) erzielen. Das bedeutet, dass für einige manche Belege anerkannt, andere abgelehnt werden können. Unter den sunnitischen Gelehrten besteht weitgehende Übereinkunft, dass der Koran, die Sunna, der Iǧmāʿ und der Qiyās verbindliche Belege sind. Daher besteht die Pflicht, sich in Religionsangelegenheiten an die Normen zu halten, welche auf diese vier genannten Quellen gründen.[562] Birgit Krawietz weist in diesem Kontext darauf hin, dass diese Quellengliederung für die Überprüfungsanalyse der Rechtssachlage steht und eine besondere Form der Wertschätzung der Rechtsquellen (maṣādir) zum Ausdruck bringt.[563]

---

561 Vgl. KARAMAN: Fıkıh Usûlü (2010), S. 90–91

562 Vgl. ZUḤAILĪ: Fıkıh Usûlü (2010), S. 22.

563 Vgl. KRAWIETZ: Hierarchie der Rechtsquellen im tradierten sunnitischen Islam (2002), S. 417.

3. Rezeption der Fiqh-Entwicklungen von Hayreddin Karaman

3.1 Die Nachfolgezeit des Propheten: Die vier Kalifen (632–661)

3.1.1 Innermuslimischen Ereignisse

Mit Blick auf die historische Jurisprudenz beginnt diese Periode mit dem Tod des Propheten Muḥammad (gest. 632) und endet mit dem Tod von ʿAlī bin Abī Ṭālib (gest. 661). Das Ende kann nach Hayreddin Karaman auch zu Beginn des achten Jahrhunderts mit dem Verscheiden der Ṣaḥāba-Generation gedeutet werden. Diese Epoche kann auch von Abū Bakr (gest. 634), ʿUmar bin al-Ḫaṭṭāb (gest. 644), ʿUṯmān bin ʿAffān (gest. 656), ʿAlī bin Abī Ṭālib (gest. 661) bis zum Ende der Umayyaden eingeteilt werden.[564] Die Gefährten (ṣaḥāba) waren in dieser Periode und in der Umayyadenzeit stets der Richtungsgeber des islamischen Rechts (fiqh).[565] Die Periode beginnt 632 mit der Wahl von Abū Bakr in das Kalifenamt und endet 661 mit dem Abtreten des Prophetenenkels Ḥasan bin ʿAlī gegen Muʿāwiya bin Abī Sufyān.

Nach dem Tod des Propheten haben alle Ṣaḥāba bis auf wenige dem ersten Kalifen Abū Bakr die Gefolgschaft erklärt. Dieser löste in seiner notgedrungenen Amtsübernahme Aufstände auf, ging gegen Glaubensabtrünnige vor und löste den Widerstand derjenigen auf, welche sich zur Zahlung der Almosengabe weigerten. Bevor er starb, befürwortete er die Amtsfolge durch ʿUmar bin al-Ḫaṭṭāb und teilte der Gemeinschaft (umma) seinen Willen mit.[566] Diese fügte sich seiner Empfehlung. Nach dessen Ermordung um 644 wurde durch eine Übereinkunft (ittifāq) ʿUṯmān bin ʿAffān gewählt, welcher in seiner zwölfjährigen Amtszeit die territorialen Grenzen der muslimischen Gemeinde erweiterte. In dieser Zeit vollendete er die redaktionelle Zusammentragung der Koranfragmente zum abgeschlossenen Korpus.

564 Vgl. KARAMAN: İslâm Hukuk Tarihi (2001), S. 101–102.

565 Vgl. KARAMAN: Art. „Fıkıh“, in: TDV İA, Bd. 13, S. 4–5.

566 Vgl. KRÄMER: Geschichte des Islam (2005), S. 29; KARAMAN: Anahatlarıyla İslâm Hukuku (2006), S. 48.

Seine Kalifenzeit war auch durch negative Entwicklungen geprägt. Einige ihm nahestehende Personen wurden auf Anordnung zu Gouverneuren wichtiger Städte ernannt. Somit erlangte die arabische Sippe der Umayyaden eine hohe bürokratische Stellung. Die Sippe der Hašimīten, die Perser und die jüdische Minderheit lehnten sich auf. Das Resultat war nach Karaman durch die Rolle von ʿAbdallāh ibn Saba geprägt. Oppositionelle aus den irakischen und ägyptischen Gebieten versammelten sich in Medina, belagerten die Herberge von ʿUṯmān bin ʿAffān und ermordeten ihn. Obwohl nach seinem Tod viele Muslime ʿAlī bin Abī Ṭālib die Gefolgschaft erklärten, wies Muʿāwiya unter dem Vorwand der Blutrache die Gefolgschaft an ʿAlī ab. Sein Anliegen war die politische Übernahme, wobei dies zu großen Konflikten führte.

In der Zeit von ʿAlī ibn Abī Ṭālib wurde dieser mit einer starken Opposition von Zubair ibn al-ʿAuwām, Ṭalḥa ibn ʿUbaidallāh um ʿĀʾiša bint Abī Bakr konfrontiert.[567] Gegen ʿAlī hatten sie nichts einzuwenden, jedoch sahen sie einen bestimmten Personenkreis innerhalb der Gruppe von ʿAlī für den Mord an ʿUṯmān bin ʿAffān (gest. 656) verantwortlich, wofür sie Vergeltung forderten. ʿAlī vertrat die Meinung, dass der Zeitpunkt für eine solche Vergeltung ungünstig sei und eine gewisse Zeit vergehen sollte. Aufgrund der Differenzen innerhalb der Gruppenmitglieder von ʿĀʾiša brach ein Aufstand aus. So marschierte sie in Kufa ein. Nach Revolten wurden Ṭalḥa und Zubair ermordet, woraufhin ʿĀʾiša nach Medina zurückkehrte. Nach diesen Ereignissen setzten Muʿāwiya, ʿAmr bin al-ʿĀṣ und andere zur Vergeltung für den Mord von ʿUṯmān bin ʿAffān gegen ʿAlī an und trafen in Ṣiffīn aufeinander. Als ʿAlī bin Abī Ṭālib dem Sieg nahe war, wurden die kriegerischen Handlungen durch eine Intrige gestoppt und dem Schiedsentscheid überlassen. Als eine Gruppe um ʿAlī dieser Forderung nachkam, wurde Abū Mūsa al-Ašʿārī und ʿAmr bin al-ʿĀṣ zu Schiedsrichtern ernannt.[568]

Aufgrund ihrer Uneinigkeiten (iḫtilāf) untereinander wurde keine Lösung erreicht. Aus dieser Lage entstanden in der Dogmatik (iʿtiqād) und des Rechts (fiqh) drei Strömungen (maḏāhib).

---

567 Vgl. KARAMAN: İslâm Hukuk Tarihi (2001), S. 102f; KRÄMER: Geschichte des Islam (2005), S. 39–40.

568 Vgl. AL-AŠʿARĪ: Maqālāt al-Islāmīyyīn wa-ḫtilāf al-Muṣallīn (1969), S. 31.

ʿAlī bin Abī Ṭālib wurde im Jahr 661 in Kufa durch einen Ḫāriǧīten ermordert. Nach dieser schrecklichen Tat folgten die Anhänger von ʿAlī seinem Sohn Ḥasan. Muʿāwiya übernahm die Führung, sodass die Mehrheit (ǧumhūr) gewollt oder ungewollt auf dessen Seite stand.

Mit dieser Übernahme strebte er die Machtsicherung an, womit er immer stärker wurde. Der Enkel des Propheten Ḥasan verzichtete daraufhin auf sein Anrecht auf das Kalifenamt. Somit begann 662 die Zeit von Muʿāwiya, die von der Sippe der Banū Umayya unterstützt wurde. Sein grausamer Sohn Yazid ging gegen die Oppositionellen vor und ließ 680 in Karbalāʾ im Irak den Enkel des Propheten namens Ḥusain bin ʿAlī bin Abī Ṭālib (gest. 680) ermordern.[569]

3.1.2 Normenquelle

Hayreddin Karaman stellt fest, dass zu dieser Zeit einzelne Fälle durch die methodologische Heranziehung der Primärquellen Koran und Sunna analysiert und begutachtet wurden.[570] Dieses Vorgehen war seit der Lebensperiode des Propheten Muḥammad bekannt. Falls in diesen Analysen keine Normen (aḥkām) erkennbar waren, führten die Rechtsgelehrten eine vernunftgeleitete selbstständige Rechtsfindung (raʾy) durch, die intuitiv im Einklang mit den Primärquellen (šarīʿa) stand.[571] In dieser Zeit umfasst das Raʾy-Verfahren der Ṣaḥāba die Rechtsprinzipien wie Qiyās, Istiḥsān, Sadd al-Ḏarāʾiʿ und Maṣāliḥ al-Mursala.[572]

Da der Prophet Muḥammad als Erstadressat der göttlichen Offenbarung (waḥy) nicht mehr anwesend war, führten die Ṣaḥāba zahlreichen Iǧtihād durch,

569 Vgl. KARAMAN: Anahatlarıyla İslâm Hukuku (2006), S. 48–49.
570 Vgl. ebd., S. 49.
571 Vgl. KOCA: İslam Hukukunda Ahkamın Değişmesi Üzerine Bazı Düşünceler, in: İHAD, 1 (2003), S. 60.
572 Vgl. UZUNPOSTALCI: İlk İki Asırda Fıkıh, in: SÜİFD, 2 (1986), S. 320.

in denen sie oftmals ein Iǧmāʿ erreichten, es entstanden aber auch Uneinigkeiten (iḫtilāf).[573] Birgit Krawietz stellt zur Recht fest, dass in der Prophetenzeit größere Uneinigkeiten ausgeschlossen waren und die Majorität sich in einheitlicher Herz-Seele-Relation verbündete (ʿalā qalb ar-raǧul al-wāḥid).[574]

Um Kontroversen auszuräumen und die Trefferquote entsprechend den Zielen der Religion (maqāṣid aš-šarīʿa) zu erreichen, wandten sich die Ṣaḥāba Abū Bakr und ʿUmar bin al-Ḫaṭṭāb der Mehrheitsberatung (istišāra) zu.[575] Demgemäß wurde die Rechtsfindung durch eine Gelehrtenkommission (iǧtihād biʾl-šūrā) durchgeführt, welche nach dem islamischen Theologen İbrahim Kafi Dönmez als Konsensbildung der Ṣaḥāba (iǧmāʿ aṣ-ṣaḥāba) zu verstehen ist.[576] Die Normen dieses Verfahrens waren im Vergleich zur Rechtspraxis einzelner Personen, aufgrund der höheren Treffsicherheit, stämmiger. Das Besondere lag darin, dass keine oppositionellen Rechtsmeinungen (iḫtilāf) entstanden. Zu dieser Zeit wurden die Normen im geistigen Verständnis der Primärquellen (šarīʿa) mit Rücksicht auf die gegebenen Umstände und der Lokalitäten der Muslime durch das Räsonnierungsverfahren (raʾy) erschlossen, die aus der Šarīʿa nicht offenkundig hervorgingen. In dieser Periode erhielt das Raʾy-Verfahren (iǧtihād ar-raʾy) auch den Wert einer Normenquelle (maṣdar al-aḥkām). Die Rechtsprinzipien Istiḥsān, Maṣlaḥa, ʿUrf und Qiyās gehen auf die Prophetenzeit zurück, in der sie zwar festgelegt, aber erst in der Folgezeit systematisch ausgearbeitet wurden. Diese Erkenntnis verdeutlicht, dass die Sekundärquellen (al-adillat al-farʿiyya) zumindest in der Praxis ausgeführt wurden.[577]

3.1.3 Verständnis der Prophetengefährten (ṣaḥāba)

Viele Ṣaḥāba sind als Muǧtahid anerkannt, weil sie ihre überwiegende Lebenszeit mit dem Propheten Muḥammad zusammen verbrachten und die Ansprache der Offenbarung (waḥy) in seinem Verständnis vermittelt bekamen.[578] Dadurch

573 Der PROPHET MUḤAMMAD befahl, dass die Ṣaḥāba sich an seine Sunna und an die der rechtgeleiteten Kalifen (ḫulafāʾ ar-rāšidūn) richten sollen: TIRMIḎĪ: ʿIlm 16; MĀǦA: Muqaddima 6; ABŪ DĀWŪD: Sunna 5.

574 Vgl. KRAWIETZ: Hierarchie der Rechtsquellen im tradierten sunnitischen Islam (2002), S. 30.

575 Vgl. KARAMAN: İslâm Hukuk Tarihi (2001), S.104; Art. „Fıkıh“, in: TDV İA, Bd. 13, S. 5.

576 Vgl. DÖNMEZ: Fıkıh Usûlünün İşlevi ve İctihad Yöntemleri Hakkında Genel Bir Değerlendirme. In: İslâmî İlimlerde Metodoloji (Usûl) Meselesi 1. İstanbul 2005, S. 661.

577 Vgl. KARAMAN: Fıkıh Usûlü (2010), S. 135f.

578 Vgl. KARAMAN: İslâm Hukuk Tarihi (2001), S. 104.

verinnerlichten sie das rechte Verständnis der islamischen Religion und konnten durch Iǧtihād neue Normen (aḥkām) erschließen.[579]

Hierbei erhalten die Verhaltensweisen des Propheten Muḥammad eine wichtige Bedeutung, denn gerade nach seinem Verständnis und seinen Rechtsausführungen zufolge wurden die erforderlichen Normlösungen erschlossen. Zudem kannten die Ṣaḥāba die Offenbarungsanlässe (asbāb an-nuzūl) der einzelnen Suren, die ihnen das rechtmäßige Religionsverständnis vereinfachten. So konnten sie sich die Ereignisse zu Lebzeiten des Propheten Muḥammad vor Augen führen, zu welchen Offenbarungen (waḥy) herabgesandt wurden. Aus diesem Grund haben die Muslime den Koran sowohl nach dessen wörtlichem und als auch nach dessen geistigem Verständnis als vollendete Religion (dīn at-tašrīʿ) verstanden. Die Besonderheit liegt hierbei darin, dass die Prophetenansprache an die Ṣaḥāba in ihrem Sprachverständnis erfolgte, wodurch Verständnisprobleme ausgeräumt wurden. Alle Handlungen des Propheten Muḥammad in den Gottesdiensten (ʿibādāt), im zwischenmenschlichen Bereich (muʿāmalāt) und der Charakterbildung (aḫlāq) ereigneten sich vor der Zeugenschaft der Ṣaḥāba. Diese empirischen Beobachtungen der Sunna wurden verinnerlicht und haben zum rechtmäßigen Religionsverständnis beigetragen. Hierfür steht die folgende klassische Überlieferung (ḥadīṯ):

> *„Meine Gefährten sind wie die Sterne am Himmel, wem ihr von ihnen auch nacheifert, ihr werdet den rechtgeleiteten Weg finden.“*[580]

Die Ṣaḥāba (aṣḥāb) dürfen im Selbstverständnis der sunnitischen Lehre (ahl as-sunna) nicht verunglimpft werden, weil sie als Freunde des Propheten Muḥammad die Erstadressaten der Offenbarung (waḥy) waren, vom Propheten

579 Ṣaḥāba auf Muǧtahid-Stufe: Abū Bakr (gest. 634), ʿUmar bin al-Ḫaṭṭāb (gest. 644), Uṯmān bin ʿAffān (gest. 656), ʿAlī bin Abī Ṭālib (gest. 661). In der Folgezeit des Propheten Muḥammad können diejenigen so eingestuft werden, die eine Fatwā verkündeten wie Muʿāḏ bin Ǧabal (gest. 639), Abū ʿUbaida bin al-Ǧarrāh (gest. 639), Ubayy bin Kaʿb (gest. 642), ʿAbd ar-Raḥmān bin ʿAuf (gest. 652), Abū ad-Dardā (gest. 652), Abū Ḏarr al-Ǧifārī (gest. 652), ʿAbdallāh bin Masʿūd (gest. 653), ʿUbāda bin aṣ-Ṣāmit (gest. 654), Zaid bin Ṯābit (gest. 655), Salmān al-Fārisī (gest. 656), Ḥuḏayfa bin Yamān (gest. 656), ʿAmmār bin Yāsir (gest. 657), Abū Mūsā al-Ašʿarī (gest. 665), ʿÀʾiša bint Abī Bakr (gest. 678), Umm Salama (gest. 681), ʿAbdallāh bin ʿAbbās (gest. 687), ʿAbdallāh ibn ʿUmar (gest. 693), Abū Saʿīd al-Ḫudrī (gest. 693). Vgl. KARAMAN: İslâm Hukuk Tarihi (2001), S. 111–146; EBU ZEHRA/ŞENER (ÜBERS.): İslâm'da Fıkhi Mezhepler Tarihi (1978), S. 24.

580 Vgl. BAIḤĀQĪ: Al-Madhal ilā as-Sunan al-Kubrā (1985), S. 162–163.

in sichtbarer Zeugenschaft belehrt wurden, die islamische Religion so verstanden und in die Folgezeit weitertradierten.[581]

3.1.4 Iğtihād-Flexibilität und Uneinigkeiten (iḫtilāf) unter Ṣaḥāba

Die Ṣaḥāba[582] öffneten das Tor des Iğtihād (bāb al-iğtihād) und gaben Anreize zur Praxis.[583] In seinem Brief an Abū Mūsa Al-Aš'ārī reizte 'Umar bin al-Ḫaṭṭāb diesen zum Verständnis des Analogieschlusses (qiyās) und zum Iğtihād an.[584] Die Ṣaḥāba führten ihren Iğtihād oft- mals durch kommisarische Beratungen (istišāra) durch.[585] Abū Bakr und 'Umar bin al-Ḫaṭṭāb hatten beide in Medina Kommissionen gegründet, dessen Mitglieder sie nicht aus der Stadt ließen.[586] Normen (aḥkām) wurden erst dann erzeugt, wenn auch ein neuer Fall vorlag.

Mit den zeitbedingten Änderungen der Bedingungen und der Motive ('ilal) wurden auch die Iğtihād-Normen geändert. Das bedeutete, dass bei speziellen Rechtsfällen, die durch die Šarī'a erlaubt wurden, von vorabsehbaren negativen Folgen abgehalten wurde. Um die Gesamtlage zu schützen und die Jurisprudenz zu bewahren, berücksichtigten sie dabei das Gemeinwohl (maṣlaḥa). Beispielsweise wurde die dreimalige Scheidung (ṭalāq), die bis zur Amtszeit von 'Umar als „einmalige Scheidung" gültig war, in dieser Zeit als „dreimalig" anerkannt, um dem Scheidungsmissbrauch vorzubeugen.[587]'Umar stellte Prinzipien (qawā'id)

---

581 Vgl. KARAMAN: Hadise Dair İlimler ve Hadis Usûlü (2010), S. 84–88.

582 Unter "Ṣaḥāba" fallen generell alle Zeitgenossen von Muḥammad, die ihn gesehen haben, mit ihm sprachen und seine Religionsbotschaften anerkannten. Vgl. MURANYI: Art. "Ṣaḥāba", in: EI². Bd. 8, S. 827b - 829a.

583 FUQAHĀ unter Aṣḥāb: Abū Bakr (gest. 634), 'Umar bin al-Ḫaṭṭāb (gest. 644), 'Uṯmān bin 'Affān (gest. 656), 'Alī bin Abī Ṭālib (gest. 661), 'Abd ar-Raḥmān bin 'Auf (gest. 652), 'Abdallāh bin Mas'ūd (gest. 653), Zaid bin Ṯābit (gest. 655), Mu'aḏ bin Ğabal (gest. 639), Abū 'Ubaida bin al-Ğarrāh (gest. 639), Ubay bin Ka'b (gest. 642), Abū Ḏarr al-Ğifārī (gest. 652), Abū ad-Dardā (gest. 652), 'Ammār bin Yāsir (gest. 657), Salmān al-Fārisī (gest. 656), 'Ā'iša (gest. 678), 'Abdallāh bin 'Abbās (gest. 687). KARAMAN: İslâm Hukuk Tarihi (2001), S. 111–145.

584 Vgl. HAMIDULLAH/ATAR (ÜBERS.): Halife Hz.Ömer Devrinde Adli Teşkilat. Ebû Mûsâ el-Eş'ârî'ye Gönderilen Kazai Talimatnameler, in: İlim ve Sanat Dergisi, 23, 4 (1989), S. 45–53.

585 Vgl. KARAMAN: Anahatlarıyla İslâm Hukuku (2006), S. 50.

586 Vgl. KARAMAN: Art. „Fıkıh", in: TDV İA, Bd. 13, S. 5.

587 Jedes Jahr zur Pilgerfahrtszeit gründete der Kalif 'Umar in Mekka einen Diwān, um die Richterurteile zu prüfen. Vgl. HAMIDULLAH: Administration of Justice in Early Islam, in: Islamic Culture, Vol.11, 2 (1937), S.167.

fest und seine Gutachten (fatāwā) wurden im Werk „Muṣannaf" von Ibn Abī Šaiba tradiert.[588]

Bei offenkundigen Normen des Korans oder bei gesunden Aḥādīṯ (aḥādīṯ aṣ-ṣaḥīḥ) ist es nicht möglich, dass Uneinigkeiten (iḫtilāf) entstehen. Das Gelehrtenverständnis zu Neufällen beruht auf einer überzeugenden Rechtsvermutung (ẓann), die auf die Vernunft (ʿaql) gründet. Daher ist es auch undenkbar, dass zu allen Fällen ein einheitlicher Iǧtihād durchgeführt wird. Das islamische Recht setzt dies nicht als Bedingung voraus, sondern regt zum Iǧtihād an. Daher können zutreffende oder unzutreffende Normlösungen (aḥkām) durch den Iǧtihād erschlossen werden. In ihren lokalen und zeitbedingten Fallanalysen waren die Ṣaḥāba mit Problemen konfrontiert, wodurch verschiedene Rechtsmeinungen und Uneinigkeiten (iḫtilāf) entstanden. Die Gründe dafür waren der Erhalt von Überlieferungen (aḥādīṯ) durch nichtvertrauenswürdige Personen, unterschiedliche Verständnisbildungen, Irrtümer und Vergesslichkeiten.[589]

3.2 Die Zeit der Umayyaden (661–758)

3.2.1 Innermuslimische Ereignisse

Um innerislamische Auseinandersetzungen zu verhindern, verzichtete der Prophetenenkel Ḥasān bin ʿAlī auf sein Kalifenamt.[590] Mit diesem Verhalten verhinderte er eine gewaltsame Konfrontation mit Muʿāwiya bin Abī Sufyān (gest. 680).[591] Die Mehrheit der Muslime folgte nach diesem Verzicht gewollt oder ungewollt Muʿāwiya. Mit den beiden Bürgerkriegen endet zugleich auch die Periode der vier rechtgeleiteten Kalifen (ḫulafāʾ ar-rašidūn), womit 661 die expansionsorientierte Periode der Umayyaden beginnt.

Trotz der inneren Konflikte vergrößerte sich das Territorium der Muslime im Westen bis an den Atlantischen Ozean und im Osten bis zu den Chinesen, im Norden bis nach Kleinasien und Andalusien.[592] In dieser Periode verstarben die älteren und die jüngeren Ṣaḥāba, sodass durch den Generationswechsel überwiegend die Zweitgeneration (tābiʿūn) im Blick steht.

---

588 Vgl. BİLMEN: Hukuk-ı İslâmiyye ve Istılahâtı Fıkhiyye Kâmusu (1985), Bd. 1, S. 307–308.

589 Vgl. KARAMAN: Hadise Dair İlimler ve Hadis Usûlü (2010), S. 193–194.

590 Hierbei ist wichtig zu erwähnen, dass das Kalifat mit den Umayyadan in die Herrschaftsdynastie wechselt (türk. Halifeliğin Saltanâta Dönüşmesi), was unislamisch war.

591 Vgl. KARAMAN: İslâm Hukuk Tarihi (2001), S. 149.

592 Vgl. KARAMAN: Anahatlarıyla İslâm Hukuku (2006), S. 51.

Die umayyadische Zeit charakterisiert sich durch Aufstände, Konflikte und Eroberungen. Nach der Schlacht von Ṣiffīn um 657 und dem anschließenden Schiedentscheid entstand die Strömung (maḏhab) der Ḫāriǧiten (ḫariǧīyya). Nach ihrer Meinung sollte die Führung nicht durch Erbfolge, sondern durch Wahlen bestimmt werden. Diese sollte eine verdiente Führung innehaben, die die Direktionsaufgaben verantwortungsvoll übernehmen kann. Das Resultat war, dass die direktionale Administration durch Wahlen bestimmt wurde. Mit dieser Haltung schlugen die Ḫāriǧīten mit den Umayyadan einen Konfrontationkurs ein.

Die Šīʿa (welche die Staatsführung an ʿAlī bin Abī Ṭālib und seiner genealogischen Erbfolge beanspruchte und sich auf ein Überlieferungsvermächtnis des Propheten Muḥammad bezog) wandte sich ebenfalls gegen die Umayyaden. Infolge der territorialen Eroberungen entstand ein multikulturelles Gemeinwesen, welches neue Herausforderungen mit sich brachte.

Zur Sicherstellung der politischen Interessen waren die Muslime soziokulturell gezwungen sich von der beduinischen Lebensorientierung eine zivilisierte Mentalität anzueignen, worauf der islamische Theologe Murteza Bedir hinweist.[593] Mit dem zunehmenden Verschwinden der Ṣaḥāba-Generation mussten zur Sicherung der Sunna wichtige Wissenschaftsentwicklungen eingeleitet werden. Das förderte die Ḥadīṯwissenschaften (ʿulūm al-ḥadīṯ), sodass die Ṣaḥāba und die Tābiʿūn sich der Sicherung der Aḥādīṯ widmeten.[594] Diese ehrenvollen Bemühungen sind aus islamischer Perspektive von sehr großer Bedeutung.

3.2.2 Ausrichtung des Fiqh

Hayreddin Karaman stellt fest, dass das islamische Recht in der Zeit der vier rechtgeleiteten Kalifen handlungsorientiert ausgerichtet war. Das bedeutet, dass die Ṣaḥāba bei vorliegenden neuen Fällen durch die methodologische Heranziehung des Korans, der Sunna und bei Bedarf selbstständig neue Normen erschlossen (iǧtihād ar-raʾy).[595] Solche Vorgehenweisen sind die Ursache für die Ableitung von Prinzipien (qawāʿid al-fiqh). Die Iǧtihād-Normen und das Vorgehen der vier rechtgeleiteten Kalifen bei der Rechtsfindung standen im Einklang mit dem Koran und der Sunna, wodurch Oppositionen auszuschließen waren.

In der Periode der umayyadischen Dynastie änderten sich die kontextuellen Bedingungen und folglich die Ausrichtungen des Fiqh. Selbst die umayyadischen

593 Vgl. BEDİR: Sünnet. Hz.Peygamber'in Evrensel Mesajı (2007), S. 57–58.
594 Vgl. KARAMAN: Art. „Fıkıh", in: TDV İA, Bd. 13, S. 7.
595 Vgl. KARAMAN: İslâm Hukuk Tarihi (2001), S. 149.

Kalifen vernachlässigten in ihrer überwiegend weltlichen Lebensweise die Einhaltung vieler Aḥādīṯ, indem sie uneheliche Beziehungen betrieben. Die meisten Kalifen ebneten einen Weg (außer ʿUmar bin Abdulazīz), der von der Sunna und dem der rechtgeleiteten Kalifen (ḫulafāʾ ar-rāšidūn) abwich. Trotz der Warnungen durch islamische Gelehrte (ʿulamāʾ) wurden areligiöse Tendenzen eingeschlagen.

Als die Ṣaḥāba und die Tābiʿūn dies bemerkten, widmeten sie sich (besonders in Medina) verstärkt der Sunna-Feststellung und deren Beziehungen zum Koran zu. In diesen Analysen erörterten sie die Ausrichtungen des Fiqh, wonach unter dem Universalcharakter der Šarīʿa eine systematische Methode für geboten erachtet wurde.[596] Bestmöglich setzten sie sich zur Bewahrung der Ziele (maqāṣid) und der Weisheiten (ḥikam) der islamischen Religion ein und waren damit bemüht die Tābiʿūn auszubilden, sodass im Ḥiğāz und im Irāk zwei Lehrschulen (madāris) entstanden. Die Irākischen bersücksichtigten vorrangig das Raʾy-Verfahren, die Ḥiğāziyūn mehr das Gemeinwohl (maṣlaḥa).[597] Die Lehrimāme waren Ibrāhīm an-Naḫaʿī[598] (gest. 714) im Irāk[599] und Saʿīd ibn al-Musayyib (gest. 713) im Ḥiğāz.[600]

596 Vgl. BEDİR: Sünnet. Hz.Peygamber'in Evrensel Mesajı (2007), S. 64–65.

597 Vgl. KILIÇER: İslâm Fıkhında Re'y Taraftarları (1961), S. 35.

598 Dieser sorgte in Kufa für die systematische Beständigkeit im Aufbau des Uṣūl al-Fiqh. Siehe hierzu: ANSARI: The Early Development of Islamic Fiqh in Kufah with special reference to the works of Abu Yusuf and Shaybani (1966), S. 106; Zudem überlieferte Ibrāhīm an-Naḫaʾī Aḥādīṯ von ʿĀʾiša bint Abī Bakr und Anas bin Mālik. SEZGIN: Geschichte des arabischen Schrifttums (GAS), Bd. 1 (1967), S. 403.

599 Tābiʿūn-Schüler in Basra: Ḥasan al-Baṣrī (gest. 728), Muḥammad ibn Sirīn (gest. 728), Qatāda (gest. 736).
Tābiʿūn-Schüler in Kufa: Šuraiḥ ibn al-Hāriṯ (gest. 679), ʿAlqāma ibn Qais (gest. 682), Masrūq bin al-ʾAğdaʿ (gest .683), Ibrāhīm al-Naḫaʿī (gest. 714), Saʿīd bin Ğubair (gest. 714), Ḥammād bin ʿAbī Sulaimān (gest. 738), ʿAbd al-Raḥmān bin Abī Lailā (gest. 765). Siehe hierzu: KARAMAN: İslâm Hukuk Tarihi (2001), S.150–154.

600 Medinensiche Tābiʿūn-Schüler: Saʿīd bin al-Musayyib (gest. 712), ʿUrwa bin az-Zubair (gest. 713), Al-Qāsim bin Muḥammad (gest. 720), Ḫāriğa bin Zaid (gest. 718), Abū Bakr bin ʿAbd ar-Raḥmān (gest. 713), Sulaimān bin Yasār (gest. 725), ʿUbaidullāh bin ʿAbdullāh bin ʿUtba (gest. 716), Abū Bakr bin Ḥazm (gest. 738), Abū Ğāfar ibn ʿAlī (gest. 735), Rābīa ar-Raʾy (gest.753). Mekkanische Tābiʿūn-Schüler: ʿAṭāʾ bin Abī Rabāḥ (gest. 713), Muğāhid (gest. 718), ʿIqrima (gest. 767), Sufiyān bin ʿUyaina (gest. 813). Lehrschüler Damaskus/Kairo: Abū Idrīs al-Ḥalwānī (gest. 699), ʿUmar bin ʿAbd al-ʿAzīz (gest. 720), Al-Laiṯ bin Saʾd (gest. 791) und weitere.
Siehe hierzu: KARAMAN: İslâm Hukuk Tarihi (2001), S. 152.

3.2.3 Sammlung der Prophetenüberlieferungen (tadwīn al-aḥādīṯ)

Die historischen Gegebenheiten verdeutlichen, dass nach dem Verscheiden des Propheten Muḥammad in der Zeitfolge unausweichliche Entwicklungs- und Systematisierungsprozesse in den islamischen Wissenschaften begannen und als überlieferte Wissenschaften (ʿulūm an-naql) bezeichnet werden.[601] Der chronologischen Reihenfolge nach kristallisierten sich die Koranexegese (tafsīr), die Ḥadīṯwissenschaften (ʿulūm al-ḥadīṯ), die Prophetenbiographie (sīra), die systematische Theologie (ʿilm al-kalām), die islamischen Rechtswissenschaften (fiqh) und die Mystik (taṣawwuf) heraus.[602] Insbesondere waren die Zusammentragungen der Aḥādīṯ (tadwīn) für die schriftliche Sicherstellung der Prophetensunna von großer Bedeutung. In der Zeit der Umayyaden wurden die Aḥādīṯ bis zum Kalifen ʿUmar bin Abdulazīz über gesunde und vertrauensvolle Überlieferungen übertragen und verbreitet, wobei bereits zur Epoche der Ṣaḥāba- und der Tābiʿūn-Generationen Sammlungen begannen.[603]

Mit einer entsprechenden Anordnung von ʿUmar ibn ʿAbd al-ʿAzīz an den Gouverneur von Medina namens Abū Bakr ibn Ḥazm, der diesen Befehl an die Provinzen übermittelte, wurden größere Zusammentragungen veranlasst.[604] Dabei wurde der Erstüberlieferer (rāwī) beachtet und, wie Gautier Juynboll (gest. 2010) hinweist, die Überliefererketten (asānīd) berücksichtigt.[605] Schließlich wurden die Aḥadīṯ als Essenz der Sunna schriftlich aufgezeichnet.

Ihre themengeordnete Einteilung (tasnīf al-aḥādīṯ) begann Mitte des zweiten Jahrhundertes n.d.H.[606] Diese Tätigkeiten wurden bis ins Dritte weitergeführt,

601 Vgl. GÖRGÜN: Klasik Anlama Yöntemlerinin (Fıkıh ve Tefsir Usûlü) İmkan ve Sınırları. In: Güncel Dinî Meseleler İhtisas Toplantısı. Ankara: 02.-06.10.2002, S. 308; BEDİR: İslâm Düşünce Geleneğinde Naklî İlim Kavramı ve İbn Haldûn, in: İAD, 15 (2006), S. 5; GÖRGÜN: Art. „Ibn Haldun", in: TDV İA, Bd.19., S.538–555.

602 Vgl. BEDİR: Sünnet. Hz.Peygamberin Evrensel Mesajı (2007), S. 30–31.

603 Vgl. KARAMAN: İslâm Hukuk Tarihi (2001), S. 162–163.

604 Vgl. MAHMASÂNI/DÖNMEZ (ÜBERS.): İslâm Hukukunun Tedvini, in: MÜİFD, 3 (1985), S. 314.

605 Vgl. JUYNBOLL: Studies on the Origins and Uses of Islamic Hadith (1996), S. 287–314 (hier: S. 290–292).

606 HAYREDDİN KARAMAN zählt in seinen Ḥadīṯforschungen sehr wichtige Ḥadīṯgelehrten wie Ar-Rabīʿ ibn Ṣubaiḥ, Saʿīd ibn ʿArūba, Ḥammād ibn Salama (in Basra), Maʿmar ibn Rāšid (in Jemen), Ibn Ǧuraiǧ (in Mekka), Suyfān aṯ-Ṯaurī (in Kufa), Wālid ibn Muslim (in Damaskus), ʿAbdallāh ibn Mubārak (in Ḫoraṣān), Ǧarīr ibn ʿAbd al-Ḥamīd (in Raʾy) auf, welche zur themengeordneten Ḥadīṯkategorisierungen (tasnīf al-aḥādīṯ) wichtige Pionierarbeiten leisteten. Siehe: KARAMAN: Hadise Dair İlimler ve Hadis Usûlü (2010), S. 37.

sodass die sechs kanonischen Ḥadīṯsammlungen (kutub aṣ-ṣiṭṭa) entstanden. Jonathan Brown weist darauf hin, dass diese Kanonisierung einen hochgeschätzten Wert für die Authentizität des Propheten Muḥammad darstellt.[607] In Hinblick auf die Entwicklungen in den Ḥadīṯwissenschaften ist wichtig, dass ihre Sammlungen (tadwīn) vor der systematischen Fiqh-Ausarbeitung, ihre Themenordnung (tasnīf) erst danach erfolgte.[608] Abū Yūsuf (gest. 798), Muḥammad aš-Šaibānī (gest. 805), Muḥammad aš-Šāfiʿī (gest. 820) stützen sich in ihren Werken nicht auf die themengeordnete Ḥadīṯliteratur, sondern auf vertrauensvolle Überlieferungen (riwāya aš-šifāhīyya).

3.3 Die Zeit der Abbasiden (750–1258)

3.3.1 Innermuslimische Ereignisse

Um die umayyadische Nachfolge anzutreten, wurden zu Periodenbeginn Gemeinschaften gebildet, wodurch letztendlich die Führung an die Nachfolgegeneration von ʿAlī bin Abī Ṭālib überging. Diese Nachfolge ist den Abbasiden zuteilgeworden und nicht den Aleviten.[609]

Die Abbasiden gingen gegen die Umayyaden sehr hart vor, sodass viele ihrer Angehörigen flüchteten. Ein umayyadisches Mitglied, namens ʿAbd ar-Raḥmān, floh nach Spanien und gründete dort im Jahr 755 das bekannte umayyadische Kalifat von Andalusien. Unter diesen historischen Gegebenheiten erlebte die islamische Historie eine Epoche zweier Kalifate mit jeweils einem abbasidischen und einem umayyadischen Kalifen (Doppelkalifat).

Mit der abbasidischen Machtübernahme waren die Nachfolgenerationen der Familie ʿAlīs unzufrieden, sodass es zu Aufständen kam.[610] Eine zweite Revolte schlug wie die erste fehl, sodass Idrīs bin ʿAbdallāh nach Nordafrika floh und dort unter den afrikanischen Berberīden das Kalifat der Idrisīden (idārisa) gründete. Diese Gegebenheiten kennzeichneten die zweite Abspaltung vom abbasidischen Reich. Als in der Amtszeit des abbasidischen Kalifen Hārūn ar-Rašīd (gest. 809) weitere Putschversuche vorgenommen wurden, gründete dieser zur

607 Vgl. BROWN: Hadith: Muhammad's Legacy in the Medieval and Modern World (2009), S. 15–66.

608 Vgl. KARAMAN: İslâm Hukuk Tarihi (2001), S. 57.

609 Vgl. ebd., S. 155–157.

610 Beispiel: Die Enkelsöhne von Ḥasān ibn ʿAlī, namens Ibrāhīm und Muḥammad, haben erfolglos gegen den abbasidischen Herrscher al-Mansūr (gest. 775) gekämpft.

Unterdrückung der Revolten besondere Emirate.[611] Die Abbasiden erreichten in ihren ersten Jahrhunderten ihre stärksten Machtphasen. Mit ihren zahlreichen Eroberungen im indischen Tal von Kašmir, im Norden bis zum kaspischen Meer und im Osten bis zum Gebirgspass von Ḫaibar erweiterten sie ihre territorialen Grenzen. Diese Herrscherdynastie stützte sich auf die Stärken der Araber und der Perser. Je nach Bedarf wurden beide in Anspruch genommen.

Zur Amtszeit von al-Muʿtasim (gest. 842) ging die dritte Macht der Türken hervor.[612] Der Abbasidenherrscher al-Mutawakkil (gest. 847) versuchte die Hoheit der widerstandsfähigen Türken zu durchbrechen. Die Türken wiederum schafften es, den Sohn von al-Mutawakkil (namens al-Muntāsir) an die Herrschaft zu bringen. Mit der abbasidischen Schwächung entstanden im Osten die Emirate der Samaniden (Samaniyān) und der Ṣaffāriden.

Die Šīʿa erkannte den Enkelsohn von Ḥusain ibn ʿAlī, namens Ǧaʿfar aṣ-Ṣādiq (gest. 765), als Führungsautorität an. Dieser verfolgte keine revolutionären Ziele. Nach dessen Tod spaltete sich die Šīʿa in zwei Strömungen.

Die erste Gruppe der Zwölferschiiten (iṯnā ʿašarīya) folgte dem zwölften Imām (Muḥammad al-Mahdī), der auf unerklärliche Weise verschwand. Die Zweite folgte Ismāʿīl bin Ǧaʿfar aṣ-Ṣādiq, weshalb diese Strömung (maḏhab) die Bezeichnung „Ismailiten" (ismāʿīlīya) erhielt.[613] Mit geheimen Anwerbeaktionen hatten die Ismāʿīlīya in Nordafrika die Regionen um die Führung von ʿUbaidallāh al-Mahdī belagert und das Fāṭimīden-Reich gegründet. Die Būyiden besaßen die Gebiete um Persien, Isfaḥān und Bagdad. Die abbasidische Ära dauerte von 750 bis 1258. Aus dieser Zeit traten die Rechtsschulenimāme Abū Ḥanīfa (gest. 767), Mālik bin Anas (gest. 795), Muḥammad aš-Šāfiʿī (gest. 820), Aḥmad bin Ḥanbal (gest. 855) hervor.[614]

---

611 Beispiel: Im Nordosten Afrikas wurde das Emirat der Aġlabīden gegründet. Mit gleichen Motiven hat auch der Kalif al-Ma'mūn (gest. 833) in Ḫoraṣān den Ṭāhirīden und in Jemen den Ziyādīten ein Emirat gegründet. Siehe: KARAMAN: İslâm Hukuk Tarihi (2001), S. 155.

612 Vgl. KARAMAN: Anahatlarıyla İslâm Hukuku (2006), S. 52–53.

613 Sie nannten sich „Leute der Wahrheit" (ahl al-ḥaqq). Vgl. KRÄMER: Geschichte des Islam (2005), S. 117.

614 Vgl. KARAMAN: Anahatlarıyla İslâm Hukuku (2006), S. 59–67.

3.3.2 Fortschritt

3.3.2.1 Förderung der Wissenschaften

Rückblickend auf die umayyadische Periode beschäftigten sich die Kalifen überwiegend mit der Unterdrückung der Aufstände und konzentrierten sich auf ihre weltlichen Aufgaben (hier insbesondere verstärkt auf Eroberungen).[615] Diese weltliche Orientierung führte dazu, dass sie wenige Gelehrte beschäftigten und die Religionsangelegeheiten vernachlässigten. Aufgrund dieser Gegebenheiten waren die Gelehrten mit unterschiedlichen Aufgaben beschäftigt. Dazu gehörte die Erteilung von Gutachten (iftāʾ) und die Einberufung der Richter (qāḍī), die in ihren Amtsgebieten (wilāya) für die Urteilsbildungen (qaḍāʾ) zuständig waren.[616] Solange sie sich der weltlichen Lebensphilosophie der Kalifen fügten, genossen sie Freiheiten. Da aber die umayyadischen Kalifen diese Lebensorientierung nicht nur beruflich, sondern auch privat verfolgten, waren sie unter den Gelehrten unbeliebt.

Als die Abbasiden an die Macht kamen, maßen sie den weltlichen Dingen, mit denen teilweise die Religionsfälle zusammenhingen, großen Wert bei. Mit dieser Haltung förderten sie den Nachwuchs, wobei diese Bestrebungen auf die Jurisprudenz-Entwicklungen entscheidende Auswirkungen hatten.[617] Durch die Förderung der islamischen Wissenschaften entstanden in dieser Epoche viele Werke. Insbesondere zur Amtszeit des Kalifen al-Maʾmūn (gest. 833) wurden viele Werke in der Philosophie und in den Naturwissenschaften aus dem Griechischen ins Arabische übersetzt, die späterer die westlichen Wissenschaften befruchten sollte.[618]

3.3.2.2 Reifephase des Fiqh und Gelehrtenkontroversen

In dieser Epoche erreichte die islamische Jurisprudenz im Denken von Hayreddin Karaman ihre Reifephase. Diese wissenschaftlichen Entwicklungen charakterisierten sich durch die Abgrenzungen zur umayyadischen Lebensphilosophie,

---

615 Vgl. KARAMAN: İslâm Hukuk Tarihi (2001), S. 156f.

616 Vgl. ROHE: Das islamische Recht. Geschichte und Gegenwart (2011), S. 35.

617 Beispiele: Der ʿabbāsidische Kalif al-Mansūr hatte ein großes Interesse zur Bildungsförderung, in der er Abū Ḥanīfa (gest. 767) eine Angebot unterbreitete. Nachdem er ablehnte, wurde er mit Peitschenhieben bestraft. Der abbasidische Kalif Hārūn ar-Rašīd hatte ein gutes Verhältnis zu Abū Yūsuf, der Schüler von Abū Ḥanīfa war.

618 Dieser gründete 832 in seinem Hof das Haus der Weisheit (bait al-ḥikma), an der die wichtigen antiken Werke aus dem Griechischen ins Arabische übersetzt wurden. Vgl. KRÄMER: Geschichte des Islam (2005), S. 98.

der Förderung der Jurisprudenz, der Anhäufung des religiösen Quellenmaterials, der methodischen Erweiterungen durch der Heranziehung des Korans und der Sunna ausgehend von der Propheten- und Gefährtenperiode, die Heranziehung des Vorgehens der Prophetengefährten (ṣaḥāba) von der Zweitgeneration (tābiʿūn) und der Gelehrtenmeinungen ausgehend von der Drittgeneration (tābiʿū t-tābiʿīn).[619]

In der abbasidischen Frühperiode wurden die territorialen Grenzen erweitert, wodurch die neu hinzugekommenen Ethnien entweder den Islam annahmen oder in ihrer Eigenreligion blieben und mit den Muslimen in zwischenmenschlichen Beziehungen standen. Jede Ethnie besaß ihre eigenen Sitten (ʿurf). Die Fuqahāʾ begutachteten diese neuen Umstände, wodurch einige Sitten gebilligt, abgelehnt[620] oder als Rechtsprinzipien mit übernommen wurden.[621]

Um die islamischen Wissenschaften voranzutreiben und die Wissenslücken zu schließen, war es zu jener Zeit geläufig, dass sich die Gelehrten auf Forschungsreisen (riḥla) begaben. Wie in der Ṣaḥāba-Periode traten unter den Rechtsgelehrten zu dieser Periode bei Iǧtihād-Lösungen Uneinigkeiten (iḫtilāf) auf. Zur Bewahrung der Iǧtihād-Anarchie im abbasidischen Reich machte ʿAbdallāh bin al-Muqaffaʿ (gest. 759) dem abbasidischen Herrscher al-Mansūr (gest. 775) den Vorschlag einer Rechtskodifizierung, welche auf eine Rechtseinheit abzielte.[622]

Da die Gelehrtenkontroversen (iḫtilāf) intentional entstanden, wurden sie im sunnitischen Mainstream (ahl as-sunna) in Anlehnung an einen Prophetenspruch (ḥadīṯ) als Barmherzigkeit für die Gemeinschaft (umma) verstanden. Im Themenfeld der Glaubensgrundlagen (iʿtiqād) waren Uneinigkeiten auszuräumen. Die Ursachen für die Kontroversen betrafen die Exegese (tafsīr) und die unterschiedlichen Kommentierungen von Begriffen, Koranversen, Aḥādīṯ, die metaphorische Annahme ihrer Bedeutungen, die Kenntnis oder die Unkenntnis

---

619 Vgl. KARAMAN: Anahatlarıyla İslâm Hukuku (2006), S. 54.

620 Vgl. KOCA: İslam Hukukunda Ahkamın Değişmesi Üzerine Bazı Düşünceler, in: İHAD, 1 (2003), S. 62.

621 Beispiele: Die Iraner und die Nabatäer wandten sich an den in ihrer Region ansässigen Gelehrten Abū Ḥanīfā (gest. 767), die christlich-byzantinisch Regionen in Syrien an den dort ansässigen Gelehrten al-ʾAuzāʿī (gest. 774), die ägyptische Region an al-Laiṯ bin Saʿd (gest. 791) und an Muḥammad bin Idrīs aš-Šāfiʿī (gest. 820) zu. Die Regionen um Arabien wandten sich zu Rechtsfragen an Mālik bin Anas (gest. 795) zu.

622 Vgl. MAHMASÂNI/DÖNMEZ (ÜBERS.): İslâm Hukukunun Tedvini, in: MÜİFD, 3 (1985), S. 318; KARAMAN: İslâm Hukuk Tarihi (2001), S. 164; DEMİRCİ: Emevîlerden Abbâsîlere Geçiş Sürecinin Tanığı: Abdullah İbnü'l Mukaffâ ve „Risâletü's-Sahâbesi, in: DEÜİFD, 21 (2005), S. 117–148 (hier: S. 141).

eines Ḥadīṯ, die Kontroversen verursacht durch die verschiedenen Gesundheitsgrade der Aḥādīṯ (ṣiḥḥaṭ), die unterschiedlichen Rechtskompetenzen in der Beweismethode (uṣūl), der Erkenntniskraft zur Erschließung von Normen (iǧtihād) und der lokalen Umgebungsbedingungen.[623]

3.3.2.3 Iǧtihād Freiheit und Entstehung der Maḏāhib

Für theologisch-gebildete Muslime mit entsprechender Kompetenz und Erlaubnis zur Iǧtihād-Durchführung war nach Hayreddin Karaman dessen Tor (bāb) jederzeit geöffnet.[624] Diejenigen Intellektuellen, welche diese Kriterien nicht erfüllten, hatten die Möglichkeit, von den Rechtsgelehrten (fuqahā') zu profitieren, ihnen Fragen zu stellen und sich nach ihnen zu richten. In der Zeit vor der Entstehung der vier sunnitischen Rechtsschulen (maḏāhib ahl as-sunna) waren die Fuqahā' keiner Rechtsschule zugehörig. Vielmehr richteten sie sich der kasuistischen Methode entsprechend von Fall zu Fall nach den vorliegenden Problem- und Fragestellungen, welche sie verwantwortungsbewusst begutachteten. Bis zur abbasidischen Zeit befanden sie sich in vielen Kulturzentren wie Kūfa, Basra, Mekka und Medina, wo sie die neuen Religionsfälle lösten.[625] Jedoch existierten keine Rechtsschulen (maḏāhib).

Im lexikalischen Verständnis bedeutet das Wort „maḏhab" für Rechtsschule „verfolgter Weg" und im metaphorischen Verständnis „Ansicht".[626] Die Entstehung ist auf unterschiedliche Gründe wie zum Beispiel auf die verschiedenen Kommentierungen der Textbelege (tafsīr an-nuṣūṣ), die Aufnahme des Iǧtihād und weiteren Motiven zurückzuführen. Diese vorliegenden Rechtsfindungen wurden zusammengetragen und in Fiqh-Werken schriftlich fixiert.

Mit den allmählichen Ausarbeitungen und Ausdehnungen des Fiqh begann innerhalb der islamischen Jurisprudenz ein wichtiger wissenschaftlicher Fortschritt. Dadurch wurden auch die Sprachwissenschaften (balāġa) bereichert. Infolge dieser Fortschreibungen wurde auch die Fiqh-Bildung gefördert (besonders in der Iǧtihād-Erlernung). Aufgrund der Meinungsvielfalt der Vorgenerationen entstanden nach den Verschriftlichungen und dem Einstudieren

623 Vgl. KARAMAN: İslâm Hukuk Tarihi (2001), S. 157–158.

624 Vgl. ebd., S. 159.

625 Dort gab es auch bestimmte Gelehrtenzirkel (halqa). Vgl. KRÄMER: Geschichte des Islam (2005), S. 96.

626 Vgl. KRAWIETZ: Hierarchie der Rechtsquellen im tradierten sunnitischen Islam (2002), S. 401.

neue Kontroversen. Diese wurden auf die Methodenpraxis ausgeweitet, weil die Fuqahā' im Heranziehen der Sekundärquellen (al-adillat al-farʿiyya) unterschiedlicher Ansichten waren.

In der Beweismethode (uṣūl) wurden systematisch die Prinzipien wie Qiyās, Istiḥsān, Maṣāliḥ al-Mursala, Qaul aṣ-Ṣaḥābī, Šarʿ man Qablanā und die Ausführung der Medinenser (ʿamal ahl al-madina) verwendet. Das führte dazu, dass die Rechtsschulen (maḏāhib) zur abbasidischen Zeit infolge der Iǧtihād-Methode (uṣūl al-iǧtihād) entstanden sind.[627] Daher waren nicht nur vier existent,[628] worauf Hayreddin Karaman und George Makdisi (gest. 2002) hinweist.[629]

Muḥammad Iqbāl (gest. 1938) betont hier, dass keine von ihnen eine endgültig verbindliche Rechtsgeltung der eigenen Meinung beanspruchte.[630] Unter dem Bewährungskriterium und aufgrund der geographischen Verbreitung setzten sich die vier Rechtsschulen durch.

Jeder muslimische Rechtsgelehrte hatte aufgrund der Gesundheitsgrade von Aḥādīṯ (ṣiḥḥat al-aḥādīṯ) ermessensbedingten Iǧtihād.[631] Die darauf aufbauende individuelle Rechtsfindung (ra'y), die Ausbildung von Schülern und die unterschiedlichen Gelehrtenresidenzen zeichnen generell die Enstehungsursachen der Rechtsschulen aus. Aus verschiedenen Motiven wie die Nichtlösung von vorliegenden Rechtsbedürfnissen, die radikale Vorgehensweise gegen andere Rechtsschulen (maḏāhib), die Nichtbewährung eigener Ansichten auf Dauer, somit geringe Gefolgsamkeit hatten sich viele Rechtsschulen aufgelöst. Zudem sahen sich viele Rechtsgelehrten nicht in der Pflicht, sich an eine bestimmte Rechtsschule (maḏhab) zu binden. Diejenigen, die sich dennoch verbündeten, konnten auch von den anderen Meinungen profitieren.[632]

Zur abbasidischen Zeit stützten sich die Fuqahā' auf ihre eigene Iǧtihād-Praxis. Eine persönliche Erkenntnis brachte zu späteren Zeiten Uneinigkeiten

---

627 Vgl. KARAMAN: İctihad, Taklîd ve Telfik Üzerine Dört Risâle (2004), S. 12–13.

628 Zu den Gelehrten, die die Rechtschulenkriterien erfüllten, zählen Ḥasan al-Baṣrī (gest. 728), Abū Ḥanīfa (gest. 767), Sufiyān aṯ-Ṯaurī (gest. 778), Laiṯ bin Saʿd (gest. 791), Mālik ibn Anas (gest. 795), Sufiyān bin ʿUyaina (gest. 815), Muḥammad aš-Šāfiʿī (gest. 820), Aḥmad bin Ḥanbal (gest. 855), Ibn Ǧarīr aṭ-Ṭabarī (gest. 923) etc. Siehe hierzu: KARAMAN: İctihad, Taklîd ve Telfik Üzerine Dört Risâle (2004), S. 15.

629 Vgl. KARAMAN: İslâm Hukuk Tarihi (2001), S. 211–222: MAKDISI: The Significance of the Sunni Schools of Law in Islamic Religious History, in: International Journal of Middle East Studies, 10 (1979), S. 2–3.

630 Vgl. IQBAL: The Reconstruction of Religious Thought in Islam (1951), S. 33.

631 Dies gilt auch für die vier Gelehrten: Abū Ḥanīfa (gest. 767), Mālik ibn Anas (gest. 795), Muḥammad bin Idrīs aš-Šāfiʿī (gest. 820), Aḥmad bin Ḥanbal (gest. 855).

632 Vgl. KARAMAN: İslâm Hukuk Tarihi (2001), S. 160.

(iḫtilāf) hervor. Dies war die Ursache dafür, dass aus einigen Fällen mit gleicher Thematik unterschiedliche Gutachten (fatāwā) resultierten. Diese Meinungsunterschiede waren mit großen Kontroversen verbunden, sodass viele Streitschriften geschrieben wurden.[633] Zur Vermeidung wurde die eigene Rechtsfindungsmethode (uṣūl) fundiert, indem neue Prinzipien (qawāʿid) aufgestellt wurden. Die Entwicklungsfolge war die Geburt der Quellen- und Methodenlehre des islamischen Rechts (uṣūl al-fiqh).[634] Mit den systematischen Ausarbeitungen im Fiqh kamen in der Fallbeurteilung neue Begriffe hinzu.[635] Unter den Rechtsschulen (maḏāhib) und Gelehrten konnten diese nach gleicher oder ungleicher Gewichtung gebraucht werden. Mohammad Fadel weist hier auf die Freiheiten der Fuqahāʾ hin, die sich im Iǧtihād niederschlug.[636] Daher kristallisierten sich methodisch- und kommentierungsbedingt die Ahl ar-Raʾy[637] und die Ahl al-Ḥadīṯ heraus, wovon Erstere verstärkt die Rechtsgründe (ʿilal) und die Zweite die Aḥādīṯ berücksichtigten.

1. Tābiʿū t-Tābiʿīn-Schüler der Ahl al-Raʾy (aṣḥāb ar-raʾy)[638]

Die Sunna erhält für die Ahl al-Raʾy eine Beweiskraft, jedoch gehen sie mit dem Gesundheitsgrad der Prophetenüberlieferungen (ṣiḥḥat al-aḥādīṯ) sensibel um und verhalten sich in ihrer Übertragung (riwāya) zurückhaltend. Durch die selbstständige Rechtsfindung (raʾy) führen sie auf Basis des Qiyās oder des Istiḥsān neuen Iǧtihād durch. Außerdem ziehen sie die Meinungen ihrer

---

633 Beispiele: Abū Yūsuf (Iḫtilāfu Abī Ḥanīfa Maʿa ibn Abī Lailā), al-ʾAuzāʿī (Ar-Radd ʿalā Siyar al-ʾAuzāʿī).

634 Das erste systematische Fiqh-Werk ist ar-Risāla von aš-Šāfiʿī. Es umfasst die rechtsmethodische Normenerklärung im Koran, die Abrogation (nasḫ), Einzelüberlieferungen (ḫabar al-wāḥid), Analogieschluss (qiyās), Billigkeit (istiḥsān), Primärquellenbeziehungen, Konsens (iǧmāʿ), Iǧtihād, Uneinigkeiten (iḫtilāf).

635 Beispiele sind: Absolutpflicht (farḍ), Pflicht (wāǧib), Empfehlung (mandūb, mustaḥabb), Erlaubnis (ǧāʾiz), Vermeidung/Abraten (makrūh), Verwerflichkeit (ḥarām), Bedingung (šarṭ), Rechtsgründe (ʿilal).
Vgl. KARAMAN: Yeni Gelişmeler Karşısında İslâm Hukuku (2004), S. 65–66.

636 Vgl. FADEL: The Social Logic of Taqlid and the Rise of the Mukhtasar, in: Islamic Law and Society 3(1996), S. 193–233.

637 Als oberster Rechtsgelehrter der Ahl ar-Raʾy haben insbesondere die Rechtsgedanken von Ibrāhīm an-Naḫāʿī (gest. 717) entscheidende Einflüsse auf die Entwicklung einer Rechtslogik bei Abū Ḥanīfa (gest. 767) gespielt.

638 Beispiele: Rabīʿa al-Raʾy (gest. 753), Ibn Abī Lailā (gest. 765), Nuʿmān bin Ṯābit (gest. 767), Ẓufar (gest.775), Al-ʾAuzāʿī (gest. 792), Sufiyān aṯ-Ṯaurī (gest. 778), Mālik bin Anas (gest. 795), Abū Yūsuf (gest. 798), Muḥam-mad al-Šaibānī (gest. 805), ʿUṯman al-Battī (gest. 760). KARAMAN: İslâm Hukuk Tarihi (2001), S. 161.

Lehrmeister heran und erschließen zu neuen Fällen aus diesen neue Rechtslösungen (taḫrīǧ). In der Systematisierung der ḥanafitischen Rechtsschule ist in dieser Zeitperiode das Werk „al-Fuṣūl fi'l-Uṣūl" von Abū Bakr al-Ǧaṣṣāṣ (gest. 980) von sehr großer Bedeutung.[639]

2. Tābiʿū t-Tābiʿīn-Schüler der Ahl al-Ḥadīṯ (aṣḥāb al-ḥadīṯ) [640]

Zu diesen gehören die muslimischen Ḥadīṯgelehrten, welche in ihren Untersuchungsanalysen das Raʾy-Verfahren nicht ablehnen, aber diese eher selten heranziehen. Neben den Aḥādīṯ akzeptieren sie als Beweiskraft auch die Gutachten (fatāwā) der Gefährten (aṣḥāb) und der Zweitgeneration (tābiʿūn). Nach ihrem Ansatz werden primär die Aḥādīṯ bevorzugt, seltener das Raʾy-Verfahren. In dieser Zeit treten die sechs bekannten muslimischen Ḥadīṯgelehrten (muḥaddiṯūn) auf.[641] Mit den Entwicklungen in den Rechtswissenschaften (fiqh) gehen viele muslimische Gelehrte[642] hervor, die wichtige Werke verfassten.

---

639 Vgl. BEDİR: Fıkıh Mezhep ve Sünnet: Hanefi Fıkıh Teorisinde Peygamberin Otoritesi (2004), S. 54.

640 Maʿmar ibn Rāšid (gest. 770), Šuʿba ibn al-Ḥaǧǧāǧ (gest. 777), Al-Laiṯ ibn Saʿd (gest. 781), ʿAbdallāh ibn al-Mubārak (gest. 781), Abū ʿAwāna (gest. 786), Ibn Luhiya (gest. 790), Šarīk (gest. 793), Ḥammād bin Zaid (gest.795), Al-Fudail ibn ʿIyād (gest. 803), Wakīʿ bin al-Ǧarrāḥ (gest.812), Sufiyān bin ʿUyaina (gest.813), Yaḥyā al-Qaṭṭān (gest. 813), Abū Dāwūd aṭ-Ṭayālisī (gest. 818), ʿAbd ar-Razzāq (gest. 826), Abū Bakr ibn Abī Šaiba (gest. 844), Aḥmad bin Ḥanbal (gest. 855). Siehe hierzu: KARAMAN: İslâm Hukuk Tarihi (2001), S. 161.

641 **Ḥadīṯgelehrten:** Abū Muḥammad al-Buḫārī (gest. 870), Muslim an-Naysābūrī (gest. 875), Muḥammad at-Tirmiḏī (gest. 892), Abū Dāwūd as-Siǧistānī (gest. 888), Aḥmad an-Nasāʾī (gest. 915), Ibn Māǧa (gest. 887). Vgl. KARAMAN: Hadise Dair İlimler ve Hadis Usûlü (2010), S. 263–267.

642 **Ḥanafitische:** Ǧaʿfar aṭ-Ṭahāwī (gest. 933), Ḥasan al-Karḫī (gest. 952), Abū Bakr al-Ǧaṣṣāṣ (gest. 980), Abū al-Laiṯ al-Samarqandī (gest. 983), ʿAbdallāh al-Ǧurǧānī (gest. 1007), Ḥasan al-Qudūrī (gest. 1037), Abū Zaid ad-Dabūsī (gest. 1039), Abū Bakr al-Buḫārī (gest. 1041), Al-Ḥalwānī (gest. 1056), Al-Saraḫsī (gest. 1090), ʿAlī al-Bazdāwī (gest. 1090), ʿUmar ibn ʿAbdulʿazīz (gest. 1141), Ṭāhir al-Buḫārī (gest. 1147), Abū Bakr al-Qāsānī (gest. 1191), Faḫr ad-Dīn al-ʾUzǧandī (gest. 1196), ʿAlī al-Marǵinānī (gest. 1197), Muḥammad ibn Burhānuddīn (gest. 1219). **Mālikitische:** Muḥammad ibn Lubāba (gest. 947), Bakr al-Qušairī (gest. 955), Isḥāq al-Qāsim (gest. 966), Muḥammad bin al-Ḥušānī (gest. 972), Abū Bakr al-Muʿaiṭī (gest. 977), Yūsuf ibn ʿAbd al-Barr (gest. 990), Muḥammad al-Qairāwānī (gest. 996), Abū Bakr al-Abḥarī (gest. 1005), ʿAbdallāh bin ʿAbdallāh (gest. 1008), ʿAbd al-Wahhāb ibn Naṣr (gest. 1031), Qāsim al-Ḥaḍramī (gest. 1048), Al-Walīd al-Bāǧī (gest. 1081), Al-Walīd ibn Rušd (gest. 1126), Abū ʿAbdallāh al-Māzarī (gest. 1141), Abū al-Faḍl ibn Mūsā (gest. 1146), Abū Bakr ʿAbdallāh (gest. 1148), Muḥammād al-Ḥafīḏ (gest. 1199). **Šāfiʿītische:** Abū Bakr aš-Šāšī (gest. 947), Isḥāq

3.3.2.4 *Methode der Rechtsschulenimāme (uṣūl al-iğtihād)*[643]

a) Nuʿmān bin Ṯābit bzw. Abū Ḥanīfā (gest. 767)

1.Quelle: Koran
2.Quelle: Sunna des Propheten Muḥammad
3.Quelle: Rechtsfindung der Prophetengefährten (iğtihād aṣ-ṣaḥāba, qaul aṣ-ṣaḥābī)[644]
4.Quelle: Konsensus (iğmāʿ)
5.Quelle: Selbstständige Rechtsfindung (raʾy)
Analogieschluss (qiyās) + Billigkeit (istiḥsān) + Gewohnheitstradition (ʿurf)

b) Mālik bin Anas (gest. 795)

1.Quelle: Koran
2.Quelle: Sunna des Propheten Muḥammad (inklusive ʿamal ahl al-Madīna)
3.Quelle: Rechtsfindung der Prophetengefährten (iğtihād aṣ-ṣaḥāba, qaul al-ṣaḥābī)
4.Quelle: Konsensus (iğmāʿ)
5.Quelle: Selbstständige Rechtsfindung (raʾy)
Analogieschluss (qiyās) + Billigkeit (istiḥsān) + Blockade (sadd al-ḏarāʾiʿ)
+ Rechtsfortbestand (istiṣḥāb)+Gewohnheitstradition (ʿurf)+Maṣāliḥ al-Mursala

c) Muḥammad bin Idrīs aš-Šāfiʿī (gest. 820)

1.Quelle: Koran
2.Quelle: Sunna des Propheten Muḥammad
3.Quelle: Selbstständige Rechtsfindung (raʾy):
a) Zwei Kriterien bei Prophetengefährten (ṣaḥāba):
1.Kriterium: Keine Opposition zur Sunna
2.Kriterium: Keine gegenseitigen Unstimmigkeiten (iḫtilāf)

---

al-Marwazī (gest. 951), Sāʿib ibn ʿUbaidullāh (gest. 961), Ḥāmid al-Marzāwī (gest. 973), ʿAlī ibn Šuʿaib (gest. 1012), Ḥāmid al-Isfarāyīnī (gest. 1017), ʿAbdallāh aṣ-Ṣağir (gest. 1026), Isḥāq al-Isfarāyīnī (gest. 1027), Abū aṭ-Ṭayyib aṭ-Ṭabarī (gest. 1058), Ḥasan al-Māwardī (gest. 1058), ʿÀṣım al-Ḫarawī (gest. 1066), ʿAbdallāh al-Marwarrūzī (gest. 1070), Isḥāq aš-Šīrāzī (gest. 1083), Naṣr ibn aṣ-Ṣabbāġ (gest. 1084), Al-Ğuwainī (gest. 1085), ʿAbd al-Wāḥid ar-Ruyānī (gest. 1108), Abū Ḥāmid al-Ġazālī (gest. 1111), Abū Saʿd ibn Hibatallāh (gest. 1177), Abū al-Qāsim al-Rāfiʿī (gest. 1226), Muḥyī ad-Dīn an-Nawawī (gest. 1277). **Ḥanbalitische:** Abū Bakr al-Ḫallāl (gest. 923), Qāsim al-Hirākī (gest. 945), ʿAlī al-Hāšimī (gest. 1037), Muḥammad ibn Qudāma (gest. 1223).
Vgl. KARAMAN: İslâm Hukuk Tarihi (2001), S. 247–254.

643 Vgl. KARAMAN: İslâm Hukuk Tarihi (2001), S. 178; Art. "Ahmed bin Hanbel", in: TDV İA, Bd. 2, S. 81–82.

644 Die späteren ḥanafitischen Gelehrten berichten, dass Abū Ḥanīfa nur bei Unklarheiten mittels Qiyās die Qaul aṣ-Ṣaḥābī erwählte. Vgl. MOLLA HÜSREV: Mir'ât-ı Usûl Şerhu Mirkati'l-Vüsûl (1321), S. 226.

b) Zwei Formen von Analogieschluss (qiyās):
1. Form: ʿilla eines Falls gleicht der ʿilla eines Textbelegs (naṣṣ).
2. Form: ʿilla eines Falls ähnelt ʿilla >„Nächstähnliche" wird erwählt.
c) Billigkeit (istiḥsān)

d) Aḥmad bin Ḥanbal (gest. 855)

1.Quelle: Koran
2.Quelle: Sunna des Propheten Muḥammad
3.Quelle: Rechtsfindung der Prophetengefährten (iǧtihād aṣ-ṣaḥāba) als Beweis (dalīl)
Kriterium bei Prophetengefährten (ṣaḥāba):
Bei rechtlichen Uneinigkeiten überliefert er die Rechtsmeinung oder erwählt diejenige, welche dem Koran und der Sunna rechtlich angemessener ist.
4. Quelle: Selbstständige Rechtsfindung (ra'y):
Analogieschluss (qiyās) + Rechtsfortbestand (istiṣḥāb) + Billigkeit (istiḥsān)

3.4 Die Zeit der Seldschuken (1035–1243)

3.4.1 Innermuslimische Ereignisse

Gegen Ende der abbasidischen Zeit fanden innere Spaltungen statt, weil einige Fürstentümer ein Emirat gründen wollten, worauf Hayreddin Karaman hinweist.[645] Mit Ausnahme von Andalusien und Marokko wollten jene Fürstentümer aber keine absolute Unabhängigkeit vom politischen Zentrum.[646] Der Lebensraum umfasste breite Gebiete und war als Einheit mit Bagdad verbunden. Die Berufung von Stadthaltern, die Sammlung von Steuern und Abgaben, die Administration, die Urteilsbildung und die Stabsführung waren an die Führungsautorität gebunden. Mit der Zeit wurde die zentrale Autorität immer schwächer, sodass sich immer mehr Fürstentümer von Bagdad abspalteten und neue Emirate gründeten.[647] Diese waren aber in gewisser Art mit dem Zentrum verbunden. Nur die Regionen um Bagdad blieben treu.[648]

645 Vgl. KARAMAN: Anahatlarıyla İslâm Hukuku (2006), S. 67.
646 Vgl. KARAMAN: İslâm Hukuk Tarihi (2001), S. 235–236.
647 Um 946 n. Chr. waren die Kleingemeinden wie Persien, Isfahān, Buwaihīden in Ǧabal, Hamdanīden in Mosūl, Dıyarbakır, Ihšīden in Ägypten und in Damaskus, Faṭimīden in Nordafrika, Umayyaden in Andalusien (ʿAbd ar-Raḥmān an-Nāsır), Samanīden in Ḫoraṣān, Barīden in Aḥwāz, Qarmatīden in Bahrain und Yamāma, Dailamīden in Tabaristan und Ǧurǧān unter dem Kalifat der Abbasiden vorhanden.
648 Vgl. KARAMAN: İslâm Hukuk Tarihi (2001), S. 235.

Mit der Unabhängigkeit der Seldschuken um 1035 verschwanden mit der Zeit einige türkische Kleinstämme, weil die Seldschuken vorrangig eine muslimische Großgemeinde gründen wollten, damit verbunden auch einen Zusammenhalt bildeten und territoriale Expansionsabsichten verfolgten. 1055 wurde Bagdad durch die Seldschuken unter der Führung von Toghrīl-Bek von den schiitischen Būyiden befreit, sodass der abbasidische Kalif al-Qā'im (gest. 1075) seinen Kalifen-Ruf zurückerlangte. 1067 gründet der Großwesir der Seldschuken Niẓām al-Mulk (gest. 1092) in Bagdad die „Lehrschulen der Niẓāmīyya“ (madāris an-niẓāmīyya). 1071 besiegte die seldschukische Führungsautorität Alp-Arslan (gest. 1072) in der Schlacht von Mantzikert (türk. Malazgirt) das byzantinische Heer. In der Blütezeit der Seldschuken unter Malik-Šāh (gest. 1092) reichten die Grenzen von Kašķār bis zum Bosporus, vom Mittelmeer bis nach Kaukasien, vom Aralsee bis zum indischen Ozean und nach Jemen. Nach dem Tod von Malik-Šāh spaltete sich die seldschukische Großgemeinde in vier Teile auf.[649]

Im Osten herrschten seit dem Zerfall die Ḫārzam-Šāh, in Syrien und Ägypten die Atabegs und später die Aiyūbiden. Unter der Führung von Sultan Ṣalāḥ ad-Dīn ibn Aiyūb (gest. 1193) eroberten die Aiyūbiden 1187 Jerusalem und wehrten den dritten Kreuzzug, der 1189 unter den Führungen von Kaiser Friedrich Barbarossa (gest. 1190), König Richard Löwenherz (gest. 1199) von England und König Phillipp II. (gest. 1223) von Frankreich begann, erfolgreich ab.

3.4.2 Stagnationsphase des Fiqh

Die nachhaltigen Entwicklungen in der Erschütterung des intellektuellen Städtezentrums, die Gründung vieler Kleingemeinden, die Kriegs- und Friedensbestrebungen untereinander und die Auseinandersetzungen über das rechtmäßige und das nichtige in den Religionsthemen führten nach Hayreddin Karaman zur Entstehung von verschiedenen wissenschaftlichen Konfrontationen und zur disziplinübergreifenden Förderung der Wissenschaften.[650]

Im Bereich der Wissenschaftsentwicklungen der Jurisprudenz sah die Situation nach anders aus. Seiner Ansicht nach war in dieser Zeit in den Rechtswissenschaften eine Stagnation zu verzeichnen, in welcher die Rechtsfindungen der Rechtsgelehrten (iǧtihād al-fuqahā') zu alltäglichen Problemen gehemmt

649 Diese sind die vier seldschukischen Teile der irākischen und ḫorasānischen Seldschuken bis 1194, die qirmānischen Seldschuken bis 1187, die syrischen Seldschuken bis 1308 und die anatolischen Seldschuken bis 1308. Vgl. KARAMAN: İslâm Hukuk Tarihi (2001), S. 235.

650 Vgl. KARAMAN: Anahatlarıyla İslâm Hukuku (2006), S. 67–68.

wurden.[651] In besonderer Hinsicht lässt sich diese Periode überwiegend durch den Taqlīd kennzeichnen.[652] Diese Gegebenheiten können auf Motive wie die Bindung zu bestimmten Rechtsgelehrten (fuqahā'), die Entstehung von vielen Uneinigkeiten (iḫtilāf), die Heraufbeschwörung des Rechtsschulfanatismus und das Schwinden der wissenschaftlichen Gelehrtenbereicherungen zurückgeführt werden.[653]

Die Würde zur Erlangung der Gelehrsamkeit eines ebenbürtigen Muǧtahid charakterisiert sich nicht nur durch wissenschaftliche Qualifkationen, sondern unabdingbar auch durch besondere mentale Eigenschaften in Form von besonderen juristischen Erkenntnisfähigkeiten. Aufgrund dieser Erfordernisse können nicht alle muslimischen Wissenschaftler als Muǧtahid eingestuft werden, auch wenn dieser zu den Prophetengefährten (ṣaḥāba), zur zweiten (tābiʿūn) oder zur dritten Generation (tābiʿū t-tābiʿīn) gehört. Daraus folgt, dass innerhalb der muslimischen Gemeinschaft besondere muslimische Rechtsgelehrte hervortreten, welche die Würde eines Muǧtahid erreichen. Die mentale Kraft einer solchen juristischen Kompetenz charaktersiert sich durch die geistige Fähigkeit, aus den Primärquellen Rechtsprinzipien (qawāʿid) ableiten zu können. Die Stagnationsperiode lässt sich dadurch charakterisieren, dass es muslimische Wissenschaftler ohne nötige Rechtsreife gab, die sich in ihren Rechtsmeinungen nicht den Positionen des Rechtsgelehrten (muǧtahid) fügten, sondern sich an beliebige muslimische Rechtswissenschaftler wandten, obwohl die Mehrheit sich nach den fundierten Meinungen eines Muǧtahid richtete. Die Mehrheit stufte diese stämmiger ein, weil ihre Erkenntnisse auf die Textbelege (nuṣūṣ) der Religion gründen. Zur Stütze der bekenntnisgebundenen religiösen Lebensweise ist dies nach Hayreddin Karaman von sehr großer Bedeutung. [654]

Diese Besonderheit führte zur Erkenntnis, dass zwischen der Vorperiode mit freiheitlichen Rechtsfindungen (iǧtihād) und dieser Epoche der ungeprüften Meinungsübernahmen (taqlīd) wesentliche Differenzen vorliegen, welche auf bestimmte Motive zurückzuführen sind. Diese sind die Stagnation in der Kompetenzfähigkeit zur Iǧtihād-Praxis und die damit verbundene Taqlīd-Neigung. Viele Lehrschüler waren in mentaler Hinsicht mit ihrem Lehrer verbunden, auch

---

651 Vgl. KARAMAN: İslâm Hukuk Tarihi (2001), S. 237.

652 Vgl. KOCA: İslam Hukukunda Ahkamın Değişmesi Üzerine Bazı Düşünceler, in: İHAD, 1 (2003), S. 73.

653 Vgl. CİCİ: İslâm Hukuk Tarihi Açısından ilk Dönem Osmanlı Hukuk Ġalışmalarına Bir Bakış 1299–1500, in: UÜİFD, 6 (1994), S. 243; KARAMAN: Art. „Fıkıh“, in: TDV İA, Bd.13, S. 8–9.

654 Vgl. KARAMAN: İslâm Hukukundaİctihad (2010), S. 30f.

wenn sie andere Meinungen vertraten. Das entstandene Lehrer-Schüler-Verhältnis ist ein Grund dafür, dass die Meinungen der Lehrer respektiert und anerkannt wurden. Das führte dazu, dass die Gesellschaftsanerkennung (die ohnehin auf Gelehrtenmeinungen ausgerichtet war) in die Folgegeneration übertragen wurde und sich bewährte. Diese Epoche zeichnet sich auch dadurch aus, dass die Gläubigen dem Gelehrten (faqīh) große Anerkennung zollte.

Zur Ausübung der Richtertätigkeit wurden aus den auserwählten Gelehrtenreihen der Rechtsgelehrten die Besten in das Richteramt (qāḍī) einberufen. Ihre obligatorische Aufgabe bestand darin, die Fälle zu lösen und bei Bedarf selbstständige Rechtsfindungen (ra'y) durchzuführen. In der Zeitfolge wurden bei einigen vermehrt unzutreffende Rechtsentscheide und persönliche Nutzvorteile fesgestellt, woraufhin die Muslime misstrauisch wurden.[655] Daher wurden die systematisierten Fiqh-Werke der Rechtsschulen herangezogen und kompetente islamische Rechtsgelehrte (fuqahā') einberufen.[656]

Ein weiterer Einflussfaktor war die Rechtsschulidentifikation, wonach die amtlichen Gelehrteneinberufungen von der Rechtsschule ihres Vertrauens erfolgten. Da die Seldschuken sich der ḥanafītischen Rechtsschule zugehörig fühlten, beriefen sie vermehrt deren Gelehrten ein.

Auch wenn bei den Aiyūbiden und den Mamlūken in Ägypten die offzielle Rechtsschule die Šāfiʿītische war, wurde die offzielle (rasmī) ḥanafitische Linie von den Abbasiden bis zu den Seldschuken fortgeführt, die in den peripheren Regionen anerkannt wurde.[657] In der Zeitfolge wurden Stiftungen (awqāf) errichtet, die die Lehrschulen förderten. Eine weitere Besonderheit waren die differenzierten Ansichten, welche durch das Aufeinandertreffen der Rechtsschulenangehörigen entstanden. Falls aber nun intentional nach der Wahrheit (ḥaqīqa) gesucht wird, so besteht die Dringlichkeit der Durchführung von Rücksprachen (consultation). In der Zeit der vier Rechtsschulenimāme kam es zwischen ihnen und unter den Lehrschülern gelegentlich zu Kontroversen. Diese kennzeichneten sich aber nicht durch den Rechtsschulenfanatismus, wonach um jeden Preis die Rechtsschule verteidigt wurde. Die Kontroversen betrafen die intentionalen Wahrheitserkundungen in der Ausarbeitung von Rechtsmeinungen (ḥukm).

655 Vgl. KARAMAN: İslâm Hukuk Tarihi (2001), S. 238f.

656 Die schriftlichen Systematisierungen der Fiqh-Werke wurden durch die Lehrschüler durchgeführt, sodass von diesen im Nachhinein profitiert werden konnten. Muslimische Rechtsschulen mit fehlenden wissenschaftlichen Systematisierungsentwicklungen innerhalb der Eigenrechtsschule (maḏhab) verschwanden mit der Zeit.

657 Vgl. AYDIN: Türk Hukuk Tarihi (1995), S. 89; KARAMAN: Art. „Fıkıh", in: TDV İA, Bd. 13, S. 8–9.

Außerdem waren die Uneinigkeiten unter den Rechtsschulen (iḫtilāf al-maḏāhib) nicht stark verbreitet. Später änderte sich die Intention, sodass absichtliche Uneinigkeiten herbeigeführt wurden, um für die eigene Rechtsschule (maḏhab) mehr Angehörige zu rekrutieren und diese überlegener darzustellen. Die vorigen Gelehrten haben trotz der Meinungsdifferenzen kaum Fanatismus offenbart. Im Gegenteil, sie hatten wechselseitigen Kontakt, bereicherten sich bei Bedarf, schätzten sich gegenseitig und kritisierten sich im Rahmen sittlicher Maßstäbe.

Der Rechtsschulenfanatismus festigte sich zunehmend mit der Zeit und wandelte sich in Feindschaft um. Zudem beharrten einige Fanatiker absichtlich in ihrer Fehlmeinung, obwohl sie in gemeinsamen Diskussionen nach Hayreddin Karaman die Wahrheit erkannten.[658]

3.4.3 Schließung des Iğtihād-Tors?

Im Denken einiger muslimischer Gelehrten wurde das Tor des Iğtihād (bāb al-iğtihād) im vierten Jahrhundert n.d.H. aktiv / passiv geschlossen. Diejenigen, die die aktive Schließung (mandūd) befürworteten, führten die These an, dass dies durch ein verbindliches Gutachten (fatwā) umgesetzt wurde, jedoch können sie für ihre Haltung nach Hayreddin Karaman keine standhaften Belege anführen. Die Befürworter der passiven Schließung (munsadd) führen das Argument an, dass keine Muğtahidūn mehr existierten und somit der Iğtihād von alleine zu Ende ging. Hayreddin Karaman stellt an dieser Stelle fest, dass mit dieser Form die primäre absolute Rechtsfindung (iğtihād al-muṭlaq al-mustakil) gemeint ist.[659] Seiner Meinung nach wurde der Iğtihād mit Bindung zur Gelehrtenmethode (uṣūl al-muğtahid) in der Folgezeit der Jurisprudenz fortgeführt.[660] Demnach ist es nicht möglich, dass in einem Jahrhundert (ʿaṣr) keine Rechtsgelehrten (muğtahidūn) mehr vorhanden waren.[661] Einige westliche nichtmuslimische Islamforscher wie Gudrun Krämer, Baber Johansen, Mathias Rohe und Wael Hallaq verteidigen aus ihrer Sicht die Offenheit des Iğtihād-Tors (bāb al-iğtihād) mit den Argumenten, dass in der Zeitfolge Normen ausgearbeitet und formuliert

658 Einige stellten die Kompetenzen der Gelehrten in Frage, wodurch die Harmonie der Maḏāhib verschwand.

659 Vgl. KARAMAN: İslâm Hukuk Tarihi (2001), S. 242.

660 Vgl. KARAMAN: Anahatlarıyla İslâm Hukuku (2006), S. 71–72.

661 Die Zahl der Muğtahid al-Muṭlaq reduzierte sich in der Folge des zehnten Jahrhunderts n. Chr., obwohl der Bedarf beständig blieb. Diese Sachlage ist auf wissenschaftliche und ethische Gegebenheiten zurückzuführen.

werden mussten und die Befürworter einer „Geschlossenheitsthese“ keine standhaften Belege anführen können.[662]

Im vierten Jahrhundert n.d.H. ist in Anlehnung an die Argumente von Hayreddin Karaman zu erkennen, dass die primärstufigen Rechtsgelehrten (muǧtahid al-muṭlaq) ausblieben. Eines der Hauptmotive für diese historische Tatsache ist zum Beispiel die mongolische Invasion und somit die Erschütterung des kulturellen Städtezentrums der Muslime, wonach sich, bedingt durch die Verbrennungen der Bibliotheken in Bagdad und durch die mongolischen Verwüstungen, auch die Entwicklungen in den islamischen Wissenschaften änderte. Zudem gründeten die šiʿītischen Strömungen der Fāṭimīden und der Qarāmiṭa besondere Emirate, in denen sie andere Rechtsschulen (maḏāhib) unterdrückten. Zum Schutz der islamischen Glaubensinhalte (īmān) blieben die sunnitischen Rechtsgelehrten von der Stufe des Muǧtahid al-Muṭlaq fern und rieten der Mehrheit (ǧumhūr), sich nach den vier anerkannten sunnitischen Rechtsschulen (maḏāhib ahl as-sunna) zu orientieren. Sie vermuteten, dass in der Jurisprudenz unter dem Vorwand der Iǧtihād-Praxis Pseudo-Gelehrten auftreten, um die Muslime zu verführen.[663]

Zum Schutz vor solchen Gefahren wandten sich die muslimischen Gelehrten zu dieser Zeit dem Iǧtihād der rechtgeleiteten Altvorderen (salaf aṣ-ṣāliḥ) zu, in dem sie in ihren Analysen ihre Iǧtihād-Lösungen auf die zeitgemäße Rechtsrelevanz überprüften und die geeigneten Normen erwählten (tarǧīḥ). Da die Rechtsmeinungen geprüft (ittibāʿ) und ungeprüft (taqlīd) übernommen wurden, wird die Folgezeit der islamischen Jurisprudenz ab der mongolischen Invasion als Taqlīd-Periode bezeichnet.[664] Da die primärstufigen Rechtsgelehrten

---

662 GUDRUN KRÄMER betont, dass zu Neufällen auch neue Normen ausgearbeitet werden mussten, daher auch die „Geschlossenheitsthese“ nicht zutreffend ist. Vgl. KRÄMER: Demokratie im Islam (2011), S. 186. BABER JOHANSEN vertritt die Ansicht, dass die Befürworter einer Geschlossenheit des Iǧtihād-Tors keine standhaften Belege anführen. Vgl. JOHANSEN: The Islamic Law of Land, Tax and Rent (1988), S. 1–4. MATHIAS ROHE weist auf Ibn Taimīyya (gest. 1328) hin, der die Iǧtihād-Erlaubnis auch in der Folgezeit befürwortet. Vgl. ROHE: Das islamische Recht. Geschichte und Gegenwart (2011), S. 191. WAEL HALLAQ verteidigt die Offenheit des Iǧtihād-Tors zu allen Zeiten. Vgl. HALLAQ: Was the Gate of Ijtihad Closed?, in: International Journal of Middle East Studies, 16 (1984), S. 3–41 und persönliches Gespräch mit WAEL HALLAQ am 11.10.2011.

663 Vgl. KARAMAN: İslâm Hukuk Tarihi (2001), S. 242–244.

664 Vgl. KARAMAN: Fıkıhta Gelenek ve Yenileşme. In: 1. Uluslararası Kutlu Doğum Toplantısı „İslâm, Gelenek ve Yenileşme“ (1. International Kutlu Doğum Symposium „Islam, Tradition and Innovation“), 1996, S. 38.

(muğtahidūn al-muṭlaq) ausblieben, wurde von vielen die These der Geschlossenheit des Iğtihād-Tors vertreten.[665] Hayreddin Karaman weist hier auf die absolute Rechtsfindung (iğtihād al-muṭlaq al-mustakil) hin,[666] wobei die fallrechtliche (iğtihād al-muṭlaq al-muntasib) über die Rechtsschulen (maḏāhib) in der Folgezeit andauerte.[667] Die Rechtsschulengelehrten (muğtahidūn fī'l-maḏhab) haben in dieser Zeit vornehmlich die Belege (adilla) der Muğtahidūn al-Muṭlaq analysiert und mit Rücksicht auf die Bedürfnisse (ḥāğāt) die geeigneten Rechtsmeinungen erwählt (tarğīḥ) und den fallrechtlichen Qiyās ausgeführt. Der Forschungsblick rückt auf die Zeit von der mongolischen Invasion bis zur Mağalla, in der Muslime Blütezeiten erlebten.[668]

3.5 Von der mongolischen Invasion bis zur Mağalla

3.5.1 Innermuslimische Ereignisse

Die Zeitepoche reicht von der mongolischen Eroberung Bagdads 1258 bis zur Einführung der Mağalla 1876. In dieser Zeit ereigneten sich zahlreiche innermuslimische Ereignisse.[669]Im Osten wurden die anatolischen Herrscherdynastien der Seldschuken überwiegend vernichtet. Diese schreckliche Zeit charaktersiert sich durch die zahlreichen Massaker, Plünderungen und Zerstörungen der Mongolen. Besonders unter der Herrschaft des Enkelsohnes von Ğingiz Ḫān (namens Ḫulāgu) fand großes grausames Morden statt, wonach 1258 Bagdad eingenommen wurde. Dieser vernichtete die Ismailiten (Ismāʿīlīya), die im persischen Raum um Dailām regierten. Zugleich stürzte er das abbasidische Kalifat um Bagdad. Nach der Schlacht um Köse Dağ 1243 nahmen die Mongolen

665 WILLIAM M. WATT und BERNARD WEISS kritisieren die Geschlossenheit des Iğtihād-Tors. Vgl. WATT: The Closing of the Door of Iğtihād, in: Orientalia Hispanica, Vol. 1 (1974), S. 675–678; WEISS: Interpretation in Islamic Law: The Theory of Ijtihād, in: The American Journal of Comparative Law, 26 (1978), S. 208f.

666 Vgl. KARAMAN: İslam Hukunda İctihad (2010), S. 181–182.

667 WAEL HALLAQ bekräft die Offenheit des Iğtihād-Tors, da diese seiner Ansicht nach nie geschlossen wurde. HALLAQ: On the Origins of the Controversy about the Existence of Mujtahids and the Gate of Ijtihad. In: Law and Legal Theory in Classical and Medievil Islam (1995), S. 129–141.

668 Diese Hochkultur reichte auf alle Bereiche, wonach die islamische Jurisprudenz mit Molla Fenārī (gest. 1430), Akşemseddin (gest. 1459), Molla Hüsrev (gest. 1480) über Ebussuud (gest. 1574) ihre Reifephase erlebte.

669 Vgl. KARAMAN: İslâm Hukuk Tarihi (2001), S. 255–256.

die Gebiete um Persien, Irak und Anatolien ein.[670] Mit der Schwächung der seldschukisch-anatolischen Herrscherdynastien erlangten sie die Herrschaft über Anatolien, sodass vereinzelt nur turkmenische Dynastien weiterexistierten.

Die osmanische Herrscherdynastie ist eine davon, die sich um das Jahr 1299 im anatolischen Westen herausbildete und sich zum Imperium entwickelte. Sie erlangte in der Zeitgeschichte die Herrschaft über die Gebiete von Persien, dem Balkan sowie nordafrikanische Gebiete um Ägypten, Syrien, Irak und Jemen. Mit seinen Eroberungen in Ḫorasān, Persien, Syrien und Anatolien wurde Timurlān (gest. 1405) zur ernsthaften Bedrohung für die Osmanen. Seine kriegerischen Massaker sind vergleichbar mit denen von Ǧingiz Ḫān und Ḫulāgu.

Nach der Herrschaft Timurlāns über Persien wurde diese Region von den Safawīden und von einzelnen anatolischen Dynastien beherrscht. Ḫulāgu zerstörte Bagdad und ermorderte den letzten abbasidischen Kalifen al-Mustaʿṣim (gest. 1258). Im fünfzehnten Jahrhundert n. Chr. verloren die Muslime infolge der Reconquista Andalusien.

Nach der Regierungszeit des mamlukischen Sultans Baibars (gest. 1277) folgten seine Söhne Baraka Qān (gest. 1280) und Solamisch (gest. 1291) auf den Sultansthron. Die mamlukische Herrschaft dauerte bis zur Eroberung Ägyptens (1517) durch den neunten osmanischen Sultan Yavuz Selim (gest. 1520) an.[671] Im Jahr 1453 eroberten die Osmanen unter Sultan Mehmed, des Eroberers (gest. 1481) Konstantinopel, wodurch die Ostkirche unterging und die Neuzeit begann. 1492 wurde Andalusien (al-andalus) durch die Kreuzritter eingenommen. In diesen Jahren sind sehr viele bedeutende Werke und Übersetzungen der muslimischen Gelehrten (ʿulamāʾ) jahrelang verbrannt und verwüstet worden.

3.5.2 Rückentwicklungsphase des Fiqh

Bis zur Herrschaftszeit von Maḥmūd Ghazan (gest. 1304) führten die Mongolen, welche die abbasidische und seldschukische Herrschaft zerstörten, ihre Jurisprudenz durch eine von Ǧingiz Ḫān erarbeitete Gesetzeskonstitution weiter.[672] In Glaubensangelegenheiten räumten sie der Bevölkerung Glaubensfreiheiten ein. Der muslimische Bevölkerungsteil wandte sich unter diesen Möglichkeiten dem Einstudieren der muslimischen Rechtsschulenwerke zu und nahm jeweils die Meinungen des entsprechenden Rechtsgelehrten (muǧtahid) an.

---

670 Vgl. KARAMAN: Anahatlarıyla İslâm Hukuku (2006), S. 74;

671 Vgl. KRÄMER: Geschichte des Islam (2005), S.174.

672 Vgl. KARAMAN: Art. „Fıkıh“, in: TDV İA, Bd. 13, S. 10; Anahatlarıyla İslâm Hukuku (2006), S. 75.

In dieser Periode festigte sich mit Hinweis von Hayreddin Karaman allmählich die ungeprüfte Übernahme von Rechtsmeinungen (taqlīd).[673] Die Iǧtihād-Bewegungen während der Periode der ägyptischen Abbasiden und der Mamlūken-Herrschaft lebten in den Regionen um Syrien, Jemen und Ägypten erneut auf. Der starke Gegendruck sorgte nach Hayreddin Karaman dafür, dass die wissenschaftlichen Entwicklungen im Fiqh stark gehemmt wurden.[674]

In nordafrikanischen Regionen um Marokko entstanden im dreizehnten Jahrhundert andere Iǧtihād-Bewegungen, welche aber im Laufe der Zeit wieder verschwanden. In dieser Periode wurden die wissenschaftlichen Beziehungen zu den muslimischen Rechtsgelehrten allmählich unterbrochen, wichtige Standardwerke der islamischen Jurisprudenz aufgrund von steigendem Desinteresse nicht einstudiert. Viele wichtige Werke der islamischen Gelehrten (die für die wissenschaftliche Muǧtahid-Qualifikation unabdingbar sind) wurden von vielen islamischen Wissenschaftlern missachtet. Die wissenschaftlichen Bereicherungen in der Jurisprudenz wurden geschwächt, sodass auf schnellstmöglichen Bildungswegen versucht wurde, Wissen (ʿilm) anzueignen. Die Gelehrtenwerke wurden in inhaltlich reduzierter Form vereinfacht. Diese wissenschaftlichen Entwicklungen waren die Ursache für die verstärkte Quellenorientierung am Textwortlaut (lafẓ). Dieses Vorgehen führte dazu, dass sich die Gelehrten allmählich vom geistigen Religionsverständnis mehr und mehr entfernten.

Im Vergleich zu dieser Epoche reisten zahlreiche Gelehrte und Lehrschüler der Vorperioden zur Erweiterung ihres eigenen wissenschaftlichen Horizonts in bedeutende Stadtzentren wie Ḫoraṣān, Bagdad und Nišāpūr.[675] Auf diesen Forschungsreisen profitierten sie vom Wissen anderer bedeutender Gelehrten (ʿulamāʾ), und berücksichtigten in ihren Forschungsarbeiten das geistige Verständnis der Primärquellen Koran und Sunna, die das würdige Verständnis der islamischen Religion (dīn) maßgeblich kennzeichnet.

673 Für EYYÜP SAİD KAYA betrifft die Taqlīd-Bezeichnung die generelle Lage in der Jurisprudenz. Ausnahmen wie aš-Šāṭibī (gest. 1388) bestätigen diese These. Vgl. KAYA: Modern Dönemde Fıkıh İlminin Temel Meseleleri. In: Modern Dönemde Dinî İlimlerin Temel Meseleleri İlmî Toplantı (2007), S. 156, 157.

674 Vgl. KARAMAN: İslâm Hukuk Tarihi (2001), S. 256f.

675 Vgl. ebd., S. 257–258.

3.5.3 Normbildungen

In den Normenbildungen erhielten die Fiqh-Werke der muslimischen Rechtsgelehrten einen großen Stellenwert, weil sich die einberufenen Gelehrten nach diesen orientierten.

Je nach Verbreitung der sunnitisch-islamischen Rechtsschulen (maḏāhib ahl as-sunna) wurden die Normenbildungen gemäß den dort ansässigen Rechtsschulenangehörigen erstellt. In vielen osmanischen Gebieten wurden die Normen zunächst nach der ḥanafītischen Rechtstradition ausgeführt. Die Gelehrten orientierten sich in ihren Analysen zunächst an der übertragenen Fiqh-Literatur von Muḥammad aš-Šaibānī (gest. 805), in der sie die vorher erwählten Rechtsmeinungen heranzogen. Alljene Iǧtihād-Verfahren, welche mit diesen Kriterien nicht konform gingen, wurden nicht ausgewählt. Falls das Oberhaupt der Gelehrten in Spezialfällen die Übernahme der anderen Rechtsschulenmeinungen (taqlīd al-maḏāhib) freigab, wurde diese in die Normbildung mit einbezogen. Zur Vereinfachung der Analysen und der Normbildungen wurden vorliegende Gutachten (fatāwā) in Sammlungen (maǧmūʿāt) kanonisiert.[676]

In den muslimischen Lebensräumen außerhalb des Mongolenreiches wurden Rechtsgelehrte einberufen, die in den Provinzen für die Falllösungen zuständig waren. In der Regierungszeit des mongolischen Herrschersohnes Ḫulāgu (gest. 1265) wurden alle Fälle wie die Berufungen der islamischen Gelehrsamkeiten durch das oberste Gelehrtenamt (qāḍī al-quḍāt) ausgeführt. Dieses Spitzenamt war zuständig für die Norm- und die Urteilsbildung in den Rechtsfällen.

Nachdem die Mongolen die islamische Religion annahmen, erteilten sie den Gelehrten die Aufgabe, alle Rechtsangelegenheiten nach den islamischen Rechtsquellen auszusprechen und ein Urteil (qaḍāʾ) zu fällen. Seit den Aiyubīden war das Gelehrtenamt die höchste Position in der islamischen Jurisprudenz. Bis zur Zeit des mamlūkischen Herrschers Baibars (gest. 1277) wurde es durch einen šāfiʿītischen Gelehrten ausgeführt. Dies änderte sich 1264, sodass für jede sunnitisch-islamische Rechtsschule (maḏhab ahl as-sunna) je ein Rechtsschulengelehrter einberufen wurde, wobei der Šāfiʿītische hochrangiger war als die Übrigen.[677]

Seit Ṣalāḥ ad-Dīn Aiyūbī (gest. 1193) wurde in Ägypten und in Syrien zur Verwaltung der Militärfälle ein Richteramt (qāḍī al-quḍāt) eingeführt, welches von den Osmanen fortgeführt wurde. Gegen Ende der Amtszeit von Mehmed dem Eroberer (gest. 1481) häuften sich die Fälle an, sodass auf dem Balkan und

676 Vgl. KARAMAN: İslâm Hukuk Tarihi (2001), S. 262.
677 Vgl. ebd., S. 259.

in Anatolien zwei Rechtssektoren gebildet wurden. Bis Yavuz Selim (gest. 1520) verkündeten die Gelehrten ihre Gutachten (fatāwā).[678] Die osmanischen Provinzen wurden durch Governeure, Richter, Muftīs und Soldaten verwaltet.

3.6 Von der Maǧalla bis zum Ende der Moderne (1876–20.Jahrhundert)

3.6.1 Innermuslimische Ereignisse

Die Osmanen erweiterten unter Sultan Murad, dem Dritten (gest. 1595) ihre territorialen Gebiete um Kaukasien bis zum persisch-arabischen Raum. Nach dieser Expansionszeit setzte nach Hayreddin Karaman eine Stagnations- und Rückentwicklungszeit ein, sodass mit dem Vertrag von Karlofça im Jahr 1699 der Verlust einiger Staatsgebiete eingeleitet wurde.[679] Diese Entwicklungen setzten sich bis zum ersten Weltkrieg fort. Mit dem machtpolitischen Aufstieg der europäischen Mächte entwickelte sich der muslimische Lebensraum immer mehr zurück. Infolge der europäischen Kolonialpolitik besetzten die Briten Indien und Afghanistan, der Norden Persiens stand unter dem Einfluss der russischen Politik und der Süden unter dem der Briten. Von 1798 bis 1801 marschierte Napoleon der Erste (gest. 1821) in Ägypten ein. Die letzte Periode der Osmanen zeichnete sich außenpolitisch gesehen durch den allmählichen Verlust der Gebiete im europäischen Raum und innenpolitisch durch die Tanẓīmāt-Reformen aus. Mit dem machtpolitischen Verlust, den nachhaltigen Wissenschaftsentwicklungen, den demographischen Veränderungen und den Unabhängigkeitsbewegungen der Balkanländer war das Osmanische Reich gezwungen, ihre Gebiete einzugrenzen.[680] Viele Freiheits- und Unabhängigkeitsbemühungen innerhalb der osmanischen Gebiete begannen vor dem ersten Weltkrieg und setzten sich nach dem Kriegsende fort. Schließlich erlangten im Anschluss die Türkei, der Iran, Afghanistan und Indien ihre politische Unabhängigkeit. Nach dem zweiten Weltkrieg wurden die muslimischen Länder wie Pakistan, Ägypten, Indonesien, Irak, Syrien, Jordanien und Libanon gegründet.

Im neunzehnten Jahrhundert leitete Ǧamāl ad-Dīn al-Afġānī (gest. 1897) ein islamisches Reformdenken ein, welches die Muslime auf ihr verlorenes Erbe

678 Mit Amtsbeginn von Molla Fenārī (gest. 1430) um 1424 wurde das Spitzenamt des obersten Rechtsgelehrten (šaiḫ al-islām) eingeführt. Diese Spitzentätigkeit wurde in der Zeitfolge mit dem Wesirenamt gleichgestellt. Vgl. KARAMAN: Anahatlarıyla İslâm Hukuku (2006), S. 76; KRÄMER: Geschichte des Islam (2005), S. 222.

679 Vgl. KARAMAN: İslâm Hukuk Tarihi (2001), S. 297.

680 Vgl. KRÄMER: Geschichte des Islam (2005), S. 225f.

aufmerksam machte.[681] So reiste al-Afġānī durch viele muslimische Regionen und nichtmuslimische Länder, wo er eine Innovationsbewegung einleitete.[682] In dieser Neuorientierung wandten sich die Gelehrten (ʿulamāʾ) unter der Berücksichtigung der kontextuellen Lebensumstände den erforderlichen Bedürfnissen der Muslime zu, welche sie nach bestmöglichen Erkenntnissen begutachteten und Lösungen aufzeigten. Hierbei erwählten sie innerhalb der Rechtsschulen (maḏāhib) den geeigneten Iǧtihād aus und führten bei Bedarf einen neuen Iǧtihād durch.[683]

Nach Karaman bewährte sich dieses Prinzip in der Aufarbeitung der Maǧalla zu Beginn nicht, sodass als offzielle Rechtsschule (maḏhab ar-rasmī) die ḥanafitische Tradition herangezogen wurde.[684] In den späteren rechtlichen Änderungsarbeiten (tādīlāt) und im Personenstandsrecht (aḫwāl aš-šaḫsiyya) wurden die Iǧtihād-Normen (aḥkām iǧtihādī) der übrigen sunnitischen Rechtsschulen mit einbezogen.[685] Mit diesen Entwicklungen wurde der Iǧtihād gefördert. Die Lehrpersonalien der osmanischen Hochschulen(dār al-funūn) haben den Iǧtihād unterstützt.[686]

In Ägypten entstand eine neue Bewegung unter Muḥammad ʿAbduh (gest. 1905) und seines Lehrschülers Rašīd Riḍā (gest. 1935), die die Iǧtihād-Ausführung zur innovativen Erkundung von neuen Rechtserkenntnissen förderte.[687] Zudem wurden die Normen nach der Erwählungs-methode (uṣūl at-tarǧīḥ) ausgeführt, die die Rechtsfindungen von allen sunnitischen Rechtsschulentraditionen (maḏāhib ahl as-sunna) berücksichtigte. Die Osmanen arbeiteten in der Tanẓīmāt-Periode von 1869 bis 1876 unter der Federführung von Ahmed Cevdet Paşa (gest. 1895) das Zivilgesetz „Maǧallat al-Aḥkām al-Adlīyya" in Form einer

681 Vgl. KARAMAN: Modernist Proje ve İctihad. In: İslâm ve Modernizm. Fazlurrahman Tecrübesi, 1997, S.156.

682 Vgl. KARAMAN: Art. „Efgânî, Cemâleddin", in: TDV İA, Bd. 10, S. 456–466.

683 HAYREDDİN KARAMAN stellt fest, dass der Begriff „Fiqh"im neunzehnten Jahrhundert als „Rechtswissen", die „Fuqahāʾ" als „Rechtsgelehrten" und der klassische Gebrauch von „Fiqh" als „islamisches Recht" (Islamic Law) dargelegt wurde. Vgl. KARAMAN: Art. „Fıkıh", in: TDV İA, Bd. 13, S. 2, 11.

684 Vgl. KARAMAN: Anahatlarıyla İslâm Hukuku (2006), S. 78.

685 Vgl. KARAMAN: İslâm Hukuk Tarihi (2001), S. 298.

686 Beispiele: Mehmet Seyyit Bey (gest. 1925) und İsmail Hakkı Bey (gest. 1946).

687 Ihr hervorgebrachtes Sammelwerk „al-Manār" behandelt die Rechtsgutachten (fatāwā) nicht nur nach einer Rechtsschule (maḏhab), sondern bezieht alle sunnitischen Rechtsschulen (maḏāhib ahl as-sunna) mit ein. In den Hochschulen in Ägypten, Syrien, Indien und im Irāk wurde der Gedanke des Iǧtihād und des Tarǧīḥ angeeignet.

Kodifikation aus,[688] wodurch in der Jurisprudenz zunehmend Rechtsfortschritte erzielt wurden. Zur Förderung des geistigen Verständnisses im Iǧtihād wurden die klassischen Fiqh-Werke der Vorperioden einstudiert und entwickelt.[689] Zur leichteren Recherche wurden Enzyklopädien erarbeitet.[690]

3.6.2 Reformen in der osmanischen Judikative

In dieser Rechtsperiode (dawr) wurden die Gerichtsfälle von osmanischen Richtern (qāḍī) begutachtet, die mit dem militärischen Richteramt (qāḍī al-quḍāt) betraut waren. Ihr Rechtsgebiet umfasste ein breites Spektrum des Bürgerrechts, des Wirtschaftsrechts, der Mordfälle, der Aufgaben eines Notars und eines Staatsanwalts. Mit den territorialen Expansionen und dem damit einhergehenden machtpolitischen Aufstieg der Osmanen wurden die Richter in unterschiedliche Regionen gesandt, um ihre Aufgaben zu erfüllen. In der Tanẓīmāt-Periode mit Beginn der „Gülhane Hatt-ı Şerif" (Rosenpavillon-Dekret) im November 1839 wurden ihre Befugnisse verengt, sodass sie sich mit Religionsfällen (muḥākamāt aš-šarīʿa) befassten.

In der Regierungszeit von Sultan Mahmud dem Zweiten (gest. 1839) wurden 1838 Gerichte errichtet, in der die Richter die vorliegende Rechtsfälle nicht mehr zu Hause begutachteten, sondern in hochrangigen Institutionen (Maǧlīs al-Aḥkām al-ʿAdlīyya).[691]In Istanbul wurden gesonderte Gerichte für den Schiffshandel

---

688 Vgl. GÖZÜBENLİ: Türk Hukuk Tarihinde Kanunlaştırma Faaliyetleri ve Mecelle. In: Ahmet Cevdet Paşa (1823–1895) Sempozyumu 09.-11.06.1995 (1997), S. 288.

689 Zum Beispiel die Fiqh-Werke der islamischen Innovationsgelehrten: Abū Ḥanīfa (gest. 767), Muḥammad bin Idrīs aš-Šāfiʿī (gest. 820), Mālik bin Anas (gest. 795), Aḥmad bin Ḥanbal (gest. 855), ihre Lehrschüler, Abū Muḥammad ibn Ḥazm (gest. 1064), Ibn Qayyim al-Ǧauzīyya (gest. 1250), Ibn Taimīyya (gest. 1328), Abū Isḥāq aš-Šāṭibī (gest. 1388), Walī Allāh ad-Diḥlawī (gest. 1762), Muḥammad aš-Šaukānī (gest. 1839) und weitere.

690 Einige dieser Werke im 20.Jahrhundert sind „al-Fiqhu ʿalā al-Maḏāhibi-l-Arbaʿa" unter dem Vorsitz von ʿAbd ar-Raḥmān al-Ǧazīrī (gest. 1941), „al-Fiqh al-Islāmī wa-Adillatuhū" von Wahba Zuḥailī (geb. 1932) und das Werk „Istılahât-ı Fıkhıyye ve Hukûku Islâmîyye Kâmusu" von Ömer Nasuhi Bilmen (gest. 1971) und weitere.

691 Diese regelten die Gesetze (qānūn) und sorgten für die Ordnung (niẓām). Zur Amtszeit von Sultan Abdulaziz (gest. 1876) wurde es 1868 abgeschafft und durch den Kassationshof „Diwān al-Aḥkām al-ʿAdlīyya", die für die Kontrolle der niederrangigen Gerichte zuständig war, durch den Staatsrat „Šūrā ad-Daula" ersetzt. Letztere war durch eine spezielle Gelehrtenkommission besetzt. Mit dieser Zweiteilung der hochrangigen Gerichte wurde die Exekutive von der Legislative getrennt. Vgl. KARAMAN: İslâm Hukuk Tarihi (2001), S. 300.

errichtet. In der Amtszeit von Sultan Abdulmecid (gest. 1861) wurden nach französischem Modell Handelsgerichte (1840), allgemeine Gerichte (1847) und rechtsparlamentarische Untersuchungskommissionen (1853) gegründet.[692]

Mit der 1864 gegründeten Provinz um die Donau-Regionen wurde der Grundstein für die Niẓāmiya-Gerichte[693] gelegt. Mit dieser Gerichtsform wurde die dritte Form der Gerichtsbarkeit gegründet.[694] Mit den Gesetzen aus 1869 und 1871 wurden die Niẓāmiya-Gerichte, die nach europäischem Recht urteilten, durch ein im Jahr 1879 verabschiedetes Gesetz vollständig institutionalisiert. Zeitgleich wurde die Staatsanwaltschaft (osman. Müdde-i Umûmīlik) eingeführt. Mit dem territorialen Machtaufstieg der Osmanen mussten, bedingt durch die wirtschaftlichen und gesellschaftlichen Umstände, Gerichtsvorkehrungen getroffen werden, sodass die Errichtung von neuen Gerichten nötig wurde.[695]

Die „Gülhane Hatt-ı Hümayun" (osman. Tanzimāt-ı Hayriyye) von 1856 ist eine in der osmanischen Geschichtsschreibung entstandene reformorientierte Bewegung und somit ein einschneidender Wendepunkt in der Rechtsgeschichte der Osmanen.[696]Mit dem Befehl (osman. ferman) des Sultans wurde zum Gemeinwohl (maṣlaḥa) der breiten Gesellschaft mitunter den Bestrebungen der Jungtürken (Jeunes Turcs) der Grundstein für ein neues Grundgesetz gelegt. In dieser neuen Rechtsmodellierung waren die Nichtmuslime mit den Muslimen theoretisch weitestgehend gleichberechtigt. Schließlich wurde durch eine Juristenkommission 1876 aus der Synthese des französischen und belgischen Modells ein neues Grundgesetz verkündet.

Diese beglaubigte die zivilrechtliche Basis und räumte dem Sultan breite Machtbefugnisse ein, welche in der Zeitfolge durch Reformen (tādīlāt) erneuert wurden. Mit der Abschaffung des erbmonarchischen Sultanats wurde es außer Kraft gesetzt, sodass 1921 und 1924 ihre Stelle durch ein neues Grundgesetz (osman. Teşkilât-ı Esâsiyye) eingenommen wurde.[697]

---

692 Vgl. KARAMAN: İslâm Hukuk Tarihi (2001), S. 300.

693 Die Niẓāmiya-Gerichte behandelten allgemeinrechtliche und mordrechtliche Fälle.

694 Zu Beginn hatte diese den Namen „Meclis-i Temyîz-i Hukûk ve Cinâyet" danach die Bezeichnung Meclis-i De'âvî. In den Provinzregionen wurde sie unter „Meclis-i Temyîz-i Hukûk-u Cinâyet-i Vilâyet" gegründet und erlangten späterer den Namen „Divân-ı Temyîz". Vgl. KARAMAN: İslâm Hukuk Tarihi (2001), S. 299–301.

695 Vgl. AYDIN: Türk Hukuk Tarihi (1995), S. 65–88.

696 GUDRUN KRÄMER geht näher auf das Dekret ein. Vgl. KRÄMER: Geschichte des Islam (2005), S. 274.

697 Vgl. KARAMAN: İslâm Hukuk Tarihi (2001), S. 302.

3.6.3 Ausarbeitung der Mağallat al-Aḥkām al-ʿAdlīyya

Das Zivilgesetzbuch der Osmanen (osman. Mecelle-i Ahkâm-ı Adliyye) wurde unter der Führung von Ahmed Cevdet Paşa von 1869 bis 1876 ausgearbeitet und angenommen.[698] Dieser Kodex basierte generell zunächst in ḥanafītischer Rechtstradition[699] und beinhaltete die Gebiete des Personenrechts, des Schuldenrechts und die Gleichberechtigung. Da in ihr zunächst kein spezifisches Familienrecht vorhanden war, wurde 1917, aufgrund diesbezüglicher Bedürfnisse, die „Beschlusserklärung im Familienrecht" (osman. Hukûk-ı Aile Kararnâmesi) vereinbart,[700] welche nach allen vier sunnitischen Rechtsschulentraditionen erarbeitet wurden. Ihre Essenz aus 157 Paragraphen basierte somit in den Rechtsschulen (maḏāhib). Für Juden und Christen gab es separate Regelungen in dieser Kodifikation. Diese Gesetzgebung wurde 1919 außer Kraft gesetzt. Die Ausarbeitungsphase der Mağalla war nach Hayreddin Karaman und Mehmed Akif Aydın durch innere und äußere Faktoren gekennzeichnet.[701] Die Inneren waren an die Notwendigkeiten gebunden, die infolge der Bedürfnisse entstanden. Die Äußeren betrafen die Politik der europäischen Länder wie England und Frankreich.[702]

Die Niẓāmiya-Gerichte, die überwiegend europarechtlich ausgerichtet waren, mussten sich nach den Umständen an die Rechtsprechung anpassen. Die ḥanafītische Rechtstradition und die damit verbundenen Uneinigkeiten (iḫtilāf) waren bis zu diesen Zeiten nicht systematisch ausgearbeitet. Gleichzeitig war diese sunnitische Rechtsschulentradition mit all ihren Gutachten (fatāwā) zur Bearbeitung nicht ausreichend. Das führte dazu, dass die Judikative in speziellen

---

698 Zu Detailsinformationen über die Mağalla siehe: KAŞIKCI: İslâm ve Osmanlı Hukukunda Mecelle 1997, S. 6.

699 Im Gewohnheitsrechts (ʿurf) wurde die Perspektive der Mutaaḫḫirūn-Ḥanafīten angenommen. Vgl. hier auch: MAHMASÂNI / DÖNMEZ (ÜBERS.): İslâm Hukukunun Tedvini, in: MÜİFD, 3 (1985), S. 326.

700 Vgl. AYDIN: Art. "Mecelle-i Ahkâm-ı Adliyye", in: TDV İA, Bd. 28, S. 231.

701 Trotz der Bemühungen von Ali Paşa, Mithat Paşa und Kabûli Paşa den „Code Napoleon" anzunehmen wurde die Mağalla als nationales Recht anerkannt. Vgl. AYDIN: İslâm ve Osmanlı Hukuku Araştırmaları (1996), S. 48.

702 Der islamische Theologe HULUSİ YAVUZ zählt sechs Ausarbeitungsgründe der Mağalla auf. Diese sind die Kodifizierungen in Europa und ihre Einflüsse auf die Osmanen in der Tanẓīmāt-Periode, wirtschaftliche und handelsbedingte Motive, die Gründung der Diwān al-Aḥkām al-ʿAdlīyya am 5. März 1868, politische Gründe, religiöse Motive, die französischen Einflüsse zur Annahme des „Code Napoleon". Vgl. YAVUZ: Ahmet Cevdet Paşa ve Mecelle'nin Tedvini. In: Ahmet Cevdet Paşa Sempozyumu 9.-11.06.1995. Ankara 1997. S. 279–280.

Rechtsangelegenheiten die erforderlichen Normen nicht intensiv genug erkunden konnte. Mit den kontextuellen Änderungen der Umstände mussten alle Gutachten (fatāwā) verändert und angepasst werden, welche an das Gewohnheitsrecht (ʿurf) gebunden waren. Die äußeren Einflüsse betrafen die Interventionen der Länder wie England, Österreich, Frankreich und Russland, die mit den Osmanen politische Beziehungen pflegten und unter dem Vorwand von nichtmuslimischen Minoritäten zu Gerichtsreformen aufforderten.[703]

3.6.4 Rechtsmethode der Maǧallat al-Aḥkām al-ʿAdliyya

Die damaligen europäischen Gesetzmäßigkeiten regelten die Angelegenheiten nicht in separater Form, sondern stützen sich in vielen Fällen auf besondere Prinzipien. Da diese Methode zur Reformzeit der osmanischen Maǧalla neu war und sich nach den ausführlichen Problemen richtete, verfolgte die Maǧalla eine kasuistische Methode, in der sie die Rechtsbereiche in geordnete Einzelfälle unterteilte.[704] Die osmanischen Rechtsgelehrten richteten sich in ihren Rechtsanalysen nach bestimmten Schritten. Zunächst zogen sie die tradierten Rechtsfindungen heran und begutachteten ihr weiteres Vorgehen durch die methodologische Heranziehung der primären und sekundären Quellen. Im zweiten Schritt wählten sie nach vorheriger Analyse aus den sunnitischen Rechtsfindungen (iǧtihād) die geeignete Lösung aus, wobei die frühe Ausarbeitungszeit der Maǧalla durch die ḥanafītische Rechtsschulentradition geprägt war,[705] obwohl die Systematik die Orientierung nach allen Rechtsschulen (maḏāhib) einräumte.[706] In der ḥanafītischen Orientierung wurden die Methoden Taḫrīǧ, Tarǧīḥ, Tamyīẓ beachtet.[707]

---

703 Besonders spielen hier die Bemühungen des französischen Botschafters „De Bourree" und seine Befürworter eine Rolle, weil diese das französische Zivilgesetzbuch „Code Civil" (später Code Napoleon) anführten. Vgl. AYDIN: Mecelle'nin Hazırlanışı, in: Osmanlı Araştırmaları 9 (1989), S. 39; Dergl. Art. „Mecelle-i Ahkâm-ı Adliyye", in: TDV İA, Bd. 28, S. 232; KARAMAN: Art. "Fıkıh", in: TDV İA, Bd. 13, S. 11.

704 Vgl. AKGÜNDÜZ / CİN: Türk Hukuk Tarihi (1989), Bd. 2, S. 161.

705 Vgl. AYDIN: Mecelle'nin Hazırlanışı. In: Osmanlı Araştırmaları IX (1989), S. 31–50 (S. 43).

706 Vgl. KOŞUM: Osmanlı Örfi Hukukunun İslam Hukukundaki Temelleri, in: SÜİFD, 17 (2004), S. 145–160.

707 Diejenigen Personen erwählten ihre Lösungen danach, die in ihren Analysen keine Normen ableiten konnten und aus den Rechtsschulentraditionen (maḏāhib) ungeprüfte Rechtsmeinungen übernahmen (taqlīd).

Das methodische Vorgehen der Rechtsgelehrten innerhalb der ḥanafitischen Rechtstradition, wie etwa bei Uneinigkeiten (iḫtilāf), lässt sich in fünf Schritten beschreiben. Erstens: Falls die Uneinigkeiten (iḫtilāf) aufgrund zeitlich-kontextueller Änderungen bedingt waren, wurden die Meinungen der ḥanafitischen Lehrschüler Abū Yūsuf (gest. 798) und Muḥammad aš-Šaibānī (gest. 805) gewählt. Zweitens: Wenn keine kontextuellen Umstände betroffen waren, konnte eine der beiden Rechtsmeinungen gewählt werden. Der Reihe nach waren dies Abū Yūsuf, Muḥammad aš-Šaibānī und Ẓūfar.[708] Drittens: Erst wenn diese Rechtsmeinungen (aḥkām) keine Rechtslösungen darboten, wurden die Positionen der Ahl at-Taḫrīǧ gewählt. Viertens: Bei Bedarf wurde die Billigkeit (istiḥsān) dem Analogieschluss (qiyās) in Beziehung gesetzt.

Fünftens: Bei besonderen Bedürfnissen konnten auch nicht-erwählenswerte Rechtsmeinungen herangezogen werden. Die Kritiken an der Maǧalla betrafen überwiegend ihre Systematik, das Vorliegen überflüssiger Einzelheiten und Wiederholungen, die Bindung an eine Rechtsschule (maḏhab), das Fehlen geeigneter Iǧtihād-Lösungen zur kontextuellen Bedürfnisdeckung und die Befolgung einer problemorientierten Rechtsmethode. Trotz dieser vielen Kritiken wurde sie in der zivilrechtlichen Entwicklung als einmaliger Fortschritt angesehen.

Obwohl die europäischen Modelle der Form nach fortgeschrittener waren, wurde die Maǧalla als „lückenhaft" eingestuft. Die Absicht bestand darin, diese in der Zeit zu vervollständigen.

Bei Vorliegen neuer Bedingungen war es natürlich, dass Reformen erarbeitet wurden. Daher ist es geboten die Maǧalla lückenhaft einzustufen. Zur Lückenschließung wurden unter den neuen Umständen einige Rechtsprinzipien abgeschafft und Änderungsarbeiten (tādīlāt) vorgenommen. Diese sind der Chronologie nach die Arbeiten der Maǧalla-Gemeinschaft, die Rechtskommission für Zivil-und Familienrecht[709], die Rechtskommission der Maǧalla[710] und weitere subrechtliche Staatsorgane. Während dieser Tätigkeiten wurde die seit Muḥammad Qadrī Pāšā (gest. 1888) vertretene Position einer europäischen Rechtsbereicherung bekräftigt.

---

708 Vgl. KARAMAN: İslâm Hukuk Tarihi (2010), S. 314; İslâm'ın Işığında Günün Meseleleri (2010), S. 883.

709 Die Erstversammlung wurde am 9.Mai 1916 durchgeführt an der wichtige Leitlinien vereinbart wurden. Diese sind die Heranziehung von nicht-osmanischem Recht, die Vereinfachung von Konstitutionen und der Methode.

710 Diese 1921 gegründete Kommission beschäftigte sich mit den Vervollständigungen der Maǧalla-Lücken.

Mahmud Esat Bozkurt (gest. 1943) setzte als Justizminister die Mağalla am 04. Oktober 1926 durch das Inkraftreten des schweizerischen Zivilrechts ausser Kraft.[711] Diese Änderungsarbeiten (tādīlāt) wurden durch die Anerkennung am 17. Februar 1926 eingeleitet. Die vollständige bürgerliche Rechtsmodellierung erfolgte daher mit der Übernahme des schweizerischen Zivilgesetzbuchs. Am 22. April 1926 wurde diese angenommen, wodurch die Mağalla durch den 43.Paragraphen der neuen „Konstitution 864" ausser Kraft gesetzt wurde.[712] Trotz der vielen Umwälzungen traten nach Karaman von den Seldschuken bis zur Moderne Fuqahā' hervor, die durch ihre Werke das Iğtihād-Tor offen ließen und für den Rechtsfortschritt sorgten.[713]

---

711 Vgl. AYDIN: Art. "Mecelle-i Ahkâm-ı Adliyye", in: TDV İA, Bd. 28, S. 234.

712 Vgl. ŞAFAK: Hukukun Temel İlkeleri Açısından Mecelle'ye Bir Bakış. In: Ahmet Cevdet Paşa Sempozyumu 9.-11.06.1995 . Ankara 1997. S. 276.

713 Diese sind folgende Gelehrten: ʿAbd al-ʿAzīz bin ʿAbd as-Salām (gest. 1262), Abū Šāma (gest. 1267), Abū al-ʿAbbās al-Qarāfī (gest. 1285), Ibn Daqīq al-ʿĪd (gest. 1302), Abū al-Barakāt an-Nasafī (gest. 1310), Aḥmad ibn ar-Rifāʿī (gest. 1310), Muḥammad ibn Rušaid (gest. 1321), Nağm ad-Dīn aṭ-Ṭūfī (gest. 1316), Taqīyuʾd-Dīn ibn Taimiyya (gest. 1327), Muḥammad az-Zamalkānī (gest. 1327), Ibn Saiyid an-Nas (gest. 1333), Ibn Qudāma (gest. 1343), Ğamāl ad-Dīn al-Isnawī (gest. 1370), Abū Ḥayyān al-Andalūsī (gest. 1344), Ubaidallāh bin Masʿūd (gest. 1346), Muḥammad aẓ-Ẓahabī (gest. 1347), Ğāʿfar al-ʿUdfūwī (gest. 1347), Dāwūd al-Kaisarī (gest. 1350), Ibn Qaiyim al-Ğauziyya (gest. 1350), Taqī ad-Dīn as-Subkī (gest. 1355), Al-Itqānī (gest. 1357), Tağu ad-Dīn ibn as-Subkī (gest. 1369), Ğamāl ad-Dīn al-Aksarāyi (gest. 1373), Muḥammad al-Babartī (gest. 1384), Abū Isḥāq aš-Šāṭibī (gest. 1388), Saʿd ad-Dīn at-Taftazāni (gest. 1390), ʿAlāʾ ad-Dīn al-Aswad (gest. 1398), Ibn Arafa (gest. 1400), Zain ad-Dīn al-Irāqī (gest. 1403), Sirāğ ad-Dīn al-Bulqīnī (gest. 1403), Ibn Barḥan (gest. 1405), Ibn Siḥnaṭ al-Qabīr (gest. 1412), Saiyid Šarīf al-Ğurğānī (gest. 1413), Abū Ṭāhir al-Firūzabādī (gest. 1414), Šayḫ Badr ad-Dīn (gest. 1420), Molla Fenārī (gest. 1431), Ibn Nāğī (gest. 1433), Ibn al-Wazīr (gest. 1436), Ibrāhīm at-Tarablusī (gest. 1437), Ibn Marzūq (gest. 1438), Abū al-Qāsim al-Burzūlī (gest. 1440), Aḥmad al-ʿAsqalānī (gest. 1447), Badr ad-Dīn ʿAinī (gest. 1451), Ibn al-Hummām (gest. 1457), Hızır Bey (gest. 1458), Ğalāl ad-Dīn Maḥallī (gest. 1459), Zainuʾd-Dīn ibn Kutlubuğa (gest. 1474), Molla Hüsrev (gest. 1480), Sinan Paşa (gest. 1486), Hocazâde (gest. 1487), Molla Gūrānī (gest. 1488), Šayḫ ibn al-Wafā (gest. 1491), Molla Lutfi (gest. 1495), Ğalāl ad-Dīn as-Suyūṭī (gest. 1505), Ali Cemâli Efendi (gest. 1526), Ibn Kemal (gest. 1534), Sâdi Çelebi (gest. 1538), Muḥyi ad-Dīn Šayḫzāda (gest. 1544), Ibrāhīm al-Ḥalabī (gest. 1549), Zain ad-Dīn ibn Nuğaim (gest. 1563), Ebussuud (gest. 1574), Ḥāmid Maḥmūd Efendi (gest. 1577), Sâduddin Efendi (gest. 1599), ʿAlī al-Qārī (gest. 1605), Ibn ar-Rašīd (gest. 1620), Ḫayr ad-Dīn ar-Ramlī (gest. 1671), Bolevi Mustafa Efendi (gest. 1675), Ibrāhīm al-Kurdī (gest. 1690), Çatalacalı Ali Efendi (gest. 1692), Ṣāliḥ al-Maqbilī (gest. 1696), Walīullāh ad-Diḥlawī (gest. 1762), Muḥammad al-ʿAmīr

3.6.5 Übergangsperiode von der Moderne in die Post-Moderne

In der Folgezeit der Aufklärung und der industriellen Revolution erlangte der Westen in den Wissenschaften wirtschaftliche und technologische Fortschritte, wodurch sie politisch und kulturell auf die ganze Welt sehr große Einflüsse übte.[714] In besonderer Art war der Westen als Kolonialmacht dem Orient weitaus überlegen, wo sie entscheidende Gebiete besetzte.[715] Die Unterlegenheit und die Besetzung des Orients führten in den Wissenschaften und in den sozialen Lebenswelten von Muslimen zur Stagnationsphase. Nachdem die ersten Orientländer ihrer Unabhängigkeit erklärten, wurden unter den westlichen Einflüssen nationalistische, sozialistische und republikanische Linien eingehalten und säkulare Bedingungen aufgestellt.

Auch wenn die Šarīʿa-Gerichte aufgehoben und auf das Personenstandsrecht begrenzt wurden, blieben die Gelehrten dem islamischen Recht (fiqh) treu. Aufgrund dieser Lage kristallisierte sich eine neue Aufklärungsbewegung, in der in Annäherung an die islamischen Primärquellen verschiedene Methodenansätze

---

aṣ-Ṣanʿānī (gest. 1768), ʿAbd al-Qādir al-Kaukabānī (gest. 1792), Ḥasan aṣ-Ṣanʿānī (gest. 1793), Muḥammad aš-Šaukānī (gest. 1834), Muḥammad as-Sanūsī (gest. 1859), Ibn ʿÀbidīn (gest. 1836), Abū-l-Ḥasanāt al-Laknawī (gest. 1886), Muḥammad Qadrī Pāšā (gest. 1888), Šihāb ad-Dīn al-Marǧānī (gest. 1889), Ömer Hilmi Efendi (gest. 1889), Ḏiyāʾ ad-Dīn al-Gumušḥānawī (gest. 1893), Ahmed Cevdet Paşa (gest. 1895), Ǧamāl ad-Dīn al-Afġānī (gest. 1897), Muḥammad ʿAbduh (gest. 1905), Rašid Riḍā (gest. 1935). Vgl. KARAMAN: İslâm Hukuk Tarihi (2001), S. 262–296; 319–326.

714 Vgl. KARAMAN: Modernist Proje ve İctihad. In: İslâm ve Modernizm. Fazlurrahman Tecrübesi, 1997, S.156.

715 Die Osmanen gewannen die Schlacht an den Dardanellen gegen die Entente-Mächte (1915–1916). Von 1919 bis 1923 wurde der Befreiungskrieg gegen diese gewonnen. Am 23. April 1920 wurde die Nationalversammlung gegründet. Am 23.November 1922 wurde das Sultanat abgeschafft. Mit dem „Vertrag von Lausanne" am 24. Juli 1923 wurden die Grenzen der Türkei anerkannt. Am 29. Oktober 1923 wurde in der Nationalversammlung die Republik ausgerufen. Im März 1924 wurde der Kalif abgesetzt, ein Monat später die republikanische Verfassung verkündet. 1928 wurde die offizielle Religion aus der Verfassung ausgenommen. Drei Jahre später verkündete Atatürk den Republikanismus, Nationalismus, Populismus, Etatismus, Laizismus und Revolution. Nachdem durch die Verträge von Sèvres (1920) und Lausanne (1923) die Meerengen der Dardanellen, das Marmarameer, der Bosporus bis ans Schwarze Meer unter die internationale Besatzung geraten war, erlangte die Türkei durch den „Vertrag von Montreux" vom 20. Juli 1936 die volle Souveränität über die Meerengen wieder zurück. Vgl. KREISER / NEUMANN: Kleine Geschichte der Türkei (2006), S. 357, 383–384, 387, 389, 394–395, 404–408.

(uṣūl) vertreten wurden und damit Kontroversen hervortraten. Alle verfolgten das Ziel, die islamischen Wissenschaften unter den neuen Umständen wieder zu leben. Unter der Berücksichtigung der mongolischen Invasion (1258) ist zu sagen, dass auch eine Stagnation eintrat, eine neue Bewegung hervorging und die Lage begutachtete. Dies führte dazu, dass in einer Zeitspanne von über vierhundert Jahren Gelehrte hervortraten, die die islamischen Wissenschaften kontextuell wiederbelebten. Von Ibn Taimīyya (gest. 1327), Ibn al-Ǧauzīyya (gest. 1350) über Molla Hüsrev (gest. 1480), as-Suyūṭī (gest. 1505), Walī Allāh ad-Diḥlawī (gest. 1762), aš-Šauqānī (gest. 1834), as-Sanūsī (gest. 1859), al-Marǧānī (gest. 1889) bis al-Afġānī (gest. 1897), Muḥammad ʿAbduh (gest. 1905), Rašīd Riḍā (gest. 1935) nennt Hayreddin Karaman wichtige Gelehrte, die eine innovative Periode einleiteten.[716]

Im neunzehnten Jahrhundert begegneten die Muslime einer starken Wissenschaftszivilisation, woraufhin sie in allen Lebensbereichen eine apologetische Position einnahmen. Nach Gudrun Krämer waren die Muslime unter dem Kolonialismus zur Identitätsbewahrung gerichtet.[717]

Die Folge der kulturellen Moderneinflüsse als existenzielle Angelegenheit der Muslime[718] verursachte eine neue Reformbewegung (iṣlāḥ) unter Ǧamāl ad-Dīn al-Afġānī (gest. 1897) und Muḥammad ʿAbduh (gest. 1905), die sich von Indien bis nach Marokko ausbreitete, um die Muslime vor Überfremdungen zu schützen. In Tunesien wurde sie durch Ṭāhir bin ʿĀšūr (gest. 1973), in Algerien durch ʿAbd al-Ḥāmid bin Bādīṯ (gest. 1940), in Ägypten durch Rašīd Riḍā (gest. 1935), in Syrien durch Ǧamāl ad-Dīn al-Qāsimī (gest. 1914) und in der Türkei durch die Autoren der Zeitschriften „Sırāt-ı Müstakīm" und der „Sebilürreşād" fortgeführt.[719] In dieser Übergangszeit traten viele Gelehrte hervor, die die Muslime auf ihr verlorenes Erbe aufmerksam machten und in den islamischen Wissenschaften wichtige Entwicklungen einleiteten.[720] Ihr Vorgehen kennzeichnete

716 Vgl. KARAMAN: İslâm Dünyasında Yeni İctihad Teşebbüsleri. In: Uluslararası Birinci İslâm Araştırmaları Sempozyumu (First International Symposium on Islamic Studies) 16.-18.09.1985 (1985), S. 184–187.

717 Vgl. KRÄMER: Demokratie im Islam (2011), S. 176–177.

718 Vgl. GÖRGÜN: Bir Problem Olarak Modernite. In: İslam ve Modernleşme (1997), S. 35, 37.

719 Vgl. KARAMAN: Fıkıhta Gelenek ve Yenileşme. In: 1.Uluslararası Kutlu Doğum İlmî Toplantısı „İslam Gelenek ve Yenileşme" (1.International Kutlu Doğum Symposium „Islam, Tradition and Change"), 1996, S. 38.

720 Manastırlı İsmail Hakkı (gest. 1912), Ǧamāl ad-Dīn al-Qāsimī (gest. 1914), Mustafa Hayri Efendi (gest.1921), Mehmed Seyyid Bey (gest. 1925), Muḥammad al-Ḫuḍarī

sich durch die Iğtihād-Praxis. Besonders im indischen Subkontinent führten die Einflüsse der Moderne bei Muslimen zur Neuerkundung der Tradition.[721] Das Gelehrtenbewusstsein ist, infolge dieser Orientierung, gekennzeichnet durch die Bewahrung der rechten Tradition und der daraus gewonnenen Innovation. Die Textbelege (nuṣūṣ) bilden die universellen Prinzipien, welche im privaten Verständnisbereich des Fiqh liegen, wie die soziale Gerechtigkeit (ʿadāla al-iğtimāʿiyya) und die Güte zum Guten (iḥsān):

إِنَّ اللّٰهَ يَأْمُرُ بِالْعَدْلِ وَالإِحْسَانِ وَإِيتَاء ذِي الْقُرْبَى وَيَنْهَى عَنِ الْفَحْشَاء وَالْمُنكَرِ وَالْبَغْيِ يَعِظُكُمْ لَعَلَّكُمْ تَذَكَّرُونَ

„Zweifelsohne befiehlt Gott (zu tun), was recht und billig ist, gut zu handeln und den Verwandten zu geben (was ihnen zusteht). Und er verbietet (zu tun), was abscheulich und verwerflich ist, und gewaltätig zu sein. Er ermahnt auch (damit). Vielleicht würdet ihr die Mahnung annehmen.“[722]

(gest. 1927), Ali Haydar Efendi (gest. 1936), Elmalılı Muhammed Hamdi Yazır (gest. 1942), İzmirli İsmail Hakkı (gest. 1946), Ahmed Hamdi Akseki (gest. 1951), Zāhid al-Kawsarī (gest. 1952), ʿAbd al-Qādir Udeh (gest. 1954), Süleyman Hilmi Tunahan (gest. 1959), Said Nursi (gest. 1960), Mahmūd Šaltūt (gest. 1963), Mustafa Sibāī (gest. 1964), Saiyid Quṭb (gest. 1966), ʿAbd ar-Razzaq as-Sanhūrī (gest. 1971), Ömer Nasuhi Bilmen (gest. 1971), Ṭāhir bin ʿÀšūr (gest.1973), Muḥammad Abū Zahra (gest.1974), Aḥmad as-Sanhūrī (gest.1977), ʿAlī al-Ḫafīf (gest.1978), Abū al-ʿÀlā al-Maudūdī (gest.1979), Harūn Ḫan Širwānī (gest.1980), Ṣubḥī Mahmazānī (gest.1986), Aḥmad az-Zarqa (gest.1999), Abū al-Ḥasan an-Nadwī (gest. 1999), Saiyid Sābiq (gest. 2000), Muḥammad Ḥamīdullāh (gest. 2002), Yūsuf Mūsā (gest. 2005), Muḥammad Ṭanṭāwī (gest. 2010), Saʿīd Ramaḍān al-Būṭī (gest. 2013), Yūsuf al-Qaraḍāwī, Wahba az-Zuḥailī.

721 Vgl. KAVAK: Tecdîd Mi, Yeniden İnşa Mı? Şah Veliyyullah Dihlevî'den Muhammed İkbal'e Hind Alt-Kıtasında İçtihad ve Taklide Farklı Yaklaşımlar, in: İHAD, 17 (2011), S. 194.

722 KORAN, 16:90. Diese Respekterweisung ist der Vernunft überlassen, das auf Maṣāliḥ al-Mursala beruht. Da sich diese den Umständen nach ändern können, sind die damit verbundenen Prinzipien (qawāʿid) zum Wohl (maṣāliḥ) änderbar. Die Eigenschaft des Fiqh in der Normenformulierung besitzt privaten Verständnischarakter, womit sie jederzeit den kontextuellen Herausforderungen gerecht wird. Das ermöglicht in besonderen Zeiten von sozialen Ungerechtigkeiten sich respektvoll an den universellen Werten der Primärquellen (šarīʿa) zu orientieren, was die Vernunft bestätigt. TAHSİN GÖRGÜN erkennt hier, dass die islamische Religion eine Wertereligion ist, die kontextuell aufblüht. Vgl. GÖRGÜN: Türkiye'de İslâm Düşüncesinin Geleceği ve İslâmî Düşünce Geleneği. In: İslam, Gelenek ve Yenileşme. 1.Kutlu Doğum Sempozyumu (1996), S. 142.

3.6.6 Stagnationsphase in der islamischen Jurisprudenz

3.6.6.1 Ursachen nach Hayreddin Karaman

Hayreddin Karaman zählt Ursachen auf, die seiner Meinung nach in der Moderne innerhalb der Jurisprudenz zur Stagnation führte. Dazu zählen die Geschlossenhaltung des Iǧtihād-Tors, die Annahme von unwahren Textbelegen wie erfundene Überlieferungen (aḥādīṯ mawḍūʿa), der Taqlīd ohne die Vernunft zu gebrauchen, der Rechtsschulenfanatismus, die Unkenntnisse in den Normenweisheiten (ḥikam), die Unkenntnisse in den entscheidenden Faktoren, die in der Rechtstheorie zu innovativen Entwicklungen verleiten und letztens, die Vermischung der Religion mit den weltlichen Fällen.[723]Aus islamischer Sicht wird es notwendig sein, diese Ursachen vereinzelt und näher aufzugreifen. Es lässt erkennen, dass Karaman diese weitestgehend in den starren Haltungen der Gelehrten sucht, sodass die von Gudrun Krämer dargelegte These einer selbstverschuldeten Unmündigkeit in der Rechtspraxis debattiert werden muss.[724]

Das islamische Recht (fiqh) gründet, wie bereits erwähnt, auf die Primärquellen Koran und Sunna. Iǧmāʿ und Qiyās werden zum Teil aus diesen Offenbarungsquellen (maṣādir al-waḥy) heraus gewonnen. Hinzu kommen die Sekundärquellen (al-adillat al-farʿiyya) wie zum Beispiel das Gewohnheitsrecht (ʿurf), Notlagen (ḍarūrāt), Billigkeit (istiḥsān), ungeschützte Interessen (maṣāliḥ al-mursala), die von den sunnitischen Rechtsschulen (maḏāhib ahl as-sunna) anerkannt sind. Auf der Basis dieser systematisch ausgearbeiteten Prinzipien (qawāʿid) zielt Uṣūl al-Fiqh als Fachdisziplin zur Analyse der Belege (adilla) und ihre Gründe (ʿilal) ab.

Diese Tätigkeiten werden von den islamischen Rechtsgelehrten (fuqahāʾ) ausgeführt, die im Iǧtihād-Verfahren ihre größtmöglichen juristischen Mühen aufwenden. Dieser Vorgang zur innovativen Rechtserzeugung sorgt für die wichtigen wissenschaftlichen Ausdehnungen und Fortschreibungen in den islamischen Rechtswissenschaften (fiqh), löst die Probleme und die Herausforderungen der Muslime, wodurch es zum großen innovativen Entwicklungsfaktor der Jurisprudenz wird. Hayreddin Karaman nennt als Beispielepoche die abbasidische Zeit, in der die Iǧtihād-Praxis der Fuqahāʾ ihre Blütezeiten erlebte. In der Mitte des dreizehnten Jahrhunderts n.Chr. mündeten die Entwicklungen, bedingt durch die mongolische Invasion und der Zerstörung von Bagdad (1258) in eine Rückentwicklungsphase. Nach diesen Ereignissen wurde eine zivilisatorische Rückentwicklung

723 Vgl. KARAMAN: Yeni Gelişmeler Karşısında İslâm Hukuku (2004), S. 5–6.
724 Vgl. KRÄMER: Demokratie im Islam (2011), S. 178.

eingeleitet. Einige muslimische Gelehrte gingen daher von der Geschlossenheit des Iǧtihād-Tors (insidād bāb al-iǧtihād) aus, wobei sich die Entwicklungen in der Jurisprudenz über die vier Rechtsschulen (maḏāhib) bewährten.[725]

In der Zeit etablierte sich in der Jurisprudenz die Taqlīd-Kultur von Rechtsschulmeinungen (taqlīd al-maḏhab), das sich in Rechtsschulfanatismus (taʿaṣṣup) umwandelte.

Die Sunna wurde in der gelebten Praxis der Umma und durch die Aḥādīṯ weitertradiert, wobei bei einigen Überlieferungen in der Authentizitätsfrage bis heute Unstimmigkeiten bestehen. Aus dieser Uneindeutigkeit heraus entstanden zwischen den Sunniten und der Šīʿa, später auch unter den Sunniten, verschiedene Gewichtungen. Daher entstanden in der historischen Jurisprudenz die Aṣḥāb al-Ḥadīṯ und die Aṣḥāb ar-Raʾy.[726] Die Uneinigkeitsgründe liegen darin, dass der Prophet Muḥammad seine Aussagen (aḥādīṯ) zur Niederschrift, im Gegensatz zum Koran, zunächst nicht anordnete, zu späteren Lebzeiten aber genehmigte.

In den islamischen Wissenschaften wurden, bedingt durch innere Konflikte, erfundene Aḥādīṯ (aḥādīṯ mawḍūʿa) weitertradiert, sodass ihre Gesamtanzahl im Allgemeinen zunahm. Viele der erfundenen Aḥādīṯ stimmen nach Karaman mit Hinweis auf Ibn Taimīyya (gest. 1328) mit Vernunft- und Logikkriterien nicht überein, sodass die Fuqahāʾ die Aḥādīṯ und ihre Tradenten überprüften.[727] Infolge ihrer Bemühungen verfassten sie in den islamischen Wissenschaften (ʿulūm al-islāmīyya) wichtige Werke. Sie kamen bei einigen Überlieferungen zur Erkenntnis einer erfundenen Botschaft (aḥādīṯ mawḍūʿa) oder aber auch zu Uneinigkeiten (iḫtilāf).[728]

Vom Umfang her sind die Iǧtihād basierten Normen im Vergleich zu den Normen in Koran und Sunna mehr. Letztere gründen auf die Textbelege (nuṣūṣ). Diese kennzeichnen sich dadurch, dass sie generelle Prinzipien verkünden. Der fallspezifische Iǧtihād (furūʿ) ist den Fuqahāʾ überlassen, die sich auf die Šarīʿa-Belege und bei Bedarf auf die Sekundärquellen (al-adillat al-farʿiyya) stützen. Daher entstanden in der historischen Jurisprudenz viele Bänderreihen an Fiqh-Werken, dessen Anzahl nicht einzugrenzen ist. Mit zunehmender Etablierung der geistigen Taqlīd-Kultur wurden die fallspezifischen Normen, ohne vorherige kontextuelle Relevanzprüfung und ohne Rücksicht auf die Textbelege (nuṣūṣ) verbindlich angenommen und weitertradiert. Wael Hallaq und Birgit Krawietz erkennen hier, dass der Taqlīd für die Fuqahāʾ in der Moderne mehr als nur ein

725 Vgl. KARAMAN: İslâm Hukuk Tarihi (2001), S. 256–258.

726 Vgl. KARAMAN: Yeni Gelişmeler Karşısında İslâm Hukuku (2004), S. 97.

727 Vgl. ebd., S. 103.

728 Vgl. ebd.. S. 97–99.

Negativphänomen wahrgenommen wurde und zur Stagnation (ǧumūd) der Jurisprudenz führte.[729] Nach Gudrun Krämer und Wael Hallaq gingen die Gelehrten bis zum 19. Jahrhundert von der Schließung des Iǧtihād-Tors aus.[730]

Diese Gegebenheiten wurden zum einflussreichen Stagnationsfaktor der Jurisprudenz, die sich auf die Mehrheit (ǧumhūr) der Muslime auswirkte.[731] Karaman führt hier als Beispiel die Debatten um die rituelle Reinigung (wuḍūʾ) an. In der Stagnationsphase vertieften sich die Fuqahāʾ in die mehr als erforderliche detaillierte Untersuchungspraxis der rituellen Reinigung. Dabei stellten sie die Eigenschaften von sauberem Wasser (mā) auf und unterschieden reines Wasser von Unreinem. Infolge dieser Uneinigkeiten (iḫtilāf) entstanden im Verständnis der Gelehrten Schwierigkeiten und unnötige detaillierte Untersuchungsangaben. Die Folge war, dass die Gelehrten ihre eigenen Rechtserkenntnisse als „Stütze von Gottesdiensten" (ʿibādāt) anerkannten, wobei diese der Vernunft (ʿaql) und der Logik (manṭiq) widersprachen.[732]

Eine weitere Ursache war der Rechtsschulenfanatismus. Die Entstehung der Rechtsschulen (maḏāhib) war, infolge der Freiheiten in der Rechtsfindung (raʾy), natürlich bedingt. Im Generellen sind die Rechtsschulen der Sunniten und die Šīʿa anerkannt, wobei die Uneinigkeiten (iḫtilāf) überwiegend politischer Natur sind. Die Unterschiede unter Sunniten gehen auf die Gewichtungsdifferenzen der Aḥādīṯ und der Vernunft (ʿaql) in der Rechtspraxis, der Rechtsfindung (raʾy), der Differenzen in der Auslegung (tafsīr) von Versen (āyāt), der Aḥādīṯ und auf die Gewichtungsdifferenzen der Sekundärquellen (al-adillat al-farʿiyya) zurück.[733]

Die Differenzen betreffen die Forschungswege und die Methodenpraxis im Fallrecht (furūʿ). Die Iǧtihād-Unterschiede zu neuen Fällen ermöglichten die kontextuelle Anpassung und die dynamische Vereinfachung für die Muslime.

---

729 Vgl. HALLAQ: On the Origins of the Controversy about the Existence of Mujtahids and the Gate of Ijtihād, in: Studia Islamica, 63 (1986), S. 129–141; KRAWIETZ: Hierarchie der Rechtsquellen (2002), S. 393–394.

730 Vgl. KRÄMER: Gottes Staat als Republik (1999), S. 52; HALLAQ: Was the Gate of Ijtihad Closed? In: HALLAQ: Law and Legal Theory in Classical and Mediaeval Islam (1995), Kapitel V. Die Geschlossenhaltung des Iǧtihād-Tors würde bedeuten, dass die Muslime an einem zivilisatorischen Punkt zum Stillstand kommen und wichtige innovative Entwicklungen ausbleiben, was nicht das Ziel der islamischen Religion sein kann.

731 Vgl. KARAMAN: Yeni Gelişmeler Karşısında İslâm Hukuku (2004), S. 100.

732 Vgl. ebd., S. 102.

733 Vgl. ebd., S. 103–105.

Deswegen werden die Uneinigkeiten zu gleichen Fällen, bedingt durch Iǧtihād, als Barmherzigkeit (raḥma) für die Gemeinschaft verstanden. Insbesondere kann das osmanische Familienrecht (osman. Hukûk-ı Âile) genannt werden, in der die ḥanafitische und danach die übrigen drei sunnitischen Rechtsschulentraditionen herangezogen wurden.[734] Diese Methode ebnete in der Jurisprudenz innovative Entwicklungen ein. Die Stagnation betraf den Rechtsschulfanatismus, der sich in Unruhen (fitna) und in Feindschaft umwandelte und das Miteinander störte.[735] Die Auseinandersetzungen zwischen den Sunniten und den Schiiten führten zu Konfrontationen, die zur Stagnation der Jurisprudenz beitrugen. Dadurch wurde die Spaltung vorangetrieben und nur Taqlīd durchgeführt.[736]

734 Das islamische Recht (fiqh) regelt beispielweise die Ehefälle und die gottesdienstlichen Handlungen (ʿibādāt), die in Relation zum Fiqh stehen. Infolgedessen beeinflussen sich die Religionsnormen und die Charakterbildung (aḫlāq) wechselseitig mit dem islamischen Recht. Der Umgang mit Menschen (welche im moralischen Sinne auf die soziale Gerechtigkeit gründet), der gute Wille, die Nachgiebigkeit und die Anvertrautheit (welche auf die zwischenmenschliche Regeln gründen) sind dafür beispielhaft. Hierbei steht auch der Vers 16:90 im KORAN.

735 Unter „fitna" werden Unruhen innerhalb der Umma verstanden, die das Miteinander stören, entzweien und die Konfliktparteien gegenüberstellten Vgl. ÇAĞRICI: Art. „Fitne", in: TDV İA, Bd. 13, S. 156–159.

736 Vgl. KARAMAN: Yeni Gelişmeler Karşısında İslâm Hukuku (2004), S. 106–107.

4. Säkulare Postmoderne: Herausforderungen bei H. Karaman

4.1 Beziehungen: Religion, Welt, Staat, Laizismus in der Türkei

4.1.1 Säkularer Laizismus und Demokratie

Nach Hayreddin Karaman verpflichtet die Demokratie zu den Menschenrechten.[737] Mit dieser wichtigen Grundsatzhaltung geht er in seinen Forschungen auf die Beziehungen zwischen Religion, Welt, Staat und Laizimus ein. Zunächst stellt er die in der Türkei oft angenommene Position dar, welche die Relationen der Demokratie mit dem Laizismus betrifft.

So versteht eine radikale Gruppe von Laizisten[738] den säkularen Laizismus als unabdingbare Notwendigkeit, welche selbst ohne Menschenrechte und ohne Demokratie um jedem Preis zu schützen ist.[739] Zudem sind sie der Ansicht, dass „Laizismus ohne Demokratie" möglich ist, wobei sie den umgekehrten Fall für „unmöglich" erachten. Diese Menschen verstehen unter „Laizismus" die Trennung von Religion und Staat und definieren „Demokratie" als eine Regierungsform, die sich auf die Volksvernunft stützt. Nach ihrer Überzeugung hat diejenige Religion einen Hohheitsanspruch, die sich in den Staat einmischt, dadurch andere Religionen, Glaubensformen, Weltansichten die vorherrschende Religion radikal aufgedrängt bekommen und somit die Demokratie unmöglich ist. Daraus folgern sie, dass das Prinzip „Laizismus" und somit die Trennung der Religion vom Staat für die Demokratie existentiell wichtig ist.[740]

Nach Hayreddin Karaman verhindern die radikalen Laizisten zum Schutz der Demokratie die Interventionen der Religion in den Staat, um „ihrerseits" Widersprüche zu beheben. Nach Karaman vergessen sie dabei, dass hierdurch neue Widersprüche aufkommen, dessen sie sich nicht bewusst sind. Im wahren zeitgemäßen Begriffsverständnis von „Demokratie" wird nach Karaman eine volksouveräne Regierungsform verstanden, die die Menschenrechte sichert,

737 Vgl. KARAMAN: Türkiye ve İslâmiyet (2003), S. 31.

738 In der Vergangenheit oktroyierten die radikalen Laizisten den Laizismus mit rigorosen Einschränkungen auf alle Personen auf. Vgl. YAVUZ: İslam Hukuk Prensipleri, İstihsan ve Laiklik, in: Kur'an Mesajı: İlmi Araştırmalar Dergisi, 2 (1999), S. 109.

739 Vgl. KARAMAN: Laik Düzende Dini Yaşamak (2009), Bd. 2, S. 92.

740 Vgl. KARAMAN: Başörtüsü ve Laik Demokrasi. In: Yeni Şafak 31.10.2013.

diese einräumt und gegen alle Gefahren und Risiken in Schutz nimmt.[741] In der türkischen Republikgeschichte wurden die Religionsfälle gemäß „Laizismus" vom Staat strikt getrennt. Durch Vormundschaft missbrauchten die religionskritischen Akteure die Staatsautorität (türk. vesayetcilikle devlet otoritesinin istismar edilmesi), mischten sich in Religionsthemen ein und verfolgten nach Karaman das Ziel, die Glaubensinhalte (īmān) des Islams zu reformieren.[742]

Hierbei scheiterte man sich über staatliche Institutionen, um den Islam zu reformieren. In der Republikgeschichte der Türkei ermöglichte dieser Laizismus durch die Einschränkungen der Gewissens- und Religionsfreiheit de facto nur eine partielle Religionsausübung, indem bestimmte Religionspraktiken mit strengen staatlichen Restriktionen verboten wurden. Anstelle im Nachgehen der religiösen Pflichten (farā'iḍ) die freie Religionsausübung zu ermöglichen, wurden den Muslimen anderweitige Regelungen aufgedrängt, zur Einhaltung gezwungen und zahlreiche psychologische Repressionen ausgeübt.

Dieses Verständnis von Laizismus steht nach Hayreddin Karaman mit den Menschenrechten, wie der Bildungsfreiheit, der Erziehungsfreiheit, der Religionsfreiheit, der Gewissensfreiheit und der Meinungsfreiheit im Widerspruch.[743] Falls die Sicherstellung und die Garantie der grundlegenden Rechte und Freiheiten als „Demokratie" bezeichnet werden, so stehen die Vorgaben und die damit einhergehenden Restriktionen in der Republikgeschichte mit der Demokratie im Widerspruch. Somit kann nicht einmal von „Demokratie" gesprochen werden. Diese Tatsache ist nach Karaman ein wichtiger Grundsatz dafür, dass in den Staatsverfassungen von demokratischen Staaten der Laizismus fehlt oder eingegrenzt wird.[744]

In vielen demokratischen Verfassungen der Welt stehen anstelle des Laizismus die grundlegenden Rechte und Freiheiten und somit die Gewissens- und Religionsfreiheit. Karaman setzt sich neben „Demokratie" und „Menschenrechte" für die Einheit des türkischen Staates, für das friedliche Miteinander der

741 Vgl. KARAMAN: Laik Düzende Dini Yaşamak (2009), Bd. 2, S. 93.

742 Vgl. ebd., S. 94.

743 Vgl. KARAMAN: Laik Düzende Dini Yaşamak (2009), Bd. 4, S. 93.

744 Der Begriff „Säkularismus" kennzeichnet nach Hayreddin Karaman im Generellen den weltlichen Rahmen, welches menschliche Themenfeld der Wortbedeutung nach von religiösen Interventionen befreit ist. Der Begriff „Laizismus" kennzeichnet innerhalb dieses Themenfeldes den politischen Rahmen, nach welchem Staat und Religion voneinander zu trennen sind. Inhaltlich haben beide die Gemeinsamkeit, dass die Religion sich nicht in den Staat einmischt. Vgl. KARAMAN: Demokrasi, Çoğulculuk, Laiklik ve İslâm. In: Yeni Şafak 25.05.2014.

unterschiedlichen Bevölkerungsgruppen, für die Bewahrung der Ordnung und die Realisierung der Gewissens-, Religions- und Meinungsfreiheiten ein. In der Vergangenheit drängten nach Karaman die Laizisten den radikalen Laizismus als Religion auf das Volk auf, zwangen die Menschen zur Einhaltung von bestimmten menschenrechtswidrigen Regeln und verfolgten im Namen der Demokratie ganz offene antidemokratische Positionen.[745]

4.1.2 Demokratie und Islam

Der Maßstab der staatlichen Regierungsform hochentwickelter Kulturen und Zivilisationen ist die Demokratie, welche als bestes System anerkannt ist und als eine Art „Höhepunkt" dieser Zivilisation bezeichnet wird. Im Westen wird die Demokratie diskutiert, in verschiedene Arten unterschieden und ihre Kritikpunkte weitestgehend auf das Mindeste reduziert.[746] Nach Karaman wird in angeblich zurückgebliebenen Gesellschaften die Demokratie verheiligt, als unantastbar und nicht debattierbar eingestuft. Eine konstruktivkritische Diskussion über die Demokratie wird in diesen Gesellschaften als Mutprobe anerkannt. Auch wenn viel über eine „islamische Demokratie" diskutiert wurde, gibt es nach Karaman innerhalb der muslimischen Gemeinschaft (umma) bis heute keine Konsensbildung (iğmāʿ).[747]

Entgegen der soziopsychologischen Druckausübungen erhalten die muslimischen Eliten die Aufgabe zwischen der islamischen Religion und der Demokratie eine harmonische Beziehung herzustellen, um beides miteinander zu

745 Die ethnozentrischen Bestrebungen eines Nationalstaates in der Aufoktroyierung einer bestimmten Ethnie oder Rasse münden in pluralen Gesellschaften in eine Sackgasse. Zur Problemlösung müssen die verschiedenen Zugehörigkeiten in respektvoller Anerkennung der Differenzen in einem von „allen Zivilgruppen" anerkannten Begriff beschrieben und die Menschrechte nach dem Gleichberechtigungsgrundsatz für alle Menschen de facto eingeräumt werden. Hierbei gilt, dass der Umgang mit Andersgläubigen und Andersdenkenden und somit die Achtung von verschiedenen Identitäten ein moralischer Wert ist. Daher muss jeder Einzelne die Menschenrechte im Alltag nicht für sich selbst, sondern für alle Menschen einräumen. Wichtige Werte wie Gleichberechtigung und Unparteilichkeit sind einzuhalten. Dieses Bewusstsein bildet nach Karaman das innovative demokratische Bewusstsein der pluralen Zukunft. Langfristig ist die Erziehung zu den Menschenrechten wichtig. Selbst wenn der Staat laizistisch geprägt ist, darf eine bestimmte Ideologie nicht auf die Einzelnen aufoktroyiert werden.
Vgl. KARAMAN: Demokrasilerde Çözüm. In: Yeni Şafak 03.05.2013.

746 Vgl. KARAMAN: Laik Düzende Yaşamak (2009), Bd. 2, S. 90f.

747 Vgl. KARAMAN: Demokrasilerde Çözüm. In: Yeni Şafak 03.05.2013.

verknüpfen.[748] An dieser Stelle ist zwischen einer Fortentwicklung der Demokratie und ihrer Sakralisierung bzw. Bevormundung der übrigen Zivilisationen zu unterscheiden. Sowohl die Kommunisten als auch die Faschisten bezogen sich in der Vergangenheit auf die Demokratie und ihre Theorie. Falls nun der essentielle Gehalt von Demokratie und die übrigen kommunistischen und faschistischen Systeme in einigen Bereichen im Widerspruch stehen und es zu unterscheiden gilt, dann gehen die Denkarten der befürwortenden Ideologie nach getrennte Wege. Nach der Untersuchung der Gedanken von Karaman ist festzustellen, dass er die Ansichten der islamischen Gelehrten zu „Demokratie" vorstellt und im Anschluss seine eigene Meinung davon unterscheidet.

Der mit seinen radikalen Ansichten bekannt gewordene Abū al-Aʿlā al-Maudūdī (gest. 1979) ist unter Berücksichtigung der Geschichte und aus philosophischen Gründen der Ansicht, dass Demokratie und Islam im Widerspruch stehen und nicht miteinander in Einklang gebracht werden können. Nach al-Maudūdī gründet die Demokratie auf die absolut freien Einzelnen, den Staatsangehörigen einer Nation, der bedingungslosen Volksherrschaft, welche als System vom göttlichen Willen unabhängig ist. Der Islam sieht nach al-Maudūdī für den einzelnen Gläubigen vor, der als Stellvertreter auf Erden (ḫalīfa fī l-ard) gilt, diesen göttlichen Willen umzusetzen. Dieses System wird seiner Meinung nach als nicht als Demokratie,[749] sondern als Theo-Demokratie bezeichnet.

Als zweiten Gelehrten stellt Karaman den sudanesischen Gelehrten Ḥasan al-Turābī (geb. 1932) vor. Nach dessen Ansichten sei nicht der muslimische Gelehrtenkonsens (iǧmāʿ) verbindlich, sondern derjenige des Volkskollektivs.[750] Seiner Ansicht nach müssen die Volksentscheidungen durch die Gelehrten (ʿulamāʾ) im Sinne einer Aufklärung erleuchtet werden und die Regierung den wahren Volkswillen repräsentieren, die ihre Legitimation durch freie Wahlen erhält. Auf diese Art erhält die demokratisch gewählte Regierung seiner Ansicht nach in der Legislative und in der Religionsauslegung eine schiedsentscheidende Rolle.

Als dritte Person führt Karaman den tunesischen Politiker Rāšid al-Ġannūšī (geb. 1941) an, nach dessen Meinung die Rolle der Gemeinschaften im

---

748 Die universellen Grundwerte der modernen Demokratie wie die Konsultation, Freiheit, Gleichheit, Brüderlichkeit und Gerechtigkeit sind spezielle Werte, mit welchen sich die Muslime identifizieren. Vgl. hierzu auch: KESKİN: İslâm Dünyasında Demokratikleşme Sancıları. In: İslâm ve Demokrasi. Ankara 1999, S. 471 und auch ARMAĞAN: İslâm Hukukunda Temel Hak ve Hürriyetler (1992), S. 114–127.

749 Vgl. AL-MAUDŪDĪ: The Islamic Law and Constitution. Lahore: Islamic Publications Ltd. (1980), S. 123f.

750 Vgl. KARAMAN: Laik Düzende Dini Yaşamak (2009), Bd. 2, S. 91.

demokratisch-liberalen Staat eine von vielen Faktoren sei. Seiner Ansicht nach lägen die Religionsauslegung und die Ethik nicht im Monopol der Gemeinschaften. Diese seien im Kollektiv eine politische Organisation (Partei), die ihr Parteiprogramm an das Volk (demos) richtet. Ihre Aufgabe läge in der Gewinnung des Volksvertrauens. Die freie Willensentscheidung des Volks sei hier die Grundvoraussetzung.

Nach Hayreddin Karaman wiederum werden in der heutigen Türkei die grundlegenden Rechte und Freiheiten im Rahmen der Menschenrechte angenommen, wodurch Nichtmuslimen und Andersdenkenden ihre Religions-, Gewissens- und Meinungsfreiheiten garantiert und de facto eingeräumt werden.[751] Nach Karaman zwingt die islamische Religion (dīn) niemanden den islamischen Glauben anzunehmen und räumt die Gewissens- und Religionsfreiheit ein.[752]

Das Menschenrechtsverständnis lässt sich durch die Aufhebung der menschenrechtswidrigen Verbote, durch die Ermöglichung der Meinungsfreiheiten, der Förderung der demokratischen Übereinkünfte und durch die Wissenschaftsforschung weiterentwickeln.

Die pseudo-liberalen Demokraten verstoßen seiner Meinung nach gegen die Menschenrechte, indem sie durch ihre Bevormundung den Laizismus auf die Menschen aufokroyierten. Die Mehrheit der heutigen Muslime in der Türkei vertritt die Meinung, dass die zeitgemäße Regierungsbildung nicht in der Macht einer einzigen Person stehen darf und „Diktatur" mit dem Islam im Widerspruch steht. Seiner Meinung nach setzt der Islam darauf, dass die Gewählten in der wahren Volksrepräsentanz stehen,[753] in ihrem Dienst beaufsichtigt werden und alle Menschen die Rechtssouveränität achten.[754]

4.1.3 Islam und säkularer Laizismus

Der Staat hat nach Karaman alle Einschränkgunen für die Religionen und Glaubensrichtungen auszuräumen und die Menschenrechte, wie die Religions- und

751 Vgl. KARAMAN: Bütün İlâhî Dinlere Hak ve Hürriyet. In: Yeni Şafak 28.07.2013.

752 Vgl. KARAMAN: Zorlama Yok, Davet Var. In: Yeni Şafak 04.04.2014.

753 Zu Detailinformation siehe: ARMAĞAN: İslâm Hukukunda Temel Hak ve Hürriyetler (1992), S. 201–205.

754 Die radikal-laizistischen Kemalisten (welche die Religionsfreiheit der Muslime weitestgehend einschränkten und in ihren Unrechtmäßigkeiten, Repressionen, Ausgrenzungen beharren) erhielten in der türkischen Historie ihre Legitimation nicht vom türkischen Volk durch abgehaltene Wahlen. Ihrerseits trafen sie in Besinnung auf ihren Machtanspruch antidemokratische Maßnahmen, da sie in der Vergangenheit nicht den wahren Volkswillen repräsentierten und um sich abzusichern.

Gewissensfreiheit, zu sichern. Dadurch ist es den verschiedenen Religionsangehörigen möglich ihren religiösen Pflichten nachzugehen, Religionsunterricht zu erteilen und sich nach dem Vereinsrecht zu organisieren.

Staatliche Interventionen in die verfassungsrechtlich gesicherten Menschenrechte und in die damit verbundenen Freiheiten mittels staatlicher Institutionen stehen nach Karaman mit den hier dargelegten Ausführungen im Widerspruch.[755]Daraus folgt, dass der in der türkischen Staatsverfassung (türk. Türkiye Cumhuriyeti Anayasası) undefinierte Laizismus dahingehend verstanden wird, dass Staats- und Religionsangelegenheiten voneinander zu trennen sind und die Errichtung einer religionsbegründeten Staatsordnung verboten ist.

Demnach verstößt nach Karaman ein Muslim gegen die öffentliche Ordnung, wenn er einen religiösen Staat gründen möchte oder die öffentliche Ordnung nach den Bestimmungen einer bestimmten Religion errichten will. Unter diesen verfassungsrechtlichen Konstellationen verstößt ein Muslim „nicht" gegen die Staatsordnung der Türkei, wenn er im Nachgehen der religiösen Pflichten die verfassungsrechtlich garantierten Menschenrechte, wie die Religions- und Gewissensfreiheit (türk. Din ve Vicdan Hürriyeti), beansprucht.

Wenn nun eine Person, mit Bezug auf das Laizismus-Prinzip, Muslimen ihre Menschenrechte abspricht, dann ist dieser nicht einmal als Laizist, sondern als islamfeindlicher Akteur anzuerkennen. Dies ist dann der Fall, wenn die Muslime zum Beispiel beruflicherseits von öffentlichen Ämtern und Einrichtungen wie Schulen, Universitäten, Praktikantenstellen und beruflichen Ämtern aus religiösen und glaubensbedingten Gründen bewusst ausgegrenzt werden. Falls dies von den islamfeindlichen Akteuren bewusst gewollt wird, dann ist nach Karaman von einer Diktatur die Rede, welche die Religions- und Gewissensfreiheit nach subjektivem Wohlwollen einschränkt und das Volk unter Vormundschaft (türk. vesayet) zu regieren versucht.[756] Nach Karaman muss der Laizismus im Rahmen der Menschenrechte dahingehend verstanden werden, dass der Staat sich nicht in die frei erwählte Lebensweise, Religion und Theologie einmischen darf. Außerdem muss er die Rechte und die Freiheiten ausweiten, indem er die Benachteiligungen der Frauen in öffentlichen Ämtern verhindert.[757]

---

755 Vgl. KARAMAN: Laik Düzende Dini Yaşamak (2006), Bd. 2, S. 137.

756 Vgl. ebd., S. 318.

757 Vgl. ebd., S. 316–318. Die von MURAD HOFMANN dargelegten drei Fragen über die Zukunft der Muslime in der Positionierung zu Demokratie, Menschenrechte und Frauenrechte wären geklärt. Vgl. HOFMANN: Der Islam und die Menschenrechte. In: http://www.way-to-allah.com/themen/Menschenrechte.html (Einsicht: 01.06. 2013). BÜLENT UCAR stellt fest, dass KARAMAN 2001 als Reaktion das

Glaubensdingte Benachteiligungen sind mit den Menschenrechten und der Rechtsstaatlichkeit nicht konform. Nach Hayreddin Karaman muss das Laizismus-Prinzip mit dem Grundsatz der Gleichberechtigung (gemäß den Menschenrechten) und das „Gerechtigkeitsprinzip" nach der Unparteilichkeit definiert werden, sodass keine Religion bevorzugt oder benachteiligt wird.

Weiterhin müssen die Sensibilitäten der Bevölkerung berücksichtigt werden. Eine Laizisierung des Islam oder Islamisierung des Laizismus ist nach Karaman Schwachsinn, weil der Islam eine Religion ist, eine Offenbarung (waḥy) besitzt, die Muslime bekenntnisgebunden begleitet und die ewige Glückseligkeit bzw. das Heil im Jenseits beabsichtigt. Somit umfasst sie alle Lebensbereiche und verkündet ihre Botschaften mit Weisheiten (ḥikam), Wissen (ʿilm), Überzeugung (īmān) und mit Empfehlungen. Sie zwingt niemanden den Islam anzunehmen, womit sie die Gewissens- und Religionsfreiheit ermöglicht.[758] Wenn in einem laizistischen Land verschiedene Religionen zusammenleben, muss der Staat nach Karaman den Laizismus im Rahmen der Menschenrechte definieren, welche den Religionen ihre religiöse Bildung und Erziehung, die Auslebung und die Organisation ermöglicht.

Falls die Menschenrechte de facto eingeräumt werden, können sich die Muslime anpassen. Werte wie Respekt und Toleranz gegenüber den anderen Religionen sind wichtige Gebote des Islams. Wenn dieser falsch verstanden wird, werden die Gelehrten angerufen und das rechte Religionsverständnis durch die religiöse Bildung und Erziehung erteilt. Auch wenn der Islam authentisch verstanden wird, kann es, bedingt durch den Erziehungsmangel, nicht zur rechten Religionsumsetzung kommen. Daher müssen nach Karaman alle Möglichkeiten ausgeschöpft werden, um die religiöse Bildung und Erziehung zu erteilen. In dieser sollen die alle ihre Religion authentisch vermittelt bekommen und ausleben können, das ein Menschenrecht ist.[759]

Die historischen Ereignisse in der Türkei bestätigen, dass der Islam sich nicht in die Staatsangelegenheiten einmischte, die islamfeindliche Gesinnung aber über den Paternalismus in die Religionsthemen intervenierte mit der Absicht, den Islam zu reformieren, die Religionsauslebung teilweise einzuschränken, areligiöse Bestimmungen aufzustellen und durch Repressionen zur Einhaltung

---

Kopftuchverbot, seine Stelle an der Universität kündigte. Vgl. UCAR: Recht als Mittel zur Reform von Religion und Gesellschaft (2005), S. 182.

758 Vgl. KORAN, 2:256. Hier: „In der Religion gibt es keinen Zwang." HAYREDDİN KARAMAN weist auf dieses wichtige Gebot hin. Vgl. KARAMAN: Laik Düzende Dini Yaşamak (2006), Bd. 2, S. 318–319.

759 Vgl. KARAMAN: Türkiye ve İslâmiyet (2003), S. 24f.

zu zwingen.[760] Diese islamfeindlichen Aktionen verstießen gegen die Menschenrechte, wobei die Grundrechte der Muslime eingeschränkt wurden.[761] Dazu zählt das Kopftuchverbot in öffentlichen Einrichtungen und an den staatlichen Universitäten.[762]

4.1.4 Verfassungsregelung: Gewissens- und Religionsfreiheit (§24)

Die Gewissens- und Religionsfreiheit bleibt bis heute eine stets aktuelle Diskussion, weil die zugehörige Religion eines Menschen, ihre Gottesdienste (ʿibādāt) und somit die frei erwählte Lebensweise im Mittelpunkt stehen. Die Menschenrechte (ḥuqūq al-insān) besitzt ein Mensch bereits in der Schöpfung, wobei der Schöpfer (al-Ḫāliq) diese in der Unantastbarkeit (ʿiṣma) des Menschenseins (ʿādamīyya) ermöglicht.[763]

Nach Recep Şentürk wurde dieses Verständnis im Westen nicht erreicht, weil die Menschenrechte infolge der Konflikte der Kirche und der hierdurch bekräftigten weltlichen Obrigkeiten auf die Völker starke Repressionen ausübten.[764] Die historischen Folgen dieser Ereignisse waren die Geburt des Laizismus und die harte Erkämpfung der Menschenrechte.

Das säkularlaizistische Modell wurde in der Staatsgründung der Türkei übernommen. Unter dem Vorwand des „Laizismus“ wurden die Menschenrechte aller Religionen eingeschränkt, wie etwa die Restriktionen der Gewissens- und Religionsfreiheit von Muslimen. Bevor diese Einschränkungen näher beleuchtet werden, sind die Grundlagen der laizistischen Verfassung (türk. Laik Anayasa) genauer zu analysieren. Die Gewissens- und Religionsfreiheit taucht im vierundzwanzigsten Paragraphen der Staatsverfassung auf.[765]

---

760 Der Versuch einer Versöhnung des Laizismus mit der islamischen Religion und jeweils die Verteidigung des einen mit dem anderen sind falsch. Richtig wäre ein gemeinsames Lebenskonzept zu entwickeln.

761 Vgl. DURSUN: Din ve Vicdan Hürriyetinin Siyasal Sistem Açısından Anlamı ve Uygulaması. In: Doğu'da ve Batı'da İnsan Hakları (Kutlu Doğum Haftası 1993–1994). Ankara 1996, S. 107.

762 Vgl. KARAMAN: Türkiye ve İslâmiyet (2003), S. 13–23; Hayatımızdaki İslâm (2003), Bd. 1, S. 91–93, 328.

763 Vgl. ŞENTÜRK: Âdamiyyah and ʿIsmah: The Contested Relationship between Humanity and Human Rights in Classical Islamic Law, in: İAD, 8 (2002), S. 69.

764 Vgl. ŞENTÜRK: İnsan Hakları ve İslâm (2007), S. 124–125.

765 Vgl. TÜRKİYE BÜYÜK MİLLET MECLİSİ: http://www.tbmm.gov.tr/anayasa.htm (Einsicht: 19.05.2013).

Türkische Verfassungsregelung der Gewissens- und Religionsfreiheit in §24:

Abs.1: *„Jeder besitzt die Gewissens-, Religions-, Glaubens- und Meinungsfreiheit."*

Abs.2: *„Unter der Bedingung, dass gegen den vierzehnten Paragraphen nicht verstoßen wird, sind die gottesdienstlichen Handlungen, die Gottesdienste und die Zeremonien erlaubt."*

Abs.3: *„Niemand darf gezwungen werden, an den gottesdienstlichen Handlungen, Gottesdiensten, und an den Zeremonien teilzunehmen, seinen Religionsglauben und seine Ansichten zu verlautbaren, oder, bedingt durch den Glauben oder der vertretenen Ansichten, missbilligt oder beschuldigt werden."*

Abs.4: *„Die religiöse und ethische Bildung und Erziehung wird unter staatlicher Aufsicht und Kontrolle durchgeführt. Der Unterricht für Religionskultur und Ethik taucht in den Institutionen der Grund- und Mittelstufen als Pflichtunterricht auf. Eine religiöse Bildung und Erziehung außerhalb dieses Unterrichts ist an den Willen und an die Nachfrage der Betroffenen und der gesetzlichen Vertreter der Kinder gebunden."*

Abs.5: *„Niemand darf die soziale, wirtschaftliche, politische oder rechtliche Grundordnung des Staates auch nur teilweise an religiöse Bestimmungen stützen, oder politische und persönliche Nutzen, oder zu Kontrollzwecken die Religion, oder die religiösen Gefühle, oder die durch die Religionen heilig anerkannten Dinge missbrauchen."*

Der Einzelne besitzt die Freiheiten die Gottesdienste (ʿibādāt) seiner frei erwählten Religion selbstständig und unter der Teilnahme an den gottesdienstlichen Zeremonien zu verrichten.

Infolge dieser Freiheiten darf der Einzelne durch §24 Absatz 3 auch nicht gezwungen werden seinen Glauben und seine Meinung zu verlautbaren. Auch wenn er diese verkündet oder diese in besonderen Verhaltensformen öffentlich zeigt, so darf niemand diese Person missbilligen oder beschuldigen. Damit wird der rechtliche Rahmen der Religionsfreiheit im Vergleich zu der Menschenrechtserklärung der Vereinten Nationen (UN) von 1948 und der europäischen Menschenrechtskonvention von 1950 begrenzt.[766] Die staatliche Neutralität muss nach §24 in Anlehnung an §14 der türkischen Verfassung bewahrt werden, um den Religionsmissbrauch auf die Gesellschaft zu verhindern. Die Grenzen der Freiheiten liegen daher in vier Punkten:

1. **Bewahrung der Einheit von Staat und Volk**
(türk. Devletin ve Halkın Bölünmez Bütünlüğü)

2. **Schutz der demokratischen Grundordnung auf Basis der Menschenrechte**
(türk. İnsan Hakları Temelinde Demokratik Kamu Düzeninin Korunması)

766 Vgl. KARAMAN: İslâm'da İnsan Hakları (2004), S. 170–171.

3. **Verhinderung von Religionsmissbrauch**
(türk. Dinin İstismar Edilmemesi)

4. **Verhinderung einer religionsbegründeten Staatserrichtung**
(türk. Dine Dayalı Devletin Kurulmaması).

Oft werden die globalen Debatten um die Beziehungen der Religions- und Gewissensfreiheit mit dem Islam ausgelöst. Hier ist sehr wichtig, dass die islamische Religion niemanden dazu zwingt den islamischen Glauben anzunehmen.[767] Sie ermöglicht die freie Glaubenserwählung und verlangt von den Muslimen ausdrücklich dieses universelle Prinzip einzuhalten.[768]

Der Unterricht für Religionskultur und Ethik (türk. Din Kültürü ve Ahlak Öğretimi) wird in der türkischen Verfassung von 1982 als Pflichtunterricht eingeführt, in dem aber nicht die Inhalte einer speziellen Religion vermittelt werden darf, sondern vielmehr als nationaler türkischer Kulturunterricht zu konzipieren ist. Mit Rücksicht auf die pluralistische Gesellschaftszusammensetzung ist dieser Kulturunterricht nach Hayreddin Karaman dennoch sehr sinnvoll, weil den verschiedenen Religionen die gemeinsame nationale türkische Kultur vermittelt wird (wodurch sie einander kennenlernen).[769] Nach Hayreddin Karaman ist hier zu beachten, dass dieses Pflichtfach mit dem bekenntnisgebundenen Religionsunterricht nicht zu vergleichen ist. Der Grund liegt darin, dass ersteres Pflichtfach in der Nennung und inhaltlich nur als allgemeiner kultureller Ethikunterricht zu verstehen ist.[770]

Selbst dieser Unterricht sollte nach Auffassung der Laizisten aus der Verfassung gestrichen und abgeschafft werden, da sie ihrer Ansicht nach dem Laizismus und der Religionsfreiheit widerspricht. Der vierundzwanzigste Paragraph der Verfassung sieht vor, dass der Unterricht für Religionskultur und Ethik (türk.

767 Vgl. ARMAĞAN: İslâm Hukukunda Temel Hak ve Hürriyetler (1992), S. 106. Auch wenn die islamische Religion sich als letztoffenbarte Religion an die Menschheit versteht, zwingt sie niemanden den islamischen Glauben anzunehmen. Siehe hierzu KORAN: 2:256. Hier: „In der Religion gibt es keinen Zwang." Vgl. hierzu auch PARET: Sure 2, 256: lā ikrāha fī d-dīni. Toleranz oder Resignation? In: Der Islam. Bd. 45. S. 299–300.

768 In pluralistischen Gesellschaften muss jeder Einzelne die Religion der Andersgläubigen nach den Menschenrechten achten. Vgl. KARAMAN: İslâm'ı Bilmiyorlar, Demokrat Değiller. In: Yeni Şafak 05.06.2008.

769 Vgl. KARAMAN: Laik Düzende Dini Yaşamak (2006), Bd. 4, S. 394.

770 Vgl. KARAMAN: İmam Hatiplerde Eğitim ve Öğretim. In: Yeni Şafak 01.12.2013.

Din Kültürü ve Ahlak Öğretimi) unter der Aufsicht und der Kontrolle des Staates durchgeführt wird und transparente Lehrinhalte ersichtlich sind.

Die staatliche Kontrolle und Aufsicht widerspricht der Religionsfreiheit und dem Laizismus, weil der Staat in das Themenfeld der kulturellen und religiösen Erziehung und in deren Inhalt offenkundig eingreift. Auch aus der Perspektive der Menschrechte ist dies rechtswidrig.[771]

Zudem erwähnt der Paragraph zusätzlich einen freiwilligen Religionsunterricht, welcher an den elterlichen Willen gebunden ist. Dies ist das universelle Menschenrecht unter der Religionsfreiheit, welche den bekenntnisgebundenen Unterricht der Religionen ermöglicht.

Die Laizisten haben dieses universelle Menschen- und Verfassungsrecht immer wieder versucht zu blockieren, indem sie hochrangige Gerichte eingeschaltet haben. Der Verfassung nach besitzen alle Religionen das Recht auf religiöse Bildung und Erziehung in der Schule. Daher gehen aus der türkischen Verfassung zwei verschiedene Unterrichtsformen hervor:

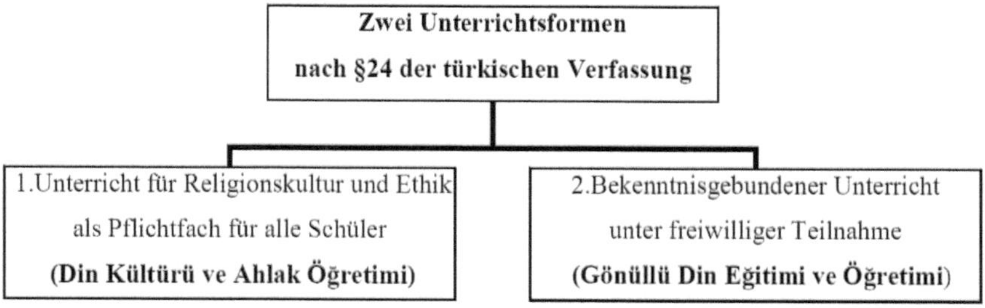

4.1.5 Historische Einschränkungen in der Türkei

In der Frühphase der Türkei wurden die Imāmschulen (türk. İmam Hatip Mektepleri) 1930 unter dem Vorwand von Schülermangel geschlossen und bis 1951 geschlossen gehalten.

Die bei den Osmanen 1900 unter Sultan Abdülhamid dem Zweiten gegründete Universität und ihre 1924 eröffnete theologische Fakultät (türk. Darülfünûn İlahiyat Fakültesi) wurde 1933 geschlossen und bis 1949 geschlossen gehalten.[772]

771 Nach HAYREDDİN KARAMAN wird die Religionsfreiheit durch die Schließung der gymnasialen Imāmschulen (türk. İmam Hatip Liseleri) eingeschränkt. Vgl. KARAMAN: İslâm'da İnsan Hakları (2004), S. 19.

772 Vgl. KARAMAN: Laik Düzende Dini Yaşamak (2006), Bd. 4, S. 278.

Die Fortsetzung der Religionslehre in den Korankursen wurde 1929 offiziell verboten. Von der Grundschule bis zur Universität wurde die religiöse Bildung und Erziehung (türk. Din Eğitimi ve Öğretimi) abgeschafft und bis zur Übergangszeit in ein Mehrparteiensystem nach 1950 nicht eingeführt.

Der in arabischer Sprache ausgerufene Gebetsruf wurde durch staatliche Zwangsinterventionen ab 1932 auf Türkisch ausgerufen und diese Nötigung unter Strafverfolgung bis 1950 fortgesetzt. Die Mystikerschulen (türk. târikâtlar) und die zumeist zivilen religiösen Lehrschulen (türk. medreseler) wurden mit dem „Gesetz über die Vereinheitlichung des Unterrichts" (türk. Tevhid-i Tedrisât Kanunu) vom 3.März 1924 verboten. Dadurch wurden alle Bildungseinrichtungen dem *Ministerium für Nationale Erziehung* (türk. Milli Eğitim Bakanlığı) unterstellt.[773]

In hochrangigen Staatsdokumenten, welche die Religionsfreiheit regeln, wird hinsichtlich der Rechte und Freiheiten zur Institutionalisierung aber ein wichtiger Stellenwert eingeräumt.

Die Aufgabe eines laizistischen Staates ist nicht die Neudefinition einer Religion, nicht die theologische Kontrollaufsicht und nicht die Nötigung der jeweiligen Gläubigen, sondern das Ermöglichen der religiösen Bildung und Erziehung, der Religionspraktiken und die Anerkennung der bekenntnisgebundenen religiösen Lebensweise (dīn) als Respekt und Achtung der Menschenrechte, die die Gleichberechtigung und die Freiheitengarantie de facto ermöglicht.

Die historischen Ereignisse in der Geschichte der Türkei belegen, dass in den Rundfunkanstalten bis 1950 keine islaminhaltlichen Programme angeboten wurden und alle Publikationen mit Bezug zur islamischen Religion unter scharfer Kontrolle standen, sowie die Autoren teilweise bedroht und jahrelang auf unrechte Art verurteilt wurden.[774] All diese Unrechtmäßigkeiten dienten zur Verbannung der Religion aus dem öffentlichen Leben. Karaman stellt die Frage, inwieweit das Volk in dem Paternalismus, der Unterdrückung und der Bedrohung durch die islamfeindliche Gesinnung der Kemalisten ihre Religiösität noch bewahren kann. Die Gewissens- und Religionsfreiheit setzt ja die freie Auslebung der Religion voraus.[775]

---

773 So wurden die Kerncurricula für den Religionsunterricht durch das Bildungsministeriums restriktiv korrigiert, was die Religionsfreiheit in diesem Bereich einschränkte. KARAMAN: İslâm'da İnsan Hakları (2004), S. 20.

774 Offene Interventionen gehen auf historische Gesetzesbildungen wie das „Gesetz zur Sicherung der öffentlichen Ruhe" (türk. Takrir-i Sükûn Kanunu) vom 4.März 1925 zurück.

775 Vgl. KARAMAN: İslâm'da İnsan Hakları (2004), S. 28–29.

In der Folgezeit der Ereignisse vom 28. Februar 1997 wurden mittels der Entscheidungen des Nationalen Sicherheitsrats (türk. MGK= Milli Güvenlik Kurulu) die achtjährige einheitliche Schulpflicht vereinbart und der Gesetzesentwurf am 14.August 1997 in der Nationalversammlung (türk. Türkiye Büyük Millet Meclisi) anerkannt. Mit dem Inkrafttreten dieses Gesetzes wurden die Mittelstufen der gymnasialen Berufs- und Imāmschulen (türk.Meslek ve İmam Hatip Liseleri) geschlossen. Infolge dieser radikalen Interventionen in die religiöse Bildung und Erziehung und somit in die Gewissens- und Religionsfreiheiten, wurden tausende Schüler und Familien benachteiligt. Durch diesen Homogenisierungsdruck wurden die Berufs- und Imāmschulen-Absolventen in den Auswahlverfahren der staatlichen Universitäten durch die Multiplikator-Regelung (türk. Katsayı Uygulaması) benachteiligt, sofern sie ausgehend von ihrem Fachgebiet andere Studienfächer anvisierten.[776] Durch diese Ungleichberechtigungen noch vor Studienbeginn wurde das Studium den Imāmschulen-Absolventen bewusst versperrt.

Mit den Gesetzesänderungen im „Basisgesetz der Nationalen Erziehung" (türk. Milli Eğitim Temel Kanunu) wurde unter der Rubrik „Laizismus" für die Grund- und Gymnasialschüler die Pflichtteilnahme am Unterricht für Religionskultur und Ethik (türk. Zorunlu Din Kültürü ve Ahlak Öğretimi) festgesetzt.[777] Die Nachfragen der Muslime in der religiösen Bildung konnten, bedingt durch die Inhaltsvorgaben im Religionsunterricht, nicht beglichen werden.

Diese Interventionen in die Gewissens- und Religionsfreiheit im Monopol der Bevormundung (türk. vesayetcilik) verstoßen gegen das Menschenrecht, die Religion (dīn) von unabhängigen Strukturen zu erlernen.[778]Zur Teilnahme an den Korankursen (türk. kur'an kursları) wurde die Beendigung der achtjährigen Grundschulzeit (türk. sekiz yıllık ilköğretim şartı) eingeführt, um ein altersbedingtes Desinteresse in der religiösen Erziehung einzuleiten.[779]

1999 wurde die Zulassung in die hochschultheologische Berufsausbildung (türk. Din Eğitimi Meslek Yüksek Okulu) beendet und 2000 ohne offizielle Entscheidungen eingestellt.

---

776 Vgl. KARAMAN: Katsayı Meselesi. In: Yeni Şafak 19.02.2010.

777 Vgl. KARAMAN: Laik Düzende Dini Yaşamak (2006), Bd. 4, S. 378–381.

778 BÜLENT UÇAR erkennt, dass im Rahmen der Schließung der Mystikerschulen und der Homogenisierungspolitik der Entscheidungsträger der gesellschaftliche Pluralismus als Gefahr des gesellschaftlichen Zusammenhalts gesehen wurde.Vgl. UÇAR: Recht als Mittel zur Reform von Religion und Gesellschaft (2005), S. 107f.

779 Vgl. KARAMAN: İslâm'ın Işığında Günün Meseleleri (2010), S. 320.

Eine weitere Einschränkung der Gewissens- und Religionsfreiheit ist das Kopftuchverbot[780] und die psychologischen Einflüsse auf die gläubigen Frauen. Das Kopftuch ist im Islam ein göttliches Gebot (türk. başörtüsü Allah'ın emridir)[781] und durch den Iǧmāʿ-Iǧtihād gegeben.[782] Das Kopftuchtragen fällt daher unter die Gewissens- und Religionsfreiheit.[783]

Das Kopftuchverbot verstößt nach Karaman gegen die Gewissens-, Religions-, Berufs- und Meinungsfreiheit und gegen das Erziehungsrecht, wobei die betroffenen Frauen und Familien in Millionenhöhe auf radikalster Art benachteiligt wurden. Selbst in einigen Gerichtsverlautbarungen des Staatsrats (türk. Danıştay) wurden 2000 menschenrechtswidrige Entscheidungen gegen das Kopftuchtragen in öffentlichen Ämtern mit der Begründung einer „Inkonformität mit dem Laizismus" verkündet. Zur Ausräumung dieser Menschrechtsverletzungen muss der Laizismus im Rahmen der universellen Menschenrechte und die Gerechtigkeit im Rahmen der Unparteilichkeit angenommen werden. Deswegen müssen die Menschenrechte und die damit verbundenen Rechte und Freiheiten zum Schutz der Kopftuchträgerinnen respektiert und im Alltagsleben de facto eingeräumt werden.[784] In der Mehrheitsgesellschaft ist die Erziehung zu den Menschenrechten daher von sehr großer langfristiger Bedeutung.

In der schweren Folgezeit des 28.Februars 1997 wurde das Kopftuchverbot an den staatlichen Universitäten sehr radikal verordnet. Die theologischen Fakultäten (türk. İlahiyat Fakülteleri) waren sehr stark betroffen, wonach viele islamische Theologiestudentinnen mit Kopftuch und ihre Familien radikal benachteiligt wurden.[785] Die Anzahl der Frauen, die durch das Kopftuchverbot ihre Stelle und ihr Studium an Universitäten beendeten, kann niemand einschätzen. Infolge dieser schrecklichen Ereignisse kündigte Hayreddin Karaman 2001 aus Protest seine Stelle an der theologischen Fakultät der Marmara Universität (türk. Marmara Üniversitesi İlahiyat Fakültesi) und beteiligte sich an den Protesten gegen das Kopftuchverbot.

---

780 Vgl. KARAMAN: Başörtüsü ve Anayasa. In: Yeni Şafak 30.09.2010.

781 Vgl. KARAMAN: Kur'an'da Başörtüsü Yok Diyenlere. In: Yeni Şafak 27.07.2008. Siehe KORAN 24:29–31.

782 Vgl. KARAMAN: Laik Düzende Dini Yaşamak (2006), Bd. 2, S. 29–31.

783 Vgl. KARAMAN: İslâm'da İnsan Hakları (2004), S. 12–13.

784 Vgl. KARAMAN: Hayatımızdaki İslâm (2003), Bd. 1, S. 302–303.

785 Die Entscheidungen des Nationalen Sicherheitsrats „MGK" vom 28.Februar 1997 lösten in der Bevölkerung große Proteste aus und hatten große wirtschaftliche, soziale und psychologische Auswirkungen auf das Volk. Vgl. KARAMAN: Laik Düzende Dini Yaşamak (2006), Bd. 4, S. 592–594.

Die Kopftuchträgerin wird durch das Kopftuchverbot und den Restriktionen rechtlich und mental benachteiligt, wodurch ihre mentale Einheit, Gesundheit und Identität gefährdet ist. Denn das Kopftruchtragen aus bekenntnisgebundener Überzeugung ist eine bewusste religiöse Praxis, die der Gewissens-, Religions- und Entscheidungsfreiheit gläubiger Frauen überlassen ist.[786] Daher hat das Kopftuchverbot große psychologische Auswirkungen auf ihre mentalen alltäglichen Lebenswelten.[787] Wenn Frauen überzeugte Kopftuchträgerinnen sind, dann ist die Zwangsabnahme nach Karaman ein verheerender Verstoß gegen die Menschenrechte.[788] Nach dem Gleichberechtigungsgrundsatz gelten diese Normen für alle Menschen.[789]

4.1.6 Demokratie und Religionspädagogik

In den Beschreibungen von „Demokratie" werden oft ihre Kompatibilität und Inkompatibilität mit der islamischen Religion diskutiert, sodass unterschiedliche Ansichten vertreten werden. Nach Karaman werden in der Türkei jedoch die Debatten nach einem weitgehenden Konsens über die islamische Legitimation der Demokratie über das Demokratieverständnis geführt. Er erinnert an die ältere Definition von „Demokratie", wobei darunter ein durch direkte oder indirekte Vertretung geführte Regierungsform begriffen wurde.

Heute wird seiner Meinung nach unter Demokratie eine Regierungsform verstanden, die die Menschenrechte garantiert, diese de facto einräumt und das Volk an der Regierung beteiligt (Beteiligungsdemokratie).[790] Die tatsächliche

---

786 Die Freiheiten im Rahmen der Religionsfreiheit müssen nach HAYREDDİN KARAMAN auf die Glaubens-, Praxis-, Gottesdienst-, Verlautbarungsfreiheiten, sowie der religiösen Bildung und Erziehung und der Organisationsfreiheiten ausgeweitet werden. Vgl. KARAMAN: Hayatımızdaki İslâm (2003), Bd. 1, S. 319.

787 Die historischen Ereignisse bestätigen nach KARAMAN, dass die Staatsautorität von den Religionskritikern missbraucht wurde (türk. devlet otoritesinin istismar edilmesi), damit die Frauen in öffentlichen Ämtern ihr Kopftuch ablegen. Das Kleidungswahlrecht der Kopftuchträgerinnen und ihre Freiheiten wurden eingeschränkt.

788 Vgl. KARAMAN: Günümüzde Çalışan Müslüman Kadının Problemleri. In: Sosyal Hayatta Kadın. S.336–337.

789 Vgl. KARAMAN: Bütün İlâhi Dinlere Hak ve Hürriyet. In: Yeni Şafak 28.07.2013.

790 Vgl. KARAMAN: Laik Düzende Dini Yaşamak (2006), Bd. 4, S. 314. Unter „Beteiligungsdemokratie" (türk. Katılımcı Demokrasi) wird eine zivile Regierungsführung verstanden, in welcher der Volkswille ohne Vermittler direkt über die Zivilgemeinschaften verwirklicht wird. Wie in der Repräsentativdemokratie existieren in der Beteiligungsdemokratie Volksvertreter (türk. milletvekilleri), die durch Vertretungsmechanismen direkt über die Einzelnen gebildet werden, was als wahre Demokratie zu

Regierungsführung in der Geschichte der Türkei entsprach dieser Beschreibung nicht, weil die Regierung durch wechselnde Parteien geführt und diese weitgehend von ihren Aufsichts- und Disziplinarkommissionen kontrolliert wurden. Die Kandidatur der Parlamentsabgeordneten (türk. milletvekilliği adaylığı) wurden von der Partei bestimmt, in welchem Bestimmungsverfahren der Volkswille (türk. halkın iradesi) und ihr Nutzen weitgehend nicht berücksichtigt wurden, sondern die Willensvorgaben der Parteiführungen und ihrer Finanzkräfte bindend waren.[791] So war der Parlamentsabgeordnete de facto kein Volksvertreter, der eine sehr große Anzahl von Bürgern repräsentierte, sondern ein durch die Partei mit Aufgaben bestimmtes Amt, welches die Wählerstimmen erhielt.

Die Repräsentativ- und Beaufsichtigungsfunktion eines Parlamentsabgeordneten und die Partizipation an der Regierungsführung standen in der Vergangenheit der Türkei bei Null.

Obwohl im türkischen Staatsparlament (türk. TBMM = Türkiye Büyük Millet Meclisi) die Aufschrift steht, dass die Souveränität bedingungslos dem Volk gehört (türk. Egemenlik Kayıtsız Şartsız Milletindir), lag die tatsächliche Herrschaft in der Vergangenheit bei einigen Nichtgewählten, die de facto keine Volkslegitimation (türk. halk meşruiyeti) besaßen. Ohne den Willen der selbstlegitimierten Regierung waren Verfassungs- und Gesetzesänderungen nicht möglich, die Rechte und die Freiheiten des Einzelnen konnten nicht eingeräumt oder wichtige Entscheidungen nicht umgesetzt werden. Diese Nichtgewählten hatten ein Legitimationsproblem, dennoch haben sie sich vor die Öffentlichkeit gewagt und dem Volk Geschichten über ihren Willen und Nutzen, über Gerechtigkeit, Recht und Rechtsstaatlichkeit erzählt.

Diese Pseudo-Volksvertreter (Demagogen) führten nach Hayreddin Karaman de facto keine Demokratie, sondern eine „Demagokratie".[792] Diese Demagokratie diente ihrerseits als eine Regierungsform, um die Bevölkerung zu kontrollieren und an der obersten Machtposition zu stehen. Theoretisch gründet die wahre Demokratie nach Karaman auf die Menschenrechte (türk. İnsan Hakları), welche dem Einzelnen de facto eingeräumt werden.

Unter „Menschenrechte" sind die Grundrechte des Einzelnen gemeint, die durch den Staat gegen alle Gefahren und Risiken verfassungsrechtlich sichergestellt und garantiert werden. Eines der Mangelpunkte an der Demokratie wird

---

verstehen ist. Nach gesundem Demokratieverständnis zählt, unter Berücksichtigung der Minderheiteninteressen, die Mehrheitsmeinung, was zu respektieren gilt. Vgl. KARAMAN: Katılımcı Demokrasi Nasıl Olacak? In: Yeni Şafak 06.06.2013.

791 Vgl. KARAMAN: Laik Düzende Dini Yaşamak (2005), Bd. 1, 276.

792 Vgl. KARAMAN: Laik Düzende Dini Yaşamak (2006), Bd. 2, S. 315.

nach Karaman in den Gleichgewichtungen von Rechten und Pflichten ersichtlich. Da der türkischen Historie nach entgegen der Unrechtmäßigkeiten, Unterdrückungen und unnötigen Einschränkungen sehr starke Gegenreaktionen gezeigt wurden, in der vorrangig die Rechte vorgenommen wurden, standen die Pflichten im Hintergrund. Damit versteht er die ethische Pflicht, unter welche das Prinzip „das vernünftige Gute zu gebieten und das schlechte Unvernünftige zu verbieten" (al-ʿamr bi l-maʿrūf wa'n-naḥy ʿan al-munkar) fällt.[793] Der Begriff „Gute / Rechte" (maʿrūf) besitzt eine Bedeutung des Vernünftigen, welche bei Unvernunft zu friedlichen Empfehlungen zum Guten führt. Daher verbindet sich in ihr der Glaube (īmān), die gottesdienstlichen Handlungen (ʿibādāt) und der Charakter (aḫlāq) auf dem Feld der Sittlichkeit zum Schutz dieser Werte.

Entgegen der Übergriffe auf diese werden friedliche Empfehlungen gezeigt. Diese gehen aus der Natürlichkeit (fiṭra) der Materie einher, das durch die Offenbarung (waḥy) bestätigt wird. Die Muslime sind verpflichtet (farḍ), mit dem Wort oder mit dem Herzen die ethische Pflicht zum „Gebieten des Vernünftigen und dem Verbieten des Unvernünftigen" zu praktizieren. Diese ist ihnen durch die Grundrechte, kurz auch nach den Menschenrechten gegeben.[794]

Ein bestimmtes Verhalten kann zu vergangenen Zeiten als unmoralisch eingestuft sein, wobei das Gleiche heute als „moralisch" bemerkt wird. Daher werden die Freiheiten aufgrund der Veränderungen des Moralverständnisses als uneinschränkbar gezählt. Oftmals ist die Quelle der Moral nicht die Religion, sondern die Unvernunft, die sich unbewusst unmoralisch und unvernünftig verhält und diese als moralisch und vernünftig anerkennt.

Ethische Pflichten werden durch eine innere Haltung oder durch das Wort durchgeführt, indem der Einzelne zum Wohlergehen (maṣāliḥ) seiner eigenen Glaubensgeschwister mit ihnen kommuniziert. Dabei stellt sich nach Karaman für den Einzelnen die Frage nach der Quelle der Vernunft zum Guten, welche er in der Offenbarungslehre (waḥy) erkennt.

Das erfolgreiche Vorbild geht durch ein demokratisches Bewusstsein einher, in welcher die ethischen Pflichten realisiert und dabei die Rechte und die Freiheiten beachten werden. Nach Karaman erfordert der wirtschaftliche Aufschwung das Festhalten an der Demokratie, an den Menschenrechten und die Entwicklung von zivilen Beratungsmechanismen.[795]

---

793 Vgl. ebd., S. 316. Dieses „Pflicht-Prinzip" der Muslime geht aus einigen KORANSTELLEN und ḤADĪṮEN hervor. Im: KORAN: 3:104, 3:110. In der ḤADĪṮLITERATUR: MUSLIM: ĪMĀN, 78; ṢALĀṬ, 202.

794 Vgl. KARAMAN: Laik Düzende Dini Yaşamak (2006), Bd. 2, S. 267–272.

795 Vgl. ebd., S. 318.

Die Muslime sind unter der Voraussetzung und Ermöglichung der Willens-, Religions- und Entscheidungsfreiheit verpflichtet ihre Religion (dīn) auszuleben,[796] ihr gesundes Glaubensbewusstsein zu bewahren und ihre ethischen Pflichten durchzuführen, welche in ihrer religiösen Verantwortung liegt. Die Muslime sind verpflichtet, die ethische Pflicht mindestens mit dem Herzen durchzuführen. Hier realisieren sie diese nach den vorliegenden Möglichkeiten durch mentale Empfindungen. Wenn die Durchsetzung dieser ethischen Pflicht zu bestimmten Orten und Zeiten nicht möglich ist, ändert sich dadurch das Wissen, die Normen, das Bewusstsein und der Glaube der islamischen Religion nicht.

Die Muslime sind verpflichtet, ihre religiösen Pflichten (farāʾiḍ) auszuleben, die ihnen durch die universellen Menschenrechte (türk. Evrensel İnsan Hakları) ermöglicht werden und dem Glauben (īmān), dem Herzen (qalb), dem Gewissen (wiğdān) überlassen ist. Wie das Gute zu gebieten und das Schlechte zu verbieten ist, kann durchaus variieren. Der Koran hierzu:

ادْعُ إِلَى سَبِيلِ رَبِّكَ بِالْحِكْمَةِ وَالْمَوْعِظَةِ الْحَسَنَةِ وَجَادِلْهُم بِالَّتِي هِيَ أَحْسَنُ إِنَّ رَبَّكَ هُوَ أَعْلَمُ بِمَن ضَلَّ عَن
سَبِيلِهِ وَهُوَ أَعْلَمُ بِالْمُهْتَدِينَ

„Ruf (die Menschen) mit Weisheit und einer guten Ermahnung auf den Weg deines Herrn und streite mit ihnen auf eine möglichst gute Art (bessere Art) als sie das mit dir tun. Dein Herr weiß sehr wohl, wer von seinem Weg abgeirrt, und wer rechtgeleitet ist.“[797]

Nach islamischem Verständnis trägt Gott dem Menschen keine Pflichtenlast auf, wofür er nicht aufkommen kann. Daher wird er nur durch die eigene mentale Kräftebeständigkeit im Nachgehen dieser Pflichten zur Verantwortung gezogen. Sofern er die Kraft besitzt und diese dennoch nicht in Taten überführt, dann hat er dies im Jenseits zu verantworten. Das ist die bekenntnisgebundene Glaubensüberzeugung der Muslime im Glauben an Gott und an das Jenseits, in der jeder Einzelne die irdische Sündenlast für sich alleine trägt.[798]

---

796 GUDRUN KRÄMER erkennt, dass die islamische Religion glaubensbedingt die Religionsausübung verlangt (was ein universelles Menschenrecht ist). Vgl. KRÄMER: Islam, Menschenrechte und Demokratie (2003), S. 23.

797 KORAN, 16:125.

798 Vgl. KARAMAN: Türkiye ve İslâmiyet (2003), S. 6.

4.1.7 Religionspädagogik und Staat

Die Religionsangehörigen versuchen unter der Voraussetzung der Religions- und Willensfreiheit ihre religiösen Pflichten nachzugehen, wobei die Glaubensgrundlagen ihre Lebenswelten beeinflussen. Die Gläubigen sind der Überzeugung, dass die eigene Religion und ihre gelebte Religionspraxis für die diesseitige und jenseitige Glückseligkeit entscheidend sind. Daher wünschen sie sich das Gleiche auch für die eigene Familie und für die eigenen Freunde. Die Folge dieser Entscheidungsfreiheit und Nachfrage ist die freie Erwählung des Ehepartners und die Ermöglichung von religiöser Bildung, welche auf die Menschenrechte zurückgeführt wird.

Die islamische Religion gründet auf das Religionswissen (ʿilm), der Glaubensinhalte (īmān) und der Religionspraxis (ʿamal), auf welche sich das Feld ihrer Bildung und Erziehung erstreckt. Ein Muslim ist verpflichtet die Religion zu erlernen, überzeugt zu glauben und die Pflichten in die Alltagspraxis umzusetzen. Dieses Religionswissen muss authentisch (ṣaḥīḥ) sein, die Glaubensinhalte und die Religionspraxis nach geeigneten Erziehungsmethoden vermittelt werden. Darunter wird eine bekenntnisgebundene Religionspädgogik verstanden, die im geeigneten Erziehungsalter der Kinder in den erforderlichen Institutionen nach geeigneten Erziehungsmethoden stattfindet, dessen Garant der Staat auf Basis der Menschenrechte ist.[799]

Hayreddin Karaman weist auf die Regelungen der türkischen Staatsverfassung hin, die einen obligatorischen und einen freiwilligen Religionsunterricht ermöglichen.[800] Die Obligatorische reicht mit Beginn der Grundschule bis zum Ende der Mittelstufe und wird als „Unterricht für Religionskultur und Ethisches Wissen" (türk. Din Kültürü ve Ahlâk Bilgisi Dersi) bezeichnet. Dieser zielt inhaltlich auf die Belehrung einer allgemeinen Kulturethik von Religionen ab und nicht die Religion an sich (welche die Glaubensinhalte und die religiöse Praxis umfasst).[801] Nicht die Ethik einer bestimmten Religion wird gelehrt, sondern die theoretischen Inhalte der Religionen. Nach Karaman wurde diese Erziehung den Bedürfnissen der Muslime nicht gerecht. Auch wenn die Schulbücher und die Lehrkräfte de facto mehr Freiräume im Unterricht hatten, war diese seiner Meinung nach nicht ausreichend. Der Grund lag darin, dass die kulturelle Unterweisung nicht zur religiösen Praxis erzog, die Kinder kein Bewusstsein zur Unterscheidung von Erlaubtem (ḥalāl) und Verwerflichem (ḥarām) bekamen, in

799 Vgl. KARAMAN: İslâm Bir Tanedir. In: Yeni Şafak 27.02.2014.
800 Vgl. KARAMAN: Laik Düzende Dini Yaşamak (2006), Bd. 2, S. 166.
801 Vgl. KARAMAN: Anayasa ve Din Eğitimi. In: Yeni Şafak 12.02.2012.

der Schule nicht beten und nicht zum Freitagsgebet gehen durften. Das erfordert für ihn der bekenntnisgebundene Religionsunterricht, in der Vermittlung der religiösen Glaubensgrundlagen (īmān), der Gottesdienste (ʿibādāt) und der bekenntnisgebundenen Lebensweise (dīn).[802]

Der 24.Paragraph der Staatsverfassung erwähnt neben der religionsethischen Unterweisung das Recht auf eine freiwillige religiöse Bildung und Erziehung (türk. Gönüllü Din Eğitimi ve Öğretimi), welche durch die Einwilligung der Elternteile und bei volljähriger Mündigkeit durch die freiwillige Teilnahme erteilt wird.[803] Jedoch schweigt diese verfassungsrechtliche Regel darüber, wer und wo dieser Religionsunterricht erteilt wird.[804]

Der türkischen Verfassung nach ist der Staat verpflichtet die religiöse Bildung und Erziehung zu gewährleisten. Beispielweise muss er allen Einzelnen die Rahmenbedingungen für den bekenntnisgebundenen Religionsunterricht (türk. din dersi) und ihrer Pädagogik (türk. din eğitimi) bereitstellen, welches seine Pflicht ist.[805] Hayreddin Karaman weist darauf hin, dass für die Mehrheit der Erziehungswissenschaftler in der Türkei die Kindererziehung schon ab dem vierten Lebensjahr beginnt und fortgeführt wird.[806]

Selbst wenn eine ununterbrochene achtjährige Schulpflicht angenommen und ein einseitiges Curriculum durchlaufen wird, muss der Staat das verfassungsrechtlich garantierte Recht für den bekenntnisgebundenen Religionsunterricht an den staatlichen Schulen ermöglichen.

Wenn während der Einführung der durchgehenden achtjährigen Schulpflicht ein zweiteiliger Stufenabschnitt vereinbart worden wäre, dann hätten die willigen Eltern ihr Kind nach den ersten fünf Schuljahren im zweiten Schulabschnitt in die islamischen Gymnasien (türk. İmam Hatip Liseleri) einschreiben können. Somit hätten die Kinder die achtjährige Schulpflicht erfüllt und die Möglichkeit zur freiwilligen Teilnahme am Religionsunterricht erhalten. So hätte es auch Elternteile gegeben, die ihr Kind zwar nicht an ein religiöses Gymnasium senden, sich aber für die Teilnahme am bekenntnisgebundenen Religionsunterricht entschieden hätten. In diesem Fall hätte der Religionsunterricht im zweiten Schulabschnitt nach Karaman mit in den Fächerkanon der Schulklassen integriert

802 Vgl. KARAMAN: Din Eğitimi ve Ahlak. In: Yeni Şafak 02.03.2012.

803 Vgl. KARAMAN: Anayasa ve Din Eğitimi. In: Yeni Şafak 12.02.2012.

804 Vgl. KARAMAN: Din Dersi. In: Yeni Şafak 09.12.2007.

805 Vgl. HİZMETLİ: Demokrasi ve İnsan Hakları Bağlamında Cağdas Türkiye'de Dini Hayat ve Din Öğretimi Alanındaki Gelişmeler. In: 2.Din Şurası Tebliğ ve Müzakereleri 23-27.11.1998 (2003), S. 412-413.

806 Vgl. KARAMAN: Laik Düzende Dini Yaşamak (2006), Bd. 2, S. 167.

werden sollen und gegebenfalls in anderweitigen Schulräumen erteilt werden können. Dadurch hätten die willigen Eltern die Möglichkeit erhalten, ihr Kind freiwillig in diesen Unterricht zu schicken.

Trotz dieser vielen Lösungen wurden, infolge der Ereignisse des 28.Februars 1997, die achtjährige einheitliche Grundschulpflicht eingeführt mit der Absicht, die religiöse Bildung und Erziehung im späten Lebensalter beginnen zu lassen, um dadurch das altersbedingte Desinteresse in der religiösen Bildung und Erziehung zu fördern.[807] Das Hauptanliegen der Islamkritiker war die Schließung aller Institutionen, die mit der religiösen Bildung zu tun hatten.

4.2 Ausgewählte Herausforderungen im Fiqh bei H. Karaman

4.2.1 Bioethische Angelegenheiten

4.2.1.1 Gentechnik und Klonen

Die bioethischen Herausforderungen „Gentechnik“ und „Klonen“ sind naturwissenschaftlichtechnische Errungenschaften des zwanzigsten Jahrhunderts. Unter „Gentechnik“ oder auch „Gentechnologie“ werden bestimmte naturwissenschaftliche Erkenntnisse zur Untersuchung und Manipulation von Erbgut verstanden, um die Merkmale von Mechanismen bewusst zu verändern. Die Gentechnik wird in Verbindung mit Pflanzen in die grüne (abgeleitet vom Chlorophyll) und in Verbindung mit Mensch und Tier in die rote (abgeleitet von Hämoglobin) Gentechnik eingeteilt.[808] Unter „Klonen“ wird ein wissenschaftlich technischer Vorgang zur Vermehrung von genetisch identischen Organismen bezeichnet. In den Naturwissenschaften wird Klonen generell in das therapeutische und in das reproduktive Klonen unterteilt. Ersteres dient zu medizinischen Therapiezwecken, in dem aus den embryonalen Stammzellen versucht wird, mögliche Krankheiten zu heilen. Zweiteres dient zur Vervielfältigung von Organismen.

Nach Hayreddin Karaman warten viele Atheisten und Religionskritiker (die über die Materie hinaus nicht an Gott glauben) vergeblich auf die vom französischen Religionskritiker Auguste Comte (gest. 1857) angeführte These der „Religionersetzung durch die Wissenschaften“.[809]

---

807 Vgl. KARAMAN: 28 Şubat Darbesi. In: Yeni Şafak 02.03.2007.

808 Vgl. PODSCHUN: Sie nannten sie Dolly. Von Klonen, Genen und unserer Verantwortung (1999), S. 115–116.

809 Vgl. KARAMAN: Laik Düzende Dini Yaşamak (2006), Bd. 2, S. 32.

So gehen atheistische Wissenschaftler bei neuen wissenschaftlichen und technologischen Errungenschaften mit großem Enthusiasmus davon aus, dass die Ablösung der Religion durch die Wissenschaften erfolgt. Dieser Kreis geht davon aus, dass die unter den Laborbedingungen genetisch-identisch vervielfältigten Schafe durch den Klonvorgang als „Schöpfung" bezeichnet werden, wobei sie ihrerseits den Schöpfer herausfordern. Da zur Kindererzeugung keine männlichen Geschlechtszellen notwendig sind, verzichten sie somit auf die natürliche Familienbildung und begrenzen die Beziehung von Frau und Mann auf gegenseitig gewillten Geschlechtsverkehr. Diese Unwissenden besitzen nach Karaman enge Lebensblicke, weil sie sich ihren begrenzten Eigenschaften nicht ganz bewusst sind. Menschen sind unvollkommene Wesen. Hier unterscheidet sich der Schöpfer von seinen Geschöpfen in seiner fortwährenden Existenz und in seinen vollkommenen Attributen, die Ihm eigen sind.[810] Die Schöpfung ist ein göttlicher Akt aus dem Nichtsein ins Sein, wonach genetische Veränderungen (Gentechnik) und identische Vervielfältigungen (Klonen) durch den Menschen keine Schöpfung sind.[811]

Die Mehrheit der Frauen und Männer sind der Meinung, dass die Geschlechter sich im Aufbau einer Zivilisation ergänzen. Daher erhält die heterogene Fortpflanzung für die Nachwuchssicherung eine sehr entscheidende Bedeutung. Frau und Mann respektieren, lieben und achten sich gegenseitig und brauchen einander für ein glückliches Familienleben.[812]

Karaman ist der Ansicht, dass das Klonen von Tieren nicht unbedingt problematisch sein kann, aber aus religionsethischen Gründen diskutiert werden muss.[813] Sofern das Klonen auf den Menschen bezogen wird, treten seiner Meinung nach viele Problematiken auf.

Das Klonen kann beispielsweise zu unabsehbaren Negativfolgen des humanen Gehirns und der damit verbundenen Intelligenz führen. Diese sind wissenschaftlich nicht vorhersehbar, weil das Klonen auf Tiere angewandt wird (Menschen sind verständlicherweise keine Tiere). Um die negativen Folgen des Klonens bei Menschen zu bestimmen, müsste das reproduktive Klonen bei Menschen ausprobiert werden, was nach Karaman aus ethischen und religionsrechtlichen Gründen verwerflich (ḥarām) ist.[814]

---

810 Vgl. http://www.hayrettinkaraman.net/sc/00001.htm (Einsicht: 10.07.2014).

811 Vgl. GÜRSOY: DNA Ahlâkı, in: Sızıntı Dergisi 06 (2001), S. 216–217.

812 Vgl. http://www.hayrettinkaraman.net/sc/00375.htm (Einsicht: 10.06.2014).

813 Vgl. KARAMAN: Laik Düzende Dini Yaşamak (2006), Bd. 2, S. 33.

814 Vgl. ebd. Der islamische Theologe AHMET YAMAN vertritt die gleiche Ansicht wie HAYREDDİN KARAMAN. Vgl. YAMAN: Klonlama Ya Da Genetik Kopyalama, in: DİD, 34 (1998), S. 38.

So Gott will, schöpft er den Menschen ohne die Befruchtung der Geschlechtszellen, wie in der Erschaffung von Adam, ohne die Eizellen, wie etwa bei Eva und ohne die Spermazellen, wie bei Jesus. Die koranische Offenbarung berichtet über dessen Erschaffung ohne Vater:

إِنَّ مَثَلَ عِيسَىٰ عِندَ اللَّهِ كَمَثَلِ ءَادَمَ خَلَقَهُ مِن تُرَابٍ ثُمَّ قَالَ لَهُ كُن فَيَكُونُ

„Jesus ist (was seine Erschaffung angeht) vor Gott gleich wie Adam. Den schuf er aus Erde. Hierauf sagte er zu ihm nur: Sei!, da war er.“[815]

Der Schöpfungsakt von Jesus geschieht nicht nach der Naturordnung Gottes (sunnatullāh), sondern durch seine Allmacht.[816] Hier wurden die göttlich-eingegebenen Naturregeln durch den Schöpfer außer Kraft gesetzt, wonach Gott unmittelbar und bedingungslos schöpfte. Selbst wenn Frau und Mann die Unfruchtbarkeit erreichen, ermöglichte der Schöpfer ein Kind wie bei der Geburt von Johannes (Yaḥyā):

يَا زَكَرِيَّا إِنَّا نُبَشِّرُكَ بِغُلَامٍ اسْمُهُ يَحْيَىٰ لَمْ نَجْعَل لَّهُ مِن قَبْلُ سَمِيًّا

„(Gott sprach:) „Zacharias! Wir verkünden dir einen Jungen mit Namen Johannes (Yaḥyā), wie wir vor ihm noch keinen genannt haben.“[817]

Der Koran berichtet davon, dass alle Dinge zwischen Himmel und Erde (wie Tiere und Pflanzen) im Dienste des Menschen stehen[818] und diese nicht umsonst geschaffen werden.[819] Nach islamisch ontologischem Verständnis besitzt jede Form und Gattung der Schöpfung (maḫlūqāt) bestimmte Schöpfungsabsichten (maqāṣid) und Weisheiten (ḥikam). Hier schließt sich das eschatologische Verständnis an, wobei sich der Mensch als Vernunftbesitzer auf der Erde in befristeter Lebensdauer befindet[820] und im Umgang mit der Natur, den Tieren und in der Befolgung der religiösen Gebote zur Lebensprüfung herangezogen wird.[821] Bedingt durch diese Prüfung werden nach islamischem Verständnis die Natur und die Tiere als anvertraute Gaben (amāna) in den Dienst der Menschen

815 KORAN, 3:59.
816 Vgl. ERDOĞAN: Klonlama: Genetik Kopyalama, in: Din Eğitimi Araştırmaları Dergisi, 9 (2002), S. 155.
817 KORAN, 19:7.
818 Vgl. KORAN, 31:20.
819 Vgl. ebd., 2:29.
820 Vgl. ebd., 2:36.
821 Vgl. ebd., 11:7.

gestellt,[822] wie die Biene (Honigproduktion) und die Wiederkäuer (Milch und Fleisch). Die Schöpfung ist in ihrer genetischen Natürlichkeit im Interesse des Menschen auf göttlich bestimmte Dienerschaftsaufgaben programmiert. Jedes Geschöpf, ob Tier oder Pflanze, wie etwa die Biene, realisiert unweigerlich ihre speziellen göttlich aufgetragenen (genetisch codierten) Dienerschaftsaufgaben.

Der Koran berichtet hier davon, dass alle Schöpfung (maḫlūqāt) den Schöpfer lobpreist, die Menschen dieses ontologische Verständnis schwer nachvollziehen können.[823] Der Umgang mit der Natur und den Tieren ist ein unzertrennlicher Bestandteil des religiösen Lebens.

Gemäß islamischer Anthropologie und Ontologie steht der Mensch in spezieller Relation zu Gott, Natur, Tier, anderen Menschen und zu sich selbst, dessen Dienste und Produkte er sich bedient. Als edelstes Geschöpf auf Erden (al-ašraf al-maḫlūqāt) unterscheidet er sich als Stellvertreter Gottes auf Erden (ḫalīfa fī'l-ʿard) von den übrigen Geschöpfen (maḫlūqāt). Diese gattungsbedingte Sonderstellung ermöglicht ihm die Inanspruchnahme der Dienste und der Produkte der Natur und der Tiere.[824] Nach islamischem Verständnis besitzt die Schöpfung nicht nur eine Nutzfunktion für den Menschen, sondern auch eine spirituelle Dimension der Gottesandacht (tafakkur). In dieser Hinsicht verstehen sich die Natur, die Tiere, die Menschen und der Kosmos als Zeichen Gottes, in der Gott seine vollkommenen Attribute offenbart.[825]

Der Mensch realisiert in diesem spirituellen Blickwinkel, dass die Schöpfung vergänglich und unvollkommen ist, wohingegen der Schöpfer (Gott) vollkommen und ewig ist. Der Mensch besitzt als Diener Gottes (ʿabdAllāh) die Pflicht, sich seiner ontologischen Stellungen und Verantwortungen bewusst zu werden und die Schöpfung nicht für Egoismus zu missbrauchen.

Alle durch „Gentechnik" und „Klonen" verursachten biologischen Schäden und ihre Vorkehrungen sind aus islamischer Sicht nicht nur rechtlich oder technisch zu reflektieren, sondern auch ethisch. Zur Sicherung des ökologischen Gleichgewichtes bedarf es im Umgang mit der Biosphäre und zur Beurteilung von Gentechnik und Klonen im Interesse (maṣāliḥ) von Natur, Tier und Mensch einer Verantwortungsethik, in der der Glaube an die Einheit und Existenz Gottes grundlegend ist. Alle Geschöpfe sind Werke Gottes, welche durch dessen unbegrenztes Wissen (ʿilm) und durch seine allmächtige Kraft (qudra) geschaffen werden. Der Mensch ist nicht Eigentümer der Schöpfung, sondern nimmt als Besitzer

822 Vgl. ebd., 33:72–73.
823 Vgl. ebd., 62:1, 17:44, 57:1, 24:41, 55:6, 22:18, 16:49.
824 Vgl. ebd., 31:20.
825 Vgl. SCHIMMEL: Die Zeichen Gottes. Die religiöse Welt des Islam (1995), S. 23–43.

mit befristeter Lebensdauer die Dienste und die Produkte der Schöpfung in Anspruch. Die Gentechnik und das Klonen von Tieren und Pflanzen muss nach islamischer Auffassung daher im Interesse der Menschen, der Natur, den Tieren und im Einklang mit dem geistigen Einheitsverständnis der Primärquellen (šarīʿa) erfolgen. Hierzu kann zum Beispiel die genetische Gesundheit und die Sicherstellung der Artenvielfalt von Tieren und Pflanzen genannt werden.[826]

Alle gentechnischen Manipulationen und das Klonen mit schädlichen Auswirkungen auf die Schöpfung sind islamisch gesehen verwerflich.[827] Ihre wohlwollende Anwendung (hawā) ist nicht erlaubt. Die Integrität (ḥurma) der Schöpfung ist zu achten. Dies verdeutlicht umso mehr die Dringlichkeit einer umweltbewussten Verantwortungsethik, die die Ordnung der Natur, der Tiere und der Menschen respektiert. Zur Abwägung einer islamrechtlichen Beurteilung von Gentechnik und Klonen ist die Fallanalyse wichtig, in der die Abwendung von Schäden im Verhältnis zur Sicherung von Vorteilen vorrangig angenommen werden muss.

Im Bedürfnisinteresse der Schöpfung können die Erbkrankheiten von Menschen, Tieren und Pflanzen in behutsamer Achtung ihrer Würde gentherapeutisch behandelt werden. Hierzu zählen die geistige Rückständigkeit der Intelligenz, die Taubheit, die Blindheit und weitere Krankheiten. In diesem Kontext führen die islamischen Rechtsgelehrten (fuqahāʾ) oftmals die folgende klassische Überlieferung (ḥadīṯ) über den Propheten Muḥammad an:

> *„Abū Ḥuraira berichtet, der Prophet Muḥammad habe gesagt:*
>
> *Gott (Allāh) hat keine Krankheit auf die Erde herabgesandt, ohne zugleich auch für das entsprechende Heilmittel zu sorgen."*[828]
>
> *(arab. mā anzala Llāhu dāʾan illā anzala la-hū šifāʾan.)*

4.2.1.2 Stammzellen

Bevor die Stammzellen aus islamischer Perspektive untersucht werden, ist eine naturwissenschaftliche Annäherung erforderlich. Stammzellen werden generell in zwei Arten unterteilt:[829]

---

826 Vgl. KARAMAN: Laik Düzende Dini Yaşamak (2006), Bd. 2, S. 32–33.

827 Vgl. ABŪ AL-BAṢAL: Die Scharia-gemäße Bewertung verschiedener Formen des Klonens. In: Moderne Medizin und islamische Ethik. Kommentiert und übersetzt von Thomas Eich (2008), S. 97.

828 BUḪĀRĪ: ṬIBB, 5678.

829 Vgl. KARAMAN: Laik Düzende Dini Yaşamak (2006), Bd. 4, S. 109.

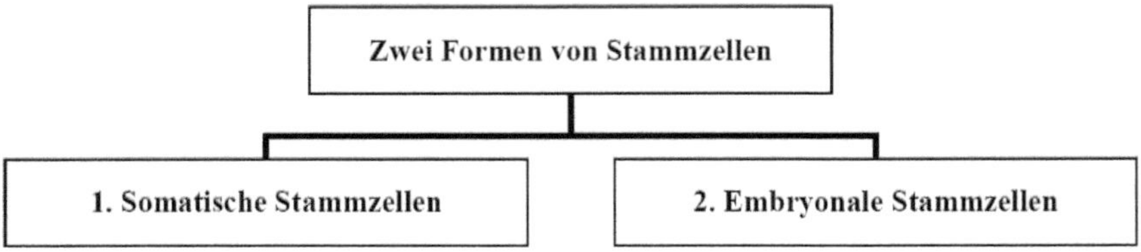

Im Generellen bilden Stammzellen die Hauptzellen von humanen Geweben und Organen. Die Stammzelltherapie ist insbesondere dann sinnvoll, wenn die kranken Gewebe und Organe mit den vorhandenen medizinischen Möglichkeiten nicht geheilt werden können.[830]

Die somatischen Stammzellen befinden sich nach Hayreddin Karaman mit Hinweis auf den bekannten muslimischen Mediziner İlhan İlkılıç im Blut und im Knochmark der erwachsenen Menschen.[831] In der Medizin werden sie zu Therapiezwecken in die kranken Organe injiziert.

Die embryonalen Stammzellen werden durch die Entnahme der vorliegenden Organzellen und der Injizierung in die entleerte Eizelle gewonnen. Die Eizellenentnahme ist der freiwilligen Entscheidung der Frau überlassen. Diese embryonale Stammzelle wird nicht innerhalb der Gebärmutter vervielfältigt, sondern in speziellen künstlichen Laborbedingungen. Sofern die gewonnenen Zellen in die entsprechenden Organe integriert werden, können sie sich in die nötigen Organzellen umwandeln. Jedoch müssen zur Heiliung der Organkrankheit und zur Eignung der Embryonalstruktur viele Embryonalzellen in Stammzellen umgewandelt werden.

Seit über fünfzig Jahren ist die globale naturwissenschaftliche und medizinische Forschung damit beschäftigt Stammzellen zu erforschen und sie geschickt für therapeutische Zwecke beispielsweise zur Produktion von Nervenzellen (Neurogenese) einzusetzen, um die humanen Krankheiten Alzheimer und Parkinson zu behandeln.[832] Trotz dieser medizinischen Therapien halten die Diskussionen der islamischen Rechtsgelehrten an. In der Türkei werden vereinzelte embryonale Stammzellforschungen unternommen. Die gewonnenen Stammzellen besitzen keine embryonischen Eigenschaften, sodass eine Lebensbeendigung im Mutterleib ausgeschlossen werden kann. Eine Beendigung der

830 Vgl. BİLGİN: Kök Hücre Çalışmaları Konusundaki Etik ve Teolojik Tartışmalar Üzerinde Analitik Bir Değerlendirme, in: Kelam Araştırmaları 9, (2011), S. 133.

831 Vgl. KARAMAN: Hayatımızdaki İslâm (2011), Bd. 3, S. 364.

832 Vgl. İLKILIÇ: Die aktuelle Biomedizin aus der Sicht des Islam (2002), S. 24.

embryonischen Stammzellforschung zu Therapiezwecken wäre nach Karaman nicht richtig, weil durch die Stammzelltherapie Krankheiten und Beschwerden an den Nieren, an der Leber und am Herzen behandelt werden können.

Durch die Injizierung der benötigten Stammzellen in die betroffenen Organe können diese in ihrer funktionalen Essenz gestärkt werden. Sofern aber eine zelologisch behandelte Eizelle in die Gebärmutter eingegeben wird, dann wird von „Klonen" gesprochen. So wäre dieses Vorgehen nicht zu befürworten. Alle embryonischen Stammzellforschungen im Labor zu aufrichtigen Forschungszwecken sind nach Hayreddin Karaman unbedenklich.[833] Die Gelehrtenkontroversen entstanden in den Debatten um das Retortenbaby.[834] Diese künstliche Befruchtungsmethode durch die In-vitro-Fertilisation (IVF) wurde von den Rechtsgelehrten unter der Entnahme der Keimzellen von Ehepaaren, trotz bestehender Kritiken, anerkannt.[835] Die Kontroversen betrafen die Problematik, dass zur künstlichen Befruchtung mehr als nur eine Eizelle entnommen und befruchtet wird (Embryonen entstehen), diese im Nachhinein vernichtet und die Lebenden in die Gebärmutter eingegeben werden. Die Streitfrage der Gelehrten betraf die Unklarheit, ob der Embryo vor der Eingabe in die Gebärmutter als Fötus zählt oder nicht.

Die befruchtete Eizelle nistet sich in die Gebärmutter ein und ernährt sich über die Plazenta. Der Schöpfungsprozess entwickelt sich in den verschiedenen embryonalen Stadien weiter, sodass das Kind ohne jegliche Interventionen als Mensch geboren wird. Die Vernichtung dieser Eizelle mittels der Abtreibung oder durch einen anderen Schwangerschaftsabbruch ist nach Hayreddin Karaman islamisch nicht erlaubt.[836] Wenn die extern befruchtete Eizelle in die Gebärmutter eingegeben wird und diese sich selbständig nicht weiterentwickeln kann, dann ist die Vernichtung seiner Meinung nach erlaubt.[837]

Für die therapeutische Behandlung mit somatischen Stammzellen gibt es seiner Ansicht nach keine Bedenken. Da aus den embryonalen Stammzellen keine Menschen herangezüchtet werden (was islamisch nicht erlaubt ist), ist eine fremde Eizellenannahme zu therapeutischen Zwecken, unter der Einwilligung der Eizellengeberin, islamisch erlaubt. Dies gleicht nach Hayreddin Karaman der Blut- und Organannahme von Fremdspendern, die für den Kranken benötigt

833 Vgl. KARAMAN: Laik Düzende Dini Yaşamak (2006), Bd. 4, S. 109–110.

834 Vgl. BİLGİN: Kök Hücre Çalışmaları Konusundaki Etik Tartışmalar. In: Kelam Araştırmaları 9 (2011), S.137.

835 Vgl. KARAMAN: Laik Düzende Dini Yaşamak (2006), Bd. 4, S. 111.

836 Vgl. UCAR: Recht als Mittel zur Reform von Religion und Gesellschaft (2005), S. 261.

837 Vgl. KARAMAN: Laik Düzende Dini Yaşamak (2006), Bd. 4, S. 111.

werden. Da die Stammzellen unter den künstlichen Laborbedingungen als „Organ“ anzunehmen sind (nicht als Mensch), sind die damit verbundenen Stammzelltherapien nach Hayreddin Karaman erlaubt. Dies liegt darin begründet, dass dadurch entweder ein Organ herangezüchtet oder ein vorliegendes krankes Organ behandelt werden kann. Diese Reflektionen verdeutlichen, dass die Stammzellforschung aus islamischer Sicht unter moralischen Richtlinien zum Wohlbefinden (maṣāliḥ) des Menschen zu befürworten ist.[838]

4.2.1.3 Hirntod und Organtransplantation

Medizinisch gesehen können bestimmte Krankheiten nur mit Organ- und Gewebetransplantationen behandelt werden, sodass die erforderlichen Organe erst vorliegen müssen. Deswegen warten heutzutage weltweit tausende von Organbedürftigen auf das benötigte Organ. Auch wenn die Anzahl an Organen, ihrer Transplantationeninstitute und die Operationsärzte vorhanden sind, ist die Zahl der Organtransplantationen in der Türkei nicht ausreichend. Der erste Grund liegt nach Karaman im unterentwickelten Bewusstsein der Bürger zur Organspende begründet. Der zweite Grund ist die größere Spendenbereitschaft in den anderen Ländern.

Unter „Organspende“ wird die Erlaubnis zur Organexplantation und ihre Transplantation an Organbedürftige bezeichnet, welches bedingt durch die endgültige Todesfeststellung gegeben ist.[839] Jedoch sind medizinisch nicht alle Organe zur Transplantation geeignet, da der Körper (Immunsystem) des Organbedürftigen auf explantierte Organe abweisend reagieren kann.

Die Transplantationsmedizin in der Türkei ist weit fortgeschritten, sodass die Ärzte Herz-, Lungen-, Nieren-, Leber-, Pankreas-, Dünndarm-, Herzklappen-, Knochenmark-, Kornea- und Gesichtstransplantationen durchführen können. Auch wenn einige islamische Organisationen zu Hirntod und Organtransplantation wichtige moraltheologische Reflexionen darlegen, ist die Regelung eine rechtspolitische und nationale Angelegenheit der Staaten im Orient.[840]

Der tote Organspender wird als irreversibler Hirntoter verstanden, dessen Diagnose in der Türkei durch eine Ärzte-Kommission bestätigt wird (zwei Neurochirurgen, ein Kardiologe, ein Anästhesiologe).[841] Nach der neuen Regelung

838 Vgl. http://www.hayrettinkaraman.net/sc/00441.htm (Einsicht: 12.06.2014).

839 Vgl. KARAMAN: Hayatımızdaki İslâm (2011), Bd. 3, S. 380.

840 Vgl. GRUNDMANN: Scharia, Hirntod und Organtransplantation, in: Orient. 45 (2004), S. 24.

841 Vgl. KARAMAN: Organ Nakli ve Adak. In: Yeni Şafak 07.08.2008.

besteht die Kommission nur noch aus einem Neurochirurgen und einem Anästhesiologen.[842] Der Organspender muss zu Lebzeiten offiziell zugestimmt haben oder die Verwandten müssen zur Organspende zustimmen. Vom Bewusstseinsverlust bis zum Hirntod sind die Phasen des Komas, des tiefen Komas und das biologische Leben zu unterscheiden, in denen wundersame Genesen möglich sind. Im biologischen Leben ist die Hirnrinde (Cortex) tot, die das Gedächtnis, die Intelligenz und die Attribute umfasst. Jedoch dauern die Aktivitäten des Hirnstamms an, die die überlebensnotwendigen Organe betreffen und reflexiartige Funktionen aufweisen. Daher sind Betroffene im biologischen Leben nicht tot, wonach keine Organe explantiert werden dürfen. Medizinisch ist das Sterben ein Prozess.[843] Islamisch liegt das Todeskriterium im Schwinden der Lebenszeichen.[844]

Wenn neben der Hirnrinde auch der Hirnstamm tot ist, dann ist dies als irreversibler Verlust der Hirnfunktionen zu verstehen, sodass die Genesung medizinisch nicht möglich ist. Alle an die intensivmedizinischen Maßnahmen angeschlossenen Kranken im Koma-Zustand sind mit den Atmungsgeräten verbunden, wodurch die künstliche Atmung gegeben ist. Falls diese abgeschaltet werden, hören die Atmungen und anschließend auch die Herzschläge auf. Wenn die Atmung mittels der lebenserhaltenden Geräte künstlich aufrechterhalten wird und die Hirnfunktionen gegeben sind, dann dürfen diese nicht abgeschaltet werden. Medizinisch darf auch nicht der Hirntod diagnostiziert und keine Organe explantiert werden.

Nur durch den Eintritt des irreversiblen Hirnstammtods und dem Funktionsverlust des Gehirns, wodurch außer den rückenmarkgebundenen Reflexen keine weiteren mehr reagieren, kann der Hirntod nach bestimmten Kriterien diagnostiziert werden. Dieser Zustand geht über das biologische Leben hinaus. Im Anschluss an die Hirntoddiagnose hat bis heute niemand überlebt. Bei allen Hirntoten hörte in der Zeitfolge, trotz intensivmedizinischer Maßnahmen, entweder die Lungen- und die Herzaktivitäten auf, oder aber die lebenserhaltenden Geräte wurden abgeschaltet, sodass zunächst die Lungen- und dann die Herzaktivitäten aufhörten. In speziellen Fällen kann es sogar vorkommen, dass vor Eintritt des Hirntods die Herzschläge aufhören, sodass zur Aufrechterhaltung der

842 Vgl. KARAMAN: Hayatımızdaki İslâm (2006), Bd. 2, S. 229.

843 Vgl. EICH / GRUNDMANN: Muslimische Rechtsmeinungen zu Hirntod, Organtransplantion, Leben, in: Zeitschrift für medizinische Ethik, 49 (2003), S. 305.

844 Vgl. KRAWIETZ: Grundlagen und Grenzen einer Hirntodkonzeption im Islam. In: Hirntod. Zur Kulturgeschichte und der Todesfeststellung. Herausgegeben von Thomas Schlich [u.a.] (2001), S. 244.

Herzschläge mittels eines Herzschrittmachers elektrische Potentiale eingegeben werden.[845] Dies dient zur Förderung des Blutskreislaufs.

Nach Hayreddin Karaman erfolgt die Hirntod-Feststellung in der Türkei in sechs Schritten.[846] Die Ursachen der vorliegenden Hirnschäden und der Komazustand müssen festgestellt sein. Dazu gehören das Sinken der Körpertemperatur, das Erfrieren und Schockzustände, die ans Schwinden der Blutflüssigkeit und an den Nullwert des Blutdrucks gebunden sind.

Reversible Hirnaktivitäten dürfen nicht die Ursache für den Hirntod sein, die aufgrund von Vergiftungen verursacht wurden. Das geistige Bewusstsein des Hirntoten muss vollständig verschwunden sein. Selbständige Bewegungen, Reflexe, Schmerzempfindungen müssen ausgeschlossen sein. Die selbständige Atmung muss ohne die Geräte nach drei Minuten fehlen. Die Hirnstammreflexe müssen vollständig verschwunden sein, sodass sich die Augenpupillen vergrößert haben und keine Lichtreflexe mehr aufweisen. Zudem muss der Kornealreflex, der vestibulookluärer und der okulozephaler Reflex fehlen. Bei den Aufzeichnungen muss das Elektroenzephalogramm (EEG) zehn Minuten lang konstant die „Nulllinie" aufzeigen, das in der Medizin als Zeichen für das vollständige Schwinden der Hirnaktivitäten zählt.[847]

Zudem können unter den gleichen Kriterien die elektrischen Potentiale der Hirnstammreflexe gemessen werden. Die Ergebnisse sind durch die hirntodspezialisierte Ärztekommission zu bewerten, welche die nötigen medizininischen Tests durchführt. In der Diagnostizierung des Hirntods müssen alle Zweifel und Unklarheiten ausgeräumt werden. Zur Sicherheit können weitere medizininische Tests durchgeführt werden. Die Organexplantation eines hirntoten Organspenders ist nur dann möglich, wenn er an die lebenserhaltenden Geräte angeschlossen ist. Der Grund liegt darin, dass die benötigten Organe weiterhin durchblutet werden müssen. Auch wenn der Hirntod diagnostiziert wird, kann es durchaus auch vorkommen, dass das Herz ohne die lebenserhaltenden Atmungsgeräte unregelmäßig schlägt.

Hayreddin Karaman sieht ein großes Potential in der Organspende für Organbedürftige, falls Hirntote, trotz der Therapien, keine Genesungswahrscheinlichkeiten mehr haben, der Hirntod irreversibel eingetreten ist, die Atmung nur

---

845 Vgl. KARAMAN: Hayatımızdaki İslâm (2006), Bd. 2, S. 230.

846 Vgl. http://www.hayrettinkaraman.net/sc/00216.htm (Einsicht: 06.06.2013).

847 Die Feststellung des irreversiblen Hirntods ist islamrechtlich von Relevanz, weil sich hiermit bestimmte Konsequenzen im islamischen Ehe-, Erb- und Testamentenrecht ergeben. Vgl. HOLZNIENKEMPER: Organspende und Transplantion und ihre Rezension in den abrahamitischen Religionen (2003), S. 53.

durch die lebenserhaltende Geräte aufrecht erhalten werden kann und an den Hirnstammreflexen keine elektrischen Potentiale mehr feststellbar sind.[848] Hier ist die Explantation und Transplantion der Organe islamisch erlaubt.[849]

Die Organexplantation von lebenden Organspendern ist möglich, wenn diese sich hierdurch nicht in eine lebensbedrohliche Gefahr begeben und von sich aus gewillt sind ihre Organe zu spenden.[850] Die Organexplantation von verstorbenen Spendern ist islamisch erlaubt, wenn die Unversehrtheit (ḥurma) respektiert wird[851] und die Zustimmung der Verwandten vorliegt. Der Todeszeitpunkt liegt islamisch nur in der Kenntnis des Schöpfers und ist dann eingetreten wenn die Seele den Körper verlassen hat.[852] Bei Hirntoten stellt sich die Frage, ob diese trotz der Intensivgeräte als „tot" oder „lebend" zählen. Das Abschalten bei „lebend" ist Mord.

Hayreddin Karaman löst die Hirntodproblematik dadurch, dass er den irreversiblen Hirntod und den endgültigen Verlust der Herzschläge bei Abschalten der Geräte als den endgültigen Tod anerkennt, welches mit der am 28. Juni 1995 vorgetragenen Erklärung[853] von Nadeem Elyas vor dem Gesundheitsausschuss des Deutschen Bundestages in Einklang steht.[854]

---

848 Vgl. KARAMAN: Hayatımızdaki İslâm (2006), Bd.2, S.232; Organ Nakli ve Adak. In:Yeni Şafak 07.08.2008.

849 Vgl. ŞENER: İslâm Hukukuna Göre Organ Nakli Üzerine Bir Deneme, in: DEÜİFD, 7 (1992), S. 145.

850 Vgl. HOLZNIENKEMPER: Organspende und Transplantation und ihre Rezension in der Ethik der abrahamitischen Religionen (2003), S. 249–250.

851 Vgl. KRAWIETZ: Die Ḥurma (1991), S. 116–117.

852 Vgl. İLKILIÇ: Medizinethische Aspekte im Umgang mit muslimischen Patienten, in: Deutsche Medizinische Wochenschrift (DMW), 30 (2007), S. 1589.

853 Vgl. ELYAS: Stellungnahme bei der Anhörung vor dem Gesundheitsausschuss des Deutschen Bundestages am 28.06.1995 zu den Themen Hirntod und Organverpflanzung, in: Stellungnahmen zum Entwurf eines Transplantationsgesetzes. 13, 49. (1995), S. 10–18.

854 Weitere Erklärungen zu Hirntod und Organtransplantation in der islamischen Welt sind die Erklärung der „Haiʾāt Kibār al-ʿUlamāʾ" in Saudi Arabien (1982), die Entscheidung der „Islamic Fiqh Academy" in Jordanien (1986) und weitere Einzelgutachten (fatāwā) bis 1985. Siehe: SACHEDİNA: Hirntod und Organgewinnung. In: Moderne Medizin und Islamische Ethik. Thomas Eich (Übers.), 2008, S. 159–167. Zudem kann die Erklärung des Hohen Rates für Religionsfragen (türk. Din İşleri Yüksek Kurulu) der Türkei (14.12. 2006) genannt werden.

4.2.1.4 *Milchbank und Retortenbaby*

Die Milchbank und das Retortenbaby sind hochaktuelle bioethische Herausforderungen an das islamische Recht in der Türkei. Unter „Milchbank" werden spezielle Schutzbedingungen der Muttermilch verstanden, welche von milchfähigen Müttern zur Verabreichung an fremde Babys entnommen werden. Diese werden separat und vermischt weitergegeben, sodass die Frauen- und Kindeszuordnung der gemischt verabreichten Muttermilch unbekannt ist. Da in anderweitigen Religionen die Heirat mit der Milchmutter und einiger ihrer Verwandten nicht verwehrt (ḥarām) ist, werden keine Nachteile erkannt und die fremde Muttermilch an bedürftige Babys verabreicht. In der islamischen Religion liegen in der Heirat mit der Milchmutter und einige ihrer Verwandten bestimmte normative Hindernisse vor.[855] Dieses mit der fremden Muttermilch ernährte Baby (Milchkind) ist dann als solche zu zählen, wenn es innerhalb der ersten zwei Lebensjahre mit fremder Muttermilch ernährt wurde. Hierzu wird auch ein Ḥadīṯ überliefert,[856] nach welchem die Heirat mit der Milchmutter und mancher ihrer Verwandten islamisch gesehen verwerflich (ḥarām) ist.[857] Da die überdurchnittliche Muttermilch unter den damaligen Bedingungen nicht aufbewahrt wurde, daher auch die milchbedürftigen Babys nicht ernährt werden konnten, beschäftigen sich die Gelehrten nicht mit diesem Problem.

Zur Ernährung mit fremder Muttermilch, dessen Spenderin unbekannt ist, muss im Denken von Hayreddin Karaman islamrechtlich eine Notlage (ḍarūra) wie etwa eine Überlebensgefahr vorliegen.[858] Bei Vorlage eines solchen Notfalls wird das Baby mit der fremden Muttermilch ernährt (dessen Spenderin unbekannt ist). Die Betroffenen tragen in ihrer Unkenntnis auch keine Verantwortungen. Wenn keine Not (ḍarūra) vorliegt und die fremde Muttermilch unter den Schutzbedingungen aufbewahrt werden soll, so muss der Name der Spenderin und ihre Verwandtschaft auf den Milchbehälter und in den schriftlichen Unterlagen bewahrt werden. Wenn die fremde Muttermilch als Babynahrung verabreicht wird, müssen die Informationen über die Personalausweise der fremden Milchspenderin und das verabreichte Baby schriftlich nebeneinander aufgeführt werden. Zudem besteht die Dringlichkeit, die involvierten Familien schriftlich

855 Siehe: KORAN, 4:23.

856 Vgl. BUḪĀRĪ: NIQĀḤ, 21.

857 Vgl. auch: UCAR: Recht als Mittel zur Reform von Religion und Gesellschaft (2005), S. 271.

858 Vgl. KARAMAN: Laik Düzende Dini Yaşamak (2006), Bd. 3, S. 122–123.

darüber zu informieren. Wenn das milchbedürftige Baby[859] von der Milch fremder Milchspenderinnen Gebrauch macht, erhalten diese den Status der fremden Milchmutter. Alle Spenderinnen sind so zu zählen, dessen Milch sich vermischte und verabreicht wurde.

Das ausschlaggebende Kriterium im Status der fremden Milchmutterschaft ist islamisch das Einströmen der fremden Muttermilch in den Babymagen und nicht die Art und Weise der Nahrungszufuhr. Muslimische Familien, die von der fremden Muttermilch Gebrauch machen möchten, müssen nach Karaman diese islamrechtlichen Feinheiten berücksichtigen.

Das Spenden der Muttermilch, etwa an eine Milchbank, ist den muslimischen Müttern nicht erlaubt. Zur Erlaubnis müssen unabdingbar namentlich und schriftlich die dadurch ernährten Kinder mitgeteilt werden. Da dies unmöglich ist, ist die Milchspende einer muslimischen Mutter an eine Milchbank nach Karaman nicht erlaubt. Dieses Verbot liegt darin begründet, dass die Milchgeschwister nicht heiraten dürfen. Diese Form der geschwisterlichen Verhältnisse kann bei externen fremden Milchvermischungen mehrerer Milchspenderinnen und der damit verbundenen Nahrungszufuhr bei Babys zustandekommen. Der Forschungsblick rückt nun auf die islamische Beurteilung der künstlichen Befruchtung bei Karaman.

Verehelichte muslimische Paare, die auf natürlichen Wegen keine Kinder zeugen können, haben mittels der In-vitro-Fertilisation die Möglichkeit, ihren Kinderwunsch zu erfüllen.[860] Unter klinischen Bedingungen dürfen dabei islamisch nur die ehelichen Geschlechtzellen extern befruchtet und in die Gebärmutter der Ehefrau eingegeben werden.[861] Islamisch dürfen uneheliche Paare ihre Geschlechtszellen nicht befruchten lassen, weil sie dadurch offen Unzucht und somit eine verwerfliche Tat (ḥarām) begehen.[862] Die Anrufung von unehelichen Spermazellen (Fremdmänner) oder Eizellen (Fremdfrauen) ist nicht erlaubt. Eine externe Befruchtung der eigenen Eizelle und die Injizierung in eine fremde Gebärmutter (Leihmutterschaft) sind nach Karaman islamisch nicht erlaubt.

859 Neugeborene Babys haben das Recht auf Muttermilch. Daraus ergeben sich für die Eltern wichtige Rechte und Pflichten. Durch die Stillung ergibt sich für „Baby“ und „Milchgeberin“ eine Milchverwandschaft und damit einhergehende eheliche Hindernisse mit der Milchgeberin und einiger ihrer Verwandten, was islamisch beachtet werden muss. Vgl. YAMAN: İslam Hukukuna Özgü Bir Kurum Süt Akrabağlığı, in: SÜİFD, 13 (2002), S. 56.

860 Vgl. KARAMAN: Hayatımızdaki İslâm (2011), Bd. 3, S. 221–222.

861 Vgl. İLKILIÇ: Die aktuelle Biomedizin aus der Sicht des Islam (2002), S. 20.

862 Vgl. KARAMAN: Hayatımızdaki İslâm (2006), Bd. 2, S. 282.

Zum Schutz der Genealogie (nasab) sieht der Islam vor, dass der Kinderwunsch über die Ehe erfolgt.[863] Wenn mit einer Fremdperson Geschlechtsverkehr erfolgt (Unzucht), ist das geborene Kind islamisch *unehelich*.

Die Sperma- und Eizellen dürfen islamisch nicht von Fremden stammen, worüber unter den Gelehrten eine Übereinkunft (ittifāq) besteht. Die Injizierung von unehelichen Spermazellen in die Gebärmutter ist nicht erlaubt. Wenn die Ehepaare, aus gesundheitlichen Gründen der Gebärmutter, in der Leihmutterschaft beharren, muss der Ehemann die Leihmutter als zweite Ehefrau verehelichen. Karaman geht hier davon aus, dass die befruchtete Eizelleneingebung in die Gebärmutter der zweiten Frau nicht bedenklich sein sollte. Da das Neugeborene dem Ehemann zugehörig ist, ist die Austragende gleich die Stiefmutter und die Eizellengeberin die eigentliche Mutter. Das spätere Heiraten des Kindes mit der Stiefmutter ist nicht erlaubt.[864]

4.2.2 Finanzangelegenheiten

4.2.2.1 Zinsangelegenheiten

4.2.2.1.1 Zinsenfalle

Der arabische Begriff für Zinsen ist „ribāʾ", der im Lexikon mit „Überschuss, Wucherzins" übersetzt wird.[865] Im Fiqh wird unter „ribāʾ" ein Überschusswert verstanden, der im Gegenzug eines Schuldenverhältnisses von Geld oder Ware nach einer vorgegeben Zeit oder bedingt durch die Nicht-Zahlungen der Schulden eingenommen wird. Wenn keine Notlage (ḍarūra) vorliegt, dürfen die Muslime nach Hayreddin Karaman keine reellen Zinsen einnehmen oder in zinsgebundene Produkte investieren.[866] Mit Rückblick auf die Geschichte ist festzustellen, dass Zinsangelegenheiten bereits zu vorislamischen Zeiten in den Wirtschaftsverhältnissen der Hebräer und der vorislamischen Araber geläufig waren.[867] Unter den Juden/Hebräern wurden Zinsen verboten (Ex., 22:24, Lev., 25:35–38), jedoch das Zinseneinholen von Nichtjuden (Fremden) erlaubt (Dtn., 23:20–21).

---

863 Vgl. ǦĀD AL-ḤAQQ: Künstliche Befruchtung. In: Moderne Medizin. Thomas Eich [Übers.] (2008), S. 46.

864 Vgl. UCAR: Recht als Mittel zur Reform von Religion und Gesellschaft (2005), S. 275–276.

865 Vgl. WEHR: Arabisches Wörterbuch für die Schriftsprache der Gegenwart und Supplement (1976), S. 291.

866 Vgl. KARAMAN: Hayatımızdaki İslâm (2006), Bd. 2, S. 214.

867 Vgl. ÇINAR: Die islamische Überlieferungsliteratur zur Rechtslage im Frühislam (2003), S. 197–198.

Diese Regelung wurde durch die Šarīʿa-Norm abrogiert (nasḫ), sodass in der islamischen Religion alle Zinsarten (ribāʾ), unabhängig der jeweiligen Religionszugehörigkeit, verwerflich (ḥarām) sind.[868] Der folgende Vers (āya) bestätigt dies:

الَّذِينَ يَأْكُلُونَ الرِّبَا لَا يَقُومُونَ إِلَّا كَمَا يَقُومُ الَّذِي يَتَخَبَّطُهُ الشَّيْطَانُ مِنَ الْمَسِّ ذَٰلِكَ بِأَنَّهُمْ قَالُوا إِنَّمَا الْبَيْعُ مِثْلُ الرِّبَا وَأَحَلَّ اللَّهُ الْبَيْعَ وَحَرَّمَ الرِّبَا فَمَن جَاءَهُ مَوْعِظَةٌ مِّن رَّبِّهِ فَانتَهَىٰ فَلَهُ مَا سَلَفَ وَأَمْرُهُ إِلَى اللَّهِ وَمَنْ عَادَ فَأُولَٰئِكَ أَصْحَابُ النَّارِ هُمْ فِيهَا خَالِدُونَ

„Diejenigen, die Zins nehmen (verzehren), werden (dereinst) nicht anders dastehen als wie einer, der vom Satan erfasst und geschlagen ist (so dass er sich nicht mehr aufrecht erhalten kann). Dies (wird ihre Strafe) dafür (sein), dass sie sagen: 'Kaufgeschäft und Zinsleihe sind ein und dasselbe.' Aber Gott hat (nun einmal) das Kaufgeschäft erlaubt, und die Zinsleihe verboten. Und wenn zu einem eine Ermahnung von seinem Herrn kommt (die, das Zinsnehmen zu unterlassen) und er dann aufhört (zu tun, was ihm verboten wurde), so sei ihm belassen, was bereits geschehen ist! Und die letzte Entscheidung über ihn steht bei Gott. Diejenigen aber, die es (künftig) wieder tun, werden Insassen des Höllenfeuers sein und ewig darin verweilen.“[869]

Unter den vorislamischen Arabern waren Zinsen in den Wirtschaftsverhältnissen geläufig. Bedingt durch die Zahlungsunfähigkeit der zinsgebundenen Schulden und ihrer Vermehrung, wurden viele Araber als Sklaven verkauft. Das Wirtschaftskapital sammelte sich im vorislamisch-arabischen Kontext in einer Oberschicht an, sodass die Volksmehrheit durch die Zinsenfalle, der damit verbundenen Zahlungsunfähigkeit und der einhergehenden finanziellen Hilflosigkeit verarmte. Die Šarīʿa-Normen zielen daher darauf ab, die verbreiteten Zinsgewohnheiten und die damit verbundene Zinsfalle in den Wirtschaftsverhältnissen abzuschaffen, die Versklavung der Menschen zu verhindern und die finanzielle Hilfelosigkeit der Armen auszuräumen. Zur mekkanischen und medinensischen Lebenszeit des Propheten Muḥammad taucht das Zinsverbot auf, das anhand der Koranverse (āyāt) und ihrer Ausdruckstile (uslūb) feststellbar ist.[870] Nach diesen definitiven Belegstellen (al-adillat al-qaṭʿiyya) wird deutlich, dass Zinsen (ribāʾ) verwerflich (ḥarām) sind, das Vermögen nicht vermehren und zinsgebundenes Einkaufen im Vergleich zu Handel ungleich ist. Nach

868 Siehe KORAN, 2:275; 4:160–161. Ein gläubiger Muslim darf, bedingt durch seinen Glauben (īmān), keine Zinsen aufnehmen, dass seinen Charakter (aḫlāq) betrifft. Die im Koran auftauchenden Zinsverse determinieren die Verwerflichkeit (ḥarām) von Zinsen und genehmigen den Ḥalāl-Handel ohne Zinsen.
Vgl. AYDIN: Kurân'ı Kerḥm'de ḥman-Ahlak İlişkisi (2007), S. 94–95.

869 KORAN, 2:275.

870 Siehe KORAN, 30:39; 3:130; 2:275–279;

islamischem Glaubensverständnis sind alljegliche Geschäfte mit Zinsen eine große Sünde.[871]

Die moralische Weisheit (ḥikma) hinter den zinsverbietenden Šarīʿa-Normen liegt darin, dass islamkonforme Handelsgeschäfte produktiv sind, die breiten gesellschaftlichen Vermögensanteile im angemessenen soziofinanziellen Gleichgewicht aufteilen, fließende Kapitalbedingungen aufstellen und die Geschäfts- und Arbeitswelt ankurbeln. Hingegen sind Zinsgeschäfte unproduktiv und mit einseitigem Interesse, welche letztendlich beide Wirtschaftsparteien in die Schuldenkrise führt. Der Zinsnehmer kann seine zinsgebundenen Schulden und die Tilgungen nicht zurückzahlen, sodass der Zinsgeber seine Kredite nicht zurückbekommt.

Die koranische Offenbarung (waḥy) macht Vergleiche zwischen Zinsen (ribāʾ) und Almosen (zakāt), wobei Zinsen ohne Segen zur Kapitalansammlung in einer Vermögensoberschicht führt, das Volk sich zunehmend in soziofinanzielle Splitterschichten aufteilt und mehr und mehr soziale und finanzielle Benachteiligungen auftreten.

Hingegen sind Almosengaben mit mentalen Segenszunahmen (baraka) verbunden und tragen zur sozialen Gerechtigkeit (ʿadāla al-iğtimāʿiyya) und zum Wohlbefinden (maṣāliḥ) von allen Personen bei.[872] Die Šarīʿa-Normen zielen unter moralischen Richtlinien zur Förderung der Solidarität, der gemeinsamen Produktionen, Investitionen, Verdienste, Vermögen und auf die Partnerschaft bei Erträgen und Verlusten ab (türk. kâr-zarar ortaklığı).

Diese Weisheiten (ḥikam) und Ziele (maqāṣid) stellen die Verbindungspunkte eines einheitlichen Miteinanders der verschiedenen Vermögensgruppen dar. Aus islamischer Perspektive ist wichtig, dass die Vermögensgüter auf die Einzelnen in sozial gerechter Art verteilt werden, welche durch gerechte Lohnverteilungen, Almosengaben (zakāt) und Wohltätigkeitsspenden (ṣadaqa) möglich ist. Die Sunna führt zu Zinsen wichtige vollendende und erörternde Normen (aḥkām at-tašrīʿ) ein, welche die Normen des Korans ergänzen. In Auswahl folgend:

871 Wenn eine bestimmte Menge/Gewicht an Ware/Gold durch dergleichen geliehen wird, muss die zur Rückzahlung durch die gleiche Menge/Gewicht an der geliehenen Ware/Gold erfolgen. Mehr eingenommes Geld ist Zins. Bei Geldscheinen gilt die Kaufkraft, sodass zum Zeitpunkt der Rückzahlung des Schuldbetrags die prozentualen Inflationsdifferenzen mit einbezogen werden müssen. Andersfalls sind die Schulden nicht vollständig beglichen. Vgl. KARAMAN: Hayatımızdaki İslâm (2006), Bd. 2, S. 485.

872 KORAN, 2:276.

عَنِ النَّبِيِّ صلى الله عليه وسلم قَالَ " اجْتَنِبُوا السَّبْعَ الْمُوبِقَاتِ ". قَالُوا يَا رَسُولَ اللَّهِ، وَمَا هُنَّ قَالَ " الشِّرْكُ بِاللَّهِ، وَالسِّحْرُ، وَقَتْلُ النَّفْسِ الَّتِي حَرَّمَ اللَّهُ إِلاَّ بِالْحَقِّ، وَأَكْلُ الرِّبَا، وَأَكْلُ مَالِ الْيَتِيمِ، وَالتَّوَلِّي يَوْمَ الزَّحْفِ، وَقَذْفُ الْمُحْصَنَاتِ الْمُؤْمِنَاتِ الْغَافِلاَتِ

Der Gesandte Gottes (Muḥammad) sprach: „Bleibt von sieben vernichtenden Dingen fern!". (Die Ṣaḥāba fragten): „Oh Gesandter Gottes! Welche sind dies?". Der Prophet Muḥammad: „Gottesbeigesellung (širk), Zauberei (siḥr), die durch Gott als verwerflich (ḥarām) anerkannte unrechtmäßige Ermordung eines Menschen (nafs), der Nießbrauch von Zinsen (ribā') und des Vermögens von Waisenkindern (yatīm), die Flucht am Begegnungstag mit dem Feind, die unrechtmäßige Unzucht-Anschuldigung von gläubigen Frauen (die vor Unzucht [zinā] geschützt sind)."[873]

جَاءَ بِلاَلٌ إِلَى النَّبِيِّ صلى الله عليه وسلم بِتَمْرٍ بَرْنِيٍّ فَقَالَ لَهُ النَّبِيُّ صلى الله عليه وسلم " مِنْ أَيْنَ هَذَا . قَالَ بِلاَلٌ كَانَ عِنْدَنَا تَمْرٌ رَدِيٌّ، فَبِعْتُ مِنْهُ صَاعَيْنِ بِصَاعٍ، لِنُطْعِمَ النَّبِيَّ صلى الله عليه وسلم فَقَالَ النَّبِيُّ صلى الله عليه وسلم عِنْدَ ذَلِكَ " أَوَّهْ أَوَّهْ عَيْنُ الرِّبَا عَيْنُ الرِّبَا، لاَ تَفْعَلْ، وَلَكِنْ إِذَا أَرَدْتَ أَنْ تَشْتَرِيَ فَبِعِ التَّمْرَ بِبَيْعٍ آخَرَ ثُمَّ اشْتَرِهِ

Bilāl kam zum Propheten Muḥammad (Friede und Segen auf Ihm) und brachte Barnī-Datteln (gute Dattelsorte), woraufhin der Prophet fragte: „Woher hast du das?". Bilāl sprach: Ich hatte qualitativ-niedrigere Datteln und tauschte zwei Krüge davon gegen einen Krug Barnī-Datteln mit Absicht diese dem Propheten (zum Essen) zu geben. Daraufhin sprach der Prophet: „Hüte Dich! Hüte Dich! Das ist eindeutig Zins (ribā')! Das ist eindeutig Zins (ribā')! Mach nicht so! Aber wenn Du gute Datteln kaufen möchtest, verkaufe die Qualitativ-Niedrigeren gegen Geld und kaufe damit die gute Datteln."[874]

أَلاَ وَإِنَّ كُلَّ رِبًا فِي الْجَاهِلِيَّةِ مَوْضُوعٌ لَكُمْ رُءُوسُ أَمْوَالِكُمْ لاَ تَظْلِمُونَ وَلاَ تُظْلَمُونَ غَيْرَ رِبَا الْعَبَّاسِ بْنِ عَبْدِ الْمُطَّلِبِ فَإِنَّهُ مَوْضُوعٌ كُلُّهُ

„Seid Achtsam! Alle Zinsarten der Ǧāhilīya-Periode sind (endgültig) abgeschafft. Für euch gilt euer Wohlvermögen. Auf diese Art und Weise unterdrückt ihr nicht und werdet auch nicht unterdrückt. Die Zinsen von ʿAbbās bin ʿAbd al-Muṭṭalib habe ich vollständig abgeschafft."[875]

Es ist festzuhalten, dass der Islam den Zinshandel im Vergleich mit den Handelsbeziehungen wie Ware-Geld, Dienstleistung-Geld, Ware mit gleichwertiger Ware

873 BUḪĀRĪ: WAṢĀYA, 29.
874 BUḪĀRĪ: WAQĀLĀṬ, 12.
875 TIRMĪḎĪ: TAFSĪR, 3367.

unterscheidet und jede Zinsarten verwerflich (ḥarām) zählt.[876] Das islamische Recht erlaubt das aufrichtige Handeln, wohingegen Zinsen das Vermögen und die Glückseligkeit der Menschen nicht vermehren, aber erlaubter (ḥalāl) Lohn und die davon entrichteten Wohltätigkeitspenden (ṣadaqa) an die Bedürftigen zum Wohlstand führt, die Zinswirtschaftler im Diesseits und Jenseits in Unglück stehen, ihr Lebensgleichgewicht verlieren und sich letztendlich selbst schädigen. Obwohl die Erfahrungen der Menschheitsgeschichte die Offenbarung (waḥy) beglaubigen, wenden sich einige Gesinnungen dennoch nicht von der Zinswirtschaft ab.

Die Zinsenfalle breitete sich in den muslimischen Lebensräumen aus, in der nach Hayreddin Karaman die Bestrebungen der Modernisten eine Rolle spielten, weil sie die Iǧtihād-Kriterien missachteten und durch fremde Kultureinflüsse zu überwältigen versuchten.[877] Ihrer Ansicht nach diente die in der Offenbarung (waḥy) vorkommende Regelung des Zinsverbots nur als Regelwerk zur Hinderung der Armenausbeutung in der Ǧāhilīya-Zeit, sodass ihr historizitärer Methodenansatz im Herangehen an die Primärquellen deutlich wird. Daher vertreten sie heute die Meinung, dass Zinsen für die Menschen keinerlei negative Folgen haben, wobei sie in die Gegenwart auch kein Zinsverbot ableiten. Diese Modernisten gehen davon aus, dass alles was von fremden Kulturen kommt als „gut" eingestuft und nützlich angesehen wird, ohne die Weisheiten (ḥikam) und die Intentionen (maqāṣid) der islamischen Religionsquellen in die zeitgemäße Relevanz hin zu überprüfen. Sofern sie das überdacht hätten, müssten sie notwendigerweise zur Schlussfolgerung kommen, dass Zinsen (ribāʾ) nicht nur bei den vorislamischen Arabern zu Finanzkrisen in der Wirtschaft und in der Bevölkerung führten, sondern auch heute. Die gegenwärtige globale Finanz- und Wirtschaftskrise ist aus islamischer Perspektive ein Beleg dafür, dass die islamischen Religionsquellen, ihre Intentionen (maqāṣid) und ihre Weisheiten (ḥikam) überzeitlich sind.[878]

Nach Hayreddin Karaman ist das Geben und Nehmen von Zinsen unabhängig der Menge zu allen Zeiten verwerflich (ḥarām) und bringt den Menschen zu keiner Zeit Glückseligkeit oder Nutzen. Dieses Verständnis stimmt mit dem geistigen Verständnis der Primärquellen (šarīʿa) überein. Seiner Ansicht nach müssen der Verkauf und der Kauf von Wertpapieren wie Aktien und die Ausführungen des Risikoverfahrens islamkonform erfolgen.

876 Vgl. KARAMAN: Faiz. In: Yeni Şafak 10.08.2008.
877 Vgl. KARAMAN: Laik Düzende Dini Yaşamak (2002), Bd. 3, S. 96.
878 Vgl. KARAMAN: Faizin Tozu ve Enflasyon Farkı. In: Yeni Şafak 24.11.2011.

Zur Kapitalvermehrung kann die zinslose Mitgliedschaftsversicherung gegründet werden. Die überwiegende Mehrheit der Modernisten stellt nach Karaman die Bevölkerung aufgrund ihrer ökonomischen Unwissenheit vor sehr große Verluste, denn alle zinserwirtschaftenden Mechanismen tragen, entgegen ihrer Ziele, eben nicht zur Produktionsförderung bei. Die Modernisten gehen noch weiter, indem sie von tatsächlich ertragsorientierten Finanzwegen abhalten.

Die Finanzereignisse in der Geschichte der Türkei bestätigen, dass anstelle im langfristigen Bevölkerungsinteresse in effektive Kapitalanlagen und Produktionen zu investieren nur kurzfristige ertragsorientierte Ziele vefolgt und zinsgebundene Kredite vergeben wurden, welche aus verschiedenen Gründen oft nicht zurückgezahlt werden konnten. Die Folge war, dass die konventionellen Banken in Insolvenz gehen mussten. Zur Aufrechterhaltung der Beziehungen zwischen den Kreditnehmern und der Banken haben diese selbst die Zinsen weitergezahlt und ihr Kapital staatlich absichern lassen (türk. devletten mevdûâtın sigortalanması).[879] Anstelle der Türkei im aufrichtigen Sinne wirtschaftlich zu dienen und nützlich zu sein, haben sie die Insolvenzgelder inklusive der Zinsen durch den Staat zahlen lassen. Daher musste die breite Bevölkerung als Steuerzahler, bedingt durch die staatlichen Finanzabsicherungen der zinsgebundenen Kreditschulden, für überdimensionale Mengen and Kapitalschäden aufkommen.

Die Financiers waren zufrieden, weil ihre Gelder durch das Volk bezahlt wurden und sie luxeriös weiterleben durften. Die Banken waren zufrieden, weil niemand Rechenschaft beanspruchte. Die Kreditnehmer waren zufrieden, weil sie die Straftaten verwischen konnten und dabei keinerlei Gewissenskonflikte bekamen. Obwohl der türkische Staat dagegen viele optionale Handlungsmöglichkeiten innehatte, wandte er diese aus Regierungsinteressen nicht an. Alle Vorkehrungen im Staatsinteresse wurden verschoben und durch Zinserhöhungen mehr Schulden aufgenommen. Am Ende konnten die Beamtengehälter nicht gezahlt werden.[880]

Diese Finanzkrise führte zum Verkauf der staatlichen Schatzbriefe, welche durch die zinsgebundenen Kreditvergaben und der Zahlungsunfähigkeit der Kreditnehmer verursacht wurden. Gegen Ende des zwanzigsten Jahrhunderts führten diese Entwicklungen in der Türkei zur wirtschaftspolitischen Stagnation. Am Ende musste die provisorische Regierungskoalition aus den Parteien DSP-ANAP-DTP (türk. Anasol-D-Hükümeti) am 11. Januar 1999 abtreten.

879 Vgl. KARAMAN: Laik Düzende Dini Yaşamak (2002), Bd. 3, S. 97f.
880 Vgl. ebd., S. 98.

4.2.2.1.2 Bedürfniskredite ohne reelle Zinsen

Die türkische Arbeitsmigration nach Europa, insbesondere durch das Anwerbeabkommen von Deutschland und der Türkei von 1961, leitete gemeinsam mit anderen Anwerbeabkommen eine neue Epoche des „deutschen Wirtschaftswunders“ ein, sodass neben vielen türkischen Familien auch viele nichttürkische Zuwanderer nach Deutschland emigrierten, um dort eine gewisse Zeit lang zu arbeiten, nach einer Zeit wieder in die Ursprungsheimat zurückzukehren und ein wohlhabendes Leben zu führen. Da aber dieses Ziel im Generellen aus familiären Gründen überwiegend nicht realisiert wurde, leben sie und ihre Folgegenerationen dauerhaft in ihrer Zweitheimat. Diese neuen Umstände bringen für die Muslime automatisch neue Bedürfnisse mit sich. Wie in der Erstheimat möchten viele Muslime eigene Arbeitsräume errichten, eigene Firmenwagen besitzen und für die Familie ein eigenes Wohnhaus kaufen.

Viele europäische Länder geben ihren Einwohnern über die Banken finanzielle Hilfestellung in Form von Krediten, dessen Zinsen die Staaten mittels ihrer eingenommenen Steuern tilgen. Zahlreiche religiöse Muslime stellen sich hier die Frage, ob die Inanspruchnahme dieser zinsgebundenen Kredite für sie islamisch erlaubt oder nicht erlaubt ist, da Zinsen (ribāʾ) verwerflich (ḥarām) sind. Nach Karaman ist die Annahme eines staatlichen Anreizkredites unabhängig im Inland oder im Ausland seiner Meinung nach erlaubt,[881] weil diese keine reellen Zinsen beinhalten, der vom Staat unter „Zinsen“ eingenommene Mehrbetrag unter der Inflationsrate liegt oder diesem gleich ist. In diesem Fall nimmt der Staat oder die Bank als Stellvertreter wertgemäß die vergebenen Kredite wieder zurück, sodass keine reellen Zinsen vorhanden sind. Nach Karaman haben die Muslime die Erlaubnis von den Anreizkrediten zu profitieren und diese den anvisierten Lebensbedürfnissen (ḥāǧāt) entsprechend zu verwenden.

Die europäischen Banken vergeben auch Anreizkredite, die geringe reelle Zinsen beinhalten. Nach Karaman dürfen die Muslime mit dauerhafter Residenz in Europa von diesen nur unter der Erfüllung von zwei Kriterien profitieren. Erstens: Die Anreizkredite dürfen nur zur lebensnotwendigen Bedürfnisdeckung (ḥāǧāt) verwendet werden und der Betroffene muss seine Lebensbedürfnisse aus eigener Kraft nicht begleichen können.

Zweitens: Der mittels der aufgenommenen Kredite errichtete Arbeitsplatz muss zum Erfolg führen. Das Aufsuchen einer Zinsbank und die damit verbundene Annahme von Zinskrediten sind für Muslime absolut verwerflich (ḥarām). Ausnahmen bilden die elementaren Lebensbedürfnisse wie der Kauf einer

881 Vgl. KARAMAN: Laik Düzende Dini Yaşamak (2006), Bd. 3, S. 115.

Wohnung und ein Auto, die als Notbedürfnisse (ḍarūrāt) anerkannt sind und bei Fehlen zu Bedrängnissen und lebensbedrohlichen Krisen führen kann.[882]

Nach Karaman sind die in der Türkei vergebenen Wohn- und Autokredite nur unter zwei Bedingungen islamisch erlaubt. Erstens: Die Anreizkredite dürfen nicht zu zinsorientierten Ertragsabsichten (türk. faizli kazanç) vergeben werden, sondern müssen zur Förderung von bestimmten Industriesektoren ausgehändigt werden oder das existenzielle Bedürfnis des Menschen betreffen.[883] Zweitens: Wenn die Kredite reelle Zinsen beinhalten, muss der Kreditnehmer auf diese angewiesen sein und seine Lebensbedüfnisse (ḥāǧāt) anderweitig auch nicht beheben können. Diese können die lebensnotwendigen Familien- und Arbeitsbedürfnisse betreffen, denn ohne diese würden sie zu großen unüberwindbaren Krisen führen. Außerdem müssen den Betroffenen auch keine finanziellen Einnahmequellen wie Bank- oder Versicherungsinstitutionen vorliegen, die zinslose Kredite (türk. faizsiz kredi) anbieten.

Wenn jemand über das Mieten (iǧāra) oder über zeitliche Wertauflagen (murābaḥa) versucht seine Lebensbedürfnisse (ḥāǧāt) zu decken, sind entscheidende Preisdifferenzen vorhanden. In diesen Fällen gilt nicht die Wollust im Bestreben nach Luxus und Glamour, sondern die Deckung der elementaren Lebensbedürfnisse, welche zu Krisen und Engpässen führen. Es darf nach Hayreddin Karaman nicht vergessen werden, dass Notlagen die Muslime betreffend oftmals aufgrund der Nachlässigkeiten und der Ignoranzen entstehen und viele Muslime ihre gesellschaftlichen Pflichten und Verantwortungen nicht ausreichend bewusst sind.

Wenn die wohlhabenden Menschen ihre Almosen (zakāt) im Sinne einer Vermögensteuer an die Armen nicht oder nur unzureichend abtreten, zur Bedürfnisdeckung der Armen ihr Kapital nicht in die zinslosen Beteiligungsbanken (türk. faizsiz katılım bankaları) investieren, dann müssten die Armen notbedingt nicht auf die Zinskredite angewiesen sein. Die ausschließliche Verrichtung des Pflichtgebets (ṣalāt) und das Fasten (ṣaum) befreit die Muslime von ihrer Verantwortung nicht. Denn sie tragen im Kollektiv gesellschaftliche, ethische, finanzielle und religiöse Verantwortungen, die sie am Jüngsten Tag zu verantworten haben.[884]

---

882 Der Schutz des Lebens ist eines der Ziele der islamischen Religion (maqāṣid aš-šarīʿa), wonach im Fiqh zum Überleben Ausnahmegenehmigung möglich ist. Vgl. KARAMAN: Hayatımızdaki İslâm (2006), Bd. 2, S. 221.

883 Vgl. KARAMAN: Laik Düzende Dini Yaşamak (2006), Bd. 3, S. 115.

884 Vgl. ebd., S.116.

4.2.2.1.3 *Zinskredite in Not*

Eine spezielle Herausforderung an das islamische Recht (fiqh) in der säkularen Post-Moderne ist die notbedingte zingebundene Kreditaufnahme, welche Finanzmittel von Muslimen in ihrer Heimat mittel- oder langfristig in Anspruch genommen werden. Karaman erkennt, dass die Notlösung dieser Ausnahmegenehmigung (ruḫṣa) über den Gelehrtenkonsensus (iǧmāʿ) verläuft.[885] Hier ist darauf hinzuweisen, dass wenn in einem Gelehrtentreffen verschiedene Rechtsmeinungen hervortreten und in anderweitiger Gelehrtenversammlung eine bestimmte Position abgelehnt wird, die Zurückhaltungen der Gelehrten beständig sind, dann ist diese Herausforderung an das islamische Recht nicht gelöst. Karaman analysiert die Annäherungen an das Problem „Zinskredite in Not" und erörtert im Anschluss seine eigene Ansicht. Es lässt erkennen, dass im Generellen zwei Grundsatzhaltungen vorliegen. Die erste Position ist die Konstruktive und die zweite Position wird von zugeständnislosen Gelehrten vertreten.

Es versteht sich, dass die Gläubigen in ihren Annäherungen zweifellos aufrichtige Absichten verfolgen. Das läuft letzendlich darauf hinaus, dass die religiösen Gebote und Verbote strikt eingehalten werden, da eine Missachtung schließlich für Muslime von keinem Nutzen ist und sie in finanziellen Engpässen und in existenziellen Krisen verkommen. Das bedeutet auch, dass die muslimischen Händler, Industriellen und Handwerker aufgrund der Zinswirtschaft mit der Bank keiner Wirtschaftsbeziehungen eingehen, daher keine Zinskredite aufnehmen und schlimmstenfalls Insolvenz gehen. Eine nachgiebige Lösung der Annahme von Zinskrediten in Not (ḍarūra) wäre der widerstreitenden Haltung nach nicht angemessen, was schließlich zum Konkurs der laufenden Finanzgeschäfte führen würde. Ihrerseits sollen die Muslime ihre Willenskraft steigern und ohne Zugeständnisse den Islam verbreiten.

Nach Karaman ist diese strenge und beharrende Haltung, die die Arbeitgeber zu finanziellen Krisen führt, mit seiner eigenen Methode nicht vereinbar.[886] Der Grund liegt darin, dass die dargelegten Lösungen der frommen Widerstreitenden (die von einigen als bessere Muslime wahrgenommen werden) zu Engpässen führen. Karaman führt die Gründung einer islamkonformen Bank- oder Versicherungsgesellschaft an, die von den Gegnern im Kollektiv strikt abgelehnt, islaminkonform erachtet, und als „unislamisch" zurückgewiesen wird. Gemäß diesen Leuten sind diese Beispiele nur mögliche Barrieren in der Restauration der muslimischen Identität (iṣlāḥ) von Muslimen, wodurch die Gesinnungsprozesse

885 Vgl. KARAMAN: İslâm'ın Işığında Günün Meseleleri (2010), S. 395.
886 Vgl. ebd., S. 396.

verlängert werden und diese ihrer Ansicht nach nicht als Diensterweisung im Interesse der islamischen Religion anerkannt wird. Ihrer Meinung nach sollen die Muslime ausdrücklich davon fernbleiben.

Zum Iṣlāḥ sollten ihrerseits keine Kleinprobleme, sondern die ursprüngliche Problemquelle an sich behandelt werden. Dieser Lösungsvorschlag der restriktiven Gelehrten ist nach Karaman in notbedingten Finanzkrisen eine Dichotomie. Der Islam ist mit seinen Glaubenspfeilern (īmān), gottesdienstlichen Handlungen (ʿibādāt) und ethischen Richtlinien eine Einheit.[887] Jedes dieser Punkte vervollständigt und beeinflusst das Andere im harmonischen Einklang.

Die Prämienversicherungen und die Zinsbanken beziehen nicht ausschließlich Gegenleistungen für ihre Arbeiten, welches durch die Gesetzesregelungen der Türkei legitimiert wird. Da die Türkei verfassungsrechtlich säkular-laizistisch ist, darf sich die Religion nicht in die staatlichen Angelegenheiten einmischen. Daher geht Hayreddin Karaman in seinen Analysen vorrangig von Notlagen (ḍarūra) aus, die die Ausnahmegenehmigung (ruḫṣa) berücksichtigt.

Die fortwährende islamrechtliche Anerkennung einer Notlage führt jedoch zur chronischen Annäherung, weil die Lösung verstärkt nur in Notlösungen gesucht wird, wodurch es nach Karaman zum Entwicklungsstopp vom Iṣlāḥ kommt. Denn in der Heranziehung des Notzustandes stehen die Muslime in Engpässen und in Unruhesituationen, dessen sie aktiv zu überwinden versuchen. Dieses aktive Bestreben zum Iṣlāḥ muss nach Karaman stets vorhanden sein, denn ohne dies würde es zum Entwicklungs- und Veränderungsstopp im Iṣlāḥ kommen.

Mit Rücksicht auf die Anliegen der Muslime liegt die entscheidende Frage für Karaman darin, wie die Übergangsphase geregelt wird. Seiner Ansicht nach darf die Übergangslösung in Not nicht vom Ziel des Iṣlāḥ abbringen, denn diese ist als notbedingte Bedürfnislösung der mittel- oder langfristigen, kapitalbedürftigen Händler und Industriellen zu verstehen, macht sie aber im wahrsten Sinne unglücklich und traurig. Ihnen darf auch nicht der Vorwurf gestellt werden, dass sie Zinskredite aufnehmen und eine Verwerflichkeit (ḥarām) begehen. Dies liegt darin begründet, dass eine Not das Verwerfliche zur provisorischen Ausnahmegenehmigung umfunktioniert (aḍ-ḍarūrāt tubīḥ al-maḥẓūrāt). Das bedeutet nicht, dass sie bis auf weiteres verwerfliche Taten (ḥarām) begehen. Denn kein Muslim darf einen Anderen zur Ausübung eines Ḥarām anreizen. Wenn islamisch gesehen die Kriterien für eine Not (ḍarūra) erfüllt sind, die Möglichkeiten aber „nur in notbedingten Mengen" beansprucht werden, dann bewegt

887 Vgl. KARAMAN: İslâm'ın Işığında Günün Meseleleri (2010), S. 396f.

sich der Betroffene nach Hayreddin Karaman im Feld des Erlaubten.[888] Dies liegt auch darin begründet, dass keine anderweitigen zinslosen Finanzinsitutionen wie Beteiligungsbanken bestehen und damit verbunden eine generelle Notlagensituation (ḍarūra) einhergeht.

In Anlehnung an diese wichtigen Ausführungen besitzen die muslimischen Wirtschaftler nach Karaman zwei Verantwortungen.[889] Erstens: Zum Erstarken der Industrie müssen Kapitalinvestitionen durchgeführt werden, die an geringstmögliche Zinsen gebunden sind und größtmögliche Kapitalbeträge bereitstellen. Hierbei ist seiner Ansicht nach stets zu beachten, dass das Erreichen von hohen Gehaltsstufen nicht für die materielle Eigenmacht dient, nicht für das Aussorgen der eigenen Generationsfolge bezweckt wird, die ihre Gelder verspielt. Der Aufbau einer starken und ertragsreichen Industrie dient zur Industrieförderung der Muslime im Dienste an die eigene Religion. Diese Notlage (ḍarūra) geht nicht durch die Kapitalerträge einher, sondern durch die aktuelle und die zukünftige Situation der Muslime, welche die Übergangsphase überwinden muss.

Diese Motive sind nach Karaman die beiden Hauptmotive in der Einstufung einer generellen Notlagensituation. Hierbei versteht sich die Annahme von größtmöglichen Kreditbeträgen mit geringsmöglichen Zinsen in der Übergangsphase als Not (ḍarūra). Zweifelsohne sind Zinsen verwerflich (ḥarām), das Karaman nicht leugnet. Die Ausnahmegenehmigung (ruḫaṣ) von „Zinskrediten mit geringtsmöglichen Zinsen" geht durch die generelle Not (ḍarūra al-ʿamma) einher. Daher versuchen die Muslime die notbedingte Übergangsphase zu überwinden und die erforderlichen Dienste durch Fondsanlagen zu finanzieren. Falls eine personenspezifische Not vorliegen würde, dann müssten die Bedingungen der betroffenen Person untersucht werden. Im beschriebenen Fall liegen aber nach Karaman eine generelle Notlage (ḍarūra al-ʿamma) und eine soziale Not (ḍarūra al-iǧtimāʿiyya) vor.[890]

---

888 Beispiel: Trotz der Verwerflichkeit (ḥarām) von Schweinefleisch besteht in einer lebensbedrohlichen Lage wie in einer schweren Hungersnot (ḍarūra) für einen Muslim die provisorische Erlaubnis (Ausnahmegenehmigung) in „überlebensnotwendigen Mengen" davon zu profitieren. Siehe hierzu: KORAN, 2:173, 6:119.

889 Vgl. KARAMAN: İslâm'ın Işığında Günün Meseleleri (2010), S. 398–399.

890 Zur Etablierung zinsloser Kreditvergaben müssen nach HAYREDDİN KARAMAN die Beteiligungsbanken (türk. Katılım Bankaları) gestärkt werden, welches Vorgehen die wechselseitigen Angelegenheiten der Politiker und der Unternehmer betrifft. Erstere müssen seiner Meinung nach die entsprechenden Möglichkeiten zur Vergabe von zinslosen Krediten eröffnen. Dies ist für die volkswirtschaftlichen Entwicklungen

Unter Berücksichtigung der Übergangsphase und ihrer provisorischen Lösung lässt sich eine Notlage (ḍarūra) seiner Ansicht nach auch dadurch beschreiben, dass ohne die Besorgung von Gütern das Land geschwächt wird, übergroßen Erschwernissen ausgesetzt ist, eine Störung vorliegt und vom eigentlichen Kursweg abkommt. Daher besagt die **32.Maǧalla-Regel:**

„Generelle oder spezielle Bedürfnisse sind als Notwendigkeiten zu werten."
(osman. „Hâcet umûmi olsun husûsi olsun zarûret menzilesine tenzil olunur.")
(arab. „Al-ḥāǧa tanzil manzilat aḏ-ḍarūra ʿāmmatan aw ḫāṣṣatan.)

Unter dieser Maǧalla-Regel werden mit „generell" die Gemeinschaftsbedürfnisse (ḥāǧāt al-ʿamma) und unter „speziell" die personenspezifischen Bedürfnisse (ḥāǧāt al-fardī) verstanden. Beide sind als Not (ḍarūra) anerkannt, wobei die Gemeinschaftlichen im Verhältnis zu den Speziellen im Denken vieler Gelehrten gewichtiger sind. Bis zur Ausräumung der Not sind die Ḥarām-Dinge ausnahmebedingt genehmigt. Die **21.Maǧalla-Regel** folgt der **32.Regel:**

„Notlagen erlauben die verwerflichen Dinge."
(osman. Zarûretler memnu' olan şeyleri mübah kılar.)
(arab. Aḍ-ḍarūrāt tūbiḥ al-maḥẓūrāt.)

Karaman weist hier auf Ǧalāl ad-Dīn as-Suyūṭī (gest. 1505) und Zainuʾd-Dīn ibn Nuǧaim (gest. 1563) hin, welche die 32. Maǧalla-Regel in ihren Werken inhaltlich erwähnen.[891]

Ihr Vorgänger ist Izzuʾd-Dīn bin ʿAbd as-Salām (gest. 1262), der die Detailerörterungen der Gemeinschaftsbedürfnisse (ḥāǧāt al-ʿamma) als Notlage (ḍarūra) darlegt. Weiterhin erwähnt Karaman den tunesischen Gelehrten Ṭāhir bin ʿĀšūr (gest. 1973), der seinen Schwerpunkt in die Gemeinschaftsbedürfnisse (ḥāǧāt al-ʿamma) setzt. Dieser geht auch auf die provisorische Notlage von Einzelpersonen ein und führt hierzu verschiedene Beispiele an. Hierbei stützt er sich auf die folgende koranische Offenbarungsstelle (waḥy):

---

wichtig. Zweitere müssen zinslose Finanzmechanismen wie die Beteiligungsbanken und die Mitgliedschaftsversicherungen verwalten, führen und auf Dauer etablieren können. In Advisory Boards werden sie hierbei von den islamischen Rechtsexperten begleitet, die ihnen die Informationen über die islamkonforme Vertrags- und Anlagenprozedur der Fondsanlagen geben. Der Vorstand der Beteiligungsbanken hält sich an die Aussagen der islamischen Rechtsexperten. Vgl. KARAMAN: Katılım Bankalarındaki Danışma Kurulları. In: Yeni Şafak 14.12.2014; DERS.: İslâm'ın Işığında Günün Meseleleri (2010), S. 400.

891 Vgl. KARAMAN: İslâm'ın Işığında Günün Meseleleri (2010), S. 404.

إِنَّمَا حَرَّمَ عَلَيْكُمُ الْمَيْتَةَ وَالدَّمَ وَلَحْمَ الْخِنْزِيرِ وَمَا أُهِلَّ بِهِ لِغَيْرِ اللهِ فَمَنِ اضْطُرَّ غَيْرَ بَاغٍ وَلَا عَادٍ فَلَا إِثْمَ
عَلَيْهِ إِنَّ اللهَ غَفُورٌ رَحِيمٌ

„Verboten hat euch nur Fleisch von verendeten Tieren (Verendeten), Blut, Schweinefleisch, und Fleisch, worüber (beim Schlachten) ein anderes Wesen als Gott angerufen worden ist. Aber wenn einer sich in einer Zwangslage (d.h.Notlage) befindet, ohne (von sich aus etwas Verbotenes) zu begehren oder eine Übertretung zu begehen, trifft ihn keine Schuld. Gott ist barmherzig und bereit zu vergeben.“[892]

Neben dieser für die Einzelpersonen betreffenden Notlage (ḍarūra) gibt es mit Hinweis von Karaman zwei weitere Notlagen. Diese sind die provisorische und die dauerhafte Gemeinschaftsnotlage und ihre damit einhergehenden grundlegenden Bedürfnisse (ḥāǧāt).

Da für die dauerhafte Not fortwährende Ausnahmegenehmigungen (ruḫaṣ) erforderlich sind, wurden diese durch die Sunna eingeführt. Die generelle Not betrifft die Mehrheit (ǧumhūr).

Die islamische Religion zielt darauf ab, dass die Menschen in Wohlbefinden (maṣāliḥ) stehen, stark und lebendig sind und sich in geregelter Lebensordnung befinden. Wenn diese Zweckabsichten in Gefahr stehen und eine Not vorliegt, dann werden Verwerflichkeiten (ḥarām) zur Erlaubnis (ḥalāl) umfunktioniert.[893] Die Notbehebung erfordert die Ausnahmegenehmigung (ruḫṣa) anzunehmen. Diese Bedürfnisnotlagen werden nach Karaman in drei Arten unterteilt:

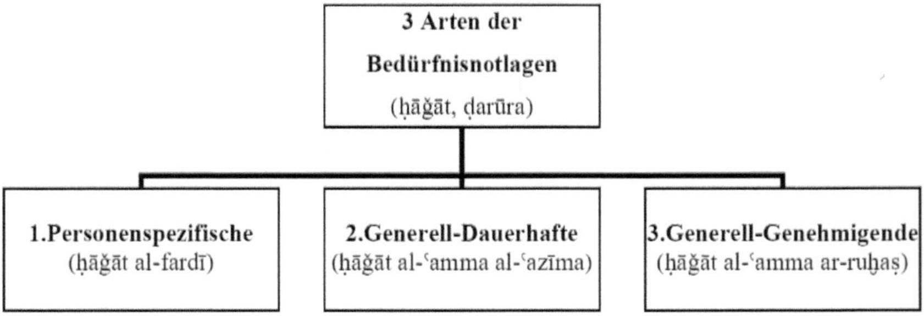

892 KORAN, 2:173.
893 Vgl. KARAMAN: İslâm'ın Işığında Günün Meseleleri (2010), S. 405.

1. Personenspezifische Bedürfnisnotlage (ḥāǧāt al-fardī):
Das Seidetragen ist für muslimische Männer verwerflich (ḥarām), wohingegen bei speziellen Hautkrankheiten, bedingt durch das Tragen von Baumwolle, ein Seidenhemd genehmigt ist.

2. Generell-dauerhafte Bedürfnisnotlage (ḥāǧāt al-ʿamma al-ʿazīma):
Karaman bezieht sich hier auf die Gedanken der islamischen Gelehrten wie Ibn ʿĀbidīn (gest. 1842) und Zainuʾd-Dīn ibn Nuǧaim (gest. 1562). Beide Gelehrten vertreten die Meinung, dass eine übergroße Erschwernis die Leichtigkeit eröffnet, zu welchem Prinzip Beispiele angeführt werden können. Die islamischen Rechtsgelehrten sind der Ansicht, dass bei Preistäuschungen die Ware wieder zurückgegeben werden darf. Einige Gelehrte erlauben dies ohne Kriterien, wobei andere die absichtliche Preistäuschung des Verkäufers als Bedingung setzen.

Zur Vorkehrung entgegen der Erschwernisse von Menschen ist die Rückgabe der fehlerhaften Ware, der gegenseitige Schwur, die vereinbarte Vertragsauflösung, die Entrichtung von Schadenszahlungen, die Friedensvereinbarung, die partnerschaftliche Landwirtschaft, die Handelspartnerschaft (muḍāraba) und das Anvertrauen einer Sache (amāna) erlaubt.[894]

3. Generell-genehmigende Bedürfnisnotlage (ḥāǧāt al-ʿamma ar-ruḫaṣ):
In der Einräumung von Erlaubnissen sind diese nur vorübergehend wirksam und betreffen die unkontinuierlichen Gemeinschaftsbedürfnisse (ḥāǧāt al-ʿamma), welche zu bestimmten Zeiten und Orten bedürfnis- und notlagenbedingt vorliegen.[895]

Bei Bedürfnissen besteht im islamischen Recht (fiqh) die Bedingung, dass Gemeinschaftsbedürfnisse (ḥāǧāt al-ʿamma) vor den Personenspezifischen (ḥāǧāt al-fardī) stehen, worüber eine Übereinkunft (ittifāq) vorliegt. Das Prinzip taucht in der **26. Maǧalla-Regel** auf:

> „Zur Abwendung der Gemeinschaftsschäden sind die Personenspezifischen hinzunehmen."
> **(osman. „Zarar-ı âmmı def' için zarar-ı hâs ihtiyar olunur.")**
> **(arab. Taḥammul aḍ-ḍarār al-ḫāṣṣ li-dafʿ aḍ-ḍarār al-ʿāmm.)**

894 Sofern diese islamrechtlich nicht genehmigt worden wären, hätten die Menschen nur von ihrem Eigenbesitz profitiert, sich nur an den Schuldner wenden müssen und ihre Arbeiten nur selbst fortführen können. Da mit diesen Bestrebungen für Menschen übergroße Erschwernisse verbunden sind, hat die islamische Religion zur Vereinfachung der humanen Handlungen Normen mit Ausnahmegenehmigungen (aḥkām ar-ruḫaṣ) eingeführt. Vgl. ebd., S. 207–211, 406–407.

895 Siehe hierzu auch die **32.Maǧalla-Regel** auf Seite 225 dieser Arbeit.

Ein besonders Beispiel betrifft hierzu die Finanzsituation der kollektiven Zivilgemeinschaft. Im Normalfall besteht nur die Almosenpflicht, falls das Gemeinschaftskollektiv die eigenen Ausgaben selbständig begleichen kann. Wenn das Gemeinschaftsbedürfnis besteht und die Volksgemeinschaft die Ausgaben aus verschiedenen Gründen selbstständig nicht begleichen kann, dann müssen bestimmte Almosenbeträge (zakāt) im Sinne einer Vermögenssteuer (türk. servet vergisi) eingenommen werden. Diese Norm basiert auf das soziale und geschwisterliche Rückhaltprinzip des Islams, auf das Wohlbefinden (maṣāliḥ) der Gemeinschaftsbedürfnisse (ḥāǧāt al-ʿamma), die Vorrangstellung der Schadensabwendung vor der Vorteilserlangung, die größtmögliche Schadensabwendung durch die Inkaufnahme des kleinsten Schadens und die Inkaufnahme des personenspezifischen Schadens zur Abwendung der Gemeinschaftlichen.[896]Nach diesen eingehenden Ausführungen wird erkennbar, dass das islamische Recht (fiqh) zum Schutz der kollektiven Bedürfnisse (ḥāǧāt) die Gemeinschaftsinteressen (maṣāliḥ al-ʿamma) im Vergleich zu den Personenspezifischen (maṣāliḥ al-fardī) vorrangig betrachtet:

> **„Die Gemeinschaftsinteressen (maṣāliḥ al-ʿamma) stehen vor den personenspezifischen Interessen (maṣāliḥ al-fardī)."**

4.2.2.1.4 Maßstab von Zinskrediten in Not

Im islamischen Recht (fiqh) sind die existenziellen Lebensbedürfnisse (ḥāǧāt) als Not (ḍarūrā) anerkannt, welche die Verwerflichkeiten (ḥarām) provisorisch genehmigen.[897] Dazu gehören die Gemeinschaftsbedürfnisse (ḥāǧāt al-ʿamma). Die wirtschaftliche Stärkung der Einzelnen und die Sicherung der religiösen Werte sind spezielle Bedürfnisse, wobei die Muslime verpflichtet sind sich zu stärken und die finanzschwächebedingten Nachteile zu regulieren. Wenn zu dessen Realisierung die Möglichkeit ausschließlich nur darin besteht Zinskredite aufzunehmen, dann müssen diese aber mit kleinstmöglichen Zinsen angenommen

896 Fallbeispiel: Der Feind nimmt einige Muslime als Geisel fest, stellt diese als Schutzschild und geht gegen die Mehrheit kriegerisch vor. In diesem Fall müssen sich die Muslime wehren, da sie sonst Kollektivschäden erleiden. Hier gilt, dass die Mehrheitsbedürfnisse (ḥāǧāt al-ʿamma) den Personenspezifischen (ḥāǧāt al-fardī) vorausgehen. Vgl. KARAMAN: İslâm'ın Işığında Günün Meseleleri (2010), S. 408f; KARAMAN bezieht sich hier auf die wichtigen Rechtsgedanken von ABŪ ḤĀMID MUḤAMMAD AL-ĠAZĀLĪ (gest. 1111). Siehe vor diesem Hintergrund AL-ĠAZĀLĪ: Al-Mustaṣfā min ʿIlm al-Uṣūl (1937), Bd.1, S. 286–287.

897 Vgl. KARAMAN: Zarûret Hâli İstismarı. In: Yeni Şafak 18.08.2013.

werden.[898] Dabei gilt nach Karaman die Bedingung, dass die Muslime in kürzester Zeit auf die zinslose Wirtschaft übergehen und die hierfür erforderlichen finanziellen Mechanismen wie die zinslosen Beteiligungsbanken und Versicherungen entwickeln. Wenn diese gegeben sind, wird die Notlage (ḍarūra) aufgehoben. Unter diesen Umständen ist die Zinsverwerflichkeit einzuhalten.[899]

Zweifelsohne müssen kurz- und langfristige Handelsinvestitionen realisiert werden können, um für den Haushalt aufzukommen, welche Bedürfnisse als Notlagen einzustufen sind. Große Investitionen erfordern verständlicherweise auch großes Kapital, welche durch verschiedene Bereitsstellungswege empfangen werden können. Die Religion sieht ihren Prinzipien nach die zinslose und partnerschaftliche Wirtschaftsform vor. Falls auf diese Weise keine Investitionen erhalten werden können, dann ist das Warten bis zur Kapitalbereitsstellung falsch. Denn Notlagen dürfen nicht warten. Daher existieren im islamischen Recht Ausnahmegenehmigungen (ruḫaṣ), welche in der Übergangsphase zur Notüberwindung beachten werden müssen.

Eines der Ausnahmegenehmigungen (ruḫaṣ) ist aus islamischer Sicht die Bedürfnisdeckung des Einzelnen und der Gemeinschaft mittels Zinskredite, falls keine anderen Möglichkeiten vorliegen. Die Intentionen liegen darin, dass die Muslime wirtschaftlich vorankommen. Diese Ziele sind nach Karaman als Bedürfnisse (ḥāǧāt) und Notlagen (ḍarūra) anzuerkennen. Die Begleichung dieser durch verwerfliche (ḥarām) Finanzmittel ist islamrechtlich gesehen nur in geringstmöglichen Mengen erlaubt, wonach die Ausnahmegenehmigung (ruḫṣa) nur unter diesen Umständen angenommen wird. Notlagen (ḍarūrāt) sind daher nur in den geringstmöglichen und erforderlichen Mengenmaßen annehmbar.

Diese Regelung geht nach Hayreddin Karaman auf die **22. Maǧalla-Regel** zurück,[900] welche zur Lösung von Notlagensituationen (ḍarūra) einen

898 Vgl. KARAMAN: İslâm'ın Işığında Günün Meseleleri (2010), S. 410.

899 Die islamische Religion stellt zwischen dem Charakter (aḫlāq) eines Menschen und der Wirtschaftsgesinnung spezielle Beziehungen her und erklärt das Geben und Nehmen jeglicher Arten von Zinsen (ribāʾ) für verwerflich (ḥarām). Falls die Šarīʿa-Normen beachtet werden, ist erkennbar, dass die islamische Religion den Glauben, die soziale und wirtschaftliche Gesinnung eines Menschen betrifft. Hier sind die Intentionen (maqāṣid) der Šarīʿa-Normen sehr wichtig, denn diese verlangen von Muslimen das Fernbleiben von Täuschung, Betrug und von unverdienten Einnahmen. Vgl. DÖNDÜREN: İslâm Ekonomisinde Sermaye Birikimi ve Kullanılma Yöntemleri, in: İLAM Araştırma Dergisi, 1 (1996), S. 55.

900 „Notlagen (ḍarūrāt) sind nur in ihren erforderlichen Mengenmaßen annehmbar." (osman. Zarûretler kendi mikdarlarınca takdir olunur). Vgl. KARAMAN: İslâm'ın Işığında Günün Meseleleri (2010), S. 411.

bestimmten Maßstab setzt und als das „Gute vom Schlechten" zu verstehen ist. Bis zur Realisierung der finanziellen Ideallösung, wie die Errichtung von Beteiligungsbanken, gilt die provisorische Notlösung, welche aber nicht als Dauerlösung angenommen werden darf. Denn die Ideallösung sieht vor, dass Zinsen (ribāʾ) verwerflich (ḥarām) sind. Zinslose Leihen sind erlaubt, wobei die Kapitalrückzahlungen unter Einbezug der inflationären Differenzen (türk. enflasyon farkı) erfolgen müssen. Wenn dieses Kriterium nicht berücksichtigt wird, dann wird die tatsächliche Wertschuld, bedingt durch die Inflation und ihrer Differenz, nicht vollständig zurückgezahlt.

Nach all diesen Ausführungen wird erkennbar, dass unter „Notlage" (ḍarūra) nach Karaman auch jene Zustandsstörungen inbegriffen sind, die die Menschen quält, bedrängt, schwächt. Solange die hierdruch definierten „Notlagen" andauern, können die islamisch-unerlaubten Problemlösungen auch „provisorisch" herangezogen werden. Daher müssen im Denken von Karaman die institutionellen und finanziellen Bedürfnisse (ḥāǧāt) von Muslimen im Nachgehen der soziokulturellen Angelegenheiten demgemäß angenommen werden.

Während dieser Überprüfung ist darauf zu achten, ob die Einzelnen in ihren Lebensabläufen im Generellen geschwächt werden oder nicht. Hierbei ist die zukunftsorientierte Annäherung zum eigenen Wohl erforderlich, in der die Vorlage einer Not (ḍarūra) überprüft wird. Wenn eine solche vorliegt, werden im zweiten Schritt die Möglichkeiten und die Realisierbarkeit der Bedrüfnisse (ḥāǧāt) untersucht. Wenn keine finanziellen Möglichkeiten existieren, wird die notbedingte finanzielle Beschaffungsquelle untersucht. Nach dieser Überprüfung werden die sofortigen und die späteren Möglichkeiten aufgelistet und der Reihe nach realisiert.

Nach Karaman ist diese Ausnahmegenehmigung (ruḫṣa), bedingt durch die Notlage (ḍarūra), als das „Gute vom Schlechten" einzustufen. Der Idealzustand wäre, dass zur Förderung der produktiven reellen Wirtschaft zinslose Beteiligungsbanken (türk. katılım bankaları) errichtet werden.[901] Unter ihrem Schirm können Mitgliedschaftsversicherungen entstehen, welche die existenziellen Werte des Menschen wie die Gesundheit im Sinne einer erlaubten Krankenversicherung absichern.

---

901 Als Beispiel führt Hayreddin Karaman jene Entwicklungen an, welche nach einer Übergangsphase in diesem Bankengebiet gegeben sind. Als Modell führt er die zinslose Fondsbildung an. In der Übergangsphase von der Zinswirtschaft in die Zinslose ist die „Notlösung" gegeben, in der das Kapital entweder in die zinsgebundenen Fondsanlagen, oder in die Partnerschaftlich-Zinslosen investiert wird. Der Ablauf und der Vertrieb werden bis auf weiteres durch die Beteiligungsbank geführt, weil die institutionellen und die organisatorischen Bedingungen nicht abgeschlossen sein können. KARAMAN: İslâm'ın Işığında Günün Meseleleri (2010), S. 403.

4.2.2.1.5 Kreditkarten

Die Begutachtung von Kreditkarten im islamischen Recht (fiqh) und ihre islamkonformen Varianten werden unter den islamischen Gelehrten bis heute kontrovers diskutiert, sodass die Debatten nicht abgeschlossen sind und daher keine einheitlichen Gelehrtenmeinungen vorliegen. In der Gegenwart ist erkennbar, dass viele Menschen aus verschiedenen Gründen auf die Kreditkartenzahlung zurückgreifen und bargeldlos zahlen. Da die Kreditkarte als modernes Zahlungsmittel anerkannt ist, bedarf es aus islamischer Perspektive der Begutachtung.

Der bekannte englische Begriff für Kreditkarte „Credit Card" ist eine terminologische Zusammenführung der Begriffe „Credit" (Sicherheit, Vertrautheit) und „Card" (Dokument).[902] Als Wirtschaftsbegriff wird „Credit Card" als Dokument verstanden, welches etwa durch eine Bank oder einer anderen Finanzinstitution ausgestellt wird und dem Kreditkartenbesitzer im Rahmen eines Kreditlimits bargeldlos die Bedürfnisdeckung und die Inanspruchnahme von bestimmten Diensten ermöglicht.[903]

Bei Zinsbanken werden im Kreditkartenvertrag bestimmte Fristen gesetzt, innerhalb dieser der Kreditkartenbesitzer seine Schulden begleichen muss. Kommt er zum Zahlungsverzug, muss er für die vertraglich geregelten Zinsen (ribāʾ) aufkommen.[904] Einige Banken bieten die Möglichkeit an, mittels der Kreditkarte zinsgebundene Bargelder abzuheben. Die Vertragskriterien der hierdurch geregelten Zinszahlungen und die zinsgebundenen Bargeldabhebungen sind islamisch verwerflich (ḥarām). Unter Berücksichtigung der islamischen Kriterien (šurūṭ) sind Kreditkarten im Generellen in zwei Arten einzuteilen:

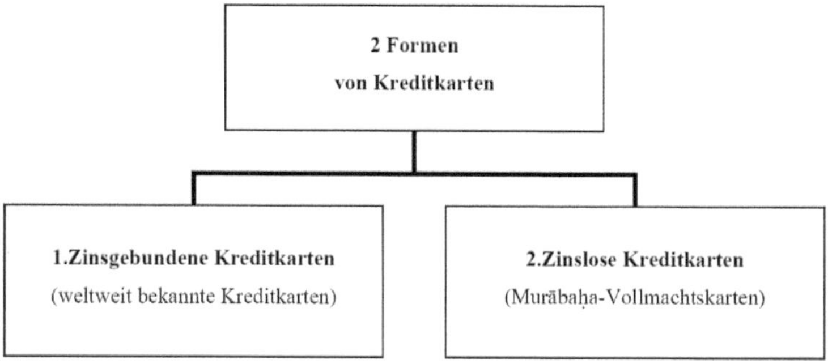

902 Vgl. YILMAZ: İslâm Hukukuna Göre Kredi Kartı, in: HÜİFD, 2 (2011), S. 60.

903 Vgl. AKTEPE: Kredi Kartı İşlemlerinin İslâm Hukuku Açısından Değerlendirilmesi. In: Fıkhî Açıdan Finans ve Altın İşlemleri. Tartışmalı İlmî Toplantı Konya 27–28.04.2012. İstanbul 2012, S. 373.

904 Vgl. KARAMAN: Hayatımızdaki İslâm (2003), Bd. 1, S. 498.

Kreditkarten sind spezielle Zahlungsmittel für Waren oder beanspruchte Dienstleistungen, die die Bargeldzahlung ersetzen. Falls die Bank für ihre geleisteten Dienstleistungen Gegenwerte beansprucht, sind diese nicht bedenklich, weil sie für die geleisteten Dienstleistungskosten wie etwa Personal- und Räumlichkeitskosten und Nebenkosten aufkommen muss. Der Kreditkartenbesitzer verschuldet sich beim Einkaufen, bedingt durch den Kartengebrauch, an die Bank, dessen Vereinbarung beide Vertragsparteien willentlich unterschrieben haben.

Auch wenn das Kreditkartensystem in eine islamkonforme Prozedur angepasst werden kann, können in der Vertragsvereinbarung zwischen einer Zinsbank und einem Kreditkartenbesitzer aus islamischer Sicht verwerfliche (ḥarām) Vertragsbedingungen ersehen werden.

Zum Beispiel sieht ein Vertrag bei Zahlungsverzug die Wandlung der Kreditkartenschulden in Zinskredite um. Die Bank nimmt vertragsgemäß Zinsen ein.[905] Da der Kreditkartenbesitzer diesen Vertrag unterschrieben hat, akzeptiert er die darin enthaltenden Vertragsbedingungen und somit bei Zahlungsverzug die zusätzlichen Zinstilgungen. Hier stellt sich die Frage, ob ein Einkaufsvorgang mittels der konventionellen Banken erstellten zinsgebundenen Kreditkarten noch vor Fristablauf des Rechnungstages möglich ist oder nicht.

Nach Karaman ist der Einkauf mit einer Kreditkarte möglich, wenn die durch die Bank im „Käufernamen gezahlten Beträge" durch die „Schuldenzahlung des Käufers" noch vor der Zinsenumwandlung erfolgt.[906] Wenn dieser Fall gegeben ist, dann bestehen nach Karaman keine Bedenken. Diese Erkenntnis ist auch dadurch zu begründen, dass die durch die Bank gezahlten Einkaufssummen als „Schuldenrückzahlungen des Käufers" an die Bank verstanden werden. Wenn die Schulden auf dem Kreditkartenkonto nicht fristgemäß beglichen werden, wandeln sich die Kreditkartenschulden in Zinskredite um, die verwerflich (ḥarām) sind.[907]

Das Entscheidende ist hier die gewährte Rückzahlungsfrist der Kreditkartenschulden, damit diese nicht in verwerfliche (ḥarām) Zinskredite umgewandelt werden. Falls keine Not (ḍarūra) vorliegt, sollten die Muslime die zinslose Kreditkarte wie die Murābaḥa-Vollmachtskarte der Beteiligungsbanken bevorzugen, die auch keine verwerflichen Zinsprozeduren vornehmen.[908] Denn das

---

905 Vgl. AKTEPE: Kredi Kartı İşlemlerinin İslâm Hukuku Açısından Değerlendirilmesi. In: Fıkhî Açıdan Finans ve Altın İşlemleri. Tartışmalı İlmî Toplantı Konya 27–28.04.2012. İstanbul 2012, S. 375.

906 Vgl. KARAMAN: Hayatımızdaki İslâm (2006), Bd. 2, S. 344–345.

907 Vgl. KARAMAN: Hayatımızdaki İslâm (2003), Bd. 1, S. 498.

908 Vgl. http://www.hayrettinkaraman.net/sc/00112.htm (Einsicht: 01.05.2013).

Fernbleiben von Zinsen ist für Muslime eine Pflicht (farḍ). Diese sind verpflichtet, für das Vernünftige einzutreten und vom Unvernünftigen wegzutreten. In der Wahrnehmung von Sünden kommt es von Muslimen daher zu empfehlenden Ratschlägen zum Vernünftigen.

Wenn Muslime die Alternative besitzen, zinslose Kreditkarten (Murābaḥa-Vollmachtskarten) aufzunehmen, dann müsse sie diese glaubensbedingt bevorzugen.

Die Zinsbanken führen bestimmte Zinsprozeduren durch, auf welche die Gläubigen nur bei Vorlage einer Not eingehen und davon nur in erforderlichen Mengen profitieren.[909]

Im Gegensatz hierzu führen die Beteiligungsbanken zinslose islamkonforme Bankprozeduren durch, in der der Kreditkartenbesitzter als Stellvertreter der Beteiligungsbank agiert und die Ware in ihrem Namen kauft. Die Beteiligungsbank verkauft diese Ware an den Kartenbesitzer weiter, in dem sie einen bestimmten Gewinn (türk. kâr) addiert.[910] In diesem Handelsvorgang entstehen im Denken von Karaman keine Zinsen, da die „Ware" im Gegenzug von Geld verkauft wird (murābaḥa).[911] Die Wertauflagen (türk. vâde farkı) im Verkaufswert verstehen sich seiner Meinung nach „nicht" als Zinsen.[912] Zum Beispiel besitzt jemand eine Murābaḥa-Vollmachtskarte von einer Beteiligungsbank und kauft damit eine Ware in ihrem Namen.

Die Beteiligungsbank kauft diese Ware vom Verkäufer bar. Im Anschluss daran bietet sie dem Kreditkartenbesitzer zum Beispiel eine Rückzahlungsfrist von vierundzwanzig Monaten an, in welcher zum Beispiel eine Finanzierung mit sechs Prozent zeitlichem Wertaufschlag (türk. vâde farkı) vorhanden ist. Der Käufer muss die monatlichen Schulden inklusive der Wertaufschläge begleichen, welche ihm kenntlich sind. Diese verstehen sich Karaman als „erlaubte Handelserträge" (türk. helal olan ticâri kâr).[913]

Die Beteiligungsbank schließt den Kreditkarten-Vertrag mit der Person unter der Vorgabe von bestimmten islamkonformen Vertragsbedingungen ab. Gemäß diesen Vertragsbedingungen kann der Karteninhaber Waren im Namen der Beteiligungsbank kaufen, die die vollständige Verkaufssumme an den Käufer

909 Vgl. http://www.hayrettinkaraman.net/sc/00113.htm (Einsicht: (04.05.2013).
910 Vgl. KARAMAN: Hayatımızdaki İslâm (2003), Bd. 1, S. 498.
911 Vgl. http://www.hayrettinkaraman.net/sc/00111.htm (Einsicht: 07.05.2013).
912 Vgl. http://www.hayrettinkaraman.net/sc/00110.htm (Einsicht: 08.05.2013).
913 Vgl. KARAMAN: İslâm'ın Işığında Günün Meseleleri (2010), S. 371–384.

übermittelt.[914] Der Kartenbesitzer (Käufer) erhält vertragsgemäß die Möglichkeit, die gekaufte Ware in bar zu bezahlen oder diese zu finanzieren.

Vertragsgemäß gilt bei einer Finanzierung die Bedingung, dass die Beteiligungsbank auf den ursprünglichen Kaufpreis zeitliche Wertaufschläge (türk. vâde farkı) addiert. Diese sind dem Käufer kenntlich.[915] Wenn der angehende Karteninhaber einer „Murābaḥa-Karte" mit diesen Vertragskriterien schriftlich einverstanden ist, dann kommt der Kreditkartenvertrag mit der Bank zustande. Für Muslime ist das Eingehen von Finanzbeziehungen mit einer Zinsbank und ihrer Prozeduren verwerflich (ḥarām). Notlagen (ḍarūrāt) bleiben hier eine Ausnahme. Für Muslime besteht die Pflicht, von zinsgebundenen Kreditkarten fern zu bleiben und bei Bedarf sich eine Murābaḥa-Karte anzueignen, welche von den zinslosen Beteiligungsbanken (türk. faizsiz katılım bankaları) ausgestellt werden.

Bei einer Finanzierung werden auf den Verkaufspreis nur zeitliche Wertaufschläge (türk. vâde farkı) oder die zeitbedingten Kursdifferenzen der Währung (türk. döviz kuru farkı) eingenommen, die mittels der Murābaḥa-Karten gekauft wurden. Das bedeutet, die Beteiligungsbank verkauft die Ware an den Kartenbesitzer unter Einbezug von monatlichen Erträgen weiter.[916] Bei Zahlungsverzug der Schulden verlangen sie keine Sonderzahlungen. Wenn die Währung Werteverluste erleidet, dann werden die Inflationsdifferenzen (türk. enflasyon farkı) eingenommen. Trotz der Murābaḥa-Karte, wäre es nach Karaman empfehlenswert, nicht auf diese Zahlungsmittel zurückzugreifen und die Waren aus eigener finanzieller Kraft zu begleichen.

Das Gefühl mittels der zinsgebundenen Kreditkarte ohne Bargeld einzukaufen ist oftmals eine Irreführung und im Nachhinein mit Reue (tawba) verbunden, welche bei Kreditkarten, bei Zahlungsverzug, in Ḥarām-Kredite umgewandelt werden. Oft können die Kredikartenschulden aus eigener finanzieller Kraft nicht mehr zurückgezahlt werden, wodurch eine ungewollte Zahlungsverzögerung und die Umwandlung in Kredite unvermeidlich ist. Die Verwendung von zinslosen Kreditkarten verhindert die Zahlung von Zinsen (ribā') und schützt den Kartenbesitzer vor der Zinsenfalle. Die Verwendung von zinsgebundenen Kreditkarten verführt den Karteninhaber zu verschiedenen großen Risiken, wie der überdurchnittliche Nießbrauch von Waren (Verschwenderischsein) und die Wandlung der Kartenschulden in Zinsschulden.[917]

---

914 Vgl. KARAMAN: Katılım Bankaları Mevzuâtı Problemli. In: Yeni Şafak 30.05.2014.

915 Vgl. KARAMAN: Hayatımızdaki İslâm (2006), Bd. 2, S. 345.

916 Vgl. ebd., S. 344–345.

917 Vgl. http://www.hayrettinkaraman.net/sc/00110.htm (Einsicht: 13.06.2014).

Letztendlich fördert dies die Zinswirtschaft mittels der gezahlten Zinsen, der zinsgebundenen Bargeldabhebungen, der Überschreitungskosten für vertraglich vorgegebene Kreditgrenzen. All diese Zinsprozeduren sind verwerflich (ḥarām). In der Türkei wurde die erste Kreditkarte 1968 eingeführt. In den Folgejahren wurden weitere Kreditkarten auf den Markt gebracht, sodass Millionen von Menschen kontinuierlich ihre Schulden abbezahlen müssen.[918]

Zum Schutz vor der Zinsenfalle bleibt die Murābaḥa-Vollmachtskarte im Vergleich zu den zinsgebundenen Kreditkarten nach Karaman eine ernsthafte Alternative.[919]

4.2.2.2 Bank- und Versicherungsangelegenheiten

4.2.2.2.1 Mitgliedschaftsversicherung

Versicherungen zielen bei ihren vertraglichen Intentionen auf eine gegenseitige Solidarität ab (im Gegenzug von wechselseitigen Leistungen),[920] dessen Zweck die islamische Religion zur Pflicht (farḍ) erhebt und anreizt. Wenn jemand materielle oder gesundheitliche Schäden erleidet, entsprechen die Wiedergutmachungen

---

918 Der Staat, die Kreditkartenbetreiber und die Karteninhaber erlangen mittels der Kreditkartensystems einige Vorteile. Der Karteninhaber kann eine Ware oder eine Dienstleistung jederzeit beanspruchen, dessen Gegenwert er später begleichen kann und dabei keine übergroßen Mengen an Bargeld mittransportieren muss. Die Ausgaben können über die transparenten Kartenabbuchungen eingesehen werden. Beim Einkaufen kann die Kreditkarte weltweit eingesetzt werden. Bei eiligen Geldbedürfnissen kann die geldbedürftige Person mittels der Kreditkarte, in einer Not, sofort auf die erforderlichen Dienste oder die benötigte Ware erlangen, ohne dabei von anderen Personen Geld aufsuchen zu müssen. Desweiteren können über das Internet Rechnungen bezahlt werden. Wieterhin beugt der Gebrauch von Kreditkarten gegen Falsch- und Kleingeld vor. Der Staat erlangt über das Kreditkartensystem bestimmte Vorteile, wie die Verhinderung von informellen Wirtschaftsmechanismen, dem Einzug höherer Steuern und geringerer Inflationswerte. Diese erlangt er auch im zinslosen Kredikartensystem.
Vgl. AKTEPE: Kredi Kartı İşlemlerinin İslâm Hukuku Açısından Değerlendirilmesi. In: Fıkhi Açıdan Finans ve Altın İşlemleri. Tartışmalı İlmi Toplantı Konya 27–28.04.2012. İstanbul 2012, S. 374–375; AKTEPE: Kredi Kartı Sistemi ve İslâm Hukuku Açısından Değerlendirilmesi, in: Dinbilimleri Akademik Araştırma Dergisi, 10 (2010), S. 137–138; KAYA: Türkiye'de Kredi Kartı Uygulaması (2009), S. 118–130.

919 Vgl. http://www.hayrettinkaraman.net/sc/00112.htm (Einsicht: 12.06.2014).

920 Vgl. KARAMAN: İslâm Düşüncesinde Ekonomi, Banka ve Sigorta (2011), S. 183.

den islamischen Prinzipien. Denn der Mensch besitzt von Natur aus (fiṭra) das Bedürfnis (ḥāğa) diese zu schützen.[921]

Gegenwärtig werden Verischerungsverträge nicht zwischen zwei Privatpersonen geschlossen, sondern über Versicherungsgesellschaften, die die Versicherungsgeschäfte führen. Auf diese Art sammelt sich über die eingezahlten Prämien aller Versicherten eine große Kapitalsumme an, sodass die Versicherungsgesellschaft in den Schadensfällen für die Schäden aufkommt.

Heute ist die risikoabsichernde Versicherung eine Iğtihād-Angelegenheit, die im Lichte der Primärquellen auf ihre vertraglichen und betrieblichen Prozeduren begutachtet werden. Nach intensiver Forschung ist festzustellen, dass die islaminkonformen Prämienversicherungen und Banken ihre Überschüsse durch Zinsen (ribāʾ) erzielen. Unabhängig der Menge sind Zinsen (ribāʾ) verboten (ḥarām), so dass die Muslime davon fernbleiben und ihre Investitionen über zinslose Kapitalinvestitionen tätigen sollen, indem sie zum Beispiel in die erlaubten (ḥalāl) Fondsanlagen der Beteiligunsbanken investieren.

Entgegen der heute bekannten Prämienversicherung entwickelten die muslimischen Gelehrten das Modell der Mitgliedschaftsversicherung. Demnach ist diese ein Solidaritätsvermittler, der die Prämien der Dienstleistungen einholt. Die Versicherungsbeiträge der Mitglieder werden auf ihrem Mitgliedskonto registriert und durch Investitionen auch neue Firmen gegründet, die Versicherungsschäden aus den erzielten Überschüssen und Versicherungskonten gezahlt. Der Restbetrag auf diesem Konto ist das Geld des Versicherungsnehmers, sodass dieser jederzeit aus dem Versicherungsvertrag aussteigen und seine eigenen Überschüsse mitnehmen kann. Bei Mitgliedsausstieg ist darauf zu achten, dass nach dem Abzug der Schadensanteile, der Restbetrag dem Mitglied überwiesen wird.[922] Ein Nachteil der zinsgebundenen Prämienversicherung ist die Prämienüberführung auf ihr eigenes Firmenkonto.[923] Zudem sind diese im Vergleich zu den geleisteten Diensten sehr hoch und ohne das Eintreffen von Schäden zahlt die Versicherung an den Versicherten keine Prämien.

Die Versicherungsprämien werden über zinsorientierte Investitionen vermehrt und die Überschüsse gehören der Versicherung. Eine Zinsversicherung profitiert von der Möglichkeit der vorliegenden Rechtsbedingungen. Der Versicherungsnehmer genießt im nächsten Vertrag von den gesunkenen Prämien, falls auch keine Schäden verursacht wurden.

---

921 Vgl. BEŞER: İslâm Şeriatı Açısından Sigorta. In: 1.Uluslararası İslâm Ticaret Hukukunun Günümüzdeki Meseleleri Kongresi, Konya 2007, S. 867.

922 Vgl. KARAMAN: İslâmî Sigorta. In: Yeni Şafak 05.05.2013.

923 Vgl. KARAMAN: Laik Düzende Dini Yaşamak (2005), Bd. 1, S. 107f.

Durch den Vertragsabschluss mit der Versicherung schränken die Versicherten den göttlichen Willen nicht ein und die Parteien sprechen nicht über das Vorstehen von Zukunftsereignissen. Auch wenn der Vertrag geschlossen wurde, wird nach islamischem Glaubensverständnis der Gotteswille realisiert. Danach tritt der Versichervertrag ein, womit die Schäden beglichen werden. In einer solchen sieht Hayreddin Karaman keine Bedenken, welche das Gottvertrauen und die Gottergebenheit betrifft. Die überwiegende Mehrheit der islamischen Gelehrten ist der Ansicht, dass im zwischenmenschlichen Bereich (muʿāmalāt), wie bei neuen Verträgen, die Erlaubnis gilt, wenn keine Belegführungen zum Ḥarām vorliegen.[924]

Ein Versicherungsnehmer zahlt die Beiträge nicht mit der Absicht, dass er nach einer Zeit mehr Geld zurückbekommt, sondern mit der Absicht die Schäden aller Mitglieder zu beheben, das letztendlich durch die Beitragszahlungen und ihrer Vermehrungen kompensiert werden kann. Dieses Verständnis versteht Karaman als eine „Form der Solidaritätstütze" und nicht als zinsgebundene Kapitalindustrie. Da die tatsächlichen Dienste der Prämienversicherung in Relation zu den überdimensionalen Erträgen gering sind, liegen nach Karaman Ḥarām-Verdienste vor. Da der Versicherte einer Zinsversicherung auch Prämienzahler von unrechtmäßigen Verdiensten ist, ist die Mitgliedschaft für Muslime bis zur Errichtung einer islamkonformen Mitgliedschaftsversicherung nur notbedingt erlaubt (außer bei Lebensversicherungen).[925] Daher müssen die Muslime glaubensbedingt Mitgliedschaftsversicherungen errichten können, um keinen Ḥarām zu begehen.[926]

Die Glückseligkeit eines Menschen ist an seine materiellen, emotionalen Bedürfnisdeckungen und ihrer Realisierungswahrscheinlichkeiten geknüpft. Falls ihr Erwerb nicht sichergestellt ist, kann der Betroffene nicht glücklich werden. Die zinsorientierte Wirtschaftsgesinnung hat diesen Bereich des Menschen entdeckt und die Zinsversicherung etabliert. Zum Schutz des Besitzes können

---

924 Außerdem gilt: Die Vertragseigenschaften eines islamrechtlich-anerkannten Vertrags müssen auch bei „neuen Verträgen" gegeben sein. Diese sind das Gerechtigkeitsprinzip, das Ausräumen unrechtmäßiger Ertragswege wie durch Zweifel (ġarār), Zinsen (ribāʾ), Täuschung, Zwang, Unwissenheit, Glücksspiel, Fehler und weitere nichtige Vertragskriterien (türk. fasit akit şartları). Vgl. KARAMAN: Art. „Akit", in: TDV İA, Bd. 2, S. 252–253.

925 Vgl. KARAMAN: Laik Düzende Dini Yaşamak (2005), Bd. 1, S. 108.

926 Die islamische Religion (dīn) regelt die Bedürfnisse mit Rücksicht auf die natürlichen Menschenattribute. Zur Deckung ihrer elementaren Bedürfnisse sind alle Menschen unter der soziofinanziellen Absicherung der Umma.

islamkonforme Mitgliedschaftsversicherungen gegründet werden, welche als Genossenschaften, in Form von Fondsanlagen oder als Gesellschaften funktionieren.[927]

Zur Risikovorkehrung zahlen alle Mitglieder einen bestimmten Beitrag in die Mitgliedschaftskasse ein. Die Prämiensumme wird im Namen aller Mitglieder durch islamkonforme partnerschaftliche Investitionen vermehrt, die Schäden von der Beitragssumme und der Erträge abbezahlt.[928] Die nötigen Grundausgaben der Mitgliedschaftsversicherung werden auch über diese beglichen. Der Restbetrag gehört den beteiligten Versicherungsmitgliedern.[929] Wenn die eingezahlten Prämien einer bestimmten Zeit und ihre Erträge für die Schadensregulierungen ausreichen, dann sind die Mitglieder weiterhin auch ohne Zahlungen versichert.

Im Denken von Karaman ist das Modell der Prämienversicherung islaminkonform. Dies liegt darin begründet, dass sie islamwidrige Vertrags- und Betriebsprozeduren aufweist, sie die eingenommen Prämien mittels verwerflicher (ḥarām) Kapitalvermehrungen erzielt, die Erträge auf ihr eigenes Konto überführt und von den Versicherten neue Prämien einholt.

Für Muslime ist das Modell der Prämienversicherung verboten, sodass sie von der Gründung und Betriebsführung fernbleiben sollen. Bis zur Errichtung einer Mitgliedschaftsversicherung dürfen sie in Prämienversicherungen nur aus bedürfnis- und notbedingten Gründen versichert sein. Aus islamischer Sicht ist die Notlage (ḍarūra) nur dadurch gegeben, dass im Umfeld der vorherrschenden Prämienversicherungen keine Mitgliedschaftsversicherungen vorliegen.[930]

Ein weiteres Argument ist, dass die Versicherungsnehmer über die Versicherung durch ihre Beitragsummen in gegenseitiger Solidarität stehen.

Die islamische Religion reizt die Menschen dazu an, zwischen ihnen Solidarität, Schäden und Schmerzen zu teilen. Aus diesem Grund müssen Geldmengen zur Seite gelegt oder spezielle Solidaritätskassen eingerichtet werden, welche Vorkehrungen für den Schaden von großem Nutzen sind. Zudem muss die Möglichkeit einer Versicherungskasse gegeben sein, in welcher ein Mitglied diese freiwillig verlassen und seine eigenen Anteile mitnehmen kann.[931]

Diese Solidaritätsstütze kann auch durch die Gründung von bestimmten Finanzinstitutionen wie Stiftungen geschehen, dessen Raum- und Personalkosten

927 Vgl. KARAMAN: İslamî Sigortacılık (3). In: Yeni Şafak 09.05.2014.

928 Vgl. KARAMAN: İslâmî Sigorta. In: Yeni Şafak 05.05.2013.

929 Vgl. KARAMAN: Laik Düzende Dini Yaşamak (2005), Bd. 1, S. 109.

930 Vgl. KARAMAN: İslâm Düşüncesinde Ekonomi, Banka ve Sigorta (2011), S. 190.

931 Vgl. KARAMAN: Günlük Hayatımızda Helâller ve Haramlar (2001), S. 222.

von den Solidaritätsbeiträgen beglichen werden. Wenn die Beiträge durch die Beteiligungsbank islamkonform investiert werden, können die institutionellen Ausgaben über die erzielten Erträge beglichen werden. In diesem Fall müssten von den Mitgliedern in der Folgezeit keine Zusatzbeiträge eingeholt werden. Im Bereich der Dienstleistungen können auch Nichtmitglieder arbeiten, die ihr hierfür ihr Monatsgehalt erhalten. Nachfoldend rückt der Forschungsfokus auf die Analyse von Spekulationen (ġarār) im islamischen Recht (fiqh).

Welche Einflüsse haben Risiken und Unsicherheiten (ġarār) auf Verträge?

In den etymologischen Begriffsumfang des arabischen Wortes „ġarār" fallen die „Unkenntnis, Ungewissheit, Spekulation und Unsicherheit".[932] Bei diesen Verträgen (ġarār) handelt es sich um spezielle Vertragsinhalte, welche an spekulative Dinge gebunden sind, ihr tatsächliches Eintreten daher nicht sicher ist und mit unrechtmäßigen Verdiensten verbunden sind.[933]

Einer der Gründe für den verwerflichen (ḥarām) Ġarār-Vertrag ist der spekulative inhaltliche Vertragsgegenstand, dessen Eintreffen nicht gesichert ist.[934]Der Grund für die Verwerflichkeit kann anhand des Einkaufsvorgangs von landwirtschaftlichen Erntergütern verstanden werden. Die Lieferung von vorabbezahlten Erntegütern ist mit Risiko und mit Spekulationen (ġarār) verbunden. Denn ob ein Acker die bezahlte Menge an Erntegüter tatsächlich hergibt, ist nicht sicher und somit spekulativ (ġarār).[935] Hierdurch entsteht das Risiko, dass der Kunde, bedingt durch die Vorbezahlung und Nicht-Lieferung, finanziell benachteiligt wird und der Verkäufer unrechtmäßige Erträge erhält. Das moralische Abhalten des Islams von solchen Verdiensten erfordert die Festlegung der Verwerflichkeit (ḥarām) von Ġarār-Verträgen.

Der Gegenstand von Versicherungsverträgen ist die gegenseitige finanzielle Solidarität in der Begleichung von Versicherungsschäden. Bei islamkonformen Versicherungsverträgen wie bei der Mitgliedschaftsversicherung liegen keine Spekulationen zu Grunde, weil das „Solidaritätsprinzip" Gegenstand des Vertrags ist. Die an diese Regel gebundene Wahrscheinlichkeit im Eintreffen oder Nicht-Eintreffen von Versicherungsrisiken ist nicht der Vertragsinhalt, sondern

932 Vgl. KARAMAN: İslâm'ın Işığında Günün Meseleleri (2010), S. 351.

933 Vgl. DÖNMEZ: Art. „Garar", in: TDV İA, Bd. 13, S. 366.

934 Vgl. KARAMAN: Art. „Akit", in: TDV İA, Bd. 2, S. 254.

935 Laut einem Ḥadīṯ hat der Prophet Muḥammad hat das Einkaufen durch Zweifel (ġarār) für Ḥarām erklärt. Vgl. NASĀʿĪ: BUYŪʿ, 4518; IBN MĀĞA: TIĞĀRĀṬ, 2278.

die geregelte finanzielle Solidarität bei Schäden. Da bei Schadenseintritt die Leistung der Mitgliedschaftsversicherung grundlegend geregelt ist, liegen keine Leistungsspekulationen vor. Der Grundgedanke von Spekulationen (ġarār) beruht im Erwerb von unrechtmäßigen Erträgen, die in der Mitgliedschaftsversicherung nicht existieren. Aus islamischer Perspektive gilt bei neuen Verträgen die Bedingung, dass keine Täuschungen, Zwänge, Einschüchterungen, Zinsen und Zinsprozeduren existieren.[936] Weiterhin muss die freie Willensäußerung der Vertragsparteien vorliegen. Die Vertragsinhalte dürfen mit dem geistigen Verständnis des Islams nicht im Widerspruch stehen.[937]Bei neuen Verträgen müssen diese Bedingungen von Muslimen beachtet werden.[938]

4.2.2.2.2 Kritiken an die Prämienversicherung

In erster Linie zielen die heutigen Prämienversicherungen aus Eigeninteresse zum Erwerb von Kapitalvermögen ab, indem sie Versicherungsprämien einholen und diese auf sich registrieren. Im Gegenzug versichern sie in einer bestimmten Zeit spezielle Risikofälle, sodass nach Versicherungsende auch kein Versicherungsschutz mehr besteht. Zur Risikoabsicherung muss der Versicherte wieder erneut eine Versicherung abschließen und neue Prämien zahlen.[939] Die Prämienversicherungen vermehren diese Beitragssummen nach ihren eigenen Vorstellungen, indem sie oft Zinskredite vergeben, die für Muslime verboten (ḥarām) sind.

In der Kritik von Hayreddin Karaman lässt sich ihr Wirtschaftsvorgehen dadurch beschreiben, dass sie in ihren Prozeduren und Verdiensten keine Verwerflichkeiten (ḥarām) beachten.[940] Deswegen besitzen sie allein die Erträge und beziehen zusätzlich die restlichen Überschüsse, nachdem sie den Versicherten ihre prozentualen Anteile ausbezahlt haben. Da sie die Prämien zinsorientiert vermehren lassen, die internationalen Firmen versichern, damit auch indirekt verbundene Personen rückversichern (reassurance), haben sie auch keinerlei Verluste.[941]

---

936 Vgl. KARAMAN: İslâm'ın Işığında Günün Meseleleri (2010), S. 352.

937 Verträge bei Glücksspielen (maysir) und bei Prostitutionen sind islamisch gesehen ungültig. Vgl. hierzu auch: KARAMAN: İslâm'ın Işığında Günün Meseleleri (2010), S. 366–368.

938 Das Einhalten dieser Kriterien ist letztendlich dem freien Gewissen des Menschen überlassen.

939 Vgl. http://www.hayrettinkaraman.net/makale/1035.htm (Einsicht: 10.05.2013).

940 Vgl. KARAMAN: İslâmî Sigorta. In: Yeni Şafak 05.05.2013.

941 Vgl. KARAMAN: İslâmî Sigortacılık. In: Yeni Şafak 04.05. 2014.

Wenn die Versicherung von ihrem Versicherten bestimmte Mengen an Prämien einholt, muss sie die Schäden ihrers Versicherten auch dann begleichen, wenn die Schadenshöhe über der eingezahlten Prämiensumme liegt. Wenn keine Schäden vorliegen, dann ist die besitzergreifende Prämienvereinbarung, aufgrund unbekannter Bedingungen und unkenntlicher Erträge und Verluste, etwa in einer Zeitspanne von einem Jahr, islamisch nicht erlaubt (ḥarām).

Die Prämienregistrierung auf dem Konto der Versicherungsgesellschaft und die daraus gewonnenen Kapitalerträge sind nach Karaman islaminkonform. Der Grund liegt darin, dass die Prämienüberführung nicht durch islamkonforme Vertragskriterien erfolgt. Die Kapitalvermehrung über die Prämien mittels der Zinswirtschaft[942]und die Besitzergreifung der Erträge sind islamisch nicht erlaubt, die nach den Prämienauszahlungen vorliegen und die tatsächlich geleisteten Dienstleistungen übertreffen. Daher sind die Errichtung und der Betrieb einer Prämienversicherung als ḥarām zu kategorisieren. Da sie zinsgebundene Privatrenten anbieten und die Prämien in verwerfliche (ḥarām) Kapitalbecken investieren, ist der Eintritt in diese Versicherung für Muslime verboten. In gegenseitiger Solidarität sind die Muslime verpflichtet, islamkonforme Versicherungen wie die Mitgliedschaftsversicherung zu gründen und in die zinslosen Fondsanlagen der Rentenfonds zu investieren. Dadurch wären sie von Zinsen befreit und bekämen zusätzlich eine erlaubte (ḥalāl) Privatrente.[943]

Moraltheologisch gesehen ist im Islam eine soziale Absicherung vorhanden, wonach Arbeitslose und Arbeitsunfähige ihren Unterhalt aus der Solidaritätskasse erhalten. Die Errichtung einer solchen Finanzinstitution ist für Muslime pflichtig. Jedoch können nach Karaman in den Vertriebsfunktionen der Sozialversicherungsinstitutionen in der laizistischen Türkei, bedingt durch Gesetze, einige den religionssoziologischen Zielen widersprüchliche Probleme erkannt werden.[944] Das bedeutet, dass den Armen, trotz ihrer geringen Einnahmen, auf rücksichtslose Art und Weise stets Sozialversicherungsbeiträge abgezogen werden. Im Rentenalter werden bedürftigen Rentnern, die auf mehr Gelder angewiesen sind, weniger und den Reichen mehr Gelder gezahlt. Im Idealfall müssen die Sozialversicherungen ihre Gelder von wohltätigen Spenden (ṣadaqa), Almosensteuern (zakāt) und staatlichen Finanzquellen erhalten. Diese Gelder müssen den wahren Bedürfnissen (ḥāǧāt) entsprechend verteilt werden. Nach Karaman dürfen die Muslime nur ihren Besitz und ihre Gesundheit in allen

942 Vgl. KARAMAN: Günlük Hayatımızda Helâller ve Haramlar (2001), S. 223.
943 Vgl. KARAMAN: Bireysel Emeklilik. In: Yeni Şafak 03.03.2013.
944 Vgl. KARAMAN: Günlük Hayatımızda Helâller ve Haramlar (2001), S. 223.

Ländern versichern, aber keine zinsgebundene Lebensversicherung abschließen. Seiner Ansicht nach gründet die Notmöglichkeit auf zwei Gründe.[945] Erstens: Es liegen keine finanziellen Alternativen vor, die die Schadensfälle der Geschädigten wiedergutmachen. Dieser Fall zählt daher auch als Notlage (ḍarūra), in der Verwerflichkeiten (ḥarām) notbedingt und provisorisch genehmigt werden.

Zweitens: Einige Gelehrte vertreten die kommentierende Sicht, dass die Versicherten ihre Schäden Dank der Versicherung beheben können, auch wenn diese auf verwerfliche (ḥarām) Verdienste abzielt. Mit Ausnahme dieser nichtigen Verdienste können die Gemeinsamkeiten der Mitgliedschaftsversicherung und der Prämienversicherung erkannt werden. Dies ist die gegenseitige solidarische Begleichung der Versicherungsschäden. Die Versicherung fungiert praktisch als vermittlerische Institution. Die Kapitalerträge der Prämienversicherung, die auf zinsorientierten Wegen erwirtschaftet werden, sind verwerflich (ḥarām). Dieser letzte Punkt ist die spezielle Eigenschaft einer Zinsversicherung und ihrer Rechtssatzung.

Nach Hayreddin Karaman können Prämienversicherungen in Mitgliedschaftsversicherungen umfunktioniert werden, indem sie ihre Betriebs- und Rechtsprozedur, Vertrags- und Versicherungskriterien ändern. Auf diese Art können sie ihre Erträge auf islamkonformen Wegen erwirtschaften. Die Mitgliedschaftsversicherung besitzt die Möglichkeit, ihre Verdienste aus den Erträgen im „Ḥalāl-Rahmen" einzuholen. Die Errichtung einer islamkonformen Mitgliedschaftsversicherung ist somit theoretisch möglich.[946]

Dieses Modell funktioniert dadurch, dass eine versicherungswillige Person (die zum Beispiel ihr Eigentum versichern möchte) Mitglied wird. Dadurch müssen jährliche oder monatliche Beiträge gezahlt werden, welche unter dem eigenen Namen registriert werden. Zur Schadensregulierung wird ein bestimmter Teil der Beitragsumme hinterlegt.

Über den Restbetrag werden Investitionen und Handel betrieben, in welcher Prozedur alle Versicherungsmitglieder beteiligt sind. Die Gesamterträge sind oft so hoch, dass die Schäden der beteiligten Versicherungsmitglieder behoben werden können. Zusätzlich verdienen sie auch noch Geld. Wenn die Erträge gering

945 Vgl. ebd., S. 224.

946 Die Grundregel des islamkonformen Versicherungssystems lautet, dass die Versicherung und der Versicherte gegenseitig in die gleichen Verantwortungen und Garantien involviert sind, die für den Versicherungsschutz notwendigen Beitragssummen in gegenseitigem Wohlbefinden stehen und der Versicherungsvorstand die Prämiensummen nicht in den Besitz überführt. Vgl. KARAMAN: İslâmî Sigortacılık (2). In: Yeni Şafak 08.05.2014.

sind, werden die Leistungen im Schadensfall von den Fondsgeldern bezahlt. Die Ausgaben der Mitgliedschaftsversicherung werden über die Fonds- und der Handelserträge beglichen. In der Türkei wird dieses Modell weiterentwickelt und umgesetzt. Wenn keine islamkonformen Versicherungsgesellschaften vorhanden sind, ist es nach Karaman notbedingt (ḍarūra) erlaubt Autos, Häuser, Arbeitsräumlichkeiten und die eigene Gesundheit in den Prämienversicherungen als „Vorkehrung" gegen mögliche Schäden abzusichern. Lebensversicherungen sind nicht mit Verlusten verbunden, sondern betreffen vorrangig die verwerflichen Zinserträge (ribāʾ) im Sinne von Geben und Nehmen von Kapital.

Alle menschlichen Werte sind bedürfnisbedingt als Notlage (ḥāǧāt, ḍarūra) anzuerkennen, worunter das eigene Leben, das Eigentum und wirtschaftliche Werte fallen. Versicherungsschäden werden partnerschaftlich beglichen, welche Versicherungsprozedur mit dem Prinzip der „gegenseitigen Solidaritätstütze" islamkonform ist. Alle Versicherten realisieren praktisch die wechselseitige finanzielle Solidaritätshilfe über die Vermittlerrolle der Versicherung.

Das Modell der Prämienversicherung kennzeichnet sich durch problematische Prozeduren. Nach Karaman sind alle zinsorientierten Erträge ḥarām, die mit unrechtmäßigen Besitzergrei-fungen der Beiträge und ihrer registrierten Konten zusammenhängen, den tatsächlichen Gegenwert geleisteter Dienstleistungen übertreffen und als dunkle Ziffer im Raum stehen.[947] In der alternativen Mitgliedschaftsversicherung werden die Erträge und Verluste auf islamkonformen Investitionswegen erzielt. Die Versicherung erhält für ihre Dienstleistungen islamkonforme Wertanteile, zahlt die Kosten und überweist die restlichen Erträge an die beteiligten Mitgliederkonten weiter.[948]

Wenn die Versicherung ihre Gewinne über islamkonforme Wege erzielt, müssen die Muslime diese bevorzugen. Wenn keine Mitgliedschaftsversicherung vorliegt, können die Muslime ihre Risikowerte in den Prämienversicherungen nur notbedingt versichern.

947 Vgl. KARAMAN: Günlük Hayatımızda Helâller ve Haramlar (2001), S. 225.

948 In Notlagen (ḍarūra) wie in Ländern mit Prämienversicherungen ist es erlaubt, wahrscheinliche Schadensgüter zu versichern und Beiträge zu zahlen. Diese Notlösung liegt darin begündet, dass die Verwerflichkeit (ḥarām) durch die Versicherung verursacht wird. Verwerflichkeiten (ḥarām) stehen in der Schuldsünde der Versicherung und ihrer Vertreter. Dazu zählen Zinserträge und die Betriebsführung von Zinsversicherungen.

4.2.2.2.3 Beteiligungsbanken

Die Gesetzesbasis der privaten Finanzinstitutionen in der Türkei ist infolge der Anpassungsprozesse der inneren Märkte an die Internationalen in den Achtzigern[949] auf den türkischen Kabinettsbeschluss „83/7506“ vom 16.12.1983 zurückzuführen, die 2005 durch die Gesetzesänderungen „5411“ im Bankengesetz in Beteiligungsbanken (türk. katılım bankaları) umbenannt wurden.[950] Die Beteiligungsbanken führen die Prozeduren unter islamkonformen Richtlinien durch, wobei sie als „Finanzinstitutionen“ keinerlei Zinsprozeduren aufweisen.[951] Ihre Kapitalinvestitionen in erlaubte (ḥalāl) Fonds tätigen sie nach dem Partnerschaftsprinzip (türk. ortaklık prensibi), in welcher die Beteiligungsinvestitionen unter vertraglicher Einwilligung in partnerschaftliche Erträge und Verluste (türk. kâr'da ve zarâr'da ortaklık) durchgeführt werden.[952]Je nach wirtschaftlichem Erfolg oder Misserfolg erhalten sie nach einer bestimmten Zeit entweder ihre prozentuellen Erträge oder Verluste.

Seit der Einführung der Beteiligungsbanken in der Türkei wurden über diese zahlreiche negative Aussagen getätigt. Die Laizisten verbreiteten die Botschaft, dass die Šarīʿa eingeführt werden würde. Einige Muslime wiederum verbreiteten die Mitteilung, dass sich die Beteiligungsbanken von den Zinsbanken nicht unterscheiden. Die Beteiligungsbank unterscheidet sich von der Zinsbank grundlegend in folgenden drei Punkten:[953]

1. Spezielle Advisory-Boards mit islamischen Rechtsberatern

Das Advisory-Board mit islamischen Rechtsberatern berät den Vorstand der Beteiligungsbank, ob die wirtschaftlichen Betriebsprozeduren und Investitionen islamkonform sind oder nicht. Sie geben ihnen auch die Investitionsberatungen über die Anlagenfelder der erlaubten Privatrentenfonds an. Die Beteiligungsbank hält sich verbindlich an diese Aussagen.[954]

2. Zinslose Bankwirtschaft

Die Beteiligungsbank vergibt keine Zinskredite. Auf der Basis des „Partnerschafts-Prinzips“ werden islamkonforme Handelsvorgänge, wie Leasing (iğāra) und Warenhandel betrieben.

---

949 Vgl. ÖZCAN / HAZIROĞLU: Bankacılıkta Yeni Bir Boyut: Katılım Bankacılığı. In: Bereket , 3 (2000), S. 9.

950 TÜRKİYE KATILIM BANKALARI BİRLİĞİ (TKBB): Katılım Bankaları Sağlam Adımlarla Yola Devam Ediyor. In: Dünyada ve Türkiye'de Faizsiz Bankacılık (2007), S. 16.

951 Vgl. OMAR / HAQ: Islamic Banking Theory, Practice and Challenges (1996), S. 6, 26.

952 Vgl. KARAMAN: İslâm Düşüncesinde Ekonomi, Banka ve Sigorta (2011), S. 53.

953 Vgl. KARAMAN: Katılım Bankaları, Kâr Payı ve Faiz. In: Yeni Şafak 25.11.2011.

954 Vgl. KARAMAN: Katılım Bankalarındaki Danışma Kurulları. In: Yeni Şafak 14.12.2014.

3. Investitionen in islamkonforme (ḥalāl) Produktionswaren (Fondsanlagen)

Die Beteiligungsbank investiert ihr Kapital der Prozedur nach in Ḥalāl-Waren, welche den ökologischen Schutz und die menschlichen Werte berücksichtigen. Davon ausgenommen sind Ḥarām-Waren, wie beispielsweise Zigaretten und alkoholische Produkte.

Im Gegensatz zu der Beteiligungsbank arbeitet die Zinsbank nach Teilreserven von Kapital, wobei sie in ihren Reserven, im Vergleich zu ihren Einlageschulden (türk. mevduat borçları), viel weniger Kapital besitzten. Sie vergeben Zinskredite (die ihre Eigenschulden übersteigen) und produzieren auf ihrer Schuldenbasis mittels Zinsen wiederum Kapital. Nur einen geringen Anteil davon verteilen und überweisen sie auf das Bankguthaben ihres Anlegers.

Die Beteiligungsbank beruht auf der Partnerschaftsgrundlage des Muḍāraba, wonach sie das investierte Kapital der Beteiligungsinvestoren auf Ḥalāl-Wegen, wie etwa Warenkäufe und Verkäufe, Vermietungen und Dienstleistungen vermehren.Weniger als ein Fünftel der Erträge gehen auf die Beteiligungsbank über. Die restlichen Ertragsanteile werden durch die Beteiligungsbank als geschäftsführender Partner (muḍārib) auf die Konten der Partnerinvestoren aufgeteilt, mit Ausnahme der durch die Zentralbank der Türkei (TCMB=Türkiye Cumhuriyeti Merkez Bankası) vorgegeben Mindestreserven (türk. zorunlu karşılık), werden alle beteiligten Summen unter „islamkonformen Richtlinien" nachfrage- und ertragsorientiert nach den gegebenen Investitionsmöglichkeiten angelegt.

Die funktionellen Prozeduren der Zinsbanken, in der ungedeckten Kapitalproduktion durch die Zinswirtschaft und auf der Kapitalbasis von Teilreserven, sind mit den Finanzprozeduren der Beteiligungsbanken ungleich. Die Ungerechtigkeit in der Zinswirtschaft liegt darin, dass der Schuldner das Finanzrisiko trägt, aber die Zinsbank durch Einnahmen abgesichert ist.[955]

1. Islamkonforme Bankprozedur: Finanztechnik des „Murābaḥa"

Die Finanztechnik „Murābaḥa" bedeutet konkret, dass eine Ware bar oder durch Finanzierung unter Einbezug von zeitlichen Wertauflagen (türk. vâde farkı) weiterverkauft wird.[956]

955 Vgl. ALTAN: Faizsiz Bankacılığın Temelleri, in: İHAD, 16 (2010), S. 140.

956 Vgl. KARAMAN: İslâm Düşüncesinde Ekonomi, Banka ve Sigorta (2011), S. 61; DÖNMEZ: Art. „Murābaḥa", in: TDV İA, Bd. 31, S. 148–149. Siehe hier auch die Vertragskriterien bei Murābaḥa-Verträgen.

Die Beteiligungsbank berücksichtigt unter Einbezug dieser Wertauflagen besondere Kriterien wie die Inflationsrate[957], die Einnahmewahrscheinlichkeiten von marktumlaufenden Geldern (die anderweitig investiert werden), die Kosten bis zur Endlieferung der Ware an den Kunden.

Sie muss den Erwartungen der Kapitalinvestoren unabdingbar antworten, die ihr Kapital unter partnerschaftlichen Ertrags- und Verlustbeteiligungen investiert haben.[958] Falls einer der Beteiligungsinvestoren die Inflationsdifferenzen oder den Wertverlust des Kapitals aufgrund der Inflation nicht kompensieren kann, dann zieht er seine Kapitalanlage ab. Die Begleichung der Wertverluste reicht nicht aus, sodass reelle Erträge gegeben werden müssen.

Im Einkaufsvorgang werden Handelswaren durch die Einnahme von materiellen Gegenwerten verkauft. Die Beteiligungsbank führt die gleiche Prozedur unter Murābaḥa durch.

Anstelle von zinsgebundenen Kreditkarten werden Murābaḥa-Vollmachtskarten vergeben.[959] Mit dieser kann der Karteninhaber, bedingt durch seine Bevollmächtigung, eine Ware im Namen der Beteiligungsbank kaufen, die ihm die Ware erst unter zeitlichen Wertauflagen (türk. vâde farkı) verkauft.[960] Hierbei gilt die zeitliche Wertdifferenz am Zahltag, die durch die Beteiligungsbank kenntlich ist. Das Kaufen und Verkaufen geschieht in zwei Formen.

Erstens: Die Beteiligungsbank sendet ihren Angestellten, welcher die Ware entgegennimmt und dem Kunden liefern lässt. Die Rechnungen werden dieser Prozedur nach verarbeitet, sodass zwei Rechnungen vorliegen.[961] Die erste Verkaufsrechnung der Ware und die Zweite durch die Beteiligungsbank. Zweitens:

---

957 Die durch Murābaḥa erwirtschafteten Gelder sind erlaubte Handelserträge (türk. helâl olan ticari kâr). Falls Schuldenzahlungen nicht fristgerecht gezahlt werden, müssen zusätzlich auch die Inflationsdifferenzen beglichen werden. Falls der über dem Inflationswert eingenommene Betrag als Strafzahlung verstanden wird, dann geht diese nicht auf das Bank- und Investorenkonto über, sondern wird für wohltätige Spendenzwecke ausgegeben.

958 Vgl. KARAMAN: Laik Düzende Dini Yaşamak (2006), Bd. 2, S. 34–35.

959 Derjenige Kunde, der von der Bank eine solche Karte erhält, kauft die Ware im Namen der Bank und kauft diese dann auf seinen Namen, noch bevor er selbst die Ware gebraucht. Die Bank sendet ihm anschließend eine Mitteilung, ob er die gekaufte Ware bar bezahlt oder finanzieren möchte. Nachdem der Kunde seinen Willen kundtut, vollzieht die Beteiligungsbank die weiteren finanziellen Prozeduren nach dieser Willensäußerung. Vgl. KARAMAN: Bireysel Emeklilik Konusu. In: Yeni Şafak 07.03.2013.

960 Vgl. KARAMAN: Hayatımızdaki İslâm (2006), Bd. 2, S. 345.

961 Vgl. KARAMAN: Katılım Bankaları Mevzuatı Problemli. In: Yeni Şafak 30.05.2014.

Die Beteiligungsbank gibt dem willigen Kunden eine Vollmacht, wodurch dieser als bevollmächtigter Vertreter die Ware in ihrem Namen kauft, an die Beteiligungsbank gerichtet eine Rechnung schreiben lässt und danach die Ware in ihrem Namen an einen Ort liefern lässt.[962] Danach kauft der bevollmächtigte Kunde die Ware von der Beteiligungsbank ab, die ihm die Rechnung aushändigt. Beide Prozeduren sind ihrer Form nach islamkonform. Während dieser sind die Absichten der Parteien wichtig. Falls zwischen den Kapitaltransaktionen bewusste Zwischenprozeduren wie zinsgebundene Kredite bezweckt werden, dann liegt eine „Täuschung“ vor. Wenn die Absicht darin besteht unter Wertauflagen Tatsächliches zu kaufen, dann ist dies keine Täuschung.

Wenn jemand seine Schulden trotz vorliegender Möglichkeiten aus Eigennutzen nicht zahlt, dann ist dies verwerflich (ḥarām). Von Unvertraulichen können Wertauflagen eingenommen werden, das auf zwei Punkten beruht. Erstens: Während des Vertragsabschlusses wird die Vereinbarung über zeitliche Preisdifferenzlisten (türk. vâdelere göre fiyat farkı listesi) getroffen. Diese Preisdifferenzen werden nicht nach der ersten Zahlungswahrscheinlichkeit, sondern nach den verbalen Zahlungszeitpunkten des Schuldners umgesetzt.

Zweitens: Die bei der Beteiligungsbank, bedingt durch Zahlungsverzögerung eingenommenen Erträge, sind kenntlich. Der Kunde hat durch Verzögerung finanzielle Schäden verursacht, sodass die Beteiligungsbank Kompensationszahlungen verlangt. Diese sind nicht als Zinsen (ribā') zu verstehen.

Die bei der türkischen Zentralbank (TCMB= Türkiye Cumhuriyeti Merkez Bankası) über die Mindestreserven (türk. zorunlu karşılık) entstandenen reellen Zinsen werden mittels der Beteiligungsbank nicht an die partnerschaftlichen Beteiligungsinvestoren aufgeteilt, sondern an die Armen übergeben oder in den Versicherungsfonds der Beteiligungsinvestoren eingezahlt (die später auf diese angewiesen sein können). Bei Zahlungsverzögerungen des Schuldners nimmt die Beteiligungsbank keine reellen Zinsen, sondern die Inflationsdifferenzen ein.[963]

2. Islamkonforme Bankprozedur: Finanztechnik des „Muḍāraba“

Das Wort „Muḍāraba“ wird vom arabischen Wortstamm „ḍarb“ abgeleitet, was im Deutschen „Bestreben nach Handelsverdienst“ bedeutet.[964] Die vertragliche Wirtschaftspartnerschaft der Beteiligungsbank mit den Kunden wird daher

962 Vgl. KARAMAN: Hayatımızdaki İslâm (2003), Bd. 1, S. 301.
963 Vgl. http://www.hayrettinkaraman.net/sc/00326.htm (Einsicht: 11.06.2014).
964 MĀWARDĪ: Al-Muḍāraba (1989), S. 15.

Muḍāraba genannt, in der das Kapital durch die Beteiligungsbank und die Betriebsführung durch den Vertrauten geführt werden.[965]

Diese Partnerschaft in der Teilung von Arbeit und Kapitalvermögen besteht mindestens aus zwei Partnern.[966] Der geschäftsführende Betriebswirt wird „muḍārib", der Kapitalinvestor „rabb al-māl" und die Investition „ra'ʾs al-māl" bezeichnet.[967] Durch Muḍāraba erhält ein Betriebswirt die Möglichkeit ein islamkonformes Unternehmen zu führen, dessen benötigtes Kapital ihm bereitgestellt wird. Die prozentualen Erträge und Verluste des Investors und des Betriebswirts sind nach dem Prinzip „der gemeinsamen Risikoteilung" vertraglich geregelt.[968]

Der islamische Theologe Hamdi Döndüren unterteilt Muḍāraba in zwei Arten:[969]

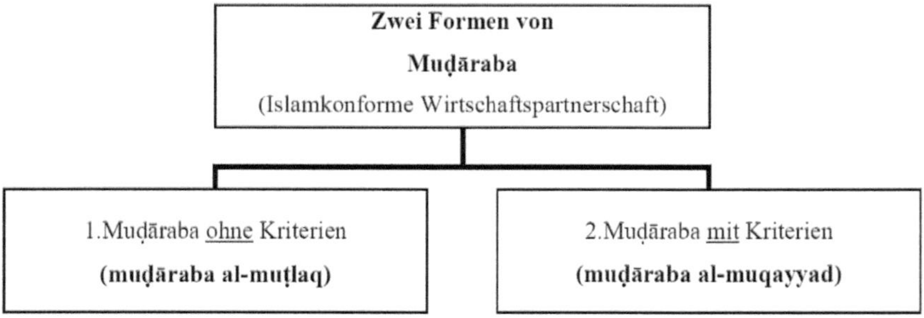

965 Da die Zinsbanken keine erstrangigen Industrie- und Handelspartner sind, berücksichtigen sie vorrangig auch nur ihren Eigennutzen. Das bedeutet, dass sie an Firmen „zinsgebundene Kredite" vergeben, ohne dabei deren Wirtschaftsentwicklungen zu kontrollieren. Letztendlich schadet dieses Verhalten der Gesamtwirtschaft. Da die Beteiligugnsbanken sich in ihren Fondsanlagen nach dem partnerschaftlichen Beteiligungsprinzip partizipieren, müssen sie das Wohlergehen (maṣāliḥ) der Gesamtwirtschaft berücksichtigen und die Fondsanlage kontrollieren.

966 Noch vor der Prophetie (nubuwwa) führte der Prophet Muḥammad als ehrlicher vertrauensvoller Kaufmann die Handelsgeschäfte seiner ersten Ehefrau Ḫadīğa, welche auf der Muḍāraba-Partnerschaft beruht. Vgl. auch ÇINAR: Die islamische Überlieferungsliteratur zur Rechtslage im Frühislam (2003), S. 192–193.

967 Vgl. ŞEKERCİ: İslâm Şirketler Hukuku Emek-Sermaye-Şirketi El-Mudaraba (1981), S. 249–250.

968 Vgl. KARAMAN: İslâm Düşüncesinde Ekonomi, Banka ve Sigorta (2011), S. 49.

969 Vgl. DÖNDÜREN: İslâm Ekonomisinde Sermaya Birikimi ve Kullanılma Yöntemleri, in: İLAM Araştırma Dergisi, 1 (1996), S. 61 f., 64.

1. Muḍāraba al-Muṭlaq

Die Beteiligungsbank als Kapitalinvestor (rabb al-māl) legt dem Betriebswirt (muḍārib) nach der nötigen Vorprüfung und noch vor der Kapitalbeteiligung keine Kriterien auf, sodass dieser uneingeschränkte Handelsfreiheiten genießt.[970] Diese Muḍāraba-Partnerschaft wird mit der vertraglichen Aufteilung der Erträge geregelt. Der Geschäftsführer darf das investierte Kapital (ra'́s al-māl) nicht wie sein Eigenvermögen behandeln. Dieses darf er nicht an einen anderen Muḍārib überweisen. Wenn er dies dennoch tut, muss er für den Gesamtbetrag aufkommen, welche durch die Beteiligungsbank zu Investitionszwecken bereitgestellt wurde.

2. Muḍāraba al-Muqayyad

Die Beteiligungsbank (rabb al-māl) kann dem Partner (muḍārib) vor der Kapitalbereitstellung verbindliche Kriterien wie den Handelsort, die Handelsform, die zeitliche Frist der Muḍāraba-Partnerschaft, die Bestimmung der Einkaufspartner und der Einkaufsgüter vorgeben. Dies liegt darin begründet, dass diese Faktoren den Betrieb und die Bilanz beeinflussen. Desweiteren können bestimmte Gewohnheitstraditionen zwischen Händlern belegmäßig anerkannt werden, die im Kapitalmarkt entstehen und mit den islamischen Prinzipien nicht kollidieren (taʿāruḍ). In diesem Kontext stehen nach Karaman die zwei wichtigen Mağalla-Regeln:[971]

43. Mağalla-Regel:

„Eine weitbekannte Gewohnheitssitte ist wie eine vereinbarte Bedingung.“
(osman. „Örfen ma'rûf olan şey şart kılınmış gibidir.“)

44. Mağalla-Regel:

„Was unter den Kaufleuten üblich ist, gilt wie eine Vereinbarungsbedingung untereinander.“
(osman. “Beyne't-tüccâr ma'rûf olan şey, aralarında şart kılınmış gibidir.“)

Für die Schadensverluste der Muḍāraba-Partnerschaft[972] muss prinzipiell der Kapitalgeber (rabb al-māl) aufkommen. Das Recht auf Handelserträge geht durch

970 Vgl. ebd., S. 61f..

971 Vgl. KARAMAN: Laik Düzende Dini Yaşamak (2006), Bd. 2, S. 256.

972 HAMDİ DÖNDÜREN weist darauf hin, dass Muḍāraba im zehnten Jahrhundert n. Chr. unter „Commenda“ nach Europa überführt wurde und sich im europäischen Handelsrecht etablierte. Schließlich tritt Muḍāraba bei den Osmanen und in den Siebzigern des zwanzigsten Jahrhunderts in den Vereinigten Staaten von Amerika unter „Venture Capital“ auf. Zur Vermarktung der neuen Erfindungen sind einige

die Kapitalbereitstellung, der Arbeitsverdienste und der zu aufkommenden Auflagen einher.

Das Anrecht auf Handelserträge geht bei einer Muḍāraba-Partnerschaft für den Investor durch die risikoverbundene Kapitalbereitstellung und für den geschäftsführenden Betriebswirt durch die Arbeitsverdienste einher. Bei Finanzverlusten werden diese auch über die Handelserträge beglichen (falls vorhanden). Falls diese nicht ausreichen, sind die Finanzverluste des bereitgestellten Hauptkapitals (ra'ʾs al-māl) durch den Kapitalgeber zu begleichen. Wenn keine Erträge vorliegen, kann der Betriebswirt (muḍārib) keine Erträge beanspruchen. Die Gegenleistungen seiner Arbeitsverdienste gehen somit verloren, womit er für die Finanzschäden der Muḍāraba-Partnerschaft aufkommt. Wenn die Finanzverluste bewusst verursacht werden, dann muss der Muḍārib für diese Finanzschäden aufkommen. Dies liegt darin begründet, dass das bereitgestellte Kapital als „anvertrautes Gut" in den rechtlichen Status der „entrissenen Kapitalgelder" übergeht. Die entscheidende Bedingung zum Aufkommen der Finanzverluste am Ende der Jahresbilanzierung ist die Verantwortung der Kapitalverluste von derjenigen Instanz, welche die Finanzverluste verursacht hat.[973]

3. Islamkonforme Bankprozedur: Beteiligungspartnerschaft des „Mušāraka"

Unter „Mušāraka" werden die Beteiligungspartnerschaft zwischen der Beteiligungsbank und der Partnerinverstoren bezeichnet, die durch einen islamkonformen Vertrag zustandekommt. Ein williger Kapitalinvestor bittet die Beteiligungsbank, um eine solche Partnerschaft. Durch Einwilligung wird ein Beteiligungsvertrag abgeschlossen, in der die Kapitalerträge vertraglich oder nach prozentualer Investition und die Verluste nach prozentualer Investition aufgeteilt werden. Sollte der Investor sich mit weniger Kapital beteiligen, werden die Erträge und die Verluste nach prozentualer Investitionshöhe berechnet.[974]

Wissenschaftler (die die Erfindung entdeckten) mit den Kapitalinvestoren eine Wirtschaftsbeziehung der Venture-Capital-Gesellschaft eingegangen. Diese beruht auf Muḍāraba, in der der Wissenschaftler (muḍārib) seine Verdienste erweist und dieses von den Kapitalinvestoren (rabb al-māl) finanziell unterstützt wird. Vgl. DÖNDÜREN: Osmanlı Tarihinde Bazı Faizsiz Kredi Uygulamaları ve Modern Türkiye'de Faizsiz Bankacılık Tecrübesi, in: UÜİFD, 17 (2008), S. 10.

973 Vgl. http://www.hayrettinkaraman.net/sc/00484.htm (Einsicht: 24.07.2013).

974 GRUND: Die Investoren erwarten risikolos Erträge, die Unternehmenskonten sind teilweise unregistriert, die Vertragstreue, die Loyalität, das Bewusstsein für Erlaubtes (ḥalāl) und Verwehrtes (ḥarām) ist abgeschwächt, es liegen Vertrauensprobleme vor. Vgl. KARAMAN: Laik Düzende Dini Yaşamak (2006), Bd. 2, S. 36.

Durch die Mušāraka-Partnerschaft wird in der Betriebsführung zudem eine Treuhandschaft (ʿamāna) und eine Bevollmächtigung (wakāla) abgeschlossen, da beide Vertragsparteien Kapital bereitstellen.

Mit der Einführung der Beteiligungsbanken und durch die Beteiligungsinvestitionen wird das Kapital islamkonform investiert, die reelle Wirtschaft und die Gesamtgesellschaft gefördert[975] und nichtinvestiertes Kapital für die nationale Wirtschaft gewonnen.[976]

1. **Abbildung:** Finanztechnik des Murābaḥa

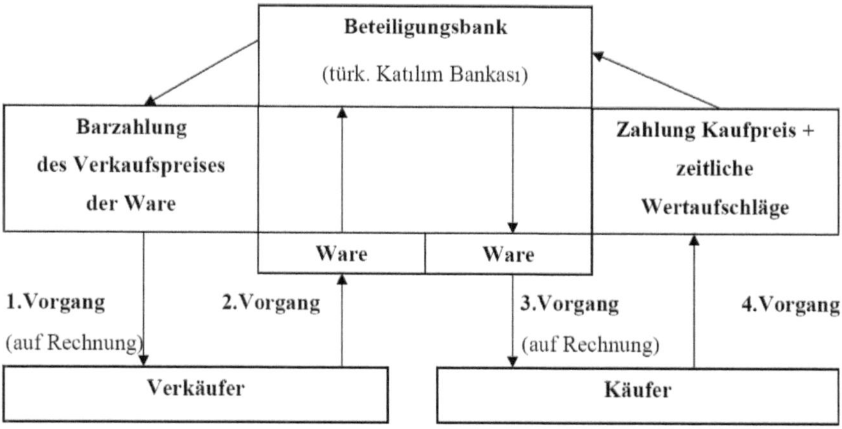

975 Die Sensiblitäten in der Verwerflichkeit (ḥarām) von Zinsen (ribāʾ) zeigen, dass die Muslime die Welt aus der religionsmoralischen Sicht betrachten. Die Einführung von Beteiligungsbanken trägt aus soziologischer Sicht zum gesellschaftlichen Frieden bei, indem die soziofinanziellen Ungleichgewichte in der Kluft zwischen arm und reich bestmöglich ausgeräumt, deren Interaktionen gefördert und bestmöglich gleichberechtigte Lebensstandards umgesetzt werden. Durch Beteiligungsbanken werden Arbeitsplätze errichtet, die der Gesellschaft gut tun. Vgl. ALTAN: Faizsiz Bankacılığın Temelleri, in: İHAD, 16 (2010), S. 140.

976 Vgl. RODOPLU: Dünyada Faizsiz Bankacılık, in: Bereket Dergisi, 1 (1997), S. 9.

Ablauf der Murābaḥa-Finanzprozedur:

1. **Vorgang:** Die Beteiligungsbank zahlt den Kaufpreis der Ware an den Verkäufer in bar.
2. **Vorgang:** Der Verkäufer liefert die Ware an den Wunschort der Beteiligungsbank.
3. **Vorgang:** Die Beteiligungsbank verkauft die Ware durch zinslose Finanzierung an Käufer.
   (Kaufpreis + zeitliche Wertaufschläge sind dem Käufer bekannt)
4. **Vorgang:** Der Käufer zahlt Kaufpreis + zeitliche Wertaufschläge an die Beteiligungsbank.
   (mittels der Zahlungen von monatlichen Finanzierungsraten)

Zur genauen Bestimmung der zeitlichen Wertaufschläge (türk. vâde farkı) berücksichtigt die Beteiligungsbank bestimmte Faktoren wie die Inflation, die Einnahmewahrscheinlichkeiten von Kapital, ihre Investitionsfelder und weitere andere Kriterien.[977] Die Beteiligungsbanken[978] händigen keine Kapitalkredite aus, sondern setzen sich für die Lebensbedürfnisse (ḥāǧāt) eines Menschen ein. Ihre Erträge und Verluste erzielen sie über zinsloses Bareinkaufen und über spezielle Handelsprozeduren mit zeitlichen Wertaufschlägen (murābaḥa). Sie kaufen und verkaufen Waren auf Rechnungen und zeichnen die Handelsprozeduren auf. Damit wird die informelle Wirtschaft ausgeräumt und die reelle produktive Wirtschaft gefördert.

977 Vgl. KARAMAN: Laik Düzende Dini Yaşamak (2006), Bd. 2, S. 35.

978 Nach KARAMAN kann der Staat eine Art staatliche Beteiligungsbank gründen, das dem Volk finanziell zu Gute kommt. Vgl. DERS.: Devletin Katılım Bankası. In: Yeni Şafak 22.09.2013.

2. Abbildung: Finanztechnik des Muḍāraba

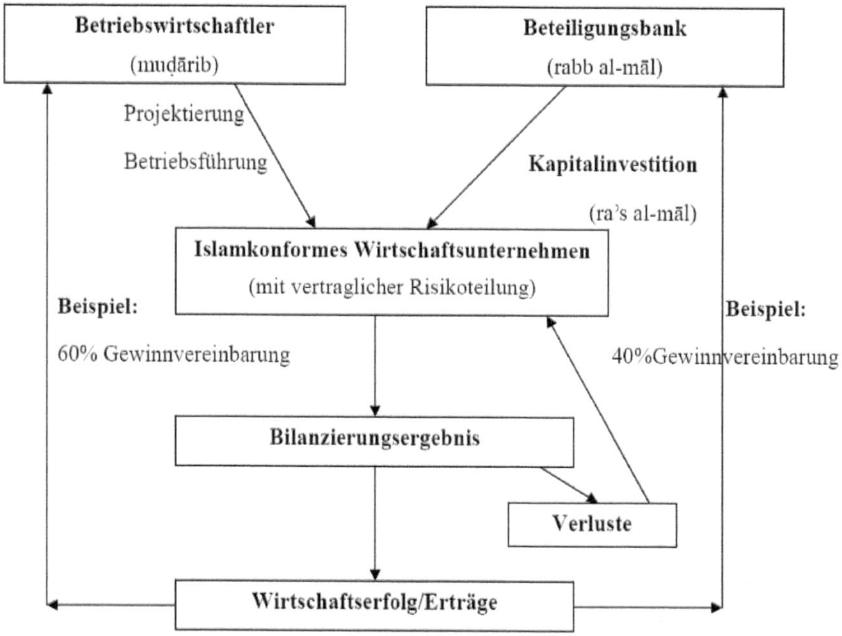

3.Abbildung: Finanztechnik des Mušāraka

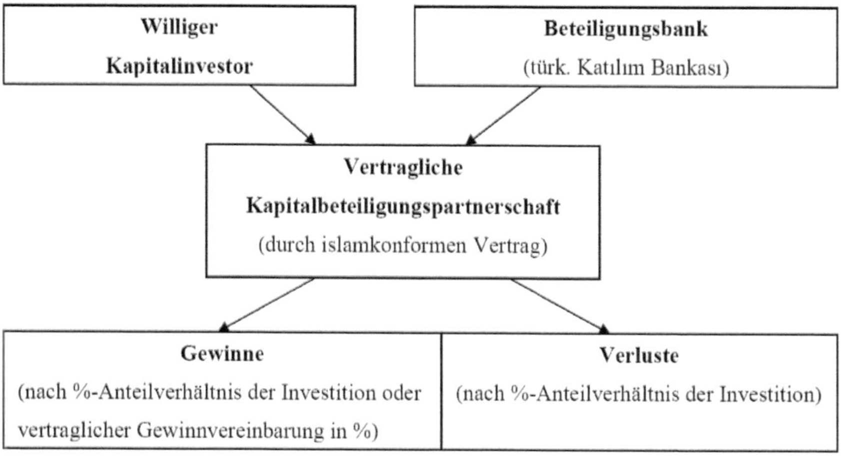

4.2.2.2.4. Lebensversicherung und Privatrente

Der Grundgedanke von zinsgebundenen Lebensversicherungen (türk. faizli hayat sigortaları) beruht darauf, dass in einer bestimmten Frist vom Versicherten eine bestimmte Beiträgshöhe an Kapitalsummen eingenommen und diese mit den Beitragsummen anderer Versicherten auf zinsorientierten Wirtschaftswegen vermehrt werden. Die prozentualen Ertragsanteile der abgeschlossenen Lebensversicherungen werden vorher festgelegt, sodass der Versicherungsinhaber nach einer bestimmten Zeit diese anteilsmäßig ausbezahlt bekommt.

Aus islamischer Sicht ist dieser Vorgang nur dann erlaubt (ḥalāl), wenn die Prozedur islamkonform ist, die Summen auch islamkonform vermehrt und die Erlaubnisse (ḥalāl) und die Verbote (ḥarām) eingehalten werden. Unter Berücksichtigung dieser generellen Rahmenbedingungen ergibt sich das Bild, dass der Inhaber einer Lebensversicherung nur soviel an Kapital rausbekommt, soviel er auch eingezahlt hat. Überschüsse sind mit Zinsen verbunden, die wiederum verwerflich (ḥarām) sind. Wenn die eingezahlten Kapitalsummen des Versicherten in eine „partnerschaftliche Summe" fallen, müssen nach Karaman alle Versicherten unabdingbar die gemeinsamen Erträge und Verluste anerkennen. Da die Verlust- und Ertragswerte eines Versicherten mittels der Versicherung vorab nicht festgestellt werden kann, können gemeinsame Erträge und Verluste vorher nicht festgelegt werden. Dies liegt darin begründet, dass dem Versicherten die prozentualen Ertragsanteile mitgeteilt werden, ohne im Vorfeld die tatsächlich erwirtschafteten Erträge zu kennen. Außerdem steht die Mehrheit der Prämienversicherungen in Wirtschaftsrelationen mit den Bankengesellschaften. Einige fungieren sogar als Tochtergesellschaften der Zinsbanken. Die Summen werden ohne Rücksicht auf Erlaubtes (ḥalāl) und Verwehrtes (ḥarām) vermehrt.[979]

Bedingt durch ihre verwerflichen Prozeduren ist eie zinsgebundene Lebensversicherung ḥarām.[980] Karaman stellt fest, dass die durch den türkischen Staat gegründete und betriebene gesetzliche Rentenversicherung (türk. Devletin Emekli Sigortası) sich von den Privatrenten und Lebensversicherungen der Banken und der Versicherungen unterscheidet. Die staatliche Rente ist seiner Meinung

979 Jene Personen sind keine Firmenpartner, welche ins zinsgebundene Privatrentensystem einsteigen. Sie handeln, vermieten, produzieren keine Waren. Sie zahlen nur in die zinsgebundene Privatrente ein, mit der Absicht, später mehr Zinsen zu erhalten, die ḥarām sind. Vgl. KARAMAN: Hayatımızdaki İslâm (2006), Bd. 2, S. 189.

980 Vgl. KARAMAN: Günlük Hayatımızda Helâller ve Haramlar (2001), S. 228.

nach erlaubt (ḥalāl), wobei die Lebensversicherungen und Privatrenten der Zinsbanken und der Zinsversicherungen verwerflich (ḥarām) sind.[981]

Die innovativste Form der Bankwirtschaft ist die Beteiligungsbank (türk. katılım bankacılığı), welche auf der islamkonformen Finanztechnik des Muḍāraba beruht. In dieser werden keine verwerflichen (ḥarām) Wirtschaftsprozeduren durchführt. Über islamkonforme Fondsanlagen werden erlaubte (ḥalāl) Privatrenten angeboten.[982] Privatrenten sind langfristige Investitionen von Personen mit dauerhaftem Einkommen, die ihren aktuellen Lebensstandard zu späteren Zeiten fortführen möchten. Dieser Prozedur nach werden zehnjährige Renteninvestitionen und Ersparnisse vorgenommen. Der Kunde entscheidet nach Ablauf der Frist, ob er als Rentner fortwährend monatliche Rentenauszahlungen oder seine gesamten Ersparnisse inklusive der Erträge ausbezahlt haben möchte. Im Todesfall gehen die Grundsumme der Fondsanlage und ihre Erträge auf die zu Lebzeiten bestimmte Person oder auf seine Erben über (wenn niemand bestimmt wurde). Bei Wirtschaftsverlusten werden diese über die Grundsumme beglichen (sofern anderweitig keine Mittel vorliegen). Die Fondsdirektion führt die Geschäfte.[983] Da die Dringlichkeit des Schatzbriefs (türk. hazine bonosu) und die Rückkaufvereinbarung (Repo) in der Türkei abgeschafft ist, sind in dem Finanzprodukt nach Karaman keine Zinsen enthalten.

Die Kunden besitzen keine feste Garantie für Erträge oder der Grundsumme, sodass Verluste eintreten können. Wenn investitionswillige Personen im Rahmen zinsloser Finanzprozeduren zur Altersvorsorge eine Privatrente wollen,

---

981 BEGRÜNDUNG: Die Zinsbanken vermehren die eingezahlten Investitionen durch zinsgebundene Prozeduren und zahlen diese inklusive der Zinsüberschüsse zurück. Ihnen geht es darum, mittels Kapital und Zinsen Geld zu verdienen. Bis heute wurde die zinsgebundene Privatrente in der Türkei über die Lebensversicherung oder in Fondsanlagen investiert, welche islamwidrige Prozeduren durchführten und verwerfliche Verdienste erhielten.
Daher vertritt KARAMAN die Meinung, dass die zinsgebundene Privatrente (türk. faizli bireysel emeklilik) für Muslime verwerflich (ḥarām) ist. Vgl. KARAMAN: Bireysel Emeklilik. In: Yeni Şafak 03.03.2013.

982 Vgl. KARAMAN: Bireysel Emeklilik. In: Yeni Şafak 17.10.2010.

983 Für die gegründeten Fondsanlagen über die Beiträgsprämien war zu früheren Zeiten die Bereitstellung eines Schatzbriefs (türk. hazine bonosu) erforderlich. In den neuen Bestimmungen wurde dies aufgehoben, sodass die Fondanlage über die Edelmetalle wie die Goldberechnungen der Beteiligungsbanken, über die Aktien an der Istanbuler Wertpapierbörse „İMKB“ (dem islamischen Index konforme Produkte) oder durch die Produktmischung in der Höchstgrenze von zehn Prozent des Fonds in Beteiligungsbecken verwendet werden.

dann können sie in die erlaubten Fondsanlagen der Beteiligungsbanken (türk. katılım bankalarının helâl fonları) investieren. Da dem Investor am Ende der Investitionsfrist die Kapitalerträge und die Grundsumme monatlich ausbezahlt werden, kann diese nach Karaman als „erlaubte Privatrente“ verstanden werden (türk. helâl olan bireysel emeklilik). Eine Regel der Beteiligungsbanken sieht vor, dass in den Topf der Privatrenten keine verwerflichen (ḥarām) Erträge einfließen.[984] Daher werden die Direktionen der Beteiligungsbanken durch spezielle Advisory Boards beraten, die aus islamischen Rechtsexperten zusammengesetzt sind und über die islamkonformen Anlagenfelder der Ḥalāl-Fonds aufklären. Die Bankdirektionen richten sich nach diesen verbindlichen Expertenaussagen.

Die Beteiligungsbank erhält für ihre Dienstleistungen bestimmte Gegenbeträge. Zudem kann sie mit den Kapitalinvestoren spezielle Wirtschaftspartnerschaften (muḍāraba) eingehen, diese Geschäfte führen und ihre jeweiligen prozentualen Anteile an den Erträgen erhalten.

4.2.2.3 Börsenangelegenheiten

4.2.2.3.1 Börse, Wertpapierhandel und Inflation

Unter „Börse“ wird eine rechtlich geregelte und beaufsichtigte Finanzinstitution verstanden, an der die Einkaufsparteien zusammenkommen, bestimmte Güter und Wertpapiere handeln. Handelsgüter zeichnen sich dadurch aus, dass sie gezählt, gewogen und gemessen werden können. Wertpapiere sind Aktien- und Schuldpapiere, welche einen Schwankwert haben. Die Börseninstitution ist ein offizieller Finanzort, an dem spezielle Märkte und Preise entstehen, spezielle Verträge zustande kommen und besondere Einkaufvorgänge stattfinden.

Bei den Osmanen entstand die Wertpapierbörse im Jahr 1866 in Istanbul unter der Nennung „Dersaâdet Tahvilât Borsası“, welche nach der Staatsgründung der Türkei einige Reformen erlebte. Schließlich wurde am 26.Dezember 1985 die Istanbuler Wertpapierbörse „İMKB“ (türk. İstanbul Menkul Kıymetler Borsası) gegründet.[985] Der Gesetzesentwurf der İMKB von 1984 wurde unter

984 Auch der Staat kann unter dem Gemeinwohl (maṣlaḥa) und durch das aufrichtige Festhalten an der sozialen Gerechtigkeit (ʿadāla al-iğtimāʿiyya) den Bürgern Anreizkredite ohne reelle Zinsen aushändigen oder Spenden. Mit der Intention (maqṣād) unnötige Ausgaben zu verringern, reizt der Staat auch zur Privatrente an, spendet einen Anreizbetrag und zahlt diese auf das Konto. So sammelt sich eine Summe an, welche zu islamkonformen Investitionen und Produktionen richtet, die Arbeitsplätze, das Gesamtvermögen, den Volkswohlstand vermehrt.

985 Vgl. http://borsaistanbul.com/25yil/index.html (Einsicht: 22.05.2013).

dem damaligen Ministerpräsidenten (türk. Türkiye Cumhuriyeti Başbakanı) Turgut Özal (gest. 1993) übernommen, der später im Amt des türkischen Staatspräsidenten (türk. Türkiye Cumhuriyeti Cumhurbaşkanı) war.

Nach dieser kurzen Einführung in die türkische Börsengeschichte wird der Aktienhandel im Denken von Karaman analysiert. Seiner Meinung nach gehen im Aktienhandel an der Börse zwei Perspektiven hervor. Erstens: Die Aktienkäufe und die damit einhergehende partnerschaftliche Geschäftsbeteiligung an Firmengesellschaften ist seiner Meinung nach für Muslime erlaubt (ḥalāl), wenn diese erlaubte (ḥalāl) Waren produziert, islamkonform handelt und Wirtschaftsdienste erweist.[986] Somit beteiligt sich der Aktienkäufer am Gesamtvermögen der Aktiengesellschaft in Höhe der prozentualen Beteiligungen, partizipiert von den Erträgen und Verlusten und besitzt jederzeit die Möglichkeit diese Aktien zu verkaufen.

Die zweite Perspektive betrifft den ertragsorientierten Aktienhandel und den Aktienerwerb, welche unter der Berücksichtigung der Börsenkonjunktur unabhängig des realen Wertes ihre Werte steigert oder verliert (Börsenspekulationen). Die heutigen Einkaufsvorgänge an der Börse laufen nach diesem Zweck ab, die als Börsenspielchen bekannt sind. Hierbei sind ihre Ähnlichkeiten mit verwerflichen Glückspielen erkennbar, denn der Börsenhandel zeichnet sich dadurch aus, dass die Aktien zumeist über oder unter dem tatsächlichen Wert liegen, außerhalb der schriftlichen Modalitäten billiger oder teurer werden, und ohne entscheidende Finanzbeiträge für die Wirtschaft und Produktion viele Gelder verdient oder verloren werden. Daher sind Börsenspekulationen und ihre Spielchen keine islamkonformen Handelsgeschäfte.

Der Aktienankauf und -verkauf von solchen Gesellschaften sind für Muslime verwerflich (ḥarām), insbesondere wenn sie Ḥarām-Prozeduren durchführen und Ḥarām-Waren produzieren.[987] Der Aktienkauf über die Vermittlerrolle der Zinsbank, indem zinsgebundene Kredite aufgenommen werden, ist islamisch gesehen verwerflich (ḥarām).

Alle zur Produktion und zum Handel erlaubten (ḥalāl) Güter und ihre Aktien können von den Muslimen gekauft und verkauft werden. Durch das Kaufen von Wertpapieren besitzt jemand diese, indem er sich zum Beispiel an den Verkäufer verschuldet. Der Verkaufswert der Aktien wird am Zahlungstag beglichen. Wenn

986 Vgl. KARAMAN: Günlük Hayatımızda Helâller ve Haramlar (2001), S. 242f.
987 Vgl. KARAMAN: Hayatımızdaki İslâm (2003), Bd. 1, S. 459.

Zahlungsverzögerungen vorliegen, dann werden auf den Verkaufswert keine anderen Werte addiert (außer bei inflationären Wertdifferenzen).[988]

Unabhängig vom Verkaufstag der gekauften Wertpapiere, trägt der Aktienbesitzer die Erträge und die Verluste. Nach Karaman sind mit aufrichtigen Absichten Wertpapierkäufe und deren Verkäufe von denjenigen Aktiengesellschaften erlaubt (ḥalāl), die islamkonforme Prozeduren durchführen und erlaubte (ḥalāl) Waren produzieren.[989]

Bei Vorliegen von Zinsprozeduren und der damit einhergehenden Zinserträge müssen diese islamisch gesehen an die Armen abgetreten werden. Hier könnte die Frage entstehen, warum diese für die Armen erlaubt (ḥalāl) ist. Karaman argumentiert damit, dass für den Zinsverdiener die Zinserträge über die verwerflichen Ertragswege zustandekommen. Für ihn sind die Zinsen verwerflich (ḥarām), wohingegen der Weg über die Spendengabe an die Bedürftigen für diese erlaubt (ḥalāl) ist. Die Erlaubnis der Zinsgabe an die Armen beruht auf dem Prinzip „das Recht an die eigentlichen Besitzer auszuhändigen".

Anstelle der Zinswirtschaft kann islamkonform und somit zinslos gehandelt werden. Wenn in den Verträgen keine Zinsen (ribā') vorliegen, müssen im Falle von Schuldenverzögerungen die inflationären Wertdifferenzen (türk. enflasyon farkı) beglichen werden.[990] Wenn diese nicht gezahlt werden, sind die Schulden in Wahrheit nicht vollständig beglichen. Daher müssen die zeitbedingten Wertdifferenzen zurückgezahlt werden. Wenn der Kreditvertrag mit der Zinsbank geschlossen wurde, dann sind Zinsen (ribā') enthalten. Vertragsgemäß werden nach einer bestimmten Frist Zinsen eingenommen,[991] die islamisch verwerflich (ḥarām) sind.

---

988 Vgl. http://www.hayrettinkaraman.net/sc/00430.htm (Einsicht: 04.05.2013).

989 Vgl. http://www.hayrettinkaraman.net/sc/00142.htm (Einsicht: 05.05.2013).

990 Vgl. KARAMAN: Hayatımızdaki İslâm (2011), Bd. 3, S. 233, 235.

991 Auch wenn am Zahlungstag die entrichteten Zinsen (ribā') unter dem Inflationswert liegen, wird die Sünde des Kreditnehmers, bedingt wurch den Kreditvertragm nicht aufgehoben. Da die investierten Geldanlagen in eine Bank mit reellen Zinsen an den Kreditnehmer (Dritten) weitergegeben werden (Zinswirtschaft), erhält die Bank als Vermittler reelle Zinsen, auch wenn sie diese ihrem Investor nicht unbedingt auszahlt. Der Investor erkennt die reellen Zinsgewinne seiner Kapitalanlagen durch die Bank an und begeht somit eine Verwerflichkeit (ḥarām), dessen weltlichen Nutzen (reellen Zinsen) er von der Bank nicht ausbezahlt bekommt. Der Kreditnehmer begeht eine Verwerflichkeit (ḥarām), rettet sich aber mittels des Kredits aus der finanziellen Lebenskrise.
Vgl. KARAMAN: Günlük Hayatımızda Helâller ve Haramlar (2001), S. 246–247

Inflation leitet sich vom Lateinischen „inflatio“ ab und bedeutet „Aufschwellen, Aufblasen“. Als Wirtschaftsbegriff wird unter „Inflation“ die unmäßige Erhöhung der Mengenwerte des Geldkurses im Vergleich zum Produktionsniveau und Warenbereitstellungen verstanden. Ein offenes Indiz der Inflation ist das Sinken der Geldwerte analog zum Preisanstieg, wobei es finanziell den Einzelnen und die Gesamtgesellschaft betrifft.[992] Insbesondere betrifft sie die Kaufkraft und das inflationäre Aufschwellen, sodass im gesamtwirtschaftlichen Gleichgewicht spezifische Störungen auftreten.[993] Die Inflationswerte müssen in den Schuldbeziehungen berücksichtigt werden. Wenn eine Person, im Bestreben nach der göttlichen Zufriedenheit, anderen Personen zinslose Kredite vergibt ohne finanzielle Gegennutzen zu nehmen (türk. kârz-ı hasen), dann sind „zeitliche Wertaufschläge“ (türk. vâde farkı) nicht vorhanden. Wenn der Schuldner zur Schuldendeckung ausreichende Kapitalmengen verfügt, dann kann der Kreditgeber das geliehene Kapital jederzeit einfordern, für die der Schuldner aufkommt. Wenn nach einer bestimmten Zeit die ausgeliehenen Beträge, bedingt durch die Inflation zu Werteverlusten führen, muss der Schuldner für die Wertauflagen der Schulden aufkommen. Falls zum Zeitpunkt der zinslosen Kreditleihe mit dem geliehenen Betrag eine bestimmte Menge an Kartoffeln gekauft werden kann, muss die gleiche Menge an Kartoffeln auch zum Zeitpunkt der Schuldenrückzahlung möglich sein. Wenn die inflationären Wertdifferenzen nicht gezahlt werden, dann wird der Schuldenbetrag nicht vollständig beglichen. Dies liegt darin begründet, dass Geldscheine (Banknoten) in sich keinen Eigenwert haben und ihren Wert von der Kaufkraft (Finanzkraft) erhalten.

In Einkaufsvorgängen mit zeitlichen Wertaufschlägen (türk. vâdeli alım satım) gilt, dass innerhalb der vorgegebenen Zahlungsfrist keine Inflationsdifferenzen gezahlt werden, auch wenn der Geldwert gesunken ist.[994] Am Zahlungstag ist der vereinbarte Betrag zu zahlen, denn der Kreditgeber berücksichtigt vor der Vertragsunterzeichnung die inflationären Wertdifferenzen und schlägt deswegen die zeitlichen Wertauflagen (türk. vâde farkı) auf, die als Kompensation der Inflation dienen. Falls „Geld“ geliehen wird, ist die Rückzahlung auch „mit Geld“ zu begleichen und nicht mit Waren. Inflationäre Wertdifferenzen sind nicht mit Zinsen zu vergleichen. Denn wenn jemand sein Kapital zinsgebunden investiert, dann sind laut Vertrag Zinsen (ribā') vorhanden, die verwerflich (ḥarām) sind. Im Generellen liegen die zinsgebundene Investitionen und die

992 Vgl. DÖNDÜREN: İslâm'da Para, Kredi, Faiz ve Enflasyon İlişkileri. In: Para, Faiz ve İslâm (1992), S. 183.

993 Vgl. KARAMAN: Enflasyon ve Faiz. In: Yeni Şafak 10.09.2010.

994 Vgl. KARAMAN: Enflasyon ve Faiz. In: Yeni Şafak 01.08.2008.

damit verbundenen Überschüsse über den Inflationswert, sodass reelle Zinsen erwirtschaftet werden. Ein bestimmter Anteil dieser Zinserträge werden durch die Zinsbank behalten und der Restteil unter den Kapitalinvestoren aufgeteilt.

4.2.2.3.2 Reflektionen der Wirtschaftsmoderne

Im Denken von Karaman sind die Muslime in den wissenschaftlichen und wirtschaftlichen Feldern der Moderne nicht stehengeblieben, sondern haben sich im Vergleich zum Westen nur langsamer entwickelt.[995] Seiner Meinung nach sind die historischen innermuslimischen Entwicklungen und Veränderungen dafür ein wichtiger Hinweis.

Nach der industriellen Revolution im Westen und den damit einhergehenden Gründungen von Wirtschaft- und Handelsgemeinschaften folgten die Muslime diesen Entwicklungen, indem sie ähnliche Institutionen gründeten. Im Generellen bestanden die Erwartungen der Muslime in der islamkonformen Darlegung der Wirtschaftsentwicklungen unter Einbezug des geistigen Religionsverständnisses und ihrer Intentionen. Unter diesen Bedürfnissen sollten die neuen Wirtschaftsentwicklungen begutachtet und Lösungen dargelegt werden.[996]

Die oft von den islamfeindlichen Akteuren angeführte These, dass die islamische Religion in der Moderne ein Hemmfaktor gewesen sei, stimmt mit den

995 Vgl. KARAMAN: Hayatımızdaki İslâm (2003), Bd. 1, S. 513.

996 Trotz der Reflektionen blieben die Muslime zunächst zurückhaltend. Nach KARAMAN liegen die verantwortungsbewussten Annahmen der Herausforderungen nicht alleine in der Pflichtverantwortung der Fuqahāʾ, sondern in der gleichmäßigen Zielorientierung der Gemeinschaft. Wenn die Fuqahāʾ mit Wirtschaftsfragen konfrontiert waren, entstanden zwei grundlegende Lösungsansätze. Die theoretisch-ideale und die reell-praktische Lösung. Erstere geht vom Soll aus, die nach den vorliegenden kontextuellen Bedingungen schwer zu realisieren sind. Wenn mit der Umsetzung der Ideallösung größere Schwierigkeiten verbunden sind, müssen die Notlösungen (ḍarūrāt) und damit die Notfallnormen auf das Mindeste reduziert werden. Unter „Notfallnormen" werden im islamischen Recht (fiqh) provisorische Notlösungen zur Aufhebung von Erschwernissen verstanden, welche die Lebensumstände oder den innovativen Aufschwung gefährdet. In dieser Notlagensituation (ḍarūra) können Verwerflichkeiten (ḥarām) notbedingt zu provisorischen Erlaubnissen (ḥalāl) umfunktioniert werden, sofern keine anderen Möglichkeiten bestehen. Auch wenn die Intentionen unter den vorliegenden Bedingungen nicht vorrangig berücksichtigt werden, müssen die Notlösungen formell mit der islamischen Religion konform sein. Vgl. KARAMAN: İslâm'ın Işığında Günün Meseleleri (2010), S. 406–414.

historischen Tatsachen und mit den Intentionen der islamischen Religion nicht überein. Im Rückblick auf die Historie ist festzustellen, dass die muslimische Zivilisation, dessen Glaubens- und Identitätsfaktor die islamische Religion ist, erfolgreiche Blütezeiten in allen Lebensbereichen erlebte. Deswegen muss die muslimische Zivilisationsgeschichte richtig einstudiert und verstanden werden, um keine vorurteiligen Aussagen über den Islam zu treffen. Gerade mit Blick auf die historischen Phasen einer Hochkultur wie bei den Osmanen ist erkennbar, dass die Muslime trotz ihrer wirtschaftlichen Blütezeit die Schwächeren nicht ausbeuteten, die anvertrauten Verantwortungen an die Menschheit nicht missbrauchten, die Rechtmäßigkeit nicht an das Starksein stellten. Die These der „langsameren Entwicklung" der muslimischen Zivilisation in der Wirtschaftsmoderne, im Vergleich zum Westen, steht zur Kritik offen. Sofern heute immer mehr Menschen ausgebeutet, deren Rechte und Freiheiten nicht ganz eingeräumt werden, kann von einem soziomoralischen Zivilisationsfortschritt nicht die Rede sein. Hier kann der Islam unter moralischen Richtlinien der Menschheit vieles beitragen.

Hier können die gegenwärtigen Probleme der globalen Wirtschaftskrise mittels des zinslosen Wirtschaftsmodells theoretisch auch gelöst werden. In der Praxis stellen die inneren Triebe des Menschen, sowie der Egoismus und das Bestreben nach überdimensionalem Vermögen charakterliche Hindernisse dar. In der Übergangsphase von der säkularen Moderne und in die säkulare Post-Moderne lassen sich die Wirtschaftsbedingungen dadurch charakterisieren, dass die Finanzschere zwischen arm und reich immer größer wird, was in der Gesellschaft zu ungleichmäßigen Vermögensverhältnissen führt und das Kapitalvermögen sich in einer bestimmten Oberschicht ansammelt und die Finanzmärkte kriseln. Zur sozialen Gerechtigkeit muss sich das Kapital dem Volk öffnen. Ohne die Börse und ohne den Besitzerwechsel von Aktien können sich die Aktiengesellschaften dem Volk nicht öffnen, das Kapitalvermögen nicht unter dem Volk verteilen, die Ansammlung nicht nach Ertrags- und Verlustpartnerschaft erfolgen. Die an der Börse stattfindenden betrügerischen Prozeduren können nicht vollständig ausgeräumt werden, weil sie das Gewissen und den Charakter betreffen. Letztendlich schadet das die Gesamtwirtschaft, in dem alle Personen geschädigt werden. Zu den Ursachen der Wirtschaftskrise zählen die Geldausgaben (Verschwenderichsein) ohne das Verdienen, die unrechte Existenzdarlegung nichtvorliegender Dinge, die Zinswirtschaft, die Finanzmarkt-krise, die Banken- und Schuldenkrise. Daher bedarf es einer islamischen Wirtschaftsethik.

Die Wirtschaft kann für gläubige Muslime nicht außerhalb der islamischen Religion und der damit verbundenen Charakterbildung (aḫlāq) stehen. Hier stellt sich die Frage inwiefern das „islamkonforme Wirtschaftsmodell" gegen die globale Wirtschaftskrise vorbeugen kann.[997] In diesem werden über die Beteiligungsbanken partnerschaftliche Produktionen, Handel, Leihen und Einkäufe vorgenommen, welche die reelle Wirtschaftsfinanzierung kennzeichnen.[998] Auf diese Art sorgen die Beteiligungsbanken für die Finanzmarktstabilität. Zur Offenbarungszeit des Islam lagen Wirtschaftskrisen regional vor, welchen den Charakter (aḫlāq) betrafen.[999] Es wird erkennbar, dass die gegenwärtige globale Wirtschaftkrise auch mit einer Wertekrise zusammenhängt. Daher bedarf es einer neuen verantwortungsbewussten Wirtschaftsethik.

4.2.2.3.3 Wertpapierkauf und Zinskredite

Unter „Börse" wird eine funktionale Institution verstanden, an der die Wertpapiere registriert, gekauft, verkauft, ihre Preise festgelegt, kontrolliert, zu Ersparnissen und zu Investitionen angereizt werden.[1000] Die offene Frage für Hayreddin Karaman liegt darin, ob die gekauften und verkauften Wertpapiere, wie Aktien

997 In der Gegenwart ist die Wirtschaftskrise, bedingt durch den globalen Krisencharakter, ernst zu nehmen, dessen Folgen bei unzutreffenden Vorkehrungen zu weiteren unberechenbaren Krisen führen kann.

998 Vgl. KARAMAN: Hayatımızdaki İslâm (2011), Bd. 3, S. 243.

999 In der ursprünglich-offenbarten Religionslehre von Moses und Jesus sind Zinsen (ribā') verwerflich (ḥarām) gewesen, welche Richtlinie in der Religionsgeschichte zu Veränderungen führte und die heutige Zinswirtschaft einebnete. Offenbarungsreligionen göttlicher Herkunft zielen ihren Intentionen nach auf Glückseligkeit, soziale Gerechtigkeit, Wohlergehen (maṣlaḥa) und auf den Frieden ab und werden im Rahmen dieser universellen Werte verstanden, wonach Zinsen auch in den vorislamischen abrahamitischen Religionen verwerflich (ḥarām) sein müssten. In der abrahamitischen Religionsfolge werden die religionsgeschichtlichen Normveränderungen zinsverwerflicher zu zinserlaubender Normen durch die Offenbarungsnormen des Islams abrogiert und korrigiert (nasḫ, mansūḫ), damit zur unveränderlichen Verwerflichkeit (ḥarām) von Zinsen festgesetzt, was nicht geleugnet werden kann. Diese Abrogation und ihre Weisheiten (ḥikam) sind zum Interesse der Menschheit zu verstehen. Daher zielen die universellen Werte des Islams auf das Wohl (maṣāliḥ) ab, das den universellen/überzeitlichen Charakter beglaubigt wird. Vgl. KARAMAN: İslâm Düşüncesinde Ekonomi, Banka ve Sigorta (2011), S. 127f.

1000 Vgl. KARAMAN: İslâm'ın Işığında Günün Meseleleri (2010), S. 360.

und Schuldverschreibungen von Muslimen gekauft und verkauft werden können. Wertpapiere werden in zwei Arten unterschieden:

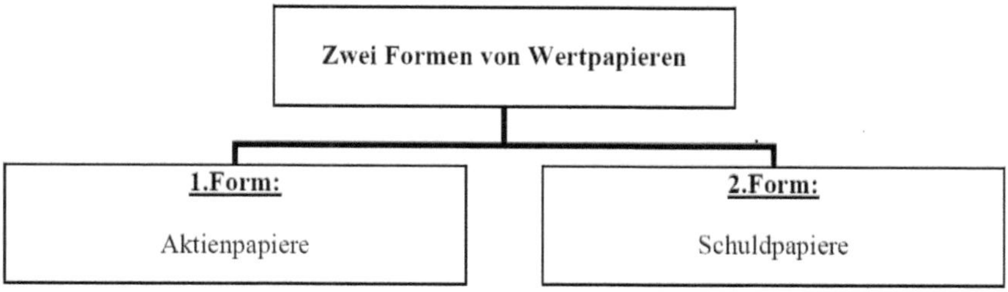

Da zinsgebundene Kreditanleihen wie Schuldpapiere verstanden werden können, gibt der Aktienkäufer der Firmengesellschaft somit zinsgebundene Kreditanleihen. Da Zinsen (ribāʾ) verboten (ḥarām) sind, sind alle Handelsvorgänge mit Schuldverschreibungen verwerflich (ḥarām). Anstelle von Schuldverschreibungen, müssen mit Rücksicht auf Erlaubtes (ḥalāl) und Verwehrtes (ḥarām), zur Vermögensvermehrung neue Aktienpapiere ausgestellt werden und Geschäftspartner vorhanden sein, die sich partnerschaftlich an Erträgen und Verlusten beteiligen (türk. kâr'da ve zarar'da ortaklık). Aktien sind besondere Dokumente, die die Geschäftspartnerschaft einer an der Börse fungierenden Firmengesellschaft, Institution oder Einrichtung beglaubigen. Der Aktienkauf bestätigt die Geschäftsbeteiligung, welche die gemeinsamen Erträge und Verluste und letzendlich auch das Firmenvermögen umfasst.

Unter diesen Bedingungen ist für Muslime der Aktienhandel von Firmen verwerflich (ḥarām), die verwerfliche Industriewaren produzieren, handeln, vermarkten. Zum Beispiel können der verwerfliche Aktienhandel, ihre Vermarktung und Reklamierung von Aktiengesellschaften angeführt werden, die Alkohole produzieren und weiterverkaufen, die Zinsen erwirtschaften, die Prostitution betreiben und Glückspiele vermarkten. Der Aktienkauf solcher Unternehmen ist, bedingt durch den Aktienbesitz, als „Führung der verwerflichen Geschäfte" zu verstehen. Der Wertpapierhandel und die Aktienkäufe von islamkonformen Firmen sind für Muslime erlaubt (ḥalāl),[1001] wie zum Beispiel in der Automobilindustrie, Bau- und Logistikbranche.

1001 Die zinsgebundene Kreditaufnahme über eine Bank ist verwerflich (ḥarām), sodass die Gläubigen darüber auch keine Aktienpapiere kaufen dürfen. Vgl. KARAMAN: Hayatımızdaki İslâm (2011), Bd. 3, S. 237.

4.2.2.3.4 Spekulationen mit Aktienpreisen

Da die „Börsenspielchen" einiger Firmen durch unrechtmäßige Erhöhungen oder Senkungen der Aktienpreise mit Spekulationen (ġarār) verbunden sind, fallen diese nach Karaman unter die Rubrik „Täuschung" und „Finanzschädigung", was verwerflich (ḥarām) ist.[1002]

Ein gläubiger muslimischer Aktionär darf diese Aktion nicht ausüben. Falls die verwerflichen Spekulationen von anderen Personen durchgeführt werden, sodass die Aktienpreise sinken oder steigen, dann tragen die Aktienkäufer über dem regulären Marktwert der gekauften Aktie keine Verantwortung. Manchmal verursachen nach Karaman die enormen Aktiennachfragen in der Beziehung (ʿalāqa) des Marktwerts im Firmeneigentum mit dem aktuellen Marktwert der Aktien entscheidende Preisdifferenzen. Wenn das vollständige Firmeneigentum für eine Million verkauft wird, können die vollständig verkauften Aktien mehr betragen.

Insbesondere mittels der Einflüsse der internationalen Beziehungen können die Aktienpreise an einem Tag außerordentliche Fallsenkungen verzeichnen. Deswegen gehen viele Menschen in Insolvenz, die ihr Vermögen in diese Aktien investiert haben. Da diese Faktoren Freiräume für Nutzprofite eröffnen, sind sie im Denken von Karaman oft nicht islamkonform.

Alle Marktpreise im Aktienhandel und der dadurch einhergehende Einkaufsvorgang können, bedingt durch die vorliegenden Rahmenbedingungen, nicht verboten werden. Jedoch besitzt die Regierung (ʿuluʾl-ʿamr) zur Sicherung des Gemeinwohls (maṣlaḥa al-ʿamma) die Möglichkeit, diese auch zu beaufsichtigen. Zur Klarheit ist es nach Karaman ausreichend, wenn die gekauften Waren und Güter des Aktienkäufers vor Augen geführt und die Zweifel ausgeräumt werden. Denn der Aktienkäufer kauft mittels der prozentualen Aktienbeteiligungen auch den relativen Anteil der Firmeneigentümer. De facto ist dies nach Karaman weder als Kapital noch als Zinsen zu deuten, sondern als ein Eigentum mit „festem ökonomischem Wert".[1003] Das islamkonforme Handeln mit Ḥalāl-Waren versteht sich als verantwortungsvolles Handeln im Rahmen des ökonomischen Werts, sodass der Händler nicht religionswidrig handelt.

Wenn der Aktienbesitzer seine Wertpapiere in der gleichen Angelegenheit nicht verkauft und von den jährlichen Aktienüberschüssen profitieren möchte, dann ergibt sich ein anderer Fall. In dieser nimmt er zum Beispiel Zinskredite auf, wodurch er verwerfliche Zinsen (ribāʾ) zahlt und so Geld verdient. Wenn

---

1002 Vgl. KARAMAN: İslâm'ın Işığında Günün Meseleleri (2010), S. 360.
1003 Vgl. ebd., S. 361.

nun jemand zur Überschusserzielung die Wertpapiere einer Firma kauft, die Zinskredite verwendet, dann nimmt er, bedingt durch seine Beteiligungen, indirekt über den Willen der Firmendirektion Zinskredite auf, wovon er Erträge erzielt und den Kredit inklusive der verwerflichen (ḥarām) Zinstilgungen zurückzahlt.[1004]

Wenn ausreichende Aktiengesellschaften existieren, die zinslos erwirtschaften, dann müssen die gläubigen Aktionäre diese bevorzugen. Falls die Mehrheit Zinskredite verwendet und die Aktienbesitzer dies nicht ändern können, dann hat ein Muslim zwei Wahlmöglichkeiten. Erstens: Er verzichtet auf die Partnerschaft mit zinsarbeitenden Firmen und investiert das Kapital anderweitig, welches Verhalten Karaman als „behutsames Vorgehen“ bezeichnet.[1005]

Zweitens: Zur Erzielung von Erträgen bedient er sich nicht an den Zinskrediten, sondern an den zinslosen Kapitalanleihen oder am Firmenvermögen. Dadurch befinden sich in den Überschüssen (türk. kâr) keine direkten und keine indirekten Zinsen.[1006]

Wenn der Aktienhandel zur ernsthaften weitverbreiteten Alternative zu Zinskrediten wird, dann sollte dieser Weg nach Karaman bedingt durch die Notbedingung zum Positiven überdacht werden. Da bedingt durch die Zinskredite auch Zinsen gezahlt werden, können oft keine Erträge erzielt werden, welche die Zinsen übertreffen. Falls die Erträge höher sind als die Zinsen, müssen diese errechnet und den Armen übergeben werden. Dieses sittliche Verhalten geht nach Karaman mentaler aus der Gottesfurcht (taqwā) der gläubigen Menschen einher.

Auch wenn die Börse über die Aktienbeteiligungen der Firmengesellschaften theoretisch zur Wirtschaft beiträgt, sieht die Praxis anders aus. Denn in der Praxis ähneln „Börsenspiele“ nach Karaman, bedingt durch die Preisspekulationen, den Glückspielen, das heisst die Preise von Wertpapieren werden über dem tatsächlichen Marktwert teurer oder billiger. Auf diese Art werden unklare Gewinne und Verluste erzielt, wovon die industrielle Wirtschaft und ihre Produktion nur sehr wenige Beiträge erhalten. Daher erachtet Karaman die „Börsenspiele“ mit den Aktienpreisen für Muslime als unangemessen. Seiner Meinung nach darf aber heute auch nicht vergessen werden, dass die Börse als „Alternative“ zur Zinsvermehrung eine sehr große Bedeutung erhält, auch wenn unter den gegebenen Lebensumständen die Börsenspiele aus unterschiedlichen Gründen nicht vollständig ausgeräumt werden können. Letztendlich sind die Börsenprozeduren

---

1004 Vgl. KARAMAN: Hayatımızdaki İslâm (2003), Bd. 1, S. 457–459.
1005 Vgl. KARAMAN: İslâm'ın Işığında Günün Meseleleri (2010), S. 361f.
1006 Vgl. ebd.

und die damit verbundenen Handelsvorgänge dem Gewissen (wiǧdān) und dem Charakter (aḫlāq) des Börsenfunktionärs überlassen.[1007]

Zusammenfassend ist festzuhalten, dass die Prinzipien des islamkonformen Wirtschaftmodells eine spezielle *Verantwortungsethik* vorsieht, welche die Verwerflichkeit (ḥarām) von Zinsen, die Risikoteilung, die Beachtung von erlaubten (ḥalāl) und verwerflichen (ḥarām) Finanzprozeduren und Fondsanlagen, die optimale Verwendung und Mobilisierung des Vermögens in angemessenen Ersparnissen und Ausgaben, die gerechte Lohnverteilung und die Verwerflichkeit (ḥarām) von spekulativen Finanzvorgängen (ġarār) vorsieht (wie bei Aktienpreisen).

4.2.2.3.5 Zeitbedingte Wertauflagen beim Einkaufen

Die islamische Religion sieht vor, dass Schuldanleihen fristgerecht zurückgezahlt werden und sich der Geldgeber erfreut. Zu besonderen Inflationszeiten müssen die Schulden inklusive der inflationären Wertdifferenzen beglichen werden. Das gilt auch für Kaufwaren, welche mittels Einkaufen erworben wurden. Seit jeher wird der Einkaufsvorgang auf verschiedene Arten, wie Barzahlungen oder durch Aufschreiben ausgeführt. Im Generellen sind Einkaufsvorgänge (türk. alışveriş) nach Hayreddin Karaman zunächst nach ihren Wahrscheinlichkeiten in vier verschiedene Formen einzuteilen:[1008]

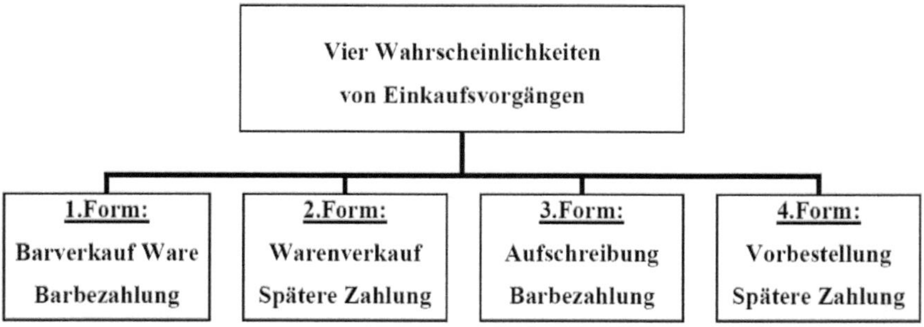

Karaman geht ausdrücklich auf diese vier unterschiedlichen Einkaufvorgänge ein und legt ihre islamrechtliche Beurteilung dar. Die erste Form des Einkaufens durch Barverkauf der Ware und Barzahlung ist ohne Probleme erlaubt (ḥalāl).

1007 Vgl. KARAMAN: Hayatımızdaki İslâm (2006), Bd. 2, S. 356–357.

1008 Vgl. KARAMAN: Alış-Verişte Vâde Varkı. In: İslâm Hukukuna Göre Alış-Verişte Vâde Farkı ve Kâr Haddi (1990), S. 23.

Die vierte Form, einer Vorbestellung der Ware und der späteren Zahlung ist durch Ḥadīṯnormen verwerflich (ḥarām).[1009]

Die dritte Form des Einkaufens mittels Warenaufschrieb und Barbezahlung ist unter dem Salam-Vertrag bekannt, welcher bedürfnisbedingt geschlossen wird. Der Prophet Muḥammad genehmigt dies unter der Einhaltung von bestimmten Bedingungen. In den Fokus rückt die zweite Form, in der die Ware verkauft wird, die Zahlung mittels Aufschreiben später erfolgt. Nach Karaman ist dieser Einkaufsvorgang (türk. alış-veriş) islamisch möglich, welche durch einen Šarīʿa-Beweis belegt werden kann:

> *„Ihr Gläubigen! Wenn ihr auf eine bestimmte Frist ein Schuldverhältnis eingeht, dann schreibt es auf! Und ein Schreiber soll (es) in eurem Beisein aufschreiben, so wie es recht und billig ist….*"[1010]

Viele Exegeten sind sich darin einig, dass in Anlehnung dieses Verses der Salam-Vertrag, der Warenverkauf mittels Aufschreiben (dritte Form des Einkaufens) und die Warenausleihe möglich sind. Im kanonischen Überlieferungswerk von Buḫārī ist mit Hinweis von Hayreddin Karaman sogar ersichtlich, dass der Prophet Muḥammad von einem jüdischen Händler durch Aufschreiben Lebensmittel kauft und seine Metallrüstung hinterlässt.[1011] Die Rechtsgelehrten sind daher der Übereinkunft (ittifāq al-fuqahāʾ), dass der Warenverkauf mittels Aufschreiben möglich ist. Die Diskussionen betrafen die Kontroverse, ob die in den Textbelegen (nuṣūṣ) erkennbare Erlaubnis eine dauerhafte Beständigkeit (ʿazīmā) oder eine Genehmigung (ruḫṣa) kennzeichnet. Zwischen Finanzierungskäufen mit Wertauflagen (türk. vâde farklı alış-veriş) und Barzahlungen (türk. peşin ödemeli alış-veriş) liegen Differenzen vor.[1012]

Differenzen zwischen dem Finanzierungskauf und der Barbezahlung:

1. Differenz: Zahlungsverzögerungen

Diese kann zum Beispiel eine Finanzierung sein, in der der Warenkauf entweder in einer oder in mehreren Raten (taqṣīṭ) abbezahlt werden. Dabei müssen zwischem dem Verkäufer und dem Käufer im Vorfeld alle Unklarheiten (iḫtilāf) ausgeräumt werden.

1009 Vgl. KARAMAN: Vâde Farkı. In: 1.Uluslararası İslâm Ticaret Hukukunun Günümüzdeki Meseleleri Kongresi. Konya 1997, S. 762.

1010 KORAN, 2:282.

1011 Vgl. KARAMAN: Günlük Hayatımızda Helâller ve Haramlar (2001), S. 72.

1012 Vgl. KARAMAN: Vâde Farkı. In: 1.Uluslararası İslâm Ticaret Hukukunun Günümüzdeki Meseleleri Kongresi. Konya 1997, S. 763.

2. Differenz: Wertdifferenzen bei Zahlungsverzögerungen

Im Generellen etablierte sich in Einkaufsvorgängen, dass bei Warenverkäufen mit verzögerten Zahlungen auf den ursprünglichen Verkaufspreis bestimmte Wertdifferenzen hinzukommen, welche nicht unbedingt gegeben sein müssen. Die entscheidende Frage lautet, ob der zeitliche Aufschlagungswert (türk. vâde farkı) wie bei einer Finanzierung annehmbar ist oder nicht.

Im Allgemeinen ist es unter Handelsleuten üblich, dass der Betrag einer mittels Aufschreiben verkauften Ware unter Einbezug von zeitlichen Wertauflagen (türk. vâde farkı) zurückgezahlt wird. Das bedeutet auch, dass die gleiche Ware zeit- und inflationsbedingt teurer wird.

Auch wenn in den zeitbedingten Wertauflagen von Verkaufswaren Ähnlichkeiten mit Zinsen vermutet werden, geht die Mehrheit der islamischen Rechtsgelehrten (fuqahāʾ) davon aus, dass diese mit Zinsen nicht gleichzusetzen sind und im Gegenzug von Geld, Waren verkauft werden. Falls der Verkäufer die gleiche Ware zu verschiedenen Verkaufspreisen verkauft und keine Ḥarām-Verdienste vorliegen, dann sind die inflationsbedingten Wertdifferenzen von gleichen Waren nicht verwerflich (ḥarām).

Hayreddin Karaman schließt sich dieser Meinung an und erkennt, dass der Einkaufsvorgang unter Einbezug von zeitlichen Wertaufschlägen (türk. vâde farkı) in den Finanzprozeduren der Beteiligungsbanken (türk. katılım bankaları) ausgeführt wird.[1013] Wenn nicht Geld, sondern die Ware mittels Aufschreiben verkauft wird, dann ist dies ein Salam-Vertrag.

Der Terminkauf (baiᶜ as-salam) am Beispiel von landwirtschaftlichen Erntegütern:

Der Salam-Vertrag ist in den landwirtschaftlichen Handelsbeziehungen geläufig, in welchen der Landwirt die Ware zur Erntezeit verkauft und das Geld entgegennimmt.

Als der Prophet Muḥammad nach Medina kam, sah er die Geläufigkeit des Salam-Vertrags in den Handelsbeziehungen.[1014] Er genehmigte diese Handelsform mit der Bedingung, dass das Maß, die Gleichgewichtung und die Lieferzeit der Ware festgelegt werden.[1015]

1013 Vgl. KARAMAN: Günlük Hayatımızda Helâller ve Haramlar (2001), S. 72.

1014 Vgl. ÇINAR: Die islamische Überlieferungsliteratur zur Rechtslage im Frühislam (2003), S. 196.

1015 Vgl. KARAMAN: Alış-Verişte Vâde Varkı. In: In: İslâm Hukukuna Göre Alış-Verişte Vâde Farkı ve Kâr Haddi (1990), S. 37.

Anstelle über die landwirtschaftlichen Waren im Feld oder am Baum zu sprechen, befahl er in den Vertragsvereinbarungen den Namen, die Menge und das Gewicht einer bestimmten Ware genau festzulegen. Die Frage, ob ein Baum oder ein Acker barbezahlte landwirtschaftliche Produkte tatsächlich hergibt, kann von vornerein nicht vorausgesehen werden. Der Landwirt muss zum Beispiel die Bereitstellung von einer Tonne Weizenkorn vertraglich festsetzen, in welcher Vereinbarung der Name, die Menge und das Gewicht festgelegt sind. Diese Handelsbeziehung dient als Vorkehrung der Güter eines armen Landwirten und seiner Verdienste, damit diese nicht für einen geringen Wert verkauft werden.

Im Gegensatz zu den gegenwärtigen Wirtschafts- und Handelsangelegenheiten setzten sich die damaligen Firmen einfach zusammen, welche durch einige einfache Geschäftspersonen mit Vermögensvereinigungen, der Arbeit, der Kredite und der Grundstücke gebildet wurde. Die islamische Religion setzt den Firmenangelegenheiten einige Bedingungen und reizt zur partnerschaftlichen Betriebsführung einer Firma an. Der Prophet Muḥammad hierzu (ḥadīṯ):

إِنَّ اللهَ يَقُولُ أَنَا ثَالِثُ الشَّرِيكَيْنِ، مَا لَمْ يَخُنْ أَحَدُهُمَا صَاحِبَهُ فَإِذَا خَانَهُ خَرَجْتُ مِنْ بَيْنِهِمَا

„Wahrlich spricht Gott: Solange ein Firmenpartner seinem Partner nicht betrügerisch ist, bin ich den zwei Partnern der Dritte. Wenn einer seinen Partner betrügt, entziehe ich mich von der Partnerschaft.“[1016]

In der Gegenwart erfordert das firmengesellschaftliche Wirtschaftsleben die Vereinung von Großprojekten und der Investitionen hoher Kapitalvermögen, das Zusammenarbeiten größerer Wirtschaftskräfte und die Heranziehung innovativer Wissenschaftsforschungen. Daher bedarf es der Errichtung von Großunternehmen. Solange keine Zinsen (ribaʾ), keine Täuschungen, keine Betrugsfälle und keine Dienste zur Verwerflichkeit (ḥarām) vorliegen, darf ein Muslim an diesen Firmen partizipieren (mušāraka).[1017] Die islamische Bedingung, zu gemeinsamen Kapitalinvestitionen, liegt in der partnerschaftlichen Beteiligung in Erträgen und in Verlusten (türk. kârda ve zarârda ortaklık). Bei Vorlage von Verlusten oder Erträgen ist das Einholen von Erträgen nur durch einen oder mehrerer Partner islaminkonform, denn der Prophet Muḥammad hat einen Kaufvertrag über die Gütereinholung im bestimmten Ackerteil durch

1016 ABŪ DĀWŪD: BUYŪʿ, 23:58.
1017 Vgl. KARAMAN: Günlük Hayatımızda Helâller ve Haramlar (2001), S. 73.

einen Partner verboten, weil dieser dem anderen Partner Verluste einbringen kann.[1018]

Falls eine Person „A“ sich einer Person „B“ verschuldet, dann ist diese Schuld entweder ohne Gegenforderungen als „Ausleihe“ zu verstehen, oder geht infolge der Diensterweisung, oder durch Warenverkauf einher. Wenn der Kapitalbesitzer das Geld mittels Ausleihe gibt, kann er sein Geld bedürfnisbedingt und unabhängig von Zahlungsfristen jederzeit einfordern, wobei der Schuldner seine Schulden sofort begleichen muss. Falls dieser in finanziellen Engpässen steht, können die übrigen Gläubigen ihm finanziellen Beistand leisten, oder der Geldgeber wartet bis der Schuldner zu Finanzkräften kommt. Wenn sich der Geldwert zwischen dem Zeitpunkt der Geldausleihe und dem Zahltermin verändert, werden die Schulden nicht nach dem nominalen Betragswert beglichen, sondern nach der Kaufkraft von Geld.

Wenn zum Zeitpunkt der Geldausleihe mit dem geliehenen Betrag beispielsweise hundert Kilo Weizenkorn gekauft werden kann, dann muss zum Zeitpunkt der Schuldenbegleichung die gleiche Menge an Weizenkorn gekauft werden können. In diesem Fall wird nicht die Ware berücksichtigt, sondern der realitätsnahe Inflationswert beachtet. Wenn die Schulden nicht fristgerecht gezahlt werden, muss der Schuldner bei seinen Rückzahlungen die inflationären Wertdifferenzen zusätzlich zahlen. Andernfalls sind die Schulden unvollständig beglichen.

Unvollständige Schuldenzahlungen sind wie Zinsen (ribāʾ) verwerflich (ḥarām). Die Muslime sind glaubensbedingt verpflichtet, ihre Schulden vollständig zurückzuzahlen und die Verwerflichkeiten (ḥarām) zu beachten.

Im Denken von Karaman ist der Finanzierungskauf durch die Aufschlagung von zeitbedingten Wertauflagen (türk. alış-verişte vâde farkı) ein spezielles Handelsverfahren, welche Finanzprozedur von den Beteiligungsbanken (türk. katılım bankaları) unter „Murābaḥa“ ausgeführt wird und die Kunden von der Zinsenfalle befreit.

1018 Die heutigen Firmengesellschaften wie Aktiengesellschaften (AG), Gesellschaften mit beschränkter Haftung (GmbH) und eingetragener Vereine (e.V.) sind juristische Personen des Privatrechts. Nach Hayreddin Karaman können die Aktienbesitzer in der Direktion oder als Beamter in der Aktiengesellschaft arbeiten (was erlaubt ist), von denen sie auch einen Gehalt erhalten. Hier liegt die Beschäftigungsbeziehung zwischem dem arbeitenden Aktienbesitzer und der Firmengesellschaft als juristische Person und nicht zwischen Aktienpartnern. Deswegen fällt der Gehalt von arbeitenden Aktienbesitzen nicht unter die Aktienüberschüsse, sondern in den Gegenwert der geleisteten Arbeit. Dies gilt es zu beachten, wenn der Aktienbesitzer gewillt ist in der Aktienfirma zu arbeiten.

Für einige könnte der Zweifel erweckt werden, dass diese als Zinsen (ribā') zu verstehen sind.

Karaman entgegnet dieser These damit, dass beim Einkaufen durch Finanzierung oder Barbezahlung im Gegenzug von Geld eine Ware verkauft wird und kein Geld.[1019] Daher entstehen bei aufgeschlagenen zeitlichen Wertdifferenzen keine Zinsen. Viele die von Zinsen ausgehen, klammern in ihren Denkprozeduren die „Ware" aus, sodass sie fälschlicherweise „Geld im Gegenzug von Geld" vergleichen und zur Zinsannahme kommen.[1020] In Wahrheit wird aber nicht Geld im Gegenzug von Geld verkauft, sondern Ware gegen Geld. Die unzutreffende „Zinsthese" ist hier ein Produkt der humanen Vorstellung, wobei aber im islamischen Recht, Normen (aḥkām) nicht auf Vorstellungen beruhen, sondern auf Wahrheiten. Wenn die Logik der Zinsthese richtig wäre, wären Erträge islamisch nicht hinnehmbar. Das islamische Recht (fiqh) erlaubt ja aber gerade das aufrichtige islamkonforme Handeln für Muslime.

Beispiele: Einkaufsvorgänge mit zeitbedingten Wertaufschlägen (türk. vâde farkı)

A) Beispiel: Kauf eines Autos

Falls eine Person ein Auto für dreißigtausend Euro kauft und für fünfunddreißigtausend Euro weiterverkauft, dann erzielt er einen Gewinn in Höhe von fünftausend Euro. In dieser Einkaufsprozedur wird erkennbar, dass eine „Ware im Gegenzug von Geld" weiterverkauft wird und nicht „Geld im Gegenzug von Geld". Somit sind in diesem Handelsvorgang keine Zinsen (ribā') vorhanden.

B) Beispiel: Kauf einer Wohnung

Wenn jemand eine Wohnung in Höhe von einhundertfünzigtausend Euro kauft und diese für einhundertsechzigtausend Euro weiterverkauft, dann erzielt er einen Handelsertrag in Höhe von zehntausend Euro. Dieser Ertrag ist kein Zins (ribā'), sondern ein durch islamkonformes Handeln erzielter Gewinn.

Falls der Verkäufer dem Kunden die Ware durch zinslose Finanzierung verkauft (türk. faizsiz vâdeli satış), aber dafür keine zeitlichen Wertauflagen (türk. vâde farkı) einnimmt, dann ist das zinslose Geldleihe (türk. kârz-ı hasen).[1021] Darunter

1019 Vgl. KARAMAN: Vâde Farkı. In: 1.Uluslararası İslâm Ticaret Hukukunun Günümüzdeki Meseleleri Kongresi. Konya 1997, S. 772. Vgl. auch die Murābaḥa-Abbildung auf S. 296 dieser Forschungsarbeit.

1020 Vgl. KARAMAN: Alış-Verişte Vâde Varkı. In: In: İslâm Hukukuna Göre Alış-Verişte Vâde Farkı ve Kâr Haddi (1990), S. 35.

1021 Vgl. KARAMAN: Karz-ı Hasen (Faizsiz Kredi). In: Yeni Şafak 11.09.2011; KARAMAN: Vâde Farkı. In: 1.Uluslararası İslâm Ticaret Hukukunun Günümüzdeki Meseleleri Kongresi. Konya 1997, S. 774.

wird eine islamkonforme Geldleihe ohne Aufschlag von zeitlichen Wertdifferenzen und ohne Zinsen verstanden,[1022] wodurch der großzügige Geldgeber im Bestreben nach der Zufriedenheit Gottes von Ihm mit segensreichen Zunahmen (baraka) belohnt wird und nur die geliehenen Betragsschulden einnimmt.[1023]

Die Inflation ist eine wirtschaftliche Realität. Bei Zahlungsverzögerungen (verursacht durch den Schuldner) reicht die nachträgliche Schuldenzahlung inklusive inflationärer Wertdifferenzen (türk. enflasyon farkı) nicht aus und führt den Gläubiger zu Finanzverlusten (wenn die Inflation gering und die Erträge hoch sind). Da einige Schuldner sich darüber bewusst sind, verzögern sie ihre Schulden absichtlich, um höhere Erträge zu erzielen.

Zum Schutz ihrer unrechtmäßigen Erträge möchten sie die verzögerten Schulden deshalb nur inklusive der inflationären Wertdifferenzen zurückzahlen. Islamisch gesehen liegt die unerwiderte Zeiteinräumung zur Schuldenzahlung und somit die bewusste Schuldenverzögerung nur unter einer Bedingung: Die wahrheitsgemäße Sachlage, dass der Schuldner seine Schulden tatsächlich nicht belgeichen kann, in Engpässen oder in Zahlungsschwäche steht.[1024] Falls der Schuldner seine Existenz nicht verkleinert, seine Eigentümer nicht verkauft, die Schulden trotz Vermögen nicht begleicht, zum Eigenvorteil die Finanzverluste des Gläubigers in Kauf nimmt, dann ist das islamisch inkonform.[1025]

1022 Vgl. KARAMAN: Faiz, Enflasyon ve Para. In: Yeni Şafak 17.11.2011.

1023 Siehe auch KORAN, 2:245, 5:12, 57:11, 64:17.

1024 Vgl. KARAMAN: Günümüz Hayatımızda Helâller ve Haramlar (2001), S. 249.

1025 Zur Herstellung der sozialen Gerechtigkeit wird unabdingbar die Einwilligung des Gläubigers benötigt.
Wenn der Gläubiger eine „juristische Person" ist, dann tragen die Vertreter die Verantwortung für die Firmeninteressen. Im Namen der Firmeneigentümer dürfen keine Nachteile/Schäden verursacht werden, weil sie nicht einverstanden wären. Die Einebnung der Insolvenz und die einhergehende Schließung aller Unternehmungen (die zum Wirtschaftsinteresse aller liegen) mit dem Ziel fristgemäße Schulden entgegenzunehmen, schädigt dem Land und dieser Unternehmen. Daher müssen zur Ausräumung der beidseitigen Verluste angemesse Lösungen erarbeitet werden. Eines der Lösungswege ist, dass die verzögerten Schulden unter Einwilligung beider Parteien in angemessenen zeitlichen Wertauflagen (türk. vâde farkı) beglichen werden. Dazu muss der erste Kaufvertrag in beidseitigem Einvernehmen aufgelöst und unter dieser Bedingung dem gleichen Kunden die gleiche Ware zum Neupreis verkauft werden. KARAMAN stellt fest, dass die Fiqh-Werke diesen Vorgang bei ungebrauchten Waren als „erlaubt" anerkennen. Die Probleme liegen bei Gebrauchtwaren vor, die unter den aktuellen Marktstandards liegen und existieren. Obwohl das islamische Recht (fiqh) den Verkauf von unbefindlichen Waren verbietet, ist der Salam-Vertrag anerkannt. Darunter wird eine Barbezahlung von Waren verstanden,

4.3 Quellen- und Methodenlehre des islamischen Rechts (uṣūl al-fiqh)

4.3.1 Beschreibung und Zielabsichten

Zum guten Verständnis der Intentionen und der Funktionalität des Fachbegriffs *Uṣūl al-Fiqh* ist die etymologische Bedeutung näher zu untersuchen. Uṣūl al-Fiqh ist eine terminologische Zusammenführung aus den beiden arabischen Begriffen „uṣūl" und „fiqh". Letztere bedeutet „tiefgründiges Verstehen". Uṣūl besitzt im Arabischen drei Bedeutungen:

Diese drei Bedeutungen sind im Fiqh angewandte Fachausdrücke. Gemäß der linguistischen Bedeutung von Uṣūl ist damit eine Instanz gemeint, welche durch eine Andere gestützt wird. Somit ist in der terminologischen Zusammenführung die geeignetste Bedeutung von Uṣūl die Dritte, der Beweis (dalīl). Schließlich erhält **Uṣūl al-Fiqh** die **Bedeutung:**

„Der Beweis (dalīl) des detaillierten und tiefgründigen Verstehens."[1026]

die später geliefert werden (auch wenn die Ware während der Zahlung nicht vorliegt). Dieser Vorgang liegt in den Bedürfnissen der aktuellen Wirtschaftslage begründet. Zur Firmenstandhaftigkeit in beidseitiger Konkurrenz müssen die Verluste, bedingt durch die Schuldenverzögerungen, legal gelöst werden. Die zweite Möglichkeit liegt während des ersten Vertrags in der Preisverlautbarung zu unterschiedlichen Zeiten. Außerdem werden die definitiven Betragswerte in der Zahlungsperiode errechnet. Die Vertragsparteien müssen unter diesen Umständen eine Einigung finden. Islamisch liegen die ungesunden Punkte solcher Prozeduren darin, dass während der Vereinbarung die Beträge nicht endgültig festgelegt werden. Daher ist der Vertrag einer erfolgten Zahlung annehmbar, auch wenn Kritiken vorliegen. Vgl. KARAMAN: Günümüz Hayatımızda Helâller ve Haramlar (2001), S. 249.

1026 Fallbeispiel: Das Tagesgebet ist eine Pflicht (farḍ). Methodisch wird hier zunächst der Koran herangezogen. Die Gebetsverrichtung taucht in KORAN 2:43 im Imperativ

Unter Uṣūl al-Fiqh wird die Wissenschaftsdisziplin der Quellen- und Methodenlehre des islamischen Rechts (fiqh) bezeichnet.[1027] Der Begriff umfasst in der Normenausarbeitung auch die methodische Interpretation.[1028] Karaman definiert Uṣūl al-Fiqh folgend:[1029]

Uṣūl al-Fiqh ist die Quellen- und Methodenlehre des islamischen Rechts, welche die Šarīʿa-Normen über die religionspraktischen Angelegenheiten nach ihren Belegführungen (adilla) und der daraus ableitbaren Prinzipien (qawāʿid) untersucht.

Fallbeispiel von Hayrettin Karaman: Tägliche Pflichtgebet (ṣalāt)

Das grundlegende Ziel des Uṣūl al-Fiqh[1030] ist die Belehrung auf welche Art und Weise die Šarīʿa-Normen aus ihren Belegführungen (al-adillat aš-šarʿiyya) abgeleitet werden, um das erforderliche Ergebnis zu erreichen.[1031] Karaman zählt wichtige Vorteile auf, welche mittels dieser originellen Methodendisziplin erreicht werden:[1032]

(ʿamr) auf, in der die Gläubigen aufgefordert werden das Gebet aufrichtig zu verrichten. Im Fiqh wird daher folgendes Rechtsprinzip (qāʿida) abgeleitet:
„Eine Imperativform (ʿamr) des Korans drückt nach den Rechtsprinzipien des islamischen Rechts (qawāʿid al-fiqh) eine absolut-verbindliche Pflicht (farḍ) aus." Dabei wird der Analogieschluss zur Anwendung gebracht, in der die Norm einer zeitübergreifenden obligatorischen Gebetsverrichtung abgeleitet wird.

1027 İBRAHİM KÂFİ DÖNMEZ bemerkt, dass Uṣūl al-Fiqh sich als originelle Disziplin innerhalb der ersten zwei bis drei Jahrhunderte n.d.H systematisch herausentwickelte und sich zu diesen Zeiten durch zwei Punkte kennzeichnet: 1. Die Rechtsquellen. 2. Die systematische Methode zur Normenableitung. Vgl. DÖNMEZ: Kur'an'ın Anlaşılmasında Hukuk Felsefesi ve Metodolojisi İncelemenin Katkısı. In: Üçüncü 1000'e Girerken Kutlu Doğum Sempozyumu-2000 (2005), S. 89.

1028 Vgl. GÖRGÜN: Sprache, Handlung und Norm (1998), S. 7.

1029 Vgl. KARAMAN: Fıkıh Usûlü (2010), S. 81.

1030 UṢŪL AL-FIQH ist eine von Muslimen erstmals dargelegte originelle Quellen- und Methodenlehre, nach welcher Prozedur das Iǧtihād-Verfahren erfolgt. Vgl. KARAMAN: Hayatımızdaki İslâm (2006), Bd. 2, S. 440.

1031 Vgl. DÖNMEZ / KÖKSAL: Art. „Usûl-i Fıkıh", in: TDV İA, Bd. 42, S. 201.

1032 Vgl. KARAMAN: Fıkıh Usûlü (2010), S. 83–84.

1. Verhinderung einer übergroßen Fehlbarkeit in Normenableitungen (istinbāṭ al-aḥkām).
2. Analyse der Šarīʿa-Belege (al-adillat aš-šarʿiyya) und ihrer Normen (aḥkām).
3. Erlernung des Methodenverfahrens zur Iǧtihād-Durchführung.
4. Vergleichende Analyse in der Fundierung von Rechtsfindungen (iǧtihād).
5. Gerechte Verständnisbildungen bei Normen (aḥkām) im zeitgemäßen Religionsverständnis.
6. Trennung der Šarīʿa-Normen (aḥkām aš-šarʿiyya) von Iǧtihād-Normen (aḥkām iǧtihādī).
7. Erlernung der Intentionen (maqāṣid) und Weisheiten (ḥikam) von Normen (aḥkām).

Das Ziel des Uṣūl al-Fiqh ist somit die rechte Verständnisbildung der islamischen Religion (šarīʿa), die verständnisbedingten Fortentwicklung und Anpassung der islamischen Rechtswissenschaften (fiqh) an die gegenwärtigen Umstände.[1033] Daher reguliert Uṣūl al-Fiqh das Iǧtihād-Verfahren.[1034] Alljene islamische Rechtsgelehrten (fuqahāʾ) mit Erlaubnis zur Iǧtihād-Praxis können die offenen und verborgenen Šarīʿa-Belege (al-adillat aš-šarʿiyya) verstehen, die fallrechtlichen Normlösungen (furūʿ) erarbeiten und die erforderlichen Lösungen anbieten.

4.3.2 Wirkungsrelationen des Uṣūl al-Fiqh mit den islamischen Wissenschaften

4.3.2.1 Systematische Theologie (ʿilm al-kalām)

Die systematische Theologie (ʿilm al-kalām) beschäftigt sich mit der Erkenntnistheorie der islamischen Wissenschaften (ʿulūm al-islāmīyya). Diese sind an die Existenz der islamischen Religion, dessen Existenz an die Existenz Gottes (Allāh) und diese durch die Sendung von Gottesgesandten und Offenbarungsschriften belegbar. Bis zu dieser Stelle ist die Vernunft (ʿaql) im Vordergrund. In funktioneller Hinsicht erhält die systematische Theologie in den islamischen Wissenschaften eine Vorrangstellung. Methodisch belegt sie der Reihe nach die Existenz Gottes und die Sendung der Gottesgesandten.

Nach diesem erkenntnistheoretischen Verfahren geht sie in der Entstehung und im Inhalt der islamischen Wissenschaftsdisziplinen mittels der Vernunft (ʿaql) in die Übermittlung (naql) über, welche Erkenntnis Karaman mit Blick auf

1033 Vgl. ZUḤAILĪ: Fıkıh Usûlü (2010), S. 13–14.
1034 Vgl. KAMALI: Principles of Islamic Jurisprudence (1991), S. 33.

al-Ġazālī (gest. 1111) darlegt.[1035] Der Grund für diese Überführung liegt darin begründet, dass die Vernunft die Möglichkeit einer solchen Instanz einräumt, aber sie nicht zu hundertprozent erfassen kann. Ihre wegweisende Orientierung in der Methodenbildung (uṣūl) der islamischen Wissenschaften wird von der Offenbarung (waḥy) begleitet. Daher stützt sie sich auf Uṣūl al-Fiqh. In dieser müssen alle Namenseigenschaften Gottes (Asmāʾ Allāh) angenommen werden. Die Offenbarung (waḥy) ist Glaubenssache (īmān) und diese greift am erreichbaren Endpunkt der humanen Vernunft und der Wissenschaften (ʿulūm) ein.[1036] Systemtheologische Neuausrichtungen der islamischen Theologie sind nicht möglich, wonach eine systemphilosophische Mutation nicht erlaubt ist. Wenn das Feld der humanen Vernunft und der Wissenschaften nicht richtig festgestellt wird, wird im Namen der absoluten Vernunftannahme (ʿaql al-muṭlaq) der vollendete Religionskern und ihre systematische Theologie geschädigt (was islamischen gesehen verboten ist).[1037]

Mit Rückblick auf die Wissenschaftshistorie profitierten die Rechtsgelehrten (fuqahāʾ) und die Theologen (mutakallimūn) methodisch voneinander, sodass beide keine unabhängigen Methoden aufweisen. Zur Entstehungszeit des ʿIlm al-Kalām kennzeichnen sich beide durch anerkennende oder ablehnende Haltungen. Da die klassischen Mutakallimūn die aristotelische Metaphysik nicht anerkannten, akzeptieren sie auch die daraus resultierende Logik (manṭiq) nicht.[1038] Die Mutakallimūn-Einflüsse erfolgten gegen Ende des fünften Jahrhunderts n.d.H.

4.3.2.2 Koranexegese (tafsīr), Ḥadīṯwissenschaft, Mystik (taṣawwuf)

Die Verkündung des Korans durch den Propheten Muḥammad an eine Gemeinschaft, die die Botschaften anerkannte, erfolgreich verinnerlichte, sichtbar befolgte und diese Lebensweise in der Folgezeit auf Dauer fortführte, ist der Grund dafür, dass die islamischen Wissenschaften im Laufe der islamischen Geschichte entstanden sind, wobei zwischen dem Koran und dem Propheten eine feste und

1035 Vgl. KARAMAN: İslâm'ın Işığında Günün Meseleleri (2010), S. 632.

1036 Vgl. BEŞER: Vahiy. Keyfiyeti, Alanı, Devamlılığı Konusunda Anlama ve Deneme. In: Usûl, 3 (2005), S. 49.

1037 Vgl. ULUDAĞ: İslam'da Emir ve Yasakların Hikmeti (2005), S. 23–24.

1038 IBN TAIMĪYYA kommt zum Schluss, dass die Offenbarungswissenschaften (ʿulūm al-waḥy), Fiqh, ʿIlm al-Kalām und die von Muslimen hervorgebrachte Syntax von der griechischen Logik nicht beeinflusst wurde, die islamischen Wissenschaften in ihren Entwicklungsstadien fortgeschritten waren und kein muslimischer Gelehrte die aristotelische Philosophie kannte oder auch nur einen Hinweis darauf gab.

unzentrennliche Beziehung besteht.[1039] Diese wichtige Erkenntnis ist auch dadurch zu verstehen, dass er die göttliche Offenbarung sichtbar und verbal vorlebte.

Die Ṣaḥāba befolgten diese religiöse Lebensweise, welche durch Uṣūl al-Fiqh geregelt wird.

In methodischer Hinsicht beeinflusste Uṣūl al-Fiqh die islamischen Wissenschaften in der Koranexegese (tafsīr) und in den Ḥadīṯwissenschaften (ʿulūm al-ḥadīṯ). Die Methode der muslimischen Exegeten (mufassirūn) in der Kommentierung des Korans (tafsīr) beruht auf Uṣūl al-Fiqh, sodass die später als methodische Exegese (uṣūl at-tafsīr) dargebrachte Methode in bestimmten Übernahmen auf Uṣūl al-Fiqh beruht. Diese Tatsache ist natürlich bedingt, da der Koran die erste Quelle des Iǧtihād ist. Daher beinhaltet nach Muḥammad aš-Šāfiʿī (gest. 820) ein großer Anteil an Fiqh-Werken zum Verständnis der Textbelege (nuṣūṣ) die hierfür benötigte Methode. Da die Aḥādīṯ als Essenz der Sunna die zweite Quelle des Iǧtihād bilden, haben die islamischen Rechtsgelehrten (fuqahāʾ) diese aus drei Punkten angenommen. Diese sind die Belegführungen (adilla), die Textkritik (tanqīd al-matn) und ihre Andeutungen.[1040]

Bei Aḥādīṯ werden Isnād-Analysen durchgeführt, in denen die Ḥadīṯgelehrten große Einflusswirkungen haben. Die methodische Ausrichtung und die Beeinflussung der Belege (adilla), der Textkritik, der Vernunft und der Verse erfolgt größtenteils durch die Fuqahāʾ.

Die Mystikerschulen beeinflussen die gemeinsame Methode (uṣūl) der Mutakallimūn und der Fuqahāʾ dadurch, in dem sie ihre Erkenntnisse zur Offenbarung (waḥy) und Vernunft (ʿaql) in Beziehung setzen. Ihre erkenntnistheoretischen Argumente stützen sie hier auf die Prinzipien (qawāʿid) des Uṣūl al-Fiqh. Daher darf die islamische Mystik (taṣawwuf) von der islamischen Religion nicht unabhängig betrachtet werden, sondern wird als die Kernessenz der Religion verstanden (türk.tasavvuf islam dininin özüdür). Sie zählt zu den islamischen Wissenschaften, die bedürfnisbedingt entstanden sind und sich in der Folgezeit systematisch weiterentwickelt haben.[1041] Taṣawwuf bildet mit allen islamischen

1039 Vgl. GÖRGÜN: Kur'ân ve Fıkıh. In: Kur'ân ve Tefsir Araştırmaları II (2001), S. 109–114.

1040 Vgl. KARAMAN: İslâm'ın Işığında Günün Meseleleri (2010), S. 633.

1041 Vgl. YILMAZ: Anahatlarıyla Tasavvuf ve Tarikatlar (1997), S. 58; KARA: Tasavvuf ve Tarîkatlar Tarihi (1985), S. 20–25; YILMAZ: İslam Tasavvufu: Tasavvuf ile iligili Soru-Cevaplar (1996), S. 454.

Wissenschaftsdisziplinen eine harmonische Einheit,[1042] sodass die islamischen Wissenschaften allesamt miteinander harmonische Wissenschaften sind.

4.3.2.3 Philosophie (falsafa) und Logik (manṭiq)

Die Relationen des Uṣūl al-Fiqh mit der Philosophie und Logik spielen eine wichtige Rolle. Daher haben die Uṣūl-Gelehrten in ihren Werken viele philosophische Fragen angenommen, ohne dabei von den klassischen Philosophen beeinflusst zu sein. Ihre Erkenntnisse haben daher einen originellen Charakter. Als Beispiel können in der Wissenschaftsphilosophie die erkenntnistheoretische Grundlage in der Wahrheitserkundung angeführt werden, in der die debattierte Erkenntnisstütze sich entweder auf die Vernunft (ʿaql), oder auf die Sinne und auf die Erfahrungen des Menschen gründen.[1043]

In der islamischen Welt wurden diese erkenntnistheoretischen Entwicklungen der westlichen Philosophen nicht angenommen, weil die Gegner der absoluten Vernunft (ʿaql al-muṭlaq) ihr Vorgehen zum Religionsschutz einnahmen. Die berühmte philosophische Fragestellung in der klassischen und modernen Philosophie besteht mit Hinweis von Hayreddin Karaman darin, wo eine unerklärbare, aber existierende Instanz, analog zu einer unzertrennlichen Beziehung wie Feuer und Wärme vorhanden ist. In Anlehnung an diese Frage wurde die neue Frage gestellt, wie über eine nichtsichtbare Instanz gesprochen werden kann. Schließlich haben die philosophischen Auseinandersetzungen dazu geführt, dass die klassische Philosophie aus ihrer eingeengten Sichtweise zwischen Sein und Nicht-Sein heraustrat und die dafür notwendigen philosophischen Antworten gab. Mit Blick auf die islamische Wissenschaftshistorie ist zu sagen, dass bis zu Abū Ḥāmid Muḥammad al-Ġazālī (gest. 1111) die griechische Logik keine Einflüsse hatte. Uṣūl al-Fiqh und die systemtheologische Disziplin (ʿilm al-kalām) ist eine von Muslimen entdeckte, entwickelte

1042 Vgl. KARA: Din, Hayat, Sanat Açısından Tekkeler ve Zaviyeler (1980), S. 42.

1043 HAYREDDİN KARAMAN erwähnt in IBN TAIMĪYYA (gest. 1327) und MUḤAMMAD ASTARĀBĀDĪ (gest. 1614), die der Ansicht sind, dass diese durch die Sinnesorgane und Erfahrungen geschieht, womit sie in ihrer Wissenschaftsorientierung den Forschern wie John Locke (gest. 1704), David Hume (gest. 1776) und Francois Bacon (gest. 1662) die Erkenntnisbasis stellten. Jedoch ebnete der von diesen ausgehende erkenntnistheoretische Ansatz des Empirismus und Sensualismus in der westlichen Welt den Weg des Atheismus und des Positivismus ein. Vgl. KARAMAN: İslâm'ın Işığında Günün Meseleleri (2010), S. 633.

und angewandte Methode, welche sich funktionell als eine Form von Logik (manṭiq) versteht. In Anlehnung an die Meinungen seines Lehrers vertritt al-Ġazālī die Sicht, dass alle wissenschaftlichen Disziplinen wie Uṣūl al-Fiqh die Bereicherung durch die Logik (manṭiq) und durch den Analogieschluss (qiyās) benötigen. Mit Bezug auf al-Ġazālī stellt Hayreddin Karaman fest, dass die islamischen Gelehrten (ʿulamāʾ) nach ihm zwei verschiedene Meinungen vertraten. Die erste Position erkennt die Erlernung der Logik zur Iǧtihād-Praxis als Kollektivpflicht (farḍ al-kifāya) an, wobei die Zweite die aristotelische Logik (manṭiq al-aristū) streng ablehnt.[1044] Es lässt erkennen, dass die Erlernung der Logik zur klassisch-islamischen Wissenschaftszeiten sehr kontrovers debattiert wurde.

Diejenigen muslimischen Gelehrten blieben nicht auf der aristotelischen Philosophie-Linie, die die aristotelische Logik in die islamischen Wissenschaften (ʿulūm al-islāmīyya) anpassend integrierten. In ihren Bestrebungen führten sie an der Fremdlogik bereichernde und kritische Anmerkungen an. Zum Beispiel gliedern sie den logischen Analogieschluss (qiyās) wie in der aristotelischen Logik (manṭiq al-aristū) in zwei Arten:

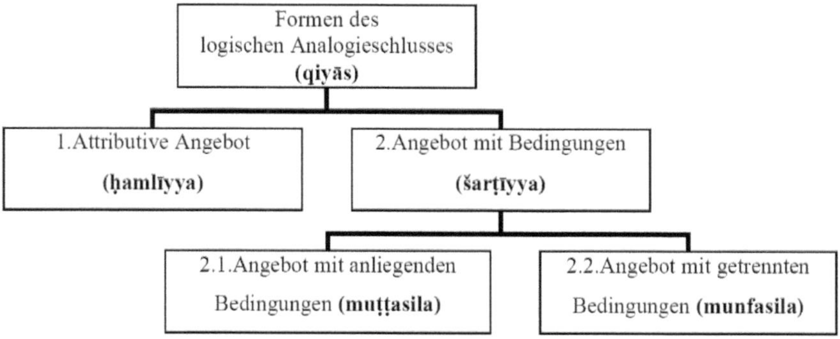

Anhand der graphischen Darstellung wird erkennbar, dass die islamischen Philosophen wie Avicenna (gest. 1073) das „Angebot mit Bedingungen“ (šarṭīyya)

1044 Vgl. ebd., S. 634.

in zwei Unterabschnitte unterteilen.[1045] Diese sind nach Karaman in der aristotelischen Logik nicht verfügbar.[1046]

Die Muslime wandten in ihren Untersuchungen auch die von Calinus hinzugefügte vierte Form des Analogischlusses an, welche bei Aristoteles nicht erkennbar ist.[1047] In letzterer Logik wird die Hierarchie des Analogieschlusses (qiyās) nicht berücksichtigt, wobei die Muslime das kleine Angebot an erster Stelle setzten. Die überwiegende Mehrheit der zeitgenössischen Logiker ist der gleichen Meinung. Die erste und dritte Stufe der logischen Konsequenz wurde auch von den islamischen Gelehrten unter der Bezeichnung „muṣādara ʿalaʾl-matlūb" benutzt und damit Aristoteles kritisiert. Der Grund liegt darin, dass der logische Analogieschluss (qiyās) in dieser Annahme keine neuen Erkenntnislösungen bietet. Die aristotelische und der islamische Analogieschluss (qiyās) sind Folgerungen, welche sich voneinander unterscheiden. Daher müssen beide voneinander unterschieden werden.

Die von den Fuqahāʾ und den Mutakallimūn angewandte stufenförmige Analogieform führt zu sicherem Wissen. Der Grund liegt nach Hayreddin Karaman darin, dass die Uṣūl-Gelehrten ihre Erkenntnisse zur Wahrheitserkundung auf zwei Stützen stellen:[1048]

1. **Stütze:** Die universelle Kausalitätsregel **(The Law of Universal Causation)**
2. **Stütze:** Die Uniformitätsregel der Natur **(The Law of Uniformity of Nature)**

Der universellen Kausalitätsregel zufolge besitzt jedes Ereignis und Werden ein Motiv (ʿilla). Die Uniformitätsregel der Natur besagt, dass unter ähnlichen Bedingungen ähnliche Folgen entstehen. Die Ähnlichkeiten zwischen Motiven sind vermutbare Analogischlüsse (qiyās aẓ-ẓannī), wobei Übereinstimmende auf jeden Fall zur Lösung führen. Zur Feststellung der Rechtmäßigkeit wurde eine

1045 **A.** Beispiel für „Angebot mit anliegenden Bedingungen" (muttasila): „Wenn die Sonne aufgegangen ist, dann ist Tag vorhanden." bzw. „Wenn die Sonne aufgegangen ist, dann ist Nacht nicht vorhanden." Daraus lässt sich für diese Analogischlussform folgende wissenschaftliche Theorie ableiten: „Wenn „A" ist, dann ist auch „C".
B. Beispiel für „Angebot mit getrennten Bedingungen (munfasila): „Diese Nummernzahl ist entweder gepaart oder vereinzelt." bzw. „Diese Nummernzahl ist entweder gepaart oder kann nicht in zwei Teile zerteilt werden." Daraus lässt sich für diese Analogieschlussart folgende Theorie ableiten: „Entweder ist A oder C".

1046 Vgl. http://www.hayrettinkaraman.net/kitap/meseleler/0458.htm (Einsicht: 24.06.2013).

1047 Vgl. KARAMAN: İslâm'ın Işıgında Günün Meseleleri (2010), S. 634f.

1048 Vgl. ebd., S. 636–637.

wichtige Methode (uṣūl) entwickelt. Hayreddin Karaman nennt in diesem Zusammenhang Ibn Taimīyya (gest. 1328), der die aristotelische Logik ablehnt.[1049]

1049 IBN TAIMĪYYA versuchte eine logische Methode zu entwickeln, die ausschließlich aus dem islamischen Gedankengut hervorgeht. Die Kollektivpflicht-Erklärung zur Erlernung der Logik (manṭiq) und das Misstrauen in Personen ohne Logikkenntnisse ist seiner Ansicht nach nicht haltbar und mit der Religion inkonform. Der Analogieschluss (qiyās) ist seiner Meinung nach ein Vernunftvorgang, wodurch ausgehend vom Kollektiv in die Gattung Wissen gewonnen wird. Ohne ein vorliegendes Angebot, kann durch den Analogieschluss kein Wissen erworben werden. Die Mittel zum individuellen Wissenserwerb sind die inneren und äußeren Sinne, gesicherte Botschaften, Erfahrungen und Intuitionen. Die vorteilhafte Methode (welche zu produktivem Wissen führt) gründet auf die natürliche Vernunft und auf die Offenbarung (waḥy). Ibn Taimīyya war nicht nur damit begnügt die aristotelische Logik zu kritisieren, sondern bezog sich ausgehend von den Belegführungen der Offenbarung und der Propheten auf zwei Methoden, die in der aristotelischen Logik (manṭiq al-aristū) nicht auffindbar sind.
1. Kreislauf-Prinzip: Ein wiederkehrendes Motiv (ʿilla) ist mit einer begründeten Sache verbunden (etwa einer Norm). Sofern die ʿilla realisierbar vorliegt, ist auch die begründete Sache vorhanden. Sofern keine ʿilla besteht, kann auch keine solche Sache vorhanden sein. Diese logische Relation ist vergleichbar mit der Beziehung des Sonnenaufgangs mit der Tageserhellung. Falls diese in der Schöpfung vom Wissen einer Gattung zum Wissen einer Anderen führt, ist gemäß Kreislaufprinzip diese dem Qiyās nicht zu vergleichen. Die Offenbarung (waḥy) und die Propheten verwenden für Gott keinen Analogieschluss, weil Gott keine Analogie/Ähnlichkeit besitzt. Falls eine Analogie über eine Gattung durchgeführt wird, wird der logische Analogieschluss eines involvierten Ganzen zum Ganzen durchgeführt. Als Beispiel kann der Analogieschluss eines jeden Tageslichtes mit dem Sonnenaufgang angeführt werden.
2. Ungleichmäßiger Analogieschluss: In dieser Form (qiyās al-awlawīya) ist eine Norm (ḥukm) oder eine Eigenschaft (wasf) in der Beweisführung „vollendender" gekennzeichnet als bei Bestehenden. Als Beispiel weist Karaman diesbezüglich auf die Meinungen von Ibn Taimīyya hin. Nach dessen Sicht wandten die Propheten in den Erzählungen über Gott keine kollektiven Schöpfungsanalogien an, weil die Geschöpfe und der Schöpfer keine vergleichbaren Instanzen sind. Das bedeutet, dass das Wort „Existenz" für Gott und die Geschöpfe attributiv verstanden wird. Die Existenz von Gott ist eine Pflicht, wobei die Existenz der Geschöpfe möglich ist. Unter Berücksichtigung des attributiven Seinszustandes können die Attribute nicht gleichwertig angenommen werden. Daher bestehen auch seinsbedingte Unterschiede (farq fi l-awlawīya). Als das Gedankengut und somit die Werke der alten Griechen in die islamische Forschungswelt überkam, führten die Fuqahāʾ und die Mutakallimūn eine Konformitätsanalyse durch, indem sie die nichtmuslimischen Denkweisen an die Methode der islamischen Wissenschaften anpassten. Diese und die daraus resultierenden Erkenntnisse kamen nach Karaman in die europäische

4.4 Rechtsfindung (iğtihād)

4.4.1 Beschreibung

Der Begriff „Iğtihād" leitet sich von „ğa-h-d" ab und bedeutet in der arabischen Linguistik „sich bestmöglich anzustrengen um eine schwere Angelegenheit zu bewältigen".[1050]

Als Fachbegriff im Uṣūl al-Fiqh werden unter „Iğtihād" die produktiven Rechtserkenntnisse eines islamischen Rechtsgelehrten (muğtahid) verstanden, der mittels Rechtsinterpretationen und Qiyās-Ausführungen die Belegführungen (adilla) analysiert.[1051] Iğtihād erhält den Sinn einer größtmöglichen Anstrengung zur Erkundung von nichtoffenkundigen Normen (aḥkām aẓ-ẓannī), die mittels der Šarīʿa-Belege (al-adillat aš-šarʿiyya) erschlossen werden können.[1052]

Der islamische Rechtsgelehrte Ali Haydar Efendi (gest. 1960) definiert Iğtihād wie folgt:

> **„Bir hükm-i şer'î-i fer'îyi delilinden istinbaṭ'da bezl-i mechûddur."**[1053]
> **(„Eine Norm, die durch ihren Beleg mittels größter Bemühung abgeleitet wird.")**

Die Glaubensnormen (aḥkām iʿtiqādiyya) fallen nicht in den Anwendungsbereich des Iğtihād, weil diese „absolut" (qaṭʿī) sind. Somit können auf diese kein Iğtihād angewandt werden.[1054] Iğtihād-Normen (aḥkām iğtihādī) beruhen auf

---

Forschung über. Deswegen können die größten mittelaltlerichen Forschungen und Entdeckungen den Muslimen zugeschrieben werden, welche in der damaligen arabischen Wissenschaftssprache durchgeführt wurden. Die von den muslimischen Gelehrten weiterentwickelten Methoden wurden von Rogers Bacon (gest. 1294) erlernt und durch Francis Bacon (gest. 1626) weiterentwickelt. Die Folge war die Basis der neuen Wissenschaftsmethode. Daher verdanken die europäischen Forschungen nach Karaman den Muslimen die natürlichen Wissenschaften, die geistige Wissenschaftskultur und Mentalität und eine neue Wissenschaftsmethode, welche bei den Griechen in der Form bis zu diesem Zeitpunkt nicht vorlag. Vgl. KARAMAN: İslâm'ın Işığında Günün Meseleleri (2010), S. 636–637.

1050 Vgl. APAYDIN: Art. „İctihad", in: TDV İA, Bd. 21, S. 432–445.

1051 Vgl. KARAMAN: İslâm Hukukunda İctihad (2010), S. 14.

1052 Vgl. JACKSON: Taqlid, Legal Scaffolding and the Scope of Legal Injuctions in Post Formative Theory: Muṭlaq and ʿAmm in the Jurisprudence of Shihāb al-Dīn al-Qarāfī, in: Islamic L. Society 3 (1996), S. 165–167; KARAMAN: İslâm'ın Işığında Günün Meseleleri (2010), S. 867.

1053 ALİ HAYDAR EFENDİ: Usul-ı Fıkıh Dersleri (1326/1908), S. 550.

1054 Vgl. KARAMAN: Fıkıh Usûlü (2010), S. 51.

persönlich-überzeugende Vermutungen (ẓann) und somit auf einer möglichen Fehlbarkeit. Diejenigen Rechtsgelehrten werden „Muğtahid“ genannt, welche „Iğtihād“ durchführen. Diese intensive Rechtspraxis darf nur dann als solche bezeichnet werden, falls der Betroffene auch den Stufengrad eines Muğtahids erreicht hat. Das Verfahren muss sich auf die Šarīʿa-Belege (al-adillat aš-šarʿiyya) stützen.

Der islamische Rechtsgelehrte İbrahim Kafi Dönmez beschreibt Iğtihād als einen rechtlichen Gedankenprozess, welche zur Normerkundung und Fortentwicklung des islamischen Rechts (fiqh) durch die Rechtsgelehrten (fuqahāʾ) durchgeführt wird.[1055] Hier ist auf die schnellen Entwicklungen in der klassischen Jurisprudenz hinzuweisen, die Interpretation und die produktive Rechtschöpfung durch den Iğtihād hervor zu heben. Iğtihād ist somit eine erneuernde Quelle (maṣdar mutağaddid). Nach dem Theologen Ömer Nasuhi Bilmen (gest. 1971) ist die Gläubigkeit eines Muğtahid zur Erkundung der Rechtswahrheit ein entscheidendes Maß.[1056]

4.4.2 Historische Bedeutungserweiterungen

Das Wort „Iğtihad“ wurde als Terminus seit der Prophetenperiode verwendet. Jedoch ist mit Rückblick auf diese Zeit zu erkennen, dass die Begriffe „fiqh“ und „ʿilm“ populärer waren.

So wurde „ʿilm“ mit Offenbarungbotschaft und „fiqh“ als die daraus verständnisbedingt abgeleitete Information und Normbildung verstanden, was als „iğtihād“ zu bezeichnen ist.[1057]

Da das Quellwissen nicht systematisiert vorlag und die islamtheologischen Disziplinen wie die systematische Theologie (ʿilm al-kalām), die Exegese (tafsīr), das islamische Recht (fiqh) und die Mystik (taṣawwuf) nicht ausgearbeitet waren, fallen die überführten Informationen unter „fiqh“. In der Zeitfolge erforderte eine einheitliche Fiqh-Praxis auch eine einheitliche Methodenanwendung.

1055 Vgl. DÖNMEZ: İctihadın Bağlıyacılığı Meselesi ve Fıkıh Mezheplerine Bağlanmanın Anlamı, in: Usûl, 1 (2004), S. 35–48.

1056 Vgl. BİLMEN: Hukûk-ı İslâmiyye ve Istılahat-ı Fıkhiyye Kâmusu (1949), Bd. 1, S. 245.

1057 Vgl. DÖNMEZ: Kur'an'ın Anlaşılmasında Hukuk Felsefesi ve Metodolojisi İncelemenin Katkısı. In: Üçüncü 1000'e Girerken Kutlu Doğum Sempozyumu-2000 (2005), S. 88.

Daher war mit Entwicklungsbeginn der islamischen Wissenschaften eine verständnisbedingte Methodenpraxis erforderlich, in der die Vernunft (ʿaql) im Lichte der Offenbarung (waḥy) zu Rechtswissen gelangt. Die systematisierte Wissenschaftsentwicklung einer eigenständigen Methodendisziplin ist ins zweite Jahrhundert nach der Hiğrā zu ordnen. Nach Ignaz Goldziher liegen die Anfänge des eigenständigen Iğtihād als Alternative zu den Primärquellen (šarīʿa), erst in der Folgezeit des zweiten Kalifen ʿUmar bin al-Ḫaṭṭāb,[1058] welche These der Wahrheit nicht entspricht. Der methodische Iğtihād kristallisierte sich aus dem Koran und darauf aufbauend durch die Rechtspraktiken des Propheten Muḥammad und der Ṣaḥāba heraus. Alle islamischen Fachdisziplinen beruhen letztendlich auf dieser Methode (uṣūl), sodass Iğtihād zur zeitgemäßen Verständnisbildung entscheidend ist. Im engeren Sinn findet sie im physischen und im metaphysischen Rahmen zwischen Gott und Mensch, Mensch und Mensch, Mensch und Materie statt.[1059] Im ersten Part werden die Šarīʿa-Belege und die daraus ableitbaren Normen durch Qiyās untersucht.[1060] Wenn dies nicht möglich ist, wird im zweiten Part nach Raʾy versucht, den Šarīʿa-Intentionen (maqāṣid aš-šarīʿa) konforme Normen zu erschließen.[1061] Wohlwollende Normbildungen sind nicht möglich, da der Mensch kein Religionseingeber (mušarriʿ) ist. Die Raʾy-Kriterien müssen auf die Šarīʿa-Belege gründen.[1062]

1058 Vgl. GOLDZIHER: Die Zahiriten. (1884), S. 5–6.

1059 In dieser Funktion übt sie Einflüsse auf die Linguistik, Rechtswissenschaften, Wirtschaftswissenschaften und Sozialwissenschaften, wodurch sie eine Verwandtschaftsbeziehung eingeht.

1060 Vgl. KARAMAN: İslâm Hukukunda İctihad (2010), S. 19.

1061 WAEL HALLAQ definiert Iğtihād folgend: „the exertion of mental energy in the search for a legal opinion to the extent that the faculties of the jurist become incapable of further effort." Siehe: HALLAQ: Was the Gate of Ijtihad closed?, in: International Journal of Middle East Studies, 16 (1984), S. 3–41 (hier S. 3). Der islamische Theologe FARUK BEŞER weist darauf hin, dass der Begriff "Raʾy" zur Kundgabe der Eigenmeinung geläufiger war als Iğtihād und Letzere mit der Systematisierung der Rechtstheorie mit Beginn bei aš-Šāfiʿī öfter verwendet wurde. Vgl. BEŞER: Sosyal Değişme ve İçtihad. In: Çağımızda Sosyal Değişme ve İslâm (2007), S. 308.

1062 Hierbei berichten die Gelehrten auch von den Zielen der Religionsnormen (maqāṣid aš-šarīʿa), wie der Schutz des Lebens, des Eigentums, der Vernunft, der Religion und des Nachwuchs. Auf diese fünf Intentionen gründet die islamische Religion (šarīʿa), welche im Raʾy-Verfahren berücksichtigt werden.

4.4.3 Bedingungen für die Gültigkeit und Normenwert

Das Iǧtihād-Verfahren muss durch einen würdigen islamischen Rechtsgelehrten (muǧtahid) oder einer befugten Rechtskommission (šūrā) vollzogen werden. Falls diese Bedingungen nicht erfüllt sind, oder eine unerlaubte Sachlage zur Durchführung des Iǧtihād-Verfahrens vorliegt, aber dennoch weiterverfahren wird, dann sind das Vorgehen und die einhergehenden Resultate ungültig.[1063] Aus diesem Grund darf in der islamischen Jurisprudenz nur derjenige muslimische Rechtsgelehrte diese spezielle Rechtsprozedere durchführen, welcher auch die dafür erforderliche Erlaubnis erhält. Wenn der Muǧtahid nun jenes Verfahren vollzieht, aber seine Norm (ḥukm iǧtihādī) in Wahrheit unzutreffend ist, so ist er kein Sünder.

Wenn die Norm aber zutreffend ist, kann sie durch eine andere nicht verworfen werden. Der Normenwert durch Iǧtihād beruht auf einer möglichen Fehlbarkeit (ḫata) und somit auf einer überzeugten Vermutung (fī ġālib aẓ-ẓann). Diese Besonderheit ist der Grund dafür, warum bei definitiven Normen (aḥkām al-qaṭʿī) und bei Glaubensnormen (aḥkām iʿtiqādiyya) kein Iǧtihād angewandt werden darf. Denn diese setzen die zweifelsfreie Überzeugung (īmān) voraus. In Glaubensangelegenheiten sind Vermutungen (ẓann) mangelhaft. Die islamische Glaubensbasis (īmān) und die dafür vorgegeben Bestimmungen (aḥkām) gehen aus absolut-offenkundigen (qaṭʿī) und vernunftbasierten Belegen (al-adillat al-ʿaqliyya) hervor.

Mit Blick auf die großen Verdienste der Fuqahāʾ ist nach Karaman festzustellen, dass sie ihre Iǧtihād-Norm nach den zeitlichen, lokalen und personenbezogenen Umständen entsprechend auch änderten. Diese lag zum Teil darin begründet, dass sie in ihren Analysen wie bei Rechts- belegen (adilla) einige Lebensumstände unabsichtlich außer Acht ließen. Schließlich kam es vor, dass zur gleichen Angelegenheit vom gleichen Muǧtahid andere Lösungen angeboten wurden. Bei Iǧtihād-Änderungen muss die neue Norm (ḥukm) befolgt werden.

Wenn der Muftī sein Gutachten (fatwā) ändert, nachdem der Fragende (mustaftī) sich bereits nach der vorherigen Fatwā gerichtet hat, besteht für Letzteren keinerlei Nachteile. Wenn aber der Muftī seine Fatwā ändert, bevor der Fragende die Erstlösung zur Handlung überführt, dann erhält der Fragende die neue Fatwā. Gelehrtenerkenntnisse mittels Iǧtihād sind keine abgeschlossenen

1063 Vgl. KARAMAN: Fıkıh Usûlü (2010), S. 52.

Gedankenprozesse, sodass sich die Gelehrtenmeinungen (aḥkām iğtihādī) auf Basis der Primärquellen (šarīʿa) den heutigen Umständen anpassen können.[1064]

Um einen oppositionellen Iğtihād mit bereits vorliegenden Iğmāʿ-Bildungen auszuschließen, sind grundlegende Kenntnisse zu Iğmāʿ-Normen unverzichtbar. Zur Iğtihād-Praxis müssen die Ziele (maqāṣid) kenntlich sein. Die Šarīʿa-Normen sind auf ihre Verkündungsziele (maqāṣid, ḥikma) und auf ihre Offenbarungsanlässe (asbāb an-nuzūl) zu analysieren.

Zum Wohlergehen (maṣāliḥ) eines Menschen müssen die Motive (ʿilal) festgestellt werden. Falls der Muğtahid die Ziele kennt, zur Lösung aber keine Šarīʿa-Normen hervorgehen, dann kann er die Sekundärprinzipien heranziehen und Normen ableiten, die auf die Šarīʿa-Belege gründen müssen. Wenn eine Person zum geistigen Verständnis der Belege (adilla) nicht über die erforderliche geistige Intelligenz verfügt, kann er kein Muğtahid sein.

Karaman definiert einen Muğtahid als einen Gelehrten, der die Primärquellen (šarīʿa) kennt, ihre Belege (adilla), Attribute (wasf), Gründe (ʿilal), Weisheiten (ḥikam) und Ziele (maqāṣid) verstehen und analysieren kann.[1065] Verborgene Šarīʿa-Normen (aḥkām ẓannī) fallen in den Iğtihād-Bereich, die sich durch Annahmebelege (al-adillat aẓ-ẓannī) kennzeichnen.[1066]

1064 Vgl. ERDOĞAN: İslâm Hukukunda Ahkâmın Değişmesi (1990), S. 121. Zur Iğtihād-Anpassung an die heutigen Veränderungen müssen die Wissensgrundlagen der klassischen Jurisprudenz und die zeitgenössischen gesellschaftlichen Wissenschaften wie „Wirtschaft" einstudiert werden. Denn die Öffnung in die zeitgenössische Geistes- und Ideenwelt, die Iğtihād-Anpassung an den Alltag und an die Lebensablaufprozesse geschieht durch diese Prozedur. Es besteht die Dringlichkeit, dass die am Endresultat eines Iğtihād erschlossene Norm mit den allgemeinen Menschenrechten und den damit verbundenen Freiheiten des Einzelnen konform ist.
Vgl. BOYNUKALIN: Fıkıh Usûlünde Yenilenme İhtiyacı ve Ortaya Çıkardığı Tartışmalar (1999), S. 2–5.

1065 Vgl. KARAMAN: Fıkıh Usûlü (2010), S. 53.

1066 Auch wenn Iğtihād mit den fallrechtlichen Themen (furūʿ) in Verbindung gebracht wird, erstreckt sich dessen Gebiet auch in die charakterlichen Angelegenheiten (aḫlāq). Das islamische Recht (fiqh) besitzt daher eine soziomoralische Dimension in Bezug auf den Charakter eines Menschen. Das Anwendungsfeld des Iğtihād liegt heute verstärkt in den zwischenmenschlichen Beziehungen und im Umgang mit der Natur, wonach sie auf die humanen Wissenschaften wie die Wirtschaftswissenschaften, die Naturwissenschaften, die Technik angewiesen ist. Vgl. BEŞER: Sosyal Değişim ve İçtihad. In: Çağımızda Sosyal Değişim ve İslâm (2007), S. 309–310.

Abbildung: Einteilung der Šarīʿa-Normen (tasnīf al-aḥkām aš-šarʿiyya):[1067]

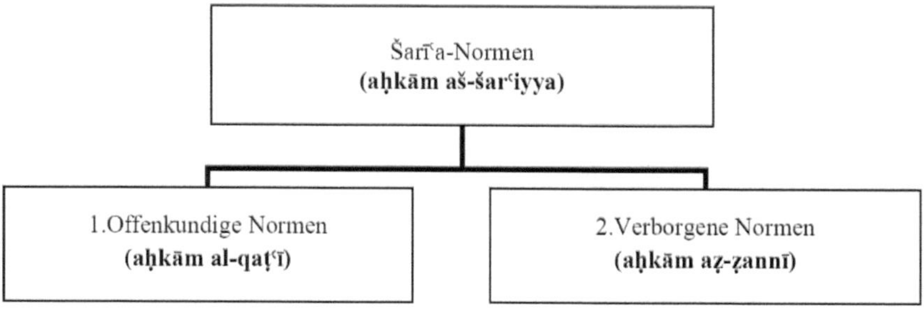

4.4.4 Bildungsspezifische und naturbedingte Kriterien

Nicht jeder Muslim besitzt die Erlaubnis zur Iǧtihād-Durchführung, weil diese Tätigkeit an mehrere Kriterien gebunden ist. Karaman zählt die erforderlichen Bedingungen auf und räumt den kontextuellen Erfordernissen entsprechend in den Kriterien dynamische Vereinfachungen ein. Sofern diese nicht erfüllt werden, darf kein Iǧtihād ausgeübt werden. Die erste Bedingung sind *bildungsspezifische Kritieren*, die durch ein intensives qualifiziertes wissenschaftliches Bildungsniveau erreicht werden. Diese Kriterien setzen ein hohes Maß an Wissen im Umgang mit den islamischen Religionsquellen (šarīʿa) voraus.

Ohne die Erlernung der Ausdrucksformen, der Sprachregeln und der Botschaften des Korans darf kein Iǧtihād durchgeführt werden, sodass nach

1067 **1. Offenkundige Normen**: Diese gründen auf offene Belege (al-adillat al-qaṭʿī) wie die Vernunft (ʿaql), die Textbelege (nuṣūṣ), der Konsens (iǧmāʿ). Unveränderliche Textbelege (nuṣūṣ): Auf alldiejenigen Normen ist die Iǧtihād-Anwendung nicht möglich, welche von Gott und vom Propheten Muḥammad kommend in ihrer Belegen unveränderlich sind. Beispiele in den gottesdienstlichen Handlungen (ʿibādāt) sind das Pflichtgebet, das Fasten, die Almosengabe, die Pilgerfahrt, das Glaubensbekenntnis. Im Bereich der Verwerflichkeit (ḥarām): Alkohol, Diebstahl. **2. Nicht Offenkundige Normen:** Diese kennzeichnen sich durch vermutbare Belege (al-adillat aẓ-ẓannī). All diese fallen in das Feld des Muǧtahid. In diesem Fall wird der Iǧtihād durch den Qiyās angenommen. Der offene Anwendungsbereich ist im Vergleich zum Nichtoffenen größer, wonach die Majorität der Normen auf Iǧtihād gründen. Ein Muǧtahid muss sich nach seinem eigenen Iǧtihād richten, sodass für ihn der Taqlīd nicht erlaubt ist. Dies liegt darin, dass die überzeugende Vermutung (ẓann) auf das Erreichen des göttlichen Willens abzielt. Daher kann eine Iǧtihād-Norm fehlbar sein. Vgl. KARAMAN: Fıkıh Usûlü (2010), S. 55.

Karaman die Erlernung der Istinbāṭ-Methode (istinbāṭ al-ḥukm) erfoderlich ist.[1068] Zudem sind die Šarīʿa-Normen, ihre Belegführungen (adilla), ihre Weisheiten (ḥikam) und ihre vollendenden Intentionen (tašrīʿ) zu verinnerlichen.[1069] Aufgrund der Abrogationsbeziehungen (nasḫ) muss das Normenverhalten kenntlich sein. Zudem sind die Offenbarungsanlässe (asbāb an-nuzūl) und die Ziele (maqāṣid) unverzichtbar zu verinnerlichen.[1070] Darunter fallen auch umfangreiche Kenntnisse über die Prophetentradition (Sunna), wovon die Mehrheit einen normativen Charakter hat.

Zum gerechten Verständnis sind zudem ḥadīṯwissenschaftliche Kompetenzen erforderlich. Dazu gehören Kenntnisse in den verschiedenen Sunna-Formen, wie gesicherte Tradierungen (mutawātira), Einzelüberlieferungen (āḥādiyya) und populäre Tradierungen (mašhūra).

Hinzu kommen wichtige Kompetenzen in den Stufengraden der Aḥādīṯ (siḥḥat al-aḥādīṯ). Unter normalen Umständen können zwei Aḥādīṯ auch nicht im Widerspruch stehen, weil der Prophet Muḥammad für die gläubigen Menschen als wegweisende religiöse Erleuchtung (nūr al-hudā) gesandt wurde. Es ist undenkbar, dass solch eine Persönlichkeit widersprüchliche Aussagen von sich gibt. Falls in einem Fall dennoch zwei Aḥādīṯ kollidieren (taʿārūḍ), sind die vorliegenden Eigenschaften (wasf) und die Überliefererkette (isnād) zu analysieren. Das Resultat dieser Analysen mündet letzendlich zumeist im Ergebnis, dass entweder der Forscher ein Verständnisproblem hat oder eines der Aḥādīṯ keinen stabilen Überlieferungsgrad (ṣiḥḥat) besitzt.[1071] Da die Primärquellen (šarīʿa) in arabischer Sprache vorliegen, ist dessen Erlernung unverzichtbar. Darunter fallen Kenntnisse in den Ansprache- und Ausdrucksformen (alfāẓ), die Begriffsbedeutungen (maʿnā) und die linguistische Sprachregeln des Arabischen, welche intensiv einstudiert werden müssen.

4.4.5 Pflicht, Lebensnotwendigkeit und verschiedene Formen

Die Textbelege (nuṣūṣ) zielen nicht darauf ab, zeitübergreifend alle Rechtsfälle zu lösen. Ein Hinweis dafür ist die logische Erkenntnis, dass wenn die Textquellen das Kollektiv der allbisherigen Fälle gelöst hätten, dann die Unmöglichkeit der Niederschrift und der Erlernung bestünde. In dieser Hinsicht legt Gott den

1068 Vgl. KARAMAN: Fıkıh Usûlü (2010), S. 52–53.

1069 Vgl. YAVUZ: Maksadi Yorum, in: İHAD, 8 (2006), S. 74.

1070 Vgl. RAYSŪNĪ/YAMAN: Makâsıd ve İctihad. Şâtibi Merkezli Bir Bakış, in: DİD, 39 (2003), S. 66.

1071 Vgl. KARAMAN: Hadise Dair İlimler ve Hadis Usûlü (2010), S. 225.

Menschen keine übergroßen Mühen auf. Außerdem hätten übermenschliche Anstrengungen nicht dazu verleitet, dass die Muslime in ihrer Historie in sehr kurzer Zeit eine Hochkultur erreichten. Gemäß diesen Schlussfolgerungen ist nach Hayreddin Karaman auch davon auszugehen, dass nach dem Verscheiden des Propheten Muḥammad die Iğtihād-Praxis zur Pflicht (farḍ) wird:

> **„Die Iğtihād-Durchführung ist eine Pflicht (wāğib).“**[1072]

Im Umkehrfall wäre die Mehrheit (ğumhūr) der Muslime davon ausgegangen, dass die Primärquellen (šarīʿa) nicht auf Umstandsänderungen angelegt sind, wodurch es zur Stagnation von allen Lebensbereichen, wie in den gesellschaftlichen, wirtschaftlichen und sozialen Angelegenheiten gekommen wäre. Diese Umkehrlage steht im Widerspruch mit der Natürlichkeit der Materie. Zudem ist die Besonderheit der Abrogation (nasḫ) ein Beweis dafür, dass der Umkehrfall nicht die Intention (maqṣād) der Religion ist. Daraus folgt für Karaman:

> **„Die Iğtihād-Durchführung ist eine Lebensnotwendigkeit (ḍarūra).“**[1073]

Bis in die Gegenwart gibt es keine Überlieferungen (die davon berichten), dass in der Periode der Prophetengefährten (ṣaḥāba), der zweiten (tābiʿūn) oder der dritten Generation (tābiʿut tābiʿīn) ein Muğtahid die Rechtsmeinung einer Geschlossenheit des Iğtihād-Tors (insidād bāb al-iğtihād) nach einer bestimmten Zeit äußert. Zwar wurde in den Anfängen des fünften Jahrhunderts n.d.H. die generelle Position einer Stagnation des Iğtihād vertreten, woraufhin die muslimischen Folgegenerationen die Rechtsmeinungen der Vorgenerationen kommentierten.

Die historischen Tatsachen in der islamischen Jurisprudenz belegen, dass zu jeder Epoche islamische Rechtsgelehrte (fuqahāʾ) hervortraten, welche zu den alltäglichen Fällen Iğtihād praktizierten und entsprechende Empfehlungsgutachten (fatāwā) verkündeten.[1074]

1072 Vgl. KARAMAN: İslam Hukukunda İctihad (2010), S. 27.

1073 Vgl. ebd., S. 30; UCAR: Recht als Mittel zur Reform von Religion und Gesellschaft (2005), S. 140.

1074 Der islamische Theologe YUNUS VEHBİ YAVUZ stellt fest, dass die Ursachen für die Annahme der Geschlossenheit des Iğtihād-Tors in der Wissensanhäufung der sich ständig ausweitenden Jurisprudenz, in der Verständnisproblematik im Fiqh und der damit verbundenen Verständnisschwierigkeiten der Textquellen (nuṣūṣ) begründet liegt. Vgl. YAVUZ: Maksâdî Yorum, in: İHAD, 8 (2006), S. 76.

A. Argumente für die Offenheit des Iǧtihād-Tors

Die islamische Religion versteht sich als Universalreligion mit fortlaufender Geltung, sodass sie sich zu allen kontextuellen Umständen anpassen kann. Die muslimische Islamforschung erhält die obligatorische Aufgabe die fortlaufend entstehenden Dynamiken im gerechten kontextuellen Religionsverständnis zu begutachten. Karaman macht hier darauf aufmerksam, wonach sich sunnitische Rechtsschulen darin einig sind (ittifāq al-maḏāhib ahl as-sunna), dass die Iǧtihād-Durchführung zu allen Zeiten eine Kollektivpflicht (farḍ al-kifāya) ist.[1075] Wenn keine islamischen Rechtsgelehrten herangebildet werden, wären nach Karaman mit Hinweis auf den Gelehrten Ǧalāl ad-Dīn as-Suyūṭī (gest. 1505) alle Muslime der Sünde ausgesetzt und somit verantwortlich. Dieser Beleg ist eine der Erklärungen, wonach das Tor des Iǧtihād (bāb al-iǧtihād) nicht geschlossen ist, dass von Gott und seinem Gesandten Muḥammad geöffnet wurde.[1076] Für aufrichtige islamische Rechtsgelehrte (fuqahāʾ) mit entsprechender Erlaubnis zur Iǧtihād-Praxis ist das Tor geöffnet. Nach Karaman kann ihre Ausführung daher nicht in eine Zeitperiode und nicht an bestimmte Gelehrte reduziert werden.

Alljene Personen können keine standhaften Argumente darlegen, welche die Geschlossenheit des Iǧtihād-Tors anführen. Auch wenn sie gutwillige Absichten verfolgen, hat nach Karaman die Meinung der Geschlossenheit zu Rückentwicklungen in der islamischen Welt geführt.[1077] Das Argument über das Fehlen von Muǧtahids ist nicht haltbar und entspricht nicht den historischen Tatsachen, weil es in der islamischen Jurisprudenz keine Institution geben kann, die eine Befähigung zur Iǧtihād-Praxis ausstellen darf. Die Iǧtihād-Begrenzung in eine bestimmte Epoche und auf bestimmte Rechtsgelehrte fördert den Rechtsschulenfanatismus, den Taqlīd und das Überlegenheitsgefühl gegenüber den anderen Rechtsschulen (maḏāhib).

Eine solche Einengung entspricht nicht den Zielen und nicht dem geistigen Verständnis des Islams. Aber auch jene böswilligen Personen sind mit Blindheit geschlagen, welche den Islam nach ihren eigenen Vorstellungen zu interpretieren versuchen.[1078]

1075 Vgl. KARAMAN: İslâm Hukukunda İctihad (2010), S. 27–28.

1076 Vgl. BEŞER: Sosyal Değişme ve İçtihad. In: Çağımızda Sosyal Değişme ve İslâm (2007), S. 310.

1077 Vgl. KARAMAN: Yeni Gelişmeler Karşısında İslâm Hukuku (2004), S. 95–96.

1078 Daher verlangt die Iǧtihād-Praxis die Erfüllung von Eigenschaften wie der Besitz eines umfassenden Wissens, der gute Wille, das geistige Einheitsverständnis der Primärquellen (šarīʿa), die Befähigung zur Praxis.

Nach Karaman hat Iğtihād eine breite Bedeutung, welche sich durch das würdige Verständnis der Textbelege (nuṣūṣ), ihrer Belege (adilla), ihrer Motive (ʿilal) und durch die fallrechtliche Praxis (furūʿ) kennzeichnet. Diese ist in speziellen Fällen auch durch Herleitungen (istidlāl) möglich, in denen die Textbelege (nuṣūṣ) keine Andeutungen machen.[1079]

B. Verschiedene Formen

Die Mehrheit der islamischen Rechtsgelehrten unterteilt den Iğtihād in zwei Arten:[1080]

1. **Form: Iğtihād al-Muṭlaq** (Normerschließung zu allen Šarīʿa-Angelegenheiten)
2. **Form: Iğtihād al-Muqayyad** (Normerschließung zu manchen Šarīʿa-Angelegenheiten)

Mit der kontrovers diskutierten Form des Iğtihād ist mit Hinweis von Karaman die erste Art gemeint (iğtihād al-muṭlaq al-mustaqil). Innerhalb der Beweismethode (uṣūl) sind die nachfolgenden Gelehrtengenerationen von diesem Prozedere abhängig. Davon zu unterscheiden ist die fallrechtliche Ausführung (iğtihād al-muṭlaq al-muntasib), die in der Folgezeit andauert. Karaman unterscheidet daher im Generellen zwei Iğtihād-Formen:

1. Methodologische Ausführung (uṣūl)
(iğtihād al-muṭlaq al-mustaqil)

2. Fallrechtliche Ausführung (furūʿ)
(iğtihād al-muṭlaq al-muntasib)

In seinen Forschungen betont Karaman die zeitgemäße Notwendigkeit zur Iğtihād-Praxis und weist hier auf die Gedanken von al-Āmidī (gest. 1232) und aš-Šāṭibī (gest. 1388) hin.[1081] Aus beiden Gelehrtenpositionen zieht er ein wichtiges Resultat. In besonderen Fällen, in denen die vorliegenden Rechtslösungen

---

1079 Die Gelehrten der ersten drei Generationen der Ṣaḥāba, Tābiʿūn und Tābiʿut Tābiʿīn sind der Übereinkunft, dass Iğtihād eine Pflicht (farḍ) ist. Hier weist KARAMAN auf IBN QAYYIM AL-ĞAUZĪYYA (gest. 1350) hin, der die Iğtihād-Praxis bei zeitgemäßen Fällen bei Fehlen von tradierten Normlösungen zur Pflicht erklärt.

1080 Vgl. ŞA'BÂN/DÖNMEZ (ÜBERS.): İslâm Hukuk İlminin Esasları (2011), S. 437–438.

1081 AL-ÀMIDĪ vertritt die Meinung, dass Unwissende sich mit vorliegendem Iğtihād abfinden, die Möglichkeit aller Iğtihād-Ausführungen gegeben sind. AŠ-ŠĀṬIBĪ sieht die Praxis von Normeigenschaften (taḥqīq al-manāṭ) als Notwendigkeit (ḍarūra) an, wobei er ihre Feststellung (taḫrīğ al-manāṭ) und ihre selektive Aussortierung zur Bestimmung der Wahrhaften (tanqīḥ al-manāṭ) als „erlaubt" anerkennt.

nicht ausreichen, ist jede Form und Praxis des Iğtihād eine Lebensnotwendigkeit (ḍarūra). Hier ist eine Unterbindung nicht erlaubt. Diese Erkenntnis wird mit Blick auf die klassisch-islamische Jurisprudenz schlussgefolgert, in der sich ab dem vierten Jahrhundert n.d.H. die Anzahl der primärstufigen Rechtsgelehrten (muğtahidūn al-muṭlaq) verringerte und der „Iğtihād al-Muṭlaq" sich im Gesamtkontext abschwächte.[1082] Durch die kontextuellen Veränderungen änderten sich auch die Lebensumstände der Muslime, welche Lage zur Notwendigkeit einer neuen Iğtihād-Bewegung führte.[1083] Es lässt sich erkennen, dass mit den sich wandelnden Lebensumständen eine Iğtihād-Dringlichkeit einhergeht.

4.5 Ungeprüfte Meinungsübernahme (taqlīd)

4.5.1 Beschreibung

Der Etymologie nach stammt der Begriff „taqlīd" vom Arabischen „qilāda" ab und bedeutet „Kollier, Medaillon".[1084] Der linguistischen Bedeutung nach ist damit „das Anbringen eines Kolliers" gemeint. Als Fachausdruck im Uṣūl al-Fiqh wird unter „taqlīd" die ungeprüfte Übernahme von Rechtsmeinungen verstanden, ohne dabei die Belege (adilla) zu kennen.[1085] Diejenige Person wird „Muqallid" genannt, die Taqlīd durchführt. Wenn die Belege bekannt sind, wird die geprüfte Übernahme „ittibāʿ" und die prüfende Person „muttabīʿ" bezeichnet.

4.5.2 Bedingungen

Die Taqlīd-Genehmigung ist an bestimmte Bedingungen gebunden. Diejenige Person wird Muqallid bezeichnet und darf über keine Iğtihād-Erlaubnis besitzen, der Taqlīd durchführt.[1086] Sofern Taqlīd erfolgen soll, muss dies von Gelehrten auf der Muğtahid-Stufe geschehen.

1082 Vgl. KARAMAN: Fıkıhta Gelenek ve Yenileşme. In: 1.Uluslararası Kutlu Doğum İlmî Toplantısı „İslam Gelenek ve Yenileşme" (1.International Kutlu Doğum Symposium „Islam, Tradition and Change"), 1996, S. 37.

1083 Im Zuge der Erscheinung von jenen Rechtsschulenfanatikern, welche sich ausschließlich nach der eigenen Rechtsschule (maḏhab) richteten (damit ein Überlegenheitsgefühl gegenüber den anderen Rechtsschulen hegten) haben sich nach HAYREDDİN KARAMAN die Werterichtungen der Muslime verfremdet.

1084 Vgl. KAYA: Art. "Taklid", in: TDV İA, Bd. 39, S. 461–462.

1085 Vgl. KARAMAN: İslam Hukukunda İctihad (2010), S. 203.

1086 Vgl. KARAMAN: İslâm'ın Işığında Günün Meseleleri (2010), S. 870.

Zudem muss er einen aufrichtigen Charakter (aẖlāq) und eine religiöse Lebensführung (dīn) aufweisen. Die Frage nach dem Lebenskriterium eines Muğtahid, von dem Taqlīd erfolgen soll, wurde in der islamischen Jurisprudenz kontrovers diskutiert. Die Uṣūl-Gelehrten sind der Meinung, dass die Position eines verstorbenen Muğtahid keine Auswirkungen auf die Iğmāʿ-Bildung hat und die Zuweisung einer Meinung an Verstorbene auch nicht möglich ist. Daraus folgern sie, dass der Muğtahid auch am Leben sein muss. Wenn dies gegeben ist, orientiert sich der Muqallid, welcher zu Lebzeiten auch entsprechende Empfehlungsgutachten (fatāwā) erhalten hat, auch nach dem Tod eines Muğtahid nach dessen Rechtsmeinungen. Falls aber neue Fälle eintreten, muss er sich um Rechtsauskunft an einen lebenden Muğtahid wenden. Wenn unter den Gelehrten Uneinigkeiten (iẖtilāf) und verschiedene Iğtihād-Normen (aḥkām iğtihādī) vorliegen, muss die Handlung nach der Meinung des kompetentesten Muğtahid umgesetzt werden. Die Anrufung der islamischen Gelehrten (ʿulamāʾ) wird auf die folgende Koranstelle (āya) zurückgeführt:

وَمَا أَرْسَلْنَا قَبْلَكَ إِلاَّ رِجَالاً نُّوحِي إِلَيْهِمْ فَاسْأَلُواْ أَهْلَ الذِّكْرِ إِن كُنتُمْ لاَ تَعْلَمُونَ

„Und wir haben vor dir nur (immer) nur Männer (als unsere Gesandten) auftreten lassen, denen wir (Offenbarungen) eingaben. Fragt doch die Leute der Mahnung (die Wissenden), wenn ihr nicht Bescheid wisst!“[1087]

طَلَبُ الْعِلْمِ فَرِيضَةٌ عَلَى كُلِّ مُسْلِمٍ

„Die Wissenserlernung ist für alle Muslime eine Pflicht (farḍ).“

Gemäß dieser klassischen Überlieferung (ḥadīṯ) sind alle Muslime dazu verpflichtet, Wissen (ʿilm) zu erwerben. Ein Muğtahid darf in Übereinkunft der Gelehrten (ittifāq al-ʿulamāʾ) kein Taqlīd durchführen.[1088] Wenn er aus Zeitgründen kein Iğtihād durchführen kann, wird dies als Notlage (ḍarūra) anerkannt, in der er andere Iğtihād-Lösungen (aḥkām) heranziehen kann.

Muslime mit mangelhaftem Religionswissen müssen sich, bedingt durch ihre Unwissenheit, an die Gelehrten wenden.[1089] Karaman setzt dieser Möglichkeit ein Kriterium.

1087 KORAN, 21:7.
1088 Vgl. KARAMAN: Fıkıh Usûlü (2010), S. 58.
1089 Vgl. KARAMAN: Mezhep Taklidi. In: Yeni Şafak 23.12.2012.

Die Dringlichkeit darf demnach nicht darin bestehen, ausschließlich Meinungen von Anderen zu übernehmen. Die Muslime sind als Einzelpersonen verpflichtet (farḍ al-ʿain) aus der Šarīʿa Wissen (ʿilm) zu erwerben, sich fortzubilden und sich an würdige Gelehrte zu wenden.[1090]

Für Muslime ohne entsprechende Erlaubnis zur Iǧtihād-Praxis besteht die Pflicht sich nach den Meinungen der zugehörigen Rechtsschule (maḏhab) zu richten, ohne dabei die Normen (aḥkām) der übrigen Rechtsschulen (maḏāhib ahl as-sunna) zu vernachlässigen. Nach diesem Verständnis werden die Rechtsschulenmeinungen (aḥkām al-maḏāhib) im geschwisterlichen Sinne als Bereicherung verstanden, womit im eigenen Lebenskontext in der Handlungspraxis Leichtigkeiten (taḫfīf) möglich sein kann. Bei Unklarheiten besteht die Pflicht, sich um Auskunft an die islamischen Rechtsgelehrten zu wenden. Dieses Vorgehen wurde von den Ṣaḥāba gepflegt, indem sie sich an den Propheten Muḥammad wandten. In den Folgegenerationen ist diese besondere Zuwendung als Stütze der bekenntnisgebundenen religiösen Lebensweise (dīn) erkennbar, welche durch den Iǧtihād als „rechtswissenschaftliche Innovation" gestämmt wird. Bedingt durch ihren Glauben (īmān) sind die Muslime dazu verpflichtet, ihre Religion auszuleben, weil dieser Taten (aʿmāl) verlangt. Diese Bekenntnisgebundenheit ist eine Kollektivpflicht (farḍ al-kifāya), sodass jeder Muslim die Einzelpflicht (farḍ al-ʿain) zum Erwerb von Wissen (ʿilm) besitzt.[1091] Aus Sicht der islamischen Theologie müssen diese Feinheiten berücksichtigt werden. Ohne ein solches Verständnis, kann die islamische Religion nicht richtig verstanden werden. Der Wissenserwerb reicht alleine nicht aus, sodass die Muslime im geeigneten Erziehungsalter religionspädagogisch erzogen werden müssen. Dieses Menschenrecht ist durch die Gewissens- und Religionsfreiheit sichergestellt.

1090 Dadurch erhalten sie die Pflicht den theologischen Nachwuchs heranzubilden, auf welche sie angewiesen sind. Diese ergibt sich neben der Kollektivpflicht zum Wissenserwerb auch durch die Notwendigkeit eine bekenntnisgebundene Lebensweise zu führen. Vgl. KARAMAN: İslam Hukukunda İctihad (2010), S. 219.

1091 Vgl. KARAMAN: İslam Dünyasında Yeni İctihad Teşebbüsleri. In: 1.Uluslarası İslam Araştırmaları Sempozyumu (1.First International Symposium on Islamic Studies) 16.-18.09.1985, S. 183.

4.5.3 Zusammenführung von Rechtsmeinungen (talfīq)

Der arabische Begriff „Talfīq" bedeutet ins Deutsche übersetzt „etwas zusammenführen".[1092]

Als Fachbegriff im Uṣūl al-Fiqh wird damit die Zusammentragung von mindestens zwei oder mehrerer Rechtsmeinungen verstanden.[1093] Wenn Talfīq erfolgt, das dem Iǧmāʿ oppositionell erscheint, dann ist sie ungültig.[1094] Talfīq wird generell auf zwei Arten unterschieden:

1. **Form:** Erlaubte Zusammenführung **(talfīq al-ḥalāl)**
2. **Form:** Verwerfliche Zusammenführung **(talfīq al-ḥarām)**

Talfīq al-Ḥalāl liegt vor, wenn das Produkt zusammengeführter Rechtsmeinungen mindestens durch eine sunnitische Rechtsschule anerkannt ist. Zur Veranschaulichung wird die Thematik über die rituelle Gebetswaschung mit Wasser (wuḍūʾ) angeführt. Die šāfiʿītische Rechtsschule vertritt die Ansicht, dass ohne Wollust das einfache Berühren einer Frau dennoch die rituelle Waschung und somit das Pflichtgebet ungültig macht.[1095] Die Mālikiten sind der Sicht, dass die rituelle Gebetswaschung ohne das Einreiben der körperlichen Organe, die Waschung und letztendlich das Pflichtgebet ungültig macht. In beiden Fällen ist die Gebetsverrichtung nicht erlaubt. Für die Ḥanafīten stellen die dargelegten Motive der Šāfiʿīten und der Mālikiten zur Gebetsverrichtung keine Hinderungsgründe dar, wobei die rituelle Gebetswaschung für sie nicht ungütlig wird. Die Gebetsverrichtung wäre nach ḥanafitischer Meinung daher gültig.

Talfīq al-Ḥarām liegt dann vor, wenn das Produkt der zusammengeführten Rechtsmeinungen mittels der Rechtsschulen nicht anerkannt ist, wonach eine Handlung (ʿamal) nicht möglich ist. Hayreddin Karaman unterscheidet Talfīq nochmal in zwei verschiedene Formen:

1. Form: Talfīq al-Iǧtihād:

Talfīq al-Iǧtihād bedeuted konkret, dass zwei oder mehrere Rechtsgelehrten (muǧtahidūn) in einer bestimmten gleichen Thematik eine Rechtsfindung (iǧtihād) durchführen, ihre Resultate sich aber voneinander unterscheiden, ein späterer Muǧtahid zur gleichen Thematik auch einen Iǧtihād durchführt, am Ende seiner Lösung einen bestimmten Teil der tradierten Rechtsmeinungen

---

1092 Vgl. KAYA: Art. „Telfik", in: TDV İA, Bd. 40, S. 401.

1093 Vgl. KARAMAN: İslam Hukukunda İctihad (2010), S. 219.

1094 Vgl. KARAMAN: Fıkıh Usûlü (2010), S. 61.

1095 Vgl. KARAMAN: İctihad, Taklîd, ve Telfîk Üzerine Dört Risâle (2004), S. 198–199.

übernimmt und eine selbstständige Rechtsfindung (raʾy) zieht.[1096] Diese Form des Talfīq trat in den klassischen Gelehrtendiskussionen über den Iǧmāʿ zum Vorschein, in der die Problematik erkannt wurde.

2. Form: Taqlīd al-Talfīq:
Unter Taqlīd al-Talfīq wird ein Rechtsverfahren verstanden, in der mittels Taqlīd zwischen den Rechtsschulen-Normen (aḥkām al-maḏāhib) eine erwählt wird, ohne dass die übrige ihren Wert verliert.[1097] Der Muǧtahid muss vor der Erwählung diese tiefgründig untersuchen. Mit Hinweis auf die historische Jurisprudenz stellt Karaman fest, dass Talfīq mittels Iǧtihād und Taqlīd bis zum Ende der ersten drei muslimischen Generationen der Ṣaḥāba, der Tābiʿūn und der Tābiʿu t-Tābiʿīn nicht kontrovers debattiert wurde.[1098] Da keine Šarīʿa-Belege zur Talfīq-Hinderung vorliegen, ist es im Einklang mit dem geistigen Religionsverständnis erlaubt.[1099]

4.5.4 Kollision eines Ḥadīṯ mit der Maḏhab-Norm

Bei einer Kollision (taʿāruḍ) der Rechtsschulen-Norm (ḥukm al-maḏhab) mit einer normativen Prophetenaussage (ḥukm ḥadīṯī) in einer gleichen Themenangelegenheit entstanden unter den Rechtsgelehrten (fuqahāʾ) Uneinigkeiten (iḫtilāf). Karaman weist hier auf die ḥanafītischen Gelehrtenmeinungen hin, in der ein Muqallid, bedingt durch seine rechtlichen Unkenntnisse über die Abrogation (nasḫ) und der Rechtsgründe (ʿilal), sich in der Bevorzugung der Gelehrtenmeinung orientiert.[1100] Ein anderer Gelehrtenkreis unterscheidet dies in Bezug auf die Kompetenz der betroffenen Person in einer Detailanalyse:

1096 Vgl. ebd., S. 192.

1097 Vgl. KARAMAN: İctihad, Taklîd, ve Telfik Üzerine Dört Risâle (2004), S. 202–203.

1098 EYYÜP S. KAYA stellt fest, dass der Begriff „Talfīq“ als Rechtsterminologie im siebten Jahrhundert n.d.Ḥ im Uṣūl al-Fiqh systematisch eingenommen wurde und die strittigen Debatten über die Talfīq-Angelegenheiten in paralleler Hinsicht zu den historischen Taǧdīd-Bewegungen geführt wurden.
Vgl. KAYA: Art. „Telfik“, in: TDV İA, Bd. 40, S. 401–402.

1099 Zu den Befürwortern des Taqlīd al-Talfīq gehören Zainuʾd-Dīn ibn Nuǧaim (gest. 1562), Walīullāh ad-Dihlawī (gest. 1762), Rašid Riḍā (gest. 1935). Vgl. KARAMAN: İslâm Hukukunda İctihad (2010), S. 227.

1100 Vgl. KARAMAN: Fıkıh Usûlü (2010), S. 61.

1. **Fall:** Wenn der Betroffene ein Muqallid ist, der die tiefgründige Bedeutung des Ḥadīṯ und des Motivs (ʿilla) nicht kennt, so ist er selbst zur Gelehrtenauskunft verpflichtet.
2. **Fall:** Falls der Betroffene ein Muqallid ist, der zum Verständnis des Ḥadīṯ und der ʿIlla über das nötige Wissen verfügt, dann ist er verpflichtet die gesunde Prophetenüberlieferung (ḥadīṯ aṣ-ṣaḥīḥ) vor der Meinung des Muftī zu bevorzugen.

Zu Zeiten von Abū Yūsuf (gest. 798) waren die Ḥadīṯzusammentragungen (tadwīn al-aḥādīṯ) nicht abgeschlossen und die Abrogation (nasḫ) war schwer absehbar.[1101] Deswegen gelten die Bedingungen nur für einen Muqallid. Wenn die Rechtsfindung (iǧtihād) auf einen Ḥadīṯ trifft, so muss nach vorheriger normativer gesundheitlicher Gewichtung das Ḥadīṯ erwählt werden.

4.6 Soziokulturelle Innovation (taǧdīd)

4.6.1 Beschreibung

In den Rechtsforschungen von Hayreddin Karaman erhält das Wort „taǧdīd" (soziokulturelle Innovation) eine große Bedeutung. Der Begriff stammt vom arabischen Wortstamm „ǧidd" ab, wovon der Innovationsgelehrter „Muǧaddid" abgeleitet wird. Dieser vertritt ein gerechtes zeitgemäßes Innovationsverständnis des Islams und bereinigt die Muslime vor Erneuerungen (bidʿa).[1102] In diesem Kontext steht die folgende Prophetenüberlieferung (ḥadīṯ):

إِنَّ اللهَ يَبْعَثُ لِهَذِهِ الأُمَّةِ عَلَى رَأْسِ كُلِّ مِائَةِ سَنَةٍ مَنْ يُجَدِّدُ لَهَا دِينَهَا

1101 Vgl. ebd., S. 62.

1102 HAYREDDİN KARAMAN zählt wichtige Eigenschaften eines Muǧaddid auf. Dazu gehören der Besitz eines gesunden Glaubensbewusstseins, scharfe Meinungs- und präzise Gedankenbildungen, die mentale Kraft (qudra) zur Maßbildung eines theologischen Mittelweges, Sonderstärke der Gottesandacht, den Mut mit zeitgenössischen Abtrünnigen wissenschaftliche Auseinandersetzungen zu führen, gottgegebene Leit- und Führungsqualitäten im Iǧtihād, Verinnerlichung der Religionsessenzen, feste Sinneswahrnehmungen/Verständnisbildungen, innovative Problemlösungen bei zeitgemäßen Religionsfällen, Aufdeckung der Religionswahrheiten, religionssoziologische Genese, Schutzmaßnahmen vor unislamischen Gewohnheiten (ʿurf) und Unwissenheiten, traditionsbegründete Wiederbelebung der Religion. Vgl. KARAMAN: İmâm-ı Rabbânî ve İslâm Tasavvufu (2009), S. 40–43.

„Zweifelsohne sendet Gott dieser Gemeinschaft (umma) zu Beginn eines jeden Jahrhunderts eine Person (muǧaddid), die die Religionssituation im Innovationsverständnis versteht.“[1103]

Ein würdiges Innovationsverständnis des Islams versteht sich nach Karaman mit Hinweis auf den islamischen Gelehrten Walīullāh ad-Diḥlawī (gest. 1762) durch die Bewahrung (maḥfūẓa) der grundlegenden Religions- und Theologieinhalte ohne sie religionsgenetisch zu verändern oder falsch auszulegen.[1104] In dieser werden die Bedürfnisse unter der Berücksichtigung des Friedens und des Gemeinwohls (maṣāliḥ) erörtert. Die Primärquellen müssen daher ohne Ergänzungen oder Reduzierungen verstanden werden. Dieses Verständnis zeichnet sich auch dadurch aus, dass die Muslime sich nach dem Gotteswillen richten, der in den Offenbarungsquellen begründet liegt. Nach Karaman umfasst dieses Innovationsverständnis die effektiven Vorkehrmaßnahmen zum Frieden, zum zivilisatorischen Aufschwung und zum diesseitigen und jenseitigen Wohl.[1105] Daher bedarf es der Heranbildung von Innovationsgelehrten, welche ein Innovationsverständnis vertreten. Nach Karaman ist der Begriff „Muǧaddid“ mit Hinweis auf Abū l-ʿAʿlā al-Maudūdī (gest. 1979) von „Mutaǧaddid“ zu trennen, womit der Religionserneuerer bezeichnet wird.[1106] Somit rückt die Reformproblematik in den Blickpunkt.

4.6.2 Reformverständnis

Der Begriff „Reform“ ist nach Hayreddin Karaman in zwei Arten zu unterscheiden, welcher im lexikalischen Verständnis als „Korrektur, Aufbesserung“ beschrieben wird:[1107]

1. Erlaubte innovative Reform:
Hierzu zählen Änderungen in der Aufarbeitung von Rechtsprinzipien (qawāʿid), welche das islamischen Recht (fiqh) kontextuell anpasst. In dieser bleibt die islamische Religion und ihre systematische Theologie (ʿilm al-kalām) unverändert geschützt.

1103 ABŪ DĀWŪD: MIŠQĀT, 1:82.

1104 Vgl. KARAMAN: İslâm'ın Işığında Günün Meseleleri (2010), S. 762.

1105 EYYÜP S. KAYA stellt fest, dass die Taǧdīd-Bewegungen auch in der Kolonialzeit entstanden sind. Zu ihren anfänglichen Vertretern gehören Walīullāh ad-Diḥlawī, Muḥammad aš-Šauqānī und ʿUṯmān bin Fūdī.Vgl. KAYA: Batılı Gözüyle Modernleşme Arifesinde Tecdid, in: İAD, 25 (2011), S. 27–28.

1106 Vgl. KARAMAN: İmâm-ı Rabbânî ve İslâm Tasavvufu (2009), S. 39.

1107 Vgl. KARAMAN: İslâm'ın Işığında Günün Meseleleri (2010), S. 765.

2. Verbotene Mutations- und Modifikationsreform:
Hierzu zählen Mutationsreformen in der systematischen Theologie (ʿilm al-kalām) und in der Religion, welche die göttlich-vollendeten islamischen Religionquellen (maṣādir ar-rabbānī liʾl-tašrīʿ) und ihre Erkenntniswelt verändert. Diese böswillige Mutationsreform ist verboten.

In der Erörterung von „Reform", geht Karaman von einer wichtigen und feinen Verständnisdifferenzierung aus. Die soziokulturellen Innovationserkenntnisse (taǧdīd) eines aufrichtigen islamischen Innovationsgelehrten (muǧaddid) sind „nicht" als Reform zu zählen, weil der Religionskern der islamischen Theologie und ihrer systematischen Theologie (ʿilm al-kalām) unverändert gleich bleiben. Wenn auf der erkenntnistheoretischen Ebene systemphilosophische Formierungen (Mutationen) des Einheitsglaubens (tauḥīd) angestrebt werden, dann ist diese „systemphilosophische Mutationsreform" absolut verboten.

Die unveränderliche islamische Glaubenstradition des reinen Einheitsglaubens (tauḥīd) darf nicht in die Glaubenstraditionen von anderen Religionen oder Ideologien treten, welches als Verbot im Koran verankert ist.[1108] Die Taǧdīd-Bewegungen setzten sich daher das Ziel, die Mutationsbewegungen, wie den Modernismus zu beseitigen.[1109] Eine Mutationstheologie, in der die Religionslehre und ihre systematische Theologie religionsgenetisch verändert werden, ist in der islamischen Religion und ihrer Theologie absolut verboten.[1110]

Der türkische Soziologe Yasin Aktay weist darauf hin, dass das christliche Reformverständnis auf die islamische Religion und ihrer Theologie nicht eins

1108 Gemäß Koran besitzt die Vernunft (ʿaql) zwar eine wichtige Bedeutung, aber ihre natürlichen Möglichkeiten liegen in begrenztem Rahmen, wobei sie in vielen Themen auf die Offenbarungslehre (waḥy) angewiesen ist. Eine Selbstverherrlichung der begrenzten humanen Vernunft gegenüber der göttlichen Offenbarung (waḥy) bedeutet die Verteufelung der Vernunft durch den Satan. Siehe KORANSTELLEN: 6:91, 96:6–8 und 2:216.

1109 Der Modernismus ist bemüht die Glaubenspfeiler (īmān), die gottesdienstlichen Handlungen (ʿibādāt) und den Charakter (aḫlāq) der Gläubigen im Formierungsprozess der systematischen Theologie (ʿilm al-kalām) zu schädigen, in der die Glaubenstradition (tauḥīd) der Prophetenreihe von Adam bis Muḥammad verändert wird.

1110 Die lutherischen Reformen zielten darauf ab, die Unrechtmäßigkeiten in der tradierten theologischen Lehre zu korrigieren. Dieses Reformverständnis darf nicht auf die islamische Religion und ihrer Theologie übertragen werden, weil die vollendete islamische Religion durch die gesicherte Übertragung einer übergroßen Mehrheit an Personen (tawātur) beibehalten wurde, unter göttlichem Schutz steht und somit gesichert tradiert wird.

zu eins übertragen werden kann.[1111] Daher werden religionsgenetische Reformveränderungen aus Sicht der Muslime als bewusste unislamische Interventionen in die unveränderte Religion (šarīʿa) verstanden[1112] und als islamfeindliche Reformziele der islamischen Theologie (ʿulūm al-islāmiyya) und ihrer Systematik (ʿilm al-kalām) wahrgenommen.

In der Reflektion des Reformbegriffes stellt Karaman einen religionshistorischen Bezug zu Abū Ḥāmid Muḥammad al-Ġazālī (gest. 1111) her und erkennt, dass die von vielen Personen als normative These vertretene Ansicht der Geschlossenheit des Iǧtihād-Tors in der Folgezeit an al-Ġazālī den historischen Gegebenheiten nicht entspricht und die Iǧtihād-Ausführungen der islamischen Rechtsgelehrten (fuqahāʾ) auch in den Folgezeiten andauerten.

Offene Belege hierfür sind die zivilisatorischen Entwicklungsprozesse in der Historie, wobei die Muslime in allen Lebensfeldern und in den Wissenschaften große Blütezeiten erlebten. Hier haben die Iǧtihād-Praktiken der islamischen Gelehrten, insbesondere in der Zeit der Osmanen, eine wichtige Rolle gespielt. Gerade mit Blick auf die osmanische Zivilisation wird erkennbar, dass die Iǧtihād-Dringlichkeit auch auf Vernunftbelege und auf Lebenswahrheiten zurückgeht. Zum Beispiel können die jahrhundertlangen zivilisatorischen Entwicklungen der Muslime in Andalusien und in Zentralasien genannt werden, nach welchen kontextuellen Umständen und Erfahrungen der Muslime die Religionsquellen kommentiert wurden. Ohne Zweifel sind die kontextuellen Angelegenheiten mit den Religionsquellen nicht deckungsgleich. Daher begutachteten die islamischen Gelehrten die vorliegenden Fälle mit Rücksicht auf die vorherrschenden Umstände, in dem sie Iǧtihād durchführten und ein Empfehlungsgutachten (fatwā) verkündeten, welche im geistigen Einklang mit den Primärquellen (šarīʿa) stand.

Yasin Aktay weist auf den berühmten Taǧdīd-Ḥadīṯ hin, der als Horizont der soziokulturellen Innovation der ideengeschichtlichen Stagnation entgegenwirkt und auf der wissenschaftlichen Ebene durch die rechtswissenschaftliche Innovation (iǧtihād) reguliert wird.[1113]

Unter diesem wichtigen Blickwinkel werden die kulturellen Einflüsse, die wissenschaftlichen Errungenschaften, die Lebensrealität der Moderne durch die islamischen Gelehrten (ʿulamāʾ) im geistigen Einklang mit dem Islam (šarīʿa)

1111 Vgl. AKTAY: Reform, İctihad ve Tecdid Bağlamında İslam ve Hayat, in: MND, 5, 2 (2005), S. 44f.

1112 Vgl. UCAR: Recht als Mittel zur Reform von Religion und Gesellschaft (2005), S. 219–220.

1113 Vgl. AKTAY: Reform, İctihad ve Tecdid, in: MND, 5, 2 (2005), S. 47–48.

und in der Bewahrung (maḥfūẓa) ihrer Glaubensgrundlagen (īmān) begutachtet und innovative Rechtslösungen dargelegt. Hier kann die „zinslose Beteiligungsbank“ genannt werden, die auf dem zinslosen Prinzip beruht. Es wird erkennbar, dass eine private Finanzinstitution (Bank) islamkonform gemacht werden kann.

4.6.3 Rechtsvergleichung

Wenn die protestantischen Reformen mit dem Innovationsverständnis der islamischen Religion verglichen werden, sind die Unterschiede nach Hayreddin Karaman klar ersichtlich:[1114]

1. Anerkennung der heiligen Quellen
Das protestantische Reformverständnis erkennt nur die Heilige Schrift als Quelle an, wobei die Anweisungen des Papstes nicht heilig sind. In der islamischen Theologie sind der Koran und die Prophetensunna die verbindlichen Religionsquellen. Alle außenstehenden Denkarten und Quellen sind islamisch gesehen fehlbar.

2. Sündenvergebung
Nach protestantischem Glaubensverständnis darf die Kirche keine Sünden ablassen.

In der islamischen Religion obliegt die Sündenvergebung nur Gott allein. Deswegen ist die Fürsprache nur durch den Gotteswillen möglich, der allein die Sünden vorgibt und vergibt.

3. Eheschließung
Erst nach der Reformation von Martin Luther (gest. 1546) ist es den protestantischen Theologen erlaubt zu heiraten. In der islamischen Religion ist das Heiraten eine Anweisung des Propheten Muḥammad, der selbst heiratete. Eine übertriebene gottesdienstliche Verrichtung (ʿibādāt) ohne Eheschließung entspricht nicht dem Lebensweg des Propheten Muḥammad. Hierzu sagt er: „*Jemand der sich meines Weges trennt, dieser ist nicht von mir.*“

4. Sündendarlegung
Gemäß den protestantischen Reformen ist die Sündenbeichte an den Pfarrer nicht notwendig.

Im Islam sind die Sünden geheim zu halten. Die Sündendarlegung geschieht mit aufrichtiger mentaler Reue (tawba), in demütiger Hoffnung auf die

---

1114 Vgl. KARAMAN: İslâm'ın Işığında Günün Meseleleri (2010), S. 766.

Sündenvergebung durch Gott, an welche Instanz sich die Muslime einzig und allein zuwenden.[1115]

4.6.4 Weisheit (ḥikma)

Worin liegt nach Karaman die Weisheit der soziokulturellen Innovation (taǧdīd)? Warum teilt der Prophet Muḥammad das Auftauchen von besonderen Innovationsglehrten (muǧaddid) zu jedem Jahrhundert mit, die ein Innovationsverständnis des Islams vertreten?

Diese Fragen spielen in den Forschungen von Karaman eine zentrale Rolle. Nach islamischer Glaubensüberzeugung haben alle Gesandten Gottes angefangen von Adam bis zum endgültigen Abschluss der Gesandtenreihe durch den Propheten Muḥammad (ḫātam al-anbiyāʾ)[1116] unveränderliche Botschaften verkündet. Diese sind die Einheit/Existenz Gottes (tauḥīd), die Prophetie (nubuwwa) und die Offenbarung (waḥy), die Auferstehung nach dem Tod, die Rechenschaft vor Gott, die jenseitige Belohnung, die Bestrafung und das ewige Jenseits. Neben diesen Informationen wurden zudem rücksichtsvolle soziomoralische Normenregeln herabgesandt, die die zeit- und ortsbedingten Entwicklungen der Menschen berücksichtigen. Der Koran stellt für Muslime die letzte göttliche Offenbarung (waḥy) an die Menschheit dar. Der Prophet Muḥammad bildet das Siegel der Gesandtenreihe (ḫatam al-anbiyāʾ). Daraus folgt nach Karaman, dass die islamische Religion (šarīʿa) mit dieser Qellenverankerung einen universellen Überzeitlichkeitsanspruch bis zum Weltende stellt. Die entscheidende Frage aus dieser Erkenntnis heraus lautet:

1115 Ein weiteres Beispiel betrifft das Bilder- und Götzenverbot. Zu Beginn der Reformation wurden die Bilder und Statuen aus der Kirche verbannt. Nachdem der Prophet Muḥammad seine Geburtsstadt Mekka eroberte, wandte er sich zunächst der Entfernung der Götzen zu, die innerhalb der Kaʿba aufgestellt waren. Nach Karaman verdeutlicht diese Vergleichung, dass die Kirche zwischen die Beziehung von Mensch und heilige Schrift, sowie zwischen Mensch und Gott getreten ist. Durch diese Intervention wurden im Laufe der Kirchengeschichte die Glaubensdogmen und die gottesdienstlichen Handlungen im Sinne einer Reformation der theologischen Lehre verändert. Die lutherische Reformation zielte deswegen darauf ab, die Unrechtmäßigkeiten zu verändern. Im Islam (šarīʿa) sind die Pflichten, Praktiken, Glaubensdogmen und gottesdienstlichen Handlungen (ʿibādāt) seit der Prophetenperiode von Muḥammad bis in die Gegenwart im Original beibehalten. Daher sind Ergänzungen oder Reduzierungen im Islam nicht möglich. KARAMAN: İslâm'ın Işığında Günün Meseleleri (2010), S. 767.

1116 Der Abschluss (Siegel) der Gesandtenreihe (ḫatam al-anbiyāʾ) wird durch KORAN, 33:40 bestätigt.

„Wie ist es möglich, dass Menschen, die auf notwendige Veränderungen angewiesen sind, die fortwährend verbindlichen und unveränderlichen Normen in ihren alltäglichen Lebensabläufen parallel mit veränderbaren Bestimmungen umsetzen können?“

Die Antwort lässt sich nach Karaman durch die Attribute der Religionsquellen, der Iğtihād-Praxis, der Tağdīd-Erkenntnisse und durch das wichtige Notlagenprinzip (ḍarūra) erklären.[1117] Die Primärquellen (šarīʿa) und der Konsensus (iğmāʿ) lassen die notwendigen Lebensbereiche frei, die mit den zeitbedingten kontextuellen Umstandsveränderungen verbunden sind. Das bedeutet konkret, dass den Menschen in diesen Feldern keine absolut verbindlichen religiösen Pflichten (farāʾiḍ) auferlegt werden. Zudem verhindert diese Dynamik einen zivilisatorischen Entwicklungsstopp. In außerordentlichen Situationen wie in Notlagen (ḍarūra) ermöglicht das Notprinzip (ḍarūra) die nachgiebige Flexibilität in der alltäglichen Pflichtenumsetzung.

Die innovativen Möglichkeiten zur Iğtihād-Durchführung durch die Gelehrten ermöglichen auf Grundlage der beiden Hauptquellen den zeitlichen Bedingungen und den kontextuellen Umständen angemessene Lösungen anzubieten.

In der Zeitfolge der Menschheitsgesichte distanzierten sich die Völkergemeinschaften auf der Werte- und Glaubensebene, bedingt durch die verschiedenen kulturellen Einflüsse, von der rechten Religion und der rechten Glaubenstradition im Glauben an einen Gott (tauḥīd), sodass hiermit verbundene Kultur- und Glaubenseinbrüche eintrafen.[1118]

Nach islamischem Glaubensverständnis sandte Gott den Menschen, bedingt durch diese Sachlagen, Gottesgesandten, die den Abkehrenden sämtliche Warnungen verkündeten und sie zur rechten Religion im Glauben an die Einheit Gottes (tauḥīd) einluden. Ihre Aufgabe war es auch, die Religion im eigenen Lebenskontext wiederzubeleben. Die göttliche Offenbarung endet nach islamischem Glaubensverständnis mit der Offenbarung (waḥy) und der Prophetie (nubuwwa) Muḥammads, dem Siegel der Prophetenreihe (KORAN, 33:40).

Die Primärquellen (šarīʿa) bilden die Offenbarungsquellen, welche sich in der vorbildhaften religiösen Lebensweise in den soziomoralischen und in den wirtschaftlichen Beziehungen des Propheten Muḥammad niederschlagen. Nach islamischer Lehre werden in der Folgezeit durch Gott, keine Gottesgesandten (anbiyāʾ) mehr gesandt, sondern außerordentliche muslimische Innovationsgelehrten (muğaddidūn) hervortreten lassen, welche die islamische Religion

1117 Vgl. KARAMAN: İslâm'ın Işığında Günün Meseleleri (2010), S. 768.
1118 Vgl. KARAMAN: Laik Düzende Dini Yaşamak (2005), Bd. 1, S. 11.

im rechten zeitgemäßen Verständnis wiederbeleben und zum kulturellen Richtungsfaktor werden. Die islamische Religion ist eine „lebendige Religion", die von den gläubigen Muslimen nicht nur in den Moscheen und in der eigenen Wohnung ausgelebt wird, sondern im alltäglichen Leben wichtige richtungsweisende Funktionen erhält.

Zur Aufrechterhaltung der religiösen Lebendigkeit erhalten die Gelehrten in der zeitgemäßen Auslegung (tafsīr) des Islams (šarīʿa) und in der Problemlösung eine große Rolle. Dieses Vorgehen ist wichtig, denn dadurch können sich die Muslime, unter der Bewahrung ihrer religiösen Identität, ihrer religiösen Lebensweise (dīn) und ihrer Glaubensgrundlagen (īmān), an die zeitlichen und örtlichen Lebensumstände anpassen. Die innovativen Entwicklungen führen die Muslime zur generellen wissenschaftlichen und ideengeschichtlichen Innovation, worauf der Taǧdīd-Ḥadīṯ hindeutet.[1119] Hierin liegen die großen Weisheiten (ḥikam) in der Tradition-Innovation-Relationen. Die Muslime erkennen nach Karaman, dass sie trotz ihrer verschiedenen kulturellen und ethnischen Zugehörigkeiten und Denkformen sich in ihrer Religion (islām) verbinden, diese traditionsbegründet auslegen und kontextuell verstehen. Die Religion wird zum Bezugspunkt der Muslime, unabhängig welcher Rechtsschule (maḏāhib) sie auch angehören.[1120]

4.7 Erneuerungen (bidʿa)

4.7.1 Beschreibung

Der Begriff „bidʿa" stammt vom arabischen Wortstamm „ba-da-a" ab. Der lexikalischen Bedeutung nach ist damit „etwas bisher Unbekanntes, eine hervorgebrachte neue Erfindung" gemeint.[1121] Im Uṣūl al-Fiqh existieren in der Begriffsauslegung Kontroversen. Der türkisch-islamische Theologe Rahmi Yaran beschreibt „bidʿa" als einen religionsähnlichen Weg, der in Wirklichkeit kein rechtmäßiger Religionsweg ist.[1122]

1119 Vgl. ERTÜRK: Gelenek ve Yenileşme Açısından Tecdid Hadisi Hakkında Bir Değerlendirme. In: 1.Uluslararası Kultu Doğum Toplantısı „İslâm, Gelenek ve Yenileşme". İstanbul 2006. S. 62.

1120 Die islamische Religion verbindet somit alle Muslime unabhängig ihrer jeweiligen Nationalitäten.

1121 Vgl. KARAMAN: İslâm'ın Işığında Günün Meseleleri (2010), S. 753.

1122 Vgl. YARAN: Art. "Bid'at", in: TDV İA, Bd. 6, S. 129–130.

4.7.2 Verständnisbedingte Kontroversen

Für eine bestimmte Gelehrtengruppe sind unter „bidʿa“ unerlaubte Erneuerungen zu verstehen und umfasst alle neuen Dinge, welche nach der Lebenszeit des Propheten Muḥammad in Erscheinung getreten sind. Diesbezüglich führen sie auch beweisführende Aḥādīṯ an.

Schließlich kommen sie zum Ergebnis, dass im Alltag der Menschen jederzeit erforderliche Neuerungen entstehen. Daher unterscheiden sie den Begriff „bidʿa“ in zwei Arten:[1123]

1. **Gute Erneuerung (bidʿa)**
2. **Speziell-verbotene Erneuerung (bidʿa)**

Eine andere Gelehrtengruppe (die den Begriff im engeren Sinne versteht) vertritt die Ansicht, dass damit alle Dinge über religiöse Reduzierungen und Ergänzungen gemeint sind, welche nach der Lebenszeit des Propheten Muḥammad hervortreten.[1124] Zur Erinnerung lautet die Prophetenüberlieferung (ḥadīṯ), auf welche sich die beiden Gelehrtenkreise beziehen, folgend:

كُلّ مُحْدَثَةٍ بِدْعَةٌ وَكُلّ بِدْعَةٍ ضَلالَةٌ وَكُلّ ضَلالَةٍ فِي النَّارِ

„Alle Dinge, die in der Nachfolgezeit in den Mittelpunkt gestellt werden, sind Erneuerungen (bidʿa). Jede Erneuerung ist nichts anderes als Perversion/Häresie. Jede Häresie führt den Menschen ins Höllenfeuer (nār).“[1125]

Einige Andere haben diesen Ḥadīṯ im absoluten Sinne verstanden, sodass sie sich von jeder Erfindung, Entdeckung und Gewohnheitstradition (ʿurf) distanzierten und als schlechte Bidʿa anerkannten. Welche wichtigen Bereiche sind nach Karaman nun statisch?

4.7.3 Statische Religionsangelegenheiten

In Hinblick auf die statischen Religionsangelegenheiten weist Hayreddin Karaman auf die Errungenschaften und Taten der vier rechtgeleiteten Kalifen (ḫulafāʾ ar-rāšidūn) hin, welche gemeinsam mit den anderen Ṣaḥāba den Islam in der sichtbaren Zeugenschaft des Propheten Muḥammad verinnerlicht haben.[1126] Diese Praktiken bezogen sich nicht nur auf die weltlichen Dinge, sondern auch

1123 Vgl. KARAMAN: Fıkıh Usûlü (2010), S. 302–303.
1124 Vgl. KARAMAN: Kur'an'daki Peygamber (2011), S. 93–94.
1125 NASĀʾĪ: 19, 23.
1126 Vgl. KARAMAN: İslâm'ın Işığında Günün Meseleleri (2010), S. 753.

auf die religiösen Themen.[1127] In Anlehnung an dieses Verständnis sind die statischen unveränderlichen Religionsangelegenheiten des Islams folgende:[1128]

1. **Glaubensgrundlagen (īmān)**
2. **Gottesdienstliche Handlungen (ʿibādāt)**
3. **Bekenntnisgebundene religiöse Lebensweise und der Religionskern (dīn, šarīʿa)**

Alle Erneuerungen (bidʿa) sind nicht erlaubt, welche die drei unantastbaren Religionsthemen betreffen und zur Religions- und Theologiemutation führt.[1129] Die Frage nach der Statik der islamischen Religion wäre beantwortet. Die Muslime sind verpflichtet dieses Verständnis in ihrer Lebensweise im Glauben an Gott zu schützen, welches ihre Identität kennzeichnet.[1130]

Alle Errungenschaften der humanen Wissenschaften, wie die technischen Fortschritte sind keine bösen Erneuerungen und unter moralischen Richtlinien zum Gemeinwohl (maṣāliḥ) der Menschen zu fördern.[1131] Alle wissenschaftlichen Innovationen im verantwortungsbewussten Interesse der Menschen werden in Anlehnung an die folgende Offenbarung (waḥy) angereizt:

قُلْ مَنْ حَرَّمَ زِينَةَ اللهِ الَّتِي أَخْرَجَ لِعِبَادِهِ وَالطَّيِّبَاتِ مِنَ الرِّزْقِ قُلْ هِيَ لِلَّذِينَ ءَامَنُوا فِي الْحَيَاةِ الدُّنْيَا خَالِصَةً
يَوْمَ الْقِيَامَةِ كَذَلِكَ نُفَصِّلُ الْآيَاتِ لِقَوْمٍ يَعْلَمُونَ

„Sag: Wer hat (etwa) den Schmuck Gottes verboten, den er für seine Diener hervorgebracht hat, und die guten Dinge, die euch von Gott beschert sind? Sag: Sie stehen im diesseitigen Leben denen zu, die glauben und in Sonderheit am Tag der Auferstehung. So setzen wir die Verszeichen auseinander für Leute, die Bescheid wissen.“[1132]

1127 Neuerung in weltlichen Dingen: Militärische Strategien, nützliche Erfindungen im Interesse der Menschen.
Neuerung in Religionsangelegenheiten: Verschriftlichungen der Koranfragmente zur Bucheinheit (Inlibration), Verschriftlichung der Aḥādīṯ (tadwīn), Nachtgebet im Ramaḍān (taraweh), zweite Gebetsruf im Freitagsgebet. Vgl. KARAMAN: İslâm'ın Işığında Günün Meseleleri (2010), S. 755.

1128 Vgl. KARAMAN: Kuran'daki Peygamber (2011), S. 97; KARAMAN: Hayatımızdaki İslâm (2006), Bd. 2, S. 443; BEŞER: Sosyal Değişme ve İçtihad. In: Çağımızda Sosyal Değişme ve İslâm (2007), S. 302.

1129 Vgl. KARAMAN: İslâm'da İnsan Hakları (2004), S. 178.

1130 Vgl. KILAVUZ: Küreselleşen Dünyada Din, in: UÜİFD, 11, 2 (2002), S. 209.

1131 Vgl. KARAMAN: Kasıtlı Yanlış. In: Yeni Şafak 04.11.2012.

1132 KORAN, 7:32.

4.7.4 Radikalität

Karaman erwähnt die islamischen Gelehrten wie Ibn Taimīyya (gest. 1328), Ibn Ḥazm (gest. 1062) und Muḥammad bin ʿAbd al-Wahhāb (gest. 1792), auf dessen Gedankengütern sich die Wahhabīten herauskristallisierte.[1133] Ihr Ziel war die Beseitigung aller Erneuerungen (bidʿa) in ausschließlicher Rückbesinnung auf die Primärquellen „Koran" und „Sunna".[1134]

Nach Karaman sind solche wahhabitische Auseinandersetzungen und Bruchbildungen „nicht" mit fruchtbarer Innovation verbunden.[1135] Auch wenn diese Gelehrten ihrerseits gutwillige Absichten verfolgen, fördert ihr hartes Vorgehen, die Bestrebungen der modernistischen Religionserneuerer, die innermuslimischen Spaltungen und die Entfernung von der Sunna.

Den äußersten Punkt im Gegenpart bilden nach Karaman jene Wissenschaftler, die in ihrem Umfeld gegenüber hyperliberalen Modernisten schweigen. Denn diese kennzeichnen sich in ihren philosophischen Denk- und Methodenansätzen durch unislamische Erneuerungen der theologischen Lehre aus.[1136] Der oftmals angeführte Schweigegrund zur Verhinderung einer inneren Spaltung (fitna), ist in der Tatsache begründet mit persönlichen Nutzvorteilen oder mit Freundschaften. Diese Motive sind nach Karaman keine Machenschaften zur Verhinderung von aufrichtigen religionssoziologischen Bemühungen (iršād).

Ein innermuslimischer Aufstand (fitna) beschreibt sich seiner Meinung nach als ein Zustand, welcher die islamische Religion und ihre Theologie schädigt, die Muslime feindschaftlich gegenüberstellt, ihr Miteinander stört und wenige Vorteile, aber dafür mehr Nachteile mit sich bringt. Wie ist die Restauration der muslimischen Identität (iṣlāḥ) von bösartigen Erneuerungen möglich? Karaman vergleicht alljene Personen, die zu Erneuerungen (bidʿa) neigen als „krankhaften Zustand", sodass zum Iṣlāḥ zwei Punkte berücksichtigt werden müssen:[1137]

1133 Vgl. KARAMAN: Sapmalara (bid'atlara) Karşı Tavır. In: Yeni Şafak 21.03.2013.

1134 Vgl. KRÄMER: Geschichte des Islam (2005), S. 265.

1135 Vgl. KARAMAN: İslâm'ın Işığında Günün Meseleleri (2010), S. 756.

1136 Die Mutationsmodernisten vergessen, dass der theologische Eigenbereich Gottes wie die Glaubenstradition des Einheitsglaubens (tauḥīd) und die Existenzausrichtung von Menschenhand nicht verändert werden darf.

1137 Vgl. KARAMAN: Fıkıh Usûlü (2010), S. 316.

1. **Befolgung der religiöse Gebote (ittibāʿ)**
2. **Moralisches Zusammenwachsen auf Basis der Gottes- und Prophetenliebe (ittihād)**

Die Restauration der religiösen Identität (iṣlāḥ) von bösen Erneuerungen (bidʿa) geschieht durch die Erkenntnisse der Innovationsgelehrten (muğaddidūn), welche die bösartigen Bidʿa feststellen, diese durch ihre Gutachten (fatāwā) beheben und somit ein gerechtes zeitgemäßes Religionsverständnis vertreten.

4.8 Gewohnheitstradition (ʿurf)

4.8.1 Beschreibung

Die Begriffe „ʿirfān", „maʿrifa" und „ʿurf" stammen von der gleichen arabischen Etymologie „ʿa-ra-fa" ab, was im Deutschen „wissen, kennen, erkennen, anerkennen" bedeutet.[1138] Das Wort „ʿāda" stammt vom gleichen Wortstamm ab wie „ʿawda" und „iāʿda". Dieser beinhaltet die Bedeutungen wie „wiederholt, zurück zum Urzustand, gleicher Seinszustand".[1139]

Karaman stellt in seinen Forschungen auch die Kontroversen zu ʿurf und ʿāda dar. So sind für einige islamische Rechtsgelehrte, welche beiden Begriffen gleiche Bedeutungen zuschreiben, damit jene Zustände und Verhalten gemeint, die vernunftgemäß als „logisch" eingestuft und sich seit je her in die Lebenswelten der Menschen anerkennend etabliert haben. Der Begriff „ʿāda" besitzt im Denken anderer Wissenschaftler eine umfangreichere Bedeutung als ʿurf. Daher vertreten sie die Meinung, dass zwischen beiden Differenzen bestehen und beschreiben das Wort „ʿurf" als eine Gewohnheitstradition, das mündlich und verbal vorkommt. Ihrem Verständnis nach ist ʿurf eine neuere Form von ʿāda, welche sich auf die Vernunft und auf die mentale Richtfähigkeit (ʿirāda) stützt. Zwischen „ʿāda" und „ʿurf" gibt es mit Blick auf die **36.Regel der Mağalla** keine Differenzen:

1138 Vgl. KARAMAN: İslâm'ın Işığında Günün Meseleleri (2010), S. 540.

1139 Vgl. KAYA: İslâm Hukukunda Örfün Kaynaklık Değerinin Sınırları Konusuna Hukuk Felsefesi Açısından Bir Yaklaşım, in: İHAD, 5 (2005), S. 189; DÖNMEZ: Art. „Örf", in: TDV İA, Bd. 34, S. 87.

„Der Brauch ist normentscheidend (beschlussbestimmend)."[1140]
(osman. „Âdet muhakkemdir.")

Daher wird ʿurf im islamischen Recht (fiqh) weder abgelehnt noch als absolut verbindlich betrachtet.[1141] Ihre Ausführung muss unter Einbezug der islamischen Primärquellen (šarīʿa) in einer themenspezifischen Konformitätsanalyse geprüft werden, wodurch die konformen und die inkonformen Gewohnheitstraditionen mit der Šarīʿa festgestellt werden können. Somit werden in der Maǧalla beide Begriffe ʿurf und ʿāda in gleicher Bedeutung angenommen[1142] ʿUrf kommt in der mündlichen (ʿurf al-qawlī) und in der handlungsbezogenen Form (ʿurf al-ʿamalī), in der generellen (ʿurf al-ʿāmm) und in der begrenzten Form (ʿurf al-ḫāṣṣ) vor.[1143]

In der klassischen Jurisprudenz haben ʿurf und ʿāda große Wirkungen erhalten. Insbesondere in der Entstehung der Rechtsprinzipien (qawāʿid al-fiqh) erhalten sie entscheidende Einflüsse.

4.8.2 Stellenwert in Primärquellen (šarīʿa) und Geltungskriterien

Die Bedeutung von ʿUrf im Koran ist auf die etymologische Verwandtschaft zurückzuführen. Einen besonderen Hinweis gibt die folgende Koranstelle:

خُذِ الْعَفْوَ وَأْمُرْ بِالْعُرْفِ وَأَعْرِضْ عَنِ الْجَاهِلِينَ

„Halte den Weg des Verzeihens (d.h. der Nachsicht), gebiete was recht und billig ist, wende dich von den Toren (d.h. Unwissenden) ab!"[1144]

Die im Vers vorkommende Begrifflichkeit des „ʿurf" beinhaltet eine von den Koranexegeten vertretene Sicht, auf das etymologische Verständnis von „maʿrūf" (das Gute) und umfasst alle guten und schönen Dinge, welche von allen Religionen im Konsens gebilligt und von den Menschen als „etwas Vernünftiges" empfunden wird.[1145] Der angeordnete Reiz im Koran zur Guttat (maʿrūf) wird in diesem Bedeutungsrahmen verwendet. Schließlich vermehren sich die Verse, welche sich auf

---

1140 Vgl. KARAMAN: Laik Düzende Dini Yaşamak (2006), Bd. 2, S. 254.

1141 HAYREDDİN KARAMAN beschreibt „ʿUrf" und „ʿÀda" als Begriffe, die gesellschaftlich gelebt aber nicht schriftllich vorliegen. Vgl. KARAMAN: Art. „Âdet", in: TDV İA, Bd. 1, S. 370.

1142 Vgl. KARAMAN: Fıkıh Usûlü (2010), S. 140.

1143 Vgl. DÖNMEZ: Art. „Örf", in: TDV İA, Bd. 34, S. 90.

1144 KORAN, 7:199.

1145 Vgl. KARAMAN: İslâm'ın Işığında Günün Meseleleri (2010), S. 539.

ʿUrf stützen. In der doppelten Begriffserweiterung von ʿUrf und ʿĀda sind mit den folgenden Bedeutungserweiterungen auch andere Verse anzutreffen:[1146]

1. Vergangene und dauernde Gewohnheiten, Haltungen, Verhalten, die in die Zukunft reichen.
2. Spur und Anzeichen; eine Gemeinschaft, die sich an Gewonheitsregeln bindet.
3. Gewohnheiten vergangener Völker und Generationen

Zu diesen Bedeutungen im Koran ist dessen Haltung weder eine absolute Annahme noch eine absolute Ablehnung. Genau in dieser Position erwartet der Koran selbst, dass diese filterartig durch die Vernunft (ʿaql) und mit Rücksicht auf die Offenbarung (waḥy) die abwägende Ermessenskraft der Gläubigen durchläuft. Jene ʿUrf können angenommen werden, die dem geistigen Verständnis der Primärquellen (šarīʿa) nicht entgegenstehen, mit der Vernunft (ʿaql) und der Naturveranlagung (ṭabīʿa) des Menschen konform sind.[1147] Mathias Rohe weist darauf hin, dass die fremden Gewohnheitstraditionen (ʿurf) in Einklang mit der islamischen Religion (šarīʿa), im islamischen Recht (fiqh) anerkannt werden kann.[1148] Jene Gewohnheitstraditionen (ʿurf) müssen jedoch verlassen werden, die den genannten Kriterien inkonform sind. Daher kann ʿUrf den Charakter (aḫlāq) und Recht (ḥuqūq) an sich betreffen.[1149]

Mit der Religion inkonforme ʿUrf müssen gemäß folgender Koranverse verlassen werden:

وَإِذَا قِيلَ لَهُمُ اتَّبِعُوا مَا أَنْزَلَ اللَّهُ قَالُوا بَلْ نَتَّبِعُ مَا أَلْفَيْنَا عَلَيْهِ ءَابَاءَنَا أَوَلَوْ كَانَ ءَابَاؤُهُمْ لَا يَعْقِلُونَ شَيْئًا وَلَا يَهْتَدُونَ

„Und wenn man zu ihnen (d.h. den Ungläubigen) sagt, sie sollen dem folgen, was Gott (als Offenbarung) herabgesandt hat, sagen sie: 'Nein, wir folgen dem, was wir als Glauben und Brauch unserer Väter überkommen haben.' Wenn nun aber ihre Väter nichts verstanden haben und nicht rechtgeleitet waren?"[1150]

1146 KORAN, 4:26; 43:22.

1147 Vgl. DÖNMEZ: Art. „Örf", in: TDV İA, Bd. 34, S. 89–90.

1148 Vgl. ROHE: Das islamische Recht. Geschichte und Gegenwart (2011), S. 22.

1149 Vgl. KAYA: İslâm Hukukunda Örf'ün Kaynaklık Değerinin Sınırları Konusuna Hukuk Felsefesi Açısından Bir Yaklaşım, in: İHAD, 5 (2005), S. 190.

1150 KORAN, 2:170.

قَالَ أَوَلَوْ جِئْتُكُم بِأَهْدَىٰ مِمَّا وَجَدتُّمْ عَلَيْهِ آبَاءَكُمْ قَالُوا إِنَّا بِمَا أُرْسِلْتُم بِهِ كَافِرُونَ

„Er (d.h. der betreffende Warner) sagt: 'Wen ich nun (aber) mit etwas zu euch gekommen bin, was eher rechtleitet als das, was ihr als Brauch eurer Väter vorgefunden habt?' Sie sagten: 'Wir glauben nicht an die Botschaft, die euch aufgetragen worden ist.'"[1151]

يُرِيدُ اللَّهُ لِيُبَيِّنَ لَكُمْ وَيَهْدِيَكُمْ سُنَنَ الَّذِينَ مِن قَبْلِكُمْ وَيَتُوبَ عَلَيْكُمْ وَاللَّهُ عَلِيمٌ حَكِيمٌ

„Gott will euch Klarheit geben und euch rechtleiten, so wie mit denen verfahren worden ist, die vor euch lebten, und sich euch (gnädig) wieder zuwendeten. Er weiß Bescheid und ist weise."[1152]

Jene ʿUrf werden durch Ḥadīṯe bestätigt und ergänzen die Koranstellen zusätzlich, welche mit den Naturanlagen der Menschen (fiṭra) in Einklang stehen oder zur Tradition der Prophetenreihe gehören.[1153] In diesem Kontext steht auch der Ḥadīṯ, dass zur Beurteilung einer ʿUrf die glaubensbedingten Ermessungsbeurteilungen der Gläubigen auch von Gott als „vernünftig" anerkannt werden:

„Die schönen Dinge in den Augen der Gläubigen ist auch bei Gott etwas Schönes,[1154] *die schlechten Dinge in den Augen der Gläubigen ist auch bei Gott etwas Schlechtes.*[1155]*"*

Diese von ʿAbdallāh bin Masʿūd (gest. 653) tradierte Überlieferung ist zwar als Ḥadīṯ nicht eindeutig bewiesen, jedoch verdeutlicht sie die generelle Haltung zur frühislamischen Zeit.

Als Beispiel einer etablierten Gewohnheitstradition führt Karaman die zweiteilige Brautgabe (mahr) an, welche sich durch die Gabe einer Baren und einer partiellen Verspäteten charakterisiert.[1156] Da sich diese Form im Ehevertrag bewährte, ist sie gültig (mutabar).[1157]

Im Generellen besitzt ʿUrf eine Vervollständigungsfunktion von Fällen, die in den bisherigen Rechtsausführungen nicht verlautbart wurden. Hierbei besteht die Dringlichkeit, dass eine bestimmte Erläuterung nicht in Opposition zu ʿUrf

---

1151 KORAN, 43:24.

1152 KORAN, 4:26.

1153 Beispiele: Backen- und Schnurrbart, Beschneidung, physische Reinheit, schöne Düfte, Schamempfinden, Heiraten und Holzstückchen (miṣwāq). Siehe: KARAMAN: İslâm'ın Işığında Günün Meseleleri (2010), S. 540.

1154 ḤANBAL: MUSNAD, Bd. 1, S. 379.

1155 IBN MĀĞA: FITAN, 8.

1156 Vgl. KARAMAN: İslâm'ın Işığında Günün Meseleleri (2010), S. 542.

1157 Die religiöse Pflicht wird durch die vollständige Restgabe der Verspäteten realisiert.

stehen darf. Falls in einem Kaufvertrag die Währung des Gesamtbetrags nicht erwähnt wird, ist die Zahlung durch die Landeswährung zu begleichen, in der der Vertrag geschlossen wurde. Die erstrangige Bedingung zur Gültigkeit von ʿUrf ist ihr Einklang mit den Šarīʿa-Belegen. Deswegen darf ʿUrf eine von diesen als „verwerflich" (ḥarām) festgesetzten Fall nicht zur Erlaubnis (ḥalāl) umfunktionieren.

Wenn ʿUrf mit einem Koranvers oder einem Ḥadīṯ im Konflikt steht, können selbst durch eine Gelehrtenübereinkunft darauf aufbauend, keine Normen (aḥkām) gestützt werden. Daher ist die besondere Relation zwischen ʿUrf und der Šarīʿa eine besondere Angelegenheit, welche die Essenz der Gewohnheitstradition (ʿurf) betrifft. Rohe weist darauf hin, dass die Gewohnheitstraditionen in den muslimischen Lebensräumen im Lebensalltag bis heute eine gewichtige Bedeutung einnimmt.[1158] Davon ausgehend lassen sich viele dieser ʿUrf, aus der Religion inspirieren. Diese wichtige Erkenntnis verdeutlicht, dass die islamische Religion (šarīʿa) auf die verschiedenen Kulturen der Muslime entscheidende Einflüsse übt.

Zur Gültigkeit von ʿUrf müssen im Denken von Karaman die Gewohnheitsthemen in den betroffenen Angelegenheiten und in der überwiegenden Mehrheit von Rechtsanwendungen ausgeführt worden sein. Diesbezüglich sind die folgenden **Mağalla-Regeln** anzuführen:[1159]

41. Artikel:

„Der Brauch wird nur dann entscheidend, wenn es sich fortwährend konstant bewährt."
(osman. „Âdet ancak muttarit yâhut gâlib oldukta mûteber olur.")

42. Artikel:

„Die Rücksicht gilt der Weitverbreitung, nicht der Seltenheit."
(osman. „Îtibâr gâlib-i şâyi'a olup nadire değildir.")

Abū Isḥāq aš-Šāṭibī (gest. 1388) vertritt die Meinung, dass die heutigen Gegebenheiten sich nach den lokalen Gewohnheitstraditionen orientieren müssen. Diese kann eine vernünftige oder eine schlechte ʿUrf sein. Daher werden die vornehmlichen ʿUrf auf Dauer beibehalten, wobei die Unvernünftigen verlassen werden. Der Maßstab einer solchen Feststellung sind bestimmte Vorteilsinteressen zum Wohlbefinden (maṣāliḥ) der Menschen.

Zur Sicherung dieser Wohlzustände besteht die Tatsache, dass die moralischen Maßnahmen in sozialer Hinsicht eine psychologisch-abbringende Funktion von verwerflichen Handlungen (ḥarām) haben. Sofern diese Realität nicht befolgt wird, kann das Miteinander auf Dauer nicht fortbestehen. ʿUrf erhält nach

---

1158 Vgl. ROHE: Das islamische Recht. Geschichte und Gegenwart (2011), S. 403.
1159 Vgl. KARAMAN: Laik Düzende Dini Yaşamak (2006), Bd. 2, S. 256.

Karaman zum besseren Verständnis, zur Kommentierung und zur Ausführung von Recht eine einflussreiche Rolle. Hierzu zählen die **Mağalla-Regeln**:[1160]

36. Artikel:

„Der Brauch ist rechtsnormentscheidend." **(osman. „Âdet muhakkemddir[hâkim kılınır].")**

37. Artikel:

„Die generelle Verfahrensart der Bevölkerung ist rechtlich bindend, sodass danach auch zu richten ist."
(osman. „Nâsın isti'mâli [teâmül ve âdeti] bir hüccettir ki, onunla amel vâcib olur.")

38. Artikel:

„Eine sittengemäß unmögliche Angelegenheit ist wie eine in der Tat unmögliche Sache."
(osman. „Âdeten mümteni' [imkânsız] olan şey, hakikaten mümteni' gibidir.")

40. Artikel:

„Die Belegkraft der gewohnheitsmäßigen Bedeutung ist Anlass zum Abschweifen von der Wörtlichen." **(osman. „Âdetin delâletiyle mânâ-yı hakiki terkolunur.")**

Nach Karaman besitzt ʿUrf in der verständnisbedingten Aufarbeitung von Rechtsprinzipien eine sehr wichtige Bedeutung.[1161] Diese Besonderheit ermöglicht es, dass sich Normen in die alltäglichen Lebensbedingungen der Muslime anpassen können. Dieser Einfluss reicht auch auf die Iğtihād-Praxis, welche auf die Offenbarung gründet. Das Gewohnheitsrecht nimmt im gegenwärtigen Rechtsverständis des Uṣūl al-Fiqh eine einflussreiche Stellung ein.[1162]

43. Artikel:

„Eine gewohnheitsmäßige bekannte Sache ist als Vereinbarungsbedingung anerkannt."
(osman. „Örfen mâ'rûf olan şey şart kılınmış gibidir.")

45. Artikel:

„Eine brauchgemäße Bestimmung gilt wie eine textbelegmäßige Bestimmung."
(osman. „Örf ile tayin nass ile tayin gibidir.")

1160 Vgl. KARAMAN: Laik Düzende Dini Yaşamak (2006), Bd. 2, S. 255–256.

1161 Vgl. KARAMAN: İslâm'ın Işığında Günün Meseleleri (2010), S. 544.

1162 MEHMET AKİF AYDIN stellt fest, dass das Gewohnheitsrecht (ʿurf) nicht nur bei den Osmanen zur Anwendung kam, sondern zu vorigen Zeiten der islamischen Jurisprudenz im Iğtihād der islamischen Rechtsgelehrten (fuqahāʾ) analysiert wurde. Vgl. AYDIN: Türk Hukuk Tarihi (1995), S. 67–68.

Die Gewohnheitstraditionen und die darauf gründenden Iğtihād-Normen sind nach Karaman kontextuell und zeitlich bedingt, sodass ihre Änderung und Anpassung an die wandelnden Lebensumstände erforderlich sind.[1163] Hierzu steht die folgende Mağalla-Regel:[1164]

39. Artikel:

> „Zeitliche Wandlungen und damit verbundene Normenänderungen sind nicht zu leugnen."
> **(osman. „Ezmânın teğayyürü ile ahkâmın teğayyürü inkâr olunamaz.")**

Die Rechtsgelehrten wie Ali Haydar Efendi (gest. 1960) sind sich einig, dass die Mehrheit der Iğtihād-Normen auf die Gewohnheitstraditionen (ʿurf) in der Umgebung des Rechtsgelehrten (faqīh) gründet. Daraus folgt die Konsequenz, dass die kontextuellen Lebensumstände der Menschen entscheidend sind. Unter diesem Maß kann der Iğtihād unter Berücksichtigung von Gewonheitstraditionen (ʿurf), Bedürfnissen (ḥāğāt) und Interessen (maṣāliḥ) der Muslime zu verschiedenen Normlösungen (fatāwā) führen.[1165]

Eine Beharrung auf Normen, die auf ältere ʿUrf gründen, würde die Muslime vor Schwierigkeiten stellen, was nicht das Ziel des Islams sein kann. Auch Rohe weist auf den 39.Artikel der Mağalla hin, wonach zeitbedingte Normenveränderungen nötig sind.[1166] Der islamische Theologe Mehmet Erdoğan stellt hier klar, dass die durch die Textbelege (nuṣūṣ) festgesetzen Šarīʿa-Normen unveränderlich sind.[1167] Diese sind im Vergleich zu ʿUrf gewichtiger, weil sie nicht auf Nichtigkeiten (bāṭil) gründen, wobei ʿUrf aber nichtig (bāṭil) sein kann.[1168]

1163 Vgl. KARAMAN: İslâm'ın Işığında Günün Meseleleri (2010), S. 545.

1164 Siehe zur eingehenden Besprechung der 99 Mağalla-Regeln die unveröffentlichte Forschungsarbeit von FATİH MERT: Al-Qawāʿid al-Fiqhiyya. Maximen in der islamischen Jurisprudenz am Beispiel des osmanischen Gesetzbuches Mağallat al-Aḥkām al-ʿAdliyya (2011), S. 104–166.

1165 FERHAT KOCA weist auf aš-ŠAṬIBĪ hin, der bei zeit- und örtlichbedingten Bedürfnisänderungen bedingt durch ʿUrf auch die dadurch begründeten Normenveränderungen im Iğtihād befürwortet. Vgl. KOCA: İslam Hukukunda Ahkâmın Değişimi Üzerine Bazı Düşünceler, in: İHAD, 1 (2003), S. 56.

1166 Vgl. ROHE: Das islamische Recht. Geschichte und Gegenwart (2011), S. 171.

1167 Vgl. ERDOĞAN: İslâm Hukukunda Ahkâmın Değişmesi (1990), S. 3.

1168 Vgl. DÖNDÜREN: Zamanın ve Şartların Değişmesiyle İslâmî Hükümler Değişir mi?, in: UÜİFD, 7 (2008), S. 104–105.

4.8.3 Kollision von ʿUrf mit bestimmten Belegen (adilla)

Gewohnheitstraditionen lassen sich generell durch die breite Volksanerkennung beschreiben, welche im Fiqh auf die Rechtsprinzipien und Rechtsentwicklungen große Einflüsse ausüben. Viele Iǧtihād-Normen gründen auf ʿUrf, die durch die islamischen Rechtsgelehrten (fuqahāʾ) ausgearbeitet werden. Unter Berücksichtigung der wandelnden ʿUrf können sich auch die Iǧtihād-Normen ändern, die auf ʿUrf gründen.[1169] Falls bestimmte unrechtmäßige ʿUrf (ʿurf al-fāṣid) mit den Textbelegen (nuṣūṣ) und den Grundintentionen des Islams (maqāṣid aš-šarīʿa) in Kollision (taʿāruḍ) treten, dann dürfen diese nicht anerkannt werden.[1170] Zudem können sich die Textbelege nicht ändern.[1171] Unter Berücksichtigung der Rechtsgeschichte ist wichtig, dass die Rechtsschulen (maḏāhib) infolge der territorialen Expansionen andere ʿUrf kennenlernten, diese begutachteten und kontextuelle Lösungen (Vereinfachungen) anboten. Denn die Anerkennung der angemessenen ʿUrf trägt zu zivilisatorischen Kulturentwicklungen bei. Im Generellen ist sind die islamischen Rechtswissenschaften (fiqh) für die sozialen Veränderungen der Menschen offen, dessen Veränderungsmittel sie besitzt.

Die Gewohnheitstraditionen gründen überwiegend auf die Šarīʿa-Belege.[1172] Zudem besteht die geringe Wahrscheinlichkeit, dass die muslimischen Sitten diesen Belegen entgegenstehen. Mit Rücksicht auf diese Erkenntnisse sind die klassischen Gelehrtenkontroversen (iḫtilāf al-ʿulamāʾ) zu nennen, die seit der Periode der vier Rechtsschulenimāme in Hinblick auf die vorrangige Erwählung einer Einzelüberlieferung (ḫabar al-wāḥid) mit einer religiös-geprägten ʿUrf andauerte. Die erstmaligen Diskussionen entstanden in der Rechtspraxis der Medinenser (ʿamal ahl al-madīna), in der Mālik bin Anas (gest. 795) die Gewichtung dieser Ausführung betonte, wobei ein mālikitischer Kreis diese der Einzelüberlieferung (ḫabar al-wāḥid) bevorzugte. Mit Hinweis auf das Werk „an-Našr al-ʿArf fī binā baʿd al-Aḥkām ʿala l-ʿUrf" von Ibn ʿĀbidīn (gest. 1836), welche die Erörterung der Kollision (taʿāruḍ) zwischen der ʿUrf und der Textbelege (nuṣūṣ) verdeutlicht, stellt Karaman fest, dass ʿUrf mit den Šarīʿa-Belegen, wie Koranversen (āyāt) und den Aḥādīṯ oder mit Qiyās in Kollision (taʿāruḍ) treten kann. Diese kann die ʿUrf in der lokalen Umgebung der Muslime (ʿurf al-ḫāṣṣ) oder

---

1169 Vgl. ERDOĞAN: İslâm Hukukunda Ahkâmın Değişmesi (1990), S. 254.

1170 Vgl. DÖNMEZ: Art. „Örf", in: TDV İA, Bd. 34, S. 90.

1171 Vgl. ALİ HAYDAR EFENDİ: Duraru-l-Huqqām Šarḫu-l-Maǧallati-l-Aḥkām (1330), Bd. 1, S. 99–100.

1172 Vgl. KARAMAN: İslâm'ın Işığında Günün Meseleleri (2010), S. 542.

die weitverbreiteten ʿUrf (ʿurf al-ʿamm) betreffen.[1173] Hierzu führt Karaman die Glückspiele wie Pferderennen, Lotteriespiele und Sportwetten an, welche absolut ḥarām sind.[1174] Die Šarīʿa-Belege können themenspezifisch sein oder eine generelle Norm (ḥukm) verkünden, was zu beachten gilt.

4.8.4 Kollision von ʿUrf mit Naṣṣ zu einem Thema

Im Verständnis des ḥanaftischen Rechtsgelehrten Abū Yūsuf (gest. 798) berichten die Aḥādīṯ über die Wiegung von gewohnheitsmäßig gewogenen und gemessenen Produkten zur Prophetenzeit. Das Entscheidende ist hier, die maßgenaue Gleichgewichtung. Die Gewohnheitstradition (ʿurf) der Messung kann sich ändern. Falls die ʿUrf durch vorherige Messung mit der „Gewohnheit der Wiegung" ersetzt wird, dann bestehen keinerlei Probleme. Die maßgenaue Gleichheit muss durch die neu ersetzte ʿUrf hergestellt werden. In diesem Fall wurde nicht gegen die Ziele der Textbelege (maqāṣid an-nuṣūṣ) verstoßen, denn es hat sich nur die Form des ʿUrf geändert. An dieser Stelle weist Karaman auf die Rechtsgedanken des tunesisch-islamischen Rechtsgelehrten Ṭāhir bin ʿĀšūr (gest. 1973) hin, der die gleiche Meinung vertritt wie Abū Yūsuf (gest. 798).[1175] Der islamischen Religion geht es darum, dass der Mensch seine Natürlichkeit (fiṭra) bewahrt. Nach Karaman stellt Ṭāhir bin ʿĀšūr fest, dass der Prophet Muḥammad zum Beispiel die Tätowierung für absolut ḥarām erklärt.[1176] Die Einhaltung dieser Richtlinien ist dem Gewissen und der Entscheidungsfreiheit der Muslime überlassen.

Auch wenn die islamische Religion (šarīʿa) die Schmückung für die eigene Familie erlaubt, sind diese Praktiken als „unislamische Gewohnheiten" verwerflich (ḥarām). Wenn zu ʿUrf-Themen die Religion mit erlaubenden ʿUrf in Kollision (taʿāruḍ) tritt, so darf diese nichtige ʿUrf (ʿurf al-fāsid) im Verständnis von Ibn ʿĀbidīn nicht erlaubt werden.[1177]

Die islamische Religion hat einige ʿUrf fortlaufend abgeschafft und manche gleichbleibend beibehalten. Einige wurden auf ungebrenzte Zeitdauer abgeschafft. Ausnahme bilden jene themenspezifische Textbelege (nuṣūṣ), die in ihrer Einführungzeit mit den vorliegenden ʿUrf konform sind, keine revolutionären Änderungen von ʿUrf verfolgen und diese ʿUrf erst in späterer Zeit verändert wurden. Die Mehrheit der islamischen Gelehrten (ʿulamāʾ) vertritt hier die

1173 Vgl. KARAMAN: Anahatlarıyla İslâm Hukuku (2005), S. 105.
1174 Vgl. http://www.hayrettinkaraman.net/sc/00189.htm (Einsicht: 25.03.2014).
1175 Vgl. KARAMAN: İslâm'ın Işığında Günün Meseleleri (2010), S. 543.
1176 Vgl. http://www.hayrettinkaraman.net/kitap/meseleler/0369.htm (Einsicht: 02.02.2013).
1177 Vgl. IBN ʿĀBIDĪN: Maǧmūʿatu Raṣāilī ibn ʿĀbidīn, Bd. 2, S. 114.

Meinung, dass nicht die veränderte ʿUrf, sondern die Textbelege (nuṣūṣ) befolgt werden.

Der ḥanafitische Rechtsgelehrte Abū Yūsuf (gest. 798) verteidigt die Rechtsmeinung, dass die Einhaltung der ʿUrf beachtet wird. Zum Beispiel wird in den Überlieferungen (aḥādīṯ) der Umgang mit zinsgebundenen Produkten klar beschrieben. So müssen Edelmetalle wie Gold und Silber durch gleichgewichtige Wiegungen und die Getreideprodukte wie Weizenkorn, Gerste und Datteln durch gleichgewichtete Messungen bestimmt werden.[1178] Unter diesen verbindlichen Richtlinien bestehen im Verkauf dieser Waren nach islamischem Recht (fiqh) keine Probleme. Im Verständnis von Karaman sind diese Bedingungen (šurūṭ) zu beachten.

4.8.5 Kollision von Naṣṣ mit themenspezifischer ʿUrf

Nach tiefgründigen Untersuchungen der Rechtsgedanken von Karaman kann ʿUrf eine sprachliche und eine verbale Form aufweisen. In letzterer Form wird auf dessen Befindlichkeit zum Zeitpunkt der Texteinführung (nuṣūṣ) geschaut. Wenn zur punktuellen Naṣṣ-Einführung die vorhandenen Gewonheitstraditionen (ʿurf) weit verbreitet sind, teilen diese im Denken von vielen sunnitisch-ḥanafitischen Rechtsgelehrten die Textbelege (nuṣūṣ) zu.

Obwohl die Aḥādīṯ das Verkaufen nichtvorliegender Produkte verbietet, besteht die Erlaubnis für vertragliche Vorbestellungen. Der Grund liegt darin, dass diese Gewohnheitstradition (ʿurf) sowohl weit verbreitet war, als auch der notwendige Bedarf danach bestand. ʿUrf einer bestimmten Region haben keinen Zuteilungscharakter von Textbelegen (nuṣūṣ), die die Handlungen betreffen, Jene ʿUrf können im Generellen die Textbelege nicht zuteilen (sind daher nicht wirksam), die zum Zeitpunkt der Naṣṣ-Einführung nicht existieren.[1179]

Ein Textbeleg (naṣṣ) darf nicht verändert werden, denn diese kann nicht im Unrecht (bāṭil) stehen und ist gewichtiger als ʿUrf, welche unrechtmäßig sein

1178 Vgl. BUḪĀRĪ: BUYŪʿ, 77, 78; ABŪ DĀWŪD: BUYŪʿ, 12.

1179 Ausnahme bildet eine ʿUrf, welche den Rechtsgrund (ʿilla) einer Norm aufhebt. Beispielweise beziehen sich die ḥanafitischen Rechtsgelehrten auf diesbezügliche Aḥādīṯ und betonen die Unerlaubtheit von besonderen Umständen, indenen für Nutzvorteile einer Vertragspartei bestimmte Vertragskriterien aufgestellt werden, die für den Vertrag keine Bedingung sind. Der Rechtsgrund (ʿilla) dieser Norm (ḥukm) ist die Ursache für die Uneinigkeiten. Nur eine Bedingung (šarṭ), welche zur „generellen ʿUrf" wird, ist kein Grund für den Vertragsbruch. Ein Kriterium, welches zur generellen ʿUrf wird, kann nicht die Ursache von Uneinigkeiten (iḫtilāf) sein.

kann.[1180] Wenn die Textbelege mit einer themenspezifischen Sitte oder Brauch kollidieren, können in einem Rechtsverfahren beide Quellen inkraftgesetzt werden.[1181] Wenn ʿUrf die Sprache betrifft, so erhält sie eine besondere Zuteilungsfunktion der Textbelege, die eine generelle Bedeutung (maʿnā) besitzen. Hayreddin Karaman führt in seinen Rechtsforschungen das Pflichtgebet (ṣalāt) an. Während der Einführung der Textbelege wurde dies als die Gebetsform des Gottesdienstes (ʿibādāt) verstanden, sodass die Gewohnheitstradition (ʿurf) die Textbelege (nuṣūṣ) zuteilt.[1182]

4.8.6 Bund der Tugendhaften (hilf al-fudūl) als vorislamische ʿUrf

Das islamische Recht (fiqh) akzeptiert nach der **42.Mağalla-Regel** eine generelle ʿUrf (ʿurf al-ʿāmm). Beispiel einer vorislamischen Gewohnheitstradition, welche nach der Verkündung der islamischen Religion anerkannt wurde, ist der „Bund der Tugendhaften“ (hilf al-fudūl).[1183] Gemäß dieser Vereinbarung wurden allen Einheimischen und Fremden im vorislamischen Mekka Hilfen geleistet, wenn der Betroffene von Anderen zu Unrecht behandelt wurde oder unter Repressionenen gestellt wurde. Hierzu wird auch eine Überlieferung (ḥadīṯ) tradiert:

Der Prophet Muḥammad sprach:

> *„Im Haus von ʿAbdallāh bin Ğūd stand ich für eine Vereinbarung bereit, welche ich für keine Welt ersetzen würde. Falls ich nach der Verkündung des Islam zu einer solchen Vereinbarung gerufen werde, würde ich es sofort annehmen.“*[1184]

Diese Aussage (ḥadīṯ) verdeutlicht nach Karaman, dass der Prophet Muḥammad eine von der Ğāhilīya-Periode kommende Gewohnheitstradition (ʿurf) nicht ablehnt.[1185]

In diesen Fällen, in denen es um das Ermessen der Gläubigen geht, liegt der Schwerpunkt in der Erwählung des Vernünftigen. Diese Haltung des Propheten Muḥammad zur vorliegenden Legitimität unterstützt das Gewohnheitsrecht. Besonders wenn das Ehe- und Scheidungsrecht (niqāḥ, ṭalāq) berücksichtigt werden, ist zu erkennen, dass diese Gebiete keine ungeprüften Übernahmen (taqlīd), sondern als Erwählungsfreiheiten zu verstehen sind.

1180 Vgl. ERDOĞAN: İslâm Hukukunda Ahkâmın Değişmesi (1990), S. 3–4.

1181 Vgl. KARAMAN: İslâm'ın Işığında Günün Meseleleri (2010), S. 543.

1182 Vgl. http://www.hayrettinkaraman.net/kitap/meseleler/0369.htm (Einsicht: 02.02.2013).

1183 Vgl. HAMİDULLAH: İslâm Peygamberi (2004), S. 60–62.

1184 Vgl. ebd. und HAMİDULLAH: Art. „Hılfu'l-Fudûl“, in: TDV İA, Bd. 18, S. 31–32.

1185 Vgl. AZZAM/KARAMAN (ÜBERS): Peygamberimizin Örnek Ahlakı (2011), S. 15–16.

Diese Haltung des Propheten Muḥammad zu ʿUrf wurde in den Amtszeiten der vier Kalifen weitergeführt. Besonders in der Periode der sunnitischen Rechtsschulenimāme Abū Ḥanīfa (gest. 767), Mālik bin Anas (gest. 795), Aḥmad bin Ḥanbal (gest. 855) und Muḥammad aš-Šāfiʿī (gest. 820) kam ʿUrf im lokalen Lebenskontext des Gelehrten zur Anwendung. Diese Errungenschaften in den Rechtswissenschaften werden durch ʿUrf zum Ausdruck gebracht, womit der Bedarf einer Quellenbeschreibung bestand. Heute kann Hilf al-Fudūl funktional mit einer aufrichtigen Gewerkschaft (türk. sendika) verglichen werden, in welcher die Rechte einer Personengruppe verteidigt und in Schutz genommen werden können.[1186] Nach Karaman reflektiert hier die Glaubensüberzeugung (īmān) und das Gewissen (wiğdān) der Gläubigen auf die zwischenmenschlichen Beziehungen (muʿāmalāt), wodurch die Rechte von schwachen Menschen, wie den Arbeitnehmern aufrichtig geachtet, respektiert und eingeräumt werden.[1187]

In der heutigen Zeit erhält eine solche funktionale Insitution mehr und mehr an Bedeutung.

Wenn eine ʿUrf zum Zeitpunkt des Iğtihād oder Qiyās nicht existiert und im Nachhinein zur ʿUrf wird, dann ist Qiyās zu erwählen.[1188] Mit Hinweis auf die ḥanafitischen Rechtsgelehrten betont Karaman, dass generelle Gewohnheitstraditionen in Opposition zum Qiyās zu bevorzugen. Diese beruht in der klassischen Istiḥsān-Debatte, in der das Kriterium einer althergebrachten ʿUrf nicht vordergründig ist.

1186 Vgl. YILDIZ: Hılfu'l-Fudûl'dan Günümüze Sivil Toplum ve Sendika (2009), S. 14.
1187 Vgl. KARAMAN: Günlük Hayatımızda Helâller ve Haramlar (2001), S. 220–221.
1188 Vgl. KARAMAN: İslâm'ın Işığında Günün Meseleleri (2010), S. 544.

5. Methodenanalyse von Hayreddin Karaman

5.1 Schwangerschaftsabbruch (Abtreibung)

5.1.1 Beschreibung

Unter „Abtreibung" (iğhād) wird im islamischen Recht (fiqh) die Vernichtung einer befruchteten, in der Gebärmutter eingenisteten Eizelle verstanden, welche durch das Einwirken der Trägerin oder extern durch ärztliche Eingriffe oder Medikamente verursacht werden.[1189] Unter der „befruchteten Eizelle" ist das potentielle Kind in der Trägerschaft der schwangeren Mutter zu verstehen,[1190] das Karaman als den „Lebensbeginn des Menschen" versteht.[1191]

In der Abtreibungsproblematik weist er in seiner Fallanalyse auf die historische Jurisprudenz hin, in der ab dem fünften Jahrhundert n.d.H. in den Analysen der Rechtsgelehrten (fuqahā') absichtliche und unabsichtliche Abtreibungen analysiert wurden. In der Folgezeit der vier sunnitischen Rechtsschulenimāme wurden die Erlaubnis und das Verbot diskutiert.

Falls ohne die Eingriffe mögliche Lebensgefahren für Mutter und Kind bestehen, aber mit der Intervention wenigstens eine Person gerettet werden kann, dann ist der Eingriff zur Lebensrettung islamisch erlaubt.[1192] Diese Lage wird im Fiqh als Notsituation (ḍarūra) verstanden, in der das grundlegende Ziel (maqṣād) darin besteht, das potentielle Menschenleben zu retten. Hierbei gilt das islamische Prinzip, dass wenn jemand das Leben eines Menschen rettet, es so sein soll, als ob er die ganze Menschheit rettet. Dieses Prinzip wird auf den Koranvers 5:32 zurückgeführt und durch den ägyptischen Professor für innere Medizin, namens ʿAbd al-Moneim Hassaballāh, bestätigt.[1193] Bedingt durch die

1189 Vgl. KARAMAN: Kürtaj Cinayettir ve Haramdır. In: Yeni Şafak 31.05.2012.
1190 Vgl. KARAMAN: Hayatımızdaki İslâm (2003), Bd. 1, S. 77.
1191 Vgl. KARAMAN: İslâm'da İnsan Hakları (2004), S. 75.
1192 Vgl. KARAMAN: Laik Düzende Dini Yaşamak (2006), Bd. 2, S. 51.
1193 Vgl. HASSABALLAH: Definition of Death, Organ Donation and Interruption of Treatment in Islam, in: Nephrology Dialysis Transplantation; 11 (1996), S. 964–965.

Vernichtung der Natürlichkeit ist die Sterilisation islamisch gesehen nicht erlaubt, aber in der Notlage (ḍarūra) genehmigt.[1194]

Die Rechtsgründe (ʿilal) stellen die Basis der Normenableitungen (istinbāṭ) dar. Das Hauptziel ist die Herausforderung in der Übernahme des gewichtigeren Rechtsgrunds (ʿilla). Ausgehend davon geht Karaman davon aus, dass auch die Überlieferungsbelege (al-adillat an-naqliyya) und ihre Ziele (maqāṣid) in der Praxis der Rechtsgelehrten gewichtig sind. Das bedeutet, dass er seinem Ermessen nach die Belege (adilla) nach ihrer Gewichtung untersucht, davon die Gewichtigere übernimmt und eine Rechtslösung erzielt. Ein Fallbeispiel ist die Abtreibung, in der er die Überlieferungsmethode (uṣūl an-naql) als Uṣūl al-Fiqh-Ausführung anwendet.

5.1.2 Grundlagen in Primärquellen (šarīʿa)

In den Primärquellen (šarīʿa) taucht die absichtliche Tötung einer befruchteten Eizelle explizit nicht auf. Der Koran berichtet lediglich über die vorislamischen Praktiken, in welchen die vorislamischen Araber auf grausame Art lebende Mädchenkinder begruben (waʾd al-banāt). Daher gibt es in der Tötung einer befruchteten Eizelle keine direkten Erwähnungen, sondern mit Hinweis von Hayreddin Karaman generelle Anspielungen:[1195]

> *„Und er ist es, der euch aus einem einzigen Wesen hat entstehen lassen. Und nun gibt es (seit der Erschaffung des ersten Menschen für jeden) eine Zeit der Ruhe (im Mutterleib) und eine Zeit der Übergabe (eine Zeit in der er zur Welt gebracht wird). Wir haben die Zeichen (Verse) auseinandergesetzt für Leute, die Verstand haben."*[1196]

> *„Sag: Kommt her! Ich will (euch) verlesen, was euer Herr euch verboten hat: Ihr sollt ihm nichts (als Teilhaber an seiner Göttlichkeit) beigesellen. Und zu den Eltern (sollt ihr) gut sein, und ihr sollt nicht eure Kinder wegen Verarmung töten – wir bescheren ihnen und euch den Lebensunterhal). Und ihr sollt euch auf keine abscheulichen Handlungen einlassen. (gleichviel) was davon äußerlich sichtbar oder verborgen ist, und niemand töten, den Gott verboten hat…."*[1197]

Gemäß diesen Versen ist die Tötung eines Menschen nicht erlaubt. Desweiteren berichtet die nachstehende Koranstelle, dass der Prophet Muḥammad die zu ihm

1194 Vgl. FADLALLÂH: Abtreibung und Empfängnisverhütung. In: Moderne Medizin und islamische Ethik. Kommentiert und übersetzt von Thomas Eich (2008), S. 40–44 (hier S. 42).

1195 Vgl. KARAMAN: Laik Düzende Dini Yaşamak (2006), Bd. 2, S. 48.

1196 KORAN, 6:98. Siehe auch 5:32, 17:33.

1197 KORAN, 6:151.

kommenden gläubigen Frauen und ihre dargelegten Versprechungen unter bestimmten Bedingungen annehmen soll:

> *„Prophet! Wenn gläubige Frauen zu dir kommen, um sich dir gegenüber zu verpflichten, Gott nichts (Teilhaber an seiner Göttlichkeit) beizugesellen, nicht zu stehlen, keine Unzucht zu begehen, ihre Kinder*[1198] *nicht zu töten, keine von ihnen aus der Luft gegriffenen Verleumdungen vorzubringen und sich dir in nichts zu widersetzen, was recht und billig ist, dann nimm ihre Verpflichtung (in aller Form) entgegen und bitte Gott für sie um Vergebung! Gott ist barmherzig und bereit zu vergeben.“*[1199]

5.1.3 Beseelung des Menschen

Die Beseelung des Menschen ist ein kontrovers-diskutiertes Thema unter den muslimischen Gelehrten, welche sich mit der Abtreibung beschäftigen. Gegenstand dieser Debatten ist die Problematik des Lebensbeginnes. Ein Anhaltspunkt gibt die folgende Stelle im Koran:

وَلَقَدْ خَلَقْنَا الْإِنسَانَ مِن سُلَالَةٍ مِّن طِينٍ
ثُمَّ جَعَلْنَاهُ نُطْفَةً فِي قَرَارٍ مَّكِينٍ
ثُمَّ خَلَقْنَا النُّطْفَةَ عَلَقَةً فَخَلَقْنَا الْعَلَقَةَ مُضْغَةً فَخَلَقْنَا الْمُضْغَةَ عِظَامًا فَكَسَوْنَا الْعِظَامَ لَحْمًا ثُمَّ أَنشَأْنَاهُ خَلْقًا آخَرَ
فَتَبَارَكَ اللَّهُ أَحْسَنُ الْخَالِقِينَ

> *„Wir haben doch den Menschen (ursprünglich) aus einer Portion Lehm geschaffen. Hierauf machten wir ihn zu einem Tropfen* **(A)** *in einem festen Behälter (im Mutterleib). Hierauf schufen wir den Tropfen zu einem Embryo[Blutklumpen]* **(B),** *diesen zu einem Fötus [Fleischklumpen]***(C)** *und diesen zu Knochen. Und wir bekleideten die Knochen mit Fleisch. Hierauf ließen wir ihn als neues Geschöpf entstehen.“*[1200]

Gegenwärtig könnten diese Verse hinsichtlich der Embryogenese gedeutet werden. Während dieser findet die physische Wandlung statt, dessen wiederum eine

---

1198 HAYREDDİN KARAMAN stellt fest, dass im zeitgenössischen Verständnisgehalt des Begriffs „Kinder“ (siehe Vers) die befruchtete Eizelle einbezogen ist, welche Ansicht auch vom islamischen Theologen İBRAHİM KÂFİ DÖNMEZ vertreten wird. In den klassischen Prophetenüberlieferungen (aḥādīṯ) tauchen keine expliziten Aussagen hinsichtlich der Abtreibung (iğhād) durch die Vernichtung einer befruchteten Eizelle vor. Vgl. DÖNMEZ: İslam'da İnanç, İbadet ve Günlük Yaşayış Ansiklopedisi (1997), Bd. 1, S. 336.

1199 KORAN, 60:12.

1200 KORAN, 23:12–14. Siehe auch KORAN: 71:13–14.

Metaphysische bezweckt. Nach folgender Koranstelle verwirklicht der Schöpfer (Gott) die Beseelung:

ذَلِكَ عَالِمُ الْغَيْبِ وَالشَّهَادَةِ الْعَزِيزُ الرَّحِيمُ
الَّذِي أَحْسَنَ كُلَّ شَيْءٍ خَلَقَهُ وَبَدَأَ خَلْقَ الْإِنسَانِ مِن طِينٍ
ثُمَّ جَعَلَ نَسْلَهُ مِن سُلَالَةٍ مِّن مَّاءٍ مَّهِينٍ
ثُمَّ سَوَّاهُ وَنَفَخَ فِيهِ مِن رُّوحِهِ وَجَعَلَ لَكُمُ السَّمْعَ وَالْأَبْصَارَ وَالْأَفْئِدَةَ قَلِيلاً مَّا تَشْكُرُونَ

„Der (der auf diese Weise die ganze Welt geschaffen hat und in ihr weiter wirkt) weiß Bescheid über das, was verborgen, und was allgemein bekannt ist. Er ist der Mächtige und der Barmherzige. Er der alles, was er geschaffen, gut gemacht hat, und (der) den Menschen zuerst auf Lehm geschaffen. Und hierauf seine Nachkommenschaft aus einer Portion verächtlichen Wassers (?) gemacht und ihn hierauf (zu menschlicher Gestalt) geformt und ihm Geist von sich eingeblasen hat, und der euch Gehör, Gesicht und Verstand (w.Herz) gegeben hat. Wie wenig dankbar ihr seid!“[1201]

Die drei Phasen der Embryogenese (Tropfen [**nutfa**];[1202] Embryo, Blutklumpen [**ʿalaqa**];[1203] Fötus, Fleischklumpen [**mudġa**][1204]) stützen sich auf den folgenden Ḥadīṯ:

ʿAbd Allāh bin Masʿūd berichtet:
Der Gesandte Gottes (Friede und Segen auf Ihm) teilte uns folgendes mit:
„Die Schöpfung eines jeden von euch wird im Bauch seiner Mutter für vierzig Tage als Tropfen [nutfa] gesammelt. Dann wird er zu einem Blutklumpen [ʿalaqa] für ebenso lange und danach zu einer gestalthaften Masse [mudġa] für ebenso lange. Dann wird zu ihm der Engel gesandt, der ihm die Seele einhaucht.“[1205]

Diese von Gott erfolgte Formierung des Embryos belegt der nachstehende Koranvers:

هُوَ الَّذِي يُصَوِّرُكُمْ فِي الْأَرْحَامِ كَيْفَ يَشَاءُ لَا إِلَهَ إِلَّا هُوَ الْعَزِيزُ الْحَكِيمُ

„Er ist es, der euch im Mutterleib (Gebärmutter) gestaltet, wie er will. Es gibt keinen Gott außer ihm. Er ist der Mächtige und Weise.“[1206]

1201 KORAN, 32:6–9.

1202 Der Begriff „NUTFA“ taucht als befruchtete Eizelle in KORAN, 18:74, 22:5, 53:46, 75:37, 23:16, 36:77 auf.

1203 Das Wort „ʿALAQA“ erscheint in KORAN 23:14.

1204 „MUDĠA“ kommt in KORAN 22:5, 23:14 vor.

1205 NAWAWĪ: Matn al-Arbaʿīn an-Nabawiyya fi l-Aḥādīṯ aṣ-Ṣaḥīḥiyya an-Nabawiyya (1989), S.16 (Ḥadīṯ Nr.4).

1206 KORAN, 3:6.

Die Beseelung des Menschen geschieht innerhalb der vierzig Tage der Schwangerschaft. Der Schutz befruchteter Eizellen ist mit der Fertilisation gegeben. Pränatale Interventionen sind ab der Verschmelzung der beiden Keimzellen mit Ausnahmen verwerflich (ḥarām).

Das Menschengeschlecht setzt nach islamischem Glaubensverständnis der Schöpfer fest, das im biologischen Sinne durch das Sperma und ihrer mitgebrachten Geschlechtschromosomen (XX-XY-System) geschieht. Die Erklärung der Geschlechtsbestimmung nach dem vierzigsten Tag der Schwangerschaft entspricht den gegenwärtigen medizinischen Erkenntnissen nicht, weil das Geschlecht schon bereits ab dem ersten Tag der Schwangerschaft feststellbar ist.

In der gegenwärtigen Medizin ist bekannt, dass am Ende der dritten Schwangerschaftswoche der Herzschlag beginnt, dann die Augen-, Ohr-, Arm- Beinentwicklungen eintreten und bestimmbar sind.[1207] Noch wichtiger ist, dass der Ḥadīṯ auf die Schöpfung des Menschen und auf die Schicksalsbestimmung hindeutet.[1208] Daher erwähnen die Ḥadīṯgelehrten diese in der Ḥadīṯliteratur in den Abschnitten „Schöpfung" und „Schicksalbestimmung" (qadar).[1209]

Gemäß diesen Ausführungen sind zur Beurteilung der Abtreibungsfrage im Fiqh die sunnitischen Rechtsschulenpositionen zu untersuchen, welche Hayreddin Karaman offen darlegt.

5.1.4 Positionen der sunnitischen Rechtsschulen (maḏāhib)

Zur Reflektion der Abtreibungsproblematik tradiert Hayreddin Karaman die Meinungen der vier sunnitischen Rechtsschulen (maḏāhib ahl as-sunna), indem er ihre Argumente (ḥuǧǧa) veranschaulicht und den gewichtigen Beweis (dalīl) von al-Ġazālī (gest. 1111) erwählt.

In der ḥanafītischen Rechtsschule besteht die Meinungsübereinkunft, dass die Entladung der befruchteten Eizelle nach dem hundertzwanzigsten Tag nicht erlaubt ist. Zu vorigen Zeiten werden zwei Positionen vertreten.[1210] Die Erste erlaubt die Entladung in Anlehnung an die Prophetenüberlieferung (ḥadīṯ) und erkennt die Entwicklungen bis zum hundertzwanzigsten Tag nicht als Kind / Mensch an, auch wenn die embryonalen Stadien eine Art von Fleisch- und

1207 EL-BÂR: Kur'an-ı Kerim ve Modern Tıbba Göre İnsanın Yaradılışı (1991), S. 108.
1208 Vgl. KARAMAN: Hadislerde ve Fıkıhta Kürtaj. In: Yeni Şafak 03.06.2012.
1209 Vgl. KARAMAN: Hayatımızdaki İslâm (2003), Bd. 1, S. 83.
1210 Vgl. ebd.

Blutkörper aufweisen, aber ihrer Meinung nach keine Organbildungen hervorgehen.[1211]

Die Zweite verbietet die Entladung der befruchteten Eizelle vor dem hundertzwanzigsten Tag. Falls keine Not (ḍarūra) vorliegt, ist die Entladung nicht erlaubt. Wenn die befruchtete Eizelle dennoch entladen wird, hat der Betroffene praktisch eine Sünde begangen.[1212]

Hayreddin Karaman kommentiert die Unzutreffenheit der Erstmeinung der Ḥanafiten damit, dass die vertretene Ablehnung eines Kindes / Blutklumpen bis zum hundertzwanzigsten Tag auf falschen Informationen beruht. Der Grund liegt darin, dass sie fälschlicherweise von expliziten Bewegungen und Gasaustritten des Kindes ausgehen und dann als Kind akzeptieren. Als Argument seiner Kritik führt Karaman die zeitgenössischen medizintechnischen Möglichkeiten an, in der innerhalb der ersten fünfzehn Tage durch medizinische Untersuchungen der Gebärmutter das Kind festgestellt werden kann und die überwiegende Mehrheit der Organe in den ersten vierzig Tagen der Schwangerschaft im Frühstadium erkennbar sind.[1213] Gemäß diesen medizinischen Erkenntnissen wäre aus ḥanafītischer Perspektive eine Abtreibung vor dem hundertzwanzigsten Tag als Mord zu zählen.

Die mālikitischen Gelehrten gehen davon aus, dass eine Abtreibung der befruchteten Eizelle vor dem vierzigsten Tag nicht erlaubt ist. Für die ḥanbalitischen Gelehrten ist die Abtreibung unerlaubt, wenn die Schwangerschaft die 40-Tage-Klausel überschreitet. Jene Gelehrten mit erlaubender Abtreibungsposition noch vor dem vierzigsten Tag sind unzutreffend. Auch wenn einige šāfiʿītischen Gelehrten die Abtreibung noch vor Ablauf der vierzig Tage als „erlaubt" anerkennen, vertritt Karaman in Anlehnung an al-Ġazālī (gest. 1111) die Ansicht, dass die Abtreibung der befruchteten Eizelle innerhalb der vierzig Tage verwerflich (ḥarām) ist.[1214]

5.1.5 Abū Ḥāmid Muḥammad al-Ġazālī (gest. 1111)

Die bioethische Problematik der Abtreibung wurde in der klassisch-islamischen Jurisprudenz zweierlei angenommen. Diese sind die Erlaubis / das Verbot und

1211 Vgl. IBN NUĞAIM: Al-Baḥrur-Rāiq Šarḫu Kanzi-d-Daqāiq (1418/1997), Bd. 7, S. 105. Siehe hierzu auch: KARAMAN: Hadislerde ve Fıkıhta Kürtaj. In: Yeni Şafak 03.06.2012.

1212 Vgl. KARAMAN: Cenin, Ruh ve Kürtaj. In: Yeni Şafak 07.09.2014.

1213 Vgl. KARAMAN: Hayatımızdaki İslâm (2003), Bd. 1, S. 84.

1214 Vgl. KARAMAN: Kürtaj konusunda eksik ve yanlış bilgiler. In: Yeni Şafak 01.06.2012.

die absichtliche / unabsichtliche Entladung der befruchteten Eizelle. In der Beurteilung über die Erlaubnis / das Verbot wurde im ersten Schritt geprüft, ob die befruchtete Eizelle als lebender Mensch einzustufen ist. Wenn sie als solche festgestellt wird, ist eine Abtreibung nach islamischem Verständnis verständlicherweise abzulehnen, weil der Islam die Mordtat vor oder nach der Geburt ablehnt.

Karaman bezieht sich in seinen Forschungen auf die Positionen von Al-Ġazālī (gest. 1111), der diesbezüglich Erkenntnisse liefert. Nach al-Ġazālī ist die männliche Leerung am Ende des Geschlechtsverkehrs mit der befruchteten Eizellenabtreibung oder der lebendigen Begrabung von neugeborenen Mädchen nicht vergleichbar.[1215] Der Grund liegt darin, dass die diese Punkte die Vernichtung eines Produkts betreffen. Diesbezüglich weist er auf die Stadien der Embryogenese hin, nach denen die Existenz mit der Befruchtung beginnt und das Lebens-potential erreicht wird. Die Vernichtung der befruchteten Eizelle ist nach al-Ġazālī Mord.[1216]

Nach den heutigen medizinischen Erkenntnissen beginnen die Herzschläge des Kindes in der dritten Schwangerschaftswoche, danach werden die übrigen Körperorgane gebildet. Dennoch treten Fragen auf, ob das Embryo im zweiten Monat oder zu späteren Zeiten der Schwangerschaft vernichtet werden kann oder nicht, wenn das Kind vorabsehbar mit physischen oder mit geistigen Geburtsbehinderungen auf die Welt kommt. Nach Karaman wird die Einnistung der befruchteten Eizelle in die Gebärmutter als Kind verstanden, dessen Geschlecht, Körperlänge und Augenfarbe festgelegt sind.[1217] Daher gibt es zwischen dem Umgang der befruchteten Eizelle und dem des Geborenen die Sünde betreffend keine Differenz. Wenn eine Person für die befruchtete Eizellenentladung verantwortlich ist, dann muss er islamisch Schadensgelder (dīya) zahlen (die das Menschsein des Ungeborenen bestätigen). Die Tötung eines Kindes mit geistigen oder physischen Behinderungen ist nicht erlaubt. So darf das Ungeborene mit absehbaren Behinderungen nicht getötet werden.[1218] Die Entladung einer in der Gebärmutter eingenisteten Eizelle ist nach Karaman nur dann erlaubt, wenn die Mutter durch die Geburt in Lebensgefahr steht. Hier ist die Lebensrettung die rechte Entscheidung, weil die Fötusver-nichtung notbedingt getroffen wird. Die

1215 Vgl. KARAMAN: Hayatımızdaki İslâm (2003), Bd. 1, S. 79–80.
1216 Vgl. KARAMAN: Kürtaj konusunda eksik ve yanlış bilgiler. In: Yeni Şafak 01.06.2012.
1217 Vgl. KARAMAN: Kürtaj hakkı. In: Yeni Şafak 04.01.2008.
1218 Vgl. http://www.hayrettinkaraman.net/sc/00105.htm (Einsicht: 24.10.2012).

Mordanerkennung des Fötus entspricht als Existenz-beginn dem medizinischen Stand.[1219] Die Abtreibung wäre demnach strafmoralisch Mord.[1220]

5.2 Bedeutung der Ratio im Denken von Hayreddin Karaman

5.2.1 Anreiz zur Vernunftausführung in Primärquellen (šarīʿa)

Der Koran reizt die Menschen zur Vernunftanwendung an und ermöglicht ihre Freiheiten wie die Gewissensfreiheit, die Meinungsfreiheit, die Willensfreiheit und die Glaubensfreiheit in persönlicher Verantwortung und verbietet die Zwangsannahme eines bestimmten Glaubens. Zum Nachdenken über die Existenz Gottes und der Wahrheit (ḥaqīqa) führt die Offenbarung (waḥy) Vernunftbelege, Wunder und Herausforderungen an. Zur leichteren Verinnerlichung werden analogischlussbasierte Verse im Sinne von Zeichendeutungen (āyāt) dargelegt. Der Koran verwendet hier eine Spezialmethode im Verlangen einer widerlegenden Belegführung. Er reizt zur Analyse an und erklärt die Ablehnung von Unkenntlichem für nichtig:

بَلْ كَذَّبُوا بِمَا لَمْ يُحِيطُوا بِعِلْمِهِ وَلَمَّا يَأْتِهِمْ تَأْوِيلُهُ كَذَلِكَ كَذَّبَ الَّذِينَ مِنْ قَبْلِهِمْ فَانْظُرْ كَيْفَ كَانَ عَاقِبَةُ الظَّالِمِينَ

„Aber nein! Sie erklären etwas als Lüge, von dem sie nicht wissen (dessen Wissen sie nicht erfasst haben), und dessen endgültige Auslegung noch nicht zu ihnen gekommen ist. Ebenso wie sie, haben schon die, die vor ihnen lebten, unsere Botschaft für Lüge erklärt. Schau nur, wie das Ende der Frevler war!"[1221]

An anderer Stelle wird das Erfordernis der Verinnerlichung ersichtlich:

مَثَلُ الَّذِينَ حُمِّلُوا التَّوْرَاةَ ثُمَّ لَمْ يَحْمِلُوهَا كَمَثَلِ الْحِمَارِ يَحْمِلُ أَسْفَاراً بِئْسَ مَثَلُ الْقَوْمِ الَّذِينَ كَذَّبُوا بِآيَاتِ اللهِ وَاللهُ لَا يَهْدِي الْقَوْمَ الظَّالِمِينَ

„Diejenigen, denen die Thora aufgeladen worden ist, und die sie daraufhin nicht tragen konnten, sind einem Esel zu vergleichen, der Bücher trägt. Wie schlimm steht mit den Leuten, die die Zeichen Gottes für Lüge erklären! Gott leitet das Volk der Frevler nicht recht."[1222]

1219 Vgl. AL-ĠAZĀLĪ: Iḥyāʾ al-ʿUlūm ad-Dīn (1983), Bd. 2, S. 51.
1220 Vgl. KARAMAN: Kürtaj Suçu ve Cezâsı. In: Yeni Şafak 07.06.2012.
1221 KORAN: 10:39.
1222 KORAN: 62:5.

Die islamische Religion (dīn) verlangt von den Muslimen, dass sie ihre Pflichten (farāʾiḍ) den übrigen Menschen in schönster Art näherbringen und über ihre spirituellen Vorteile (ḥikam) berichten. Diese Vorzüge können nicht immer auf Anhieb begriffen werden, weil der Mensch diese spirituellen Erkenntnisse durch die Realisierung der Gottesdienste (ʿibādāt) erfährt. In Streitgesprächen empfiehlt der Koran geduldig zu sein, in denen die Ungläubigen die religiösen Gefühle der gläubigen Muslime verletzen können. Die diesbezügliche Stelle (āya) ist:

وَاصْبِرْ وَمَا صَبْرُكَ إِلاَّ بِاللهِ وَلاَ تَحْزَنْ عَلَيْهِمْ وَلاَ تَكُ فِي ضَيْقٍ مِّمَّا يَمْكُرُونَ

إِنَّ اللهَ مَعَ الَّذِينَ اتَّقَواْ وَّالَّذِينَ هُم مُّحْسِنُونَ

„Sei geduldig! Nur mit Gottes Hilfe (durch Gott) wirst du geduldig sein. Und sei nicht traurig über sie (über die Ungläubigen und ihre Verstocktheit) Und laß dich wegen der Ränke, die sie schmieden, nicht bedrücken! Gott ist mit denen, die ihn fürchten und rechtschaffen sind.“[1223]

In diesen Versen (āyāt) werden die Gläubigen an die eigene Umgebung aufmerksam gemacht. Zudem sollen sie zur methodisch erarbeiteten Lösung kommen. Sie werden dazu aufgefordert ihre Vernunft (ʿaql) rechtmäßig zu gebrauchen und sich von der Gefahr der grenzenlosen Wollust und der nichtigen Heiligenverehrung zu entfernen. Zur Wahrheitserkundung, zur sozialen Gerechtigkeit wurde die Offenbarung (waḥy) und die Waage (mīzān) eingegeben:

اللهُ الَّذِي أَنزَلَ الْكِتَابَ بِالْحَقِّ وَالْمِيزَانَ وَمَا يُدْرِيكَ لَعَلَّ السَّاعَةَ قَرِيبٌ

„Gott ist es, der die Schrift mit der Wahrheit herabgesandt hat, und (der auch) die Waage herabgesandt hat, damit für Recht und Gerechtigkeit gesorgt werde). Wer weiß, vielleicht steht die Stunde des Gerichts nahe bevor?“[1224]

وَالسَّمَاءَ رَفَعَهَا وَوَضَعَ الْمِيزَانَ

أَلَّا تَطْغَوْا فِي الْمِيزَانِ

وَأَقِيمُوا الْوَزْنَ بِالْقِسْطِ وَلَا تُخْسِرُوا الْمِيزَانَ

„Den Himmel hat er (d.h.Gott) emporgehoben. Und er hat die Waage aufgestellt (in der Erwartung), dass ihr hinsichtlich der Waage nicht aufsässig seid, vielmehr das Gewicht setzt, so wie es recht ist und die Waage nicht fälscht (sodass der Kunde zu wenig Ware erhält).“[1225]

1223 KORAN, 16:127–128.
1224 KORAN, 42:17.
1225 KORAN, 55:7–9.

Zur Wahrheitserkundung und der Gerechtigkeit reizt der Koran zur Vernunftpraxis an. Der Prophet Muḥammad verkündete die Offenbarung an seine Gemeinschaft, welche sich danach belehrte und mittels der Vernunft darüber nachdachte. Durch seine sichtbare Lebensweise ist er für Muslime ein Vorbild (uswa), womit das rechte Religionsverständnis verinnerlicht wird. Der Prophet räumte seinen Gefährten (ṣaḥāba) die freie Meinungsbildung und den Iǧtihād ein. Nach seinem Verscheiden führten sie mittels ihrer Vernunftausführung auch Iǧtihād durch.

5.2.2 Stellenwert der Vernunft (ʿaql) im Iǧtihād

Das islamische Recht (fiqh) räumt der Iǧtihād-Praxis, insbesondere der Vernunftanwendung, einen sehr großen Stellenwert ein. Besonders die Anpassungen des islamischen Rechts (fiqh) an die wandelnden zeit- und örtlichen Umstände spielen in dieser Methodenausführung eine große Rolle. Die Textbelege (nuṣūṣ) beinhalten die Botschaften (maʿnā) und die Ausdrücke (alfāẓ) der islamischen Religion. Einige dieser und die dadurch verlautbarten Normen sind verständnisbedingt offenkundig (qaṭʿī), wobei manche andere Normen im offenen Bereich zur Normvollendung der Vernunftausführung bedürfen.

Zur Verinnerlichung der Textbelege (nuṣūṣ), der Abrogationsverhältnisse (nasḫ, mansūḫ), der offenkundigen und nichtoffenkundigen Ausdrücke (alfāẓ), der Deutung von Ausdrucksstilen (uslūb) auf ihre Bedeutungen (maʿnā) steht vorrangig die Vernunft (ʿaql) im Vordergrund. Aus ḥadīṯrechtlicher Sicht erhält die Vernunft (ʿaql) in der Normableitung (istinbāṭ) aus den Ausdrücken der Sunna-Textbelege (nuṣūṣ) eine großer Bedeutung, denn die Feststellung, ob eine vorliegende Sunna tatsächlich dem Propheten Muḥammad gehört oder nicht, die Art ihrer situationsbedingten Verlautbarungsabsichten (maqāṣid al-bayān), die Klassifizierung der Verbindlichkeitsstufen der Aḥādīṯ, die Differenzierung vertrauensvoller Aḥādīṯ von Anderweiten geschieht durch die Vernunftausführung (ʿaql) des jeweiligen islamischen Gelehrten.

In der Kommentierung der Ziele der Primärnormen (maqāṣid al-aḥkām aš-šarʿiyya) und ihrer Ausdrücke erhält die Gelehrtenvernunft (ʿaql al-ʿulamāʾ) eine besondere Rolle. In den offenen Rechtsfeldern (welche durch die Offenbarung ermöglicht werden) leiten sie mit Rücksicht auf die Prinzipien und dem geistigen Einheitsverständnis der Primärquellen (šarīʿa) mittels der Vernunft (ʿaql) Normen (aḥkām) ab, die Vollendungsfunktionen besitzen.[1226] Daher erhält die Vernunft als rechtliche Belegführung (dalīl) eine sehr wichtige Bedeutung. Sie

1226 Vgl. KARAMAN: İctihâd ile Kulluk. In: Yeni Şafak 02.12.2012.

muss sich aber dabei richtungsweisend im Rahmen der Textbelege (nuṣūṣ) bewegen.

Zum Verständnis kann das „Gutsein der sozialen Gerechtigkeit“ und das „Schlechtsein der sozialen Ungerechtigkeit“ angeführt werden. Die Vernunft darf nicht in allen Themen belegführend sein, denn sie ist in ihrer Selbstart nicht in der Lage alle Normen zu begreifen, die das Jenseits (aḫira), die Geistseele (rūḥ), das Paradies (ǧanna), das Höllenfeuer (nār)[1227] und die detaillierten Informationen über die gottesdienstlichen Handlungen (ʿibādāt) betreffen.[1228] Daher ist der Mensch verpflichtet maßzuhalten und seine begrenzte Vernunft anzuerkennen. Er muss sich stets im Klaren sein, dass er ein begrenztes und vergängliches Wesen ist.

5.2.3 Relationen von Religion (dīn), Vernunft (ʿaql) und Wissenschaften (ʿulūm)

In der gegenwärtigen Wissenschaftsforschung bleiben die Relationen zwischen der Religion (dīn), der Vernunft (ʿaql) und der Wissenschaften (ʿulūm) ein aktuelles Diskussionsthema. In diesem Zusammenhang ist die Frage zu stellen, wie die Beziehungen zwischen den humanen Wissenschaften und der islamischen Religion zu verstehen sind. Denn die Wissenschaft geht vorrangig davon aus, dass nach wissenschaftlichen Kriterien alle der Vernunft widersprüchlichen Dinge nicht anerkannt werden können.[1229] In den klassisch-islamischen Diskussionen wurde dieses Thema angenommen und diskutiert. Das Resultat war, dass beispielsweise die Existenz von Gott (Allāh) durch die Schöpfung (maḫlūqāt) belegt wurde und somit auch Vernunftbelege (al-adillat al-ʿaqliyya) angeführt werden können.

Nach Karaman führt der Weg zum Wissenserwerb und somit zu sicherem Wissen nicht nur über die Wissenschaft, denn diese gründet ausschließlich nur

1227 Vgl. KARAMAN: Kur'an'daki Peygamber (2011), S. 18.

1228 Der Mensch bewegt sich in seinen natürlichen Vernunftfähigkeiten. Dies liegt darin begründet, dass er endlich ist und sich verändert, während der Schöpfer vollkommen (unveränderlich) und ewig ist.

1229 Unter den islamischen Wissenschaften (ʿulūm al-islāmīyya) werden heute sämtliches Wissen verstanden, die aus der Offenbarung (waḥy) heraus gewonnen werden. Dabei werden die Vernunft, die Interpretationsregeln und Geschichtsanalysen durchgeführt. Der inhaltliche Gegenstand der islamischen Wissenschaften steht mit den sicheren Erkenntnissen der positiven Wissenschaften und der Vernunft nicht im Widerspruch, übersteigt jedoch ihr Themenfeld. Vgl. http://www.hayrettinkaraman.net/makale/0235.htm (Einsicht: 24.10.2013).

auf empirisch basierte humane Beobachtungen und ihrer Erfahrungen. Alle Themen und Wahrheiten, die nicht in diesem Feld stehen, fallen den Wissenschaften außen vor. Einige dieser können mit Vernunftvorgängen erschlossen werden. Die restlichen außenstehenden Themen können nicht oder nicht mit Sicherheit erkannt werden. Hier greift die Offenbarung (waḥy) als Wissensquelle ein.[1230]

Alle Menschen (die keine Propheten sind) können keine göttlichen Offenbarungen erhalten. Sie haben aber über die Vernunft zwei mögliche Gedankenwege, durch die sie die Richtigkeit der Offenbarung erkennen.[1231] Erstens: Sie studieren das Leben der Gottesgesandten (anbiyā᾽) ein und erkennen, dass diese keine unwahren Botschaften verkündet haben können. Zweitens: Sie erkennen, dass die Offenbarung mit der Vernunft und den Wissenschaften nicht im Widerspruch steht, diese Botschaften haltbar sind und alle vernunftgemäß unerklärlichen Offenbarungsthemen zufriedenstellende Antworten darlegen. Das Feld der Wissenschaften ist begrenzt (was nicht geleugnet werden kann), auch wenn das Feld der Vernunft größer ist. Dennoch ist selbst die Vernunft für alle unwissenden Themen unzureichend.

In ihrer Rolle erkennt sie im Feld der Religion, dass die durch die Gottesgesandten (anbiyā᾽) dargelegten Belegführungen (adilla) die Wahrheit (ḥaqīqa) sind und die Verkünder als wahre Gottesgesandten anerkannt werden. Falls die humane Vernunft diese akzeptiert, erkennt der Vernunftbesitzer auch die Wahrheit (ḥaqīqa) an und nimmt den rechten Glauben an.

Im nächsten Schritt erkennt die Vernunft die Angebote des überzeugten Gottesgesandten an, akzeptiert auch ihre Konformität mit der Vernunft, lehnt die über die begrenzte Vernunft hinausgehenden metaphysischen Themen nicht ab.

1230 Die Gottesgesandten (Propheten) teilten den Menschen die rechtmäßige Glaubenstradition im Glauben an einen einzigen Gott (tauḥīd) und somit die wahre Religion mit. Zur Überzeugung der Menschen zeigten sie zur Wahrhaftigkeit ihrer Prophetie durch den Gotteswillen Wunder und verkündeten bestimmte von Gott offenbarte Religionsbotschaften, die im existenziellen Interesse (maṣāliḥ) der humanen Natur stehen, haltbar sind und der Vernunft nicht widersprechen. Die Menschen erkennen durch ihren Vernunftgebrauch, dass die Gottesgesandten (anbiyā᾽) die Wahrheit (ḥaqīqa) verkündeten und sind von den Glaubensgrundlagen (īmān) fest überzeugt. An diesem Punkt greift die Offenbarungsübermittlung (waḥy, naql) ein und verkündet den Menschen bestimmte wahre Religionsbotschaften (dīn), die der Mensch allein durch das Sehen und Erfahren (Sinneswahrnehmungen) nicht erreichen kann. Daraus ergeben sich für die Gläubigen bestimmte Religionspflichten, welche sie zu ihrer diesseitigen und jenseitigen Glückseligkeit frei und somit ohne jeglichen Zwang erwählen.

1231 Vgl. http://www.hayrettinkaraman.net/sc/00241.htm (Einsicht: 25.08.2013).

Falls vernunftwidriges Wissen, Glauben oder Angebot hervortritt, dann nimmt die Vernunft zwei darauffolgende Wege an.

Sie kritisiert und kontrolliert sich selbst. Wenn der Beschluss der Vernunft im eigenen Feld beständig ist, schaut sie auf die Verkündungsbotschaften des Verkünders (Propheten) wie auf die Textbelege (nuṣūṣ). Sie kontrolliert hier, ob die vorliegenden Botschaften tatsächlich vom Propheten übermittelt werden. Wenn sie die prophetische Herkunft beglaubigt, schaut sie auf die Botschaftsbedeutung (maʿnā) und kontrolliert, ob die Bedeutung der Richtigkeit entspricht und ob andere Bedeutungen zugeschrieben werden. Am Ende dieser Ausführung zieht sie ein Resultat, nach der zwischen Offenbarung und Vernunft keine Widersprüche vorliegen.

Aus islamischer Perspektive erhält die islamische Religion in den ausreichenden Feldern der Vernunft und der Wissenschaften sehr wichtige Beglaubigungs- und Begleitfunktionen.

Empistemologisch erhält sie in den mit der Vernunft und der Wissenschaft unzureichenden Gebieten eine Aufklärungsfunktion und führt hier bestimmte moralische Lebensregeln ein. Nach Karaman kollidieren diese wichtigen Lebensregeln mit der Vernunft und der Wissenschaft nicht. Die Glaubensangelegenheiten (īmān), die gottesdienstlichen Taten (ʿibādāt) und alle Mitteilungen über die unsichtbare Welt können allein mit der Vernunft und der Wissenschaft nicht begriffen werden, weil sie ihr Feld übersteigen. Die Vernunft und die Wissenschaft können die Existenz eines Wesens wie „Engel" nicht leugnen, sie aber auch nicht beweisen. Die Existenz von Engeln ist nicht vernunftwidrig, jedoch liegt das Existenzfeld außerhalb des Analysefeldes der Vernunft und der Wissenschaft.[1232]

1232 Nach der Renaissance und nach dem siebzehnten Jahrhundert fallen ins westliche Wissenschaftsverständnis der Glaube, die Gottesdienste und die Charakterangelegenheiten nicht ins Feld der Wissenschaften ein. Daher wird „Wissenschaft" im lexikalischen Verständnis als intellektuelle Anstrengung verstanden, die zwischen den Sinneswahrnehmungen und der kontinuierlichen Gedankenvorgänge hervorgehen. Dabei spielen nach westlichem Wissenschaftsverständnis die empirischen Beobachtungen und die darauf aufbauende Vernunftausführung eine zentrale Rolle, wodurch die einander verknüpfenden natürlichen Gesetzmäßigkeiten der weltlichen Fakten in der Anstrengung bestmöglich erkundet werden. Die Methode der Wissenschaftsanalyse zur Feststellung des Problems, die empirische Analyse, die Hypothese, die Theorie und die Gesetzmäßigkeiten besteht aus verschiedenen Etappen. Unter „Wissenschaft" werden im westlichen Wissenschaftsverständnis im Generellen die positiven Wissenschaften verstanden, welche sich in die Natur- und Gesellschaftswissenschaftlichen gliedern. Die Naturwissenschaften untersuchen die lebende und leblose Existenz in der Materie. Die Gesellschaftswissenschaften analysieren

Alle metaphysischen Angelegenheiten wie die Attribute von Gott, die Geistseele (rūḥ), das Jenseits (aḫira), und die Offenbarung (waḥy) sind nach Karaman so zu handhaben.[1233]

Nachdem der Mensch eigenwillig und frei (ohne Zwang) durch seinen Vernunftgebrauch auf die Existenz Gottes und auf die Wahrhaftigkeit seiner Gesandten glaubt, erhält er das restliche Wissen im Glauben und im Gottesdienst über die beiden Religionsquellen, nach denen er sich richtet.[1234] Die Vernunft kann sich in ihrer Begrenztheit irren, sodass die dadurch dargelegten Meinungen und Theorien fehlbar sein können. In diesen Feldern, in der die Vernunft nicht ausreicht, ist sie zur Rechtleitung und zur Sozialisierung auf die Offenbarung angewiesen. Die Textbelege realisieren hier ihre Hilfestellungen im Interesse des Menschen, nach welchem Verständnis die islamische Religion (šarīʿa) als „Wertereligion" und die Religionsquellen (šarīʿa) als „Existenzquellen" im humanen Interesse (maṣāliḥ) zu verstehen sind.

Wenn die Felder der humanen Wissenschaften vor Augen geführt werden dient die Religion aus islamischer Sicht nicht als Interventionseinheit. In diesen Feldern geht es der Religion aus moralischen Gründen darum, die Wissenschaften und die Technik im Interesse des Menschen mit Rücksicht auf Natur und Tier zu gebrauchen und nicht zu missbrauchen. Zwischen der Religion, der Vernunft und den Wissenschaften liegen nach Karaman daher keine Widersprüche vor.[1235] Neben harmonischen Einklängen bestehen zwischen ihnen zum Teil Themenfelder, die überstiegen werden. Der Glaube (īmān) gründet auf die Vernunft (ʿaql). Alljene Personen sind von der religiösen Verantwortung und ihrer Ansprache ausgenommen, dessen Vernunft nicht ausgereift ist. Dazu zählen Menschen mit geistigen Behinderungen.

---

die Menschen, welche in Gemeinschaften zusammenleben. Das Feld der positiven Wissenschaften ist daher die Natur (Materie). Dabei bedient sie sich ihrer Methode nach der Empirie, der Erfahrungen und der Vernunftausführung. Vgl. KARAMAN: Bilim ve Din. In: Yeni Şafak 03.02.2008.

1233 Vgl. http://www.hayrettinkaraman.net/makale/0321.htm (Einsicht: 24.10.2013).

1234 In die Glaubensangelegenheiten fallen Gott, Offenbarung, Engel, Schöpfung und die Jenseitsfälle. In die Gottesdienstlichen fallen bestimmte Zweckabsichten und Verhalten im Bestreben nach der Zufriedenheit Gottes. Die religiösen Charakterangelegenheiten sind nicht vernunftwidrig. Aber in ihrem Feld bestehen bestimmte Religionsforderungen, Gebote, Verwerfliches und spezielle Beschreibungen von Tugenden und ihre Gegensätze. Diese können mit den empirischen Beobachtungen und Erfahrungen nicht verstanden und nicht entdeckt werden.

1235 Vgl. KARAMAN: Laik Düzende Dini Yaşamak (2006), Bd. 2, S. 308–309.

Die islamische Religion muss dahingehend verstanden werden, dass sie im Diesseits und im Jenseits zum humanen Wohlergehen, Frieden und zur Glückseligkeit dient. Sie verlangt von den Vernunftbesitzern den Vernunftgebrauch, die belegende Stellung des Glaubens (īmān) auf offene Vernunftbelege (al-adillat al-qaṭʿiyya al-ʿaqliyya) und das Abwenden von blinden Glaubensannahmen. In Religionsangelegenheiten, die nicht über die Vernunft hinausgehen, berichtet die islamische Religion von nachvollziehbaren Weisheiten (ḥikam) und verpflichtet die Gläubigen im Kollektiv (farḍ al-kifāya) Wissen zu erlernen. Daher erhält jeder Muslim die Pflicht (farḍ al-ʿain) aus den Religionsquellen (maṣādir ad-dīn) wissen zu erwerben und sich theologisch fortzubilden. Bei Unklarheiten werden die islamischen Gelehrten angerufen, die ihnen die nötigen theologischen Aufklärungen mitteilen.

5.2.4 Vernunft (ʿaql) als rechtliche Beweisführung (dalīl)

In der Uṣūl al-Fiqh-Anwendung von Karaman erhalten die Vernunftbelege (al-adillat al-ʿaqliyya) besonders in der Begutachtung von wissenschaftlichen Herausforderungen eine große Bedeutung. Dies zeigt sich dadurch, dass er die Kriterien der Vernunft (ʿaql) anwendet und zur Lösung kommt. Ein Beispiel ist seine Begutachtung der vaginalen Flüssigkeiten. Solange sich diese nicht durch die Monatsregel kennzeichnen, kann sie seiner Ansicht nach mit der Menstruation nicht zusammenhängen. Wenn diese Substanz mit der Kleidung in Berührung kommt, ist die rituelle Kleinkörperwaschung ungültig. Dauert der Flüssigkeitsaustritt zu verschiedenen Gebetszeiten an, so ist die Frau vorübergehend gehindert zu beten. In diesem Fall muss sie zu jeden Gebetszeiten jedesmal die Gebetswaschung vornehmen, wobei trotz austretender Flüssigkeit die Waschung gültig ist. In Kooperation mit der Medizin (ṭibb) sind vaginale Flüssigkeiten nach Hayreddin Karaman in zwei Arten zu unterscheiden:

1.Form: Reine Vaginalflüssigkeit	**2.Form:** Unreine Vaginalflüssigkeit

Nach dieser Erkenntnis sind bei gesunden Frauen die fortwährend austretenden, natürlich- transparenten Flüssigkeiten als „rituell-rein" einzustufen. Dies gleicht nach Karaman der natürlichen Mundschleimbildung, wonach die transparenten Schleimbildungen der Vagina die Gebetswaschung nicht ungültig macht.[1236] Die Berührung mit der Kleidung muss nicht ausgewaschen werden. In diesem Analogieschlussverfahren (qiyās) ist das Vernunftkriterium in der Ausführung von Karaman erkennbar, weil er sich auf diese stützt und die transparente

1236 Siehe http://www.hayrettinkaraman.net/sc/00035.htm (Einsicht: 27.06.2013).

Mundschleimbildung mit der transparenten Vaginalflüssigkeit gleichsetzt. Hingegen müssen Vaginalflüssigkeiten „rituell-unrein" eingestuft werden, welche diesen transparent natürlichen Eigenschaften nicht entsprechen. Wenn diese unreine Substanz in Kontakt mit der Kleidung gerät, ist die rituelle Körperwaschung ungültig. Nach Karaman muss diese von der Kleidung ausgewaschen werden. Wie lange dauert die Zeit der rituellen Reinheit von Frauen zwischen zwei Menstruationszyklen? Karaman geht davon aus, dass der Blutaustritt medizinisch bestimmt werden muss. Hierbei ist zu prüfen, ob die Blutung mit der Menstruation zusammenhängt oder nicht. Hier liegen drei Wahrscheinlichkeiten vor.[1237]

Falls die islamische Religion nicht auf die Veränderung der vorliegenden Gewohnheitssitte abzielt, begrenzt sie diese nicht und stellt hierzu keine Bedingungen auf. Denn hier berücksichtigt sie die Wissenserkenntnisse und Lebenspraktiken, welche sie respektiert. Unter diesen Bedingungen analysiert Karaman die Zeitdauer zwischen zwei Menstruationen.[1238]

Im Generellen gilt die medizinische Grundlage, dass hierzu keine feste Zeitdauer bestimmt werden und sich die Zwischenzeiten verändern können. Die islamische Religion nimmt die Natürlichkeit (fiṭra) der Frauen (nisāʾ) als Grundlage, wobei sie entgegen dieser keine festgelegte Zeitdauer vorgibt und der Fallanalyse überlässt.

Medizinisch dauert die Regelzeit bei zwei Drittel der Frauen achtundzwanzig Tage an (davon plus minus drei Tage). Wenn im Generellen alle Frauen berücksichtigt werden ist die kürzeste Zeit achtzehn und die längste Zeit vierzig Tage. Die Regelblutung dauert circa fünf Tage an (plus minus zwei Tage). Diese Zeitwerte sind generelle medizinische Werte, wobei kürzere oder längere Regelzeiten vorliegen können. Ein- oder zweitägige Verlängerung ist natürlich, wobei

---

1237 **1.Wahrscheinlichkeit:** Eine Frau orientiert sich nach ihren eigenen Regelzeiten, die zeitlich-ordnungsgemäß menstruiert. Falls sich die Menstruationszeit verlängert und dieser Zustand periodisch andauert, hat sich die Menstruationszeit der Frau geändert, wodurch sie sich nach ihren neuen Menstrationszeiten orientieren muss. **2.Wahrscheinlichkeit:** Eine Frau (die unregelmäßige Menstruationszeiten aufweist) orientiert sich nach an einer bestimmten Rechtsschulenmeinung (ḥukm al-maḏhab), welche sie frei erwählen kann. **3.Wahrscheinlichkeit:** Eine junge Frau (die bisher keine Regel hatte) kann sich nach der kürzesten oder längsten Menstruationszeit orientieren. In diesem Fall haben die medizinischen Erkenntnisse über die „Regelzeitanalyse" Vorrang vor den Gelehrtenmeinungen. Die Frau richtet sich somit nach den medizinischen Untersuchungen und ihrer Ergebnisse. Vgl. KARAMAN: Hayatımızdaki İslâm (2006), Bd. 2, S. 76–77.

1238 Vgl. KARAMAN: Hayatımızdaki İslâm (2006), Bd. 2, S. 74f.

fünftägige Verlängerungen zu Regelzeitverschiebungen führen. Die Regelzeitblutung dauert bei den menstruierenden Frauen eine bestimmte Zeit lang an, welchen Zeitpunkt und Umfang sie einschätzen können. Zu Pubertätsbeginn ist die Gesamtregel- und Blutungszeit von Frauen (nisāʾ) nicht ordnungsgemäß, welche biologisch bedingten Umstände auch vor der Menopause gegeben sind. Die Blutung dauert am kürzesten drei und am längsten zehn Tage an. Die in der Menstruation austretenden Vaginalflüssigkeiten sind bis zur Weißwerdung als Blutung zu zählen. Dies gilt auch dann, wenn die Blutung während der Menstruationszeit zwischendurch aufhört und erneut beginnt.[1239]

Die Blutung befreit die muslimischen Frauen in dieser Zeit von der Gebetspflicht, wobei für sie das gottesdienstliche Fasten verboten (ḥarām) ist. Unter diesen Bedingungen besteht islamisch gesehen die Möglichkeit zur Nachholung der Fastentage. Die Reinigungszeit zwischen zwei Menstruationen beträgt nach ḥanafītischer und šāfiʿītischer Meinung fünfzehn Tage (davon plus minus drei). Eine erstmals menstruierende Frau orientiert sich, bedingt durch ihren rituell-unreinen Zustand, nach der längsten Menstruationszeit. Wenn diese überschritten wird, aber die Blutung immer noch andauert, dann gilt sie als krank. In dieser Lage muss sie sich waschen, sodass die mit der Blutung verbundene Verwerflichkeit (ḥarām) in der Ausübung der Gottesdienste aufgehoben wird. Wenn die Frau durch ärztliche Untersuchungen ihre Blutung bemerkt, dann hat sich die Menstruationszeit geändert, wonach sie nicht Beten oder Fasten darf. Die gläubigen Frauen halten sich an diese Linie.

1. Während der Menstruation ist der Geschlechtsverkehr verwerflich (ḥarām):

وَيَسْأَلُونَكَ عَنِ الْمَحِيضِ قُلْ هُوَ أَذًى فَاعْتَزِلُوا النِّسَاءَ فِي الْمَحِيضِ وَلَا تَقْرَبُوهُنَّ حَتَّى يَطْهُرْنَ فَإِذَا تَطَهَّرْنَ
فَأْتُوهُنَّ مِنْ حَيْثُ أَمَرَكُمُ اللَّهُ إِنَّ اللَّهَ يُحِبُّ التَّوَّابِينَ وَيُحِبُّ الْمُتَطَهِّرِينَ

„Und man fragt dich nach der Menstruation. Sag: Sie ist eine Plage. Darum haltet euch während der Menstruation von den Frauen fern, und kommt ihnen nicht nahe, bis sie (wieder) rein sind! Wenn sie sich dann gereinigt haben, dann geht zu ihnen, so wie Gott es euch befohlen hat! Gott liebt die Bußfertigen. Und er liebt die, die sich reinigen.“[1240]

1239 Während der Menstruation (Regel) ist der Geschlechtsverkehr für Muslime verwerflich (ḥarām).

1240 KORAN, 2:222.

2. **Während der Menstruation ist die Gebetsverrichtung (ṣalāt) nicht möglich:** Falls eine Muslimin ihre Tage hat, soll sie auf das Gebet verzichten. Hierzu:

Ǧābir und Abū Saʿīd berichten, der Prophet Muḥammad habe gesagt: „Verzichtet auf das Gebet!"

„Muʿāḏa berichtet: Eine Frau fragte ʿAʾiša: „Sollen wir die Gebete nachholen, die während der Monatsblutung ausgefallen sind?" ʿAʾiša sagte: „Kommst du aus Ḥarūrā"[1241]? Uns hat der Prophet (Muḥammad) keine solche Vorschrift gemacht! Oder ʿAʾiša sagte: „Wir holen die versäumten Gebete nicht nach."[1242]

3. **Während der Menstruation ist die Kaʿba-Umrundung (tawāf) nicht möglich:**

ʿAʾiša berichtet: „Wir verließen Medina, um die Wallfahrt nach Mekka durchzuführen. In Sarif bekam ich meine Tage. Ich war sehr traurig darüber und weinte. Der Gesandte Gottes (Prophet Muḥammad) kam zu mir und fragte: „Was ist mit dir? Hast du deine Tage bekommen?" Ich nickte. Er sagte: „Gott (Allāh) hat die Menstruation für die Töchter Adams (Ādam) bestimmt. Komme den Pflichten nach, die den Pilgern vorgeschrieben sind, aber verzichte auf die Umrundung der Kaʿba." ʿAʾiša ergänzte zu ihrem diesbezüglichen Bericht:

„Für seine Frauen opferte der Gesandte Gottes (Prophet Muḥammad) einige Kühe."[1243]

(das heisst am Tage des Opferfestes)

5.3 Notlagen (ḍarūra)

5.3.1 Beschreibung

Das Wort „ḍarūra" stammt aus demselben arabischen Wortstamm ab wie „iḏtirār", was „auf etwas angewiesen sein" bedeutet.[1244] In der arabischen Linguistik bedeutet „ḍarūra" ins Deutsche übersetzt „extreme Bedrücktheit, Notzustand". Als Fachbegriff im Uṣūl al-Fiqh sind damit Notzustände gemeint, in denen der Notleidende gezwungen ist, eine religionsgemäß unerlaubte Handlung auszuüben.[1245] Zur Lösung wird die **21. Maǧalla-Regel** herangezogen:

1241 Die ḪARIĞĪTEN in Ḥarūrāʾ (irakischer Ort um Kufa) vertraten die Ansicht zur Nachholung der Gebete.

1242 NASĀʾĪ: ḤAIḌ, 34.

1243 Ebd., ḤAIḌ, 348.

1244 Vgl. YARAN: İslâm Fıkhında İhtiyaç Kavramı ve Kurumsallaşması (2007), S. 45–46.

1245 Vgl. ALİ HAYDAR EFENDİ: Duraru l-Ḥuqqām Šarḥu Maǧallati l-Aḥkām (1330), Bd. 1, S. 76.

„Die Notlagen erlauben die verbotenen Dinge."
(Arab. „Aḍ-ḍarūrāt tūbiḥ al-maḥẓūrāt")
(Türk. „Zarūretler Yasakları Mübah Kılar")

Dieses islamische Rechtsprinzip bedeutet, dass in Notlagen religiöse Verbote notbedingt zur Ausnahmegenehmigung (ruḫṣa) umgewandelt werden.[1246] Jedoch hat dieses Prinzip in Wirklichkeit keinen breiten Bedeutungsrahmen wie der Wortlaut vermuten lässt. In der Verwerflichkeit (ḥarām) gibt es auch jene, die keinerzeit ihre Ḥarām-Eigenschaft (wasf) verlieren. Selbst eine Not (ḍarūra) kann diese nicht zur Erlaubnis umfunktionieren.

Die muslimischen Gelehrten führen diesbezüglich den Fall an, dass eine unschuldige Person in einer Not nicht getötet werden darf. Daher ist das Prinzip „die Notzustände erlauben die verbotenen Dinge" begrenzt zu verstehen. Einige Gelehrte beschreiben die Not auch durch einen Ausnahmefall, in der sich ein Mensch bei Nicht-Ausübung in Lebensgefahr begibt oder schlimmstenfalls stirbt. Karaman befürwortet die Erstdefinition mit dem Argmument, dass in einer Not[1247] die Absicht nicht nur darin bestehen könnte das Eigenleben zu retten, sondern die Eigentümer und Ehre zu bewahren.[1248] Hierzu wird die **32.Mağalla-Regel** angeführt:[1249]

> „Generelle oder spezielle Bedürfnisse sind als Notwendigkeiten zu werten."
> **(osman. "Hâcet umûmi olsun husûsi olsun zarûret menzilesine tenzîl olunur.")**
> **(arab. „Al-ḥağa tanzil manzilat aḍ-ḍarūra ʿāmmatan aw ḫāṣṣatan.")**

5.3.2 Feststellung

Zur Feststellung von Notlagen (ḍarūra) im islamischen Recht (fiqh) müssen nach Hayreddin Karaman vorab folgende wichtige Fragen geklärt werden:

Frage A: Wird in einer Rechtssituation für den Leidenden etwas Verwerfliches (ḥarām) zur Erlaubnis (ḥalāl) umfunktioniert?

Frage B: Begeht der Betroffene eine Sünde?

1246 Vgl. KARAMAN: Dindarlıkta Bütünlük ve Zarûret Hâli. In: Yeni Şafak 03.11.2013.

1247 Die existenziellen Lebensbedürfnisse (ḥāğāt) und ihr Schutz sind als Notlagen (ḍarūrāt) anerkannt.

1248 Vgl. KARAMAN: İslâm'ın Işığında Günün Meseleleri (2010), S. 209.

1249 Vgl. ŞAFAK: Hukukun Temel İlkeleri Açısından Mecelleye Bir Bakış. In: Ahmet Cevdet Paşa Sempozyumu 9.-11.06.1995. Ankara 1997, S. 270.

Frage C: Hebt die Not nicht die verwerfliche (ḥarām) Eigenschaft (wasf) eines religiösen Verbots auf, sondern die Sünde?
Hayreddin Karaman weist hier auf das Vorgehen der ḥanafitischen Rechtsgelehrten (fuqahā') hin, welche die Verwerflichkeit (ḥarām) in zwei Bereiche einteilt:

1. Bereich:
Eine Not hebt die Normeigenschaft der Verwerflichkeit (wasf al-ḥarām) für den Notleidenden provisorisch auf und funktioniert sie zur Erlaubnis um. Folglich begeht derjenige im Notfall keine Sünde. Diese Art von religiösen Verboten basiert auf notfallbedingten Normen, welche die verwerfliche Eigenschaft und die Sündengefahr aufhebt.

2. Bereich:
Die vorliegende Notlage hebt die Eigenschaft der Verwerflichkeit von Normen nicht auf. Begeht der Betroffene in der Notlage dennoch die Tat, wird nur dessen Sünde aufgehoben. Diese sind ihm aufgrund der notfallbedingten Sündenlosigkeit erlaubt. Da die Eigenschaft der Verwerflichkeit nicht aufgehoben wird, wird die Situation als „ḥarām" eingestuft.[1250]

Die Feststellung von Notlagen[1251] erfolgt in drei Stufen:
1. **Stufe:** Ursachen und Gründe für die Notlage.
2. **Stufe:** Verwendete Behebungsmittel der Notlage.
3. **Stufe:** Absichten der Notlage.

5.3.3 Grundlagen in Primärquellen (šarīʿa)

Eine der wichtigsten Prinzipien im islamischen Recht ist „die Aufhebung der Erschwernisse und die Vereinfachung (taḫfīf) für die Menschen." Dieser Grundsatz wurde als klares Prinzip anerkannt.[1252] Der Koran und die Sunna legen dies ganz eindeutig dar:

1250 Beispiele: 1.Eine Person begeht in einer Not (ḍarūra) eine schändliche Tat, wodurch er ursprünglich aus der Religion austreten würde. 2. Jemand zerstört in einer Notlage den Besitz einer anderen Person.

1251 Diese Notlagenüberführungen können durch externe Bedrohungen von Personen kommen. Außerdem können Armut und Hungersnot mögliche Ursachen einer Notlage sein. Weiterhin können diese in besonderen Fällen wie in der Nahrungszufuhr (Essen, Trinken), gesundheitlichen Genesungs- und Behandlungsmaßnahmen, auf Reisen, Vergesslichkeiten, Morddrohung, Besitzschäden, durch schändliche Aussagen, Unwissenheit, Irrung auftreten. Vgl. IBN NUĞAIM: Al-Ašbāh wa'n-Naẓāir (1983), S. 84–85.

1252 Vgl. ÇINAR: Die islamische Überlieferungsliteratur zur Rechtslage im Frühislam (2003), S. 96–97.

Im Koran:

„.....Gott will es euch leicht machen, nicht schwer.....“[1253]

„....Und Er (d.h. Gott) hat euch in der Religion nichts auferlegt, was (euch) bedrückt...“[1254]

In der Sunna im Form des Ḥadīṯ:

Der Prophet Muḥammad (Friede und Segen auf Ihm) sprach:

„Ohne Zweifel ist diese Religion (dīn) eine Religion der Leichtigkeit. Niemand hat sich auch nur einem Kräftemessen mit dieser gewagt, als dass die Religion über ihn siegt! Also haltet den rechten Lebensweg, trennt euch nicht von der Genügsamkeit (ītidāl), seid fröhlich und hoffnungsvoll; nutzt die Ruhezeiten am Morgen, am Abend und in der Nacht!“[1255]

„Ich wurde mit der rechtmäßigen Religion (dīn), Toleranz und Nachsichtigkeit gesandt.“[1256]

Die Jurisprudenz folgt in ihren Normen diesem Prinzip. Die quantitativen Forderungen der Primärquellen (šarīʿa) sind angemessen, sodass sie die natürlichen Umsetzungsfähigkeiten des Menschen nicht übersteigen. Daher unterscheiden sich ihre Ausdrucksstile.[1257] Die Motive für diese Einteilungen liegen nach Hayreddin Karaman darin begründet, dass die Menschen in ihren Gehorsamsfähigkeiten, in ihren mentalen Stärken und in ihrer Glaubensstufe nicht auf dem gleichem Niveau stehen.[1258] Dieses Argument ist ein gewichtiges Motiv dafür, warum die islamische Religion in der zweiten Normenkategorie Anreize gibt. Diese Absichten zielen auf die Vereinfachungen der Menschen ab.[1259] Die Rücksichtsnahme auf die Menschlichkeit ermöglicht somit viele Ausnahmegenehmigungen (ruḫṣa), die die Erschwernisse aufheben.

1253 KORAN, 2:185.

1254 KORAN, 22:78. Siehe auch KORAN, 4:28, 4:6, 2:286.

1255 BUḪĀRĪ: Ǧāmiʿu-ṣ-Ṣaḥīḥ (1887), S. 28.

1256 SUYŪṬĪ: Ǧāmiʿu-ṣ-Ṣaǧīr (1321), Bd.1, S. 427.

1257 **1. Form:** Normen mit Pflichtcharakter (farḍ). **2. Form:** Empfehlende Normen, die zum Fernbleib von Fällen anregen und somit Erwählungsfreiheiten ermöglichen. Diese Normenart hätte der Schöpfer auch zur absoluten Pflicht (farḍ) erheben können. Somit wären sie in die erste Rubrik der absolut-pflichtigen Normen einzuordnen. Damit der Einzelne keinen übermenschlichen Mühen begegnet, wurden diese nicht explizit verlangt.

1258 Vgl. KARAMAN: İslâm'ın Işığında Günün Meseleleri (2010), S. 208.

1259 Vgl. CİCİ: Kolaylık Prensibinin Hukukî Hayata Yansıma Biçimleri: Hanefi Mezhebi Örneği, in: UÜİFD, 14 (2005), S. 62.

5.3.4 Normeneinteilung in notfallbedingter Rechtsnachfrage

In notbedingter islamischer Rechtsnachfrage gliedert Hayreddin Karaman die Šarīʿa-Normen mit Hinweis auf Erschwernisbehebungen in zwei Kategorien.[1260] In die erste Kategorie fallen Bestimmungen, welche für Muslime unter natürlichen Umständen fortwährend verbindlich sind (aḥkām al-ʿazīma). In der arabischen Linguistik wird unter „ʿazīma" eine „ausdrückliches Vorhaben" bezeichnet. Solange keine Notlagen (ḍarūra) vorliegen, sind diese Bestimmungen (aḥkām) im religionsmoralischen Sinne für alle Muslime bindend. Ein Beispiel hierzu sind die Pflichtnormen zur Verrichtung des fünfmaligen Tagesgebets (ṣalāt).

In die Zweitkategorie fallen Normen mit Ausnahmegenehmigungen (aḥkām ar-ruḫaṣ), welche die humanen Bedürfnisse (ḥāǧāt) und Notsituationen (ḍarūrāt) berücksichtigen. Der Begriff „ruḫaṣ" ist die Pluralform von „ruḫṣa", was ins Deutsche übersetzt „Genehmigung" bedeutet. In diesem notbedingten Normenverhalten weist Hayreddin Karaman auf die Gedanken des islamischen Rechtsgelehrten Abū Isḥāq aš-Šāṭibī (gest. 1388) hin, der in seinem bedeutenden klassischen Fiqh-Werk „Al-Muwāfaqāt" diesbezüglich eine entscheidende Aussage trifft:

> **„Obwohl das grundlegende normative Prinzip (qāʿida) ein Abhaltendes ist, können notbedingte Beschwerden und nur deshalb eingeführte Normen genehmigt werden."**[1261]

Es wird ersichtlich, dass die islamische Religion in notfallbedingter Rechtsnachfrage auf eines ihrer wichtigen Prinzipien wie „die Aufhebung von Erschwernissen und die Vereinfachung der Sachlage" setzt. Diese Tatsache geht aus folgender Rechtslogik hervor: Falls die Religion in ihren Forderungen an die Menschen übergroße Mühen auferlegt hätte, hätte sie dann auch keine Erlaubnisse/Vereinfachungen eingeführt. Daher ergibt sich folgende Normeneinteilung:

1. Fortwährend-verbindliche Normen **(aḥkām al-ʿazīma)**	2. Normen mit Ausnahmegenehmigung **(aḥkām ar-ruḫṣa)**

Aus islamischer Perspektive ist festzuhalten, dass die übermenschlichen Erschwernisse nicht die Intentionen der islamischen Religion (maqāṣid aš-šarīʿa) sind. Daher werden in einer Not, zur Ausräumung der Mühe (mašaqqa), Ausnahmegenehmigungen (ruḫaṣ) eingeräumt.[1262] Die Forderungen der islamischen

1260 Vgl. KARAMAN: İslâm'ın Işığında Günün Meseleleri (2010), S. 208.
1261 Vgl. ebd. Siehe hierzu auch ŠĀṬIBĪ: Al-Muwāfaqāt (1417/1997), Bd. 1, S. 301.
1262 Vgl. BAKTIR: İslâm Hukukunda Zaruret Hali (1981), S. 195–208.

Religion liegen zum Beispiel verstärkt in der bestmöglichen religiösen Praxis. Bei dessen Realisierung erhalten die gläubigen Muslime für ihre Verdienste nach islamischem Glaubensverständnis große diesseitige und jenseitige Belohnungen.

5.3.5 Therapie mit verwerflicher Arznei

In der medizinischen Behandlung mit verwerflichen Arzneimitteln geht Karaman in der Begutachtung von einer wichtigen Grundfrage aus. Dies ist, ob die vorliegende Krankheit auf eine Notlage (ḍarūra) hinweist oder nicht.[1263] Nach Karaman sind alle lebensbedrohlichen Krankheiten als Notlagen zu zählen.[1264] In Anlehnung an die Ansicht von Muḥammad bin Idrīs aš-Šāfiʿī (gest. 820) können in außerordentlichen Krankheitslagen die Therapie mit verwerflicher Arznei bevorzugt werden, sofern zur Genesung keine alternativen Arzneimittel vorliegen oder eine überzogene Krankheitsdauer abgesehen wird.[1265]

Daraus wird schlussgefolgert, dass der Krankheitszustand und dessen Verzögerung als Not (ḍarūra) anerkannt sind. Denn eine solche Not kennzeichnet sich im islamischen Recht (fiqh) dadurch, dass der Mensch eine ursprünglich verwerfliche Sache (ḥarām) notbedingt ausführen muss. Nach Hayreddin Karaman ist der Krankheitszustand zweifelsohne eine Notlage, in der verwerfliche Arzneimittel eingenommen werden können. Sofern dies nicht geschieht, kann sich der Krankheitszustand eventuell verschlechtern, das Menschengefüge abschwächen und schlimmstenfalls zum Tod führen. Daher ist die Krankheitslage als Not anzuerkennen. Daraus folgt, dass notbedingt etwas Verwerfliches (ḥarām) zur Erlaubnis (ḥalāl) umfunktioniert wird. Dieses Prinzip wird für alle Notlagen aus dem Koran abgeleitet:

وَمَا لَكُمْ أَلَّا تَأْكُلُوا مِمَّا ذُكِرَ اسْمُ اللَّهِ عَلَيْهِ وَقَدْ فَصَّلَ لَكُمْ مَا حَرَّمَ عَلَيْكُمْ إِلَّا مَا اضْطُرِرْتُمْ إِلَيْهِ وَإِنَّ كَثِيرًا
لَيُضِلُّونَ بِأَهْوَائِهِمْ بِغَيْرِ عِلْمٍ إِنَّ رَبَّكَ هُوَ أَعْلَمُ بِالْمُعْتَدِينَ

„Warum solltet ihr denn Fleisch, worüber (beim Schlachten) der Name Gottes ausgesprochen worden ist, nicht essen, wo er euch doch auseinandergesetzt hat, was er euch verboten hat, außer wenn ihr euch in einer Zwangslage befindet?.......“[1266]

Eine überzeugende Wissenschaftsvermutung zur Krankheitsgenese durch die Pharmazeutiker und der Ärzte reicht islamisch aus. Hingegen ist in dogmatischen

1263 Vgl. KARAMAN: İslâm'ın Işığında Günün Meseleleri (2010), S. 225.
1264 Vgl. ebd., S. 226.
1265 AŠ-ŠĀFIʿĪ: Al-ʿUmm (1321–1325), Bd. 2, S. 152.
1266 KORAN, 6:119.

Angelegenheiten (iʿtiqād) eine überzeugende Vermutung (ġālib aẓ-ẓann) nicht ausreichend. Deshalb gründen diese auf offene definitive Belege (al-adillat al-qaṭʿiyya) und setzen eine Überzeugung (īmān) voraus. Zur Genehmigung der verwerflichen (ḥarām) Arznei muss eine Erlaubte (ḥalāl) nicht vorliegen. Erst wenn diese Sachlage gegeben ist, wird die verwerfliche alkoholische Arznei zur Genese islamisch gesehen erlaubt.

Eine überzeugende Vermutung (ẓann) zur Genese reicht in diesem Sinne islamisch völlig aus. Zur therapeutischen Behandlung einer Krankheit können daher auch verwerfliche Heilmittel eingenommen werden, die an bestimmte Kriterien gebunden sind. Diese sind das Vorliegen einer lebensgefährlichen Krankheit, das Fehlen einer erlaubten Arznei, die Überzeugung der Genese mittels verwerflicher Arzneitherapie, die nötigste Einnahme der verwerflichen Arznei (selbst wenn die Inkubationszeit verlängert wird).

Darf ein Muslim nach Karaman krankheitsbedingt alkoholische Arznei einnehmen, die mittels ärztlicher Empfehlungen verschrieben werden? Diese Frage ist von sehr großer Bedeutung. Wenn eine krankheitsbedingte Not (ḍarūra) vorliegt, dann ist die Einnahme einer verwerflichen Arznei nach Karaman erlaubt.[1267] Die islamischen Gelehrten stellen fest, dass die in der Religion (šarīʿa) als „unrein" geltenden Mittel durch chemische Wandlungsprozesse zu „Reinen" umgewandelt werden können. Falls diese wichtige Erkenntnis berücksichtigt wird, können diese Mittel auch dann eingenommen werden, selbst wenn keine Notlagen (ḍarūra) bestehen. Dabei liegt die Besonderheit in der Umwandlung der Mittel, welche durch chemische Reaktionen bewirkt werden. Ein Beispiel ist der chemische Umwandlungsprozess von Wein (ḫamr) in Essig, wodurch die Vewerflichkeit (ḥarām) in die Erlaubnis (ḥalāl) umgewandelt wird. Falls geringe alkoholische Mittel in die Arznei eingegeben werden und diese sich in ihr vollständig auflösen, dann ist das Produkt, bedingt durch die Verluste der verwerflichen Eigenschaft, nicht als alkoholisch zu zählen. Ihre Einnahme wäre daher erlaubt, weil die chemischen Wandlungsverfahren der Mittel durch Vebrennungs- und Kochprozesse und durch „Auflösungen mittels Mischungen" vorgenommen werden können. Diesbezüglich tradiert Karaman die Sicht von Ibn Taimīyya (gest. 1328), wonach sich unreine, verwerfliche Dinge mit Wassermischungen oder anderer Flüssigkeiten auflösen, ihre verwerflichen Eigenschaften verlieren und als „erlaubt" (ḥalāl) einzustufen sind.[1268]

1267 Vgl. KARAMAN: İslâm'ın Işığında Günün Meseleleri (2010), S. 227.
1268 Vgl. ebd., S. 228.

Wenn sich verwerfliche und unreine Mittel in „Reinen“ auflösen oder mit anderen Mitteln gekocht oder verbrannt werden (dadurch ihre verwerflichen Eigenschaften verlieren), dann sind sie als „reine Neuprodukte“ zu verstehen, welche aus islamischer Perspektive auch die attributiven Kriterien für die Erlaubnis (ḥalāl) erfüllen.

Bei Arzneimitteln folgt daraus, dass wenn sich alkoholische Subtanzen auflösen, entfärben, geruch- und geschmacklos werden, oder sich durch chemische Prozesse wie Verbrennungen zu reinen Neuprodukten wandeln (ihre verwerflichen Attribute verlieren), dann können diese nach Karaman eingenommen werden.[1269]

5.4 Kritiken an Hayreddin Karaman

5.4.1 Persönliche Kritiken an und Erwiderungen von Hayreddin Karaman

Eine berühmte Kritik an Hayreddin Karaman entstand aufgrund seiner Buchübersetzung „Die Einheit im Islam und die Rechtsschulen“ (türk. İslam'da Birlik ve Fıkıh Mezhepleri), in der er im Auftrag der Religionsbehörde „Diyanet“ das umstrittene Werk von Rašīd Riḍā (dass Ahmet H.Akseki[1270] unter „Die Mischung der Rechtsschulenmeinungen und der Zusammentragungspunkt des Islam“ ins Osmanische übersetzte) ins Türkische vereinfachte.

In seiner Verteidigung führt Karaman die These an, dass dieses Buch nicht in Opposition zu den sunnitischen Gelehrtenmeinungen und ihren Übereinkünften (ittifâq) steht. Zudem sind in der rechtmäßigen Erkenntnisbildung persönliche Kritiken nicht angebracht, sondern der Wert des wissenschaftlichen Gedankenguts zu berücksichten. Die Disputationen führten dazu, dass Karaman zahlreiche Erwiderungen verfasste. Im Generellen kennzeichnen sich die Vorwürfe dadurch aus, dass Karaman das sunnitische Verständnis nachhaltig beeinflusst.

Ein weiterer Kritikpunkt betrifft die fortwährende Annahme seiner Opposition gegenüber dem „islamischem Modernismus“. In den Siebzigen fiel er zunächst in der türkischen Theologie-Debatte um die Rechtsfindung (türk. ictihad)

1269 Vgl. ebd., S. 229.

1270 AHMET H.AKSEKİ ist ein bedeutender Islamgelehrter, der zur Endzeit der Osmanen und in der Frühzeit der Türkei lebte und sich der Sırât-ı Müstakīm und der Sebilürreşad anschloss. Vgl. KARAMAN: Fıkıhcı Olarak Aksekili Ahmet Hamdi Efendi. In: Ahmet Hamdi Akseki Sempozyumu (2004), S. 39–40.

und der Rechtsschulen durch außerordentliche Positionen auf. Seine Orientierung änderte sich in den Neunzigern um den Modernismus. Einige betrachteten die Auseinandersetzungen mit Skepsis, jedoch verdeutlichen die Positionen von Karaman sein innovatives Denken in der Wiederbelebung der islamischen Wissenschaften im säkularen Kontext der Türkei. Hierzu sind seine Verdienste im islamischen Wirtschaftsrecht, im Rechtsschulenverständnis und in der Religionspädagogik zu nennen.[1271]

Weiterhin wurde er in seiner Akademielaufbahn mit unrechtmäßigen Kritiken konfrontiert. Hierzu zählen Eigeninteressen in der Berufung von Mitarbeiterstellen an den theologischen Fakultäten (türk. İlahiyat Fakülteleri), die unwahre Beschuldigung einer Konfrontation der Imāmgymnasien (türk. İmam Hatip Liseleri) mit den Korankursen (türk. kur'an kursları) und die unrechten Glaubensabsprachen der Gelehrten wie Muḥammad ʿAbduh (gest. 1905) und Rašīd Riḍā (gest. 1935), welche als Freimaurer abgestempelt wurden.

Aufgrund seiner Selektionen unter den sunnitischen Rechtsschulenmeinungen wurden ihm die Vorwürfe wie Rechtsschullosigkeit, ein wahhabitisches Religionsverstädnis, die Selbstwahrnehmung als Muǧtahid und die Reformation der islamischen Theologie vorgeworfen.[1272]

Diese Vorwürfe waren zum Teil mit auch mit Bedrohungen verbunden.

Erwiderungen von Hayreddin Karaman

Hayreddin Karaman kritisiert all seine persönlichen Kritiker scharf, welche ihn unrechtmäßig als rechtsschulenlos (türk. mezhebsiz) beschuldigen, ohne das begriffliche Verständnis zu kennen.[1273] Diese Anschuldigungen beruhen im Fehlverständnis des Begriffs „mezhebsizlik" im Türkischen, in dem subjektive Bedeutungszuschreibungen dargelegt werden. Karaman sagt, dass in Anatolien darunter areligiöse Personen verstanden werden. Nach theologischem Verständnis fallen unter „mezhebsizlik" alljene, die die Rechtsschulen (maḏāhib) ablehnen, auflösen möchten und ihre Zugehörigkeit verwerflich (ḥarām) zählen.

Hayreddin Karaman stellt klar, dass er sich dogmatisch zur Rechtsschule der Matūrīdīya und in der Religionspraxis (ʿamal) sich zur ḥanafītischen Rechtsschule verbunden fühlt.[1274] Zudem erkennt er die Rechtsschulenbindung der Muslime als „erlaubt" an und lehnt die Auflösung der verschiedenen Rechtsschulen

1271 Vgl. UCAR: Recht als Mittel zur Reform von Religion und Gesellschaft (2005), S. 138–141, 180–183, 264f.

1272 Vgl. KARAMAN: İslâm'ın Işığında Günün Meseleleri (2010), S. 1049–1051.

1273 Vgl. ebd.

1274 Vgl. ebd., S. 1050.

(maḏāhib) ab. Seine innovative Sicht, in welcher Hinsicht er sich von anderen Personen unterscheidet, ist, dass die Muslime in ihrer religiösen Lebenswelt bei Bedarf auch von den übrigen sunnitischen Rechtsschulenmeinungen profitieren können. In dieser Orientierung müssen sie sich verständlicherweise an einen islamischen Rechtsgelehrten (faqīh) wenden, der ihnen ein Empfehlungsgutachten (fatwā) anbietet. Karaman stellt klar, dass diese Orientierung nicht ausschließlich seine eigene Meinung ist, sondern von der Mehrheit (ǧumhūr) der sunnitischen Rechtsgelehrten (fuqahāʾ ahl as-sunna) vertreten wird. Keiner von ihnen erkennt das pluralistische Rechtsschulenverständnis als „rechtsschulenlos" an.

Karaman ein wahhabitisches Religionsverständnis vorzuwerfen, scheint unbegründet zu sein. In dieser Hinsicht stellt Karaman klar, dass die Wahhabiten auf radikalste Art gegen die übrigen Muslime vorgehen. Eine in Wahrheit unzutreffende Glaubensaussage (dessen sich viele Wahhabiten unbewusst sind) würden sie selbst zum Sünder machen. In seinen Erwiderungen betont er daher, dass er das wahhabitische Verständnis nicht befürwortet.[1275]

Ein weiterer Kritikpunkt ist die Selbstwahrnehmung als Muǧtahid.[1276] Auf diese entgegnet er, dass er selbst von sich aus nie behauptet hat ein Muǧtahid zu sein und weist hierzu auf sein Buch „İslâm Hukukunda İctihad" (Rechtsfindung im islamischen Recht) hin, in der er die Iǧtihād-Praxis als Pflicht (farḍ) und als Lebensnotwendigkeit (ḍarūra) anerkennt.[1277] Die Schließung des Iǧtihād-Tors würde die Muslime vor Schwierigkeiten stellen. Dadurch würden die alltäglichen religionsbezogenen Lebenswelten der Muslime stagnieren.

Daraus folgt seiner Meinung nach, dass das Iǧtihād-Tor (bāb al-iǧtihād) zu allen Zeiten geöffnet ist. Nur derjenige islamische Rechtsgelehrte darf in dieses Eintreten, welcher auch die dafür erforderliche Erlaubnis erlangt. Die Muslime sind im Kollektiv verpflichtet (farḍ al-kifāya) diese würdigen islamischen Rechtsgelehrten heranzubilden. Nach Karaman steht eine anreizende Aufforderung zur „gemeinsamen Heranbildung" dieser Gelehrtenform in großer Differenz zur selbstständigen Muǧtahid-Annahme.[1278]

Ein weiterer ungerechter Vorwurf an ihn ist die Respektlosigkeit gegenüber den klassischen Rechtsgelehrten wie beispielweise an Abū Ḥanīfā (gest. 767). Karaman weist diesen Vorwurf zurück, indem er die Gelehrtenverdienste mit Respekt hervorhebt.[1279] Im Dienst an die eigene Glaubensgemeinschaft haben

1275 Vgl. KARAMAN: Hayatımızdaki İslâm (2006), Bd. 2, S. 454.
1276 Vgl. KARAMAN: Bir Varmış Bir Yokmuş (2009), Bd. 3, S. 463–464.
1277 Vgl. KARAMAN: İslâm Hukukunda İctihad (2010), S. 25–32.
1278 Vgl. KARAMAN: İslâm'ın Işığında Günün Meseleleri (2010), S. 1050.
1279 Vgl. ebd., S. 1051.

die islamischen Gelehrten wie Abū Ḥanīfa zur Weiterenticklung der islamischen Jurisprudenz beigetragen, die Fälle der Muslime ehrenvoll angenommen und begutachtet. Zudem stellt Karaman klar, dass in Religionsangelegenheiten zwischen den Gesandten (anbiyāʾ) und den Gelehrten verständlicherweise Differenzen vorliegen und beide Gruppen nicht auf gleicher Stufe stehen, welche Erkenntnis kein Indiz für eine Respektlosigkeit ist. Er legt offen seine wissenschaftliche Verbundenheit zu den klassisch-islamischen Rechtsgelehrten (fuqahāʾ) dar, zu denen die vier sunnitischen Rechtsschulenimāme gehören.

Der nächste Vorwurf an Karaman betrifft sein Reformverständnis. Diese Kritik weist er vehement zurück, indem er die Reformation im Sinne einer Religionsmutation für „absolut-verboten" erklärt und die Authentizität der islamischen Religion seit der Prophetenzeit bis in die Gegenwart hervorhebt. Seine neuen Ansichten auf innovative soziokulturelle Erkenntnisse (taǧdīd) verstehen sich nicht als religiöse Reformation, beziehen sich vielmehr auf die rechtmäßige Religionslehre.

Einige andere Kritiker werfen ihm vor, in der Erteilung von Gutachten (iftāʾ) nachgiebig zu sein. Als Beispiel nennen sie den Umstand, dass er die standesamtliche Eheschließung (niqāḥ) mit der religiösen Eheschließung gleichsetzte. Karaman widerlegt den Vorwurf mit der Begründung, dass er diese Ansicht niemals vertreten hat. Seiner Meinung nach versteht er jede Handlung der gläubigen Muslime innherhalb der islamischen Religion, sodass die Kritik nicht zutreffend ist. Zudem beinhaltet die Religion bezüglich der Ehe (niqāḥ) spezielle Normen und Bedingungen, auf die er ausdrücklich hinweist. Wenn diese Bedingungen (šurūṭ) erfüllt sind, ist auch die standesamtliche Eheschließung seiner Ansicht nach anerkannt (mutabar).[1280]

Es wird erkennbar, dass Karaman den religiösen Charakter der Eheschlißeung anerkennt. Er dementiert, dass es in der islamischen Religion keine vergleichbare Eheschließung wie im Christentum gibt. Sofern die Šarīʿa-Kriterien für das Zustandekommen der Ehe gegeben sind, ist diese gültig, unabhängig an welchem Ort diese Voraussetzungen erfüllt werden.[1281] Daher vertritt er die Meinung, dass islamisch keine Erfordernisse darin bestehen, die Ehe vor einem Imām und in der Moschee zu schließen.[1282] Da der Imām oft über die größeren Kenntnisse und Erfahrungen in Sachen Eheangelegenheiten verfügt, hat sich die Eheschließung (niqāḥ) vor einem Imām aus religiöser Sensibilität der Muslime etabliert.

1280 Vgl. KARAMAN: İslâm'da İnsan Hakları (2004), S. 173–174.
1281 Vgl. KARAMAN: İslâm'ın Işığında Günün Meseleleri (2010), S. 1051–1052.
1282 Vgl. KARAMAN: İslâm'da İnsan Hakları (2004), S. 174.

Eine weitere Kritik betrifft seine angebliche Zuneigung zu Ibn Taimīyya (gest. 1327), Ǧamāl ad-Dīn al-Afġānī (gest. 1897) und Muḥammad ʿAbduh (gest. 1905). Karaman weist diese als Verleumdung zurück, weil die Anfeindungen auf Vorurteilen beruhen. Seiner Meinung nach sind einige unzutreffende Iǧtihād-Lösungen von Ibn Taimīyya auf dessen Fehlbarkeit als Gelehrter zurückzuführen. Niemand besitzt die Befugnis einem Anderen den Glauben abzusprechen. Zudem stellt er klar, dass al-Afġānī (gest. 1897) und ʿAbduh (gest. 1905) zwar kurzzeitig in die Freimaurerei involviert waren, aber diese verlassen haben, wofür es Dokumente gibt. Eine strenge Bindung an bestimmte muslimische Gelehrte (ʿulamāʾ) weist er zurück und betont die Verbundenheit an den Propheten Muḥammad und dessen Vorsteherschaft (imāmāt). Zudem hebt er die klassisch-islamische Gelehrtenreihe hervor und betont ihre ehrenvollen wissenschaftlichen Verdienste im Dienste an die islamische Religion.[1283]

Zur Buchübersetzung „İslâm'da Birlik ve Fıkıh Mezhepleri" (Einheit im Islam und die Rechtsschulen) dementiert er, dass der Autor (Rašīd Riḍā) kein Freimaurer war, welche Tatsache anhand dessen Gutachten (fatāwā) belegt werden kann.[1284] Nach Karaman zielt die Buchübersetzung als Streitschrift auf die Widerlegung des häretischen Hurufismus (hurūfīya) und der Reduzierung der ungeprüften Meinungsübernahmen (taqlīd) ab. Zudem betont er, dass das Buch mit den Übereinkünften des sunnitischen Mainstreams (ittifāq ahl as-sunna) in Einklang steht. Er wünscht sich daher sachliche Kritiken, in der die inhaltlichen Kontroversen in angemessenen Tönen ausdiskutiert werden. Ein konstruktiv-kritischer Diskurs muss mit aufrichtigen Absichten geschehen, ohne dabei vehement über jemanden herzufallen.

Die unwissenden Kritiker haben diesen Weg der sachlichen Debatte nicht eingeschlagen, weil ihre Vorwürfe überwiegend emotional und unwissenschaftlich gestellt wurden. Karaman distanziert sich von diesen, welche zu Aufruhr und Spaltungen (fitna) in der Umma führen.

5.4.2 Kritiken von ausgewählten Wissenschaftlern

5.4.2.1 Ahmed Dâvudoğlu

Ahmed Dâvudoğlu ist der ehemalige Hochschullehrer von Karaman. Er verfasste 1974 eine Streitschrift unter dem Titel „Die Religionszerstörung im Namen der Religionssanierung" (türk. Dini Tâmir Davasında Din Tahripçileri), in welcher

1283 Vgl. KARAMAN: Bir Varmış Bir Yokmuş (2009), Bd. 3, S. 144.
1284 Vgl. KARAMAN: Reşid Rıza Mason Değildir. In: Yeni Şafak 13.01.2012.

er die Gelehrten wie Sayyid Quṭb, Abū al-Aʿlā al-Maudūdī, Muḥammad ʿAbduh, Rašīd Riḍā und Muḥammad Ḥamīdullah und die Dienstgeneration von Hayreddin Karaman ganz offen kritisiert. Auf die Kritikpunkte nimmt Karaman trotz aller Spannungen eine respektvolle Stellungnahme ein.[1285] Im Folgenden werden die Kritiken von Dâvudoğlu und die Erwiderungen von Karaman zur Eheschließung (niqāḥ), Abū Ḥanīfa / Muḥammad ʿAbduh und zu den Rechtsschulen vorgestellt:

A. Eheschließung (niqāḥ):

Karaman stellt in seinem Werk „Mukayeseli İslam Hukuku" (Rechtsvergleichung im islamischen Recht) fest, dass die Eheschließung (niqāḥ) im Christentum nicht in gleicher Form ausgeführt wird wie im Islām. Als Beleg führt er an, dass die Trauung innerhalb der Moschee durch einen Imām keine Pflichtbedingungen für das Zustandekommen der Ehe sind. Wenn die Vorgaben (šurūṭ) der islamischen Religion (šarīʿa) erfüllt werden, ist der Ehevertrag gültig (mutabar).[1286] Karaman kritisiert seine Kritiker mit der Antwort, dass diese aus der Buchpublikation nur bestimmte Textphrasen selektiv lesen, ohne dabei die gesamte Erörterung vor Augen zu führen. Da sein Hochschullehrer Ahmed Dâvudoğlu ihn gleicherweise kritisierte, ohne das Kapitel gelesen zu haben, sieht Karaman die Notwendigkeit einer Klarstellung.

Als Herausforderung stellt Davudoğlu das Argument, dass bisher kein einziger sunnitischer Gelehrter den gottesdienstlichen Charakter (ʿibādāt) der Ehe (niqāḥ) ablehnt. Hierzu erwidert Karaman, dass kein einziger sunnitischer Gelehrter die Ehebildung mit den gottesdienstlichen Handlungen wie das Pflichtgebet, das Fasten, die Almosengabe, die Pilgerfahrt gleichsetzen kann.[1287] Zudem verdeutlicht er, dass auch wenn die Gelehrten die generellen Rechtsbereiche des Fiqh in die Abschnitte der ʿIbādāt, der Muʿāmalāt und weitere andere Bereiche einteilen, die Ehe seiner Meinung nach in Muʿāmalāt zuzuordnen ist. Hier führt er auch einen Ḥadīṯ an:

Der Prophet Muḥammad habe sagt: „Die Ehe ist meine Sunna. Wer meine Sunna nicht verrichtet, gehört nicht zu mir."[1288]

Dieser Ḥadīṯ ist nach Karaman kein Beleg für den gottesdienstlichen Charakter der Ehe (niqāḥ). Wenn diese Form der Sunna als Gottesdienst anerkannt wäre,

---

1285 Siehe auch: UCAR: Recht als Mittel zur Reform von Religion und Gesellschaft (2005), S. 138–141, 180–183.

1286 Vgl. KARAMAN: İslâm'ın Işığında Günün Meseleleri (2010), S. 1053; UCAR: Recht als Mittel zur Reform von Religion und Gesellschaft (2005), S. 271–272.

1287 Vgl. ebd., S. 1054.

1288 IBN MĀĞA: NIQĀḤ, 1846.

dann hätte sie gemäß dem Ḥadīṯ zur Unterhaltung nicht mit einer Handtrommel (daf) angereizt. Denn ein Gottesdienst (ʿibādāt) kann im Islām nicht mit musikalischem Entertainment verbunden sein.

Dâvudoğlu fordert von Karaman bestimmte Erwiderungen in ḥanafītischer Rechtstradition und keine Ermessensbeurteilungen, womit er Letztere nicht anerkennt. Auf dieses Verlangen entgegnet Hayreddin Karaman mit der Antwort, dass er in der Beschreibung der ḥanafītischen Rechtstradition und in der Erteilung dieser Gutachten (fatāwā) sich auf die weitverbreiteten und anerkannten ḥanafītischen Fiqh-Bücher bezieht und tradiert. Als Rechtswissenschaftler verstehe er aber die ausschließliche Reduzierung des Fiqh auf die ḥanafitische Rechtstradition nicht und legt daher sein Verständnis im Rechtsschulenpluralismus offenkundig dar:

> *„Die islamische Rechtswissenschaft (fiqh) entwickelte sich mit Beginn der Prophetenperiode über die Nachfolgezeit der Prophetengefährten (ṣaḥāba) bis in unsere Gegenwart durch die mühevollen und ehrwürdigen Verdienste der muslimischen Gelehrten, wodurch sie ein über-großes Reichtum an Wissen und Normen erreicht hat. Unabhängig welcher sunnitischen Rechtsschule ein Gelehrter angehört, können seine Rechtslösungen weitertradiert und dessen rechtspraktischen Erörterungen angerufen werden. Niemand hat das Recht dieses Verständnis einzugrenzen. Sofern der/die erforderliche Rechtsbedarf/Rechtssachlage besteht, können unter der unabdingbaren Bedingung einer vorherigen Konformitätsanalyse, in der die grundlegenden Wahrheiten der islamischen Religion (šarīʿa) berücksichtigt werden, auch die nicht-sunnitischen Rechtsschulenpositionen tradiert (naql) werden. Dieses Verständnis ist unser eingeschlagener Weg. Da wir nie von unseren eigenen Rechtsfindungen (iğtihād) berichten, akzeptieren wir die Einwände unseres Hochschullehrers (Dâvudoğlu) nicht.“*[1289]

B. Abū Ḥanīfa (gest. 767) und Muḥammad ʿAbduh (gest. 1905):

In seinem Werk „Die Religionszerstörung im Namen der Religionssanierung“ (türk. Dini Tâmir Dâvasında Din Tahripçileri) kritisiert Ahmed Dâvudoğlu Hayreddin Karaman folgend:

> *„Ich erinnere Hayreddin Karaman daran, dass ich von ihm vor Jahren eine einzige Rechtsangelegenheit einforderte, in der Muḥammad ʿAbduh recht und Abū Ḥanīfa unrecht hat, bis heute habe ich keine Antwort erhalten. Ich warte immer noch. Zunächst soll er mir diese übermitteln und sich dann den übrigen Angelegenheiten zuwenden...“.*[1290]

Karaman schildert das Ereignis aus seiner Sicht. Zu einem Festtagsbesuch (türk. bayram ziyareti), in der sein Lehrer Dâvudoğlu anwesend war, eröffnete dieser

1289 Vgl. KARAMAN: İslâm'ın Işığında Günün Meseleleri (2010), S. 1054.
1290 Vgl. KARAMAN: Bir Varmış Bir Yokmuş (2009), Bd. 3, S. 49.

das Gesprächsthema „Muḥammad ʿAbduh“ und verunglimpfte diesen Gelehrten. Daraufhin fragte Karaman ihn, wie er zu diesem Entschluss kommt und auf welche Meinungen und Verhalten diese Erkenntnisse zurückgehen. Im Anschluss teilte ihm Dâvudoğlu die vorherige Forderung mit.

Karaman stellt klar, dass dieses Verlangen konkret mit dem Diskussionsthema nichts zu tun hat, Abū Ḥanīfa und Muḥammad ʿAbduh miteinander nicht vergleichbar sind und die Herangehensweise an die bestehende Diskussionsproblematik unangemessen ist.[1291] Daher wäre selbst ein provozierender Vergleich unpassend, in der jemand das Recht von Muḥammad aš-Šāfiʿī und das Unrecht von Abū Ḥanīfa einfordert. Diese unnötigen Bestellungen würden zu endlosen Debatten führen. Nach Karaman muss eine Person in der Entscheidung über die rechte muslimische Gelehrtenmeinung über der Stufe des betroffenen muslimischen Rechtsgelehrten (muǧtahid) stehen. Daher distanziert er sich respektvoll von Unangebrachtem und erinnert an seine wissenschaftliche Maßhaltung.

C. Diskurs um die Rechtsschulen

Ahmed Dâvudoğlu kritisiert das Rechtsschulenverständnis von Karaman anlässlich seines Artikels in der türkischen Zeitschrift „Nesil Dergisi“. Diesbezüglich erinnert er daran, dass Karaman in der Ausgabe vom 1. Januar 1977 die Ansicht einer möglichen Bindung zu einer Rechtsschulentradition befürwortet und dies erlaubt ist.[1292]

Wenn der Bedarf besteht, können nach Karaman zu einem Einzelfall auch die übrigen Rechtsschulenpositionen herangezogen werden.[1293] Dieser Schritt von Karaman ist für Dâvudoğlu problematisch, worin er die Ursache seines Dissenses (iḫtilāf) mit ihm sieht. Daher erkennt er den (Argumentations-) Weg nur als notfallbedingte Ausrede an, die Karaman zur Abschweifung anführt. Nach Dâvudoğlu ist diese Rechtsmeinung von Karaman in der Realität nicht dessen eigene Meinung, sondern die der sunnitischen Rechtsgelehrten. Da dieser Mittelweg als der Angemessenere anerkannt ist, haben die Mutaḫḫirūn diese auch akzeptiert. Dâvudoğlu erinnert diesbezüglich daran, dass sie die Handlung (ʿamal) nach einer oppositionellen Rechtsschule (maḏhab) einräumen. Hier gilt seiner Ansicht nach das Kriterium, dass notlagenbedingt keine alternative Orientierungsmöglichkeit nach der zugehörigen Maḏhab vorliegt. Diese Besonderheit ist nach Dâvudoğlu in den anerkannten ḥanafitischen Fiqh-Werken ersichtlich, wie in der Erörterung „Al-Barīqa“ des Buches „Aṭ-Ṭāriqāt al-Muḥammadiyya“.

1291 Vgl. KARAMAN: İslâm'ın Işığında Günün Meseleleri (2010), S. 1056.

1292 Vgl. KARAMAN: Bir Varmış Bir Yokmuş (2009), Bd. 3, S. 55.

1293 Vgl. UCAR: Recht als Mittel zur Reform von Religion und Gesellschaft (2005), S. 140.

Falls er diese Werke nicht vorliegen hätte, würde er mit sehr großer Wahrscheinlichkeit die angeführten Rechtsmeinungen von Karaman tatsächlich akzeptieren. Als Beispiel führt er das Beispiel an, ob denn eine Gebetsverrichtung eines Ḥanafiten hinter einem šāfiʿītischen Imām oder andersherum keine Handlung (ʿamal) nach der oppositionellen Rechtsschule ist. Nach Dâvudoğlu wurde diese Rechtsfindung nicht von Karaman emiert, wie es Karaman nach Dâvudoğlu andeutet.[1294]

Karaman erwidert, dass Dâvudoğlu aufgrund des Dissenses verärgert ist und daher von gemeinsamen Debatten fernbleibt. Weiterhin könne Dâvudoğlu nichts mehr schreiben und veröffentlichen, wenn zwischen ihnen keine Kontroversen mehr vorliegen.[1295] Karaman bestätigt, dass sein (pluralistisches) Rechtsschulenverständnis dieselbe ist wie Dâvudoğlu es beschrieben habe und seine diesbezüglichen Argumente in seinem Buch „İslâm Hukukunda İctihad" (Rechtsfindung im islamischen Recht) einsehbar sind.

Die Veröffentlichung der persönlichen Haltung hat nach Karaman mit Hochnäsigkeit nichts zu tun. Zur Veranschaulichung der Wahrheit ist die Verkündung von Überzeugungen seiner Meinung nach eine Pflicht. Es besteht daher nicht die Dringlichkeit dazu, dass jemand unbedingt ein „Entdecker" sein muss.

Zudem stellt er ganz offenkundig klar, dass seine zahlreichen Reisen nach Ostanatolien keine Propagandakampagne sind und diese Anschuldigungen auf Vorurteilen und Unwahrheiten beruhen. Eine Heimatreise mit der Absicht, die eigenen Verwandten zu besuchen und im Interesse der Muslime dort einen bereicherndern Vortrag zu halten, steht seiner Meinung nach im großen Unterschied zur Propagandakampagne. Sein grundlegendes Anliegen liegt danach, die Probleme in Religionsangelegeheiten, insbesondere in der Hilfestellung von jungen Mädchen, anzunehmen und empfehlende Lösungen anzubieten.

Abschließend hebt Karaman hervor, dass er mit seinem ehemaligen Hochschullehrer (Ahmed Dâvudoğlu) aus respektvollen Gründen keine öffentlichen Debatten mehr führen möchte und seine bisherigen Erwiderungen zwingendermaßen erforderlich waren. Seiner Ansicht nach sollte eine Disputationsrunde im nichtöffentlichen Raum stattfinden, in der die Kontroversen ausdiskutiert werden.[1296] Es wird erkennbar, dass Karaman trotz all der scharfen zum Teil auch persönlichen Kritiken von Ahmed Dâvudoğlu eine respektvolle Haltung einnimmt und seine Erwiderungen sachlich verlautbart, ohne über jemanden

1294 Vgl. KARAMAN: İslâm'ın Işığında Günün Meseleleri (2010), S. 1059–1060.
1295 Vgl. KARAMAN: Bir Varmış Bir Yokmuş (2009), Bd. 3, S. 55.
1296 Vgl. KARAMAN: İslâm'ın Işığında Günün Meseleleri (2010), S. 1061.

herzufallen. Aus dieser Debatte wird erkennbar, dass Karaman den gemeinsamen kritischen Diskurs sucht und die Problempunkte untereinander wissenschaftlich angehen möchte.

5.4.2.2 Ebubekir Sifil

Der islamische Theologe Ebubekir Sifil kritisiert Karaman zu vielerlei Themen. In Auswahl wird seine Kritik über die Spannungen zwischen Fanatismus und Pluralismus im innerislamischen Rechtsschulenverständnis untersucht. Mit Hinweis auf einen Artikel von Karaman in der Tageszeitung Yeni Şafak, in der das kollektive Glaubensbewusstsein der Muslime behandelt wird, analysiert Sifil die Annäherung von Karaman an die Šīʿa. Karaman schreibt hier über das Ahl as-Sunna-Šīʿa-Verhältnis:

> **„Ein Maḏhab-Fanatismus und eine einseitige Maḏhab-Orientierung spaltet die Glaubensgemeinschaft und bringt die Muslime in konfliktreiche Auseinandersetzungen. Anstelle dieser besteht die Dringlichkeit, dass die verschiedenen Maḏāhib in ihrem Glauben an die eigene Maḏhab zwar autonom sind, sich aber in den grundlegenden religiösen Glaubensinhalten geschwisterlich vereinen.“**[1297]

Dieser Ansatz von Karaman im islamischen Rechtsschulenpluralismus beruht auf dem Prinzip „friedliches tolerantes Miteinander der Rechtsschulen trotz der Unterschiede“.

Ebubekir Sifil befürwortet zunächst diese pluralistische Annäherung mit dem Hinweis, dass jeder Muslim mit reinem Gewissen dieses Bewusstsein besitzen muss. Da diese Orientierung in der Realität mit Problemen verbunden ist, bleibt dieser Maḏhab-Ansatz nach Sifil zunächst dahingestellt.[1298] Der Grund liegt seiner Meinung nach darin, dass jede sunnitische Annäherung an die Šīʿa, mit Ausnahme des gutgewillten Imāmiten Ayatollah Faḍl Allāh und Aḥmad al-Kātib, von den übrigen schiitischen Strömungen als Anlass zur schiitischen Rechtgläubigkeit verstanden wird. Karaman nimmt Bezug auf die Meinung von al-Ġazālī (gest. 1111), welcher die Einflüsse auf die Maḏāhib erörtert:

> **„Seit je her haben politische Ambitionen das Glaubensbewusstsein der Muslime beeinträchtigt. So wurden einige Angelegenheiten in den Glauben aufgenommen, die in der Religion ursprünglich nicht vorkommen. Eines der Folgen dieser inneren Entwicklung war die Unterteilung der Muslime in zwei große Strömungen. Die Sunniten und die Šīʿa. Wohingegen beide Gruppen an einen einzigen Gott und seinen**

1297 Vgl. KARAMAN: İhvan, Müslüman İran'ı Destekler. In. Yeni Şafak 23.08.2012.
1298 Vgl. SİFİL: Mezhebçilik versus Çoğulcu İslam. In: Milli Gazete 30.08.2012.

Gesandten (Muḥammad) glauben, beide das gleiche Heilsverständnis vertreten und diesbezüglich die gleichen Kriterien voraussetzen."[1299]

Sifil kritisiert diese generalisierende Folgerung von Karaman damit, dass dessen Ansatz im Glaubensverständnis des sunnitischen Mainstreams von nichttheologischen Ambitionen ausgeht und dessen Verständnisfolgen das sunnitische Selbstsverständnis nachhaltig beeinflussen könnte.[1300] Seiner Ansicht nach zielen diese unrealistischen Annäherungen von Karaman auf die Bewahrung der eigenen Stellung, um die persönlichen Positionen als „Religion" zu deklarieren, die Muslime auf diese Art zu sozialisieren und damit eine Ideologisierung im Sinne einer pluralistischen Identität durch die inneren Rechtsschulendifferenzen anzustreben. Als Beispiel seiner These führt Ebubekir Sifil die Frage an, ob sich die Šīʿa, infolge der Annäherung von Karaman, der den umayyadischen Kalifen Muʿāwiya bin Abī Sufyān gerade nicht liebt, sich dem sunnitischen Maintstream (ahl as-sunna) genähert hat. Oder ob die gleiche Šīʿa bereit ist zu sagen, dass die beiden Kalifen Abū Bakr und ʿUmār bin al-Ḫaṭṭāb respektwürdige Gefährten (ṣaḥāba) waren.[1301] Aufgrund einiger Proteste erhellt Karaman sein Verständnis und bezieht sich dabei auf eine Prophetenüberlieferung (ḥadīṯ):[1302]

„Ich liebe Muʿāwiya nicht, verunglimpfe ihn aber auch nicht. In einem Herzen voller Liebe zur Prophetenfamilie (ahl al-bait) kann eine Zuneigung zu Muʿāwiya und Yazīd nicht existieren. Der Prophet Muḥammad spricht: „Schimpft nicht!" Aus diesem Grund fluche ich auch nicht. Der Prophet weiter: „Diejenigen, die sie (die Ṣaḥāba) lieben, tun dies weil sie mich lieben. Diejenigen, die sie hassen, tun dies weil sie mich auch hassen."
Ich beziehe mich auf den Ḥadīṯ und sage: Jemand, der die beiden Perlen des Propheten Muḥammad (Ḥasan und Ḥusain) in irgendeiner Art verletzt, diese Menschen lieb ich nicht, weil der erwähnte Prophetenspruch die Liebe zum Propheten Muḥammad in den Vordergrund stellt und die Ṣaḥāba deswegen geliebt werden. Falls jemand die geliebten Angehörigen der Prophetenfamilie (ahl al-bait) in irgendeiner Art und Weise betrübt, schmäht, bedroht, gegen den rechtmäßigen Kalifen rebelliert und Schwerter zieht, diese Menschen dürfen gemäß dem Ḥadīṯ nicht geliebt werden. Eine Zwangsliebe wird nicht verlangt. Selbstverständlich sind die Aṣḥāb nicht fehlerlos. Sie können sich irren, Sünden begehen, und kurzzeitig falsch orientiert sein. Ein Zeitgenosse des Propheten auf diesem Weg wird nicht geliebt. Während der Lebenszeit des Propheten Muḥammad gab es jene Personen, die

1299 ĠAZĀLĪ: Kaifa Nafham al-Islām (1963), S. 142. Siehe auch: KARAMAN: İhvan, Müslüman İran'ı Destekler. In: Yeni Şafak 23.08.2012.

1300 Vgl. SİFİL: Mezhebçilik versus Çoğulcu İslam. In: Milli Gazete 30.08.2012.

1301 Vgl. ebd.

1302 Vgl. KARAMAN: Ashâbın Tamamı Yıldızlar Gibi Midir?. In: Yeni Şafak 20.01.2011.

Alkohol tranken, Diebstahl begangen, Lügen erzählten, vorurteilig waren und die Geheimnisse von Hz. Muḥammad an dessen Feinde übermittelten.
Der Prophet Muḥammad hat diese bestraft. Ein kriegerischer Aufstand gegen den rechtmäßigen Kalifen ʿAlī bin Abī Ṭālib ist eine Sünde und daher nicht erlaubt. Muʿāwiya[1303] und seine Anhänger haben diese Taten dennoch getan. Jemand der den Propheten Muḥammad liebt, tut das nicht. Diejenigen (die es getan haben) werden auch nicht geliebt. Als Regel des sunnitischen Mainstreams (ahl as-sunna) dürfen sie aber auch nicht beschimpft werden. Eine Wahrheit darf nicht verdeckt werden. Diejenigen, die es dennoch tun, legen nur sich selbst rein. Eine innerislamische Wunde wird nicht geheilt, falls die historischen Tatsachen nicht ausdiskutiert oder das Gesprochene nicht offen beurteilt wird. Eine abschweifende Begriffsdeutung des Iǧtihād fördert die innerislamischen Wunden nicht. Meiner Ansicht nach liegt das rechtmäßige Vorgehen darin, dass die historischen Ereignisse unter den Muslimen wahrheitsgemäß dargelegt und diese nach den unveränderlichen Maßstäben der islamischen Religion beurteilt werden. Diese Haltung zur Annäherung der innerislamischen Glaubensgemeinschaften ist heute die angemessene Sichtweise.

Auch wenn Karaman nicht offenkundig eine Annäherung an die Šīʿa abzielt, belangt die Botschaft jedoch nach Ebubekir Sifil ihre Haltung an.[1304] Seiner Meinung nach ist zu fragen, inwiefern die Šiʿīten in der Lage sind eine Annäherung an die ersten beiden Kalifen zu gehen und ihre Haltungen zu den Prophetengefährten (ṣaḥāba) zu ändern.

Nach dieser Erkenntnis zieht er seinerseits ein beachtendes Resultat. Gegenwärtig könnte sich seiner Ansicht nach innerhalb der islamischen Theologie ein Verständnis heranbilden, in der für Sunniten die Gefahr einer übergroßen Beeinflussung durch die Šīʿa eintreten könnte. In der Spannung zwischen Fanatismus und Pluralismus im Rechtsschulenverständnis muss aus sunnitischer Sicht daher ein Mittelweg zwischen diesen Polen eingeschlagen werden.

Diese Kontroversen zwischen Karaman und Sifil über die Spannungen zwischen Maḏhab-Fanatismus und Maḏhab-Pluralismus verdeutlichen, dass trotz der Differenzen zwischen den Sunniten und der Šīʿa auf Basis der islamischen Religion, insbesondere im detaillierten Verständnis der Überlieferungen (aḥādiṯ), versucht wird, einen Mittelweg einzuschlagen, der von den Sunniten und der Šīʿa tolerierbar ist. Es wird erkennbar, dass Karaman trotz vorliegen-

1303 Die größten Fehler von Muʿāwiya bin Abī Sufyān waren nach Hayreddin Karaman die Wandlung des Kalifats in eine Dynastie und die gewaltsame Unterdrückung der Bevölkerung zur politischen Machtsicherung über seinen Sohn. Vgl. KARAMAN: Hayatımızdaki İslâm (2011), Bd. 3, S. 28.

1304 Vgl. SİFİL: Mezhebçilik versus Çoğulcu İslam. In: Milli Gazete 30.08.2012.

der Divergenzen die Dringlichkeit eines friedlichen Miteinanders der Sunniten und der Šīʿa sucht.

5.4.2.3 İsmail Kara

Bevor die Kritiken des türkischen Theologen İsmail Kara an Karaman analysiert werden, ist seine persönliche Wahrnehmung von ihm und seiner Biographie zu untersuchen. Seiner Ansicht nach ist die Persönlichkeit „Hayreddin Karaman" hier unter verschiedenen Blickwinkeln zu betrachten, wobei er drei Lebensphasen einteilt. Erstens: Seine Erziehungs- und Bildungsphase. Zweitens: Die Nesil-Bewegung als religionspädagogische Vision zur Bildung und Erziehung der Muslime mit Beginn in den Sechzigern. Drittens: Seine Annäherung an die muslimischen Gemeinschaften.[1305]

İsmail Kara ist der Meinung, dass die Historie der Imāmschulen (türk. İmam Hatip Okulları) und der theologischen Fakultäten (türk. İlahiyat Fakülteleri) in der Türkei mit Rücksicht auf die Lebenserfahrungen von Karaman tiefgründig verstanden werden kann, weil dieser als Schüler, Student und Akademiker ihre Anfänge und ihre Etablierung miterlebte und wesentlich mitprägte. Daher ist das islamisch-theologische Denken von Karaman in der zeitgemäßen Verständnisbildung der islamischen Religion, in der Gründung der Imāmschulen und in der Institutionalisierung der theologischen Fakultäten an den staatlichen Universitäten von großer Bedeutung. İsmail Kara weist darauf hin, dass Karaman die verschiedenen Putsch-Regime in der türkischen Politikgeschichte miterlebte und von den linken, ultranationalen und islamistischen Kreisen stets fernblieb. Dies ist auch im Hinblick auf seine Publikationen festzustellen. Obwohl er viele Bücher, Zeitschriften- und Zeitungsartikel zu verschiedenen islamischen Themen geschrieben hat, blieb er stets von radikalen Ansichten fern.

Kara hebt auch die seit den Achtzigern andauernden großen Verdienste von Karaman, in der Begleitung und in der Beratung der privaten zinslosen Finanzinstitutionen (türk. özel faizsiz finans kurumları) hervor, welche im Jahr 2005 mit den Gesetzesreformen im Bankenrecht in Beteiligungsbanken (türk. katılım bankaları) umbenannt wurden.

Die von Karaman verteidigten Thesen und Meinungen über die Rollenverhältnisse der islamischen Religion in der kulturellen Moderne, gibt nach Kara die aus der nahen Vergangenheit kommende Denkrichtung von vielen seiner

1305 Vgl. BARBAROSOĞLU: Hayrettin Karaman'ı „Hayrettin Karaman" Yapan Nedir?. In: Yeni Şafak 07.12.2009.

Kollegen dar, an welche er sich in generellen Zügen anschließt.[1306] Seine Kritiken an Karaman sind eher historischer und grundsätzlicher Art und betreffen zum Beispiel das Buch „Islamische Rechtsgeschichte“ (türk. İslâm Hukuk Tarihi), in der Karaman die Jurisprudenz mit Beginn von der Prophetenperiode, der Folgezeit der Ṣaḥāba, der Umayyaden, der Abbasiden, der Seldschuken und der Osmanen jeweils in Entwicklungs-, Reife- und Stagnationsphasen einteilt.

Diese inhaltliche Buchgliederung von Karaman kennzeichnet nach Kara das gebrochene Verständnis der historischen Jurisprudenz.[1307] Als Argumentationsbeleg führt er die Beschreibungen der verschiedenen islamischen Rechtsepochen an. So bezeichnet Karaman die Periode der Seldschuken als „stockende Entwicklungsphase“, die Zeit von der mongolischen Invasion bis zu den Osmanen als „Rückentwicklungsphase“ und die Zeit von der Maǧalla bis in die Gegenwart als „Erwachungsphase“.[1308]

İsmail Kara kritisiert die von Karaman als Rückentwicklungsperiode genannte Bezeichnung in der Jurisprudenz ab der mongolischen Invasion damit, dass in dieser Epoche sehr wichtige islamische Rechtsgelehrte (fuqahā') hervortraten, wovon ausgehend seiner Meinung auch von einer innovativen Rechtsphase gesprochen werden kann. Hiernach müssen daher die Forschungsarbeiten dieser Rechtsgelehrten tiefgründig erforscht werden, um dann die diskutierte Periode annähernd auch als „Reifephase“ anzuerkennen.[1309]

Kara kritisiert die Beurteilungskriterien der historisch-islamischen Jurisprudenz bei Karaman. So richtet sich dieser in seinen Epochengliederungen ausschließlich nach den Maßstäben der Aktivitätsgrade von Iǧtihād-Bewegungen und den innerislamischen Rechtsschulenproblemen. Als Beispiel kann die von Karaman als „Erwachungsphase“ genannte Epoche in den Reformarbeiten der Maǧalla erwähnt werden, in der berühmte Gelehrte (ʿulamā') hervortraten und die Entwicklungen in den islamischen Rechtswissenschaften (fiqh) ankurbelten. Obwohl Kara dem Forschungsansatz und dem Iǧtihād-Verständnis von Karaman im innerislamischen Pluralismus positiv gegenübersteht, kritisiert er die Unklarheiten im Umgang mit den Entwicklungsherausforderungen an das islamische Recht (fiqh). In dieser verfolgt er die Frage, wie Karaman das wissenschaftliche Erbe der historischen Jurisprudenz in den wandelnden Kontexten versteht und bemerkenswerter Weise auf die Vereinbarkeit mit dem säkularen

1306 Vgl. KARA: Türkiye'de İslamcılık Düşüncesi (1994), Bd. 3, S. 7.

1307 Vgl. KARA: Unuttuklarına Hatırla! Şerh ve Haşiye Meselesine Dair Birkaç Not, in: Divan, 28 (2010), S. 49.

1308 Vgl. KARAMAN: İslâm Hukuk Tarihi (2001), S. 5–12.

1309 Vgl. KARA: Unuttuklarına Hatırla!, in: Divan, 28 (2010), S. 48.

Laizismus und auf die daraus resultierenden Probleme in Hinblick auf das islamische Recht (fiqh) nicht genug eingeht.[1310]

Daraus folgt für İsmail Kara, dass die Schwierigkeiten in der Relation des islamischen Rechts (fiqh) mit den säkularen Rahmenbedingungen genauer dargelegt werden müssen und die Muslime ihren Umständen entsprechende Antworten erhalten. Diese offenen Teilfragen sind für Kara in seiner Kritik an Karaman richtungsweisend. Es lässt erkennen, dass Kara in respektvoller Annäherung an die Werke von Karaman auf sachlicher Ebene bleibt und ihn konstruktiv kritisiert.

Schlussresümee und Fazit: Beantwortung der Leitfrage

Mit Rückblick auf 1933 wurde die von den Osmanen kommende Universität „Dār al-Funūn" und ihre theologische Fakultät durch spezielle universitäre Reformen geschlossen. In Istanbul wurden die geschlossenen Fakultäten durch neue Fachbereiche ersetzt. Das gleiche Schicksal mussten die Imāmschulen erleben, die unter dem Vorwand von Schülermangel geschlossen wurden. Die Ursachen für das zunehmende Desinteresse an den Imāmschulen lagen in den systematisch-organisierten Abwerbekampagnen, damit diese Schulen nicht besucht werden und den fehlenden Berufsperspektiven. In der Zeit des türkischen Einparteiensystems von 1933 bis 1949 wurde die schulische und die akademisch-theologische Bildung und Erziehung somit eingedämmt und bewusst geschlossen gehalten, welche oft als „dunkle Zeit" in der türkischen Republikgeschichte beschrieben wird. Diese Bezeichnung liegt darin begründet, dass die islamische Religion mit ihrer Glaubenslehre und ihrer Tradition in den staatlichen Einrichtungen nicht gelehrt werden durfte. Trotz dieser islamkritischen Haltungen, welche die Religion und ihre Theologie als „Ganzes" abschaffen wollte, gab es in der Bevölkerung viele Menschen, die trotz staatlicher Restriktionen große Widerstände leisteten. Aus der Forschung resultiert, dass Karaman einer der wichtigsten Vertreter in der türkischen Republikgeschichte im Bereich der islamischen Theologie ist, welcher nach der Schließung der religionspädagogischen Institutionen und ihrer Wiedereröffnung im Jahr 1949 zugleich einer der ersten Absolventen dieser Einrichtung war.

Er beendete 1951 im zweiten Absolventenjahrgang die 1949 erstmals eröffnete Imāmschule in Konya (türk. Konya İmam Hatip Okulu), in welcher Periode er durch die Mystiklehren von „Maulānā" Ǧalāl ad-Dīn ar-Rūmī (gest. 1273) seinen großen Lebenswandel in der Rückkehr zur Religiösität erlebte. Mit seinen Erfahrungen in der institutionellen und in der inhaltlichen Etablierung

1310 Vgl. ebd., S. 50.

der religionspädagogischen Erziehung in der Türkei hat er als führender Denker sehr große Verdienste. Die ehrenvollen Mühen zur Förderung der theologischen Fakultäten (türk. İlahiyat Fakülteleri) und Imāmschulen (türk. İmam Hatip Okulları) sind hier besonders erwähnenswert, dessen institutionelle und curriculare Etablierung er begleitete. Stets hat er sich beruflich und privat aktiv dafür eingesetzt, dass die Muslime ihre Religion nach ihrem Selbstverständnis vermittelt bekommen und eine qualitativ-hohe theologische Bildung erhalten. Dieses Recht auf religiöse Bildung und Erziehung besitzt nach Karaman jeder Mensch, das durch die universellen Menschenrechte sichergestellt ist. Seiner Ansicht nach müssen die grundlegenden Rechte und Freiheiten eröffnet werden, welche die Achtung, die Erziehung und die Einräumung der Menschenrechte (ḥuqūq al-insān) voraussetzt.

Die theologische Bildung und Erziehung wurde trotz der polizeilichen und der militärischen Hausüberfälle verstärkt in der Privatsphäre der Menschen fortgeführt. Anfang der Fünfziger sah sich die damalige Regierung mit den zunehmenden Volkswiderständen gezwungen, die erforderlichen hochschultheologischen Einrichtungen und Imāmschulen bereitzustellen. Hier ist der Übergang in eine demokratische Kultur und somit ein Umdenken in der politischen Vernunft der damaligen Politiker wichtig. An den neugegründeten und offiziell anerkannten Imāmschulen sollten die erforderlichen theologischen Personalien ausgebildet werden.

Die breite Bevölkerung wollte die religiöse Bildung und Erziehung ihrer Kinder, welche im Laufe ihrer Bildungslaufbahn zugleich die modernen humanen Wissenschaften einstudieren sollte. Diese Nachfragen mussten nach den damaligen Politikern mit dem „Gesetz über die Vereinheitlichung von Erziehung und Bildung" (türk. Tevhid-i Tedrisât Kanunu) und den Prinzipien und Reformen von Mustafa Kemal Atatürk (türk. Atatürk İlkeleri ve İnkilapları) in Einklang gebracht werden, sodass die Debatten über den Rechtsstatus der offiziellen Imāmschulen und der theologischen Fakultäten unter den säkular-laizistischen Bedingungen bis heute zu politischen Spannungen führt. Auch wenn für diese anerkannten Einrichtungen der Theorie nach ein Kerncurriculum vorgesehen ist, waren sie in der Praxis der staatlichen Kontrolle des nationalen Bildungsministeriums (türk. Milli Eğitim Bakanlığı) unterstellt.

Die Zahl der Imāmschulen-Absolventen und der Theologiestudenten wurde bewusst gering gehalten, um die religiöse Bildung in der Türkei besser zu kontrollieren. Bedingt durch diese strikten staatlichen Kontrollen wurden den Eltern das Menschenrecht zur theologischen Bildung und Erziehung ihrer Kinder nach ihrem Selbstverständnis bewusst eingeschränkt.

In der Folgezeit entwickelten die Imāmschulen ein eigenes Bewusstsein heraus, wobei die Absolventen und Befürworter kämpften und sehr große Auseinandersetzungen führten. Die zentrale Persönlichkeit in der Geschichte der Imāmschulen und der theologischen Fakultäten in der Türkei ist Hayreddin Karaman, welcher diese in der Anfangszeit durchlaufen hat, ihre Besonderheiten kennt und ihre Entwicklungen bis in die Gegenwart miterlebte. Durch seine Lebenserfahrungen und ehrenvollen Tätigkeiten hat er in der Förderung der Imāmschulen und der theologischen Fakultäten sehr große Verdienste.

Gemeinsam mit seinen Freunden Bekir Topaloğlu, Tayyar Altıkulaç, Ali Osman Koçkuzu, Mustafa Uzunpostalcı, Saim Yeprem, İsmail Karaçam, Ahmet Gürtaş, Mustafa Ateş, Ali Sarı studierte er am oberen Theologie-Institut in Istanbul (türk. İstanbul Yüksek İslâm Enstitütsü).

Zu späteren Zeiten wurde diese Einrichtung in die theologische Fakultät der Marmara Universität (türk. Marmara Üniversitesi İlahiyat Fakültesi) umbenannt.

Zu ihren bekannten Hochschullehrern gehören namhafte türkische Theologen, Soziologen und Philosophen wie Ömer Nasuhi Bilmen, Ahmed Dâvudoğlu, Celalettin Ökten, Zekai Konrapa, Mithat Bahari, Halil Can, Sadettin Evrin und weitere andere.

In der akademischen Qualifikationsphase wurden Karaman und seine Freunde in der Etablierung der islamischen Hochschultheologie und der gymnasialen Imāmschulen zu Unrecht Eigennutz vorgeworfen. Karaman weist darauf hin, dass solche Anschuldigungen bedingt durch Neid gerichtet wurden. Zudem versuchten einige politische Kreise in den Siebzigern und in den Achtzigern im politischen Gesamtkontext der Türkei die Imāmschulen mit den privaten Korankursen feindschaftlich gegenüberzustellen, gegen welche absichtliche Intrigen sich Karaman und seine Freunde im Interesse aller wehrten.

Mitte der Sechziger erregte Karaman in der türkischen Theologiedebatte durch seine Methode eine große Aufmerksamkeit, welche zum Teil mit sehr strittigen Diskussionen verbunden war. Dieser Methodenansatz von Karaman zeichnet sich dadurch aus, dass er die islamische Tradition unter den kontextuellen Bedingungen interpretiert. Im damaligen Theologie-Diskurs wurde er durch seine Annäherung an die Rechtsschulen (maḏāhib) mit Rechtsschulenlosigkeit (türk. mezhepsizlik) und Reformismus (türk. reformculuk) beschuldigt. Sein Ansatz zeichnet sich dadurch aus, dass er die eingeengte Kommentierung der Rechtsschulen zu überwinden versucht und hierzu die Erweiterungsmöglichkeit im islamischen Recht (fiqh) analysiert.

Angefangen in den Siebzigern vertritt er bis heute die Meinung, dass das Tor des Iğtihād nicht geschlossen wurde, aber in der historischen Jurisprudenz von Stagnationsphasen auszugehen ist. Durch die Dringlichkeit der Iğtihād-Praxis, stellte er dessen Bedeutung für Muslime dar, welche für ihre soziokulturelle Innovation (tağdīd) und Iṣlāḥ entscheidend ist.

In den Neunzigern setzte er sich verstärkt mit dem islamischen Modernismus auseinander, der die islamische Religion und ihre Theologie durch nicht fundierte, unislamische Methoden zu verändern versuchte. Dazu zählen Yaşar Nuri Öztürk, Hüseyin Atay und andere Modernisten.

Infolge des Putsch-Versuchs vom 28. Februar 1997 und der damit verbundenen Intentionen zur Eindämmung der islamischen Bildung und der Restriktionen des Kopftuches an den staatlichen Universitäten verwahrte er sich dem militärischen Druck auf die türkische Bevölkerung und trennte sich von der theologischen Fakultät der Marmara Universität Istanbul (türk. Marmara Üniversitesi İlahiyat Fakültesi). Diese Protestmaßnahme von Karaman erregte die große Aufmerksamkeit der breiten Bevölkerung in der Türkei.

In seinen zahlreichen Publikationen im Fachgebiet des islamischen Rechts (fiqh) behandelt er viele Gegenwartsthemen, wie in der Bioethik, dem interreligiösen und interkulturellen Dialog, der Beziehungen zwischen Religion, Welt, Staat, Laizismus, Demokratie, zinslose Bank- und Versicherung, der islamischen Mystik (taṣawwuf), islamische Rechtsgeschichte und weitere andere Themen, sodass sein Schwerpunkt nicht auf ein Gebiet reduziert werden kann.

Seiner Meinung nach zielt die Quellen- und Methodenlehre des islamischen Rechts (uṣūl al-fiqh) als originelle, erstmals von Muslimen bereits in der Prophetenperiode angewandte und in der Folgezeit systematisch-entwickelte Wissenschaftsdisziplin grundlegend darauf ab, auf welche Art und Weise die Šarīʿa-Normen aus ihren Belegen (adilla) gewonnen werden und die religionspraktischen Normen betreffen. Im Vergleich hierzu wird unter „Fiqh“ das rechte Verständnis der Primärquellen (šarīʿa) verstanden, welche sich letztendlich in der alltäglichen Religionspraxis der Muslime niederschlägt.

Weiterhin resultierte aus der Forschung, dass Uṣūl al-Fiqh nach Karaman nicht nur mit den islamischen Wissenschaften (ʿulūm al-islāmīyya) Wirkungsrelationen (ʿalāqa) besitzt, sondern mit der Philosophie (falsafa) und Logik (manṭiq) wichtige Berührungspunkte hat.

Unter Bersückichtigung der Prophetenperiode und somit der Entstehungszeit des islamischen Rechts (fiqh) lässt sich Fiqh in zwei Hauptbereiche einteilen. Diese sind die Beweismethode (uṣūl) und das Fallrecht (furūʿ). Die Beweismethode beschäftigt sich mit den Rechtsquellen und den speziellen

Methoden, nach welchen die Normen (aḥkām) abgeleitet werden können. Auf Basis der Beweismethode beschäftigt sich das Fallrecht mit den Religionsbotschaften, in der sie die fallrechtlichen Themen begutachtet. Hier schließt sie die gottesdienstlichen Taten (ʿibādāt) und den zwischenmenschlichen Bereich (muʿāmalāt) mit ein.

Unter Berücksichtigung der historischen Entwicklungen in der islamischen Jurisprudenz ist in den Forschungen von Karaman festzustellen, dass in der frühislamischen Periode unter „Fiqh" alle Glaubens-, Handlungs- und Charakterangelegenheiten (aḫlāq) der Muslime fallen, welche das „Verständniswissen" in allen Lebensbereichen der Muslime betrifft.

Auch wenn das islamische Recht (fiqh) und die übrigen islamischen Wissenschaftsdisziplinen zunächst nicht systematisch vorlagen, waren die frühislamischen Rechtsgelehrten verpflichtet, sich in der Methodenanwendung (uṣūl), systematischen Theologie (ʿilm al-kalām), Exegese (tafsīr), Mystik (taṣawwuf) und in den soziokulturellen Prozessen fortzubilden.

Karaman ist der Ansicht, dass die islamischen Wissenschaften wie die Exegese (tafsīr), die Ḥadīṯwissenschaften (ʿulūm al-ḥadīṯ), die systematische Theologie (ʿilm al-kalām) und die Rechtswissenschaften (fiqh) wichtige wissenschaftliche Entwicklungsprozesse durchlaufen, die mit der Offenbarung (waḥy) fest verbunden sind.

Zur Förderung der soziokulturellen Innovation (taǧdīd), über die wissenschaftliche Innovation des Iǧtihād, sind die islamischen Gelehrten (ʿulamāʾ) von der Offenbarung (waḥy) abhängig, auch wenn sie von den Verifikationen der humanen Wissenschaften (ʿulūm) profitieren. Nach islamischem Verständnis liegt das grundlegende Ziel der Existenz in der Selbsterkennung des Menschen als unvollkommenes und endliches Geschöpf mit begrenzter Vernunft (ʿaql).

Davon ausgehend kann er den Schöpfer als vollkommene und unendliche Instanz erkennen und zu Ihm eine „spirituelle Beziehung" herstellen. Nach islamischem Verständnis ist diese Gott-Mensch-Beziehung für die ewige Glückseligkeit entscheidend.

Aus islamischer Perspektive ist die Wissenschaftsdisziplin des Uṣūl al-Fiqh eine spezielle Fachdisziplin, welche sich mit dieser spirituellen Relation beschäftigt und zum Beispiel die gottesdienstlichen Handlungen (ʿibādāt) mit einbezieht. Denn diese stehen in spiritueller Relation zum Schöpfer, womit sie den physischen und den metaphysischen Rahmen umfasst. Die Offenbarung (waḥy) der islamischen Religion (šarīʿa) ist die göttliche Wissensquelle, dessen kommentierendes Verständnis überwiegend durch die Vernunft (ʿaql) erfolgt.

Bedingt durch ihren Glauben (īmān) sind die Muslime verpflichtet ihr diesseitiges Leben nach den Zielen ihrer Religion auszuleben. Der Gottglaube ist hierbei spirituell richtungsweisend. Die Belege zum Existenzbeweis von Gott stützen sich auf die Vernunft, der universellen Denkprozeduren und der humanen Fähigkeiten zur Wissensbildung. Daher wurden in der islamischen Wissenschaftsgeschichte für den Existenzbeweis von Gott (Allāh) verschiedene Argumente dargelegt, die in die systematische Theologie (ʿilm al-kalām) fallen. ʿIlm al-Kalām war zu Beginn der islamischen Wissenschaftsentwicklungen keine eigene Fachdisziplin.

Als die islamischen Gelehrten (ʿulamāʾ) in der Geschichte andere Kulturen, Religionen und ihre Anschauungen kennenlernten, legten sie ihre systemtheologischen Meinungen und ihren Glauben (īmān) dar. Die Methodendisziplin des ʿIlm al-Kalām steht mit Uṣūl al-Fiqh dabei in Beziehung, in welche alle islamischen Wissenschaftsdisziplinen münden. Deswegen bedarf es für die islamischen Wissenschaften (ʿulūm al-islāmīyya) im Denken von Karaman einer übergeordneten Methode (uṣūl), welche durch Uṣūl al-Fiqh gegeben ist. Die islamischen Wissenschaften müssen sich daher in freier Selbstentfaltung entwickeln können, in welcher die sechs Glaubenspfeiler (īmān) die Existenzbasis der islamischen Theologie stellen.

Eine atheistisch-gesinnte theologische Orientierung, in der die Existenz und der Glaube an Gott weitestgehend ausgeräumt werden, ist in der islamischen Theologie nicht möglich. Die notwendige Existenz (wāǧib al-wuǧūd) von Gott ist aus bekenntnisgebundener islamisch-theologischer Perspektive auch auf Vernunftbelege (al-adillat al-ʿaqliyya) zurückzuführen.

Das islamische Recht (fiqh) kennzeichnet sich im Kern durch die Offenbarungsquellen (maṣādir al-waḥy) Koran und Sunna des Propheten Muḥammad, welche die unveränderte DNA der islamischen Religion kennzeichnet. Hier ist die authentische und gesicherte Sunna (sunna aṣ-ṣaḥīḥ, sunna al-mutawātira) von Bedeutung. Die Primärquellen (šarīʿa) bilden den unveränderlichen Religionskern. Wenn keine Notlagen (ḍarūrāt) oder spezielle Bedürfnisse (ḥāğāt) vorliegen, darf eine hierdurch definierte Verwerflichkeit (ḥarām) nicht zur Erlaubnis (ḥalāl) umfunktioniert werden.

Bei allen nichtoffenkundigen Normen (aḥkām ẓannī) besteht die Dringlichkeit des Iǧtihād mittels der vernunftbasierten Herleitung (istidlāl biʾl-ʿaql), die durch Textbelege (nuṣūṣ) auch nicht offenkundig hervorgehen. Diese Normerkundung muss sich auf die Šarīʿa-Belege stützen, wobei eine wohlwollende Normerkundung nicht möglich ist. Falls aus den Primärquellen (šarīʿa) keine Textnormen (aḥkām an-nuṣūṣ) hervorgehen, ist die Geltung einer durch das

Gewohnheitsrecht (ʿurf) und dem Analogieschluss (qiyās) erschlossenen Norm (ḥukm) nur im Einklang mit der islamischen Religion (šarīʿa) möglich. Da das islamische Recht (fiqh) im Kern auf Offenbarungsrecht (ḥuqūq al-waḥy) gründet, bestehen zwischen der Glaubenslehre (iʿtiqād), Recht (ḥuqūq) und der Charakterbildung (aḫlāq) harmonische Verbindungen. Hierbei können die durch die Šarīʿa festgelegten Erlaubnisse (ḥalāl) und Verwerflichkeiten (ḥarām) genannt werden, die die Muslime bedingt durch ihren Glauben (īmān) respektieren.

Weiterhin resultierte aus der Forschung, dass der Religionseingeber (mušarriʿ) nur Gott allein ist und mit seiner ausdrücklichen Erlaubnis (iḏn) der Prophet Muḥammad über die normative Sunna vollendende Religionsnormen (aḥkām at-tašrīʿ) einführt, sodass eine trieborientierte (hawā) Reformation der islamischen Religion und ihrer Theologie nicht möglich sind.

Der Mensch ist als Geschöpf (maḫlūq) ein unvollkommenes und vergängliches Wesen, wobei der Schöpfer vollkommen, unendlich und unfehlbar ist. Der Prophet Muḥammad ist in Religionsangelegenheiten unfehlbar (ʿiṣma ʿan al-ḫaṭaʾ), wobei er in weltlichen Themen wie in den humanen Wissenschaften (ʿulūm) fehlbar sein kann.

Die islamische Religion und somit der innere Kern des Fiqh gründet auf göttlich-unfehlbares Offenbarungsrecht (ḥuqūq Allāh). Ihre Erstquelle ist nach islamischem Glaubensverständnis der unveränderliche und unverfälschte Koran, der unter dem Schutz des Schöpfers steht und in die Generationsfolge gesichert übertragen wird (tawātur). Der Koran zeichnet sich dadurch aus, dass er nach islamischem Glaubensverständnis sowohl in seinen Ausdrücken (alfāẓ) als auch in seinen Bedeutungen (maʿnā) von Gott stammt, dieser in seiner Allwissenheit über die elementaren Bedürfnisse (ḥāǧāt) seiner Geschöpfe in Kenntnis ist und ihre Anatomie kennt.

Der Koran enthält nach islamischer Glaubensüberzeugung daher die grundlegenden universellen Prinzipien und Werte des Menschen, die den zeitübergreifenden humanen Bedürfnissen in wandelnden, zeitlichen und örtlichen Umständen gerecht wird. In dieser Hinsicht stellt das islamische Recht (fiqh) mittels der Iǧtihād-Praxis einen entwickelbaren Bereich, wodurch die islamischen Rechtsgelehrten in Einklang mit den universellen Religionsquellen den zeitlichen und den örtlichen Bedürfnissen (ḥāǧāt) und Interessen (maṣāliḥ) der Muslime entsprechende Empfehlungsgutachten (fatāwā) ausarbeiten müssen.

Unter dem Universalcharakter werden die universellen Ziele und Werte verstanden, sodass das islamische Recht (fiqh) nicht auf eine bestimmte Region oder Ethnie reduziert werden kann und alle Einzelnen betrifft. Ein offener Beleg dafür ist, dass der Schöpfer alle Geschöpfe schöpft unabhängig ihrer Hautfarbe, ethnischen Herkunft, Rasse oder Sprache. Hierbei steht das Sendungsmotiv des Propheten Muḥammad als Barmherzigkeit für alle Welten (KORAN, 21:107), seine Sendung an alle zeitübergreifenden Menschengenerationen (KORAN, 7:158) und die Symbolik als Siegel der Prophetenreihe (KORAN, 33:40). Dieser Universalcharakter stellt den zeitübergreifenden Charakter der islamischen Religion (šarīʿa) dar, wobei zeit- oder regionalbegrenzte Zuschreibungen nicht möglich sind. In spezieller Hinsicht berichtet die Offenbarung in KORAN 45:18; 6:83–90; 42:13 über die Fortführung der vorislamisch-abrahamitischen Offenbarungsreligionen durch die islamische Religion (dīn), sodass sie einen universellen überzeitlichen Anspruch erhebt. Sie regelt in ihrem zeitübergreifenden Charakter die soziomoralischen und die soziofinanziellen Bedürfnisse eines Menschen ohne dabei die offenbarte Religionstruktur verändert zu haben. Der soziale Lebensbereich des Einzelnen ist den ständigen Veränderungen ausgesetzt, worauf sich „das Recht" allgemein einstellen muss. Zur Sicherung der Universalität muss die Religion an sich statisch, aber den zeitlich-örtlichen wandelnden Kontextbedingungen entsprechend für innovative Fortentwicklungen offen sein. Hier ist zu betonen, dass eine Reformation der islamischen Religion oder ihrer systematischen Theologie (ʿilm al-kalām) nicht erlaubt ist.

Karaman ist einer der wichtigen islamischen Rechtsgelehrten in der Türkei, der für ein zeitgemäßes Innovationsverständnis der islamischen Religion eintritt ohne die Religion oder ihre systematische Theologie (ʿilm al-kalām) zu verändern. Sein innovativer Methodenansatz zur Verständnisbildung eines zeitgemäßen Religionsverständnisses liegt in der religiösen Tradition (islām) begründet, nach der die Glaubenstradition des monotheistischen Einheitsglaubens (tauḥīd) und die damit verbundene religiöse Lebenweise (dīn) bewahrt wird (maḥfūẓa). Eine trieborientierte systemphilosophische Mutation der systematischen Theologie (ʿilm al-kalām), wie durch Atheismus, ist in der islamischen Theologie (ʿulūm al-islāmīyya) nicht möglich.

Aus soziokultureller Perspektive auf die Prophetenperiode resultierte aus der Forschung, dass in der dreiundzwanzigjährigen Offenbarungszeit der islamischen Religion auf der Werteebene wichtige soziomoralische Veränderungen durchgeführt wurden. Die in der vorislamischen Ǧāhilīya-Zeit stattgefundenen Ausbeutungen der finanziell-schwachen Menschen durch die Reichen, damit die Missachtung von Recht und Gerechtigkeit zeichnen die sozialmoralische und die soziofinanzielle Wertekrise unter den damaligen vorislamischen Arabern aus. Durch die partiellen göttlichen Offenbarungseingebungen an den Propheten Muḥammad und durch dessen religionspädagogische Sozialisation erlangten die Prophetengefährten (ṣaḥāba) universelle Menschenwerte, welche den soziomoralischen Wandel kennzeichnen. Dieser zeichnet sich insbesondere dadurch aus, dass jeder Mensch unabhängig seiner Hautfarbe, Sprache, Religionszugehörigkeit oder Ethnie durch die Faktizität des Menschseins die universellen Menschenrechte besitzt, die von allen Menschen zu achten und zu respektieren ist.

Die historisch-muslimischen Zivilisationen zeichnen sich insbesondere dadurch aus, dass sie den Andersgläubigen ihre Rechte und Freiheiten einräumten. Sie wurden als Teil der Gemeinschaft (umma) anerkannt und standen mit den Muslimen in interkulturellen Beziehungen. Zu den universellen Werten der islamischen Religion gehören der Schutz der Wirtschaft vor der Zinsenfalle (ribāʾ) und die Sicherung der Menschenwerte wie Leben (ḥayy), Eigentum (māl), Religion (dīn), Vernunft (ʿaql) und Nachwuchs (nasl) und weitere wichtige Werte.

Die Šarīʿa-Normen besitzen daher entscheidende Zweckmotive (ʿilal) und Ziele (maqāṣid), die auf das Wohlergehen (maṣlaḥa) des Einzelnen (fard) und des Kollektivs (ʿamma) abzielen. Unter diesen Gruppen nimmt sie die soziale Gerechtigkeit (ʿadāla al-iǧtimāʿīyya) als „Wert" in Schutz, in dem sie die Rechte (ḥuqūq) der finanziell-schwachen Personen sicherstellt, die Wohlhabenden zur Almosengabe (zakāt) im Sinne einer Vermögenssteuer verpflichtet und zu freiwilligen Wohltätigkeitsspenden (ṣadaqa) anreizt.

Zur Sicherung der universellen Werte und zum Wohlergehen (maṣlaḥa) des Einzelnen stehen die Gründe (ʿilal), die Intentionen (maqāṣid), die Weisheiten (ḥikam) der Religionsnormen in spezieller Relation (ʿalāqa). Die islamischen Rechtsgelehrten (fuqahāʾ) erhalten die Pflicht die ʿIlla-Maqāṣid-Ḥikma-Beziehung der Šarīʿa-Normen zu erkunden, die eine gesonderte Iǧtihād-Durchführung erfordert. Falls sich die kontextuellen Umstände wandeln und die vorgegeben Normzwecke nicht vorliegen, dann kann diese Norm vorübergehend auf Eis gelegt werden. Besondere historische Beispiele hierfür sind die wichtigen Verdienste des Kalifen ʿUmar bin al-Ḫaṭṭāb, der zum Gemeinwohl (maṣlaḥa) einige verbindliche Normen (aḥkām) in die Praxis nicht umsetzen ließ.

Die in der historisch-islamischen Jurisprudenz bedingt durch die islamischen Wissenschaftsentwicklungen, der Freiheiten im Iǧtihād und letztendlich in der Gemeinschaftsanerkennung etablierten Rechtsschulen (maḏāhib) sind nach Karaman sehr wichtig und als Barmherzigkeit (raḥma) für die Glaubensgemeinschaft (umma) zu verstehen.

Der damit einhergehende Rechtsschulenpluralismus hat trotz der Rechtsschulendifferenzen zur fruchtbaren Entwicklung der islamischen Jurisprudenz beigetragen. Auch wenn Karaman sich offen der ḥanafitischen Rechtsschule zugehörig fühlt, zeichnet sich sein Ansatz dadurch aus, dass er den Meinungen aller sunnitischen Rechtsschulen (maḏāhib ahl as-sunna) einen sehr großen Stellenwert einräumt, ohne dabei auf einer Rechtsschule (maḏhab) zu beharren. In Spezialfällen erfüllt ein gläubiger Muslim seine Pflicht auch dann, wenn er sich nach einer der sunnitischen Rechtsschulenmeinungen richtet und in die Handlung (ʿamal) umsetzt.

Dies bestätigt die Erkenntnis, dass Karaman den Rechtsschulenpluralismus als Barmherzigkeit (raḥma) versteht und nicht als rivalitäre Spaltung (fitna). In der arabischen Linguistik bedeutet der Begriff für Rechtsschule „maḏhab", im Deutschen „eingeschlagener Weg, angenommene Meinungsströmung". Als Fachbegriff im Uṣūl al-Fiqh wird unter „maḏhab" der befürwortend-eingeschlagene Weg von Rechtsmeinungen verstanden, der am Endresultat des Iǧtihād vertreten wird. Zu den Entstehungsgründen der sunnitischen Rechtsschulen fallen die Verständnisunterschiede in der Kommentierung (tafsīr) der Textbelege (nuṣūṣ), der Erhalt und Nichterhalt von tradierten Ḥadīṯen und der Anerkennungsunterschied des Iǧtihād unter dem Bewährungskriterium. Schließlich haben sich im sunnitischen Mainstream (ahl as-sunna) die vier sunnitischen Rechtsschulen (maḏāhib ahl as-sunna) etabliert.

In seinem Rechtsdenken zeichnet sich Karaman dadurch aus, dass das islamische Recht (fiqh) auf Basis unabänderlicher Quellen für innovative Entwicklungen offen ist. Hier weist er zum Beispiel auf den bedürfnisdeckenden Charakter des Fiqh hin, wonach durch tiefgründige Rechtsfindungen (iǧtihād) und Gutachten (fatāwā) zeitgenössische Herausforderungen an das islamische Recht begutachtet werden können. Aus dieser Erkenntnis heraus vertritt er die Meinung, dass das Tor des Iǧtihād durch die Heranbildung von verantwortungsbewussten islamischen Rechtsgelehrten (fuqahāʾ) jederzeit geöffnet ist. Daraus folgt, dass das Iǧtihād-Tor im Laufe der islamischen Rechtsgeschichte nicht geschlossen wurde, in bestimmten historischen Epochen der Jurisprudenz aber von speziellen Stagnationsphasen auszugehen ist.

Die drei frühislamischen Generationen der Prophetengefährten (ṣaḥāba), die Zweitgeneration (tāʿbiūn) und die Drittgeneration (tābiʿū t-tābiʿīn) kennzeichnen nach Karaman die goldene Reifephase des Iǧtihād, in der die Rechtsgelehrten (fuqahāʾ) aufgrund ihrer zeitlichen Nähe zur Lebenszeit des Propheten Muḥammad, in ihrer Glaubensüberzeugung (īmān) und in ihrer Orientierung nach seinem guten Vorbild die Entwicklungsanfänge in den islamischen Rechtswissenschaften bezeugten und die neuen Einzelfälle durch Iǧtihād begutachteten.

Das Quellenverständnis (fiqh) ist letztendlich ein Verständnisprodukt eines Rechtsgelehrten (faqīh), welcher die lokalen Umgebungsbedingungen und die soziokulturellen Entwicklungen zu seiner Lebenszeit mit berücksichtigt. Auch wenn seit der Folgezeit der Prophetenperiode bis in die säkulare Post-Moderne zu gleichen islamischen Rechtsfragen verschiedene Iǧtihād-Lösungen dargelegt wurden, sind diese nach Karaman als Barmherzigkeit für die Muslime zu verstehen. Unter Berücksichtigung der ersten drei frühislamischen Generationen waren die verschiedenen Iǧtihād-Ergebnisse zu gleichen Rechtsthemen für die islamischen Rechtsgelehrten untereinander keine Ursache für Missbilligungen. Deswegen sind zu Iǧtihād-Lösungen dieser Zeiten untereinander keine großen Vorwürfe gestellt worden.

In der Zeit zwischen den vier sunnitischen Rechtsschulenimāmen bis ins vierte Jahrhundert n.d.H. sind nach Karaman keine übergroßen Ereignisse entstanden, die die ermessensbedingte Erwählung von Iǧtihād-Lösungen durch den Taqlīd, die Kontroverse über das Befinden von Muǧtahids und die blinde Übernahme von Rechtsschulenmeinungen (taqlīd al-maḏāhib) betreffen. Seit der Prophetenperiode bis in die Mitte des vierten Jahrunderts n.d.H entwickelte sich das islamische Recht (fiqh) seiner Ansicht nach im Lichte der Primärquellen (šarīʿa) und unter der Berücksichtigung des Not- (ḍarūra) und Wohlergehensprinzips (maṣlaḥa), wobei die veränderten Lebensbedingungen der Muslime beachtet wurden.

In Notlagen (ḍarūra) wurden religiöse Verwerflichkeiten (ḥarām) im Iǧtihād-Verfahren in die Ausnahmegenehmigung (ruḫṣa) umgewandelt, um angemessene Rechtslösungen zu erzielen. Zudem berücksichtigten die Rechtsgelehrten (fuqahāʾ) im Interesse (maṣāliḥ) der Menschen die lokalen Gewohnheitstraditionen (ʿurf), wonach sie die Norm (ḥukm) darlegten.

Daher vertritt Karaman die Ansicht, dass die Iǧtihād-Praxis zu allen Zeiten eine Pflicht (farḍ) und eine Lebensnotwendigkeit (ḍarūra) ist. Seiner Meinung nach kann jeder Muslim mit entsprechender Erlaubnis *iǧtihād* durchführen, in der bei Bedarf mit den muslimischen Sozial- und Wirtschaftswissenschaftlern eine Iǧtihād-Kommission (šūrā) gegründet werden kann. Die Konsensbildung (iǧmāʿ) einer solchen Kommisssion ist im Vergleich zum Iǧtihād von Einzelpersonen im rechtlichen Sinne viel stärker.

Im Denken von Karaman änderte sich im vierten Jahrhundert n.d.H. die friedlich-produktive Rechtsorientierung in der islamischen Jurisprudenz, welche auf verschiedene Motive zurückzuführen ist. Die gerechte Erlernung und Anwendung des Iǧtihād-Verfahrens wurde durch den Taqlīd ersetzt, die gerechte Tätigkeit eines Muǧtahid durch einen Muqallid, die Iǧtihād-Ausführung zu allen Religionsfällen einschließlich auch der Methodologie (iǧtihād al-muṭlaq) durch die Bindung an bestimmte Rechtsschulenmeinungen (taqlīd al-maḏhab). Unter diesen Gegebenheiten wurde in der Geschichte der islamischen Jurisprudenz die Vermutung (ẓann) einer Geschlossenheit des Iǧtihād-Tors (insidād bāb al-iǧtihād) vertreten.

Diese Stagnationsphase dauerte vom vierten bis ins siebte Jahrhundert n.d.H. an, wobei in dieser Zeit ein Bruch der politischen Einheit zu verzeichnen ist, sodass die geistige Bindung zum Zentrum unterbrochen wurde. Trotz dieser nachhaltigen Entwicklungen, erreichten die wichtigen Entwicklungen in den islamischen Wissenschaften wichtige Fortschritte.

Beispielhaft können nach Karaman die Reifeperioden unter den Seldschuken und unter den ägyptischen Fāṭimīden genannt werden. Seiner Ansicht nach schwächte sich die Vollendungsfunktion des geistigen Iǧtihād-Verständnisses parallel zur Gesamtabschwächung ab. Diese Entwicklungen führten dazu, dass die ausschließliche Bindung zur eigenen Rechtsschule (maḏhab) durch den Taqlīd ersetzt wurde. Die Entstehungsmotive von Gelehrtenkontroversen (asbāb al-iḫtilāf) liegen in der zunhemenden Schwächung der geistigen Iǧtihād-Kultur, in den Normenvermehrungen durch den Iǧtihād im Vergleich zu den Textnormen (nuṣūṣ), im Rechtsschulfanatismus, in Eigennützlichkeiten der klassischen Lehrschulen (madāris) und in den politischen Druckausübungen auf die theologischen Wissenschaften begründet. Durch die Entwicklungen in den islamischen Rechtswissenschaften der Folgegenerationen, erreichte die islamische Jurisprudenz nach Karaman einen sehr großen wissenschaftlich-systematisierten Umfang, der sich im Laufe der wissenschaftlichen Geschichte in paralleler Entwicklung zu den humanen Wissenschaften weiter ausweitet.

Das Hauptmotiv für die langsamen Entwicklungen der Muslime in der Moderne liegt nach Karaman darin, dass sie die religiösen Pflichten (farāʾiḍ) mehr und mehr vernachlässigten. Zur Vorkehrung müssen sie sich zu den grundlegenden Wahrheiten der islamischen Religion besinnen und über die Weisheiten (ḥikam) und Werte der islamischen Religion Gedanken machen. Die geistige Stagnationsphase ist dadurch zu überwinden, indem die Religions- und Weltangelegenheiten im Alltag ihre beidseitigen Anerkennungen erhalten, der Taqlīd, die erfundenen Ḥadīṯe (aḥādīṯ mawḍūʿa) und der Rechtsschulenfanatismus verlassen werden.

Diese Tatsachen führen die Muslime unauschweichlich vor eine Wegerwählung.

Entweder sie erwählen den falschen Weg der theologischen Unwissenheit, wodurch sie infolge des Taqlīd allmählichen Gefahren ausgesetzt sind, oder sie entscheiden sich für den richtigen Weg der Iǧtihād-Praxis im Verständnis der rechtgeleiteten Gelehrten (salaf al-ṣāliḥ). Dieser zweite Weg ermöglicht die aktive Iǧtihād-Durchführung entsprechend den wandelnden Umständen und leitet einen innovativen Aufschwung ein, in dem die Bedürfnisse und die Nachfragen der Muslime angenommen werden. Dieser zivilisatorische Prozess bedarf dem standhaften Glauben (īmān) an die Einheit Gottes (tauḥīd), des gesicherten Wissens (ʿilm al-yaqīnī) und der zutreffenden Gedanken, wobei der Taqlīd ausgeräumt wird. Zur Festigung der zwischenmenschlichen Beziehung (muʿāmalāt) bedarf es der Demokratie, der Menschenrechte, des friedlichen Miteinanders in der Anerkennung der Rechtsschulendifferenzen, nützliche Kulturaktivitäten und das Entgegenwirken gegen Unwissende. Unter Berücksichtigung dieser Kriterien entstanden im zwanzigsten Jahrhundert nach Karaman zwei Strömungen. Diese sind die Modernisten und die Post-Modernisten.

Die Modernisten gehen aus erkenntnistheoretischer Sicht der systematischen Theologie (ʿilm al-kalām) ausschließlich nach den Prinzipien der Rationalität und der Nützlichkeit aus, wobei sie die bisherigen Entwicklungen und Methoden (uṣūl) der islamischen Theologie (ʿulūm al-islāmīyya) „zusammenhanglos" interpretierten. Dieser häretische Modernisumus vertritt die Sicht, dass sowohl der Geist vom Typus des Korans, als auch die Absichten von den koranischen Anwendungsbeispielen zu trennen sind. Dieser systemtheologische Methodenansatz des Modernismus wird von Karaman scharf kritisiert und abgelehnt.

Die Post-Modernisten wenden die klassisch-islamische Methode (uṣūl) mit Rücksicht auf die Entstehungszeit der islamischen Religion und der historischen Jurisprudenz-Entwicklungen über die verschiedenen Zeitepochen der Prophetengefährten, der sunnitischen Rechtsschulenimāme bis in die Post-Moderne an. Im Rahmen dieser theologischen Methodenanwendungen werden die Primärquellen (šarīʿa) im zeitgenössischen Verständnis kommentiert, ohne dabei das überlieferte Religionsverständnis in seinen Grundzügen zu verändern.

Unter Einbezug der „Šarīʿa-Belege" werden die Religionsfälle verantwortungsvoll, neu und adressatengerecht begutachtet. Hier kennzeichnet sich das innovative Denken von Karaman durch die sehr großen Wertschätzungen der Verdienste von allen islamischen Rechtsgelehrten (fuqahāʾ), die zu ihrer Lebenszeit ein würdiges islamisches Religionsverständnis vertraten. Diesbezüglich nennt er in seinen Veröffentlichungen wichtige Rechtsgelehrte (fuqahāʾ), auf dessen Meinungen er seine zeitgenössischen Gutachten (fatāwā) nach vorheriger zeitgemäßer Relevanzprüfung stützt.

Die Quellen- und Methodenlehre des islamischen Rechts (uṣūl al-fiqh) ist eine unverzichtbare Methode zur Problemlösung der zeitgenössischen Herausforderungen an das islamische Recht (fiqh), die den erforderlichen Bedürfnissen (ḥāǧāt) von Muslimen gerecht werden kann. Diese Perspektive von Karaman ist für die soziokulturelle Innovation (taǧdīd) offen und zeichnet seinen Blick auf die alltäglichen Fälle in den Religionsangelegenheiten aus.

Die Gelehrten Ǧamāl ad-Dīn al-Afġānī (gest. 1897), Muḥammad ʿAbduh (gest. 1905) und Rašīd Riḍā (gest. 1935) haben durch ihre Denkweisen und Positionen auf die Gedanken von Karaman entscheidende Einflüsse. In genauer Analyse ist hier festzustellen, dass alle drei der fortwährenden bliden Meinungsübernahme (taqlīd) entgegentreten, sich für das Miteinander der Muslime einsetzen und für die wissenschaftlichen Fortschreibungen in den Rechtswissenschaften einstehen, sich vom Rechtsschulenfanatismus distanzieren und sich offen für die Iǧtihād-Praxis einsetzen. Daher vertreten alle drei die Ansicht, dass das Tor des Iǧtihād (bāb al-iǧtihād) nicht geschlossen ist und die Muslime zu allen kontextuellen Umständen und Örtlichkeiten auf die Rechtsfindung (iǧtihād) angewiesen sind.

In der Methodenanalyse von Karaman stellte sich heraus, dass er alle sunnitischen Rechtsschulenmeinungen zu einem Thema heranzieht, diese tradiert und ohne die ausschließliche Bindung zu einer bestimmten Rechtsschule (maḏhab) diese analysiert und seinem Ermessen nach eine davon erwählt. Falls zu einem Fall verschiedene Rechtsmeinungen vorliegen, geht er in seinen Analysen von der Beleggewichtung aus, vergleicht diese miteinander und erwählt die Gewichtigere. In Fällen mit vorliegendem Iǧmāʿ ist nach Karaman Iǧtihād grundsätzlich nicht zulässig. In Fällen ohne vorliegenden Iǧmaʿ, verteidigt er die Iǧtihād-Praxis. Diese kann seiner Meinung nach auch dazu führen, dass die Überlieferungsbelege (al-adillat an-naqlīyya) vernachlässigt werden. In einer solchen Lage kann die Erwählung von gewichtigen Belegen den Situationsumständen kontrovers erscheinen.

In Hinblick auf Gutachten (fatāwā) resultierte aus der Arbeit, dass Karaman in vielen Angelegenheiten zur dynamischen Vereinfachung der Sachlage bedürfnisorientiert und vorausschauende Lösungen anbietet, indem er sich auf das Notprinzip (ḍarūra) beruft und die Grenzen der Primärquellen (šarīʿa) nicht übertritt. Somit können die Muslime wie zum Beispiel in einer gesundheitlichen Notlage (ḍarūra) auch alkoholische Arzneimittel einnehmen, sofern keine anderweitigen erlaubten (ḥalāl) Arzneimittel vorliegen. Außerdem beachtet Karaman hierbei die Weisheiten (ḥikam) und die Intentionen (maqāṣid) der Islamischen Religion. In genereller Betrachtung seiner Meinungen ist erkennbar, dass er zum Wohl und Interesse (maṣāliḥ) der Muslime ein flexibles islamisches Rechtsverständnis vertritt.

Mit einem gesunden islamischen Glaubensbewusstsein (īmān) ist es nach Karaman zwingend erforderlich die Glaubenstradition in die Rechtmäßige und in die Nichtige zu trennen. Die rechtmäßige Glaubenstradition des Einheitsglaubens (tauḥīd) setzt die Einbindung der Šarīʿa voraus und fordert die dringliche

Fortführung der bekenntnisgebundenen Lebensweise (dīn), ohne dass dabei die islamischen Religionsessenzen im genetischen Sinne verändert werden. Alle entgegengesetzten unislamischen Glaubenstraditionen oder Glaubensanschauungen sind aus islamischer Perspektive nichtig und müssen von den Menschen verlassen werden.

In den ersten drei Jahrhunderten n.d.H. blieben die Rechtsgelehrten (fuqahā'), angesichts der innovativen Entwicklungen, den Primärquellen (šarīʿa) treu. Ihre Herabsendung und ihre Ziele (maqāṣid) wurden dem geistig-komplementärem Einheitsverständnis nach offen dargelegt. In den Folgejahrhunderten traten in der klassisch-islamischen Jurisprudenz in der Taqlīd-Kultur verschiedene Denkweisen und Ausführungen hervor, welche den Verlautbarungen und dem geistigen Verständnis der islamischen Religion entgegenstanden.

Im zweiten und im dritten Jahrhundert n.d.H. haben sich die Bestrebungen zur Trennung der rechtmäßigen Tradition von der Nichtigen gehäuft. Hayreddin Karaman stellt fest, dass am Endpunkt innovativer Bestrebungen auch ungleichmäßige, der islamischen Religionsessenz fremde, gefährliche Denkweisen und Haltungen entstanden. Der Mittelpunkt dieser gefährlichen Initiativen war die Loslösung von der klassischen Rechtsmethode (uṣūl al-fiqh), die Ablösung von der Prophetensunna und die Neuinterpretation des Korans. Eine solche gefährliche Annäherung der „historisierenden Methode“ ist eine Einsperrung des Korans in die Entstehungshistorie. Dieser modernistische Ansatz versteht zwar die Offenbarung (waḥy) in ihrer Universalität, jedoch sind ihre Teilerklärungen, Lösungsansätze und Normen ihrem Verständnis nach nicht normbildend. Karaman kritisiert den Modernismus, der unislamische Zwecke und Lebensformen verfolgt und mit einer „islamischen Kleidung“ versehen wird. Für ihn ist diese Methode nur ein Beispiel zur Erzielung von religionsgenetischen Erneuerungen (bid'a), wodurch kein zeitgemäßes islamisches Religionsverständnis entsteht, sondern gerade überwunden wird.

Unter tiefgründiger Besinnung auf die Quellen- und Methodenlehre des islamischen Rechts (uṣūl al-fiqh) können die universellen Werte der islamischen Religion entdeckt werden. Dadurch ist es möglich, dass im geistigen Religionsverständnis der Šarīʿa-Belege neue Lebensmodelle entdeckt werden, die den Menschen zur Glückseligkeit führt, die islamische Mystik (taṣawwuf) als Kernessenz der islamischen Religion versteht und diese von ihr nicht unabhängig betrachtet.

Im Denken von Hayreddin Karaman verpflichtet die Demokratie zu den Menschenrechten, in dem die Rechte und die Freiheiten des Einzelnen geschützt und de facto eingeräumt werden müssen. Seiner Meinung nach ist die islamische

Religion ihrem Charakter nach mit der allgemeinen Menschenrechtserklärung der Vereinten Nationen von 1948 und der allgemeinen Menschenrechtserklärung des Europakonvents von 1950 vereinbar. Bei Karaman erhalten die Demokratie, die Menschenrechte und der Pluralismus in der heutigen säkularen Post-Moderne eine große Bedeutung, die unter den gegenwärtigen Bedingungen erkundet werden. Hierbei gilt die Bedingung, dass die islamische Religion und ihre hervorgebrachte Theologie in ihrer natürlichen Integrität (fiṭra) bewahrt werden muss und im Sinne einer Religionsmutation nicht verändert werden darf. Das arabische Wort für die natürliche Religionsintegrität ist „fiṭra", welche in der arabischen Linguistik im Deutschen „Schöpfung" und „Natur" bedeutet.

Nach epistemologischem Verständnis wird unter „fiṭra" der natürliche Zustand der Schöpfung (maḫlūqāt) verstanden, in welcher der Schöpfer seinen Geschöpfen von der Schöpfungsnatur aus die Möglichkeiten zur Gotteserkenntnis befähigt. Die islamische Religion versteht sich als gesichert-übertragene, unveränderte, universelle, überzeitliche Wertereligion mit geschützter Religionsintegrität (fiṭra), welche die Natürlichkeit (fiṭra) der Schöpfung und der Geschöpfe berücksichtigt, diese schützt und ein dynamisches Gleichgwicht zum islamischen Recht (fiqh) stellt. Die folgende Offenbarungsstelle bestätigt diese Erkenntnis eindeutig:

فَأَقِمْ وَجْهَكَ لِلدِّينِ حَنِيفاً فِطْرَةَ اللهِ الَّتِي فَطَرَ النَّاسَ عَلَيْهَا لَا تَبْدِيلَ لِخَلْقِ اللهِ ذَلِكَ الدِّينُ الْقَيِّمُ وَلَكِنَّ أَكْثَرَ النَّاسِ لَا يَعْلَمُونَ

„Richte nun dein Antlitz auf die (einzig wahre) Religion! (Verhalte dich so) als Hanif! Das (ein solches religiöses Verhalten) ist die natürliche Art, in der Gott die Menschen erschaffen hat. Die Art und Weise, in der Gott (die Menschen) geschaffen hat, kann man nicht abändern. Das (d.h.der Islām) ist die richtige Religion. Aber die meisten Menschen wissen nicht Bescheid."[1311]

Der Begriff „fiṭra" erhält daher eine umfangreiche Bedeutung in Bezug zur Schöpfung des Menschen, seiner Attribute, seiner Charakterbildung, seiner biologischen Natur aus Körper (ǧaṣad) und Geist (rūḥ) und seiner natürlichen Bedürfnisse. Somit besteht im Denken von Karaman eine Einheitsbeziehung (ʿalāqa) zwischen dem Islam und der Integrität (ḥurma) der Schöpfungsmaterie (fiṭra), die die Schöpfungsnatur (fiṭrat al-maḫlūqāt) schützt.

Unter dem Schutz der Religionsintegrität (ḥurma), wobei die vollendete Šarīʿa unveränderlich ist, besitzt das islamische Recht (fiqh) besondere

1311 KORAN, 30:30.

Rechtsprinzipien, welche für die innovativen Entwicklungen (taṭawwur) im islamischen Recht (fiqh) offen sind. In dieser Hinsicht berücksichtigt sie in ihren Bestimmungen und Prinzipien die natürlichen Bedürfnisse (ḥāǧāt) eines Menschen schon mit der Befruchtung der Keimzellen bis über den Tod hinaus.

Die Intentionen der Religion (maqāṣid aš-šarīʿa) wie die Schutzstellung der Menschenwerte wie Leben, Eigentum, Religion, Vernunft, Nachwuchs zielen auf die Existenssicherung eines Menschen ab. Die religionsbedingt determinierten Erlaubnisse (ḥalāl) und Verwerflichkeiten (ḥarām) beabsichtigen letztendlich die Sicherstellung dieser Werte, welches Einhalten der Vernunft (ʿaql) und dem Gewissen eines Menschen überlassen ist. Karaman setzt sich für die Sicherstellung dieser universellen Werte ein und befürwortet ihre religionspädagogische Vermittlung an die muslimischen Kinder, welche durch die Menschenrechte möglich ist.

Seiner Ansicht nach haben die heutigen islamischen Rechtsgelehrten in der Ableitung und in der Erörterung von Textnormen (nuṣūṣ) eine Verantwortung, nach welcher sie zwischen ihren normativen Formen und Essenzen ein Gleichgewicht herstellen müssen. Diese Abwägung zielt darauf ab, dass die Muslime in ihren Lebensumständen ihre religiöse Identität, die Glaubenstradition der Einheit (tauḥīd), die gottesdienstliche Praxis (ʿibādāt) und allumfassend die religiöse Lebensweise bewahren, sich in ihrer eigenen Glaubensidentität nicht verfremden, sich trotzdem an die kulturellen Lebensbedingungen des eigenen Umfeldes anpassen können. Zur gerechten Gleichgewichtung bedarf es nach Karaman dem Einstudieren der Prinzipien (qawāʿid), wie den Analogieschluss (qiyās), die Billigkeit (istiḥsān), das Wohlbefinden (istiṣlāḥ), das Gewohnheitsrecht (ʿurf), welche unter den heutigen Lebensumständen im geistigen Einklang mit der Religion erkundet werden. Hier gilt, dass diesbezüglich auch die klassischen Werke einstudiert werden, welche auf die nötigen Wirkungsbeziehungen der Rechtsgründe (ʿilal) mit den religiösen Weisheiten (ḥikam) eingehen. Diese Analyse ist von großer Bedeutung, um das gerechte islamische Religionsverständnis zu bilden. Daher dürfen die ʿIlla-Maqāṣid-Ḥikma-Beziehungen der Šarīʿa-Normen nicht vernachlässigt werden.

In seinen über fünfzigjährigen wissenschaftlichen Tätigkeiten und nationalen/internationalen Erfahrungen hat Hayreddin Karaman mit großem Eifer dazu beigetragen, dass seine Schüler und Studenten eine qualitativ-hohe wissenschaftliche Theologiebildung erhalten. Dies zeigt sich heute dadurch, dass einige von ihnen in der türkisch-islamischen Theologieforschung sehr berühmt geworden sind. Durch seine Publikationen und Tätigkeiten hat Karaman einen großen Anteil, dass die Muslime in der Türkei zu zeitgenössischen Fragen an das islamische Recht (fiqh) bedürfnisdeckende Empfehlungsgutachten (fatāwā) erhalten.

Diese Erkenntnis ist dadurch zu erschließen, dass seine Rechtsmeinungen oft herangezogen werden. Mit diesen ehrenvollen Tätigkeiten im Dienste der Glaubensgemeinschaft hat er mit seinen vielen Publikationen die würdevolle Anerkennung der breiten türkischen Bevölkerung erreicht. Durch seine zahlreichen Teilnahmen und Vorträge an internationalen Tagungen und Symposien und in der Wahrnehmung von internationalen Lehraufträgen, wie in den Niederlanden, besitzt er sehr reichhaltige akademische Auslandserfahrungen.

Neben seinen akademischen Tätigkeiten hat er in Kooperationsarbeit mit seinen Freunden im Istanbuler Stadtteil Üsküdar/Bağlarbaşı die Verantwortung zur Errichtung des weltweit bekannten Forschungszentrums „TDV İSAM" (türk. Türkiye Diyanet Vakfı İslâm Araştırmaları Merkezi) übernommen, welche heute die İstanbul 29 Mayıs Universität mit einschließt.

Durch seine großen Verdienste in der islamischen Theologieforschung, seiner professionellen Beratungen und Expertisen in der Etablierung der privaten zinslosen Finanzinstitutionen, wie der Beteiligungsbanken (türk. katılım bankaları) in der Türkei, hat er zahlreiche große Preise und Ehrungen erhalten. Trotz all dieser sehr großen Erfolge wird er von einigen türkisch-islamischen Theologen kritisiert. Mit Rückblick auf seine Vergangenheit betraf der größte Kritikpunkt, seine Buchübersetzung von Ahmed Hamdi Akseki unter dem Originaltitel „Mezâhibin Telfıḳki ve İslâm'ın Bir Noktaya Cem'i" (Zusammenführung der Rechtsschulen und die Zusammentragung des Islam), das 1914 publiziert wurde. Karaman veröffentlichte seine Vereinfachung unter dem Titel „İslâm'da Birlik ve Fıkıh Mezhepleri veya Mezâhibin Telfıḳki ve İslâm'ın Bir Noktaya Cem'i (Einheit im Islam, die Rechtsschulen, die Zusammenführung der Rechtsschulen und des Islam). Dieses Buch wurde 1974 von der türkischen Religionsbehörde „Diyanet" publiziert. In der Folgezeit wurde Karaman kritisiert, indem ihm Rechtsschulenlosigkeit und häretischer Modernisumus vorgeworfen wurde. Einer der Buchkritiker war sein ehemaliger Hochschullehrer Ahmed Dâvudoğlu, mit dem er zu Studienzeiten zunächst ein enges Lehrer-Schüler-Verhältnis hatte und zur theologischen Weiterbildung auch dessen Privatkurse besuchte.

Dâvudoğlu kritisiert in seiner Streitschrift unter „Die Religionsentsteller im Bestreben nach der Religionsreparatur" (türk. Dini Tâmir Davâsında Din Tahripçileri), dass Karaman den gottesdienstlichen Charakter (ʿibādāt) der Eheschließung (niqāḥ) verweigert. Karaman selbst erwidert diese Kritik, dass er den religiösen Charakter der Eheschließung eben nicht in Frage stellt, sondern die vorgegeben Religionsbedingungen (šurūṭ aš-šarīʿa) vor Augen führt. Sofern diese erfüllt werden, ist die Eheschließung islamisch gesehen gültig (mutabar), unabhängig ob die Eheschließung (niqāḥ) in der Moschee oder außerhalb, vor einem Imām oder anderweitig geschlossen wird.

Viele Vorwürfe gegen Karaman beruhen in der unvollständigen und falschen Informationsvermittlung seiner Aussagen, sodass das Thema betreffend, nicht einmal die Primärquellen (šarīʿa) herangezogen werden. Diese Personen wenden sich auch nicht an den Autor, der ihnen die nötigen Antworten geben könnte. Auf diese Art werden unnötige Diskussionen geführt, die durch Unwissenheit bedingt sind. Karaman legt das Zustandekommen der Ehe in der islamischen Religion offen dar. Aus islamrechtlicher Perspektive vertritt er in Anlehnung an die Textbelege (nuṣūṣ) und der damit verbundenen Iǧtihād-Darlegungen die Meinung, dass die Eheschließung eben kein religiöser Vertrag sein muss. In der islamischen Religion gibt es keinen heilig eingestuften Klerus, wie in der christlichen Kirche. Der Ehevertrag muss aus islamischer Sicht daher nicht unbedingt in der Moschee vor einem Imām geschlossen werden. Daher vertritt Karaman die Ansicht, dass eine standesamtliche Eheschließung unter zwei Zeugen und in beidseitigem Einvernehmen der Eheparteien islamisch anerkannt werden kann. An diesem Punkt ist sehr wichtig zu beachten, dass Karaman den religiösen Charakter der Eheschließung nicht ablehnt.

Er begreift alle Taten in den gottesdienstlichen Handlungen (ʿibādāt), zwischenmenschlichen Beziehungen (muʿāmalāt), in der Charakterbildung (aḫlāq) und im Benehmen in der Religion inbegriffen. Die Eheschließung (niqāḥ) mit aufrichtigen Zielen ist eine der gottesdienstlichen Handlungen (ʿibādāt) nahestehende Handlung (ʿamal), die mit den Gottesdiensten (ʿibādāt) wie dem Pflichtgebet (ṣalāt) oder mit dem Fasten (ṣaum) nicht zu vergleichen ist.

Im Vergleich zum Christentum, die die kirchliche Trauung vor dem Pfarrer vorsieht, muss der Ehevertrag unter der Einhaltung der Šarīʿa-Kriterien nicht in der Moschee vor dem Imām geschlossen werden. Diese Faktoren sind keine islamischen Kriterien für die Realisierung des Ehevertrags. Islamisch sind die Paare, ihre Willensäußerungen ohne Zwang, ihre Anwesenheit vor zwei Zeugen ausreichend. Während des Vertragsabschlusses wird die Brautgabe (mahr) vereinbart, die in der Šarīʿa auftaucht. Für die Ḥanafīten kann diese im Anschluss an den Ehevertrag bestimmt und vereinbart werden.

Wo auch immer die Šarīʿa-Kriterien realisiert werden, ist nach Karaman die Eheschließung anerkannt. Es ist ausreichend, wenn diese mit dem aufrichtigen Gewissen der Anwesenden beglaubigt werden. Die standesamtliche Eheschließung bei muslimischen Paaren wird nicht im Namen des Standesbeamten, sondern im Namen der Ehepaare geschlossen. Das Auschlaggebende ist, dass das Standesamt die Leitung und die Verkündung übernimmt.

In muslimischen Gewohnheitstraditionen wurde zur standesamtlichen Ehe die Eheschließung in der Moschee vor dem Imām etabliert. Da dieser über die islamischen Kriterienkenntnisse und Erfahrungen für das Zustandekommen der Ehe verfügt und die Muslime ihm vertrauen, führen sie neben der standesamtliche Ehe zur Gewissenssicherheit auch in der Moschee eine Trauung durch, in der im Anschluss oder während der Ehevereinbarung die Brautgabe (mahr) bestimmt wird und danach Bittgebete (duʿā) ausgesprochen werden.

Hayreddin Karaman akzeptiert neben der islamkonformen standesamtlichen Ehe auch die zusätzliche Ehevereinbarung in der Moschee vor einem Imām. Denn diese dient seiner Ansicht nach als Gewissenssicherheit, wenn die standesamtliche Eheschließung die Šarīʿa-Kriterien nicht erfüllt. Die säkular-laizistischen Gesetze (qānūn) im Privatrecht respektieren die unter den Muslimen etablierte Gewohnheitstradition (ʿurf). Es gilt zu beachten, dass die vorgegeben Šarīʿa-Kriterien durch die säkular-laizistischen Gesetze nicht verändert oder eingeschränkt werden dürfen, welches in der Achtung der Menschenrechte des Einzelnen begründet liegt.

In seinem Buch „Gerçek İslam'da Birlik" (Einheit im wahren Islam) verteidigt Karaman die These, dass das Tor des Iǧtihād (bāb al-iǧtihād) nicht geschlossen ist und die Iǧtihād-Durchführung jederzeit eine Pflicht (farḍ) und eine Lebensnotwendigkeit (ḍarūra) ist. Zudem betont er, dass der Taqlīd einer der vier sunnitischen Rechtsschulen (maḏāhib ahl as-sunna) erlaubt ist, welche Ansicht aber den Rechtsschulenfanatikern zuwider ist. Diese erachten den bedingungslosen, ganzheitlichen Taqlīd ihrer zugehörigen Rechtsschule als Pflicht (farḍ) an, wobei sie in der islamischen Jurisprudenz und in den zwischenmuslimischen Rechtsschulenbeziehungen einen schädlichen Rechtsschulfanatismus heraufbeschwören. Nach Karaman wirkt dieser auf das einheitliche und friedliche Miteinander der Rechtsschulen (maḏāhib) schädlich, wobei die Rechtsschulendifferenzen untereinander respektiert und geachtet werden müssen.

Das Miteinander der Rechtsschulen (maḏāhib) gründet auf die islamischen Glaubenspfeiler (īmān), die von allen Muslimen anerkannt sind. Mit diesen Argumenten durchbrach Karaman den Rechtsschulfanatismus, welcher den Muslimen ein Interaktionshindernis wurde. Bedingt durch dieses pluralistische Rechtsschulenverständnis wurde ihm zun Unrecht der Vorwurf der Rechtsschulenlosigkeit (türk. mezhepsizlik) unterstellt und damit verbunden ein wahhabitisches Verständnis vorgeworfen.

In traditionellen Kreisen wurde die pluralistische Rechtsschulenorientierung von Karaman als Auflösung der vier anerkannten sunnitischen Rechtsschulen (maḏāhib) vermutet. Dies liegt darin begründet, dass der Rechtsschulenfanatismus (türk. mezhep taassubu) sich in der ausschließlichen Legitimation der befolgten Rechtsschule im alltäglichen Leben festsetzte.

Karaman weist darauf hin, dass die hochkritisierte Buchübersetzung zur Beseitigung des Rechtsschulenfanatismus dient und nicht zur Auflösung der Rechtsschulen (maḏāhib).

Die Rechtsschule lässt sich dadurch beschreiben, dass über die Methode (uṣūl) des Rechtsschulenimāms ein Ansatz zur Ausarbeitung von Rechtsschulennormen (aḥkām al-maḏhab) befolgt wird und unter dem Bewährungskriterium innerhalb der Gemeinschaft anerkannt ist. Dieser Vorgang wird als Rechtsschulen-Iǧtihād (iǧtihād maḏhabī) bezeichnet. Die islamische Religion (dīn) reizt zum Iǧtihād an, wenn aus den Primärquellen (šarīʿa) keine offenkundigen Rechtsnormen (al-aḥkām al-qaṭʿiyya) hervorgehen. Die Rechtsgelehrten (fuqahāʾ) können in ihrer Methodenanwendung Differenzen aufweisen, wobei die erkundete Norm auf die Šarīʿa-Belege (al-adillat aš-šarʿiyya) gründet. Auch wenn bis zum vierten Jahrhundert n.d.H. mehrere Rechtsschulen (maḏāhib) existierten, wirkten diese auf das Miteinander nicht schädlich. Dies lag zum Teil darin begründet, dass die Rechtsgelehrten sich gegenseitig respektierten, auch wenn sie bei einigen Themen verschiedener Meinung waren.

Bei Bedarf führten sie Iǧtihād durch, in dem sie zu einer neuen Herausforderung eine Norm erkundeten. Auch die Laien wandten sich in ihrem Umkreis an einen Muǧtahid und erfragten diesen um ein Gutachten (fatwā), wobei sie von den verschiedenen Rechtsschulenmeinungen (aḥkām) profitierten und in Notlagen (ḍarūra) nicht auf einer Rechtsschulenmeinung (ḥukm al-maḏhab) beharrten.

Der Rechtsschulfanatismus zeichnet sich dadurch aus, dass er eine bestimmte Rechtsschule (maḏhab) mit der islamischen Religion gleichsetzt, die Verbundenheit zu einer Rechtsschule verlangt, das Abschweifen in eine andere Rechtsschule verbietet, auch wenn das Wohlbefinden (maṣāliḥ) und die Norm der anderen Rechtsschule angemessener ist. Jede sunnitische Rechtsschule ist ihrem Verständnis nach mit der islamischen Religion vereinbar, wobei diese nicht auf eine Rechtsschule begrenzt werden kann. Der Rechtsschulfanatismus ist daher eine Irrung. Letztendlich schadet dieser das einheitliche Miteinander der Rechtsschulen, wodurch die Muslime feindschaftlich begegnen und größere Konflikte entstehen. Daher müssen sie sich nach Karaman vom Rechtsschulfanatismus entfernen.

In Hinblick auf die Beteiligungsbanken resultierte aus der Forschung, dass diese maßgeblich die reelle Wirtschaft finanzieren, im Bankensektor wichtige Finanzdienstleistungen anbieten, Waren auf Rechnung kaufen und verkaufen und die Handelsprozeduren aufzeichnen. Somit wird die informelle Wirtschaft ausgeräumt und die reelle produktive Wirtschaft gefördert. Die von den Kapitalinvestoren erhaltenen Vermögensinvestitionen werden nach dem Prinzip der Zinslosigkeit für handelsorientierte und industrielle Zwecke investiert und die Erträge und die Verluste partnerschaftlich geteilt.

Die Finanzbedürfnisse der Handels- und Industriewirtschaft im privaten und institutionellen Sektor werden über diese wesentlich gefördert und dadurch neue Arbeitsplätze errichtet. Die Beteiligungsbanken händigen keine Kapitalkredite aus, sondern setzen sich für die Bedürfnisse (ḥāǧāt) eines Menschen (des Volks) ein. Ihre Erträge und Verluste erzielen sie über zinsloses Einkaufen und über Handelsprozeduren.

Der Grundgedanke der Beteiligungsbanken ist das Prinzip der Zinslosigkeit, nach welcher sie für die Investitionen und für die Erträge keine Garantie geben und in der Fondsverwendung keine Kredite aushändigen. Sie kaufen die Ware bar und verkaufen diese unter zeitlichen Auflagen. Da die „Ware" handelsorientiert weiterverkauft, kann der Käufer, seine Schulden einfacher zurückzahlen. Zudem sind die Handelserträge der Beteiligungsbank dem Kunden bekannt, sodass er im Vorfeld über die Höhe seiner Ratenzahlungen in Kenntnis gesetzt wird. Handel wird dadurch betrieben, dass im Gegenzug von Geld eine Ware verkauft wird. Die Beteiligungsbank geht mit den Investitionen der Investoren sensibel um. Das grundlegende Ziel ihrer Errichtung liegt in der Sicherstellung und in den Investitionen des Fondskapitals (welche nicht in die Zinswirtschaft investiert werden) und dessen Gewinn für die Wirtschaft. Durch mittel- und langfristige Kapitalinvestitionen finanzieren die Beteiligungsbanken die Entwicklung und den Aufschwung. Während der Gründung werden Advisory Boards mit qualifizierten aufrichtigen islamischen Rechtsberatern gegründet, die der Betriebsführung die Informationen über die Investitionsfelder der Fondsanlagen mitteilen. Der Vorstand hat sich an diese Experten-Aussagen zu halten. Die Beteiligungsbanken führen die herkömmlichen Bankenprozeduren durch, weisen aber zu den Zinsbanken entscheidende Differenzen auf.

Es besteht eine Gelehrtenübereinkunft, dass die mittels der Beteiligungsbanken ausgeführten Finanztechniken wie Murābaḥa, Muḍāraba, Mušāraka, Iǧāra islamkonform sind und sich von den Finanztechniken der konventionellen Zinsbanken unterscheiden. Auf diese Art erwirbt die Beteiligungsbank erlaubte Erträge (türk. helal olan ticâri kâr), welche sie unter den Investoren aufteilt. Diese können vorab nicht garantiert werden, sodass auch Verluste eintreten können.

Hier unterscheidet sich die zinslos funktionierende Beteiligungsbank von den Zinsbanken, die im Vorfeld verwerfliche (ḥarām) Zinssätze garantieren. Eine weitere Differenz zu den Zinsbanken ist, dass die Beteiligungsbank keine Barkredite aushändigt. Auf diese Art verhindert sie die informelle Wirtschaft und sorgt für die Verbreitung der Formellen, denn sie nimmt über ihre Vermittlerrolle und ihrer finanziellen Förderung zur Bedürfnisbegleichung der Privathändler und Industriellen die Wirtschaft formell auf. Zudem besteht die Dringlichkeit, dass sie für die geleisteten Dienste, Fondsanlagen und deren Verwendungen Steuern abtreten muss.

In der Republik Türkei wurde die erste Beteiligungsbank 1985 unter der privaten Finanzinstitution (türk. Özel Finans Kurumu) gegründet. Trotz der Wirtschaftskrisen und Schwankungen in den Neunzigern und in der Jahrtausendwende, haben sich die Beteiligungsbanken in der Türkei aus eigener Kraft etabliert und sind der Wirtschaft eine bedeutende Stütze geworden.

Mit generellem Blick auf die Analyse von Versicherungen resultierte aus der Forschung, dass die Versicherung aus islamischer Perspektive ein „neuer Vertrag" ist, dessen Eigenschaften und Inhalte, den grundlegenden islamischen Religionsessenzen entsprechen muss. Da über die Versicherung an sich keine Textbelege (nuṣūṣ) hervorgehen, ist sie nicht ḥarām einzustufen. Die Fachleute sind aus diesem Grund verpflichtet ein islamkonformes Versicherungsmodell zu entwickeln, dessen Vertrag islamkonforme Kriterien (šurūṭ) aufweisen muss.

Unter dem Schirm der Beteiligungsbanken können islamkonforme Versicherungen gegründet werden. Diese Mitgliedschaftsversicherung mit islamkonformem Vertrag wäre im Sinne einer Solidaritätskasse und in Einklang mit den Intentionen des Islams (maqāṣid aš-šarīʿa) als ernsthafte Alternative zu den Zinsversicherungen zu sehen. Aus islamischer Perspektive darf in der Versicherung keine zinsgebundene Kapitalvermehrung beabsichtigt werden, was verwerflich (ḥarām) ist. Das Ziel der Mitgliedschaftsversicherung ist die Solidarität (Solidaritätsprinzip) und das Wohlergehen (maṣlaḥa) einer Person ohne in Verwehrtes (ḥarām) verwickelt zu sein.

Versicherungen etablierten sich aus speziellen und generellen Interessen (maṣāliḥ) in der breiten Gewohnheitstradition (ʿurf) der Menschen. In Einklang mit der islamischen Religion können diese nach Vorprüfungen anerkannt werden. Eines der Intentionen des Islams ist die Glückseligkeit des Menschen im Diesseits und Jenseits zu verwirklichen, sodass ein Muslim zum Beispiel seine existenziellen Interessen (ḍarūriyāt) wie das Leben, die Gesundheit und das Vermögen in der Mitgliedschaftsversicherung versichern kann. Diese Maßnahmen liegen in der Natur (fiṭra) des Menschen begründet. Der Islam zielt letztendlich in all seinen Normen (aḥkām) auf die Bewahrung (maḥfūẓa) der Integrität und der Existenz der Schöpfung ab. Hier berücksichtigt sie die Glückseligkeit des Menschen im Glauben an die Einheit Gottes (tauḥīd).

Anhang: Tabellarischer Lebenslauf von Prof. Dr. Hayreddin Karaman

1934	geboren am 24.02 in Çorum als Sohn von Nureddin und Mehpare Karaman (beide Elternteile ursprünglich aus der Stadt Erzurum)
1952	Anmeldung in der Imamschule in Konya (Konya İmam Hatip Okulu)
ab 1952	Erlernung des Arabischen und Persischen in Konya bei Arif Etik + Fahreddin Kulu Heranbildung in Werken von Muḥyī ad-Dīn ibn ʿArabī und Muḥammad ʿAbduh große Unterstützungen durch seinen Vater und Hacı Veyiszâde Mustafa Efendi
1953	Anstellung als stellvertretender Imam an der Molla Fakıh-Moschee in Konya
1954	Anstellung als stellvertretender Imam an der Musallâ-Moschee in Konya
1956	Heirat mit Emine Ayfer Hacıismailoğlu in Çorum
1957	Aufgabe der beiden stellvertretenden Imam-Tätigkeiten in Konya
1957	Geburt seiner Tochter Latife
1958	Geburt seines Sohnes Muhammed Lütfullah
1959	Absolvent der Imamschule in Konya (Konya İmam Hatip Okulu)
1959	Ausübung einer Predigerstelle im Mufti-Amt des Istanbuler Stadtteils „Kadıköy“
1959	Teilnahme an den Sprachkursen für Arabisch und Persisch bei Yusuf Cemil Ararat Teilnahme an den privaten Lehrkursen seines Hochschullehrers Ahmed Davudoğlu
1961	Geburt seines Sohnes Muhammed İhsan
1963	Abschluss des Theologie-Studiums an der İstanbul Yüksek İslam Enstitüsü
1963	Referendariat im Istanbuler Imam-Gymnasium (İstanbul İmam Hatip Okulu)
1965	Wissenschaftliche Tätigkeit als Assistent für islamisches Recht (fiqh) islamisch-theologische Hochschule Istanbul (İstanbul Yüksek İslam Enstitüsü)
1966–68	Wehrdienst im Marinekorps der türkischen Streitkräfte
1971	Abschlussarbeit bei Muḥammad Tâvit at-Tancî
1971	Wissenschaftliche Berufung + Tätigkeit als Mitarbeiter im islamischen Recht (fiqh) islamisch-theologische Hochschule Izmir (İzmir Yüksek İslam Enstitüsü)

1975	Rückkehr nach Istanbul an die theologische Hochschule „Yüksek İslam Enstitüsü“
1976–80	Mitherausgeber der Zeitschrift „Nesil“ (Nesil Dergisi)
1980	Ablehnung des Rufs an die Stelle des Präsidenten der Religionsbehörde „Diyanet“
1983	Vereinbarung der islamischen Enzyklopädie-Reihe „İslâm Ansiklopedisi“ (İA) (auf Vorschlag von Ergun Göze und Ahmet Uzunoğlu)
1983	Vorstandsgründung der islamischen Enzyklopädie TDV İA (Vorstandsmitglieder: Tayyar Altıkulaç, Bekir Topaloğlu und İsmail Erünsal)
1983	Mitgliedschaft im Beratungsgremium des TDV İA-Vorstands
1983	Anerkennung seiner Abschlussarbeit als Doktorarbeit/Erlangung der Doktorwürde
1986	Erhalt des Dozenten-Titels
1986	Zweite Ablehnung des Rufs an die Stelle des Präsidenten der Religionsbehörde
1988	Veröffentlichung des 1.Bandes der islamischen Enzyklopädie (İslâm Ansiklopedisi)
1991	Erhalt der Professorenwürde
1991–97	Tätigkeiten an der theologischen Fakultät der Marmara Universität: Professur in der Rechtsvergleichung / Lehrstuhlinhaber für islamisches Recht (fiqh) Mitglied im Dekanatskollegium
1992–97	Ehrenvorstand in der Stiftung „Ensar“ (Ensar Vakfı Onursal Başkanı)
ab 1993	Generalmitglied in der Stiftung der türkischen Religionsbehörde „Diyanet“ (Türkiye Diyanet Vakfı Genel Kurul Üyesi)
1994	Freiwillige Lektoren-Tätigkeit in der Zeitschrift „İzlenim“ (İzlenim Dergisi)
ab 1994	Journalist in der Tageszeitung „Yeni Şafak“
1994–97	Fortführung der Professorentätigkeit im Fachgebiet des islamischen Rechts (fiqh) Theologische Fakultät der Marmara Universität (Marmara Üniv. İlahiyat Fakültesi)
1997	Widersetzung des militärischen Drucks auf staatliche Universitäten Lehrstuhlaufgabe, Trennung und Emeritierung von der Marmara Universität **Grund:** Einschränkung der Gewissens-und Religionsfreiheit durch Kopftuchverbot.
bis 1997	Aktive Unterstützung der Imam-Ausbildung in der Türkei
2001–04	Gastprofessur in den Niederlanden: Islamic University of Europe u.a.

2004	Rückkehr nach Istanbul aus eigenem Wunsch Widmung und Planung des „Zentrums für Islamstudien der Diyanet-Stiftung“ (Türkiye Diyanet Vakfı İslâm Araştırmaları Merkezi)
2005	Eröffnung des Zentrums für Islamstudien der Diyanet-Stiftung in Üsküdar/İstanbul Türkiye Diyanet Vakfı İslâm Araştırmaları Merkezi (TDV İSAM) Gründungsmitglieder: Hayreddin Karaman, Tayyar Altıkulaç, İsmail Erünsal u.a.
ab 2005	Tätigkeit im Beratungsgremium und Mitgliederversammlung von TDV İSAM
2006	Letzter Artikel von Hayreddin Karaman in der islamischen Enzyklopädie (32.Band)
ab 2010	Eröffnung der 29 Mayıs Universität Istanbul in der Trägerschaft von TDV İSAM (Eröffnungsvortrag durch den türkischen Staatspräsidenten Abdullah Gül)
2013	Beendigung der islamischen Enzyklopädie mit dem 44.Band
2014	Preisverleihung für seine großen Verdienste in der islamischen Enzyklopädie durch den türkischen Minister- und später Staatspräsidenten Recep Tayyip Erdoğan

Literaturverzeichnis

1. Schriften von Hayreddin Karaman

1.1 Monographien

KARAMAN, Hayreddin: Aile İlmihâli. Timaş Yayınları, 2011. (Ailede Din Eğitimi Dizisi).

KARAMAN, Hayreddin: Anahatlarıyla İslâm Hukuku: Giriş ve Amme Hukuku. 1. Cilt. İstanbul: Ensar Neşriyat, 1993. (Ensar Neşriyat; 19. Temel Kültür Dizisi; 4).

KARAMAN, Hayreddin: Anahatlarıyla İslâm Hukuku: Husûsi Hukuk: Şahıs, Aile, Miras, Eşya. 2. Cilt. İstanbul: Ensar Neşriyat, 1993. (Ensar Neşriyat; 25. Temel Kültür Dizisi; 5).

KARAMAN, Hayreddin: Anahatlarıyla İslâm Hukuku: Borçlar ve Akitler. 3. Cilt. İstanbul: Ensar Neşriyat, 1993. (Ensar Neşriyat; 30. Temel Kültür Dizisi; 7).

KARAMAN, Hayreddin / TOPALOĞLU, B.: Arapça Dilbilgisi Sarf-Nahiv. İstanbul: Ensar Neşriyat, 2010.

KARAMAN, Hayreddin / TOPALOĞLU, B.: Arapça Okuma ve Eski Metinler Kitabı. İstanbul: Ensar Neşriyat, 2008.

KARAMAN, Hayreddin / TOPALOĞLU, B.: Arapça Türkçe Yeni Kâmus. İstanbul: Ensar Neşriyat, 2013.

KARAMAN, Hayreddin (Übers.): Ashâb-ı Kiram: Altın Nesil. Abdülhalim Abbas (Yaz.). İstanbul: Damla Yayınevi, 1982. (Damla Yayınevi; 127).

KARAMAN, Hayreddin: Başlangıçtan Zamanımıza Kadar İslâm Hukuk Tarihi. İstanbul: İz Yayıncılık, 1999. (İz Yayıncılık; 281. Bütün Eserleri Dizisi; 4).

KARAMAN, Hayreddin: Bir Varmış Bir Yokmuş: Hayatım ve Hatıralar. 1–3 Cilt. İstanbul: İz Yayıncılık, 2008. (İz Yayıncılık; 546. Bütün Eserleri Dizisi; 17).

KARAMAN, Hayreddin (Übers.): Büyükler Büyüğü Resul-i Ekrem'in Örnek Ahlakı ve Kahramanlığı. Abdurrahman Azzam (Yaz.). 7. Baskı. İstanbul: Yağmur Yayınevi, 1985.

KARAMAN, Hayreddin: Dert Söyletir. Şiirler. İstanbul: İz Yayıncılık, 2002. (İz Yayıncılık; 356. İnceleme-Araştırma Dizisi; 9).

KARAMAN, Hayreddin: Dinlerarası Diyalog Nedir? İstanbul: Ufuk Kitapları, 2005. (Ufuk Kitapları; 57. Diyalog Dizisi; 1).

KARAMAN, Hayreddin: Diyalog ve Kurtuluş Tartışmaları. İstanbul: Mavi Ufuklar Yayınları, 2011. (Yayın Numarası 14).

KARAMAN, Hayreddin: Ebediyet Yolcusunu Uğurlarken. 5. Baskı. Ankara: Türkiye Diyanet Vakfı, 1994. (Türkiye Diyanet Vakfı Yayınları; 17. Cep Kitapları Serisi; 8).

KARAMAN, Hayreddin: Erlaubtes und Verwehrtes. Achmed Schmiede (Übers.). Ankara: Türkiye Diyanet Vakfı, 1990. (Türkiye Diyanet Vakfı Yayınları; 54).

KARAMAN, Hayreddin: Evlilik. Sorularla Müslümanlık 1. İstanbul: İz Yayıncılık, 2010.

KARAMAN, Hayreddin [u. a.]: Ezanın Yasaklı Yılları. Ayhan Yıldırım (Ed.). İstanbul: Özge Yayıncılık, 2010. (Özge Yayıncılık; 2).

KARAMAN, Hayreddin: Fıkıh Usûlü. İslâm Hukûkunun Kaynakları, Metodu ve Felsefesi. 10. Baskı. İstanbul: Ensar Neşriyat, 2010.

KARAMAN, Hayreddin: Gerçek İslam'da Birlik: Efgâni, Abduh, Reşid Rıza. 3. Baskı. İstanbul: İz Yayıncılık, 2012. (İz Yayıncılık; 404. Bütün Eserleri Dizisi; 14).

KARAMAN, Hayreddin: Günlük Hayatımızda Helaller ve Haramlar. 12. Baskı. İstanbul: İz Yayıncılık, 2001. (İz Yayıncılık; 295. Bütün Eserler Dizisi; 5).

KARAMAN, Hayreddin: Hadîse Dair İlimler ve Hadîs Usûlü. 10. Baskı. İstanbul: Ensar Neşriyat, 2010.

KARAMAN, Hayreddin: Hayatımızdaki İslâm. 1. Cilt. 3. Baskı. İstanbul: İz Yayıncılık, 2003. (İz Yayıncılık; 358. Bütün Eserleri Dizisi; 11).

KARAMAN, Hayreddin: Hayatımızdaki İslâm. 2. Cilt. İstanbul: İz Yayıncılık, 2006. (İz Yayıncılık; 487. Bütün Eserleri Dizisi; 16).

KARAMAN, Hayreddin: Hayatımızdaki İslâm. 3. Cilt. 2. Baskı. İstanbul: İz Yayıncılık, 2006. (İz Yayıncılık; 629. Bütün Eserleri Dizisi; 19).

KARAMAN, Hayreddin: Herşeye Rağmen. İstanbul: İz Yayıncılık, 2002. (İz Yayıncılık; 347. Bütün Eserleri Dizisi; 08).

KARAMAN, Hayreddin: Hilye. Peygamberimizin Şekli ve Şemâili. 1. Baskı. İstanbul: Mavi Ufuklar Yayınları, 2009.

KARAMAN, Hayreddin [u. a.]: İbadet ve Müessese olarak Zekat. İstanbul: İslâmi İlimler Araştırma Vakfı, 1984. (İslâmi İlimler Araştırma Vakfı Yayınları; 5).

KARAMAN, Hayreddin: İctihad, Taklîd ve Telfîk Üzerine. İbn Teymiyye, Abdullah bin Abdulazim, Şah Veliyyullah, Senhûrî. İstanbul: İz Yayıncılık, 2000.

KARAMAN, Hayreddin: İki Din Mazlumu. İstanbul: İz Yayıncılık, 2011.

KARAMAN, Hayreddin: İmam-Hatiplilik Şuuru. 3. Baskı. İstanbul: Ensar Neşriyat, 2005. (Ensar Neşriyat; 53. Ensar Konuşmaları Dizisi; 4).

KARAMAN, Hayreddin: İmâm-ı Rabbânî ve İslâm Tasavvufu. 2. Baskı. İstanbul: İz Yayınları, 2009. (İz Yayıncılık; 397. Bütün Eserler Dizisi; 12).

KARAMAN, Hayreddin: İş ve Ticaret İlmihali. 1. Baskı. İstanbul: İz Yayıncılık, 2012. (İz Yayıncılık; İnceleme-Araştırma Dizisi).

KARAMAN, Hayreddin: İslâmî Hareket Öncüleri. 2. Baskı. İstanbul: İz Yayıncılık, 2013.

KARAMAN, Hayreddin: İslâmî Hareket Öncüleri 2. İstanbul: İz Yayıncılık, 2013.

KARAMAN, Hayreddin: İslâm Hukuk Tarihi. İstanbul: İz Yayıncılık, 2001. (İz Yayıncılık; 281. Bütün Eserler Dizisi; 4).

KARAMAN, Hayreddin: İslâm Hukukunda İctihad. 4.Baskı. İstanbul: Ensar Neşriyat, 2010.

KARAMAN, Hayreddin: İslâm'da İnsan Hakları. Din, Vicdan ve Düşünce Hürriyeti. 2. Baskı. İstanbul: Ensar Neşriyat, 2004. (Temel Konferanslar Dizisi).

KARAMAN, Hayreddin: İslâm'da Kadın ve Aile. 2. Baskı. İstanbul: Ensar Neşriyat, 2006.

KARAMAN, Hayreddin: İslâm'ın Işığında Günün Meseleleri. İstanbul: İz Yayıncılık, 2003. (İz Yayıncılık; 327. Bütün Eserleri Dizisi; 7).

KARAMAN, Hayreddin (Übers.): İslâm Düşüncesinde Ekonomi, Banka ve Sigorta. Ahmet ez-Zerka, A. Muhammed Abdülaziz en-Neccar. 3. Baskı. İstanbul: İz Yayıncılık, 2011. (İz Yayıncılık; 398. Bütün Eserleri Dizisi; 13).

KARAMAN, Hayreddin: İslâm'da İşçi-İşveren Münasebetleri. İstanbul: Marifet Yayınları, 1981. (Marifet Yayınları; 26. Armağan Kitaplar; 7).

KARAMAN, Hayreddin: İslâm'da İnsan Hakları: Din, Vicdan ve Düşünce Hürriyeti. İstanbul: Ensar Neşriyat, 1996. (Ensar Neşriyat: 51; 3).

KARAMAN, Hayreddin (Kontr.): İslâm Hukûkuna Göre Alış-Verişte Vâde Farkı ve Kar Haddi. Tashih ve genişleten İsmail Kurt. 4. Baskı. İstanbul: İslâmi İlimler Araştırma Vakfı, 1990. (İslâmi İlimler Araştırma Vakfı; 2. Tartışmalı İlmi Toplantılar Dizisi; 1).

KARAMAN, Hayreddin: İslâm ve Türkiye. İstanbul: Mavi Ufuk Yayınları, 2009. (İnsan ve Toplum Dizisi).

KARAMAN, Hayreddin: İtikâdî Meseleler. Sorularla Müslümanlık 3. İstanbul: İz Yayıncılık, 2010.

KARAMAN, Hayreddin: Kur'ân'daki Peygamber. İstanbul: Nesil Yayınları, 2011.

KARAMAN, Hayreddin [u. a.]: Kur'an Yolu. Türkçe Meal ve Tefsir. 1–5. Cilt. 3. Baskı. Ankara: Diyanet İşleri Başkanlığı, 2007. (Diyanet İşleri Başkanlığı Yayınları; 590. Kaynak Eserler; 32).

KARAMAN, Hayreddin / TOPALOGLU, B. (Übers.): Kelile ve Dimne: Tercüme ve Metin. Beydeba'dan. İstanbul: Nesil Yayınları, 1990.

KARAMAN, Hayreddin: Laik Düzende Hayatı Yaşamak. 1. Cilt. 6. Baskı. İstanbul: İz Yayıncılık, 2005. (İz Yayıncılık; 191. İnceleme Araştırma Dizisi; 01).

KARAMAN, Hayreddin: Laik Düzende Hayatı Yaşamak. 2. Cilt. 5. Baskı. İstanbul: İz Yayıncılık, 2006. (İz Yayıncılık; 268. Bütün Eserleri Dizisi; 03).

KARAMAN, Hayreddin: Laik Düzende Hayatı Yaşamak. 3. Cilt. 2. Baskı. İstanbul: İz Yayıncılık, 2002. (İz Yayıncılık; 357. Bütün Eserleri Dizisi; 10).

KARAMAN, Hayreddin: Laik Düzende Hayatı Yaşamak. 4. Cilt. 1. Baskı. İstanbul: İz Yayıncılık, 2006. (İz Yayıncılık; 486. Bütün Eserleri Dizisi; 15).

KARAMAN, Hayreddin: Lamtumira e Udhëtarıt të Përhershëm. 1. Baskı. İstanbul: İz Yayıncılık, 2008.

KARAMAN, Hayreddin: Müceddid İmâm-ı Rabbânî ve İslâm. İstanbul: Yağmur Yayınevi, 1968. (Yağmur Yayınları; 39. Fikrî Eserler; 19).

KARAMAN, Hayreddin: Müslüman'ın Hayat Biligisi. 2. Baskı. İstanbul: Hayy Kitap, 2012. (Hayy Kitap; 161. Söylecek Sözü Kalanlar; 6).

KARAMAN, Hayreddin: Mukayeseli İslâm Hukuku. 1–3. Cilt. İstanbul: İz Yayıncılık, 2001. (İz Yayıncılık; 296. Bütün Eserleri Dizisi ; 6).

KARAMAN, Hayreddin (Übers.): El-Muvafakât. İslâmi İlimler Metodolojisi. 1.-4. Cilt. İstanbul: İz Yayıncılık, 2010.

KARAMAN, Hayreddin (Übers.): Peygamberimizin Örnek Ahlakı. Abdurrahman Azzam. İstanbul: Timaş Yayınları, 2011. (Timaş Yayınları; 217. İbadet Dizisi; 11).

KARAMAN, Hayreddin [u. a.]: Polemik Değil Diyalog. 2. Baskı. İstanbul: Ufuk Kitap, 2006. (Ufuk Kitap; 67. Diyalog Serisi; 3).

KARAMAN, Hayreddin: Sorularla Müslümanlık 1: Evlilik. İstanbul: İz Yayıncılık, 2009. (İz Yayıncılık; 577. İnceleme Araştırma Dizisi; 202).

KARAMAN, Hayreddin: Sorularla Müslümanlık 3: Ticaret Hayatı. İstanbul: İz Yayıncılık, 2010.

KARAMAN, Hayreddin: Türkiye ve İslamiyet. İstanbul: Gazeteciler ve Yazarlar Vakfı, 2003.

KARAMAN, Hayreddin: Türkiye ve İslam Dünyasında Gündem. Kavramlar, Olaylar, Yorumlar. İstanbul: Nesil Yayıncılık, 2009.

KARAMAN, Hayreddin: Türkiye'de İslâmlaşma ve Önündeki Engeller. 1. Baskı. İstanbul: Ensar Neşriyat, 1994. (Ensar Neşriyat Yayınları; 41, 1).

KARAMAN, Hayreddin: Yeni Gelişmeler Karşısında İslâm Hukuku. 5. Baskı. İstanbul: İz Yayıncılık, 2004. (İz Yayıncılık; 237. Bütün Eserler Dizisi; 2).

KARAMAN, Hayreddin (Übers.): Yolların Ayrılış Noktasında İslâm (Islam on the Crossroads by Muhammed Esed). 7. Baskı. İstanbul: İz Yayıncılık, 2001. (İz Yayıncılık; 216. Düşünce Dizisi; 48).

KARAMAN, Hayreddin: Zarûri bir Cevap: "İslâm'da Birlik ve Fıkıh Mezhepleri" isimli Esere Yapılan İtirazlara Cevaptır. İstanbul: Feyz Yayınları, 1976. (Feyiz Yayınları; 11).

1.2 Zeitungsartikel, Zeitschriften, Sammelband, Enzyklopädie, Internet

1.2.1 Zeitungsartikel in der „Yeni Şafak" (Auswahl)

KARAMAN, Hayreddin: 28 Şubat Darbesi. In: Yeni Şafak 02.03.2007.

KARAMAN, Hayreddin: 28 Şubat'ın Devamı. In: Yeni Şafak 04.03.2007.

KARAMAN, Hayreddin: Laik Devlet ve Din Eğitimi. In: Yeni Şafak 26.08.2007.

KARAMAN, Hayreddin: Din Dersi. In: Yeni Şafak 09.12.2007.

KARAMAN, Hayreddin: Kürtaj Hakkı. In: Yeni Şafak 04.01.2008.

KARAMAN, Hayreddin: Bilim ve Din. In: Yeni Şafak 03.02.2008.

KARAMAN, Hayreddin: İslâmı Bilmiyorlar, Demokrat Değiller. In:Yeni Şafak 05.07.2008.

KARAMAN, Hayreddin: Kur'an'da Başörtüsü Yok Diyenlere In: Yeni Şafak 27.07.2008.

KARAMAN, Hayreddin: Organ Nakli ve Adak. In: Yeni Şafak 07.08.2008.

KARAMAN, Hayreddin: Faiz. In: Yeni Şafak 10.08.2008.

KARAMAN, Hayreddin: İslâm Medeniyetinin Kaynağı Fıkıhtır. In: Yeni Şafak 23.04.2009.

KARAMAN, Hayreddin: İslâm'da Barış ve Din Hürriyeti. In: Yeni Şafak 17.09.2009.

KARAMAN, Hayreddin: Katsayı Meselesi. In: Yeni Şafak 19.02.2010.

KARAMAN, Hayreddin: Sünnet ve Hadisler. In: Yeni Şafak 27.06.2010.

KARAMAN, Hayreddin: Sünnetin Yazılması ve Toplanması. In: Yeni Şafak 01.07.2010.

KARAMAN, Hayreddin: Enflasyon ve Faiz. In: Yeni Şafak 10.09.2010.

KARAMAN, Hayreddin: Başörtüsü ve Anayasa. In: Yeni Şafak 30.09.2010.

KARAMAN, Hayreddin: Bireysel Emeklilik. In: Yeni Şafak 17.10.2010.

KARAMAN, Hayreddin: Ashâbın Tamamı Yıldızlar Gibi Midir? In:Yeni Şafak 20.01.2011.

KARAMAN, Hayreddin: Farklılık İçinde Birlik Nasıl Olacak?. In: Yeni Şafak 24.06.2011.

KARAMAN, Hayreddin: Kârz-ı Hasen (Faizsiz Kredi). In: Yeni Şafak 11.09.2011.

KARAMAN, Hayreddin: İlahi Sistem ve Beşeri Sistem. In: Yeni Şafak 02.10.2011.
KARAMAN, Hayreddin: Faiz, Enflasyon ve Para. In: Yeni Şafak 17.11.2011.
KARAMAN, Hayreddin: Faizin Tozu ve Enflasyon Farkı. In: Yeni Şafak 24.11.2011.
KARAMAN, Hayreddin: Katılım Bankaları, Kâr Payı ve Fâiz. In: Yeni Şafak 25.11.2011.
KARAMAN, Hayreddin: Reşid Rıza Mason Değildir. In: Yeni Şafak 13.01.2012.
KARAMAN, Hayreddin: Anayasa ve Din Eğitimi. In: Yeni Şafak 12.02.2012.
KARAMAN, Hayreddin: Din Eğitimi ve Ahlak. In: Yeni Şafak 02.03.2012.
KARAMAN, Hayreddin: Bölünmeye Giden Yol Ḳapatılmalıdır. In: Yeni Şafak 19.04.2012.
KARAMAN, Hayreddin: Allah Dostu (Halîlullah), Allah Sevgilisi (Habḥbullah). In: Yeni Şafak 04.05.2012.
KARAMAN, Hayreddin: Peygamberimiz Halîl ve Habîb'dir. In: Yeni Şafak 06.05.2012.
KARAMAN, Hayreddin: Birleştirmek Farz, Bölmek Haramdır. In: Yeni Şafak 17.05.2012.
KARAMAN, Hayreddin: Kürtaj Cinayettir ve Haramdır. In: Yeni Şafak 31.05.2012.
KARAMAN, Hayreddin: Kürtaj'da eksik ve yanlış bilgiler. In: Yeni Şafak 01.06.2012.
KARAMAN, Hayreddin: Hadislerde ve Fıkıhta Kürtaj. In: Yeni Şafak 03.06.2012.
KARAMAN, Hayreddin: Kürtaj Suçu ve Cezası. In: Yeni Şafak 07.06.2012.
KARAMAN, Hayreddin: Bebek Senin Bedenin mi? In: Yeni Şafak 08.06.2012.
KARAMAN, Hayreddin: İhvan Müslüman İran'ı Destekler. In. Yeni Şafak 23.08.2012.
KARAMAN, Hayreddin: Peygambersiz Din Olmaz. In: Yeni Şafak 28.10.2012.
KARAMAN, Hayreddin: Kasıtlı Yanlış. In: Yeni Şafak 04.11.2012.
KARAMAN, Hayreddin: Mezheb, Mezhebçilik ve Birlik. In: Yeni Şafak 29.11.2012.
KARAMAN, Hayreddin: İctihad ile Kulluk. In: In: Yeni Şafak 02.11.2012.
KARAMAN, Hayreddin: Din Kültürü ve Ahlak Bilgisi. In: Yeni Şafak 13.12.2012.
KARAMAN, Hayreddin: Mezheb Taklîdi. In: Yeni Şafak 23.12.2012.
KARAMAN, Hayreddin: Bireysel Emeklilik. In: Yeni Şafak 03.03.2013.
KARAMAN, Hayreddin: Bireysel Emeklilik Konusu. In: Yeni Şafak 07.03.2013.

KARAMAN, Hayreddin: Sapmalara (bid'atlara) Karşı Tavır. In: Yeni Şafak 21.03.2013.

KARAMAN, Hayreddin: Ümmet İçinde Farklılık ve Çözüm. In: Yeni Safak 02.05.2013.

KARAMAN, Hayreddin: Demokrasilerde Çözüm. In: In: Yeni Safak 03.05.2013.

KARAMAN, Hayreddin: Bütün İlâhî Dinlere Hak ve Hürriyet. In: Yeni Şafak 28.07.2013.

KARAMAN, Hayreddin: İslâmî Sigorta. In: Yeni Şafak 05.05.2013.

KARAMAN, Hayreddin: Katılımcı Demokrasi Nasıl Olacak? In: Yeni Şafak 06.06.2013.

KARAMAN, Hayreddin: Din ve Siyaset. In: Yeni Şafak 18.07.2013.

KARAMAN, Hayreddin: Zarûret Hâli İstismarı. In: Yeni Şafak 18.08.2013.

KARAMAN, Hayreddin: Devlet Katılım Bankası. In: Yeni Şafak 22.09.2013.

KARAMAN, Hayreddin: Başörtüsü ve Laik Demokrasi. In: Yeni Şafak 31.10.2013.

KARAMAN, Hayreddin: Dindarlıkta Bütünlük ve Zarûret Hâli. In: Yeni Şafak 03.11.2013.

KARAMAN, Hayreddin: İmam Hatiplerde Eğitim ve Öğretim. In: Yeni Şafak 01.12.2013.

KARAMAN, Hayreddin: İmam Hatiplerin Yoldaş, Kardeş ve Hizmet Anlayışı In: Yeni Şafak 19.01.2014.

KARAMAN, Hayreddin: Sivil İslâm, Resmi İslâm. In: Yeni Şafak 16.02.2014.

KARAMAN, Hayreddin: İslâm bir tanedir. In: Yeni Şafak 27.02.2014.

KARAMAN, Hayreddin: Dinde Çoğulculuk Değil, Hürriyet. In: Yeni Şafak 02.03.2014.

KARAMAN, Hayreddin: Zorlama Yok, Davet Var. In: Yeni Şafak 04.04.2014.

KARAMAN, Hayreddin: Sahih İslâm (Ehl-i Sünnet İslâmı). In: Yeni Şafak 06.04.2014.

KARAMAN, Hayreddin: İslâmî Sigortacılık. In: Yeni Şafak 08.05.2014.

KARAMAN, Hayreddin: İslâmî Sigortacılık (2). In: Yeni Şafak 09.05.2014.

KARAMAN, Hayreddin: İslâmî Sigortacılık (3). In: Yeni Şafak 11.05.2014.

KARAMAN, Hayreddin: Devlet Demokrasi Coğulculuk, İslâm. In: Yeni Şafak 15.05.2014.

KARAMAN, Hayreddin: Demokrasi Coğulculuk Laiklik, İslâm. In: Yeni Şafak 25.05.2014.

KARAMAN, Hayreddin: Katılım Bankaları Mevzuatı Problemli. In: Yeni Şafak 30.05.2014.

KARAMAN, Hayreddin: Cenin, Ruh ve Kürtaj. In: Yeni Şafak 07.09.2014.

KARAMAN, Hayreddin: Katılım Bankalarındaki Danışma Kurulları. In: Yeni Şafak 14.12.2014.

1.2.2 Zeitschriften- und Sammelbandartikel von H. Karaman (Auswahl)

KARAMAN, Hayreddin: İslâm Dünyasında Yeni İçtihad Teşebbüsleri. In: Uluslararası Birinci İslam Araştırmaları Sempozyumu (First International Symposium on Islamic Studies). İzmir 1985. 183–198. (İzmir Dokuz Eylül Üniversitesi Yayınları).

KARAMAN, Hayreddin: Alış-Verişte Vâde Farkı. In: İslâm Hukukuna Göre Alış-Verişte Vâde Farkı ve Kâr Haddi. 1990. 13–38. (Tartışmalı İlmî Toplantılar Dizisi).

KARAMAN, Hayreddin: Zaman ve Mekânın Değişmesi Halinde Sünnetin Geçerliliği. In: Sünnetin Dindeki Yeri. İstanbul: Ensar Neşriyat, 1995. (Tartışmalı İlmi Toplantılar Dizisi).

KARAMAN, Hayreddin: Fıkıh'ta Gelenek ve Yenileşme. In: 1.Uluslararası Kutlu Doğum İlmî Toplantısı „İslam, Gelenek ve Yenileşme" (The First International Kutlu Doğum Symposium „Islam, Tradition and Change"). İstanbul 1996. 29–40. (Türkiye Diyanet Vakfı İslam Araştırmaları Merkezi Yayınları; Sempozyum Paneller 1).

KARAMAN, Hayreddin: Vâde Varkı. In: 1.Uluslararası İslâm Ticaret Hukukunun Günümüzdeki Meseleleri Kongresi. Konya 1997. 762–777. (Kombad Yayınları).

KARAMAN, Hayreddin: Modernist Proje ve İçtihad. In: İslam ve Modernizm. Fazlurrahman Tecrübesi. İstanbul 1997. 156–164. (İstanbul Büyüksehir Belediyesi Kültür İşleri Daire Başkanlığı Yayınları).

KARAMAN, Hayreddin: Fıkıhcı Olarak Aksekili Ahmet Hamdi Efendi. In: Ahmet Hamdi Akseki Sempozyumu. Zur Veröffentlichung vorbereitet durch Mehmet Erdoğan und Hüseyin Arslan. Ankara 2004. 39–45. (Türkiye Diyanet Vakfı Yayınları; 327).

KARAMAN, Hayreddin: Günümüzde Çalışan Müslüman Kadının Problemleri. In: Sosyal Hayatta Kadın. Zur Veröffentlichung zusammengestellt von İslâmî İlimler Araştırma Vakfı (İFAV). İstanbul: Ensar Neşriyat 2005. (Tartışmalı İlmi Toplantılar Dizisi; 22).

KARAMAN, Hayreddin: Kur'an'a Göre Hz. Muhammed. Hz. Muhammed ve Evrensel Mesajı Sempozyumu, 20–22 Nisan 2007. 13–26. (İslâmî İlimler Dergisi Yayınları; 2007).

1.2.3 Enzyklopädieartikel in „Türkiye Diyanet Vakfı İslam Ansiklopedisi“ :

KARAMAN, Hayreddin: Adâlet. In: Türkiye Diyanet Vakfı İslâm Ansiklopedisi; Bd. 1. 343–344.

KARAMAN, Hayreddin: Âdet. In: Türkiye Diyanet Vakfı İslâm Ansiklopedisi; Bd. 1. 369–373.

KARAMAN, Hayreddin: Ahmed bin Hanbel. In: Türkiye Diyanet Vakfı İslâm Ansiklopedisi; Bd. 2. 80–82.

KARAMAN, Hayreddin: Akit. In: Türkiye Diyanet Vakfı İslâm Ansiklopedisi; Bd. 2. 251–256.

KARAMAN, Hayreddin: Asâbe. In: Türkiye Diyanet Vakfı İslâm Ansiklopedisi; Bd. 3. 452–453.

KARAMAN, Hayreddin: Ayn. In: Türkiye Diyanet Vakfı İslâm Ansiklopedisi; Bd. 4. 257–258.

KARAMAN, Hayreddin: Ca'feriyye. In: Türkiye Diyanet Vakfı İslâm Ansiklopedisi; Bd. 7. 4–10.

KARAMAN, Hayreddin: Cuma. In: Türkiye Diyanet Vakfı İslâm Ansiklopedisi; Bd. 8. 85–89.

KARAMAN, Hayreddin: Efgânî, Cemâleddin. In: Türkiye Diyanet Vakfı İslâm Ansiklopedisi; Bd. 10. 456–466.

KARAMAN, Hayreddin: Fakîh. In: Türkiye Diyanet Vakfı İslâm Ansiklopedisi; Bd. 12. 126–127.

KARAMAN, Hayreddin: Fıkıh. In: Türkiye Diyanet Vakfı İslâm Ansiklopedisi; Bd. 13. 1–14.

1.2.4 Internetquellen

http://www.hayrettinkaraman.net/makale/0652.htm (Einsicht: 22.09.2012).

http://www.hayrettinkaraman.net/kimdir.htm (Einsicht: 13.09.2012).

http://www.hayrettinkaraman.net/sc/00105.htm (Einsicht: 24.10.2012).

http:www.ensar.org (Einsicht: 24.10.2012).

http://www.hayrettinkaraman.net/kitap/meseleler/0477.htm (Einsicht: 30.12.2012).

http://www.hayrettinkaraman.net/kitap/gelismeler/0103.htm (Einsicht: 25.01.2013).

http://www.hayrettinkaraman.net/kitap/meseleler/0369.htm (Einsicht: 02.02.2013).

http://www.way-to-allah.com/themen/Menschenrechte.html (Einsicht: 01.06.2013).

http://www.tbmm.gov.tr/anayasa.htm (Einsicht: 19.05.2013).

http://www.hayrettinkaraman.net/sc/00216.htm (Einsicht: 06.06.2013).

http://www.hayrettinkaraman.net/kitap/meseleler/0269.htm (Einsicht: 01.04.2013).

http://www.hayrettinkaraman.net/sc/00112.htm (Einsicht: 01.05.2013).

http://www.hayrettinkaraman.net/sc/00113.htm (Einsicht: (04.05.2013).

http://www.hayrettinkaraman.net/sc/00111.htm (Einsicht: 07.05.2013).

http://www.hayrettinkaraman.net/sc/00110.htm (Einsicht: 08.05.2013).

http://www.hayrettinkaraman.net/makale/1035.htm (Einsicht: 10.05.2013).

http://borsaistanbul.com/25yıl/index.html (Einsicht: 22.05.2013).

http://www.hayrettinkaraman.net/sc/00430.htm (Einsicht: 04.05.2013).

http://www.hayrettinkaraman.net/sc/00142.htm (Einsicht: 05.05.2013).

http://www.hayrettinkaraman.net/kitap/meseleler/0458.htm (Einsicht: 24.06.2013).

http://www.hayrettinkaraman.net/sc/00124.htm (Einsicht: 26.06.2013).

http://www.hayrettinkaraman.net/sc/00484.htm (Einsicht: 24.07.2013).

http://www.hayrettinkaraman.net/makale/0235.htm (Einsicht: 24.10.2013).

http://www.hayrettinkaraman.net/sc/00241.htm (Einsicht: 25.08.2013).

http://www.hayrettinkaraman.net/makale/0321.htm (Einsicht: 24.10.2013).

http://www.hayrettinkaraman.net/sc/00189.htm (Einsicht: 25.03.2014).

http://www.hayrettinkaraman.net/sc/00326.htm (Einsicht: 11.06.2014).

http://www.hayrettinkaraman.net/sc/00110.htm (Einsicht: 13.06.2014).

http://www.hayrettinkaraman.net/sc/00001.htm (Einsicht: 10.07.2014).

2. Übrige Literatur

2.1 Monographien

ABBOTT, Nabia: Studies in Arabic Literary Papyri 2. Qur'ānic Commentary and Tradition. Chicago: The University of Chicago Press, 1967. (Oriental Institute Publications; Vol. 76).

ABDULHAMID, Muhsin: Cemaleddin Afgânî: Hayatı ve Etrafındaki Şüpheler. Mütercim İbrahim Sarmış. Ankara: Fecr Yayınevi, 1991. (Fecr Yayınları; 23).

ABŪ DĀWŪD, AS-SIĞISTĀNĪ: As-Sunan Abū Dāwūd. Taḥqīq min Aḥmad Saʿd ʿAlī. Qāhira: Mustafa al-Bābi al-Ḥalabī, 1952.

AFGÂNİ, Cemaleddin: Dehriyyun'a Reddiye: Naturalizm Eleştirisi. Mütercim Vahdettin İnce. İstanbul: Ekin Yayınları, 1997. (Ekin Yayınları 15; İnceleme Serisi 2).

AKDAĞ, Rahmi: İmam Rabbânî'nin Tasavvufî Tecrübesi'nin Ehl-i Sünnet Anlayışı Açısından Tahlîli. Erzurum: Univ., Mag., 1998.

AKGÜNDÜZ, Ahmet / CİN, H.: Türk Hukuk Tarihi. Bd. 2. Konya: Selçuk Üniversitesi, 1989. (Selçuk Üniversitesi Yayınları; 58. Hukuk Fakültesi Yayınları; 4).

ALİ HAYDAR EFENDİ: Usûl-i Fıkıh Dersleri ve Merhum Büyük Haydar Efendi 1321 / 1903. Dârülhilâfetilaliyye: Matbaa-i Âmire, 1326/1908.

AL-AŠʿARĪ, Abū al-Ḥasan: Maqālāt al-Islāmīyyīn wa-ḫtilāf al-Muṣallīn. Muḥammad Muḥyi ad-Dīn ʿAbd al-Ḥāmid. 2.Aufl. Qāhira: Maktabatu-n-Naḥdati-l-Misrīyya, 1969.

AL-BUḪĀRĪ, Abū Muḥammad: Ğāmiʿu-ṣ-Ṣaḥīḥ. Qāhira: Matbāatu-l-Ḫairiyya, 1887.

AL-BUḪĀRĪ, Abū Muḥammad: Ṣaḥīḥ al-Buḫārī. Nachrichten von Taten und Aussprüchen des Propheten Muḥammad. Ausgewählt, aus dem Arabischen übersetzt und herausgegeben von Dieter Ferchl. Stuttgart: Reclam, 2006.

AL-ĠAZĀLĪ, Abū Muḥammad: Iḥyā' al-ʿUlūm ad-Dīn. Bd.2. Beirūt: Dār al-Maʿri-fa, 1983.

AL-ĠAZĀLĪ, Abū Muḥammad: Al-Mustaṣfā min ʿIlm al-Uṣūl. Bd.1. Beirut: Dār al-Kutub al-ʿIlmīyya, 1937.

AL-ĠAZĀLĪ, Muḥammad: Kaifa Nafham al-Islām. Māsir: Dār al-Kutub al-Ḥadītsa, 1963.

AL-MAUDŪDĪ, Abū al-Aʿlā: The Islamic Law and Constitution. Lahore: Islamic Publications Ltd., 1980.

AL-MĀWARDĪ, Abū l-Ḥasan: Al-Muḍāraba. Taḥqīq min ʿAbd al-Wahhāb Ḥawas. Mansūra: Dār al-Wafā, 1989.

AMĪN, Aḥmad: Zuʿamāu-l-Islām. Qāhira: Maktabatu-n-Naḥdati-l-Miṣriyya, 1979.

AMMĀRA, Muḥammad: Ǧamāl ad-Dīn al-Afǧānī. Qāhira: Dār al-Mustaqbali-l-ʿArabī, 1984.

AN-NASĀʾĪ, Abū ʿAbd ar-Raḥmān Aḥmad: As-Sunan an-Nasāʾī. Beirūt: Dār al-Kutub al-ʿIlmīyya, 1411.

AN-NAWAWĪ, IMĀM: Matn al-Arbaʿīn an-Nabawīyya fi-l-Aḥādīṯ aṣ-Ṣaḥīḥiyya an-Naba-wiyya. Kuwait: Maktabat Dār al-Uruba, 1989/1410.

ANṢĀRĪ, Ẓafar: The Early Development of Islamic Fiqh in Kufah with Special Reference to the Works of Abu Yusuf and Shaybani. Montreal: McGill University, Diss., 1966.

ARMAĞAN, Servet: İslâm Hukûkunda Temel Hak ve Hürriyetler. 3. Baskı. Ankara: Diyanet İşleri Başkanlığı, 1996. (Diyanet İşleri Başkanlığı Yayınları; 274; 47).

AS-SUYŪṬĪ, Ǧalāl ad-Dīn: Ǧāmiʿu-ṣ-Ṣaǧīr. Bd.1–2. Qāhira: Maktabat al-Maimaniyya 1321.

AŠ-ŠĀFIʿĪ, Muḥammad: Ar-Risāla. Qāhira: Dār at-Turās, 1979.

AŠ-ŠĀFIʿĪ, Muḥammad: Kitāb al-Umm. Bd.1. Būlāq: Al-Maṭbaʿa al-Amiriyya, 1321–1325.

AŠ-ŠĀṬIBĪ, Abū Isḥāq: Al-Muwāfaqāt. Hubar: Dār ibn al-ʿAffān, 1997/1417.

ATAR, Fahreddin: Fıkıh Usûlü. İstanbul: Marmara Üniversitesi İlahiyat Fakültesi Vakfı (İFAV), 1988. (Marmara Üniversitesi İFAV Yayınları; 24. İlmî Eserler Serisi; 14).

AT-TIRMIḎĪ, Abū ʿĪsā Muḥammad: Al-Ǧāmiʿu-ṣ-Ṣaḥīḥ. Taḥqīq min Aḥmad Muḥammad Šākir. Qāhira: Mustafa al-Bābi al-Ḥalabī, 1937.

AYBAKAN, Bilal: Fıkıh İlminin Oluşum Sürecinde İcma. İstanbul: İz Yayıncılık, 2003. (İz Yayıncılık ; 392. İnceleme Araştırma Dizisi; 95).

AYDIN, Mehmet Akif: İslam-Osmanlı Aile Hukuku. İstanbul: Marmara Üniversitesi İlahiyat Fakültesi Vakfı (İFAV), 1985. (Marmara Üniversitesi İlahiyat Fakültesi Vakfı Yayınları; 11. İlmî Eserler Serisi; 6).

AYDIN, Mehmet Akif: İslâm ve Osmanlı Hukuku Araştırmaları. İstanbul: İz Yayıncılık, 1996. (İz Yayıncılık; 176. İnceleme Araştırma Dizisi; 37).

AYDIN, Mehmet Akif: Türk Hukuk Tarihi. İstanbul: Beta Basım Yayım Dağıtım, 1995.

AYDIN, Ömer: Kur'ân'ı Kerîm'de ḥman-Ahlak İlişkisi. İstanbul: İşaret Yayınları, 2007.

A'ZĀMĪ, Muḥammad M.: Studies in Hadith Methodology and Literature. Indianapolis: Islamic Book Trust, 2002.

BAKTIR, Mustafa: İslâm Hukûkunda Zarûret Hâli. Ankara: Akçağ Yayınları, 1981. (Akçağ Yayınları; 29).

BAIHAQĪ, Abū Bakr Aḥmad: Al-Madhal ilā as-Sunan al-Kubrā. Taḥqīq min Muḥammad Ḍiyāʾ ar-Raḥmān Aʾẓāmī. Kuwait: Dār al-Ḫulafāʾ li-l-Kitāb al-Islāmīyya, 1985.

BEDİR, Murteza: Sünnet. Hz.Peygamber'in Evrensel Mesajı. İstanbul: İSAM, 2008.

BEDİR, Murteza: Fıkıh Mezhep ve Sünnet: Hanefi Fıkıh Teorisinde Peygamberin Otoritesi. İstanbul: Ensar Neşriyat, 2004.

BEŞER, Faruk: Bilgi Fıkıh ve İçtihat. İstanbul: Nun Yayıncılık, 2007. (Nun Yayıncılık; 11. Halk Kitapları; 9).

BOYNUKALIN, Ertuğrul: İslâm Hukûkunda Gaye Problemi. İstanbul: Marmara Univ., Diss., 1998.

BOYNUKALIN, Mehmet: Fıkıh Usûlünde Yenilenme İhtiyacı ve Ortaya Çıkardığı Tartışmalar. İstanbul: Marmara Univ., Diss., 1999.

BİLMEN, Ömer Nasuhi: Hukûk-ı İslâmiyye ve Istılahat-ı Fıkhiyye Kâmusu. Bd. 1. İstanbul: İstanbul Üniversitesi Hukuk Fakültesi, 1949. (İstanbul Üniversitesi Yayınları; 402. Hukuk Fakültesi Yayınları; 90).

BROWN, Jonathan: Hadith. Muḥammad's Legacy in the Medieval and Modern World. Oxford: Oneworld, 2009.

ÇAKAN, İsmail Lütfi: Hadîs Usûlü. 13. Baskı. İstanbul: Marmara Üniversitesi İlahiyat Fakültesi Vakfı Yayınları, 2006. (Marmara Üniversitesi İlahiyat Vakfı Yayınları: No. 42).

CEBECİOĞLU, Ethem: İmâm-ı Rabbânî Hareketi ve Tesirleri. İstanbul: Erkam, 1999.

CERRAHOĞLU, İsmail: Tefsir Usûlü. 15. Baskı. Ankara: Türkiye Diyanet Vakfı, 2006.

CEYHAN, Semih: İsmail Ankarâvi ve Mesnevi Şerhi. Bursa: Univ., Diss., 2005.

ÇINAR, Hüseyin İlker: Die islamische Überlieferungsliteratur zur Rechtslage im Frühislam unter Berücksichtigung Altarabiens. Münster [u.a.]: Lit Verlag, 2003.

COULSON, Noel: A History of Islamic Law. Edinburgh: Edinburgh University Press, 1978.

COULSON, Noel: Conflicts and Tensions in Islamic Jurisprudence. Chicago [u.a.]: University of Chicago Press, 1969.

DEMİRCİ, Muhsin: Vahiy Gerçeği. İstanbul: Marmara Üniversitesi İFAV Yayınları, 1996.

DRAZ, Muhammed Abdullah: En Mühim Mesaj Kur'an. Mütercim Suat Yıldırım. İzmir: Işık Yayınları, 1994.

EBU ZEHRA, Muhammed: İslâm'da Fıkhḥ Mezhepler Tarihi. Mütercim Abdulkadir Şener. İstanbul: Hisar Yayınevi, 1978.

EL-BÂR, Muhammed Ali: Kur'an'ı Kerim ve Modern Tıbba Göre İnsanın Yaratılışı. Mütercim Abdülvehhab Öztürk. Ankara : Türkiye Diyanet Vakfı Yayınları, 1991.

EL-EŞARĪ, Ebu'l-Hasen: İlk Dönem İslam Mezhepleri. Makâlâtü'l-İslâmiyyīn ve İhtila-fu'l-Musallīn. İstanbul: Kabalcı Yayınevi, 2005.

ERDOĞAN, Mehmet: İslâm Hukûkunda Ahkâmın Değişmesi. İstanbul: Marmara Üniversitesi İlahiyat Fakültesi Vakfı, 1990. (Marmara Üniversitesi İFAV Yayınları; 40).

ESEN, Muammer: Afgānī. Kelāmī ve Felsefī Görüşleri. Ankara: Araştırma Yayınları, 2006. (Araştırma Yayınları; 32).

EŞ-ŞĀFİĪ, Muhammed bin İdrīs: Er-Risâle. İslâm Hukûku'nun Kaynakları. Mütercimler Abdülkadir Şener ve İbrahim Çalışkan. Ankara: TDV Yayınları, 2007.

GARAUDY, Roger: Entegrizm. Kültürel İntihar. Mütercim Kamil *Bilgin* Çileçöp. İstanbul: Pınar Yayınları, 1992. (Pınar Yayınları; 63).

GARAUDY, Roger: İslâm ve İnsanlığın Geleceği. Mütercim Cemal Aydın. 3. Baskı. İstanbul: Pınar Yayınları, 1995. (Pınar Yayınları; 44. İslam Düşüncesi; 11).

GOLDZIHER, Ignaz: Die Ẓāhirīten: Ihr Lehrsystem und ihre Geschichte. Beitrag zur Geschichte der muhammedanischen Theologie. Leipzig: Schulze Verlag, 1884.

GÖRGÜN, Tahsin: Sprache, Handlung und Norm. İstanbul: İSAM Yayınları, 1998.

HALLAQ, Wael: Authority, Continuity and Change in Islamic law. Cambridge [u.a.]: Cambridge Univ. Press, 2001.

HALLAQ, Wael: The Origins and Evolution of Islamic Law. Cambridge: Cambridge University Press, 2004.

HALLAQ, Wael: A History of Islamic Legal Theories: An Introduction to Sunni Uṣūl al-Fiqh. Cambridge: Cambridge University, 1999.

HALLAQ, Wael: Law and Legal Theory in Classical and Medieval Islam. Aldershot [u.a.]: Variorum, 1994. (Collected Studies Series; CS 474).

HAMİDULLAH, Muhammed: İslâm Peygamberi. Hayatı ve Eseri. Mütercim Mehmet Yazgan. İstanbul: Beyan Yayınları, 2004.

ḤANBAL, Abū Aḥmad: Al-Musnad. Muḥammad Attār (taḥqīq). Beirūt: Dār al-Fiqr, 1991.

HASSAN, Ahmed: İslâm Hukûkunun Doğuşu ve Gelişimi: Usûl-i Fıkıh İlminin Doğuşu ve Gelişimi (The Early Development of Islamic Jurisprudence). Mütercim Ali Hakan Çavuşoğlu, Hüseyin Esen. İstanbul: İz Yayıncılık, 1999. (İz Yayıncılık; 284. İnceleme Araştırma; 64).

HOFMANN, Murad: Der Islam als Alternative. München: Hugendubel Verlag, 1999.

HOFMANN, Murad: Koran. München: Hugendubel Verlag, 2006.

HOLZNIENKEMPER, Thomas: Organspende und Transplantation und ihre Rezension in der Ethik der abrahamitischen Religionen. Münster: Univ., Diss., 2003.

HOURANİ, Albert: Çağdaş Arap Düşüncesi. Mütercim Latif Boyacı / Yılmaz H. İstanbul: İnsan Yayınları, 1994.

HUMPHREYS, Stehphen: Islamic History. A Framework for Inquiry. London: I. B.Tauris, 1995.

HÜSREV, Molla: Mir'atü'l-Usûl Şerh-i Mirkati'l-Vüsûl. Dersaâdet: Şirket-i Sahâfiye-i Osmâniye, 1321.

IBN ʿĀBIDĪN, Muḥammad: Maǧmūʿatu Raṣāilī ibn ʿĀbidīn, Bd. 2. Qāhira: Dār al-Iḥyāʾi-t-Ṭurāsi-l-ʿArabī, 1299.

İBN AŞUR, Tâhir: İslâm Hukuk Felsefesi: Gaye Problemleri (Makasıdü'ş-Şeriati'l-İslâmiy-ye). Mütercim Mehmet Erdoğan / Vecdi Akyüz. İstanbul: İz Yayıncılık, 1996. (İz Yayıncılık; 147. İnceleme Araştırma Dizisi; 30).

IBN ʿĀŠŪR, Muḥammad Ṭāhir: Maqāṣid aš-Šarīʿatu-l-Islāmīyya. Tūnis: Maktabat al-Isti-qāma, 1947.

IBN MĀǦA, Abū ʿAbdallāh Muḥammad: As-Sunan ibn Māǧa. Taḥqīq min Muḥammad Fuād ʿAbd al-Bāqī. Qāhira: Dār al-Iḥyāʾi-t-Ṭurāsi-l-ʿArabī, 1372.

IBN NUǦAIM, Zainuʾd-Dīn: Al-Ašbāh wa-n-Naẓāir. Taḥqīq min Muḥammad Mutiʾ Ḥāfız. Dimašk: Dâr al-Fikr, 1983.

IBN NUǦAIM, Zainuʾd-Dīn: Al-Baḥru'r-Rāiq Šarḫu Kanziʾd-Daqāiq. Bd. 7. Erläutert von Zakarīyya Umairat. Beirut: Dāru-l-Kutubi-l-Ilmīyya, 1418/1997.

İLKILIÇ, İlhan: Die aktuelle Biomedizin aus der Sicht des Islam. Ein Gutachten erstellt im Auftrag der AG „Bioethik und Wissenschaftskommunikation" des Max-Delbrück-Centrums für Molekulare Medizin. Tübingen: Berlin-Buch, 2002.

IQBAL, Muhammad: The Reconstruction of Religious Thought in Islam. Lahor: Ashraf, 1958.

İŞCAN, Mehmet Z.: Muhammed Abduh'un Dinî ve Siyasî Görüşleri. İstanbul: Dergah Yayınları, 1998.

JACKSON, Sherman: Islamic Law and the State: The Constitutional Jurisprudence of Shihāb ad-Dīn al-Qarāfī. Leiden [u.a.]: Brill, 1996. (Studies in Islamic Law/Society; Vol. 1).

JACKSON, Sherman: The Islamic Law on Land Tax and Rent: The Peasants' loss of Property Rights as Interpreted in the Hanafite Legal Literature of the Mamluk and Ottoman Periods. London: Croom Helm, 1988. (Exeter Arabic and Islamic Series).

JOHANSEN, Baber: Contingency in a Sacred Law: Legal and Ethical Norms in the Muslim Fiqh. Leiden [u.a.]: Brill, 1999.

JOHANSEN, Baber: The Islamic Law of Land, Tax and Rent. London: Croom Helm, 1988.

JUYNBOLL, Gautier: Studies on the Origins and Uses of Islamic Hadith. Hampshire, Aldershot: Variorum, 1996.

KAHRAMAN, Abdullah: Fıkıh Usûlü. İstanbul: Rağbet Yayınları, 2010.

KAHRAMAN, Abdullah: İslâm'da İbâdetlerin Değişmezliği. İstanbul: Akademi Yayıncılık, 2002.

KAMĀLĪ, Mohammad Hashim: Principles of Islamic Jurisprudence. Cambridge: Cambridge Islamic Texts Society, 1991.

KARA, İsmail: Türkiye'de İslamcılık Düşüncesi. Metinler ve Kişiler. Bd. 3. İstanbul: Pınar Yayınları, 1994. (Pınar Yayınları; 75).

KARA, Mustafa: Tasavvuf ve Tarīkatlar Tarihi. İstanbul: Dergah Yayınları, 1985.

KARA, Mustafa: Din, Hayat, Sanat Açısından Tekkeler ve Zaviyeler. İstanbul: Dergah Yayınları, 1980.

KARAİSMAİLOĞLU, Adnan: Mesnevī Mevlânâ. 6.Baskı. Ankara: Akçağ Yayınları, 2008. (Akçağ Yayınları 885; Klasik Metinler 4).

KAŞIKÇI, Osman: İslâm ve Osmanlı Hukûkunda Mecelle. İstanbul: Osmanlı Araştırmaları Vakfı, 1997.

KAYA, Eyyüp Said: Mezheblerin Teşekkülünden Sonra Fıkhî İstidlal. İstanbul: Marmara Univ., Diss., 2001.

KAYA, Ferudun: Türkiye'de Kredi Kartı Uygulaması. İstanbul: TBB, 2009.

KILAVUZ, Ahmet S. / Ulvi Murat: Kelâma Giriş. İstanbul: TDV İSAM Yayınları, 2010.

KILIÇER, M. ESAT: İslâm Fıkhında Re'y Taraftarları. Ankara: Selçuk Kitabevi, 1961.

KOÇYİĞİT, Talat: Hadîs Usûlü. Ankara: Türkiye Diyanet Vakfı Yayınları, 2004. (Kaynak Eserler Serisi 19; Yayın No. 251).

KÖKSAL, Cüneyd A.: Fıkıh Usûlü'nün Mahiyeti ve Gayesi. İstanbul: Türkiye Diyanet Vakfı İslam Araştırmaları Merkezi (İSAM), 2008. (Türkiye Diyanet Vakfı Yayınları; 423. Doktora Tezleri Dizisi; 11).

KRÄMER, Gudrun: Demokratie im Islam. München: C. H Beck, 2011.

KRÄMER, Gudrun: Geschichte des Islam. Bonn [u.a.]: Bundeszentrale für politische Bildung, 2005. (Schriftenreihe Band 493).

KRÄMER, Gudrun: Gottes Staat als Republik: Reflexionen zeitgenössischer Muslime zu Islam, Menschenrechten und Demokratie. Baden-Baden: Nomos Verlag, 1999.

KRÄMER, Gudrun: Islam, Menschenrechte und Demokratie. Anmerkungen zu einem schwierigen Verhältnis. Ladenburg: Gottlieb-Daimler-und-Karl-Benz-Stiftung, 2003. (Bertha-Benz-Vorlesung 20).

KRAWIETZ, Birgit: Die Ḥurma. Schariarechtlicher Schutz vor Eingriffen in die körperliche Unversehrtheit nach arabischen Fatwas des 20. Jahrhunderts. Berlin: Duncker & Humblot, 1991. (Schriften zur Rechtstheorie 145).

KRAWIETZ, Birgit: Hierarchie der Rechtsquellen im tradierten sunnitischen Islam. Berlin: Duncker & Humblot, 2002 (Schriften zur Rechtstheorie 208).

KREISER, Klaus / NEUMANN, Ch. K.: Kleine Geschichte der Türkei. Bonn: Bundeszentrale für politische Bildung, 2006. (Schriftenreihe Band 529).

MĀLIK BIN ANAS: Al-Muwaṭṭaʾ. Qāhira: Dār al-Iḥyāʾi-ṭ-Ṭurāsi-l-ʿArabī, 1951.

MESUD, Muhammed: İslâm Hukuk Teorisi (Islamic Legal Philosophy). Mütercim Muharrem Kılıç. İstanbul: İz Yayıncılık, 1997. (İz Yayıncılık; 196. İnceleme Araştırma; 42).

MOTZKI, Harald: Die Anfänge der islamischen Jurisprudenz. Ihre Entwicklungen in Mekka bis zur Mitte des 2/8. Jahrhunderts. Stuttgart: Franz Steiner Verlag, 1991. (Herausgegeben von der Deutschen Morgenländischen Gesellschaft; Band L, 2).

NAYSĀBŪRĪ, Muslim bin al-Ḥağğāg: Ğāmiʿu-ṣ-Ṣaḥīḥ. Karachi: Dār al-ʿUlūm, 1423.

OMAR, Fuat / HAQ, M. A.: Islamic Banking Theory, Practice and Challenges. London: Oxford University Press, 1996.

PARET, Rudi: Der Koran. Übersetzung von Rudi Paret, 10. Aufl.. Stuttgart: W. Kohlhammer, 2007.

PODSCHUN, Trutz Eyke: Sie nannten sie Dolly. Von Klonen, Genen und unserer Verantwortung. Weinheim [u.a.]: Wiley-VCH, 1999.

POWERS, David/MASʾŪD, M. / MESSICK, B.: Islamic Legal Interpretation: Muftis and Their Fatwas. Cambridge: Harvard University Press, 1996.

POWERS, Paul R.: Intent in Islamic law. Motive and Meaning in Medieval Sunnī Fiqh. Leiden [u.a.]: Brill, 2006. (Studies in Islamic Law and Society; 25).

RAMADAN, Said: Das islamische Recht: Theorie und Praxis. 2. Aufl.. Marburg: Muslimische Studentenvereinigung in Deutschland, 1996.

ROHE, Mathias: Das islamische Recht: Geschichte und Gegenwart. 3. Aufl. München: C.H. Beck, 2011.

ŞA'BÂN, Zekiyüddîn: İslâm Hukuk İlminin Esasları (Usûlü'l Fıkh). Mütercim Prof. Dr. İbrahim Kâfi Dönmez. 14. Baskı. Ankara: Türkiye Diyanet Vakfı Yayınları, 2004.

ŞATİBİ, Ebû İshâq: El-Muvâfakât. Mütercim Mehmet Erdoğan. İstanbul: İz Yayıncılık, 2003. (İz Yayıncılık; 13. İslam Klasikleri Dizisi; 3).

SCHACHT, Joseph: An Introduction to Islamic Law. Oxford: Clarendon Press, 1982. (Oxford University Press).

SCHACHT, Joseph: The Origins of Muhammadan Jurisprudence. London [u.a.]: Oxford University Press [u.a.], 1959.

SCHACHT, Joseph: G. Bergsträsser`s Grundzüge des islamischen Rechts. Berlin [u.a.]: De Gruyter, 1935. (Lehrbücher des Seminars für Orientalische Sprachen zu Berlin; 35).

SCHIMMEL, Annemarie: Muhammad. München: Hugendubel Verlag, 2002.

SCHIMMEL, Annemarie: Das Buch der Welt. Wirklichkeit und Metapher im Islam. Würzburg: Ergon Verlag, 1996.

SCHIMMEL, Annemarie: Die Religion des Islam. Stuttgart: Reclam Verlag, 2006.

SCHIMMEL, Annemarie: Die Zeichen Gottes. Die religiöse Welt des Islam. 3. Aufl. München: C.H. Beck, 2002.

SCHIMMEL, Annemarie: Sufismus. Eine Einführung in die islamische Mystik. 4. Aufl. München: C.H.Beck, 2008.

SCHIMMEL, Annemarie: Weisheit im Islam. Stuttgart: Reclam, 2009.

SCHOELER: Gregor: Character und Authentie der muslimischen Überlieferung über das Leben Muhammeds. Berlin / New York: Walter de Gruyter, 1996. (Studien zur Sprache, Geschichte und Kultur der islamischen Orients; Bd. 14).

SCHÖLLER, Marco: Methode und Wahrheit in der Islamwissenschaft. Prolegomena. Wiesbaden: Harrassowitz 2000.

ŞEKERCİ, Osman: İslâm Şirketler Hukuku Emek-Sermaye-Şirketi El-Mudaraba. İstanbul: Marifet Yayınları 1981.

ŞENTÜRK, Recep: İslâm Dünyasında Modernleşme ve Toplumbilim: Türkiye ve Mısır Örneği. İstanbul: İz Yayıncılık, 1996.

ŞENTÜRK, Recep: İnsan Hakları ve İslam: Sosyolojik ve Fıkhi Yaklaşımlar. İstanbul: Etkileşim Yayınları, 2007. (Etkileşim Yayınları; 32. İnceleme Araştırma; 7).

ŞENTÜRK, Recep: Türk Düşüncesinin Sosyolojisi: Fıkıhtan Sosyal Bilimlere. İstanbul: Etkileşim Yayınları, 2008. (Etkileşim Yayınları; 47. Düşünce; 15).

SEZGİN, Fuat: Buhārī'nin Kaynakları. Ankara: Kitâbiyât, 2000.

SEZGİN, Fuat: Geschichte des Arabischen Schrifttums. Bd. 1. Koranwissenschaften, Ḥadīṯ, Geschichte, Fiqh, Dogmatik, Mystik bis ca. 430 H. Leiden: Brill, 1967.

SİBĀĪ, Mustafa: İslâm Hukûkunda Sünnetin Yeri (Es-Sünne ve Mekânetüha fi't-Teşrī'il-İslāmī). Mütercim Halil Kendir. İstanbul: Işık Akademi Yayınları, 2009.

SIBĀĪ, Saif ad-Dīn: Al-Iğhād Bain al-Fıqh wa'ṭ-Ṭıbb wa'l-Qānūn. Beirūt: Dār al-Kutub al-ʿArabiyya, 1977.

TAŞKÖPRÜZÂDE, Ahmed: Mevzu'atu'l-ʿUlūm. Dersaâdet: İkdam Matbaası, 1313.

UCAR, Bülent: Recht als Mittel zur Reform von Religion und Gesellschaft. Die türkische Debatte um die Scharia und die Rechtsschulen im 20. Jahrhundert. Würzburg: Ergon-Verlag, 2005. (Kultur, Recht und Politik in muslimischen Gesellschaften; 7).

ULUDAĞ, Süleyman: İslâm'da Emir ve Yasakların Hikmeti. Ankara: Diyanet Vakfı, 2005.

WEHR, Hans: Arabisches Wörterbuch für die Schriftsprache der Gegenwart und Supplement. 4. Aufl. Lizenzausgabe der Librairie du Liban für den Vorderen Orient mit Erlaubnis des Verlages Otto Harrassowitz. Beirūt [u.a.]: Librairie du Liban, 1976.

YAMAN, Ahmet: Makasıd ve İçtihad: İslâm Hukuk Felsefesi Araştırmaları. İstanbul: Yediveren, 2002. (Yediveren Yayınları; 9. Araştırma Dizisi İslâm Hukuku; 2).

YARAN, Rahmi: İslâm Fıkhında İhtiyaç Kavramı ve Kurumsallaşması. İstanbul: Marmara İlahiyat Fakültesi Vakfı Yayınları (İFAV), 2007. (İFAV Yayınları; 205).

YAVUZ, Yunus V.: Hanefi Mezhebinde İçtihad Felsefesi. İstanbul: İşaret Yayınları, 1993.

YILDIZ, Ahmet: Hılfu'l-Fudûl'dan Günümüze Sivil Toplum ve Sendika. İstanbul: Diyanet Sen Yayınları, 2009.

YILMAZ, Hasan: Anahatlarıyla Tasavvuf ve Tarikâtlar. İstanbul: Ensar Yayınları, 1997.

YILMAZ, Hasan: İslâm Tasavvufu: Tasavvuf ile ilgili Soru-Cevaplar. İstanbul: Altınoluk Yayınları, 1996.

ZUḤAILĪ, Vehbe: Fıkıh Usûlü. İstanbul: Risâle, 2010.

2.2 Zeitschriften- und Zeitungsartikel, Sammelwerke, Enzyklopädie

2.2.1 Zeitschriften- und Zeitungsartikel, Sammelwerke, Enzyklopädie

AKA, İsmail [u.a.]: Doğuştan Günümüze Büyük İslâm Tarihi. 3. cilt. İstanbul: Çağ Yayınları, 1989.

AKTAY, Yasin: Reform, İctihad ve Tecdid Bağlamında İslâm ve Hayat. In: Milel ve Nihal Dergisi (MND); 5, 2. 2008. 44–73.

AKTEPE, İshak Emin: Kredi Kartı İşlemlerinin İslâm Hukuku Açısından Değerlendirilmesi. In: Fıkhî Açıdan Finans ve Altın İşlemleri. Tartışmalı İlmî Toplantı Konya 27–28.04. 2012. İstanbul 2012. 133–157.

AKTEPE, İshak Emin: Kredi Kartı Sistemi ve İslâm Hukuku Açısından Değerlendirilmesi. In: Dinbilimleri Akademik Araştırma Dergisi; 10, 1, 2010.

ALTAN, Mikail: Faizsiz Bankacılığın Temelleri. In: İslam Hukuku Araştırmaları Dergisi (İHAD); 16, 2010. 125–140.

APAYDIN, Yunus: Nasları Anlamada Yetki ve Yöntem Sorunu. In: Marife Dergisi; 2, 1. 2002. 7–24.

AYBAKAN, Bilal: Fürû' Fıkıh Sistematiği Üzerine. Marmara Üniversitesi İlahiyat Fakültesi Dergisi (MÜİFD); 31, 2. 2006. 5–32.

AYBAKAN, Bilal: Kur'an (vahy) Monolog Mudur, Diyalog Mudur? In: Kur'an ve Tefsir Araştırmaları 3. Tartışmalı İlmī Toplantı 14.-15.10 2000. İstanbul 2002. 289–308.

AYBAKAN, Bilal: İslâm'da Dinī Bilginin Doğası ve Usûl-i Fıkhın Geliştirdiği Yorum Tarzına Genel Bir Yaklaşım. In: Marmara Üniversitesi İlahiyat Fakültesi Dergisi (MÜİFD); 18, 2000. 57–77.

AYDIN, Mehmet Akif: Mecelle'nin Hazırlanışı. In: Osmanlı Araştırmaları IX; 1989. 31–50.

BEDİR, Murteza: Osmanlı Tarihinin Kuruluş Asrında (1389'a kadar) İlmiye'ye Dair Bir Araştırma: İlk Fakihler. In: Türk Hukuk Tarihi Araştırmaları; 1, 2006. 23–39.

BEDİR, Murteza: Abdürrezzak Ahmed Es-Senhūrī (1895–1971). In: İslam Hukuku Araştırmaları Dergisi (İHAD); 6, 2005. 439–448.

BEDİR, Murteza: İslâm Düşünce Geleneğinde Naklī İlim Kavramı ve İbn Haldûn. In: İslâm Araştırmaları Dergisi (İAD); 15, 2006. 5–31. (İbn Haldun Özel Sayısı; 1).

BEDİR, Murteza: Oryantalizm ve İslâm Hukuku. In: İslam Hukuku Araştırmaları Dergisi (İHAD); 4, 2004. 11–42.

BEDİR, Murteza: Oryantalizm ve Türkiye'de Din (İslam) Araştırmaları. In: Uluslararası Oryantalizm Sempozyumu 09.-10.12.2006. İstanbul 2007. 221–231.

BEŞER, Faruk: Bir Bilgi Türü Olarak Fıkıh ve Diğer Disiplinlerle İlişkisi. In: Usûl Dergisi, İslam Araştırmaları; 5, Ocak-Haziran 2006. 33–62.

BEŞER, Faruk: İslâm Şeriatı Açısından Sigorta. In: 1. Uluslararası İslâm Ticaret Hukukunun Günümüzdeki Meseleleri Kongresi. Konya 2007. 844–874.

BEŞER, Faruk: Sosyal Değişme ve İçtihad. In: Çağımızda Sosyal Değişme ve İslâm. Ankara: Türkiye Diyanet Vakfı Yayınları, 2007.

BEŞER, Faruk: Vahiy: Keyfiyeti, Alanı ve Devamlılığı Konusunda Bir Anlama Denemesi. In: Usûl Dergisi; 3, Ocak-Haziran 2005. 43–66.

BİLGİN, L. Gülay: Kök Hücre Çalışmaları Konusundaki Etik ve Teolojik Tartışmalar Üzerinde Analitik Bir Değerlendirme. In: Kelam Araştşrmaları 9, 2, 2011. 131–148.

CEBECİOĞLU, Ethem: İmâm-ı Rabbânî ve Mektubâtı. In: Ankara Üniversitesi İlahiyat Fakültesi Dergisi (AÜİFD); 35, 1996. 193–241.

CEBECİOĞLU, Ethem: Klâsiklerimiz/VIII: el-Mektûbât (İmam-ı Rabbānī Ahmed-i Farūkī es-Serhendī). In: Tasavvuf: İlmī ve Akademik Araştırma Dergisi; 3, 9, 2002. 369–383.

ÇELİK, İsa: İmam Rabbānī Perspektifinden İbnül-Arabī'ye Tenkidī Bir Yaklaşım. In: Tasavvuf. İlmī ve Akademik Araştırma Dergisi (TİAAD); 23, 2009. 149–179.

CİCİ, Recep: İslâm Hukuk Tarihi Açısından ilk Dönem Osmanlı Hukuk Çalışmalarına Bir Bakış 1299–1500. In: Uludağ Üniversitesi İlahiyat Fakültesi Dergisi; 6, 6 1994. 241–259.

CİCİ, Recep: Kolaylık Prensibinin Hukukî Hayata Yansıma Biçimleri: Hanefi Mezhebi Örneği. In: Uludağ Üniversitesi İlahiyat Fakültesi Dergisi; 14, 1. 2005. 61–88.

ÇINAR, Hüseyin-İlker: Quellen des islamischen Rechts. Ein Überblick. In: Journal of Religious Culture (113). Edmund Weber (Hrsg.). Frankfurt/Main: Goethe-Univ., Institute of Religious Peace Research 2008. 1–11.

ÇINAR, Hüseyin-İlker: Die Genese des islamischen Rechtes zur Zeit des Propheten. In: Journal of Religious Culture (115). Edmund Weber (Hrsg.). Frankfurt/Main: Goethe-Univ., Institut of Religious Peace Research, 2008. 1–11.

ÇINAR, Hüseyin-İlker: Der Begriff "Fiqh" von seinen Anfängen bis zur heutigen Zeit. In: Im Dialog bleiben. Sprache und Denken in den Kulturen des Vorderen Orients. Festschrift für Raif G. Khoury. F. Musall / A. al-Mudarris (Hrsg.). Wiesbaden: Harrossowitz, 2011. 52–64.

DEMİRCİ, Mustafa: Emevîlerden Abbâsîlere Geçiş Sürecinin Tanığı: Abdullah İbnü'l Mukaffâ ve „Risâletü's-Sahâbesi". In: Dokuz Eylül Üniversitesi İlahiyat Fakültesi Dergisi (DEÜİFD); 21, 2005. 117–148.

DÖNDÜREN, Hamdi: İslâm Ekonomisinde Sermaye Birikimi ve Kullanılma Yöntemleri. In: İLAM Araştırma Dergisi; 1, 2, Temmuz-Aralık 1996. 53–80.

DÖNDÜREN, Hamdi: İslâm'da Para, Kredi, Faiz ve Enflasyon İlişkileri. In: Para, Faiz ve İslam. İstanbul: İslâmî İlimler Araştırmalar Vakfı (İSAV); 1992. 183–216.

DÖNDÜREN, Hamdi: Osmanlı Tarihinde Bazı Faizsiz Kredi Uygulamaları ve Modern Türkiye'de Faizsiz Bankacılık Tecrübesi. In: Uludağ Üniversitesi İlahiyat Fakültesi Dergisi (UÜİFD); 17, 1. 2008. 1–24.

DÖNDÜREN, Hamdi: Sosyal Değişme Karşısında İslâm Hukuku ve Yeni Yaklaşımlar. In: İslâm Hukuku Araştırmaları Dergisi (İHAD); 1, 2003. 29–50.

DÖNDÜREN, Hamdi: Zamanın ve Şartların Değişmesiyle İslâmî Hükümler Değişir Mi? In: Uludağ Üniversitesi İlahiyat Fakültesi Dergisi (UÜİFD); 7, 7, 2008. 77–113.

DÖNMEZ, İbrahim Kafi: Fıkıh Usûlünün İşlevi ve İctihad Yöntemleri Hakkında Genel Bir Değerlendirme. In: İslâmî İlimlerde Metodoloji (Usûl) Meselesi 1 (İSAV). İstanbul: Ensar Neşriyat, 2005.

DÖNMEZ, İbrahim Kafi: İctihadın Bağlıyacılığı Meselesi ve Fıkıh Mezheplerine Bağlanmanın Anlamı. In: Usûl Dergisi, İslam Araştırmaları; 1, 2004. 35–48.

DÖNMEZ, İbrahim Kafi: İslam'da İnanç, İbadet ve Günlük Yaşayış Ansiklopedisi, Bd. 1, İstanbul: Marmara Üniversitesi İlahiyat Fakültesi Vakfı (İFAV), 1997. (İlahiyat Fakültesi Vakfı Yayınları; 136).

DÖNMEZ, İbrahim Kafi: Kur'an'ın Anlaşılmasında Hukuk Felsefesi ve Metodolojisi İncelemenin Katkısı. In: Üçüncü 1000'e Girerken Kutlu Doğum Sempozyumu 2000, Ankara 2005. 85–92. (Türkiye Diyanet Vakfı Yayınları; 330).

DURSUN, Davut: Din ve Vicdan Hürriyetinin Siyasal Sistem Açısından Anlamı ve Uygulaması. In: Doğu'da ve Batı'da İnsan Hakları (Kutlu Doğum Haftası 1993–1994). Ankara 1996. 95–107.

EICH, Thomas / GRUNDMANN, Johannes: Muslimische Rechtsmeinungen zu Hirntod, Organtransplantation und Leben. In: Zeitschrift für medizinische Ethik; 49, 3. 2003, 302–309.

ELYAS, Nadeem: Stellungnahme bei der Anhörung vor dem Gesundheitsausschuss des Deutschen Bundestages am 28.06.1995. In: Stellungnahmen zum Entwurf eines Transplantationsgesetzes; 13, 149. 10–18.

EL-SHAMSY, Aḥmad: Art. „Fiqh, faqīh, fuqahāʾ", in: EI[3] Brill Online. Kate Fleet, Gudrun Krämer, Denis Matringe, John Nawas, Everett Rowson (Ed.) http://referenceworks.brill online.com/entries/encyclopaedia-of-islam-3/fiqh-faqih-fuqaha (Einsicht: 11.05.2015).

ERDOĞAN, Mehmet: Klonlama: Genetik Kopyalama. In: Din Eğitimi Araştırmaları Dergisi (DEAD); 9, 2002. 151–156.

ERTÜRK, Mustafa: Gelenek ve Yenileşme Açısından Tecdid Hadisi Hakkında Bir Değerlendirme. In: 1. Uluslararası Kutlu Doğum Toplantısı „İslâm, Gelenek ve Yenileşme". İstanbul 2006. 57–63.

ESEN, Muammer: Siyasal-Sosyal Görüşleri ve Dini Yönüyle Afgani. In: İslâmī İlimler Dergisi; 3, 2, 2008. 265–278.

FĀRŪKĪ, Burhan, A.: Ahmed Fârûkī Sirihndī'nin Tevhid Anlayışı. Mütercim H. İbrahim Şimşek. In: Ekev Akademi Dergi; 1, 3, 1998. 181–188.

FAYDA, Mustafa: Asr-ı Saâdet Döneminde Gelenek ve Yenileşme. In: 1. Uluslararası „Kutlu Doğum" İlmī Toplantısı „İslâm, Gelenek ve Yenileşme". İstanbul: Türkiye Diyanet Vakfı İslâm Araştırmaları Merkezi Yayınları, 1996. 17–21.

GÖRGÜN, Tahsin: Bir Problem Olarak Modernite. In: İslam ve Modernleşme. 2. Kutlu Doğum İlmī Toplantısı. İstanbul 1997. 25–38.

GÖRGÜN, Tahsin: Klasik Anlama Yöntemlerinin (Fıkıh ve Tefsir Usûlü) İmkan ve Sınırları. In: Güncel Dinī Meseleler İhtisas Toplantısı 02.-06.10.2002. Ankara 2004. 305–326.

GÖRGÜN, Tahsin: İslam Kültür Birliği ve Sünnet. In: İslam'ın Anlaşılmasında Sünnetin Yeri ve Değeri. Kutlu Doğum Sempozyumu 2001. İstanbul 2003. 35–50.

GÖRGÜN, Tahsin: Fakihlerin Kur'anı Anlama Usûlü. In: 2. Kur'an Haftası Kur'an Sempozyumu 02–04 Şubat 1996. Ankara 1996. 109–114.

GÖRGÜN, Tahsin: Dil, Kavrayış ve Davranış: Kur'an'ın Vahyedilmesi ve İslâm Toplumunun Ortaya Çıkışı Arasındaki Alakanın Tahliline Mukaddime. In: 3. Kur'an Haftası Kur'an Sempozyumu 13–19 Ocak 1997. Ankara 1998. 137–155.

GÖRGÜN, Tahsin: "Yeni" Anlama ve Yorumlama Yöntemlerinin Fıkıh Usûlüne Göre Durumu. In: İslâmī İlimlerde Metodoloji / Usûl Mes'elesi, Vol. 1. İstanbul 2005. 675–698.

GÖRGÜN, Tahsin: Varlık ve Bilgi Cihetinden Kur'an. In: Tarihten Günümüze Kur'an'a Yaklaşımlar, 2010. 11–19.

GÖRGÜN, Tahsin: Kur'ân ve Fıkıh. In: Kur'ân ve Tefsir Araştırmaları 2. İstanbul: Ensar Neşriyat, 2001. 107–119. (Tartışmalı İlmi Toplantılar Dizisi; 34).

GÖRGÜN, Tahsin: Kur'ân ve Tarih. In: Kur'an ve Tefsir Araştırmaları 1. İstanbul: Ensar Neşriyat, 2000. 127–139. (Tartışmalı İlmi Toplantılar Dizisi; 32).

GÖRGÜN, Tahsin: Kur'ân Kıssaları'nın Neliği (Mahiyeti) Üzerine. In: 4. Kur'an Haftası. Kur'an Sempozyumu 17.-18.01.1998. Ankara: Fecr Yayınevi, 1998. (Fecr Yayınları; 59).

GÖRGÜN, Tahsin: Müzakere Yerine: Fıkıh Usûlü İlmi ve Tarihselcilik Üzerine Birkaç Not. In: Dinī Hükümlerin Kaynağı ve Dinī Metinlerin Anlaşılması, 2010. 393–404.

GÖRGÜN, Tahsin: Türkiye'de İslâm Düşüncesinin Geleceği ve İslâmī Düşünce Geleneği. In: İslam, Gelenek ve Yenileşme 1. Kutlu Doğum Sempozyumu. İstanbul 1996. 141–171.

GÖZÜBENLİ, Beşir: Türk Hukuk Tarihinde Kanunlaştırma Faaliyetleri ve Mecelle. In: Ahmet Cevdet Paşa (1823–1895) Sempozyumu 09.-11.06.1995. Ankara: Türkiye Diyanet Vakfı Yayınları, 1997. (Türkiye Diyanet Vakfı Yayınları; 232).

GRUNDMANN, Johannes: Scharia, Hirntod und Organtransplantation. Kontext und Wirkung zweier islamischer Rechtsentscheidungen im Nahen und Mittleren Osten. In: Orient; 45, 1. 2004. 27–46.

GÜRSOY, Serdar: DNA Ahlâkı. In: Sızıntı Dergisi; 06, 2001. 216–217.

HALLAQ, Wael: On the Authoritativeness of Sunni Consensus. In: International Journal of Middle East Studies; 18, 4. 11.1986. 427–454.

HALLAQ, Wael: On the Origins of the Controversy about the Existence of Mujtahids and the Gate of Ijtihad. In: Law and Legal Theory in Classical and Medieval Islam; 1995. 129–141.

HALLAQ, Wael: The Authenticity of Prophetic Ḥadīṯ: A Pseudo-Problem. In: Studia Islamica; 99, 1999. 75–90.

HALLAQ, Wael: Was the Gate of Ijtihad Closed? In: International Journal of Middle East Studies; 16, 1. 1984. 3–41.

HAMIDULLAH, Muḥammad: Administration of Justice in Early Islam. In: Islamic Culture; 11, 1937. 162–171.

HAMIDULLAH, Muḥammad: Early History of the Compilation of the Ḥadīṯ. In: Islamic Literature; 12, 1966. 5–10.

HAMIDULLAH, Muḥammad: Halife Hz.Ömer Devrinde Adli Teşkilat. Ebû Mûsâ el-Eş'ârī'ye Gönderilen Kazâī Talimatnameler. Mütercim Fahrettin Atar. In: İlim ve Sanat Dergisi; 23, 04.1989. 45–53.

HASSABALLAH, Abdel Moneim: Definition of Death, Organ Donation and Interruption of Treatment in Islam (Minisymposium). Internal Medicine, Cairo University and the Arab Contractors Medical Center. In: Nephrology Dialysis Transplantation; 11. 1996. 964–965.

HİZMETLİ, Sabri: Demokrasi ve İnsan Hakları Bağlamında Cağdas Türkiye'de Dini Hayat ve Din Öğretimi Alanındaki Gelişmeler. In: 2. Din Şurası Tebliğ ve Müzakereleri 23–27.11.1998. Ankara 2003. 397–415.

İLKILIÇ, İlhan: Medizinethische Aspekte im Umgang mit muslimischen Patienten. In: Deutsche Medizinische Wochenschrift (DMW); 30, 2007. 1587–1580.

JACKSON, Sherman: Literalism, Empiricism and Induction: Apprehending and Concretizing Maqāṣid al-Sharīʿah in the Modern World. In: Michigan State Law Review 2006. 1469–1486.

JACKSON, Sherman: Taqlid, Legal Scaffolding and the Scope of Legal Injuctions in Post Formative Theory: Muṭlaq and ʿAmm in the Jurisprudence of Shihāb al-Dīn al-Qarāfī. In: Islamic L. Society; 3, 2. 1996. 165–192.

KARA, İsmail: Unuttuklarına Hatırla! Şerh ve Haşiye Meselesine Dair Birkaç Not. In: Divan; 28, 1. 2010.

KARADAŞ, Cağfer: İmam Rabbânī ve İtikâdi Görüşleri. In: Uludağ Üniversitesi İlahiyat Fakültesi Dergisi (UÜİFD); 9, 9. 2000. 339–349.

KARTAL, Abdullah: İmâm Rabbânī'nin Vahdet-i Vücûd Eleştirisi'nin Tarihsel Arkaplanı. In: Uludağ Üniversitesi İlahiyat Fakültesi Dergisi (UÜİFD); 14, 2, 2005. 59–80.

KAVAK, Özgür: Tecdīd mi, Yeniden İnşa mı? Şah Veliyyullah Dihlevī'den Muhammed İkbal'e Hind Alt-Kıtasında İçtihad ve Taklide Farklı Yaklaşımlar. In: İslâm Hukuku Araştırmaları Dergisi (İHAD); 17, 2011. 193–206.

KAYA, Eyyüp Said: Batılı Gözüyle Modernleşme Arifesinde Tecdid. In: İslam Araştırmaları Dergisi (İAD); 25, 2011. 27–51.

KAYA, Eyyüp Said: Modern Dönemde Fıkıh İlminin Temel Meseleleri. In: Modern Dönemde Dinī İlimlerin Temel Meseleleri İlmī Toplantısı. İstanbul 2007. 151–163.

KAYA, Ali: İslâm Hukukunda Örfün Kaynaklık Değerinin Sınırları Konusuna Hukuk Felsefesi Açısından Bir Yaklaşım. In: İslâm Hukuku Araştırmaları Dergisi; 5, 2005. 181–206.

KILAVUZ, Ahmet: Prof. Dr. Hayrettin Karaman. In: İslâm Hukuku Araştırmaları Dergisi (İHAD); 3, 2004. 9–13.

KILAVUZ, Ulvi Murat: Küreselleşen Dünyada Din. Bursa Uludağ Üniversitesi İlahiyat Fakültesi Dergisi (UÜİFD); 11, 2, 2002. 191–212.

KESKİN, Abdulbaki: İslâm Dünyasında Demokratikleşme Sancıları. Kutlu Doğum Sempozyumu 1998. In: İslâm ve Demokrasi. Ankara 1999. (Türkiye Diyanet Vakfı Yayınları; 291, Sempozyum Paneller Serisi; 27).

KESKİOĞLU, Osman: Cemâleddin Efgânī. In: Ankara Üniversitesi İlahiyat Fakültesi Dergisi (AÜİFD); 10, 1962. 91–102.

KESKİOĞLU, Osman: Muhammed Abduh. In: Ankara Üniversitesi İlahiyat Fakültesi Dergisi (AÜİFD); 18, 1970. 109–136.

KOCA, Ferhat: İslâm Hukukunda Ahkâmın Değişmesi Üzerine Bazı Düşünceler. In: İslâm Hukuku Araştırmaları Dergisi (İHAD); 1, 2003. 51–78.

KOCA, Ferhat: Hz. Peygamber'de İnsan Sevgisi. In: Hz. Muhammed ve Evrensel Mesajı Sempozyumu 20–22 Nisan 2007. İslâmī İlimler Dergisi Yayınları 2007. 47–54.

KOŞUM, Adnan: Osmanlı Örfi Hukukunun İslâm Hukukundaki Temelleri. In: Selçuk Üniversitesi İlahiyat Fakültesi Dergisi (SÜİFD); 17, 2004. 145–160.

KRAWIETZ, Birgit: Grundlagen und Grenzen einer Hirntodkonzeption im Islam. In: Hirntod. Zur Kulturgeschichte der Todesfeststellung. Hrsg. von Thomas Schlich und C. Wiesemann. Frankfurt am Main 2001. 239–256.

KRAWIETZ, Birgit: Gerechtigkeit als Leitidee des islamischen Rechts. In: Islam und Rechtsstaat. Zwischen Scharia und Säkularisierung. Hrsg. Birgit Krawietz [u.a.]. 2008. 37–52.

MAHMASÂNI, Subhi: İslâm Hukukunun Tedvini. Mütercim İbrahim Kâfi Dönmez In: Marmara Üniversitesi İlahiyat Fakültesi Dergisi (MÜİFD); 3, 1985. 313–328.

MAKDISI, Georg: The Significance of the Sunni Schools of Law in Islamic Religious History. In: International Journal of Middle East Studies, Vol. 10, No. 1, 02.1979. Cambridge [u.a.]: Cambridge University Press, 1979. 1–8.

MERTOĞLU, Suat: „Direkt vom Koran inspiriert": Von der „Rückkehr zum Koran" zu dem „Diskurs des koranischen Islam." Aus dem Türkischen übersetzt von Fatih Ermiş. In: Hikma; April 2014. 9–37.

MOTZKI, Harald: Die Entstehung des Rechts. In: Der islamische Orient. Grundzüge seiner Geschichte. Herausgegeben von Albrecht Noth und Jürgen Paul. Würzburg 1988. 151–172.

MURANYI, MIKLOS: Art. "Ṣaḥāba". In: The Encyclopedia of Islam. 2nd Edition. Bd. 8. 827b-829a.

ÖZCAN, M. E. / HAZIROĞLU, T.: Bankacılıkta Yeni Bir Boyut: Katılım Bankacılığı. In: Bereket Dergisi; 3, 9, 2000.

PARET, Rudi: Sure 2, 256: Lā ikrāha fī d-dīni. Toleranz oder Resignation? In: Der Islam. Bd. 45. 299–300.

RAYSÛNÎ, Ahmet: Makâsıd ve İctihad. Şâtibi Merkezli Bir Bakış. Mütercim Ahmet Yaman. In: Diyanet İlmi Dergi (DİD); 39, 3. 2003. 65–86.

REIS, Bedriye: XVI–XVII. Yüzyıllarda Hindistan'da Din-i İlâhī Tartışmaları ve İmâm-ı Rabbânī. In: Tasavvuf. İlmÎ ve Akademik Araştırma Dergisi (TİAAD); 16, 2006. 211–234.

RODOPLU, Cemal: Dünyada Faizsiz Bankacılık. In: Bereket Dergisi; 1, 15. 10.1997. 2–8.

SACHEDINA, Abdulaziz: Hirntod und Organgewinnung. In: Moderne Medizin und Islamische Ethik. Ausgewählt, übersetzt und kommentiert von

Thomas Eich. Freiburg [u.a.]: Herder Verlag, 2008. (George Anawati Stiftung; Band 2).

SCHACHT, Joseph: Pre-Islamic Background and Early Development of Jurisprudence. In: Law in the Middle East. M. Khadduri / H. J. Liebesny. Vol. 1: Origin and Development of Islamic Law. Washington 1955. 28–56.

SCHOELER, Gregor: Die Frage der schriftlichen oder der mündlichen Überlieferung der Wissenschaften im frühen Islam. In: Der Islam, Bd. 62 (1985). 201–230.

ŞAFAK, Ali: Hukukun Temel İlkeleri Açısından Mecelle'ye Bir Bakış. In: Ahmet Cevdet Paşa Sempozyumu 9.-11.06.1995. Ankara 1997. 263–278.

ŞENER, Mehmet: İslâm Hukukuna Göre Organ Nakli Üzerine Bir Deneme. In: Dokuz Eylül Üniversitesi İlahiyat Fakültesi Dergisi (DEÜİFD); 7, 1992. 37–146.

ŞENTÜRK, Recep: Âdamiyyah and 'Ismah: The Contested Relationship Between Humanity and Human Rights in Classical Islamic Law. In: İslâm Araştırmaları Dergisi; 8, 2002. 39–69.

SERDAROĞLU, Ahmet: Uydurma Hadislere Dair. In: Diyanet Dergisi, 12, 1967. 316–318.

SİFİL, Ebubekir: Mezhebçilik versus Çoğulcu İslam. In: Milli Gazete 30.08.2012.

SUNAR, Cavit: İmâm Rabbâni'nin Tevhid Görüşüne Genel Bir Bakış. In: Ankara Üniversitesi İlahiyat Fakültesi Dergisi (AÜİFD); 5, 1–4. 1956. 136–143.

TÜRKİYE KATILIM BANKALARI BİRLİĞİ: Katılım Bankaları Sağlam Adımlarla Yola Devam Ediyor. In: Dünya'da ve Türkiye'de Faizsiz Bankacılık. İstanbul 2007. 16–17.

TOSUN, Necdet: İmâm-ı Rabbânî'ye Göre Vahdet-i Vücûd ve Vahdet-i Şuhûd. In: Tasavvuf İlmī ve Akademik Araştırma Dergisi (İbnü'l-Arabī Özel Sayısı 2); 9, 23, 2009. 181–192.

ULUDAĞ, Süleyman: Tasavvuf Açısından Gelenek ve Yenilesme. In: 1. Uluslararası Kutlu Doğum İlmī Toplantısı "İslâm, Gelenek ve Yenileşme". İstanbul: Türkiye Diyanet Vakfı İslam Araştırmaları Merkezi Yayınları, 2006. (Sempozyum / Paneller 1).

UZUNPOSTALCI, Mustafa: İlk İki Asırda Fıkıh. In: Selçuk Üniversitesi İlahiyat Fakültesi Dergisi (SÜİFD); 2, 1986. 315–343.

WATT, William Montgomery: The Closing of the Door of Iğtihād. In: Orientalia Hispanica, Vol. 1, Leiden 1974. 675–678.

WEISS, Bernard: Interpretation in Islamic Law: The Theory of Ijtihād. In: The American Journal of Comparative Law, Vol. 26 (1978). 199–212.

YAMAN, Ahmet: İslâm Hukukuna Özgü Bir Kurum. Süt Akrabağlığı. In: Selçuk Üniversitesi İlahiyat Fakültesi Dergisi (SÜİFD); 13, 2002. 55–67.

YAMAN, Ahmet: Klonlama ya da Genetik Kopyalama. İslâm Hukuku Açısından Bir Yaklaşım. In: Diyanet İlmī Dergi (DİD); 34, 2, 1998. 21–41.

YAVUZ, Hulusi: Ahmet Cevdet Paşa ve Mecelle'nin Tedvini. In: Ahmet Cevdet Paşa Sempozyumu 9.-11.06.1995 . Ankara 1997. (Türkiye Diyanet Vakfı Yayınları; 232).

YAVUZ, Yunus: İslâm Hukuk Prensipleri, İstihsan ve Laiklik. In: Kur'an Mesajı: İlmi Araştırmalar Dergisi; 2, 19–20-21. 1999. 94–109.

YAVUZ, Yunus: Maksâdi Yorum. In: İslâm Hukuku Araştırmaları Dergisi; 8, 2006. 41–78.

YILMAZ, Ahmet: İslâm Hukukuna Göre Kredi Kartı. In: Harran Üniversitesi İlahiyat Fakültesi Dergisi (HÜİFD); 2, 2011. 59–106.

2.2.2 Enzyklopädie-Artikel in „Türkiye Diyanet Vakfı İslâm Ansiklopedisi"

ALGAR, Hamid: İmam Rabbâni. In: Türkiye Diyanet Vakfı İslâm Ansiklopedisi; Bd. 22. 194–199.

APAYDIN, Yunus: İctihâd. In: Türkiye Diyanet Vakfı İslâm Ansiklopedisi; Bd. 21. 432–445.

AYBAKAN, Bilal: Muamelât. In: Türkiye Diyanet Vakfı İslâm Ansiklopedisi; Bd. 30. 318–319.

AYDIN, Mehmet Akif: Mecelle-i Ahkam-Adliyye. In: Türkiye Diyanet Vakfı İslâm Ansiklopedisi; Bd. 28. 231–235.

BEDİR, Murteza: Sünnet. In: Türkiye Diyanet Vakfı İslâm Ansiklopedisi; Bd. 38. 150–153.

BİRIŞIK, Abdülhamit: Kur'an: Tarifi, Tarihi, Tertibi. In: Türkiye Diyanet Vakfı İslâm Ansiklopedisi; Bd. 26. 383–388.

ÇAĞRICI, Mustafa: Fitne. In: Türkiye Diyanet Vakfı İslâm Ansiklopedisi; Bd. 13. 156–159.

CERRAHOĞLU, İsmail: Abdullah bin Mesud. In: Türkiye Diyanet Vakfı İslâm Ansiklopedisi; Bd. 1. 114–117.

DÖNMEZ, İbrahim Kafi: Garar. In: Türkiye Diyanet Vakfı İslâm Ansiklopedisi; Bd. 13. 366–371.

DÖNMEZ, İbrahim Kafi: İcmâ. In: Türkiye Diyanet Vakfı İslâm Ansiklopedisi; Bd. 21. 417–431.

DÖNMEZ, İbrahim Kafi: İllet. In: Türkiye Diyanet Vakfı İslâm Ansiklopedisi; Bd. 22. 117–120.

DÖNMEZ, İbrahim Kafi: Maslahat. In: Türkiye Diyanet Vakfı İslâm Ansiklopedisi; Bd. 28. 79–94.

DÖNMEZ, İbrahim Kafi: Murâbaha. In: Türkiye Diyanet Vakfı İslâm Ansiklopedisi; Bd. 31. 148–152.

DÖNMEZ, İbrahim Kafi: Örf. In: Türkiye Diyanet Vakfı İslâm Ansiklopedisi; Bd. 34. 87–93.

DÖNMEZ, İbrahim Kafi: Ruhsat. In: Türkiye Diyanet Vakfı İslâm Ansiklopedisi; Bd. 35. 207–210.

DÖNMEZ, İbrahim Kafi: Sedd-i Zerâi. In: Türkiye Diyanet Vakfı İslâm Ansiklopedisi; Bd. 36. 277–282.

DÖNMEZ, İbrahim Kafi: Şer'u Men Kablenâ. In: Türkiye Diyanet Vakfı İslâm Ansiklopedisi; Bd. 39. 15–19.

DÖNMEZ, İbrahim Kafi / KÖKSAL, A. Cüneyd: Usûl-i Fıkıh. In: Türkiye Diyanet Vakfı İslâm Ansiklopedisi; Bd. 42. 201–210.

GÖRGÜN, Tahsin: İbn Haldûn. In: Türkiye Diyanet Vakfı İslâm Ansiklopedisi; Bd. 19. 538–555.

HAMİDULLAH, Muhammed: Hılfu'l-Fudûl. In: Türkiye Diyanet Vakfı İslâm Ansiklopedisi; Bd. 18. 31–32.

KAYA, Eyyüp Said: Taklid. In: Türkiye Diyanet Vakfı İslâm Ansiklopedisi; Bd. 39. 461–465.

KAYA, Eyyüp Said: Telfik. In: Türkiye Diyanet Vakfı İslâm Ansiklopedisi; Bd. 40. 401–402.

TÜMER, Günay: Din. In: Türkiye Diyanet Vakfı İslâm Ansiklopedisi; Bd. 9. 312–320.

TÜRCAN, Talip: Şeriat. In: Türkiye Diyanet Vakfı İslâm Ansiklopedisi; Bd. 38. 571–574.

YARAN, Rahmi: Bid'at. In: Türkiye Diyanet Vakfı İslâm Ansiklopedisi; Bd. 6. 129–131.

Reihe für Osnabrücker Islamstudien

Herausgegeben von Bülent Ucar und Rauf Ceylan

Band 1 Bülent Ucar / Ismail H. Yavuzcan (Hrsg.): Die islamischen Wissenschaften aus Sicht muslimischer Theologen. Quellen, ihre Erfassung und neue Zugänge im Kontext kultureller Differenzen. 2010.

Band 2 Bülent Ucar (Hrsg.): Die Rolle der Religion im Integrationsprozess. Die deutsche Islamdebatte. 2010.

Band 3 Bülent Ucar (Hrsg.): Islamische Religionspädagogik zwischen authentischer Selbstverortung und dialogischer Öffnung. Perspektiven aus der Wissenschaft und dem Schulalltag der Lehrkräfte. 2011.

Band 4 Christiane Paulus (Hrsg.): Amīn al-Ḫūlī: Die Verbindung des Islam mit der christlichen Reformation. Übersetzung und Kommentar. 2011.

Band 5 Amir Dziri: Al-Ǧuwaynīs Position im Disput zwischen Traditionalisten und Rationalisten. 2011.

Band 6 Wolfgang Johann Bauer: Aishas Grundlagen der Islamrechtsgründung und Textinterpretation. Vergleichende Untersuchungen. 2012.

Band 7 Ali Türkmenoglu: Das Strafrecht des klassischen islamischen Rechts. Mit einem Vergleich zwischen der islamischen und der modernen deutschen Strafrechtslehre. 2013.

Band 8 Rauf Ceylan (Hrsg.): Islam und Diaspora. Analysen zum muslimischen Leben in Deutschland aus historischer, rechtlicher sowie migrations- und religionssoziologischer Perspektive. 2012.

Band 9 Bülent Ucar (Hrsg.): Islam im europäischen Kontext. Selbstwahrnehmungen und Außenansichten. 2013.

Band 10 Wolfgang Johann Bauer: Bausteine des Fiqh. Kernbereiche der *'Uṣūl al-Fiqh*. Quellen und Methodik der Ergründung islamischer Beurteilungen. 2013.

Band 11 Lahbib El Mallouki: Zweckrationales Denken in der islamischen Literatur. Al-maqāṣid als systemhermeneutisches Denkparadigma. 2013.

Band 12 Bülent Ucar / Martina Blasberg-Kuhnke (Hrsg.): Islamische Seelsorge zwischen Herkunft und Zukunft. Von der theologischen Grundlegung zur Praxis in Deutschland. 2013.

Band 13 Kathrin Klausing: Geschlechterrollenvorstellungen im Tafsīr. 2014.

Band 14 Mohammed Hashim Kamali / Saffet Köse: Menschenrechte aus zwei islamtheologischen Perspektiven. 2013.

Band 15 Ṭāha Ǧābir Fayyāḍ Al-ᶜAlwānī: Verhaltensethik einer innerislamischen Streitkultur. Übersetzt und mit einer Einführung versehen von Bacem Dziri. 2013.

Band 16 Assem Hefny: Herrschaft und Islam. Religiös-politische Termini im Verständnis ägyptischer Autoren. 2014.

Band 17 Rauf Ceylan/Benjamin Jokisch (Hrsg.): Salafismus in Deutschland. Entstehung, Radikalisierung und Prävention. 2014.

Band 18 Kathrin Klausing / Erna Zonne (Hrsg.): Religiöse Früherziehung in Judentum, Islam und Christentum. 2014.

Band 19 Abdurrahim Kozali / Ibrahim Salama / Souheil Thabti (Hrsg.): Das islamische Wirtschaftsrecht. 2016.

Band 20 Murat Bagriacik: Tradition und Innovation des Fiqh im Denken von Hayreddin Karaman. 2016.

www.ingramcontent.com/pod-product-compliance
Ingram Content Group UK Ltd.
Pitfield, Milton Keynes, MK11 3LW, UK
UKHW041828290926
8980IPUK00002B/126

9 783631 673560